陈清泰文集

攻坚克难

②

社会科学文献出版社

第二卷出版说明

进入 20 世纪 90 年代，国有企业面临走向市场的挑战。企业管理的立足点必须及时转向适应企业走向市场的形势。管理是对生产要素的计划、组织、协调和监控，因此对企业兴衰具有全局性意义。面对形势的变化，企业管理转型早，就主动；转型晚，就被动。1992 年 7 月 23 日，国务院以第 103 号令颁布《全民所有制工业企业转换经营机制条例》。1992 年 9 月 28 日，中共中央、国务院印发《中共中央、国务院关于认真贯彻执行〈全民所有制工业企业转换经营机制条例〉的通知》（中发〔1992〕12 号）提出明确要求。1994 年 7 月 24 日，《国有企业财产监督管理条例》（国务院令第 159 号）发布。

本卷收录的是陈清泰同志在 1992～1998 年（先后担任国务院经济贸易办公室副主任，国家经济贸易委员会副主任、党组副书记工作期间）的主要文稿，包括会议讲话、相关报告和发表的文章等。其间恰逢我国由传统的计划经济体制向社会主义市场经济体制转轨的关键时期，作为经济体制改革的中心环节，企业改革和发展进入重点突破与全面推进的"转换企业经营机制，建立现代企业制度"阶段。全面贯彻《转机条例》《监管条例》，实施企业财务会计《两则》，施行《中华人民共和国公司法》，推进现代企业制度试点，优化资本结构，"抓大放小""三改一加强""三年两大目标"等，是这个阶段企业工作和企业改革的基本特征与重要任务。此时陈清泰同志在党组和王忠禹同志的领导下，负责全国企业和企业改革工作。本卷收录的这部分文稿，是这个阶段我国企业改革调查研究、政策制定与组织实施的集中体现。有些文稿在不同场合反复宣讲过，此便引起足够的重视。

第二卷 目录

班组建设要适应转换经营机制的要求
 （1992年9月25日） ………………………………………… 1

国有企业普遍面临走向市场的严峻考验
 （1992年11月1日） ………………………………………… 4

贯彻落实《转机条例》进入关键阶段
 （1993年3月8日） ………………………………………… 10

国有企业改革要解决深层次矛盾
 （1993年4月1日） ………………………………………… 15

按走向市场的要求改进和加强企业管理
 （1993年4月3日） ………………………………………… 27

在全国企业财务会计制度改革厂长经理研讨班上的讲话
 （1993年4月26日） ………………………………………… 39

加大力度，加快进度，坚定不移地贯彻落实《转机条例》
 （1993年8月7日） ………………………………………… 47

现代企业制度调研组汇报时讨论的情况
 （1993年8月10日） ………………………………………… 62

"建立与社会主义市场经济体制相适应的现代企业制度"调研报告
 （1993年11月2日） ………………………………………… 65

转换企业经营机制，建立现代企业制度
 （1993年12月1日） ………………………………………… 80

在"税制改革全国厂长经理高级研讨班"上的讲话
 （1993年12月13日） ………………………………………… 90

加快清产核资步伐,为转机建制打好基础、创造条件
　　(1994年1月6日) ………………………………………… 102

在全国清产核资工作会议各省区市经贸委负责同志座谈会上的讲话
　　(1994年1月7日) ………………………………………… 110

在东北三省三市"优化资本结构,增强企业实力"试点城市预选
　　调研座谈会和意见交流会上的讲话
　　(1994年1月25~27日) …………………………………… 113

以建立现代企业制度为方向改革企业管理制度,加强企业管理工作
　　(1994年3月9日) ………………………………………… 118

在全国企业管理工作座谈会上的总结讲话
　　(1994年3月12日) ………………………………………… 131

中国经济体制改革的进程和构想
　　(1994年3月13日) ………………………………………… 141

在中国职工思想政治工作研究会第八次会议上的讲话
　　(1994年4月17日) ………………………………………… 147

建立破产机制意义十分重大
　　(1994年6月3日) ………………………………………… 155

在全国"优化资本结构,增强企业实力"试点城市清产核资
　　工作会议上的讲话
　　(1994年6月29日) ………………………………………… 160

通过城市"优化资本结构"试点推进国有企业改革
　　(1994年8月25日) ………………………………………… 169

在亚太经济合作组织中小企业副部长会议上的讲话
　　(1994年10月23日) ……………………………………… 178

《转机条例》、《监管条例》与建立现代企业制度
　　(1994年11月2日) ………………………………………… 182

在全国经贸委系统培训中心主任工作会议上的讲话
　　(1994年11月10日) ……………………………………… 190

企业改革进入了转换机制、制度创新和配套改革的新阶段
    （1994年11月17日） ………………………………………… 207
老工业基地要用好新机遇
    （1995年1月1日） …………………………………………… 215
适应当前改革和发展形势需要，努力开创经贸法规工作新局面
    （1995年2月16日） ………………………………………… 221
在中央党校省部级领导干部"国有企业改革研究班"上的专题报告
    （1995年3月） ……………………………………………… 231
中央党校省部级领导干部"国有企业改革研究班"学习情况小结
    （1995年3月31日） ………………………………………… 248
企业集团试点工作的思路和任务
    （1995年4月4日） …………………………………………… 256
加快立法步伐，促进和保障中小企业健康发展
    （1995年6月1日） …………………………………………… 264
大型企业集团要努力实现经营机制转换
    （1995年7月1日） …………………………………………… 268
加快转变经营机制和经济增长方式
    （1995年7月26日） ………………………………………… 273
加快建立国有资产管理体制
    （1995年8月1日） …………………………………………… 280
深入试点、务求实效，大力推进国有企业改革
    （1995年10月7日） ………………………………………… 286
全面理解现代企业制度
    （1995年10月11日） ………………………………………… 308
关于"九五"期间国有企业深化改革的几个问题
    （1995年11月13日） ………………………………………… 312
关于武汉市企业破产问题有关情况的报告
    （1995年12月20日） ………………………………………… 327

发展城镇集体经济的几点共识
　　（1996年1月7日）⋯⋯⋯⋯⋯⋯⋯⋯⋯⋯⋯⋯⋯⋯⋯⋯⋯ 334

在"优化资本结构"扩大城市试点研讨班上的总结讲话
　　（1996年2月15日）⋯⋯⋯⋯⋯⋯⋯⋯⋯⋯⋯⋯⋯⋯⋯⋯ 342

现代企业制度试点中需要进一步探讨和澄清的几个问题
　　（1996年3月）⋯⋯⋯⋯⋯⋯⋯⋯⋯⋯⋯⋯⋯⋯⋯⋯⋯⋯ 349

在诸城小企业改革情况调查总结会上的发言
　　（1996年3月24日）⋯⋯⋯⋯⋯⋯⋯⋯⋯⋯⋯⋯⋯⋯⋯⋯ 362

学邯钢，要学实质、动真格
　　（1996年4月19日）⋯⋯⋯⋯⋯⋯⋯⋯⋯⋯⋯⋯⋯⋯⋯⋯ 370

采取综合治理措施，做好企业解困工作
　　（1996年5月28日）⋯⋯⋯⋯⋯⋯⋯⋯⋯⋯⋯⋯⋯⋯⋯⋯ 374

就中小企业问题答中央电视台记者问
　　（1996年5月29日）⋯⋯⋯⋯⋯⋯⋯⋯⋯⋯⋯⋯⋯⋯⋯⋯ 383

打好企业兼并破产这场硬仗
　　（1996年7月30日）⋯⋯⋯⋯⋯⋯⋯⋯⋯⋯⋯⋯⋯⋯⋯⋯ 387

解放思想，大胆实践，进一步放开搞活小企业
　　（1996年8月15日）⋯⋯⋯⋯⋯⋯⋯⋯⋯⋯⋯⋯⋯⋯⋯⋯ 396

在里昂"法中国有资产管理体制研讨会"上的发言
　　（1996年10月）⋯⋯⋯⋯⋯⋯⋯⋯⋯⋯⋯⋯⋯⋯⋯⋯⋯ 415

国有经济发展战略和布局合理化研究课题报告
　　（1996年12月2日）⋯⋯⋯⋯⋯⋯⋯⋯⋯⋯⋯⋯⋯⋯⋯⋯ 418

在全国优化资本结构试点城市试点工作研讨班上的讲话
　　（1997年1月9日）⋯⋯⋯⋯⋯⋯⋯⋯⋯⋯⋯⋯⋯⋯⋯⋯ 436

在全国城镇集体企业清产核资工作会议上的讲话
　　（1997年4月8日）⋯⋯⋯⋯⋯⋯⋯⋯⋯⋯⋯⋯⋯⋯⋯⋯ 453

在第四次全国中小企业对外合作工作会议上的报告
　　（1997年4月16日）⋯⋯⋯⋯⋯⋯⋯⋯⋯⋯⋯⋯⋯⋯⋯⋯ 465

在全国企业职工解困暨再就业工作经验交流会议上的讲话
　　（1997年5月28日）………………………………………… 486

在国家试点企业集团工作会议上的总结讲话
　　（1997年6月25日）………………………………………… 492

认真开展工商管理培训
　　（1997年8月）……………………………………………… 511

学习上海经验，做好职工下岗分流工作
　　（1997年8月27日）………………………………………… 516

国企改革需要舆论宣传的支持
　　（1997年9月7日）………………………………………… 522

贯彻党的十五大精神　加快国有企业改革步伐
　　（1997年10月24日）……………………………………… 526

市场不同情弱者，市场不相信眼泪
　　（1997年11月）…………………………………………… 547

国有企业怎样三年走出困境
　　（1997年11月28日）……………………………………… 550

在全国企业兼并破产和职工再就业工作座谈会上的讲话
　　（1997年12月19日）……………………………………… 553

在经济回落时，企业应该做什么，能够做什么
　　（1998年1月）…………………………………………… 560

在广东调研企业兼并破产和职工再就业工作后与省市
　　有关部门交换意见时的讲话
　　（1998年2月13日）……………………………………… 571

积极对待下岗分流，加快完善社会保障体系
　　（1998年3月4日）……………………………………… 578

在国家行政学院第一期稽察特派员培训班上的讲课
　　（1998年4月3日）……………………………………… 582

社会主义市场经济呼唤新一代经营管理者
　　（1998年5月19日） ………………………………………… 597
关于企业集团发展中的几个问题
　　（1998年6月） …………………………………………… 600
在全国养老保险和再就业服务中心建设工作会议上的讲话
　　（1998年7月24日） ………………………………………… 611
在"中国境外上市公司董事长总经理高级培训班"上的讲稿
　　（1998年9月） …………………………………………… 618
买方市场考验企业家素质
　　（1998年9月19日） ………………………………………… 624
破产在社会主义市场经济中有特殊的"一席之地"
　　（1998年10月） …………………………………………… 628

班组建设要适应转换经营机制的要求*

（1992 年 9 月 25 日）

1992 年 9 月 25 日，中华全国总工会和国务院经贸办联合召开第二次全国企业班组工作会议，作者在会上以"适应转换企业经营机制的要求，加强班组建设，增强企业活力"为题发表讲话。

陈清泰讲话中说，当前国家经济体制改革，特别是企业改革已发展到一个新的阶段。邓小平同志的南方谈话，使全党和全国人民进一步解放了思想，鼓舞了斗志。《中华人民共和国全民所有制工业企业法》（本书以下简称《企业法》）的颁布和《全民所有制工业企业转换经营机制条例》（本书以下简称《转机条例》）的出台，将搞好国有企业的工作，从改革初期以简政放权、减税让利为主的起始阶段，推向以转换经营机制、促使企业走向市场的深层次。

陈清泰指出，企业转换经营机制的要点，就是使国有企业由计划经济体制下，以国家计划为中心的企业运行机制，转变到社会主义市场经济体制下，以市场为中心的运行机制。这是一次深刻的变革。例如，产品销售，将由过去的计划分配，变成商品的市场竞争；企业效益，将由决定于国家的计划安排转为取决于用户的"货币选票"；企业发展，将由靠国家计划划拨资金、确定项目，变为主要靠自己筹措资金和自我积累能力；等等。

企业转换经营机制与班组工作有什么关系呢？陈清泰说，班组是企业的基本生产单元，企业经营机制的转换对班组工作提出了新的要求，班组工作的改善与加强又会为企业经营机制的转换充实基础。这些变化给班组建设提出了许多新的问题。一是产品质量问题。市场经济越发展，质量的

---

* 本文是《工人日报》1992 年 9 月 26 日的报道。

地位就越重要。而质量是通过职工劳动和班组的管理创造出来的。因此班组工作的好坏，直接影响产品的质量，也就直接影响产品进入市场的程度。二是成本问题。生产成本中的大部分是由各个班组、各项生产资源的消耗汇集起来的，成本的高低，关系到效益的好坏。企业要追求低成本、高效益的目标，必然要求班组改善工作，把挖潜降耗的措施具体落实到班组。三是效率问题。低效率、低效益，与企业进入市场的要求格格不入。班组是第一线生产劳动的基本单位，提高职工积极性是企业由粗放经营转为集约经营的基础。

陈清泰提出，企业走向市场和内部机制的转换，要求班组必须做到不断改善和加强班组的质量管理，改善班组劳动组织，合理分配工资资金；广泛开展合理化建议活动，不断改善生产现场；加快新产品开发，促进新工艺实现，加快技术进步步伐；加强业务技术培训，提高人的素质；改善和加强基础管理、民主管理；加强班组思想建设，建设"四有"职工队伍。

陈清泰强调，企业转换经营机制与政府部门转变职能是一个问题的两个方面，只有同步进行才能奏效。各级政府部门要按照政企分开，宏观管好、微观放开的原则，一方面，不干涉企业的内部事务，把《转机条例》中规定的14项企业经营自主权真正落实给企业；另一方面，搞好规划、协调、监督、服务，把属于政府部门应该做的工作一定要做好。班组建设是企业内部事务，各级主管部门都应按照《转机条例》的规定，尊重、维护企业的自主权及合法权益，对班组建设主要是做好指导和服务工作。

首先，要转变观念，加强对班组工作的指导。各级企业主管部门必须充分认识到，在高度集中的计划经济体制下，政府对企业进行直接管理，事无巨细都由政府来管，结果是管了很多不该管、管不了也管不好的事情。管理方式上往往采取检查、验收、评比等行政方法，不仅存在着脱离企业实际、使管理工作流于形式的问题，而且增加了企业直至班组的负担。因此，政府部门要转变职能，对企业实行间接管理，创造条件，促进企业经营机制的转换，使企业真正由"要我管理"转变为"我要管理"，自觉地加强内部管理，包括班组工作。

其次，要转变工作作风，为企业做好服务。各级主管部门要深入基层，真正放下架子，为企业办实事。加强调查研究，发现好的经验，尊重企业在实践中创造适合自己特点的管理形式，对行之有效的班组管理形式，特别是对具有典型示范意义的经验和做法，要通过总结交流、表彰先进、树立典型等形式来进行宣传引导。同时要及时了解班组工作中存在的问题，进行分类指导。通过这些工作推动企业的班组建设。

最后，要充分发挥工会组织的作用，共同搞好班组建设。班组建设涉及方方面面的工作，需要各方面的共同努力。所以，各级主管部门和工会组织要相互配合，加强工作联系。要围绕转换企业经营机制这个重点，共同研究制定加强班组工作规划。在实际工作中，充分发挥工会组织的作用，利用其群众性强的特点，积极开展不同层次的劳动竞赛、民主管理、合理化建议、技术练兵、技术比武等活动，推动班组建设的深入发展。

国有企业普遍面临走向市场的严峻考验[*]

（1992 年 11 月 1 日）

1991 年 9 月，中央工作会议特别强调国有企业要转换经营机制；1992 年 7 月，《转机条例》发布；同年党的十四大确定了社会主义市场经济体制的改革目标。这些理论政策上的突破，使深化国有企业改革出现了新的形势——国有企业普遍面临走向市场的严峻挑战。1992 年 11 月，国务院发展研究中心和深圳市人民政府共同举办了深化国有企业改革研讨会。这时，作者刚刚由东风汽车公司调任国务院经贸办，分管全国企业和企业改革工作，渴望利用多种机会听取各方面的意见和看法。应会议之邀，作者参加了这次研讨会。

企业是市场活动的主体，是经济运行的基本单元，在我国国有企业中占主导地位，因此它的变革既受经济体制改革配套性的制约，也影响着社会主义市场经济体制的形成。增加国有企业活力，已成为全社会最为关注的大事。在去年中央工作会议的基础上，按《企业法》规定的原则，今年 7 月国务院颁布了《转机条例》。在全国加速改革开放、加快经济发展的背景下，《转机条例》的公布，为进一步促进全国企业改革创造了条件，提供了依据。

一　国有企业面临的挑战

经历了 14 年的改革开放，企业环境已发生了巨大变化，单一计划经济体制，正逐步被社会主义市场经济体制所取代，相应地，国有企业的地位

---

[*] 本文是作者在深化国有企业改革研讨会上的发言。

不断提高，权利不断扩大。虽然少数国有企业能较好地适应向社会主义市场经济过渡的步伐，表现出较强的活力，但大多数国有企业远没有完成机制转换。面对日益形成的市场经济，或束手无策，或力不从心。由于国有大中型企业仍是我国能源、交通、原材料、主要加工工业和服务业的主体，从某种意义上讲，国有企业活力的增强和进入市场的快慢，决定着社会主义市场经济体制的形成。

我国的国有企业，从一开始就和计划经济体制紧密关联。在原有体制下，政府是经济运行的主体，国家根据规划和预测制订计划，国有企业就是执行计划的基本单元。它们不仅远离用户，而且连本企业的生产与发展都不需要独立决策。实际上，这种承担大量社会职能却没有完整经营功能的"企业"本不能称为企业，只是政府职能的延伸，它们的责任就是简单地"听话、干活"。对它们来说，没有也不允许有在执行计划以外的"活力"。因而在实行改革开放、开始出现市场竞争之后，这些国有"庞然大物"就显得十分笨拙。迫于形势的压力，它们疾呼改革，改变现状，而政府部门或由于旧体制的束缚，或出于新旧体制交替时操作上的困难，对越是生产短缺产品的企业越不能放权，越是大的企业与旧体制捆得越紧，越是效益好的企业越不能松绑。

虽然政府给国有企业逐渐放权，但国家对不同所有制的企业仍实行了不同的政策和管理办法，这样在政策上就出现了不平衡；加之诸如资产管理、人事劳动、价格与计划、税收财政、社会保障等的配套改革难以到位；因而不同所有制的企业形成了不同的经营机制，在众多国有企业中较普遍地出现了一系列相互矛盾的现象。例如，国有企业缺乏激励，但又不甘落后；尚未放开手脚，但又缺乏约束；要摆脱政府的直接管理，但又想依赖政府的特殊宽厚；经营权利尚未到位，但又难以调控；效率低下，但工资性支出又不得不较快增长；人浮于事，但又难以消肿；生产手段老化，但又常常低水平重复投资；承担大量社会职能，但又不能也不愿还给政府；缺乏后劲，但又只顾眼前无力顾及长远；等等。这许多相互矛盾的现象集国有企业于一身，使它们很难主动迎接来自市场的竞争并获得成功。

随着市场经济体制的建立和经济上的"国界"进一步开放，市场竞争的优胜劣汰法将无情地适用于竞争性行业的各类企业。而各类企业中受影响、受冲击最大的无疑是国有企业，特别是国有大中型企业。如果国有企业经营机制转换长期不能到位，形势的发展将出现两种可能：要么由于市场运行的"主力队员"不能到位，而拖延社会主义市场经济体制的形成，经济发展受阻；要么随着市场经济体制的形成一批国有企业败下阵来，国有资产蒙受损失。此时，国有企业普遍面临走向市场的严峻考验。加速企业改革已成为改革开放和经济发展的当务之急。

二 实行两权分离，下放经营权利

建立社会主义市场经济体制涉及改革的诸多方面。但是，其中的必要条件包括建立可以配置资源的市场、可以引导资源合理配置的价格体系和能接受市场信号并及时做出正确反应的独立企业。政府则在这三者之上以宏观手段加以调控和干预。

以去年中央工作会议为标志，国有企业的改革进入了深层次的攻坚阶段，即由一般的减税让利、简政放权，逐步转入政府转变职能、下放经营权利，企业转换经营机制、自主走向市场。这是形成社会主义市场经济体制必然经历的一次极其深刻的变革。通过这次变革，国有企业要成为独立的市场经济活动的主体。没有千万个独立的经营主体走向市场、投身竞争、优胜劣汰，市场经济就无从谈起。

自从改革开放以来，在给企业放权与收权上已几经徘徊，但所有权与经营权仍往往混为一谈。

到目前为止，国有企业的主要经营权仍游离于企业之外，企业经营的重大问题仍由承担社会管理职能的政府决策。政府在考虑每项决策后果时，必然更多地顾及社会效果而较少地照顾企业的利益。市场竞争的规律就是哪个企业能敏锐地捕捉到市场信息，能及时地抓住市场契机并迅速而灵活地做出恰当的反应，哪个企业就将是胜利者。胜利者获取报酬的多少，从某种意义上取决于它的灵活性和做出反应的效率。面对瞬息万变的市场，国有企业显然处于十分不利的地位。那些只能对照"红头文件"搞经营，不能自主对市场变化做出决策的国有企业，不能发挥自身优势，只能束手待毙。因此，国有企业进入市场的必要条件就是实行政企分开，把对市场迅速做出反应的权利交给企业,使国有企业获得和其他所有制企业相似的权利,进入市场,参与竞争。

《转机条例》就政府转变职能、企业转换机制、进入市场的原则而言,较充分地体现了企业改革的深度。但《转机条例》给企业的14项权利,还不是放权的终点,带有时代的局限性。随着配套改革的深化,最终形成的结果是在国家以宏观手段对市场和企业进行调控和引导之下,国有企业不是对照政府放给自己的哪一项权利决定干什么或不干什么,而是根据市场信息和企业战略,只要不违反法律法规,就放开手脚去经营。

改革开放以来,政府对企业已几经"放权",但国有企业完整意义上的经营自主权仍未到位。究其原因,其中重要的一点是政府职能尚未转变。即计划经济体制下政府"管"企业的一套办法还没有根本变化,只是在管多管少、条条管还是块块管、你管还是我管上"拉锯"。至今还有一些部门认为不管钱、管物、管指标怎么管企业?不管企业,那还管什么?无论从政府的机构设置、部门职能还是工作方法上,都还没有建立起市场经济体制下政府通过调控市场引导企业,辅之以必要的行政干预的运行机制。

政府在不直接管企业之后,在创造和改善市场经济的社会环境方面有大量工作急需要做,而这些事是任何企业和个人都无能为力的。例如,建立全国统一的大市场,消除区域保护;制定市场规则和法律框架,形成公平竞争的体制;建立和完善市场信息渠道,引导企业决策;制定产业政策,引导资金投向;建立和完善社会保障体系,发展劳务市场,促使人员流动;促成新的价格形成机制,使其较真实地反映供求关系,从而引导企业;理顺产权关系,形成产权的激励与约束机制;破除行业壁垒,使企业能自由进入和退出某一市场;发展为市场和生产服务的第三产业,解除企业"办社会"等负担。同时抓紧财政、税收、外贸等配套体制改革,促使社会主义市场经济体制形成。这是社会主义市场经济体制下政府分内的事,也是任何企业和个人都无能为力的。通过企业转变机制,政府转变职能,最终应使企业成为市场运营的主体,使政府成为宏观经济运行的组织者和调控者。

三 规范企业行为，形成约束机制

国有企业走向市场、增强活力的关键是转变机制。就是变在计划经济体制下，企业各种生产要素的获得与支配都按照政府计划运行的机制，为在市场经济体制下，企业自主地接受市场信息和国家宏观调控信号并据此迅速做出正确反应的机制。

这是形成市场经济体制的重要基础，是使市场对资源配置起基础性作用、经济活动遵循价值规律的必要条件。企业要能"迅速"做出"正确"反应，涉及政府与企业诸多方面的改革。但当前首要的则是下放经营权。要把"迅速"做出反应的手段和权利交给企业。但是，与此同时，要保证"有自主权的企业"按经济规律、按所有者的意愿行事，就必须建立企业的约束机制。企业是经济调节的落脚点，没有约束的企业就会出现众多的非正常行为，它犹如一只"黑盒子"，对其输入任何正确的经济信号，都可能产生错误的行为。

目前，通过国家计划对企业的严格约束显然已经淡化了，而市场约束机制并未形成，国有产权约束又尚未建立，因而在一些企业中出现了经营者的短期行为是不足为奇的。改革开放以来，几次出现一放就乱，一乱就收，一收就死的周期反复。而对这一现实，传统观念认为，防止企业短期行为的办法就是进一步收紧，强化政府直接控制各项生产要素的职能，从严对企业批钱、批物、批项目、批指标。但是，这一做法的结果与其愿望相反，企业经营者的责任体系越发建立不起来，约束机制也不可能形成。其实，企业的自我约束，是以自主经营为条件的。既然事事有人审批，那么企业经营者还有多少责任？这种做法使经营者眼睛盯着政府，不遗余力地竞相争取"放""让"优惠，争取短缺资源；对经营中的问题却往往以"反正没装进自己腰包"而一言以"避"之。

要使企业在市场活动中行为端正，就必须在进入社会主义市场经济体制的过程中逐步建立起对企业行为的法律约束、市场约束和产权约束。

必要的法律、法规是对企业的约束，也是对企业的保护。目前经济立法落后于改革与经济发展，仅有的经济法规亦缺乏执法的保证。要以国家的法律法规来规范市场行为，保护公平竞争，制裁违法行为；以会计师事务所、审计事务所、律师事务所等中介组织对企业进行监督与保护，这套市场"软件"的建设需要时间，但现在要抓紧进行。

市场竞争的优胜劣汰法给企业的激励作用，远比政府的某些照顾来得大；同时，充分的市场竞争对企业的约束也是刚性而不留情面的。目前政府对企业"要放，并没全放完；还管，又管不住"的局面是最不利的，要尽快跨过这一过渡状态，要下决心加快下放权力的步伐，引导企业走向市场，发挥市场作用，形成市场对企业的激励与约束机制。

理顺国有资产的产权管理体制对改善国有资产经营效率十分重要。为改善国有资产管理松弛的状况，首先，要使行使国家所有者职能的代表（机构）与行使社会管理职能的政府分离。政府对各类企业进行宏观调控，为它们创造公平竞争的环境；行使国家所有者职能的机构对受托管理的企业国有资产行使所有者职能，对其保值增值承担责任。其次，实行所有权与经营权的分离。所有者代表（机构）以价值形态的国有资产保值增值为目标对企业发展中的重大问题进行决策，对企业经营效果和经理人员的表现进行监督，并有权决定经理人员的去留，但是对企业具体经营事务则不进行干预。由于行使所有者职能的机构没有社会管理职能，促使它们站在所有者立场考虑问题，突出追求经济效益的目标；由于行使所有者职能的机构对国家承担所管资产保值增值的责任，要促使它们加强对所属企业的监督并慎重决策，防范风险。

经过十几年的改革开放，国有企业改革已有了很大的进展，现在已经形成实现机制转变的有利时机，各政府部门和企业都应以十足的紧迫感抓住时机，大胆工作。一旦实现这一转变，蕴藏在国有企业内部的巨大潜力将使其在市场竞争中再振雄风。

贯彻落实《转机条例》进入关键阶段*

（1993年3月8日）

《转机条例》颁布实施半年多了，全国上下正在形成落实《转机条例》、转换机制、走向市场的大气候，特别是党的十四大以后全国贯彻落实《转机条例》出现了新的突破。就此记者采访了国务院经贸办副主任陈清泰。

问：当前，全国贯彻落实《转机条例》有哪些新情况？

答：党的十四大以来的几个月，全国各地区、国务院有关部门贯彻落实《转机条例》的工作进展较快。目前已进入关键阶段，从我们掌握的情况看，主要有六个特点。

一是学习、宣传《转机条例》工作深入开展，已初步形成了热潮。主要有两个特点。第一，绝大多数地区和部门都举办培训班、研讨班，把学习《转机条例》和学习十四大文件结合起来，把贯彻《转机条例》和建立社会主义市场经济体制结合起来，增强了贯彻《转机条例》的紧迫感；第二，新闻媒体在有一定声势的动态报道的基础上，普遍开辟专栏和专题。宣传典型事例，抓住带倾向性的问题深入剖析，把贯彻《转机条例》引向深入。

二是制定《实施办法》和配套规章正在抓紧进行，并在某些方面有所突破。截至2月25日，全国各地区和国务院有关部门正式报送审核的《实施办法》和配套规章共48个，其中地方25个，主管部门10个（不含总公司），综合部门配套规章13个。有32个已经国家体改委、国务院经贸办、国务院法制局共同协调审核完毕。山东、云南、河北、青海、黑龙江、广西、江苏、北京等14个省区市和商业、物资、交通、铁道四个部门的《实

---

* 本文为1993年3月8日作者答新华社、《人民日报》记者问。

施办法》已正式颁布实施。

一些省区市制定《实施办法》，除了把《转机条例》规定做了细化外，还对现行政策有所突破。主要是：在地方权限内，由地方财政支持，在不影响中央财政收入的前提下，搞"自费改革"，增强企业发展后劲；放开企业经营范围，简化企业登记审批手续；扩大企业进出口权，推动企业进入国际市场；为企业调整组织结构规定优惠政策；试行多种资产经营形式，促进企业转换经营机制。一些省区市还在其他方面有所突破和创新。如山东省规定企业缴纳各种摊派费用要经职代会审议，为厂长抵制摊派提供手段。

三是一些部门和地区的政府职能开始转变。化工部对原有17项职能进行分解，确定了新的8项职能。缩小化工产品计划管理范围，将27个指令性计划品种减少为3个，指导性计划品种由500种（类）调整为295种（类）；将国家管理的284个化工产品价格绝大部分减掉了，初步达到精简、统一的要求。人事部已将企业专业技术职务聘用权全部放给企业自主管理，并从1993年起不再下达企业干部计划。

省区市转变政府职能也有许多新的举措。江西省政府11个部门及有关地市政府与首批转换经营机制的6家试点企业就落实14项经营权签订了协议书，取消下达招工指标，将企业的经营决策、厂长（经理）任免中层管理人员、企业内部职称评定、打破干部工人界限等权利归还给企业。甘肃省将省管产品的定价权已全部放给企业，财政、劳动、人事、税务等部门都按《转机条例》规定提出了实施意见。

四是清理文件工作普遍展开。机电部、冶金部、纺织部、化工部、电子总公司清理文件工作已告一段落，废止了一批与《转机条例》相抵触的文件。其他部门清理文件工作也在认真进行。

各地区清理文件工作正在抓紧进行。天津市共清理2.7万份文件，有1000余份进行登记造册，其中10%废止，55%失效，35%需修改后继续执行。甘肃省清理规范性文件2677件，需废止的393件，占14.7%；需修改的113件，占4.2%。辽宁省清理文件1404份，其中废止84件。

五是企业14项自主权正在逐步落实。通过对11个省区市和13家重点联系企业落实14项自主权的逐项调查分析，大体有三种情况。

第一种有5项自主权多数企业已经或基本落实，即生产经营计划权、产品定价权、产品销售权、物资采购权、留用资金支配权。

第二种有5项自主权到位难度大，只有部分落实，即资产处置权、人事管理权、机构设置权、联营兼并权、工资资金分配权。

第三种有4项自主权基本未落实，即投资决策权、进出口权、劳动用工权、拒绝摊派权。

六是转换经营机制的试点工作进一步展开。一些省区市依据本地区和企业的不同情况，选择试点企业，使企业分期、分批实现转换机制的目标。山西省选了太原市和49户企业进行抓落实工作，各地市也选了50户企业作为试点；辽宁省抓了沈阳、大连、鞍山、锦州等市的政府转变职能试点。上海、山东等省市在总结试点成功经验的基础上，逐步在国有企业中推广。许多省区市把贯彻落实《转机条例》与深化企业资产经营形式改革相结合。如湖南省已有71户工业企业、8户大型商业企业实行投入产出总承包，1100多户小型国有企业引进"三资"企业和乡镇企业机制，3600多户国有商业企业实行"四放开"，34500多个国有商业门店实行公有私营、租赁或拍卖，1户工业企业进行税利分流试点，45户企业进行股份制试点。一些省区市把贯彻落实《转机条例》与推进企业内部三项制度改革相结合，取得了较好的效果。

问： 从您刚才谈到的情况看，在转变政府职能、落实企业自主权等方面还有一些不尽如人意的地方，那么，在当前贯彻落实《转机条例》工作中还存在哪些问题？

答： 从我们了解的情况来看，主要有以下几点。

第一，少数地区、部门和单位对贯彻《转机条例》重视不够，还没有真正把贯彻《转机条例》、转换企业经营机制当作中心工作来抓，这项最该热的工作还热得不够。

第二，政府部门职能转变滞后，机构尚未精简，这仍是制约企业转换经营机制的重要因素。企业普遍要求加快政府转变职能的步伐，尽快落实企业权利。当前一些部门搞"翻牌"公司成立"拉郎配"的集团公司，把过去下放给企业的权利又收上来，引起企业不满，严重影响了《转机条例》的贯彻。

第三，配套改革跟不上，影响企业走向市场，特别是社会保障体系建设、人事、劳动制度、金融体制改革滞后，影响企业机制的转换。

第四，全国性专业总公司与所属企业、一些企业集团与所属企业的经营自主权究竟落实到哪一层，尚未明确，需要进一步研究解决。

第五，个别地区、部门和一些企业在等待观望，工作进展缓慢。个别政府部门等待机构改革，没有把精力放在贯彻《转机条例》上。有些企业等待地区、部门拿出实施办法，推着自己走。甚至《转机条例》还没有贯彻，就喊14项自主权"不解渴"。这些都影响《转机条例》的贯彻。

问：看来，在贯彻落实《转机条例》中还存在许多难题，上述存在的问题，可能会影响《转机条例》在企业的真正落实，那么，针对上述问题，国务院经贸办将采取哪些措施加以解决？

答：1993年是贯彻实施《转机条例》的关键一年。要实现全国经济工作会议提出的年底前把《转机条例》规定的14项自主权在国有企业基本落实、争取大部分企业开始按《转机条例》规定的机制运行起来的目标，任务十分艰巨。我们要认真贯彻党的十四大精神，坚决、全面地贯彻《转机条例》，加快转换经营机制步伐，国务院经贸办将会同有关部门抓好以下几项工作。

第一，进一步创造贯彻《转机条例》的社会舆论环境。重点是促使各级主要领导进一步理解建立社会主义市场经济与搞好国有企业的关系。增强搞好国有企业的紧迫感，转变观念，集中精力，真抓实干，转变政府职能，为企业转换经营机制创造必要的外部条件。特别是八届人大一次会议召开前后，除报道各地区、各方面贯彻《转机条例》活动情况外，一是要宣传报道地区和部门领导集中精力抓贯彻《转机条例》、抓实施办法和配套规章到位的经验和做法；二是介绍一批有代表性的企业落实自主权、建立自我约束机制、转换经营机制的经验和做法；三是对严重违反《转机条例》，带有不良倾向性的典型事例进行新闻"曝光"、剖析，引导贯彻《转机条例》工作健康发展；四是组织有关部门、理论界和社会各方面对一些重要问题，如产权关系、完善企业经营形式、解决历史遗留问题等进行研讨，探讨贯彻《转机条例》的深层次问题，形成全社会都关心《转机条例》贯彻的舆论。

第二，配合国家体改委组织协调各地区、国务院有关部门抓紧制定《转机条例》的实施办法和配套规章。地区的实施办法在3月初完成，部门的力争在3月份完成，增加贯彻实施《转机条例》工作的操作性。

第三，继续做好现行法律、规章和行政性文件的清理工作。凡是与《转机条例》不一致甚至相抵触的，该修改的修改，该废止的废止。清理文件要与制定实施办法和配套规章同步进行，避免政策撞车。同时，还要抓紧提请有关部门拟定新的法律、法规。

第四，深入调查研究，分类指导，积极抓好贯彻《转机条例》的各类典型，带动面上工作。在前一段确定重点联系企业的基础上，注意发现勇于探索、积极试验的各类新典型和新经验。

第五，加强对贯彻落实《转机条例》的检查和执法监督工作。上半年我办拟会同有关部门组织若干检查组分赴各地，对各地区、各部门贯彻《转机条例》的情况进行一次检查，对贯彻《转机条例》好的地区和部门要给予表扬，对差的给予帮助，对违反《转机条例》截权不放的，要严肃处理。同时，要求各地执法机关设立群众举报电话，认真做好投诉接待工作。

第六，拟于今年7月份召开全国贯彻《转机条例》工作会议，总结《转机条例》颁布一年来贯彻实施情况，交流经验，研究解决贯彻实施中遇到的问题，提出下半年的工作意见。

贯彻实施《转机条例》、转换企业经营机制是涉及社会主义市场体制建设进程的大事，它涉及社会各个方面。转变政府职能是全面贯彻落实《转机条例》的重要前提；建立、发展市场体系和社会保障体系是企业转换经营机制必不可少的外部环境；全社会各界人士认真学法执法，是使《转机条例》各项规定落到实处的保证。希望大家都来关心、参与贯彻《转机条例》这件大事，齐心协力做好转换企业经营机制工作。

国有企业改革要解决深层次矛盾[*]

（1993年4月1日）

一　国有企业和企业改革的形势

（一）国有企业现状

从某种意义上讲，城市经济体制改革就是围绕如何搞好、搞活国有大中型企业展开的。经济体制改革，实质上就是要把传统计划经济体制改革成为社会主义市场经济体制。在这个改革中，受影响最大的就是和传统体制关联最紧的国有企业。到目前为止，国有企业在国民经济中仍占主导地位，掌握着能源、交通、原材料等基础产业和主要加工业与服务业。国有企业不活，不但社会经济难以发展，而且市场经济也很难形成。

在十多年的改革中，企业环境已经发生了很大变化，正在由单一的计划经济向市场经济过渡。这主要表现在以下方面。一是指令性计划大幅度缩小，国有企业产销中通过计划实现的部分已由80%～90%降到10%左右。二是价格逐步放开，如生产资料方面，1992年之前，国家控制价格的有737种，去年下半年已降到89种，消费品的价格已基本上放开。在企业的营业额中，指令性价格部分已降到15%以下，今年粮食、煤炭、石油价格还要继续放开。三是企业经营自主权逐步扩大。1991年中央工作会议上，明确了搞好企业的20条措施，1992年颁布的《转机条例》又明确赋予企业14项自主权。四是市场（包括商品市场、生产资料市场、证券市场等）正逐步形成，在某些领域还出现了买方市场。

---

[*] 本文是作者在国家经贸委干部学习会上所做的报告。

企业改革也在逐年深入。从1979年起，国家就提出要扩大企业自主权，通过简政放权、减税让利，增加企业的自我积累能力和发展的活力；1981年试行承包制，朝政企分离迈出了可喜的一步；1982年，提出了"利改税"的方案，在一部分企业中试行；1983年提出发展企业间横向联合，鼓励组建企业集团，实行产业结构和企业组织结构调整；1985年在上海开始股份制试点，探索新的企业组织形式；1986年颁布了《中华人民共和国企业破产法（试行）》（本书以下简称《企业破产法》），为实行优胜劣汰创造了条件；1987年，决定在全国普遍推行承包制，全国性的第一轮承包开始；1988年颁布了《企业法》，使国家对企业的管理、国家与企业的关系逐步走上法制化的轨道；同年还设置了国有资产管理局，着手研究国有资产的管理问题；1991年专门召开了中央工作会议，把国有企业改革转向更深层次，即政府转变职能，企业转换机制，把企业推向市场；1991年开始了税利分流的试点；1992年颁布了《转机条例》，把中央工作会议上所确定的政府转变职能、企业转换机制、把企业推向市场这个企业改革任务加以具体化，变成一个具有可操作性的文件。

通过十几年的改革，国有企业的状况发生了较大变化，一批企业的活力得到明显的增强，如首钢、宝钢、吉化公司、上海二纺机等，从而使我们看到了国有企业改革和发展的希望。另外一些企业集团如东风汽车集团、赛格集团、熊猫电子集团、东方电站集团等得到了较快的发展，使我们看到了以企业为主体调整和改造产业结构的希望。企业状况的变化还表现在企业适应市场的应变能力有了明显增强，一些企业开始进行多角经营，也有一些企业开始进行跨国经营，还有一些企业试行股份制，引进外资进行嫁接。

（二）国有企业面临的困难

到目前为止，大多数企业的状况仍不理想，机制尚未转换，没有摆脱困境。这些国有企业产品落后、技术落后、效率低、效益差，在市场经济中缺乏活力和竞争力。主要表现如下。

1. 企业补偿不足，设备老化

这是计划经济体制遗留下来的问题。国有企业维持简单再生产的折旧本来就提取不足，还要上缴，后来又要上缴"两金"，这样，企业连简单再生产都难以维持，只好吃老本，设备老化。据辽宁老企业统计，设备达到当代水平的不足5%，相当一部分"老掉牙"的设备超期服役；企业的固定资产净值逐渐减少。天津有个统计，固定资产净值率大约是60%。

2. 注资无源，债务沉重

在实行拨改贷以后，有许多重大的企业改造、建设项目全部靠贷款，没有资本金注入，企业债务包袱逐年沉重。《中华人民共和国中外合资经营企业法》（本书以下简称《中外合资经营企业法》）规定，合资企业注册资本不得少于1/3，这就是说企业建设和重大改造一定要有本金，而国有企业却是做"无本生意"。企业流动资金也没有来源。据统计，1981年国有企业自有流动资金占流动资金的64%，到1991年只有20%。去年国有企业的留利只有220亿元，而交流动资金利息却达350亿元。专项基金贷款余额大约是4500亿元，每年连利息都难还清，更不用说还本了。企业普遍反映，不改造没有后劲，要改造就背包袱，两条路都走不通。

3. 历史包袱成堆，亏损挂账严重

国有企业去年亏损额虽有所降低，但仍有289亿元，多年累计的亏损挂账潜亏大约有1300亿元，其中很多和过去计划经济的政策有关，如价格倒挂、企业不合理负担等。

4. 企业的社会包袱严重

企业多余人员社会不能消化，职工子女就业也由企业负担，现在东北老企业的离退休人员占在职人员总数的20%~25%。不少大型企业除火葬场外几乎什么社会职能都有，生老病死全要企业包下来，企业所在地方的医院、学校，甚至公、检、法、消防、国防，企业都要负责，"小社会"办得相当彻底。

5. 税赋沉重，企业效益下降

目前对不同所有制企业采用不同的税收办法，国有企业税赋最重，实现的利税中上缴国家的部分逐年增加。有资料表明，每100元销售收入中，国有企业上缴11元，集体企业上缴6元，三资企业上缴4元。

6. 企业内部机制落后，管理不善

国有企业在原计划体制下可以维持生产，却难以适应市场经济的变化。

有人这样描绘企业："背着老的，抱着小的，扛着国家，拖着社会，老态龙钟，步履蹒跚。"所以，国有企业一进入市场，一系列矛盾都暴露无遗。

之所以会出现上述情况，主要根源是国有企业与原有计划经济体制捆绑过紧。在政企不分的情况下，政府对企业有很强的干预力，企业则对政府有很大的依赖性。在新旧体制交替中，企业处于十分矛盾的状态：它们既缺乏激励，又不甘落后；既没有放开手脚，又缺乏约束；既想摆脱政府的直接管理，又想要政府对自己特别照顾；经营权尚未到位，但国家对国有企业又难以调控；企业效益低下，工资性支出又增长过快；人浮于事，又难以消肿；生产手段落后，又经常出现低水平的重复建设；承担大量社会职能，又不能（也不愿）交还给政府；缺乏后劲，又无力顾及长远。诸多矛盾集于国有企业一身，很不平衡，在市场竞争中难以表现出活力。因此，在企业中，就出现了许多非正常行为。例如，追求目标过于行政化，有盲目搞产值争速度的倾向；为追求企业行政级别的升格而不顾效益盲目投资，有反经济核算的倾向；扩大再生产外延化，有反技术进步的倾向；追求自我封闭、全能化，有反专业化协作的倾向；追求消费基金的最大化，企业行为有短期化的倾向。

（三）国有企业面临的挑战

进入20世纪90年代，国有企业面临更加尖锐的挑战，主要表现在两个方面。

一是市场竞争的挑战。党的十四大已经确定了建立社会主义市场经济体制的目标。市场经济的一大特点就是鼓励竞争，优胜劣汰。目前竞争中处于最不利地位的就是国有企业。40年的积累，国有企业财力、物力、人力本应具有最强的优势，但由于旧体制的弊端，在参与市场竞争时体制矛盾频频阻碍企业前进。结果是在全国工业产值中，国有企业的比重逐年下降，改革十多年大体每年减少两个百分点，到去年只占59%；另外，在工业产值增长速度方面，国有企业已被其他所有制企业甩得很远，如去年全国工业产值增长约21%，但国有企业增长14%，集体企业增长33%，乡镇企业增长53%，其他（三资、个体）增长54%。

二是"入关"的挑战。国有企业在与国内对手竞争中还不占优势，又要面对来自国际强手的竞争压力。"入关"后中国市场会进一步国际化，国内市场上的竞争必将带有国际竞争的色彩。尽管通过关税手段对中国企业可以进行一定的保护，但保护的时间和程度都是有限的。

这个挑战相当严峻。面对国内、国际竞争的双重挑战，可能出现两种结果。第一，由于国有企业机制转换迟迟不能到位，没有活力，同时由于它们又是掌握国家经济命脉的行业，这就使整个经济的发展受阻，不能达到预期的发展进度。第二，市场经济不以人的意志为转移，要不断向前推进，就会出现"沉舟侧畔千帆过，病树前头万木春"的景象。国有的搞不起来，其他所有制企业就会取而代之，国有企业会有相当一部分败下阵来，使国有资产蒙受损失，中国特色社会主义市场经济的基础动摇。这两个结果都是我们不愿意看到的。因此，加速企业机制的转换，成为全国最关心的一个大问题。

二 关于深化企业改革的几个问题

（一）实现政企职责分离，使国有企业成为独立主体

转变政府职能是政企分离的基础，是搞活国有企业的基本条件。在计划经济体制下，政府的经济职能大体上表现在两个方面：一方面，政府是社会资源分配的主体，通过计划分配各种资源，通过资源配置来管理经济；另一方面，政府又是国有企业的经营主体，企业重大经营决策的权利实际在政府，实行国有国营。政府集这双重身份于一身，就造成了许多弊端。当它行使政府职能的时候，必然要照顾企业，对国有企业显得过于宽容。

而在考虑企业发展的时候，又把企业作为行使政府职能的一种手段，把很多社会责任加到企业头上。这种弊端带来的后果就是效率低下，特别是在多种经济成分已得到相当发育的今天，这种矛盾更显突出。一方面，非国有企业担心政府出于对国有资产利益的支持，实行种种对国有企业的倾斜政策，干扰市场上的公平竞争；另一方面，国有企业又担心政府有关部门以所有者自居，任意侵犯企业经营权。在计划经济体制下，可以认为从组织结构设计上就是政企不分的。国家就像工厂调度生产一样来行使国

家权力，来管理企业，整个国家很像一个大工厂。而每个企业又有与政府相对应的机构，行使大量社会职能，很像个"小政府"。中央、地方和企业在面貌上都像"国家"，而管理手段又都像"工厂"，因此，是双重政企不分。国家和企业的边界不清、责任不清，所以政府理所当然要管工厂。很多人讲，政府主管部门不管企业管理什么。反过来，企业可以事事依赖政府，经营管理中的问题可以求得政府的宽容，因此，造成企业的低效率、低效益。

要搞市场经济，这个体制必须改变。在原有计划经济体制下，实行的是集中决策、集中配置资源、统一调度，因而政府是经济运行的主体。而市场经济则是分散决策，通过市场来配置资源，因而企业是经济运行的主体。也就是说，从经济运行上来讲，市场经济体制和计划经济体制是两条道上跑的车。因此，政府转变职能是建立市场经济的一个必要条件。政府职能转变很重要的一个方面就是由配置资源的主体变成用宏观手段调控市场、调控经济运行的主体，也就是通过调控市场引导企业行为；通过公平税赋、统一政策创造企业之间公平竞争的环境。为此，政府管理经济的职能必须与国有企业所有者职能分离开来。政府的经济管理职能是公平地面对社会各种所有制的企业，这样才能创造适宜的竞争环境。企业有大量需要政府出面解决的事，如建立全国统一的大市场，消除区域保护，制定市场规则的法律框架，形成公平竞争的体制；建立和完善市场信息渠道，引导企业的决策；制定产业政策，引导企业资金的投向；进行财政体制、外贸、金融等配套改革，建设公平竞争环境；建立社会保障体制，解除企业后顾之忧等。这些都是企业迫切需要，但靠企业自身又做不到的，而这些恰恰是政府转变职能以后所应该做的事情。

（二）改革国有资产的管理制度

由计划经济向市场经济过渡，其中一项历史性任务，就是要重新造就千万个独立的市场经济主体。建立社会主义市场经济是一个很复杂的过程，牵涉面很广，但其中的必要条件，包括完善市场经济的法律体系，建立可以配置资源的市场，有可以引导资源合理配置的价格，有可以接受市场信号并独立做出反应的企业。而政府在这几者之上用宏观手段加以调控。如果不改变现在国有企业这种国有国营的大一统状况，不构造千万个独立国有企业，市场经济就缺乏运行的主体，就不可能形成。在向市场经济过渡的今天，由于产权制度改革不到位，已经存在一系列问题。应该说，产权本来是一种动力，资产所有者为了争取更大的获利机会，为了减少资本风险，要不断地使资本流向获利最大的经营机构，使产业结构在资产流动中不断调整，资产又在不断调整中增值。从这个意义上说，产权在流动中推动社会进步，推动经济发展。

而我国由于产权管理制度改革落后，国有资产管理方式不仅没有成为经济发展的动力，反而带来一系列问题。

一是国有资产管理责任不清，资产流失严重。包括企业、部门、外商、职工，从各个角度都在蚕食国有企业。有人测算，现在国有资产一天流失一个亿，这种流失几乎搞不清数额，找不到责任人。二是企业内所有者代表缺位。因此，在企业中缺乏产权的约束，资产运作效率低。不像资本家，每天眼睛盯着自己的资本运行，而我们在资产流失的时候，没有人替国有资产讲话。三是政府部门以所有者身份自居可任意干预企业，有些地方已经发展到相当严重的地步。最近，镕基同志关于翻牌公司问题的批示见报后，很多企业来电、来文、来访、联名签字上告，令人吃惊。好端端的一个企业，某些部门就可以随便下令取消其法人资格，把它原有的生产经营物资、资金渠道全部割断。我至今不明白，在法律上，什么人有资格可以随便取消一个企业的法人资格，把它叫作自己之下的"二级法人"。什么叫"二级法人"？同志们不知考虑过没有，如果一个运营正常的企业，其法人资格一夜之间就可被上级取消的话，那么企业经营者还会有什么长期打算，怎能去追求资产的保值增值，还谈得上什么自主经营自负盈亏？这恰恰是目前国有资产产权管理体制形成的问题。当然，某些部门可以说我是你这个企业所有者的代表，就可以调整你。但是这种只凭偶然因素，不顾忌经济后果的草率从事，绝不是一般所有者行为，恰恰是产权责任不到位的表现。四是产权代表没有进入企业，决策权游离于企业之外。企业作为经济组织，其重大决策却是由承担社会职能的政府人员确定的，企业自然无法承担经营后果。实际上自负盈亏是以自主经营作为前提条件的，而自主经营的第一要素，就是企业要自主决定进入哪一个市场，退出哪一个市场。捧着"红头文件"进入市场是很难取胜的。

现在产权代表没有进入企业,企业的决策权在企业之外,严格地讲,这个企业并未构成一个完整的企业。企业必须是所有者、经营者、劳动者的协调组合。现在我们企业中有经营者、劳动者,而没有所有者或所有者派出的代表。企业所有者在企业中通过董事会行使自己的职权,而我们现在国有企业的董事会就是整个政府。也就是说,凡是由董事会决定的事,权利都分散在政府的各个部门。例如,企业资金投向的决策权,在计划部门;企业用人和工资分配的决定权,在劳动人事部门;企业财务问题、新产品开发问题、技术改造问题等几乎都分别由国家各个部门决定。这样的企业是不独立的,"跑部钱进"的企业怎能进入市场。

随着形势的发展,改革的紧迫性在于以下两个方面。一方面,国有资产不断在流失,使用效率过低,竞争不过其他所有制企业。另一方面,多种所有制成分既然长期存在,产权上必然会有相互交叉。在国有资产和其他所有制资产交叉的时候,国有企业不知道谁是自己的老板,结果造成一系列对企业灵活经营的阻力。现在各地方自己采取了一些办法,但怎么管好19万亿多生产经营性资产,是一个非常重大的问题。朱镕基同志指示,对这个问题要认真加以研究。企业司正在研究方案,今年还作为中国工业经济协会的一个重大研究课题,希望能拿出一个切实可行的好方案。现在经国务院同意,国家经贸委、国家体改委、国家计委、国家国有资产管理局选择八个大型企业集团作为国有资产授权经营的试点,已陆续展开。从我们了解的情况看,有几个方面的政策界限应该澄清。一是政府的经济调控职能和资产管理职能要分离。前者是面对全社会经济运行加以管理,是跨行业、面对各种所有制企业的。而国有资产管理,是作为一个个国有企业(国有资产)的所有者,担负起所管资产的保值增值责任。二是政府专业部门的专业管理要和国有资产管理脱钩。要防止退回到原专业部门直接管理企业的老路,如果原来的厅局转过来就是所属企业的资产经营公司,所管的还是原来的企业,这就可能成为"婆婆加老板",搞不好恐怕比原来那种行政隶属关系还要糟糕。三是对国有资产的经营不能形成垄断,要在竞争中评价各个国有资产经营部门的业绩。如果形成垄断,对经营效果就无法进行评价。四是国家对国有资产具有终极的所有权。但同时要承认,有企业法人的资产所有权,如果企业法人没有自己的独立资产,就不能独立承担民事责任,在其进入市场时就无法操作。五是要避免一对一的所有者代表,国有企业的国有资产所有者应该逐步多元化。

国有资产管理改革的过程,大体上是把国有资产管理和政府的行政管理职能分开,使国有资产的产权代表进入企业,使每一个企业有具体的"国有老板"。在国有资产代表进入企业后,在企业内部再实行所有者和经营者分离,所有者不能过多干预日常经营。

(三) 关于企业转换机制问题

企业的机制转换,含义就是使企业由计划经济条件下一个生产单位转到市场条件下一个独立主体的企业运作方式的变革。在原有计划经济体制下,国家对企业实行"四统",即计划国家统一下达,材料国家统一调拨,产品国家统购统销,财务国家统收统支。要由这样的生产单位变成一个市场上有活力,能打开局面进行竞争,不断推出新产品,能不断开拓创新的企业,这确实是一个非常深刻、脱胎换骨的变化过程。在转换机制方面大体上包括以下三个内容。一是企业观念的转变。企业要由过去那种安安稳稳按计划组织生产、平平静静吃"大锅饭",转向不断增强竞争意识,树立风险意识;不断增强进取精神,捕捉创利获利机会;不断增强自主自立能力,克服某些国有企业的"软骨病"。另外,要建立本企业的企业文化。企业首先要以营利为目的,但是企业的追求又必须有比利润更高层次的东西,这就是企业哲学、企业的价值观,否则无法长期动员职工。二是管理体制的转变。变生产型企业为独立的市场经营主体,就要改革企业管理体制。要重新构造政企分离后企业的经营决策体制和企业领导制度;要建立企业的市场开拓体制、技术开发体制、购销服务体制、资金运作体制;等等。由此构成新管理体制框架。三是运行机制的转变。企业在一定的体制框架下如何运转?企业各部分以什么规则划分责任、权利?以怎样的规章组织各部分协调运行?企业要有一套科学运行的"软件",使之顺畅运行,并形成企业积累机制、约束机制、激励机制。

企业机制转换,是提高效率、焕发活力至关重要的问题。很多人对此还没有引起重视,老是眼睛向外、向上看动向、要条件,却不知道不管企业与国家的关系如何改善，企业成败的基础仍是企业的内因。

综上所述，转换机制就是要回答这样一个问题：在社会主义市场经济条件下，如何寻得一种能实现和适应政企分离的国有企业组织制度。现在看来最有希望的是股份制。第一，股份制是一个经过上百年锤炼的、规范化的企业组织形式。第二，股份制可以做到所有权与经营权的适度分离，易于实现政企分离。第三，由于所有者的监督，股份制企业行为容易长期化，形成企业约束机制，避免短期行为。第四，股份制使企业资产边界清楚，有利于企业自负盈亏。第五，股份制易于国有资产与其他所有制资产的交叉，有利于资产流动和企业组织结构调整。第六，股份制便于对国有资产经营绩效进行考核，有利于维护国有资产的增值。因此，股份制是一种很有希望的未来多数国有企业可采用的组织制度。

推行股份制，我主张分三步走。第一步，要把更多的国有企业较快地转成有限责任公司，使其变成一个个比较规范的、适宜进入市场的企业组织结构。第二步，慎重推行法人之间交叉持股，使企业所有者多元化（可以都是国有，但要多元化）。第三步，在这个基础上慎重地选择一部分企业实行职工内部持股。另外再选择少部分企业公开上市，社会募集。现在很多企业的着眼点就是马上上市，捞取一大笔不要还本的大钱，这是不行的。不排除具备条件的企业一步上市，但只能是极少数，某种意义上带有试点性。企业转换机制，根本的、重要的一步是转成有限责任公司。如果搞得好的话，这就实现了企业制度的转化，由一个工厂转成一个责任公司，这就是转制，是非常有意义的。

三　扎扎实实推进企业改革

对《转机条例》的重要作用要给予充分的估计。就是说经过努力，当前在搞活企业方面能够做到的都已充分地体现在其中了。有些人说《转机条例》不过瘾，我看还是首先把《转机条例》拿到手，用好了再说。不要拿到一杯水还没喝，就说不解渴，喝下去再说。当前地方的《转机条例》实施办法都已分别颁布，中央各部门配套法规还不完善，我们正在组织制定。

作为《转机条例》实施部门，我们要抓住《转机条例》不放，搞好监督，谁也不能打折扣。在普遍贯彻《转机条例》的同时，要研究逐个解放大中型企业、把它们推向市场的问题。1992年中央4号文件（《中共中央关于加快改革，扩大开放，力争经济更快更好地上一个新台阶的意见》）规定，到1995年，有活力的国有企业从1/3提高到2/3。到现在国有企业亏损面仍在25%以上，潜亏至少还有1/3。要使有活力的企业增加，就要一个个做工作，一批批推向市场。先对国有大中型企业进行清产核资，在资产重估的同时，按政策解脱历史旧账，甩历史包袱，编制新的资产负债表，弄清企业经营状况，在此基础上把企业至少分成三类。第一类是有活力的企业，已达到同行业进入市场的起跑线。对这类企业，采取放开经营政策，送其进入市场。至于进入市场以后的成败则是企业要承担的后果。第二类是眼前状况不佳的企业，但经过整顿、改造有希望的，要趁目前完善承包、可以一厂一制的条件和分灶吃饭、地方可以自费改革的政策，加大政策倾斜力度，使这些企业休养生息。进入同一个起跑线之后，将其推向市场。第三类是那些改造无望的企业，就不要投入了，采取分解、并转、租赁、拍卖等手段把它们消化掉，拍卖收回的一部分钱向第二类企业投入。这样全国1万多家大中型企业就可以逐渐转变成有限责任公司，分批分期进入市场。这项工作很艰难，但对总数为13000家的大中型企业来说，终究是做减法，解决一户少一户。这些企业分散在全国各地各部门，就那么多的工作量，只要持之以恒，做数年努力，必然奏效。与此同时，要防止"翻牌公司"侵犯企业权利。政府部门在进行体制改革过程中，一些部门不约而同地以为把原有职能部门反转过来，以所有者身份管理原有企业，是最方便的"转体"办法。搞了十几年改革，才逐渐把企业经营权放下去，才逐渐把政府部门与企业关系拉开，如果搞不好的话，通过原政府部门转为"集团""公司"，把国有企业用一个个口袋统统装起来，那么企业改革十年成果在一天内就体制复归了。朱镕基同志的批示有重要意义，我们正在做工作，但难度很大，原因有两个。一是用这种办法组建公司、集团在各省区市带有普遍性；二是这些决定是政府部门做出的，这又与国有资产管理权搅在一起，有的难以说清。我们抓"翻牌公司"问题，绝不是按什么定义将公司分类，而是要纠正在各企业之上"盖帽"成立的一些

"公司"侵蚀企业生产经营自主权的行为。哪个公司有什么问题就解决什么问题,以保证国有企业的改革和落实《转机条例》的工作正常进行。

四　要抓紧研究企业改革的一些深层次问题

如强化企业约束机制问题。现在对企业来说,一方面自主权不到位,另一方面约束软弱。还有税利分流问题,要研究我们认为切实可行的税利方案。还有一个应引起重视的,就是关于中小型企业问题。现在我们主要精力在抓大型企业,但形成市场活力不可缺少的是中小型企业。几乎每个发达国家在进入市场经济时都特别注意保护中小型企业,使之形成与大中型企业的互补。如日本,在通产省没有专门管大型企业的部门,但有专门管中小型企业的部门。去年我们考察德国的经济部门也类似,政府设有限制大型企业的卡特尔局,防止垄断,同时设有专门的机构扶持和保护小企业。现在国有企业总产值占比不到60%,40%在其他所有制企业,这其中大多为中小型企业。如何促使它们与大型企业相辅相成、同步发展,要引起我们的高度重视。要进入市场经济,就不能把企业按不同所有制区别政策,分别管理。逐步将各种所有制企业放在一个系统下管理,才有利于通过政策调整,使各种形态的企业得到平衡发展,逐步做到统一税制,统一政策,形成公平竞争的条件。这是我们要抓紧研究的问题。

按走向市场的要求改进和加强企业管理[*]

(1993年4月3日)

分析新旧体制交替中的国有企业管理体制、运行机制，研究企业管理如何适应市场经济，是当前搞好国有企业的一件大事。为此，必须研究一些深层次问题。

一 企业管理正步入适应市场经济的新阶段

由于企业所处环境的不断变化，企业竞争不断加剧，几年来企业管理从内容到方法也都相应地发生了较大变化，主要表现在如下几个方面。

（一）以执行国家计划为中心的企业管理观念开始转变

随着指令性计划指标的递减，在竞争性行业中企业的市场观念、竞争观念、效益观念不断增强，以市场需求为导向，以提高经济效益为目标的企业经营管理思想逐步树立。企业已从单纯生产型转向生产与经营并重，相当一批企业开始由生产单一产品转向生产多品种产品，进而向第二与第三产业并举、向多种经营发展。以首钢、吉化公司、上海二纺机为代表的国有企业，按照走向市场的要求，把企业改革、技术进步、科学管理相结合，大胆转换经营机制，焕发出旺盛的活力，企业的发展进入良性循环，走出了一条国有企业改革、发展的希望之路。

（二）一支新型的企业经营管理者队伍正在形成

在经济体制改革、企业向市场经济转轨过程中，涌现出一批具有开拓

---

[*] 1993年4月，国家经贸委在上海召开了企业管理工作座谈会，本文是作者在会议上的讲话。

创新精神、事业心强、善于经营的企业家。张瑞敏、黄关从、苏寿南等就是他们当中的优秀代表。有的企业领导者已开始具备集团化管理和跨地区、跨行业甚至跨国经营的能力。经过这些年的工作，企管干部队伍水平也在不断提高，在财务管理、质量管理、生产管理、设备管理、劳动管理等方面，出现了一批高水平的管理专家，在深化企业改革和加强企业管理上发挥了重要的作用。

（三）企业劳动、人事、分配制度改革不断深化，养老、失业等社会保障制度和体系开始建立

截至去年，进行三项制度综合配套改革的国有大中型企业达1190家，参加劳动制度改革的39万家、职工1767万人，精简富余人员98万人，其中88万人已被妥善安排。通过改革，职工承受能力有所提高，管理的有效性进一步增强。改革成功的企业，劳动生产率明显提高。与此同时，城镇集体企业、乡镇企业、三资企业依靠建立较为适应市场经济的内部管理机制，得到迅速发展，并为国有企业改革提供了有益的经验。

（四）各项基础工作和专业管理得到加强

目前，我国已有16934个国家标准，其中采用国际标准和国外先进标准的达6588个，接近40%。一些企业参照国家标准不断制定和推行本企业标准，多数企业在不断完善技术标准的同时，普遍重视管理标准和工作标准的制定和推行；GB/T19000、ISO9000系列国家标准的贯彻，推动了质量管理向国际水平看齐，为企业走向国际市场创造了条件。企业计量器具配备、检测率和检测手段得到改善。一些企业的定置管理、在制品管理、不良品管理等生产现场管理水平明显提高。企业管理人员和职工普遍开展了任职资格培训和岗位培训，人员素质有所提高。1992年国有企业培训厂长（经理）12万多人次，其他各类岗位干部培训65.8万人次，发放各类专业证书10万多人次。

（五）管理现代化工作不断向前推进

企业普遍结合实际，选用一些现代管理方法。有的已从单项应用向系

统配套应用发展，创造了许多具有本企业特色的经营管理新成果。如获第一届和第二届全国现代化管理成果奖的项目，就是从几百项成果中优选出来的。宝山钢铁总厂把引进、继承、创新三者结合起来，形成了以三高（高质量、高效率、高效益）为目标，以专业化社会协作为前提，以集中一贯管理体制为核心，以作业长制的基层管理为基础，争创世界一流的现代化管理模式，经营管理达到了很高的水平，实物劳动生产率等主要技术经济指标接近和达到工业发达国家的水平。电子计算机辅助管理已从简到繁，在企业逐步普及，很多大型企业已将计算机的应用扩展到市场信息、技术开发、生产控制、合同管理等许多领域，有的已建立起计算机管理信息系统。

总之，这些年来，我国企业管理水平是有提高的，一批企业建立了严格的、科学的管理制度，191家国家一级企业就是这些企业的代表。李鹏同志曾经指出："这说明我们有许多大中型企业还是管理得好的，只要把它们的经验加以推广，使更多的企业进入先进行列，就是一个了不起的力量，也是我们的希望所在。"

但是，我国企业管理的总体水平还不高，突出表现为质量差、消耗高、效益低，主要经济技术指标同发达国家相比差距很大。据有关方面测算，我国不少产品实际水平落后发达国家10~20年，甚至更多，达到国际（20世纪）80年代末90年代初水平的不到10%；单位国民（内）生产总值的能源消耗是法国、日本的4倍多；工业劳动生产率还不足美国的1/10。我国企业管理水平不适应市场竞争的问题已显得十分突出。主要表现在以下四个方面。

一是思想观念不适应。一些企业未能摆脱传统观念束缚，缺乏竞争意识和风险意识，对优胜劣汰法则认识不足，缺乏进入市场的自主自立精神，仍然存在依赖国家的"等、靠、要"思想。把企业发展寄托在国家给投资，靠外延扩大再生产上；把提高经济效益，依赖于国家给优惠政策，减税让利上；对自己经营管理不善带来的不良后果，则希望得到国家的无限宽容，仍抱有国家绝不会"见死不救"的幻想。

二是管理体制不适应。不少企业具有"办社会"的较完善系统，但尚未建立起适应市场竞争的管理体制。如管理层次不清晰，责任体系不明确，决策体制尚未形成，开发体制较脆弱，经营体制不健全，监督、约束体制和风险防范体制尚未建立等。这就造成机构重叠、体制僵化、运转不灵、效率低下、对市场反应迟钝甚至决策失误险象环生等诸多问题。

三是运行机制不适应。不少企业尚未建立以市场为轴心的企业运行机制，缺乏追逐市场的内部运行能力，相应的企业动力机制不强，激励机制乏力，约束机制软弱，造成管理松弛，决策盲目性大。

四是人员素质不适应。不少管理人员虽然对计划体制下的生产管理得心应手，但对进入市场、投身竞争显示出诸多不适应。经营管理人员缺乏财务知识，缺乏市场经营的训练，缺乏市场竞争的经验，符合社会主义市场经济要求的职业化的经营管理者队伍尚未形成。

这许多不适应，使国有企业在竞争中处于不利地位。新中国成立以来，集40多年的人才、资金和装备建成了13000多家国营大中型工业企业，形成了国民经济的支柱，构造了社会主义经济的基础。这些企业本应在建立市场经济时显示出强大的人才优势、技术优势、装备优势和管理优势，一马当先，比其他所有制企业发展得更快。但是，由于国有企业与旧体制关联过强，经营管理与市场经济不相适应，这些国有"庞然大物"在市场竞争中显得力不从心，十分笨拙，加之"复关"后的挑战，国有企业面临着巨大的威胁。随着《转机条例》的贯彻和配套改革的完善，国有企业的外部环境会不断好转，但是决定企业市场竞争力的基础仍是自身的经营机制和经营管理水平。国有企业要在市场竞争中重振雄威，重要的一条就是彻底转变观念，用新思路改造企业管理体制，改善和加强基础管理。事实必将证明，国有企业只要转变经营机制和引入现代经营管理方法，就会产生新的生产力，引发出强大的竞争力。

二　按照走向市场的要求改进和加强企业的经营管理

国有企业的管理必须经过改造转到新体制上来，在实践中努力探索改进和加强管理的路子。

（一）改进企业管理的基本思路

随着社会主义市场经济的发展，社会资源配置逐渐由以计划为主转向由市场发挥基础性作用；重要经济活动由集中决策转成分散决策，相应地企业要由一个生产单位逐步转变成独立的市场竞争主体。因此对旧体制下企业管理的目标和指导思想都必须做出相应的调整。

1. 改进企业管理目标

在原有体制下，企业管理的目标是完成国家计划，企业是具有生产能力而无经营和决策体系的工厂，并不是完整意义上的企业。改革开放以来，情况已有很大变化，但由于政府职能转变尚未到位，产权管理还不明晰，国有企业仍不能完全自主独立。必须探索在政企分离之后国有企业的企业制度，通过职能转换和制度创新把国有企业改造成千万个独立的市场经济主体，使企业管理的目标转向追求经济效益。

2. 形成约束机制，克服短期行为

在原有体制下，企业约束力主要来自企业之外的政府。

在国有企业开始进入市场之后，由于缺乏经营自主权，同时又缺乏自我约束力，出现了许多的非正常行为。如追求企业目标的行政化，有弱化经济效益的倾向；追求扩大再生产外延化，有忽视技术进步的倾向；追求自我封闭全能化，有违背专业化协作的倾向；追求消费福利最大化，有企业行为短期化的倾向。因此在改革企业管理制度时，一方面要有利于用好政府下放的经营自主权，放开手脚依法自主经营；另一方面要建立企业行为的监督体制和约束机制，落实自负盈亏的责任。

3. 适应市场竞争的多变性，同时保持企业秩序的相对稳定

改进和加强企业管理就是期望达到这样两个既矛盾又统一的要求。传统国有企业体制僵化，产品和经营策略调整迟钝，往往以不变应万变，难以抓住经营机会；也有的企业为摆脱困境、适应市场竞争，在没有抓好基础管理、标准化管理，又缺乏慎重研究和试点的情况下，频繁调整生产组织和经营机构，在上下层机构之间不断放权又收权，轻易改变经营管理制度，甚至反复更迭管理人员，造成管理人员和职工岗位、职责、权限的不稳定，结果是并不能提高企业的市场竞争力。目前，我国企业制度和企业

管理都面临适应市场竞争的重大变革，这是十分必要的，非如此不能取胜。

但是大的变革都必须经过充分论证，慎重推进。大企业一次全局性变革的失误，重则导致一蹶不振，轻则导致几年才能恢复元气。一旦变革完成就要完善制度，保持相对稳定，这是企业聚集、调动各类有效资源适应市场多变性的基础。

4. 改进和加强管理的效果体现为提高企业的效率与效益

传统的企业管理制度和考核指标体系是重数量，轻质量；重投入，轻产出；重实物管理，轻财务管理；重完成任务，轻经济效益；造成了国有企业普遍的低效率、低效益。这已成为当今影响国民经济发展的重大问题。企业是经济组织，就是要通过不断改进和加强管理，实现追求效率与效益的目标：以较少的投入获取较高产出；以合法经营获取更高的效益。要纠正那种片面追求产值，不顾条件争上项目，单纯靠涨价求效益、靠外延求发展的弊端。要实现效率、效益的良性循环，就必须立足于扎实的基础管理、科学的管理体制和顺畅的运行机制。

5. 树立新观念，培育企业文化

企业管理的主体是人，观念的转变是最深刻的转变。国有企业与旧体制关联最紧，因此观念的转变也最为困难。市场经济的根本特点就是公平竞争，优胜劣汰，这一规则在竞争性行业中对各种所有制企业都将适用。国有企业的经营管理者要丢掉一切幻想，依靠广大职工，以高水平的经营管理，发挥自身技术、人才、管理上的优势，投身于市场竞争。对企业经营管理水平的最终和最公正的评价不在政府部门，而在用户的"货币选票"。为此，企业经营管理者和职工必须树立市场意识、竞争意识，不断增强尊重知识、尊重人才，注重用户、注重质量，重视经营、重视效益，鼓励竞争、鼓励创新的现代化生产经营价值观和群体意识。当企业能用符合走向市场的本企业目标、信念，职业道德和价值观念统一全体职工之时，就为改进和加强企业经营管理奠定了坚实的基础。

（二）适应走向市场的需要，建立企业新的管理体制和运行机制

1. 探索政企分离后国有企业的组织形式

计划经济下的生产单位和市场经济下的经营主体，这两者产生的根据、

活动的空间、追求的目标、经济的责权、组织体系、运作方式、与国家的关系、与用户和供应厂家的关系等截然不同。对国有企业来说，这两者之间的转变是管理体制的一次重大变革。一些国有企业在市场竞争中不断探索，在构造适应市场经济的企业制度和管理体制方面积累了宝贵的经验。实践证明，有限责任公司和股份有限公司是国有企业实现政企分离的重要组织形式，它具有规范化的特点，易于依法实现政企分开，国家对企业债务承担有限责任，使企业放手进入市场；产权边界清楚，易于实现自负盈亏，使企业行为长期化；资产便于流动，有利于调整结构，易于与其他企业对接；所有者监督加强，易于维护国有资产，促其保值增值。企业向有限责任公司和股份有限公司转制是件大事，又需要相应的配套条件，按全国的部署目前尚在试点阶段。当前我们要以更多的精力研究组织国有企业向有限责任公司转制，使国有企业成为规范化的独立市场活动主体。在此基础上，试行企业间法人持股，形成多元投资的产权体制，而对职工内部持股和公开募集的股份有限公司，则必须严格执行国务院有关规定，慎重行事。

2. **建立适应市场经济的管理体制**

在企业转制中，要根据企业的规模，企业的经营与发展战略和企业在竞争中的地位，针对国有企业的弱点，在不断改善企业生产管理体系的同时，逐步充实和建立企业的经营决策体制、技术开发体制、购销服务体制、财务管理体制、审计监督体制等，形成市场经济条件下国有企业的管理体制框架。这是企业进入市场，实现自主经营、自负盈亏、自我发展、自我约束的体制保证。

3. **不断完善企业的运行机制**

同生产型工厂相比，进入市场的独立企业，无论其内部组织关系还是涉外的各种经济、社会联系都要复杂得多。在本企业确定的组织体制框架下，要靠一系列规章、制度和标准，明确各级、各组织单元的责任、权限和相互关系，构成企业运行的规则。规章、制度和标准在企业中要当作法律来贯彻执行，要一丝不苟地从严要求。当前，对许多企业来说，规章制度建设跟不上生产经营形势的发展，出现了扯皮多、效率低、失误多等现象；也有的企业误解为改革了，承包了，规章制度就不那么重要了，从而造成纪律松弛,指挥不灵,事故增加。因此当前既要克服无章可循的问题,更要纠正有章不循的问题。

国有企业由适应计划经济的企业管理,转变成适应市场经济的经营管理,涉及办企业的观念、组织制度、管理体制和运行机制的改革,是一个极其深刻的变革过程。我们既要针对当前企业经营管理中的问题,对症下药,指导企业加强管理;又要积极探索深化企业管理改革的途径,力求使国有企业实现向市场经济的平稳过渡。

三 当前改进和加强企业管理的重点工作

当前企业管理工作的努力目标,一是促进企业走向市场参与竞争,二是对企业提高产品质量、提高经济效益发挥保证作用,三是探索改进和加强企业管理的新路子。

(一) 加强质量管理

产品性能差、质量水平低是我国企业当前普遍存在的问题。根据市场竞争和用户的要求,每家企业对自己生产的产品都要提出新的质量目标,已达到国内先进水平的,要向世界水平进军。可靠的质量是科学管理的结果,要大力推行 GB/T19000、ISO9000 系列标准,认真贯彻落实《中华人民共和国产品质量法》(本书以下简称《产品质量法》)和《国务院关于进一步加强质量工作的决定》,持之以恒、不遗余力地抓质量管理,加强质量监督,全面落实质量责任制,提高产品一次合格率和商品满意率,使今年产品质量超过历史最好水平。企业要勇于维护自己的信誉,配合社会各界与各种假冒伪劣现象做斗争。

(二) 加强财务管理

企业生产与经营过程,从某种意义上讲,就是物流-资金流的过程。旧的管理体制,往往重物流,轻资金流,这是造成经济效益低下的一个重要原因。认真贯彻《企业财务通则》和《企业会计准则》(本书以下简称财会《两则》),是当前加强财务管理最重要的内容。要以贯彻财会《两则》为契机，改革企业财务管理，提高资金运作效率，增强成本意识，加强费用管理，强化财务预算约束，强化财务纪律；要建立健全经济核算制度，推行从产品设计到售后服务全过程的责任成本管理，尽快把能源、原材料的高消耗降下来。当前产成品资金占用较多，已成为影响企业经济效益的突出问题。企业追求的目标必须由产值转变为利润，对没有市场的产品，企业一定要自觉地限产压库，加快资金周转。以即将展开的清产核资和资产重估为契机，弄清企业家底。明确对国有资产保值增值的责任，加强国有资产管理。要加强和完善企业的审计监督制度，形成企业的财务约束体制。

（三）加强营销管理

如果说过去企业发展和经济效益几乎全部取决于生产能力的话，那么，目前对许多企业，将来对几乎所有企业来说，销售则是制约企业发展和经济效益增长的瓶颈。在转入市场经济体制时，国有企业在这方面明显先天不足，这就要求企业必须加强用户调查，收集市场信息，要在市场预测的基础上，研究制定发展规划、经营战略和营销策略，组织科技开发、工艺生产、产品销售、售后服务等方面的力量，按照市场需求及时调整产品结构，不断提高拓宽市场的能力。要加强销售力量，培养专业队伍，建立销售和售后服务体系，并舍得将懂技术、懂经营的人用到销售和售后服务岗位。

（四）继续抓好现场管理

近年来，广大企业普遍重视和加强现场管理，促进了经营管理水平的提高，涌现出了一批现场管理先进企业。但总体上看，现场管理要在注重文明生产的基础上进一步深化，进一步改进和加强定置管理、不良品管理、设备管理、在制品管理等。特别需要指出的是，有些企业的现场管理出现"回潮"现象，作业环境恶化，生产秩序混乱，安全事故增多。因此，要按照"外抓市场，内抓现场"的思路，继续抓好现场管理。有些企业要从严格工艺纪律、劳动纪律入手，彻底改善生产秩序和作业环境，加强安全生产管理，实现规范化管理；抓现场管理要以车间为单元，围绕提高质量、降低消耗、安全生产、提高效益的目标,通过合理配置生产要素,实现现场优化,使生产现场做到"环境整洁、纪律严明、物流有序、设备完好、信息准确、生产均衡"。生产现场管理是各项专业管理的交汇点,是一项十分重要的综合管理。要通过加强现场管理,对各项专业管理进行系统的综合协调,充分发挥管理的整体功能,使各生产要素在运作中取得最佳的效能。

(五) 坚持不懈地抓好基础工作

在企业转换机制、深化改革、走向市场时,切不可忽视企业的基础管理。"以包代管""以评代管"都不可能长远奏效。基础管理是企业的基本功,功底不深,发展会受阻。随着形势的发展,要及时清理过时、不适用的各项规章制度,花大力气抓好各项规章制度和工厂标准的建设;要加强以表报为主要形式的企业内部信息管理,逐步建立以计算机辅助管理为主要手段的准确、灵敏的信息网络;扩大工时定额面,提高定额水平,制定科学合理的各类定额;要不断加强班组(科室)的思想建设和民主管理,大力倡导技术革新和合理化建议活动,通过职工多种形式的"参与",发挥职工的主人翁积极性。基础管理好的企业要从实际出发,积极推进管理现代化,使管理水平不断地上新台阶。

四 转变政府职能,加强对企业管理的指导

企业逐渐成为市场活动的独立主体,如何经营管理是企业的行为,政府部门已不宜再推行全国一种模式,搞"一刀切"。要使企业经营管理水平不断提高,就要实行"部门多一些指导性,企业多一些创造性"。实际上,面对当今新旧体制交替的环境,搞好企业管理几乎比任何时候都更加困难,也最需要指导和帮助。一方面,不规范的外部环境随时在发生着变化;另一方面,由于改革不到位,企业与旧体制的牵连无法割断,这就使企业管理既不能沿袭旧的办法,又不能完全按未来模式运行。找到当前最有效的管理形式,并能在不断改革中平稳转换成未来模式,就是我们的重要任务。在此情况下,政府主管部门对企业管理横加干涉和无所作为都是

不对的,我们要不断探讨政府如何指导企业搞好管理。

(一) 深入调查研究,加强政策指导

政府部门一方面要通过深入企业调查研究,综观各类企业管理状况、矛盾,寻求改进的出路。如建立适应政企分开的国有企业管理体制,设计促进企业提高经济效益的考核指标体系,规范适应市场运作的企业财务管理制度,设计实现产品质量良性循环的企业管理标准,制定大型企业和企业集团的组织和管理规范等。另一方面要结合各时期带有普遍性的问题,如企业资金占用过多,产成品库存居高不下,企业潜亏有增无减,产品质量时起时伏,企业约束能力薄弱等,从企业管理的角度发现症结,提出指导性意见,发挥政策指导作用。

(二) 从实际出发,实行分类指导

去年以来,化工、医药和船舶等行业部门,已进行了制定行业企业管理规范的试点,在指导企业改进管理方面发挥了作用。这项工作必须更深入更细致地开展下去。对管理得好、自我约束能力强、进入良性循环状态的企业应放开经营,推向市场,最大限度地释放它们的活力,进而引导它们走向国际市场,向国际先进的经营管理水平努力。对经营管理基础好,但由于历史和政策原因出现困难的企业,给予一定的扶持,使它们轻装上阵。同时,指导它们眼睛向内,充分运用自主权和有关政策,在经营管理上下功夫。对经营管理不善的企业,要通过管理诊断、人员培训、指导示范等办法,切实帮助、整顿,必要时调换企业领导人。对改造无望的企业要实行关停并转。

(三) 总结交流典型经验,提供信息服务

各主管部门要定期公布国内外同行业先进水平的主要经济技术指标,引导企业在比较中找差距,提高产品质量,降低物质消耗。在这方面,化工等部门已经先行一步,其他工业部门也需有选择地进行试点。要把先进企业富有成效的管理成果进行总结、提炼,形成规范化的可供其他企业借鉴的管理方法,介绍给广大企业参考。要及时总结交流不同所有制、不同经营方式企业创造的先进管理经验和做法，要积累我国企业管理的案例，开阔企业管理的思路，介绍国外先进的管理方法和手段，积极推进我国企业管理现代化。要通过评审现代化成果奖等形式，发挥先进典型的作用，促进企业加强管理。在这方面要重视和发挥民间组织、大专院校、科研单位的作用，为企业开展形式多样的管理咨询、诊断等服务性活动。

（四）为中国企业家队伍成长创造条件

要推进企业家职业化进程，使优秀企业管理者成为全社会的财富，为他们施展才能创造更大的舞台。为此，要形成区别于党政干部的企业管理者的成长、筛选、聘用办法，建立经理人才市场，对经理人员引入市场评价机制、市场竞争机制，促使优秀经营管理人员脱颖而出，为企业选择经营者开拓更广阔的渠道。当前要加强对企业管理者的培训，充实经营管理知识，提高他们驾驭企业走向市场的能力。

在全国企业财务会计制度改革
厂长经理研讨班上的讲话*

(1993年4月26日)

1992年11月16日,国务院批准颁布与国际接轨的企业财务会计制度——《企业财务通则》和《企业会计准则》。它与之前颁布的《转机条例》相配合,是企业深化改革、转换机制的重大步骤。

1993年4月26日至5月21日,根据朱镕基副总理的批示,财政部、国家经贸委、国家体改委联合举办了四期"全国企业财务会计制度改革厂长经理研讨班"。财政部副部长张佑才、国家经贸委副主任陈清泰、国家体改委副主任洪虎出席研讨班并讲话、讲课和听取意见。600多名来自全国各地各行业的国有大型企业的厂长经理,以及各部委、各省区市主管企业工作部门的负责同志参加了研讨和座谈。如此高度重视、如此高的规格、部委如此协同配合,这是迄今为止中国财务会计史上的第一次也是唯一一次。

去年7月23日国务院颁布了《转机条例》,我国企业改革有了新的进展。各地区、各部门积极采取措施,研究政府职能转变,落实企业自主权,加速企业经营机制的转换。去年11月财会《两则》又正式公布,大大加快了企业走向市场的步伐,企业改革走向更深的层次。

去年,随着全国经济体制的改革,国有企业生产和效益同步增长。全国预算内国有工业企业销售收入为13304亿元,比1991年增长18.1%,实现利润为342亿元,比1991年增长48.7%,亏损企业数比1991年减少

---

* 讲话的题目是"全面贯彻《转机条例》,认真实施财会《两则》,切实赋予企业理财权"。1993年6月29日,《经济日报》刊发了本讲话的摘要稿。

15.1%。今年工业持续增长，经济效益继续提高，第一季度全国预算内工业企业销售收入为3458亿元，比去年同期增长28.8%，实现利税452亿元，比去年同期增长39.5%，全国工业生产形势总的看是好的。

一　贯彻落实《转机条例》进展情况

去年《转机条例》的颁布，受到企业和社会各界的普遍欢迎，八届人大和政协一次会议期间，代表和委员们认为《转机条例》是改革开放以来国务院颁布的最重要、力度最大、最受欢迎的文件之一。总的来看，经过前一阶段全国各方面的努力，贯彻落实《转机条例》取得了明显进展，主要表现在以下几个方面。

（1）《转机条例》受到各方面的普遍重视，逐步深入人心，搞好国有大中型企业的外部环境有了较大改善。大部分省区市领导亲自挂帅落实，并将这项工作列入党政主要领导的重要议事日程，山东省在全国率先出台了实施办法。国务院十几个专业部的部长亲自带队深入企业，制定简政放权的具体措施。

（2）各省区市的实施办法已全部制定完成，综合部门的配套规章正在抓紧制定。财政部制定的《企业财务通则》和《企业会计准则》已于去年11月发布。全国30个省区市的实施办法已于3月底全部出台。这些实施办法在结合各地的具体情况，落实《转机条例》的基础上又有新的突破。①有的地区全面放开企业经营范围和产品的采购、销售、定价权，使企业能够灵活参与市场竞争；②在允许企业用自有资金自主投资立项的基础上，进一步扩大了投资权限；③在不影响上缴中央财政收入的前提下，在地方权限内，采取各种措施支持搞好国有大中型企业；④允许企业打破资金界限，灵活使用各种资金；等等。

（3）改革试点工作取得明显进展。在8000家的基础上，各省区市又选择了一批企业进行试点，试点的内容也更加丰富。上海市在改革试点中形成了10种搞活企业的有效形式，在900多家企业中进行试点，初步取得比较好的效果，已有245家国有企业在全国率先按《转机条例》和财会《两则》及国际惯例进行了财会制度改革。这些试点企业对推动贯彻《转机条例》起到了促进作用，试点企业经营状况有了明显好转。

（4）对政府职能转变和市场的发育起到促进作用。《转机条例》发布后，一是从上到下对转变政府职能逐步形成共识，二是对此提出了新的课题和要求，三是贯彻《转机条例》也有力地促进了机关作风的转变。

经过努力，贯彻落实《转机条例》取得了明显进展和初步成效，但任务还很艰巨，特别是综合部门制定配套规章进展缓慢、产权关系尚未理顺、制约企业发展的巨额债务和潜亏等尚无解决方法，企业自我约束机制也有待进一步完善，这些都在一定程度上影响了《转机条例》规定的生产经营自主权的落实。

二 配合贯彻《转机条例》，认真实施财会《两则》

《转机条例》提出企业转换经营机制的目标是，使企业适应市场的要求，成为依法自主经营、自负盈亏、自我发展、自我约束的商品生产和经营单位，成为独立享有民事权利和承担民事义务的企业法人。实现这一目标的关键在于在赋予企业投资决策权、资金支配权和资产处置权等理财权的同时，提出建立资产负债和损益考核制度的新要求。财会《两则》的贯彻和实施，是深入贯彻《转机条例》的重要基础。

为什么《转机条例》明确提出这些加快企业财会制度改革的要求呢？这是因为，自1979年进行扩大企业自主权试点以来，随着企业改革的不断深化，逐步在利润分配、资金使用、工资奖励等方面对企业财会制度进行了一系列改革。一些企业也从内部入手，划分核算单位，建立企业内部银行，实行责任会计核算，调动了广大职工的积极性。但是，我国传统财会制度是高度集中的计划经济管理体制的组成部分，在指导思想、组织体系、核算制度等方面有利于政府的计划管理，却不适应企业进入市场的要求。原有的财会制度种类繁多，既不能真实反映企业的经营状况，也限制了企业的经营自主权，影响了企业走向市场特别是走向国际市场的步伐。在这种情况下，要求加快企业财会制度改革的呼声更为迫切，中央领导同志也多次讲话并亲自关心企业会计制度改革，提出了尽快与国际惯例接轨的要求。

在贯彻《转机条例》中，财政部做了大量的工作，在1992年11月，《转机条例》颁布后不到半年时间，就发布了财会《两则》，随后陆续出台了分行业企业财务会计制度，并及时部署了新制度的普及性宣传和务实性操作的培训工作。企业财会制度改革是企业机制转换的重要组成部分。作为《转机条例》的重要配套措施，财会《两则》的发布是我国企业财会制度自（20世纪）50年代以来的一次重大突破。它不仅是会计核算方法的转换，也是适应社会主义市场经济的企业经营方式的转变，对转变企业经营机制、实现政企分开，乃至整个经济体制改革都具有十分重要的意义。国家经贸委非常重视和支持这项工作，自去年12月中旬起，我们先后三次组织财政、金融、税务等部门和省区市经委、财政厅，一些大企业、财经院校及会计师事务所进行座谈研讨，听取各方面的意见；还到上海等地一些先行改革的企业进行了调查。

根据调查研究和各方面的意见，大家一致认为，这次企业财会制度改革，一是建立了资本金制度，有利于理顺产权关系，使企业实现自主经营、自负盈亏，落实国有资产保值增值责任；二是有利于落实《转机条例》规定的企业经营自主权，特别是理财权；三是有利于用统一的"会计语言"真实地反映企业的经营状况，体现以经济效益为中心，促进企业从根本上改善企业管理；四是缩短了我国企业会计制度与国际惯例的差距，便于与国际惯例接轨。所以，我们希望大家要认真学习财会《两则》，弄懂财会《两则》，认真实施好财会《两则》。但是，大家也认为，财会《两则》特别是《企业财务通则》，不仅是财会核算方法的技术规范，而且涉及国家、企业和职工的利益分配关系。此事事关重大，有些问题需要相互协调和细心地加以研究处理，以保证新旧财会制度的顺利转换。这次请大家来，也是想与有关部门一起听听大企业厂长经理的意见，就如何实现新旧财会制度的平稳衔接，请大家一起来研讨相关问题。具体如下。

（1）关于建立资本金制度，合理解除企业历史负担，使国有企业真正具备负亏机制问题。

这个问题包括两个内容。一个是数量的核实。核定资本金必须首先核实企业资产。从清产核资和产成品（积压）及潜亏清查的初步结果看，一方面存在大量的潜亏、赤字挂账及未弥补亏损等问题，另一方面企业实有资产重估后的价值一般比账面资产价值高出近40%。因此,在建立资本金制度时,企业的资产损失与重估增值部分如何统筹考虑,为企业解除一些历史包袱?这项工作能否做好,对财会《两则》的实施会有重要影响。前不久,国务院办公厅印发了有关清产核资的一些政策,有利于解决这个问题,希望企业能用好这些政策。

另一个是范围的界定。首先要分清债权与产权。国有工业企业固定基金,1983年以前全部是由国家投资拨款形成的。实行"拨改贷"以后,新增固定资产近一半是由企业用基建和专项贷款购建的,归还贷款的资金来源也不同,这部分固定基金如何界定为资本金?显然不能简单地按账面数字核转资本金。如果老企业扣除负债后的净资产,达不到法定资本金或注册资本的最低限额要求,怎么办?都需认真研究。另外,企业用职工福利基金等购建固定资产、形成的固定基金如何界定产权?企业非生产经营用固定资产(如职工住宅、职工医院、职工子弟中小学等),不参与生产经营,不创造利润,这部分固定基金是否也核定为资本金?或核定为公益金?这些问题是财会《两则》本身所无力解决的问题,需要加快配套改革,尽快建立责任明晰的产权制度。

(2)关于切实解决企业历史债务和本利偿付问题,真实反映国有企业的创利能力问题。

国有工业企业自有流动资金与经营规模不匹配、投入严重不足,流动资金贷款是自有流动资金的近4倍,使企业付给银行的利息相当于同期实现利润的1.4倍。另外,企业每年因基建和专项借款所支付的利息计入新增固定资产原值,约占10%左右,实行财会《两则》后,固定资产贷款利息要改进成本费用,这对企业来讲大有好处,但也会大大增加企业的成本费用,加剧企业的亏损状况。如何通过加快投资体制、财政体制和金融体制等配套改革,来解决企业历史债务和本利偿付问题,值得认真研究。

(3)关于加快配套改革步伐,解除国有企业不合理的财税和社会负担,创造公平的竞争环境问题。

财会《两则》为我国境内所有企业提供了一个统一的、公平的核算制度。税制亦应尽快规范和统一。目前,国有企业不仅税负重于非国有企业,而且还要代替政府承担一部分社会责任，如职工离退休费用、社会福利设施建设（住宅、医院、学校等），有的甚至要担负一定的政府职能，如公安、民政、司法、消防等。这些沉重的经济负担，使国有企业创造的利润大量转移，这是造成国有企业不如集体和乡镇企业，更不如外资和私营企业的一个重要原因，也是造成国有企业后劲不足、人才外流，以至于"大机斗不过小机"的深层次经济原因。为此，围绕搞好国有企业，加快税制和社会保障制度的改革步伐，使国有企业与非国有企业平等竞争，是一项重要任务。

（4）注意分析财会《两则》对不同资产经营形式企业的影响问题。

不同经营形式的企业与国家的分配关系不同，影响程度也不同。从调查和分析情况看，实行税利分流的企业，由于是按实现利润的比例缴纳所得税，没有上缴财政指标的压力，实施财会《两则》影响不大。实行承包和工效挂钩的企业，由于是包死上缴财政的利润基数，实行财会《两则》会造成成本加大利润下降，所以影响很大。如何实事求是地按财会《两则》对企业经济效益的影响程度进行必要调整，是个亟待解决的问题。股份制企业和外商投资企业使用的财会制度已接近国际惯例，又有相应的减税让利等政策支持，实施财会《两则》影响不大。由于实行承包的国有企业占全部国有企业的比重很大，所以财会《两则》的影响主要是针对这些企业，需要大家做细致的研究。

（5）关于实施财会《两则》对企业经济效益的影响问题。

实施财会《两则》后，企业可以从提高折旧、增加技术开发费、提取坏账准备金等措施中增强企业的发展后劲，这是非常有利的一面。但由于这些措施同时也加大企业成本费用，在过渡期间会影响企业经济效益，所以企业运用这些措施需要考虑承受能力。也就是说，并不是所有的企业都能够享受到这些好处的。因此，希望大家要细致地进行测算，综合分析由实施财会《两则》引起成本费用增加的因素和由上游资源涨价等增加成本、减少利润的因素所造成的结果。各地各企业需要仔细测算，有所准备。要把当前和长远结合起来，保证经济效益的稳步提高。能否在财政、税收等方面给国有企业一定的政策支持？尽可能把财会《两则》对经济效益的影响降到最低程度，需要各级财政、税务和企业主管部门的共同努力。

（6）有关财会《两则》与现行搞好企业的政策及即将颁布的法律法规的协调问题。

1991年中央工作会议出台了搞好国有企业的20条措施，去年7月国务院颁布了《转机条例》，今年全国人大有可能颁布《公司法》，这些涉及企业的重要法规与财会《两则》原则上都是一致的，都是为了一方面增强企业活力，另一方面规范企业行为，但在实施中还可能出现这样或那样的问题。希望同志们不断研究这些问题，拿出一些可操作的好办法，以利于进一步搞好国有企业特别是国有大中型企业。

为准确把握财会《两则》，充分运用《转机条例》赋予企业的理财权，在实施财会《两则》方面，我提两点意见。

第一，各地区、各部门要高度重视这项工作，将企业财会制度改革作为转换经营机制的重要内容。各级经贸委和企业主管部门要与财政、体改部门积极配合，共同领导和组织好财会《两则》的实施，要及时掌握情况，及时发现问题、解决问题，力争实现平稳过渡。落实企业理财权，要在《转机条例》和财会《两则》的基础上行事，决不允许限制和截留企业理财权。要处理好财会《两则》与中央和地方搞好国有大中型企业的一系列现行政策的关系，要及时地研究和反映在新旧财会制度转换过程中遇到的新问题，制定相应措施保证新旧财会制度的顺利转换。

第二，企业结合贯彻《转机条例》和实施财会《两则》，一方面，要仔细研究财会《两则》赋予企业的理财权，并根据本企业情况把这些权利用好用足。目前，许多厂长还没有认识到财会《两则》的重要性。各企业要以贯彻财会《两则》为契机，相应地改革企业内部的管理体制和财务运作机制，提高经济效益，增强企业积累和开发能力，积蓄企业后劲。另一方面，从本企业实际出发，在财会《两则》的基础上，要严格财经纪律，强化约束机制，同时要依法经营，建立健全企业内部财会制度。在搞好财务会计核算的同时，要充分运用内部银行、目标成本、责任会计等实践证明行之有效的方法，强化企业内部管理，完善管理会计核算，为企业经营决策提供及时、准确、可靠的依据。

颁布和实施财会《两则》是企业深化改革、转换机制的重大步骤，这是企业走向市场经济不能逾越的一个关口，转换过程对一些企业和地方来说会有痛苦、有困难，但一旦形成新的机制就会对国有企业走向市场带来不可估量的活力。希望各部门和企业协同配合，共同努力，顺利完成这一历史性的转变。

加大力度,加快进度,坚定不移地
贯彻落实《转机条例》*

(1993年8月7日)

> 1993年中,为控制经济过热,党中央提出了加强宏观调控的一系列政策措施。1993年8月7日至9日,经国务院批准,国家经贸委、国家体改委、国务院法制局,在《转机条例》颁布实施一周年之际,在京共同召开"全国转换企业经营机制工作会议",总结一年来的进展,进一步推进《转机条例》的贯彻落实,促进国有企业尽快进入市场,为建设社会主义市场经济体制打好基础。朱镕基同志、李铁映同志以及吕东、袁宝华同志出席会议,朱镕基同志做了重要讲话,王忠禹同志在会议闭幕时做了总结讲话。

从1992年7月《全民所有制工业企业转换经营机制条例》颁布实施,至今已经一年了。在这一年里,全国掀起了学习、宣传《转机条例》的热潮,贯彻落实《转机条例》工作在各个方面都取得了新的进展,有些地区已经取得明显成效。总的来看,发展是健康的,形势是很好的。可以说,贯彻《转机条例》已经有了良好的开端,我们朝社会主义市场经济新体制又迈进了一大步。这是各级党政部门和广大企业在小平同志南方重要谈话和党的十四大精神指引下,解放思想,振奋精神,共同努力,在推进企业改革方面取得的可喜成果。

最近,党中央提出加强宏观调控的一系列重要政策措施,其中明确指出,要把加快发展的注意力集中到深化改革、转换机制、优化结构、提高效益上来,要继续抓好《转机条例》的落实;朱镕基副总理1993年7月

---

* 本文是作者在这次会议上的主旨讲话。1993年8月12日,经济日报刊发了这篇讲话的摘要稿。

22日在关于贯彻《转机条例》的调查报告上做了重要批示。这些重要的指导思想和工作要求,为我们进一步贯彻《转机条例》增添了动力。在这个形势下,经国务院批准,国家经贸委、国家体改委、国务院法制局召开这次会议,任务就是按照党中央、国务院的要求,总结、部署工作,坚定不移地继续贯彻落实《转机条例》,加大力度,加快进度,推动国有企业尽快进入市场,为建设社会主义市场经济体制打好基础。

一 贯彻落实《转机条例》取得明显进展,已经初见成效

党中央、国务院对贯彻落实《转机条例》十分重视。江泽民总书记在《转机条例》颁布时做了重要批示,李鹏总理、朱镕基副总理在1992年8月召开的全国转换企业经营机制工作会议上做了重要讲话;随后,中共中央、国务院又就贯彻执行《转机条例》专门发了通知,这些都对《转机条例》的贯彻落实起到了巨大的推动作用。

(一) 对《转机条例》重要作用的认识不断提高,思想观念进一步统一

一年来,我们在以下几个问题上基本形成了共识。

《转机条例》根据《企业法》的立法精神和基本原则,对《企业法》的一些原则规定做了具体表述和延伸:它是改革开放十几年企业改革经验的结晶,又是建立社会主义市场经济体制的生长点;它是搞好国有企业的重要法规,又是促进我国由计划经济体制向市场经济体制过渡的一项法规保障。企业改革的重点在于转换经营机制,必须集中精力抓好《转机条例》的贯彻落实。

要全面、准确地理解和贯彻《转机条例》。贯彻《转机条例》的重点是落实企业14项经营权,关键是转变政府职能,要把转换企业经营机制与转变政府职能看作一个问题的两个方面。对政府部门来说,既要把不该管、管不好的事自觉地交给企业,又要把该管的事主动管起来、管好;对企业来说,既要把14项经营权用好、用足,又要实现机制转换,加强自我约

束，强化企业经营管理。

贯彻《转机条例》涉及面广，必须同时进行配套改革。当前迫切需要在金融体制、财税体制、投资体制方面进行配套改革，加快市场体系和社会保障体系的建设；在企业内部，劳动、人事、分配三项制度改革也应配套进行。

贯彻《转机条例》要和搞好国有企业结合，不断研究解决新问题。随着《转机条例》的深入贯彻落实，一些体制上的深层次问题，如实现政企分离、理顺产权关系、改革劳动就业体制、建立现代企业制度等问题，进一步显露出来；贯彻《转机条例》为解决这些问题创造了条件，也对进行这些方面的改革提出了迫切的要求，我们应不失时机，研究解决这些问题。

转换企业经营机制必须首先转变观念。实践证明，传统的旧观念仍是障碍贯彻《转机条例》的重要因素，按党的十四大精神进一步解放思想，转变观念，才能增强政府转变职能、转换企业经营机制的紧迫感。凡是观念转变快的地区、部门和企业，那里转换经营机制的行动就快，步子迈得就大，收效也就显著。

（二）《转机条例》赋予企业的14项经营权逐步落实，企业的市场主体地位得到加强

从总体上看，落实企业经营权的情况，沿海地区略好于内陆地区，大企业略好于中小企业，市属企业略好于中央、省属企业。最近，根据对20个省区市的调查统计结果，在企业14项经营权中，基本落实的有：生产经营决策权、产品劳务定价权、产品销售权、物资采购权、留用资金支配权、人事管理权、工资奖金分配权、内部机构设置权共8项（在一些地区，基本落实的自主权已达到10项）。投资决策权、资产处置权、联营兼并权、劳动用工等4项经营权中的一些主要规定，在大部分企业已得到落实。在有些省区市，这4项经营权已基本落实。对反映基本未落实的进出口权和拒绝摊派权，要进行分析，这里有未解决的实际问题，也有理解不准确、政策界限不清楚等问题。总的来看，企业经营权的落实程度和范围，比《转机条例》颁布前有明显提高和扩大。

随着企业自主经营权的逐步扩大，企业的市场意识、竞争意识普遍增强，市场主体地位得到了加强。许多企业以《转机条例》为武器，维护自己的合法权益；许多企业由于扩大了经营权，在更广阔的天地里发挥了自己的优势和潜力。

（三）转变政府职能的步伐加快，转换企业经营机制的社会环境有所改善

各地区、各部门通过梳理分类，把原有经济管理职能分解为保留、转移、取消、下放来处理，取得了成效。

到1993年4月，29个省区市的实施办法已公布出台，其中对《转机条例》规定加以延伸的有31个方面，计374条。截至目前，国务院有关综合部门制定的配套规章已颁布6个。国务院各部门、省地（市）两级政府及其所属部门认真清理了与《转机条例》和实施办法规定不相符合的法规和文件。

通过转变职能，政府对企业的干预大量减少。主要表现如下。1992年，国家先后放开了571种产品价格，国家定价部分已降至20%左右，各地区省管价格的工业产品品种也大幅度减少；1993年，国家指令性计划的范围和数量进一步减少，工业、物资、商业、外贸的指令性计划指标比去年减少了49%。一些地区已取消省级指令性计划；在企业的经营范围，工商注册登记，各种资金使用，劳动、人事、内部分配以及检查评比等方面，各级政府有关部门纷纷制定具体办法，减少对企业的干预。许多政府部门采取措施，转变作风，加强宏观调控，加强对企业的服务，提高办事效率，受到了企业的欢迎。

市场建设有较大发展。到1992年底，全国较为规范的集贸市场有7500个，其中成交额在1亿元以上的有100多个。生产资料市场达1000多家，其中去年新增的较为规范的大型生产资料市场有20多家。资金市场也有发展，去年经批准新发行债券、股票1200多亿元。去年各级职业介绍所发展到15000个，全年为860万人次提供了就业服务。今年以来，市场建设继续保持较好的发展势头。

各类社会保险制度在逐步建立和健全。去年,参加离退休费用社会统筹的职工和离退休人员已达1亿人,实行国有企业职工退休费用省级统筹的省区市达11个。截至今年6月份,参加待业保险的职工达7200万人,实行基本养老保险个人缴费的省区市已有22个,职工6000多万人。

(四)企业组织结构调整取得新进展,优胜劣汰机制进一步发挥作用

在贯彻落实《转机条例》中,国有企业组织结构调整有一些新的特点。

一是调整结构步伐大大加快。去年进行组织结构调整的企业2124家,比上年翻了一番;今年上半年,16个省区市组织结构调整的企业就有1144家,比去年同期有较大增加。二是调整的目标多样化。除了解决企业亏损外,已发展为与重点技改项目配套、组建企业集团、优化产品结构、发展第三产业等多项目标;国务院批准的56家试点企业集团,组建工作取得了新进展。三是调整的形式有新的发展。一些地区进行了国有小型工商企业出售的试点,劣势企业主动寻求调整。企业组织结构调整促使资源合理流动,盘活了资产存量。仅北京、天津、上海三市统计,去年有23万名职工、48亿元固定资产进入了优势企业,使闲置的资源发挥了作用。

(五)积极探索新的经营形式,多数试点企业收到较好效果

承包经营责任制进一步完善。一些地区调整了考核指标,强化了国有资产保值增值考核,吉林省等实行了"净资产承包",黑龙江省进档达标承包制和深圳市资产承包经营制都有了新的发展。据17个省区市统计,目前试行投入产出总承包的企业有427家,这些企业都取得了较好的效果。

税利分流试点面进一步扩大。据对17个省区市的统计,目前,试点企业约占预算内工业企业的9%左右,其中天津市今年全面推行了税利分流。

作为转换企业经营机制的一个重要途径,股份制试点在不断规范中发展。到去年底,全国已有各种股份制企业3700多家,股票公开上市的69家。今年以来,各地选择了1~2家企业公开发行股票,上海石化总厂等4家企业股票已在香港上市。目前,各地正按要求对内部职工持股的不规范做法进行清理。

另外，各地还进行放开经营、"仿三资"、国有民营、引进外资"嫁接"、"一厂两制"、租赁经营等多种形式的试点。

（六）企业三项制度改革进展明显加快，内部经营机制进一步转换

去年以来，三项制度改革涉及企业和职工面之大，措施办法之有力，效果之显著，新经验之多，都是前所未有的。如江西、河南等省区市80%以上的工业企业开展了三项制度改革，并已由单项向综合配套发展。

在劳动制度改革方面，实行全员劳动合同制的企业达1400多家，人数近千万。全国有86000家企业分别实行全员劳动合同制、合同化管理和优化劳动组合，涉及职工3346万人，比上年翻了一番。去年，全国有34万职工走向社会，领取了待业保险金。不少企业搞厂内劳务市场，更多的企业通过搞多种经营、发展第三产业等措施，分离生活后勤、辅助生产职工，积极安置富余人员。

在人事制度方面，实行管理人员聘任制的企业进一步增多，试点企业的内部管理机构和中层以上管理人员大幅度减少。在一些企业，管理人员能上能下的局面开始形成。在分配制度方面，工资总额与经济效益挂钩办法进一步完善，挂钩的企业数进一步增加。目前，全国实行岗位技能工资制的企业为2400多家。许多企业结合自己的特点，有的实行了岗位工资、计件工资、结构工资等，有的结合内部经济责任制，实行了联产计酬、百元销售工资含量等分配办法，使企业内部分配制度向多劳多得、拉开差距方向迈进。

一年来，贯彻落实《转机条例》促进了企业经济效益的提高。去年，预算内国有工业企业销售收入比上年增长18.1%，实现利润增长48.7%，亏损企业数减少15.1%。今年上半年，预算内国有工业企业销售收入比去年同期增长34.5%，实现利润增长1.63倍，亏损企业亏损总额减少16.5%。

各地区、各部门贯彻《转机条例》在工作方法和工作作风上有三个鲜明特点。以舆论为先导，持续地开展学习、宣传和培训，使《转机条例》贯彻步步深入；党政主要领导亲自抓，分工负责，调查研究，贯彻《转机条例》工作抓得实在；多方密切合作，注意了执法监督和舆论监督，使《转机条例》原原本本贯彻，基本没有走样。更可贵的是，在贯彻《转机条例》中，涌现出了一批敢于和善于领导改革的党政领导干部和企业厂长（经理）；涌现出了一批产品更新、质量提高，率先转换内部机制，强化内部经营管理，大大提高了经济效益的企业。

二 贯彻《转机条例》存在的主要问题

贯彻《转机条例》取得的成效只是初步的，大量的艰巨任务还在后头。随着贯彻《转机条例》的不断深入，一些深层次问题也逐步显露出来，需要通过深化改革加以解决。

（一）政府部门转变职能滞后，企业经营权落实的难度依然很大

一些地区和部门缺乏搞好企业的紧迫感，没有把主要精力用来抓《转机条例》的贯彻，或者紧一阵子、松一阵子，或者顾虑重重，犹豫不决，致使出台了的规定还有许多未落实，有一些该出台的规定还未出台。个别部门和地区在机构改革、职能转变方面，墨守成规，停滞不前。应该下放给企业的权利有的还在条块之间、上下级部门之间搞"接力"，层层截留；有的在部门之间搞权力"转移"；有的是嘴放手不放，明放暗不放，小放大不放。一些部门存在着"把权都放下去，机关还干什么"的思想，仍在直接或间接地干预企业的正常经营活动。

政府部门转变职能，近来出现扭曲现象。一是一些政府部门利用手中的权力，组建政企不分的"翻牌"公司或"拉郎配"集团，收走企业合法权益，甚至取消企业法人资格，既当"老板"，又是"婆婆"。二是一些垄断性行业进入市场，不正之风蔓延。一些金融、铁路、供电等部门把贷款、车皮、配电等，交由自办的公司或实体去经营，获取高额利润。还有些部门的公司以权经商，强买强卖。企业反映，一怕"银老虎"，二怕"铁老虎"，三怕"电老虎"，最怕"亲王府"。有的企业按照《转机条例》规定，抵制这些做法，厂长就会立即被撤换，打击报复的事件时有发生。

企业14项经营权尚未完全落实。在进出口权方面，按照《转机条例》的规定，并不是每个企业都享有自营进出口权。到目前，获自营进出口权的企业已达1544家，与一年前相比增长了2.4倍，但毕竟为数太少。够条

件的企业普遍反映审批环节多、周期长；已享有自营进出口权的企业认为在出口配额、许可证等方面不能与外贸企业享受完全相同的待遇。企业普遍反映拒绝摊派权最难落实。不少部门、单位都向企业伸手，有的巧立名目，搞隐性摊派；有的以"企业自愿"为名强加于企业；有的垄断性行业搞强制性摊派；有的办会、办节要求企业集资赞助，搞公开摊派。据一些省区市统计，目前各种摊派、收费、赞助仍然多达几十种。

大部分国有企业积极贯彻《转机条例》，努力把《转机条例》赋予的经营权用好、用足。但不少企业跟不上向社会主义市场经济过渡的进程，出现了两种偏向：一是还没有认真按《转机条例》的要求去做，就认为《转机条例》不解渴，一味眼睛向上，不适当地强调放权让利，却不要约束和监督；二是14项权利到手了，就认为企业经营机制自然就转换了，用旧观念看待到手的权利，结果依然不会用、不敢用、用不好。两者的共同特点就是都没有充分利用《转机条例》创造的环境和条件去眼睛向内、苦练内功，努力实现经营机制的转换。

（二）配套措施进展迟缓，配套改革没有跟上

企业改革不可能"孤军深入"，需要在整体规划下有步骤地进行。目前的突出问题如下。一是配套规章出台慢，有些综合部门的配套规章迟迟拿不出来，使地方的不少配套措施难以执行。二是社会保障体系不完善、不健全，使企业用工权缺乏社会基础。一些地方反映，现在抓社会保险工作是"五龙治水"，部门之间争管保险金，收了钱服务又不够；劳务市场建设也比较慢，跟不上企业三项制度改革和企业组织结构调整的需要。三是计划体制、金融体制、投资体制、财税体制等改革需要加快步伐。

（三）执法不严，对违法行为检查监督处理不力

有些同志以为《转机条例》可执行也可不执行，不认为违背《企业法》和《转机条例》是违法。因此，对《转机条例》和各省区市的实施办法中已明确的条款，有的以种种理由和形式拒不执行，有的部门在等待观望，等上级拿办法，等机构改革定职能；有的部门清理文件工作滞后，一些与《转机条例》相矛盾或抵触的法规、政策仍在执行。加之对《转机条

例》贯彻缺乏有力的法律监督，致使其应有的法律效力没有充分发挥出来。

（四）国有企业负担沉重，缺乏参与平等竞争的条件

由于体制等历史原因，现在国有企业特别是大中型企业负担很重，给企业转换机制、参与竞争带来困难，主要表现如下。一是潜亏和亏损挂账严重。据初步估计，仅预算内工业企业就有1500亿元，其中潜亏约900亿元，亏损挂账400亿元，福利基金赤字200亿元。二是债务重。据统计，1992年末，预算内工业企业流动资金贷款为4000多亿元，固定资产贷款余额为4200亿元，合计8200亿元。贷款利息远超过企业实现利润。三是冗员多。一般企业富余人员都在20%~30%。据1991年统计，全民所有制单位中离退休人员占在职职工的比例为22%，有的老企业比例已达50%。四是"办社会"负担重，特别是大企业问题更突出。五是税负重。主要是不同所有制企业所得税税率不同，国有企业的税负高于其他企业。流转税占全部上缴财政利税费的比重越来越大，挤占了企业的利润。1985年到1991年，以预算内工业企业为例，比重从58.3%上升到78%。

三 坚定不移地全面贯彻落实《转机条例》，抓好建立社会主义市场经济体制的基础工作

目前贯彻《转机条例》已经到了攻坚阶段，不进则退。我们要认真总结经验，加强领导，知难而进，把深入贯彻《转机条例》与政府转变职能、实现政企分离结合起来；与搞好国有企业、实现机制转换结合起来；与理顺产权关系、建立现代企业制度结合起来。去年底，国务院召开的全国经济工作会议提出，到今年底，企业14项经营权在全部企业基本落实，争取大部分企业按照《转机条例》规定的机制运行起来。现在看，尽管达到这个目标还有较大的差距，但只要我们抓紧后几个月的工作，仍会有较大的进展。党的十四大后，我国向市场经济迈进的步伐明显加快，如果不在有限时间内将大部分国有企业搞活并推向市场，那么，不是由于这些企业拖累了经济体制改革的步伐，就是在竞争中众多国有企业被挤垮，使国有资产蒙受损失。为此，我们要锲而不舍地狠抓《转机条例》的贯彻，争

取在三五年内使绝大部分国有企业走上市场，实现经营机制转换。为此，当前要抓好以下十项工作。

（一）加强法制观念，提高对《转机条例》重要地位的认识

朱镕基同志指出，《转机条例》是建设社会主义市场经济体制的一块基石，言简意赅地概括了《转机条例》的重要作用和历史地位。这就是说，贯彻《转机条例》，转换企业经营机制，塑造千千万万个市场经济的微观主体，是建立社会主义市场经济体制的一项宏大基础工程。社会主义市场经济体制能否建立起来，在一定程度上要看《转机条例》贯彻得怎么样。我们一定要增强法制观念，把这项重要行政法规贯彻落实好。

各地区、各部门要正确认识并处理好贯彻《转机条例》与经济发展的关系。当前国际国内的形势为我们提供的机遇，是加快经济发展的机遇，更是加快改革开放的机遇，要把这两个机遇都抓住并有机地结合起来。当前的工作很多，各级领导要突出重点，把贯彻《转机条例》作为中心任务来抓。

（二）坚持"三个有利于"标准，尽快转变政府职能

转变政府职能可以说是转换企业经营机制最重要的配套改革。我们要以邓小平同志提出的"三个有利于"为标准，转变政府职能。《转机条例》从转换企业经营机制的角度，规定了五个方面的职能：一是对企业国有财产分别行使八项管理职能；二是加强宏观调控和行业管理；三是培育和完善市场体系；四是建立和完善社会保障体系；五是为企业提供社会服务。

当前，转变政府职能主要是抓好五项工作。一是按照《转机条例》和实施办法的规定，把赋予企业的经营权不折不扣地落实下去。二是国务院有关部门制定《转机条例》的配套规章尚有22个没有出台，要争取9月底前全部送审、协调。三是抓紧社会保险制度的建立和完善，医疗、工伤保险制度要尽快出台，特别是要解决多头管理、收钱而不服务的问题。四是认真解决政府机构改革中出现"翻牌"公司和"拉郎配"集团问题，政府部门分流人员兴办的公司，要对照《转机条例》的规定和党中央、国务院制定的有关政策，防止和纠正政企职能不分以及以权经商、以权谋私、强

买强卖等非法行为。这里还要指出,要注意保持厂长经理队伍的相对稳定,不应轻率地撤换厂长经理、取消企业法人资格。即使是符合需要的事,也要慎重细致地去做,不能挫伤企业和广大职工贯彻《转机条例》的积极性。五是抓紧进行金融体制、财税体制、投资体制等配套改革,为企业创造市场经济环境。

(三) 引导企业眼睛向内、苦练内功,努力实现经营机制的转换

《转机条例》的贯彻只是为企业经营机制的转换创造了一定的外部环境和内部条件,但企业能否实现机制的转换尚需企业自身的变革,这是别人所无法替代的。

企业转换经营机制至少应包括以下内容。一是转变经营管理观念,克服对政府的依赖心理,树立竞争意识、风险意识,在市场竞争中自主自立;二是企业制度的创新,改革企业管理体制,重新构造政企分离后企业的决策体系、领导制度、约束与监督体制等组织体系框架;三是改造财务、劳动、人事等管理制度与运行规章;四是强化企业的基础管理。每个企业都要研究本企业转换经营机制的目标、内容并分步组织实施。

当前,针对某些"以转代管"、管理"滑坡"和纪律与约束松弛的倾向,要进一步强化内部经营管理,建立健全激励机制和约束机制。企业重大产权变动,如推行股份制,与外商合作"嫁接"等,企业无权擅作主张,要严格按《转机条例》和国家有关规定办理。要认真贯彻今年4月在上海召开的企业管理工作座谈会会议精神,推广邯郸钢厂等企业的经验;认真贯彻《企业财务通则》和《企业会计准则》,整顿和改革企业财务管理;加强质量、成本管理,开展"双增双节"活动,进一步提高企业经济效益。同时要加强思想政治工作,开展职业道德教育,提倡奉献精神,克服拜金主义,努力建设一支能在市场竞争中团结战斗的职工队伍。

(四) 继续积极推进企业三项制度改革

在向市场经济过渡中,国有企业面临着低效率、低效益的巨大压力。改变干部能上不能下、职工能进不能出、工资能升不能降的局面,使大量富余人员从岗位上撤下来,调动在岗职工的积极性。要贯彻今年5月劳动

部等五个部门召开的企业三项制度改革经验交流会精神,把劳动人事制度改革的重点,放在加快社会保障制度建设,逐步放开劳务市场,建立新型的企业自主用工机制上。对吸纳劳动力能力较强、保障体系较健全的大中城市,要加快区域性配套改革,可以试点实行企业和职工"双向选择",富余人员以社会安置为主;对社会保障能力较弱的地方,企业富余人员,目前仍以企业消化为主,但要允许将其中的1%~2%转到社会安置。对一些特殊行业的企业(如煤矿、三线军工企业等),在鼓励其实行优化组合、自行消化的同时,有关部门要采取措施予以帮助。

在落实企业工资分配权的同时,面对消费性支出的过快增长,目前必须加强对工资总额的宏观调控。财会《两则》实施后,要注意解决工资奖金分配中出现的新问题,继续完善工效挂钩办法,强化对国有资产保值增值的考核。要按照《转机条例》的规定,将工资性收入全部纳入工资总额范围,实行总挂总提。对亏损企业要逐家分析亏损原因,严格按照《转机条例》关于企业自负盈亏责任的有关规定执行。对具备条件的企业,可以试行由银行代发工资。要改进经营者收入分配管理办法,尽快出台经营者奖惩暂行办法。

(五)采取有力措施,为企业解脱历史包袱

由传统计划经济体制造成的各类经济包袱,在转向市场经济时都留给了企业,使一部分老企业无力进入公平竞争的起跑线。要采取措施,为企业解脱历史包袱。一是以实行财会《两则》为契机,可按不同情况以冲销资本公积金和资本金等形式,解决部分潜亏包袱和福利基金赤字。二是加快清产核资步伐,可考虑今年下半年选择10000家大中型企业进行清产核资试点,同时研究制定有关政策,解决部分亏损挂账、潜亏。三是对国有企业的贷款进行清理,对由于客观因素或国家(省、部)投资失误造成的呆账、坏账损失,可考虑冲减银行坏账准备金;对过去的"拨改贷",建议转增国家资本金。四是通过税制改革,降低流转税在税收收入中的比重;统一不同所有制企业的所得税,适当降低所得税税率。五是积极筹措资金,增加对现有企业的技术改造投入,提高企业技术水平。

（六）大力推进企业组织结构的调整

要按照市场竞争规律和产业政策，调整企业组织结构，发挥国有企业的整体优势。当前，我们要抓住加强宏观调控这个有利时机，加快调整步伐，改变我国经济发展中的结构性制约。对规模经济效益显著、市场容量大的产业，要发展以大型企业为龙头的企业集团，实现优势互补。对规模较大，而又布局分散、产品各自独立、长期经济效益低下的企业，可划小核算单位，实行分立，各自作为独立的法人走向市场，分而活之。对整体优势递减、局部还有优势的大企业，可以实行"一厂两制"，搞合资嫁接，分块搞活。对长期亏损、扭亏无望、资不抵债的企业，采取"关、停、并、转、包、租、卖、破"的方式，实行优胜劣汰。对债务负担特别沉重的，可先破产、后兼并。在调整结构中，可以选择少数小型企业实行国有民营或公开拍卖，拍卖收回的资金用于待业人员的安置和扶持重点企业的技术改造。

（七）完善国有企业的资产经营形式

承包经营责任制在新旧体制转换过程中，为调动企业和职工积极性、增强企业活力，发挥了重要作用。随着形势的发展和国家财税体制的改革，承包制既要完善，也要适时向统一税制、公平税负方向过渡。要做好承包制与实行财会《两则》的衔接工作，包括经批准可相应调整承包基数和工效挂钩基数；要完善承包考核指标和办法，增强企业对国有资产保值增值的责任。当前，推行税利分流已具备一定的基础条件，这主要是：（1）贯彻财会《两则》实行真实成本；（2）降低所得税税率；（3）适当提高折旧（率）；（4）免除"两金"；（5）税后暂不再上缴利润。各地要总结试行税利分流的经验，抓紧研究承包到期的企业转为税利分流体制的衔接问题，完善配套政策。承包到期的企业，一般应转为税利分流体制；未到期的也可以自愿提前转为税利分流体制。要积极、稳妥地推进规范化的股份制试点，对股票上市企业的选择，要与执行产业政策、技术改造重点项目相结合，侧重于国有大中型企业。租赁制也要积极试行。

(八) 加强对国有资产的监督管理，逐步理顺产权关系

建立责任明晰的产权关系，是市场经济的基本要素。随着改革的深入，这一问题必须摆到重要的议事日程上。在制定《转机条例》时，由于条件不具备，只明确了"国务院代表国家行使企业财产的所有权"。现在已有部分试点企业集团试行国有资产授权经营。理顺产权关系的主要思路，应是实行国家终极所有权和企业法人所有权分离，确认企业拥有独立的法人财产，实行国家所有、分级管理、分工监管、企业经营，并逐步使国有资产进入产权市场，在流动中实现资产的优化配置和最快的增值。理顺产权关系是党的十四大提出的深化改革的重大课题，必须有领导有组织，积极而慎重地进行。各地企业产权管理改革的试点要报请有关方面批准，切不可造成国有资产新的流失，或以新的形式再管死企业，或给以后的改革造成障碍。当前，从各个角度以多种形式蚕食国有资产的现象十分突出，急需采取措施首先加以解决。据我们初步估算，1985～1991 年，预算内工业企业共流失国有资产 2200 多亿元，资产流失率约 14%。各地对企业重大产权变动必须按国家有关规定办，不得越权行事。国务院有关部门正在研究制定明确产权责任、资产监管形式和防止国有资产流失的法规，为解决这个问题，并进而为搞好国有企业进行新的探索。

(九) 积极研究建立产权清晰、权责明确的现代企业制度

十几年来的企业改革，基本沿着两权分离、扩大企业经营权、减税让利、增强国有企业活力的思路来进行。这在当时的体制和条件下实现了企业改革的起步，其重大意义和历史作用不可低估。随着改革的深入，我们必须从政策的调整转变为制度的创新。就是说，我们必须寻求一种通过组织保证来实现理顺产权关系、实行政企分离，并能端正企业行为的现代企业制度，以全面地转换企业经营机制。现代企业制度的核心是企业法人制度，是责任明晰的产权制度。公司制企业是现代企业制度的典型组织形式。我们应逐步将大部分国有企业依法改造成公司制企业（"八五"期末可考虑达到 1/3 的占比），即国家独资的有限责任公司，并相应建立"公司"型管理体制和运行机制，建立相应的领导体制以及财会、人事、劳动、分

配、管理等一系列新的制度。这是造就市场经济微观主体，实现国有企业机制转换极其重要的一步。建立现代企业制度需有一系列改革与之配套，需有领导地进行。我们既要积极研究现代企业制度的内涵和运行机理，又要积极创造条件与现行制度相衔接，实现平稳过渡。

（十）加强领导，知难而进，切实把《转机条例》贯彻落实好

现在，全国改革的步伐明显加快，企业转换机制是有时限的，我们要以贯彻《转机条例》为主线，中间遇到什么问题就解决什么问题，一抓到底，决不动摇。对此我们必须统一认识，不能有丝毫懈怠。各地区、各部门和广大企业要抓住时机，加大贯彻《转机条例》的力度，加快贯彻《转机条例》的进度。一是要进一步学习《转机条例》和党中央、国务院领导同志的有关批示和讲话精神，持续地开展学习宣传贯彻《转机条例》的活动。二是要深入基层，调查研究，抓好典型，实行分类指导。要根据本地区、本部门的实际情况，对所管大中型企业进行逐个分析，对症下药，实行"一厂一策"，抓好各项政策措施的落实。三是在广泛调查研究的基础上，总结本地区、本部门的经验，制定一个争取三五年内，推动所管国有企业进入市场的规划。这个规划可根据中央关于1995年前把2/3国有大中型企业搞好的目标，以贯彻《转机条例》为中心，制订"三加二计划"，即用1995年前的三年时间，把2/3的国有大中型企业搞活并推向市场；再用两年时间将其余竞争型企业分期分批逐个推向市场。这里顺便说一下，我们准备对已认定的4211家全国大型工业企业建立档案制度，以便及时了解情况，进行比较分析，采取必要对策。希望各地经贸委（经委、计经委）予以支持，并且也采取类似办法。四是加强执法监督。各级人民政府要亲自抓《转机条例》的监督、检查，上级政府检查下级政府，加大执法力度，充分发挥执法监督部门的作用。对违纪违法案件，要按照行政监察条例和投诉办法处理。对那些知法犯法、边反边犯的，要抓住几个典型，予以"曝光"。五是继续发挥各地区、各部门贯彻《转机条例》领导小组的作用，定期分析形势，及时采取措施，经常检查督促，保证推进进度。我们拟于明年一季度对各地区、各部门贯彻《转机条例》的情况再次进行检查，并进行评比、表彰。

现代企业制度调研组汇报时讨论的情况[*]

（1993年8月10日）

  1993年8月10日，清泰同志和我们现代企业制度调研组（简称调研组）的几位同志，以第三稿向中央财经领导小组温家宝、曾培炎等同志做了汇报。文件起草小组的同志都参加了会议。总的来看，大家对我们的报告是满意的，给予较高的评价。在总的指导思想、基本观点、结构框架等大的方面没有提出太多意见。所提意见归纳起来是五个方面的问题：一是有些理论问题，观点是对的，但在表述上要使人易于接受；二是有些问题突破不够，如企业党组织的地位、作用问题；三是与现行政策的衔接还要再细点，以便于操作；四是过渡措施再具体些；五是在过渡中要预想一下可能遇到的问题。我们准备对这些问题再做深入研究和修改补充。有了这样一个基础，可望如期完成任务。在讨论中，一些同志的发言摘录如下。

  刘国光：这是一个很好的报告。大思路与文件起草小组的思路基本一致，而且你们写得更周全、更细致。《企业法》《转机条例》也是很重要的。不能一个晚上都变成公司，要研究《中华人民共和国公司法》（本书以下简称《公司法》）、《企业法》、《转机条例》的衔接问题。要强化国有资产管理，淡化国有企业概念。

  高尚全：报告写得很好，有深度，有突破，很高兴。没有企业法人所有权，自负盈亏问题解决不了，报告与文件起草小组的想法差不多。公司化了，企业党组织的核心作用怎样发挥？怎样参与重大决策？这个问题还要再研究。

---

[*] 1993年6月3日，中央财经领导小组办公室开会，部署党的十四届三中全会《决定》起草需要研究的16个专题。第二个专题是"现代企业制度"，决定由作者担任现代企业制度调研组组长组织调研。1993年8月10日再次开会，起草小组专门听取本调研组的专题汇报。本文是与作者一起参会的调研组副组长张用刚司长整理的会议讨论情况。

王仕元：这个报告思路清楚，层次分明，重点突出，文字简练，有突破，可操作。报告中提出取消"预算内国营企业"这个概念，改变国有企业作为财政预算单位的状况，这是很对的。一是国有企业与其他企业有相同的责权利义务；二是与其他企业有相同的政策法律环境。不要讲"无上级企业"，容易引起歧义，就讲依法经营、照章纳税、按股分利。企业领导体制突破得还不够。

陆百甫：这个报告有一个突出优点，跳出了就企业论企业的框框，没有部门观点。站得高，也深入，我比较满意。"两心"的问题没有充分解决。一肩挑也没解决问题。公司化以后，企业党组织的机构是不是一个法定机构？有些问题不能一下子都解决，先把机制转过来，以后再调整。

曾国祥：建立现代企业制度最要害的是理顺产权关系，确立法人所有权。把终极所有权、法人所有权界定清楚了，就好办了。报告的思路、目标很好。建议再研究一下，照这个方案去办，可能会遇到一些问题。

王梦奎：报告的思路，为企业自负盈亏提供了一个基础，但在表述上还要考虑。比如，能不能避开法人所有权，讲企业财产或企业财产权，这样有好处。另外，股东收益权和法人收益权要加以区别，能不能界定为股东收益权、法人收益权，这并不损伤报告的基本精神。

王维澄：报告中要加上两句话：建立现代企业制度是为了进一步解放和发展生产力，巩固和发展社会主义制度。这个文件从企业方面考虑得深，从国家方面还要再做些研究。关键要处理好国家、地方和企业的关系，要发挥三个积极性。

曾培炎：现代企业制度是很快要出台的举措，报告的思路很清楚，但实施中可能会遇到一些问题，要做一些分析。如债务问题、历史包袱问题、老职工问题、企业党组织问题、劳动就业问题等。因为这些问题非常现实，在操作上要做充分研究，以便使方案出台有个基础。

最后，温家宝同志总结发言，他说：建立现代企业制度是建立社会主义市场经济体制的重大课题、主要内容和中心环节，对进一步解放和发展生产力、巩固社会主义制度具有重大意义。报告总结了14年企业改革的成功经验和教训，就现代企业制度的有关问题做了比较系统的研究。提出的方案有明确的思路，有深度、有重点、有突破。与文件起草小组研究的问题和思路是一致的，但比我们周密。这要充分肯定。这是第一点。

第二点，有五个问题请调研组进一步研究时注意。

（1）同现有政策的衔接问题，报告可以简要表述，但作为方案设计有些问题回避不了，如承包制如何向现代企业制度过渡问题，企业制度改革与财税、金融体制配套改革问题。

（2）继续对实施步骤进行周密研究。要预见可能出现的问题。

（3）改革需要有理论上的突破，而理论又来自实践。如1984年提出两权分离就是很大的突破，希望你们对这个问题的研讨有更大突破。对有争议的问题，大胆试、允许看、不争论。1984年提出两权分离后，缺乏一种实现形式，现在找到了。即企业具有独立法人财产，独立承担民事责任，所有者承担有限责任。终极所有权与法人所有权是概念问题，我们今天的讨论，不妨碍本质问题。假如用这个概念，就要把它的内涵给予科学、准确的界定。

（4）要调动一切积极因素。过去有"老三会"（工厂管委会、党委会、职代会），现在又有"新三会"（股东大会、董事会、监事会），要处理好它们之间的关系，使几股力量统一起来，都成为推动现代企业制度改革的力量。

（5）企业改革的步伐要加快。报告要体现加快的思想，当然不是不顾条件，而是要有紧迫感。

张用刚

1993年8月10日

"建立与社会主义市场经济体制相适应的现代企业制度"调研报告*

(1993年11月2日)

1993年3月29日,全国人大八届一次会议通过的《中华人民共和国宪法修正案(1993年)》,决定将全民所有制企业由"国营企业"改称"国有企业"。这不只是法定名称变化,更重要的是为国有企业真正成为自主经营、自负盈亏、自我发展、自我约束的"法人实体和市场竞争主体"消除了法律障碍。

"现代企业制度"调研课题自1993年6月3日启动;1993年11月14日党的十四届三中全会将调研主要成果写入《中共中央关于建立社会主义市场经济体制若干问题的决定》(本书以下简称十四届三中全会《决定》),当年12月29日,《公司法》颁布。这就从理论和政策上确立了"产权清晰、权责明确、政企分开、管理科学的现代企业制度"是我国国有企业改革的方向,并确认"以公有制为主体的现代企业制度是社会主义市场经济体制的基础"。

1993年5月,中央政治局会议决定,将建立社会主义市场经济体制的若干问题作为十四届三中全会的主要专题,并纳入《决定》。为做好起草工作,设置了16个调研专题。"建立现代企业制度"是调研专题之二。中央财经领导小组决定"建立现代企业制度"专题调研由国家经贸委牵头,作者是调研组组长,张用刚同志是副组长,黄淑和、陈全生等13个部门的24位同志参加。还邀请吕东、袁宝华、张彦宁

---

* 本文是中央政治局常委会听取调研组汇报后,中央财经领导小组审定的《"建立与社会主义市场经济体制相适应的现代企业制度"调研报告》。调研报告的核心内容被写入十四届三中全会通过的《中共中央关于建立社会主义市场经济体制若干问题的决定》中的第二部分(转换国有企业经营机制,建立现代企业制度)。

等老同志担任调研组顾问。调研过程情况请见《陈清泰文集》第一卷《亲历国有企业改革的实践与决策过程》一文中的记述。

摘　要

本专题报告是国家经贸委牵头，13个部门24位同志参加，在中央财经领导小组办公室指导下，进行了广泛调查研究，与100多个单位座谈，听取了近300位老同志、专家学者、实际工作者和企业家的意见，八易其稿，最后完成的。它是集体智慧的成果。主要内容如下。

——建立现代企业制度，重在转换国有企业经营机制，其目的是寻求实现公有制与市场经济相结合的有效途径，进一步解放和发展生产力，充分发挥社会主义制度的优越性。

——现代企业制度是产权清晰、权责明确、政企分开、管理科学的企业制度。其基本点包括企业法人制度、有限责任制度、科学的组织制度。

——有限责任公司和股份有限公司是现代企业典型的组织形式。国际上通常把企业分为三类：独资企业、合伙企业、公司制企业。根据我国实际情况，有些国有大中型企业可以改组为国有独资有限责任公司。

——建立现代企业管理制度的重点是对企业的机构设置、用工制度、工资制度和财务会计制度等进行改革，建立严格的责任制体系。

——建立现代企业制度，要经过试点，稳步实施，大体用七年左右的时间完成。要依法改组，有条件的改组，分门别类、分期分批进行，防止一哄而起。大部分国有企业应改组为有限公司，少数条件具备的可改组为股份有限责任公司，股票上市的公司是极少数，而且要经过严格审批。

——加快配套改革，改善企业的外部环境。特别要加快政府职能转变，减轻国有企业的负担，加快建立宏观调控体系、完备的市场体系、社会保险制度、各类中介组织、有关法律和法规等。

一　现代企业制度是社会主义市场经济体制的基础

（1）中国经济体制改革的目标是建立社会主义市场经济体制。企业是市场的基本经济单元和竞争主体，确立企业的主体地位是建立社会主义市场经济体制的根本问题。在构造市场经济体制宏观框架的同时，必须重塑市场经济体制的基础，建立与社会主义市场经济体制相适应的现代企业制度。

（2）企业改革一直是整个经济体制改革的中心环节。十五年来，企业改革基本沿着所有权与经营权相分离，扩大企业经营自主权，改革经营方式，以市场为导向，搞活国有大中型企业的思路向前推进。《企业法》的颁布，确立了企业作为商品生产者和经营者的法律地位，赋予了相应的经营权利。《全民所有制工业企业转换经营机制条例》是建立社会主义市场经济体制的一块基石，它的实施，进一步促进了企业经营自主权的落实，推动了其他方面的改革。即将出台的《国有企业财产监督管理条例》（本书以下简称《监管条例》），将明确产权责任，落实监管职能，理顺产权关系，为企业进入市场奠定基础。

（3）随着我国经济体制改革的深入发展，国有企业活力不足的深层次原因进一步显露出来，长期困扰企业的政企职责不分，自主权难落实，约束机制不健全，经营观念落后，历史包袱沉重，经济效益不高等问题，主要是由企业产权关系不明晰、组织制度不合理和管理制度不科学造成的。因此，企业改革的进一步深化，必须解决深层次矛盾，由以放权让利为主要内容的政策调整转为企业制度的创新，探索一条公有制与市场经济相结合的有效途径，进一步解放和发展生产力，巩固和完善社会主义制度。

（4）现代企业制度是市场经济和社会化大生产发展的产物，是人们在实践中按照经济规律和生产力发展的内在要求创造的一种文明成果，属于人类的共同财富。要从我国实际出发，吸收和借鉴世界发达国家的有益经验，建立既符合国情又能与国际惯例接轨的具有中国特色的现代企业制度。

（5）我国所要建立的现代企业制度，是适应社会主义市场经济要求，以规范和完善的企业法人制度为主体，以有限责任制度为核心的新型企业制度。其基本特征是：政企职责分开，产权关系明晰，企业中的国有资产所有权属于国家，企业拥有法人财产权，是自主经营、自负盈亏的独立法人实体；企业以包括国家在内的出资者投资形成的全部法人财产依法享有民事权利，承担民事责任，并对出资者承担资产保值增值的责任，出资者按投入企业的资本额依法享有所有者的权益，承担有限责任；企业按照市场需求组织生产经营，以提高劳动生产率和经济效益为目的，政府不直接干涉企业的经营活动；企业制定章程，建立科学规范的领导体制和组织管理制度，调节所有者、经营者和职工之间的关系，形成激励和约束相结合的经营机制；企业依法经营，照章纳税，接受政府监督，遵循国家宏观调控。

(6) 建立现代企业制度，必须坚持社会主义方向，即坚持公有制经济的主体地位和国有经济的主导作用，各种经济成分共同发展。国有大中型企业是我国经济的支柱，在整个国民经济中具有举足轻重的作用。但从市场经济的要求看，国有企业的现状与其在国民经济中所处的地位和作用很不相称，难以同非国有企业进行平等竞争。重点在这类企业中推行现代企业制度是一种积极探索，对于促进深化改革，建立社会主义市场经济体制具有重要意义。以建立现代企业制度为内容的企业改革，将仍是建立社会主义市场经济体制的中心环节。

二　理顺产权关系，完善企业法人制度

(7) 建立现代企业制度，必须完善我国的企业法人制度。在传统的计划经济体制下，国有企业作为国家行政机构的附属物，没有独立的法人地位。国家是唯一的投资主体，也无法形成竞争。在实行有计划的商品经济过程中，国家虽然通过立法形式建立了企业法人制度，但这是一种不完整的法人制度。国有企业名义上虽有法人地位，却没有法人所必须具备的独立的财产权，难以建立起财产约束机制，只能负盈不负亏，国家对企业仍负有无限责任，企业还不是真正独立的法人。

(8) 企业国有资产属全民所有，即国家所有，国务院代表国家行使财产所有权。企业法人制度的实质，对国有企业而言，是确认国家拥有财产

的所有权，企业拥有独立的法人财产权，并据此享有民事权利，承担民事责任。确认法人财产权，将进一步使企业从有人负责发展到有能力负责，实现企业民事权利能力和行为能力的统一，在市场中形成千万个能够自负盈亏的法人实体。

（9）确立法人财产权，需要理顺产权关系，实行出资者所有权与法人财产权的分离。出资者所有权在一定条件下表现为出资者拥有股权，即以股东的身份依法享有资产受益、选择管理者、参与重大决策以及转让股权等权利。出资者不能对法人财产中属于自己的部分进行支配，只能运用股东权利影响企业行为，而不能直接干预企业的经营活动。法人财产权表现为企业依法享有法人财产的占有、使用、收益和处分权，以独立的财产对自己的经营活动负责。出资者所有权和法人财产权经过法律确认，均受法律的保护，不可侵犯。

（10）确立法人财产权，对国有企业来说，不会改变国家的所有者地位，改变的只是国家对国有资产管理的方式，即由资产实物形态的管理转变为资产价值形态的管理，国有资产总量并未减少和流失。重要的是企业国有资产增值和收益均属国家所有，而对企业经营风险，国家只以其出资额为限承担有限责任。而且，国家通过国有股权的控股，可以增大国有资产的控制和调整范围，即以一定比例的资本控制较多的资本；还可通过产权交易，实现国有资产的合理流动和资源的优化配置，有利于国有资产存量的结构调整和保值增值。

（11）企业拥有法人财产权，通过建立资本金制度和资产经营责任制，使自负盈亏的责任落实到企业；促使企业必须根据市场供求关系和价值规律支配、使用、处理、运作自己的资产，盘活资产存量，实现有效增值；并由此割断政企职责不分的脐带，为企业摆脱政府行政机构附属物的地位奠定基础。

（12）理顺产权关系，完善企业法人制度，为公有制与市场经济的有效结合创造了条件。一方面，国家掌握所有权保证了财产的公有制性质；另一方面，通过法人财产权的确立，企业真正成为自主经营、自负盈亏的商品生产者和经营者，塑造了适应市场经济体制运行要求的多元经济主体，有利于在国家宏观调控下发挥市场对资源配置的基础性作用，并使国有资产在市场经济条件下有效运行，在流动中保值增值。随着产权的流动和重组，各种所有制相互渗透，财产混合所有的经济单位会越来越多。公有制在国民经济中的主体地位，是就全国而言，不同地区，不同产业可以有所差别。公有制的主体地位主要体现在公有资产在社会总资产中占优势，国有经济控制国民经济命脉及其对经济发展的影响和导向作用等方面。

三　现代企业组织制度

（13）按照市场经济的要求，现代企业的组织形式不应以所有制性质划分，而是按照财产的组织形式和所承担的法律责任划分。国际上通常分类为：独资企业、合伙企业、公司制企业。前两者属自然人企业，出资者承担无限责任；公司制企业属法人企业，主要包括有限责任公司和股份有限公司，出资者以出资额为限承担有限责任。在我国，除上述企业组织形式外，还有国家独资公司、国有国营的企业以及股份合作制企业等。这些组织形式符合我国国情，适合我国生产力发展水平。其中，公司制企业是现代企业组织中的一种重要形式，它有效地实现了出资者所有权和法人财产权的分离，具有资金筹集广泛、投资风险有限、组织制度科学等特点，在现代企业组织形式中具有典型和代表性。

（14）公司制企业在市场经济的发展中，已经形成一套完整的组织制度。最明显的特征是：所有者、经营者和生产者之间通过公司的权力机构、决策和管理机构、监督机构形成各自独立、权责分明、相互制约的关系，并以法律和公司章程加以确立和实现。这种组织制度既赋予经营者充分的自主权，又切实保障所有者的权益，同时能够调动生产者的积极性。

（15）公司组织结构一般可考虑为：

——股东会是公司的最高权力机构，有权选举和罢免董事会和监事会成员，制定和修改公司章程，审议和批准公司的财务预决算、投资以及收益分配等重大事项。

——董事会是公司的经营决策机构，其职责是执行股东会的决议，决定公司的生产经营决策和任免公司总经理等。其成员由股东代表和其他方面的代表组成。董事长由董事会选举产生，一般为公司法定代表人。董事会实行集体决策，采取每人一票和简单多数通过的原则，董事会成员对其投票要签字在案并承担责任。这样，有利于决策的民主化和科学化，同时，对董事的决策能力进行检验。

——公司的总经理负责公司的日常经营管理活动，对公司的生产经营进行全面领导，依照公司章程和董事会的授权行使职权，对董事会负责。对总经理实行董事会聘任制，不实行上级任命制。董事、经理的人事和工资关系均脱离国家行政系列。

——监事会是公司的监督机构，由股东和职工代表按一定比例组成，对股东大会负责。监事会依法和依照公司章程对董事会和经理行使职权的活动进行监督，防止滥用职权。监事会有权审核公司的财务状况，保障公司利益及公司业务活动的合法性。监事会可对董事成员、经理的任免、奖惩提出建议。为了保证监督的独立性，监事不得兼任公司的经营管理职务。

（16）公司的组织形式可以有一定的灵活性。考虑到国有独资公司体制上的衔接和操作的便利，可以采取另外一种组织机构，即将监事会设在公司之外、董事会之上。监事会由政府主管部门选派的代表，聘请的经济、金融、法律、技术等方面有一定权威的专家，以及职工代表三部分人按一定比例组成。监事会主席由政府机构委派。监事会的职责是：任免公司董事会成员和总经理，并决定其奖惩；监督公司的经营和资产保值增值状况；审议企业的财务报告及重大投资融资和盈利分配方案等，不行使企业的经营决策权。采取这种形式，有利于同《国有企业财产监督管理条例》相衔接；有利于职工参与企业的管理；也有利于将来政府部门的改革。同时，一般地可以采取董事会与经理班子合一的做法（人数不宜过多），即董事会为公司的经营班子，董事长兼任总经理，董事担任副总经理等职务。这种做法，有利于同《企业法》规定的厂长（经理）负责制相衔接，保护国有大中型企业厂长（经理）的积极性。

大多数未实行公司制的企业继续坚持和不断完善厂长（经理）负责制。

（17）建立有中国特色的现代企业制度，要发挥企业党组织的政治核心作用，保证监督党和国家方针政策的贯彻执行。要改善企业党组织的领导班子结构，增加党员行政领导的比例。党政领导人员可适当交叉任职，条件具备的可实行党政领导职务一人兼。企业党组织的机构设置和人员配备，本着精干、高效的原则，由企业自主决定。企业党组织要抓好党的建设和精神文明建设，围绕企业的中心任务做好保证监督工作。实行公司制的企业，党组织负责人可通过法定程序进入董事会、监事会，参与企业重大问题的决策。

（18）实行职工民主管理是现代企业制度的特征之一。要增强职工群众的主人翁责任感，调动他们的积极性和创造性。在国有国营企业和国家独资公司中，要发挥职工代表大会和工会的作用，加强民主管理。在公司制企业中，工会代表职工向董事会、监事会反映职工的意见和要求，维护职工的合法权益；组织推荐职工代表进入监事会，参与对企业经营管理的监督工作。

四　现代企业管理制度

（19）科学的企业管理制度是现代企业制度的重要内容。从克服我国现有企业管理制度的弊端和提高企业经济效益出发，建立现代企业管理制度，重点是对企业的机构设置、用工制度、工资制度和财务会计制度等进行改革，建立严格的责任制体系。

（20）企业机构的设置，应根据生产经营特点和市场竞争的需要，按照职责明确、结构合理、人员精干、权力与责任对等原则，由企业自主决定。要重点强化开发、质量、营销、财务和信息等管理系统，提高决策水平、企业素质和经济效益。大型企业和企业集团根据自身情况可逐步形成投资中心、利润中心和成本中心的管理格局。

（21）建立现代企业用工制度。改革国家直接管理用工的方式，用工主体由国家转向企业。企业依法享有用工自主权，劳动者依法享有择业自主权。劳动合同是确立和调整劳动关系的基本方式。企业和劳动者之间的劳动关系，以双方平等自愿签订劳动合同的方式建立，以合同作为保障双方合法权益的依据。消除企业内干部与工人之间、不同用工形式之间、不同所有制企业之间的职工身份界限。要尽快建立和完善社会保障体系和劳动力市场，形成用人单位和劳动者双向选择、合理流动的就业机制。当前，要继续推行以全员劳动合同制为主的劳动制度改革,按照企业自行安置为主、国家帮助为辅、保障职工基本生活的原则,做好企业富余职工的安置工作。

(22)建立现代企业工资制度。改革的方向是实现完整意义上的企业自主分配,即在企业产权明晰、自我约束机制健全,以及工资总额增长率低于企业经济效益增长率,职工平均工资增长率低于本企业劳动生产率增长的前提下,企业享有充分的工资分配自主权,国家不直接干预企业的工资分配,而是进行立法、指导和宏观调节。劳动力市场供求状况对工资水平的确定起基础性作用,其增长幅度一般通过集体协商的方式确定。经营者的收入与资产的保值增值及企业利润相联系,职工的收入根据其劳动技能和实际劳动贡献来确定,贯彻按劳分配原则,充分发挥工资的激励作用。当前,要进一步改进工资总额同经济效益挂钩办法,把各种补贴、津贴及其他福利性收入全部纳入工资使职工收入货币化、规范化。

(23)建立现代企业财务会计制度。认真实施《企业会计准则》,建立与国际惯例相一致的企业财务会计制度体系。改变按不同所有制、组织形式、经营形式分别确定企业财务会计制度的做法。强化企业内部财务管理,完善企业审计制度。通过内部审计组织和社会审计力量,形成对企业的审计监督机制。取消统收统支情况下形成的"预算内国营企业"的概念,改变国有企业作为财政预算单位的状态。

(24)加强职工队伍建设和企业文化建设,全面提高企业素质。培养职工优良的职业道德和奉献精神,树立团结协作、敬业爱厂、遵法守信、开拓创新的精神。

五 建立现代企业制度的实施步骤

(25)建立现代企业制度,是一项艰巨复杂的任务,必须经过试点,积累经验,到2000年前,大体用七年左右的时间逐步推进。

建立现代企业制度,重在转换国有企业经营机制。当前要继续认真贯彻《企业法》和《转机条例》,切实转变政府职能,把企业的各项自主权不折不扣地落实下去;认真执行《监管条例》,落实对国有资产保值增值的责任，为国有企业稳步地向现代企业制度转变打好基础。加快企业组织结构调整的步伐，逐步形成优胜劣汰的机制。坚决制止向企业乱派、乱集资，减轻企业"办社会"的负担，为企业进入市场、参与平等竞争创造良好的外部条件。

（26）推行现代企业制度，要根据我国企业的实际情况，采取多种形式，区别对待。

——涉及国家安全、国防、尖端技术、某些特定行业特殊产品的企业，一部分仍要保持国有国营的形式，由国家直接控制和管理，对其中适于公司制经营的，按国家独资公司体制改组。但应尽量不搞一家公司的全行业垄断。

——具备条件的国有大中型企业，可按一般公司体制改组。基础产业和支柱产业中的骨干企业，国家要实行控股，并吸收非国有资金入股。

——积极稳妥地发展一批以公有制为主体，以资产联结为纽带的跨地区、跨行业的大型企业集团，发挥其在促进结构调整，提高规模效益，加快新技术、新产品开发，增强国际竞争能力等方面的重要作用。

——国有小型企业，也要按照现代企业制度加以规范。有的改组为有限责任公司；有的改组为股份合作制企业；有的采取承包、租赁方式，实行国有民营；有的拍卖，实行产权转让。从长远来看，大部分国有小型企业应将产权逐渐转让给集体或个人，国家实现资本金转移，把变价收入投入急需发展的产业，用于结构调整，以及用于安置人员，支持建立社会保障体系。

——城乡集体企业在界定资产来源、明晰产权关系的基础上，区别不同情况依法改组为合伙企业、股份合作制企业和有限责任公司。少数规模大、效益好、符合产业政策的，也可以依法直接改组为股份有限公司或组建企业集团。

（27）公司是现代企业制度的一种有效组织形式，从我国的实际出发，将部分国有大中型企业由过去的"工厂制"改组成"公司制"是我国企业制度上的一次重大变革，对于转换国有企业的经营机制，提高市场竞争能力，更好地发挥其主导作用具有重要意义。

公司制改组应遵循三个原则。一是依法改组。在《公司法》出台后，有关部门要制定公司改组条例或规范办法做好改组前的准备工作。二是有条件改组。企业进行公司制改组，必须进行可行性研究，设置合理的股权结构，进行严格的资产评估和审计，制定公司章程等。要防止把不需要或不具备条件的企业硬性改为公司，或简单更换名称，搞翻牌公司。三是通过试点，分门别类、分期分批进行。应选择竞争行业中效益较好、负担较轻、领导班子素质较高的企业先行试点，取得经验后再逐步推广，防止一哄而起。

（28）进行公司制改组，多数应选择有限责任公司形式。有限责任公司具有筹资少、操作简便、易于过渡、改组成本低等特点。对于符合国家产业政策，在本地区或本行业中占有重要地位，经济效益较好，以及已经实行联营的企业，可先行一步改组为有限责任公司。连续三年盈利，并具备规定条件的少数有限责任公司，经批准可以依法变更为股份有限公司。企业直接改组为股份有限公司或由定向募集转为股票上市的，要严格进行资格审定并办理审批手续，以对公众投资者负责。股票上市的股份有限公司只是极少数，发展的重点，应从中型企业转向国家支柱产业的大型企业。

（29）除特定行业外，国有企业一般应改组为由多个股东持股的有限责任公司，以利其运行的规范化。实现的途径包括：使股权分散在不同的出资单位，提倡法人间相互参股；经债权人和债务人同意，将债权转为股权；引进外资入股，改善股权结构；吸引各类社会资金，包括企业内部职工以基金会的方式参股等。

（30）清理和解脱国有企业由于政策上的原因形成的历史债务，使其平等参与市场竞争。企业历史债务成因复杂，既有新旧体制转换中政策调整遗留的，也有企业经营管理不善造成的。企业为扩大经营、发展生产而形成的债务是正常的。在企业进入市场过程中，由于国家政策性原因形成的历史债务，在财力允许的情况下应给予解脱。如将1983年至1985年由拨款改为贷款的"拨改贷"转为"贷改投"，增加国有资本金。因不可抗拒的客观原因和由于上级决策失误造成的贷款损失，经努力有能力偿还的，应适当延长还贷期，不加罚息；有的应允许挂账计息缓交；有的应允许挂账停息；已成为呆账的，经开户银行严格审查并报有关部门批准，作为银行呆账损失加以冲销。

（31）推行现代企业制度，迫切需要大批既有专业知识和现代管理经验，又有革新精神，能够开创新局面的经营管理人才，这是关系现代企业制度成败的重要因素。经营管理人才作为现代企业家，应当成为以信用和声誉为担保的职业经营者。要大力培养企业家队伍，逐步形成从选拔、使用到考核、辞退一整套适应市场经济要求的管理制度。

（32）充分认识建立现代企业制度的艰巨性、复杂性。对公司制改组工作，政府主管部门的责任主要是研究总体部署和措施，制定有关政策法规，推动试点，总结经验，进行指导，既积极倡导，又稳步推进，不搞形式主义，保证改组的成功率。

六　加快配套改革，改善企业外部环境

（33）建立现代企业制度标志着企业将最终摆脱传统计划经济体制的束缚，真正成为在市场竞争中求生存、求发展的独立的市场竞争主体。这不仅是微观经济基础的根本性改造，而且是涉及宏观经济体制的一次全面、深刻的改革。建立现代企业制度，必须进行宏观经济管理体系、市场体系、社会保障体系等方面的综合性配套改革。只有这样，才能实现建立社会主义市场经济体制的总体目标。

（34）建立现代企业制度必须尽快进行政府机构改革，精简机构，转变职能，合并重复设置的机构，大幅度精简人员。政府对经济活动要从直接管理转到间接调控上来，通过经济法规、经济政策、指导性计划和必要的行政管理，引导市场健康发展。政府要注重发展和完善与企业有关的公共基础设施和公益事业，国家资本金收益的再投入，应更多地向社会公共设施、公益事业倾斜，减轻企业"办社会"的负担，保证企业制度改革的顺利推进。

（35）建立社会主义市场经济的宏观调控体系。

——国家提出经济发展目标和方向，制定产业政策，引导企业的投资方向。原则上取消国家指令性计划，对少数需要国家控制的产品，也要采取国家订货的方式。

——在实行分税制的基础上，实行统一税制。要合理设计企业的税种

和税率，公平税赋，使各类企业平等竞争，使企业逐步成为投资主体，保持和增强投资能力。要采取妥善措施，搞好现有企业承包制向统一税制的过渡。

——将专业性银行改造为企业化商业银行，引入竞争机制，为企业创造一个良好的融资环境。

（36）在贯彻《监管条例》的基础上，要建立起一套既能保障国有资产保值增值，又能促使企业高效运行、充满活力的新的国有资产管理体系，保证国有资产的统一性、完整性。国务院代表国家行使国有资产所有者职能。尽可能将国有资产直接授权给集团公司和大型企业，使之成为控股公司。建立国有资产经营公司，主要是面向经营价值形态的国有资产。国有资产管理机构与资产经营公司之间是财产委托关系。

（37）大力培育市场，建立完备的市场体系，为企业创造良好的市场环境。一是理顺价格关系，使价格能够灵敏反映市场供求关系的变化，各行业内部和行业之间的产品比价关系基本合理。二是以法律、法规的形式规范各类市场的经营交易规则、程序以及商品的质量标准，并建立相应的市场管理、协调及监督组织，以维护和保证市场秩序。三是在构造以要素市场为基础、金融市场为主导的社会主义统一市场体系时，尽快培育和完善产权交易、生产资料和劳动力市场，促进现代企业制度的建立。

（38）完善的社会保障体系是建立现代企业制度重要的外部条件。社会保险制度改革相对滞后，已成为企业改革向前推进的一大制约因素。要尽快形成覆盖城镇所有职工，基本保险与补充保险相结合，资金由国家、企业、个人三方面合理分担，管理社会化的社会保险体系，为企业改革和劳动力自主流动创造条件。

（39）建立和完善各类中介组织，在企业与市场、企业与国家之间建立起联系纽带。一是建立非政府的会计师事务所、律师事务所、审计事务所、资产评估机构、人才交流中心等。对这类以社会信誉为特征的中介机构，要确立其无限连带责任制度。二是建立和完善代表不同利益的各类协会和社会团体，通过一定渠道和方式协调行业发展，向政府反映不同利益阶层的要求。这类以自愿为原则成立的中介组织，作为社团法人以提供社会服务为主要目的。三是建立和完善职业介绍所、仲裁机构等为企业和政府服务的有关组织。

（40）现代企业制度正常运转要求具备相应的法制环境。要制定和完善有关方面的法律。一是有关市场主体的法律。如公司法、银行法、劳动法等。二是有关市场秩序的法律。如反不正当竞争法、票据法、证券法等。三是宏观调控方面的法律。如预算法、税法、国有资产监管法等。四是有关社会保障的法律。如社会保障法、最低工资法等。五是制定经济刑法。在执法监督方面，必须有效地解决有法不依、执法不严的问题，切实加强执法监督。要加强工商、税务、商检、审计、计量、海关以及监察、司法等部门的建设，提高人员素质和执法监督水平，维护公平竞争，打击一切不法行为，使企业能够在良好的法制环境中生存发展。

附件　调研组人员名单

组长：

　　陈清泰　国家经贸委副主任

副组长：

　　张用刚　国家经贸委企业司副司长

顾问：

　　吕　东　中国工业经济协会会长

　　袁宝华　中国企业管理协会会长

　　张彦宁　全国人大常委会委员

主要成员：

　　黄淑和　国家经贸委政策法规司副司长

　　陈全生　国家经贸委企业司公司集团处处长

　　王梓木　国家经贸委经济综合司综合处处长

　　张　楠　国家经贸委政策法规司副处长

　　狄　娜　国家经贸委企业司企业结构处副处长

　　薛宝祥　国家经贸委企业司企业管理处副处长

　　邓实际　国家经贸委企业司劳动分配处副处长

　　谢又乔　国家经贸委经济运行局综合处处长

"建立与社会主义市场经济体制相适应的现代企业制度"调研报告

唐海滨　国务院发展研究中心企业部博士
陈义兵　国家体改委生产体制司副处长
李应明　国家计委长期规划事副处长
王树权　财政部工交司地方工业处处长
信长星　劳动部政策法规司副处长
程金勇　人事部法规司干部
周放生　国有资产局企业司集团处副处长
崔君刚　中组部组织局二处副处长
郭志山　工业经济协会企业部副部长
于　武　企业管理协会研究部副处长

转换企业经营机制，建立现代企业制度*

（1993年12月1日）

改革开放以来，国有企业经历了放权让利、承包经营等初始阶段的改革，增强了活力，但改革的最终目标还不清晰。政府与企业在放权又收权的过程中已循环了多次，但没有跳出"一管就死，一放就乱"的怪圈。党的十四届三中全会《决定》提出，"以公有制为主体的现代企业制度是社会主义市场经济体制的基础"，国有企业改革的方向是建立现代企业制度，要通过企业制度创新综合解决传统体制问题。这是深化国有企业改革的一个里程碑，在全国引起极大的反响。

党的十四届三中全会《决定》连同1994年出台的几大经济体制改革措施，表明我国的经济体制改革进入了攻坚阶段。搞好国有企业特别是国有大中型企业，在各项改革中处于突出重要的位置。《决定》提出的转换国有企业经营机制、建立现代企业制度，为深化企业改革指明了方向。深入学习和正确贯彻《决定》精神，将对解决国有企业改革中那些深层次问题，对形成社会主义市场经济的微观基础，具有十分重要的意义。

一　搞好国有企业是经济体制改革的中心环节

党的十四大确定了建立社会主义市场经济体制的目标。要建立市场竞争机制至少必须创造三个方面的条件。

---

* 本文是作者1993年末在"当前几项重大经济体制改革电视系列讲座"之一的讲座稿件节录。作为学习贯彻党的十四届三中全会《决定》的辅导材料，原稿载于中央财经领导小组办公室主编、人民出版社出版的《当前几项重大经济体制改革电视系列讲座专辑》。

首先是建立社会主义统一市场，为企业开辟公平竞争的场地。改革开放以来，我们一直致力于改变计划经济体制，发挥市场的调节作用。指令性计划在经济工作中的占比逐年下降，市场正逐步成为引导企业供产销的主渠道。价格改革是形成市场的关键。近几年不仅基础原材料价格逐步放开，在去年，粮食的价格也放开了，通过市场的供求关系形成价格的新机制正在形成。为了形成统一市场，除商品市场外，我们还要建立各类要素市场，特别是劳动力市场、金融市场、房地产市场、产权市场、信息市场等。总之，在市场建设上我们已有了相当的基础。

其次是形成市场经济的管理体制和法律体系，为企业创造市场竞争的环境。要使市场在资源配置上起基础性作用，发挥价格对经济调节的杠杆作用，使优胜劣汰的机制对企业发生激励与约束作用，就要构造适应市场经济要求的经济管理体制，包括财政体制、税收体制、金融体制、投资体制、宏观调控体制等。与之相配套的还有市场的法律体系，即市场竞争的规则，包括规范市场主体的法律法规，规范市场行为、维护市场秩序的法律法规，以及规范宏观调控的法律法规。形成市场经济的管理体制和市场经济的法律体系，为企业创造公平竞争的市场环境和竞争规则，这是市场竞争机制所必需的，也是我们多年改革的重点。今年国家出台的财税、金融、投资、外汇、外贸等几大改革如能顺利实施，那么我国就基本上实现了经济体制的转轨。

最后是深化企业改革，塑造市场竞争的主体。代表社会主义市场经济特点的重要方面，就是公有制经济的主体地位和国有经济的主导作用。因此，社会主义市场经济体制的成功，关键在于找到公有制与市场经济结合的有效途径，使国有企业在市场经济中充分表现其活力和竞争力，并成为市场经济的中坚力量。计划经济与市场经济在运行方式上是两种不同的类型。对比一下就看得很清楚：在计划经济体制下，经济活动是集中决策，是通过计划配置资源，各单位按计划统一行动，经济后果由国家承担。由此看来，国家是经济运行的主体。而在市场经济条件下，经济行为是由各个市场主体独立、分散决策，社会资源主要通过市场来配置，企业要按照市场规律自主经营，经营的后果由各个企业独自承担。因此，在市场经济体制下，国家是宏观调控的主体，企业是经济运行的主体。所以我们要建立市场经济体制,就要由国家是唯一的经济运行主体转而使企业成为千万个独立的经济运行主体。这种经济运行主体的转移是非常深刻的变革,必须解决旧体制中深层次的问题。实际上,城市经济体制改革从一开始,就主要是围绕搞好搞活国有企业来进行的。十几年国有企业改革取得了一定的进展,但从总体上讲,问题还远远没有解决。

在形成市场竞争体制必然涉及的三个方面中,最大的难点在于企业。如果说财政上的分税制、金融上的中央银行与商业银行分立等改革模式都还有国际经验可以借鉴的话,那么大面积的国有企业进入市场经济则是前所未有的。企业是社会生产力的基础,旧的经济体制甚至政治体制中各层面的问题、矛盾和不适应都反映到企业身上。因此,企业改革既要求各方面的改革与之配套,同时,企业改革又是实现各项改革的重要条件。这就使企业改革步履艰难。1984年党的十二届三中全会《关于经济体制改革的决定》(本书以下简称十二届三中全会《决定》)中提出:增强企业活力是经济体制改革的中心环节。十四届三中全会《决定》再次指出:"以公有制为主体的现代企业制度是社会主义市场经济体制的基础。"也就是说,没有国有企业改革的成功,社会主义市场经济体制就建立不起来。

二 转换经营机制,建立现代企业制度

十四届三中全会《决定》为我们搞好国有企业指出了"转换国有企业经营机制,建立现代企业制度"这一明确的方向。建立规范的现代企业制度,使出资者的所有权与企业法人财产权相分离,一方面使企业摆脱对政府机构的依附地位,另一方面使国家解除对企业承担的无限责任。以此为基础,形成我国新型公有制的实现形式。它既保证国家对国有企业的所有权,又使国有企业能以独立法人身份进入市场参与竞争,成为千万个独立的市场经济活动主体。这才能形成社会主义市场经济的微观基础。由此看来,建立现代企业制度对搞好国有企业,甚至实现社会主义市场经济体制具有决定性意义。

（一）什么是现代企业制度

现代企业制度，指的是"产权清晰、权责明确、政企分开、管理科学"的企业制度。它有五个基本特征。第一，产权关系清晰。企业中的国有资产所有权属于国家，企业拥有出资者投资形成的全部法人财产权，成为独立享受民事权利、承担民事责任的法人实体。第二，企业以其全部法人财产，依法自主经营，自负盈亏，照章纳税，对出资者承担资产保值增值责任。第三，出资者按投入企业的资本额享有选择管理者、资产受益和重大决策等三项主要权利。企业破产时出资者只以其投入企业的资本额为限对企业债务负有限责任。第四，企业按照市场需求组织生产经营，以提高劳动生产率和经济效益为目的，政府不直接干预企业生产经营活动。企业在市场竞争中优胜劣汰，长期亏损、资不抵债的依法破产。第五，建立科学的企业领导体制和组织管理制度，调节所有者、经营者和职工之间的关系，形成激励和约束相结合的机制。为加深理解，这里就现代企业制度的三项重要内涵加以说明。

1. 完善的企业法人制度

出资者为进入市场、参与竞争、获取利润而出资构造了一种经营组织，并使其人格化，具有独立的法律地位，既能独立地享受民事权利，又能承担民事责任，这就是企业法人。企业法人市场行为能力的基础是它拥有法人财产权。因此，建立企业法人制度，关键是确立企业法人财产权，使企业成为法人实体，在市场活动中不仅有人负责，而且有能力负责。

公司法人财产制度具有以下特点。(1) 公司法人财产的运作是以营利为目的。(2) 公司法人财产具有延续性。只要公司存在，公司法人就不会丧失财产权。股东、管理人员的变动不影响法人财产权的行使。(3) 公司法人财产具有整体性和不可分割性。出资人一旦将资本投入公司，就不得抽回，也不得以个人意志支配某一部分财产。(4) 多个投资主体相联合，使企业制度发生重大变化，公司内出现两个层次的利益主体，即股东和公司法人。(5) 股东享有的股权与法人财产权的分离，使企业所有权与经营权分离成为现实。(6) 股权的可转让性，使得公司的组织结构调整更加灵活，使优胜劣汰成为现实。

和《企业法》相比，十四届三中全会《决定》在确定企业法人财产权的理论与实践上实现了重大突破。《决定》明确国家是国有企业的出资者，以投入企业的资本额享有所有者权益；企业拥有包括国家在内的出资者投资形成的全部法人财产权。这就理顺了产权关系，完善了企业法人制度，为企业独立进入市场奠定了必要的基础。

2. 有限责任制度

有限责任制度是指公司债务责任的有限性。其内容：一是企业以其全部法人财产对其债务承担有限责任；二是企业破产清算时，出资者以其出资额为限，对企业承担有限责任。这就是说，企业经营中形成的利润和资产增值，直接或间接都属于出资者所有；而当企业破产时，出资者最大的损失即投入企业的资本金。实行有限责任制度，减少了投资者的风险，增大了出资者获利的机会，解决了目前国有企业只负盈不负亏、国家负无限责任的状况。可以说，有限责任制度是市场经济条件下出资者既敢于向经营者更多地让渡权利，使其放手经营，又能实行自我保护的一种有效办法。实行有限责任制度是国有企业进入市场、提高资产运营效率的必要条件。

3. 科学的领导体制和组织制度

现代企业制度有一套科学、完整的组织结构，它通过规范的组织制度，使企业的权力机构、监督机构、经营决策机构之间职责明确，并形成制约关系。这使所有者、经营者、生产者的积极性得以调动，行为受到约束，利益得到保障，做到所有者放心，经营者精心，生产者用心。这是企业进入市场独立经营的组织保证。

（二）公司是现代企业制度的主要组织形式

现代企业制度按财产构成有多种组织形式。有限责任公司和股份有限公司是现代企业制度的主要组织形式，能够较好地体现现代企业制度的内涵。

在现代公司制度中，根据权力机构、经营决策机构、监督机构相互分离、相互制衡的原则，依据法律制定企业章程，形成由股东会、董事会、监事会和经理层组成的公司治理结构，保证权责明确，各司其职，有效行使决策、监督和执行权。股东会是公司的权力机构。国家授权投资的机构或者国家授权投资的部门以及其他出资者选派代表参加股东会。股东会年会的主要内容是：(1) 讨论和批准公司年度报告、资产负债表和损益表；(2) 修改公司章程；(3) 决定公司的合并或解散；(4) 讨论董事会关于增减公司资本的建议；(5) 选举公司董事；(6) 讨论和批准董事会提出的股利分配方案。

董事会是公司的经营决策机构，受托于股东会并对股东会负责。一般情况下，董事长是企业的法定代表人。董事会的主要职责是：(1) 制定公司经营目标、重大方针和管理原则；(2) 选举、委任和监督经理人员并决定他们的报酬和奖励；(3) 提出盈利分配方案供股东会审议。

公司设经理。经理统一主持公司的日常生产经营和管理工作，对董事会负责。其主要职责是：(1) 执行董事会决议；(2) 主持公司日常业务活动；(3) 经董事会授权，对外签订合同或处理业务；(4) 任免下层经理人员；(5) 定期向董事会报告业务情况，提交年度报告。

监事会是公司的监督机构，对股东会负责。监事会由股东代表和适当比例的公司职工代表组成，主要职责是依法和依照公司章程对董事和经理行使职权的活动进行监督，审查公司的财务和资产状况。科学的公司治理结构在股东、董事会、经理人员之间形成了责权分明的管理体系。

建立有中国特色的现代企业制度，依然要发挥企业党组织的政治核心作用。企业党组织负责人可通过法定程序进入董事会、监事会，参与企业重大决策，保证、监督党和国家方针政策的贯彻执行。

实行职工民主管理是现代企业制度的特征之一。在公司中依法组织工会，工会有权代表职工向董事会、监事会反映职工的意见和要求，维护职工合法权益。在国有独资公司中，职工民主选举的代表可以进入董事会。公司设立监事会时依法有职工代表出任监事。

从市场经济比较发达的国家来看，在各类公司中，有限责任公司被广泛采用。它具有如下主要特征：(1) 股东数量较少，组建手续简便，可以设立国家独资公司；(2) 不发行股票，权益证明不能流通，股权转让受到限制；(3) 具有科学的组织管理结构。当前，我国国有大中型企业适宜按有限责任公司进行改组。少数具备条件的，可进行股份有限公司试点。

（三）推行现代企业制度对搞好国有大中型企业具有重要意义

1. 有利于实现政企职责分开

由于明晰了产权关系，也就明确了国家与企业的关系。国家作为出资者，处于股东地位，享有选择管理者、参与重大决策和资产受益等权利，不再直接干预企业的具体经营活动。企业不再隶属于政府机构，以法人身份进入市场，参与竞争，以营利为目的运作企业法人财产，实现自主经营、自负盈亏。

2. 有利于规范经营者的行为

通过现代企业组织形式，所有者代表进入企业，通过董事会聘用总经理，保证所有者的最终控制；总经理对董事会负责，企业重大决策所有者通过股东会、董事会做出，体现所有者意志；总经理享有充分的经营决策权，由此，可以解决长期以来国有企业厂长（经理）身份不清、责权脱节，对谁负责不明确，既缺少激励又缺乏约束，容易出现短期行为等问题。同时，企业通过明晰的产权责任和科学的组织管理结构，可以形成强有力的自我约束机制。

3. 有利于巩固公有制的主体地位，发挥国有经济的主导作用

国有企业以公司形式，易于实现资产的流动和重组，提高存量资产的优化配置效率；凭借自己的实力和信誉，广泛吸纳社会资金（包括外资），通过控股、参股方式，用较少资金支配较多的资产，增强辐射能力；可以根据市场变化，按照国家产业政策及时调整发展战略，优化企业组织结构和产品结构；可以更有效地贯彻国家宏观调控措施，优化产业结构；还可以通过母子公司形式，形成大公司体制，实现集团化经营，提高规模经济效益。

4. 有利于国有资产的保值增值

公司是出资者在市场经济发展中创造的一种组织形式，通过公司的组织结构和管理制度，保障和维护出资者的利益，实现资本的保值增值。国有企业同样可以通过实行现代企业制度实现投资主体多元化和构建科学的企业法人治理结构，使所有者代表进入企业，实现国有资产的保值增值。

5. 有利于同国际惯例接轨

公司是国际通行的企业组织形式。国有企业按照公司规范运作,便于进入国际市场,顺畅地开展国际贸易、投资、融资等活动,实现进一步开放。

三 建立现代企业制度要积累经验,创造条件,稳步推进

建立现代企业制度,是我国企业制度的一次重大变革。必须从实际出发,有领导、有组织,积极而稳妥地进行。

(一) 努力创造条件,打好基础

建立现代企业制度是国有企业改革的方向,所有企业都要朝这个方向努力。当前国有企业尚有大量实际问题需要解决。例如,继续深入贯彻《企业法》和《转机条例》,落实和用好企业经营自主权,贯彻即将发布的《监管条例》,落实财产监管责任,明确法人财产权。要贯彻好财会《两则》,有步骤地清产核资,界定产权,清理债权债务,评估资产,核实企业法人财产占用量。要减轻旧体制遗留给企业的不合理债务,减轻企业"办社会"的负担等。要从解决这些实际问题入手,为国有企业向现代企业制度转变创造条件,打好基础。

(二) 搞好试点,积累经验

建立现代企业制度不仅涉及企业的方方面面,而且涉及经济体制甚至政治体制诸多方面的问题。通过试点,对建立现代企业制度的重点、难点进行探索是十分必要的。国务院已决定选择百户企业进行试点。

(三) 依法、规范化地推动企业制度的转变

现代企业制度的生命力重在它的规范性。全国人大通过并已颁布的《公司法》是广泛吸收国际上企业制度建设的成功经验,并结合我国国情和改革的历程而制定的,对促进我国企业制度的变革具有十分重大的意义。建立现代企业制度必须从开始就依据《公司法》规范地进行。国务院有关

部门还将制定实施《公司法》的配套规章和细则。企业进行公司制改造，必须进行可行性研究，明确所有者代表机构，选择适当的财产构成形式并进行严格的资产评估和审计。不具备条件的不要硬行改造。

（四）分类、分期、分批逐步改造

按财产构成，现代企业可以有不同类型。不同行业、不同企业要根据具体情况合理选择。

涉及国家安全、国防尖端技术、特殊产品、公用设施等的少数特定行业，有的仍需保持国有国营的形式，其中适于公司化经营的企业，可按国有独资公司体制进行改造，但尽量不搞一家公司的全行业垄断。

基础工业、原材料工业、加工工业和第三产业等竞争性行业中的企业，按一般公司体制改造。大部分应改造成有限责任公司，条件成熟的可改造成股份有限公司。支柱产业和基础产业中的骨干企业国家实行控股。股票上市的股份有限公司在公司中只是少数。

现有全国性行业总公司要逐步改组为控股公司，形成母子公司结构。以大型企业为核心，以产权联结为主要纽带可以组建跨地区、跨行业的大型企业集团。

小型加工业、零售商业、饮食业和服务业等，也要按照现代企业制度加以规范，选择独资、合伙、股份合作、有限责任公司等组织形式。国有小型企业可将产权逐渐转让给集体或个人，国家实现资本金转移，把变现收入投入瓶颈产业。

城镇集体和乡镇企业在界定资产来源、明晰产权关系的基础上，区别不同情况依法改造为合伙企业、股份合作制企业和有限责任公司。少数规模大、效益好、符合产业政策的，也可以依法直接改造为股份有限公司。

国有企业进行公司制改造，选择什么形式，要根据具体情况而定。从总体上看多数应首先选择有限责任公司制。在建立现代企业制度初期将一些国有企业改制成国有独资有限责任公司，有方便之处，但它不利于经营机制转变，应尽量改造为由多个股东持股的有限责任公司，以利其运行的规范化。

（五）防止形式主义，不要一哄而起

国有企业向现代企业制度转变需要相应的条件，有一个过程，必须从实际出发，不能急于求成，一哄而起。关键是处理好"转机"与"建制"的关系。建立现代企业制度是目标，转换经营机制是基础，当前的重点在于打好基础。离开了解决企业现存的大量实际问题，实现机制转换这个基础，空谈建立现代企业制度，将是危险的。比如，企业进入市场的自主经营权还未到位，传统经营观念、经营方式还未改造，如果企业的财会制度还不能与国际接轨，如果企业的产权责任、产权监督还不规范，如果企业还没有进行清产核资，企业的资本金权属、企业的边界还不清楚，企业还背着沉重的历史包袱等，即使马上"翻牌子""戴帽子"变成所谓现代企业制度又有什么用？搞不好会徒有虚名，而落得实祸。另外，建立现代企业制度并不是把所有国有企业全部都改组成公司，更不能简单地认为企业贯彻中央《决定》，就是把工厂翻牌成公司，就是搞股份制，就是股票上市。这种推论是没有根据的。现代企业制度有着丰富的内涵，每个企业都要按照这些内涵不断深化改革。

国有企业的改革是一个前所未有、极其深刻的历史过程，现代企业制度的建立将为社会主义市场经济创造微观基础，实现公有制与市场经济的有效结合。这是中国共产党在建立社会主义市场经济过程中的一项伟大创举。我相信经过全党和全国人民持之以恒的努力，当国有企业稳步地建立起现代企业制度之时，就是社会主义市场经济走向成熟之日。

在"税制改革全国厂长经理高级研讨班"上的讲话*

(1993年12月13日)

根据国务院领导同志的指示,国家经贸委配合财政部、国家税务总局做好财税体制改革,特别是新旧税制的衔接和过渡工作,帮助企业尽快适应新形势的要求,进入市场,公平竞争。

1993年12月5日,新华社播发国家经贸委主任王忠禹同志撰写的稿件——《积极推行新税制,为企业进入市场平等竞争创造条件》。1993年12月13～27日,国家经贸委和国家税务总局联合举办三期税制改革全国厂长经理高级研讨班,来自全国各地区各行业国有大中型企业的厂长、经理及有关部门负责同志约600多人参加了研讨班。

1993年12月15日,国务院印发《关于实行分税制财政管理体制的决定》,决定从1994年1月1日起改革现行地方财政包干体制,对各省、自治区、直辖市以及计划单列市实行分税制财政管理体制。1993年12月25日,国务院印发《国务院批转国家税务总局工商税制改革实施方案的通知》,从1994年1月1日起施行工商税制改革方案,改革按照不同所有制和不同地区设置税种税率的做法,实行统一的企业所得税和流转税。

在年底工作最忙的时候把大家请来,开这样的研讨班,主要是因为明年1月1日就要进行几项重要的改革,对企业的工作影响很大。能使骨干企业提前对明年出台的改革措施有所了解,对企业顺利实现向新体制的过渡具有重要意义。我着重讲三个方面的问题。

---

* 讲话题目是"建立社会主义市场经济体制的基础框架,为深化企业改革创造条件"。

在"税制改革全国厂长经理高级研讨班"上的讲话

一 几大改革措施的出台，将初步确立社会主义市场经济体制的框架

关于经济体制改革，我们已进行了 15 年时间。党的十四大确立了改革的目标，就是建立社会主义市场经济体制。今年 11 月，党的十四届三中全会又通过了《关于建立社会主义市场经济体制若干问题的决定》。从小平同志南方谈话到党的十四大，以及十四届三中全会《决定》的公布，形成了中国经济体制改革的黄金时期。中央决定，明年要推出几项重大的经济体制改革措施，这几大改革措施的深度、广度是改革开放以来所没有的。如果这几大改革措施的目标能如期实现，社会主义市场经济体制的框架就将初步形成，其意义非常深远。从 1978 年党的十一届三中全会以来，我们就致力于改革，经过多年积累，到最近一段时间，实际上已进入了改革的攻坚阶段，最后几个重大体制要实现转轨。在这个时候，我们办这样的研讨班，了解一下改革的形势，对于搞好企业的改革工作至关重要，因为这些改革措施的落脚点都在企业。因为我们已经确定了要建立市场经济体制的目标，而市场经济体制的核心，就是要通过市场来配置资源。过去是通过计划来配置资源，由政府来分钱、分指标、分配短缺的资源。要搞社会主义市场经济就要通过市场来配置资源，为此，就必须形成各个独立企业之间的公平竞争。实现公平竞争，建立市场经济，必须具备一定的条件，简要地说，建立社会主义市场经济体制的必要条件至少有以下几个方面。

一是建立统一的市场。经过多年的努力，我国的市场已经有了相当的进展，但相关问题并没有完全解决。这几年我们改变了计划体制，由计划配置资源的比例在逐渐减少，到目前为止，消费资料的国家计划或定价已不足 10%，占的比例也很小；在生产资料方面，国家计划或定价部分已不足 15%。因此，大多数产品的资源配置已经通过市场进行了，这方面已经有了相当的进步。十四大所讲的要使市场在资源配置方面起基础性作用，我们正在朝这个方向努力。要建立统一的市场，涉及的另一个问题就是价格问题。要通过市场配置资源，价格就是信号，就要建立新的价格形成机制。价格形成的体系，不是靠成本加利润，靠国家定价，而是靠市场形成

商品的价格，这方面我们经历了很长的过程。最近几年，我们在物价改革上迈的步子是比较大的，很成功，社会也比较平稳。包括我们过去最担心的，影响全国老百姓面最大的，如粮食、煤炭等的价格也已经基本放开了，这是非常不容易的。也可以说，价格改革的难关已经基本上闯过了。明年石油的价格还会进一步放开，价格改革的步子比较大，而且比较平稳，没有出现很大的问题，这是形成市场的必要条件。再有就是要建立各类商品市场，消费品市场已经走在前边了，生产资料市场正在建立。目前的难点还有几个，一个是劳动力市场如何形成，另一个是金融市场如何形成，另外还有产权市场的形成等。在各类市场的建立方面已经有了相当的进展，现在我们要进一步发育各类要素市场，通过这些来建立社会主义市场经济的统一市场。

二是要形成独立的市场经营主体，就是企业。要使企业由原来行政部门的附属物，变成独立经营、独立进入市场的竞争主体，还有待进一步深化改革，这个问题后面我再说，十四届三中全会《决定》把这个问题的分量提得很重。

三是要形成市场环境。在过去很长的时期，市场环境并不是很理想，主要原因是体制问题，财政体制实行的是分灶吃饭，各地的政策不统一、弱化了税收的调节功能；各地企业的市场环境也千差万别，不利于建立统一的社会主义市场。另外，在税制上，按不同所有制确定税种和税率，不同地区有不同的优惠，这样对形成统一市场环境也非常不利。就像大家比喻的体育比赛，一个地方一个规则，企业就无法公平竞争。再比如金融、投资体制，如果说其他方面向市场经济转变得较快的话，金融、投资体制很大程度上还没有转变过来。金融方面还没有形成资金市场。投资项目大多数由国家控制，要经过很多的程序才能完成，这样的宏观体制环境还不能满足市场经济的要求。因此，形成适应市场经济发展的环境是一个重要问题。

当然，还包括法律框架，特别是经济的法律框架。主要包括规范市场主体的法律、法规，规范市场行为、维护市场秩序的法律、法规，还有规范宏观调控的法律、法规等。这方面，我们还很不完善，真正的市场环境还没有形成，相距较远。而最近的几大改革归纳起来，就是要构造社会主义市场环境，使我国加速形成社会主义市场经济体制。

我简要地说一说几大改革的内容。第一是财政体制改革。改革的要点是实行分税制，改善中央与地方的关系。分税制下有三部分：一部分税作为中央和地方的共享税，一部分税作为地方税，一部分税作为中央税。所谓共享税主要是增值税、资源税和证券税，其中增值税占的比例最大。实行分税制，旨在增强中央财政的调控能力，形成社会主义统一的市场环境，使各类企业基本得到公平的待遇。当然也要通过分税制来调整中央与地方的收入分配比例。目前，在国家财政收入中中央占39%，地方占61%，中央掌握的份额过低，不利于宏观经济调控。要通过税制改革，最终使中央财政的占比达到50%。否则，中央没有适当的经济调控手段，东西部的差距会越拉越大。从各国特别是西方发达资本主义国家的经验看，其中央的税收都占到60%以上，我们至少要占到50%以上。因为中国地域广阔，需要进行宏观调控。与此相对应，企业承包制就要转为统一所得税制。目前实行承包制的企业占80%左右，而承包制的基础是财政分灶吃饭，如果财政体制变了，相应地承包制也要变，变为统一所得税制。承包制对搞好国有企业曾起了很重要的作用，这一点功绩是不能磨灭的。在企业最困难的时候，挽救了很多企业，增强了许多企业的活力，很多企业之所以能维持到今天，与承包制有重大的关系。但是，承包制并不规范，它是一厂一制，如果在谈承包基数时，企业的经营状况很差，接着后几年它会很好过；如果在谈承包基数时，企业正好是状况非常好的一年，那么以后的日子就非常难。这些大家都经历了，真正要建立公平的机制，承包制是不适应的，它只能是一种过渡形式。另外，税制要改革，明年一月一日出台，主要是简并税种，过去税种过于复杂，又对不同所有制、不同规模、不同地方制定了很复杂的税种。今后要统一，不再按所有制划分税种，对内外资企业实行相同的税制，这对形成公平竞争环境至关重要。

第二是金融体制改革。主要是划分出中央银行、政策性银行和商业银行，使其各司其职。中央银行是管银行的银行，不直接从事对客户的存贷款业务。其主要的职责是稳定货币和对整个金融系统实施监督。另外还要开办若干家政策性银行，这些银行要服从宏观调控，做一些政策导向，包括开发银行、进出口银行和将来的农业发展银行，这些都属于政策性银行。

商业银行主要是现有的专业银行。从长远来看，它们要按企业来运营，当然中间有一个过渡期，明年如果工商银行变成商业银行了，亏损企业怎么办，这确实是一个问题。当然，金融体制改革还会有过渡性的办法。它与投资体制改革密切相关，由于我们建立了开发银行，投资体制已经变了，开发银行可以提供贴息或优先贷款等，用金融手段引导投资方向。

第三是《监管条例》即将颁布实行，对国有企业的财产要搞好监督，由有关方面委派监事会实行监管。有的人、有的企业很担心，认为《转机条例》是放权，《监管条例》是收权，这个话是不对的，《转机条例》与《监管条例》是姊妹篇。《转机条例》制定时，就有一条叫"国有资产的监管"，后来由于条件不具备，没能写上。

目前，国有资产以各种渠道多种形式流失，因此，加强对国有资产的监督不仅对国家有好处，对企业也有好处。在别人挖国有资产的时候，监事会就可以出来说话。大家不要以为只有从账上明目张胆地划走一块是国有资产流失，现在国有资产流失的途径很多，而且有些是非常隐蔽的。无论是政府、国有企业、外商或职工都自觉、不自觉地通过各种渠道挖国有资产，情况很严重。折旧提留不足是什么问题？大家都是搞财务的，折旧提留不足就是自己吃自己，虚增一块利润，企业高兴，国家也高兴。最后是国有资产被慢慢吃空，这就是国有资产流失。另外，有些股份公司产权关系不明确，国有股红利拿不走，个人股的红利拿走了，去买电冰箱、洗衣机。国有股分得的红利，厂长、经理不同意拿走，那么放在企业里算什么，算增加国有股的股权比例，那么股东不同意，如果作为一种贷款，把它借给股份制公司，债主是谁、债权人是谁？利息交给谁都不清楚，再这样含糊下去是不行的。另外，《监管条例》还有更加深刻的意义，即明确了国有企业要拥有法人财产权，这不仅是一个理论问题，也是一个实际问题。这就是如何使我们的国有企业能真正进入市场的问题。另外，《监管条例》也明确了国家对已注入企业的资本金不能随意抽回。同时也规定企业要建立有限责任制度，进一步明确了政府和企业之间的财产关系，为建立现代企业制度奠定了非常重要的基础。当然，监事会怎么建立我们还要试点。总而言之，明年有这样一些重大改革措施出台，说明企业的环境要发生重大变化，如果这几项改革措施能顺利推行，财政、税收、金融、投资这几个重大的经济体制能转轨,我们的社会主义市场经济体制框架就可以初步形成,当然还有一个不断完善、不断改进的过程,所以明年改革的力度很大。

二 转变观念,迎接新的机遇和挑战

我们国有企业的改革,大体经历了两个阶段。第一个阶段是在 1991 年以前,主要工作是简政放权、减税让利,是以政策性调整为主的阶段,这可以认为是企业改革的起步阶段。因为,企业还是政府的行政部门的附属物,要改变这个状况,一步转入市场经济恐怕做不到,外部没有这个环境,企业也没有这个条件。因此通过扩权试点,也搞了承包制,先给企业增加自主权,再给企业一定的自主钱,想使企业改变原有的体制,这些确实发挥了相当大的作用,这个过程我们大体上花了十年左右的时间。经过这样的起步阶段,我们便着手解决企业改革的深层次问题,即体制上的问题,这个问题涉及面广,与企业直接相关的主要有三大问题,一是如何实现政企分离的问题,讲了这么多年,但是到现在这个问题还没有解决;二是如何理顺产权关系的问题;三是企业的机制如何转换问题。要解决这些深层次的问题,做法上要区别于第一个阶段,如果说第一个阶段我们主要是通过政策性调整来增强企业活力的话,那么第二个阶段我们主要通过创造市场经济环境来实现企业制度的转轨。过去我们靠轮番的政策调整,给国有企业创造一些优惠,我们对乡镇企业、三资企业又制定了另外一套政策来照顾它们。就国有企业内部来说也是这样,钢铁行业有问题,我们照顾钢铁企业,石油企业有问题,我们再去照顾石油企业,总而言之,是轮番的政策调整。在改革初期,这的确是不可避免的,因为我们没有形成公平的起跑线。要搞市场经济,这样做下去是不行的,因为它永远不会形成公平竞争。

所以,在迈入第二个阶段的时候,我们搞好企业的主要途径,从本质上讲就是要为企业创造良好的市场环境,从而实现企业制度的转轨。它的标志,有人认为可以从 1991 年中央工作会议算起,包括后来《转机条例》的发布。《转机条例》最重要的核心思想是政府转变职能、企业转换机制、企业走向市场。政府转变职能就是为企业创造一个良好的市场环境。经过了这几年,如果按照十四届三中全会《决定》的要求,明年我们把这几大改革措施真正出台的话,那么我们第一个阶段搞好国有企业的手段、办法就弱化了,或者说基本条件就已经不存在了。我们的企业改革必须按照新的思路,用新的办法,才能在改革体制的情况下,搞好国有企业。所谓新的思路、新的办法,就是更多地应用市场经济的手段和办法,包括要加速企业的关、停、并、转,甚至租、包、破、买、嫁接等加快企业组织结构调整的步伐。例如,明年关于破产的问题,恐怕要把步子迈得更大一点。过去我们都讲,银行怕(企业)破产,由于体制改革后,明年首先向银行提出挑战,说我不怕(企业)破产,因为明年准备了70亿元的呆账准备金,准备企业破产,明年在结构调整上要加大力度。另外,解决如何来加速企业内部改革、企业"办社会"的问题。很多企业要把生产经营部分和企业"办社会"部分,首先在企业内部分离,分离后,企业"办社会"部分有条件的要进入市场,没有条件的要先和生产经营相分离,为下一步转入市场做准备,这些都是市场经济的办法。

另外,企业要眼睛向内,加速自身机制的转换。国有企业要研究自身优势所在,在进入市场的过程中,国有企业有弱点,但应该承认国有企业也有优势,现在的问题是如何以它的优势来克服弱点,这要靠企业自身的努力,靠等、看、喊没有用。特别是明年以后。这么多年来,全国人民辛辛苦苦所积累起来的财力、物力,包括技术和管理人才,大多数聚集在国有企业中,因此国有企业和其他所有制企业相比,优势是相当强大的。乡镇企业怎么能和国有企业比,集体企业怎么能和国有企业比,三者根本不是一个数量级。当然国有企业也有弱点,传统观念束缚得比较厉害,传统的管理方式带来了许多后遗症。另外,还有多年的政企不分,使得国有企业灵活经营不够,缺乏手段等。因此,在这种条件下,面对这些机遇和挑战,每个企业都要研究自身的优势在哪里,如何用优势来克服弱点,形成一套自己的发展战略,这是别人替代不了的。

企业要研究和充分利用国家提供的政策,有的企业很注意通过应用这些政策得到好处。但有的企业不以为然,或者很多厂长和经理没有搞清楚,好的政策用不上,到头来问题又没解决。比如为实行财会《两则》,我们和财政部有一个"十条"政策,这个"十条"是有含金量的,但是大家研究了没有,有没有真正用好用足,明年我们大面积推广清产核资和资产重估也有"十条"政策,这里面也是有含金量的,大家能否把这些研究透,把政策用足。类似这样有很多东西,传统的手段是没有了,现行的这些政策怎么用好,需要动脑筋想办法。

关于企业自身怎么加强、自身基础管理、改善自己内部运行机制,这里确实有大量工作要做。现在企业有许多困难,政企不分,大家意见很大,我们要帮大家创造一个环境。但也不能不承认我们自身机制的落后,这也是制约许多企业上不去的一个重要原因。如果把这些都推给政府是毫无意义的,这需要企业眼睛向内,认真实现机制转换。在《转机条例》贯彻过程中,我们就发现大家都承认要转换机制,但是什么是转换机制,大家研究得很不透。有一段时间,部门说我把14项权力放了,企业机制转换了;也有企业说,我拿到14项自主权,因此企业机制就转换了,这是不全面的。《转机条例》为大家创造了外部环境,企业运行机制到底按照老一套,还是按照符合市场规律的一套新机制运行,完全是企业自身的问题。从宏观上讲,因为这个问题没有解决,企业行为不端正的问题相当严重。如去年上半年,人民币在不断贬值,外汇比价大幅度上升,这种上升的结果应该是抑制进口,扩大出口,鼓励出口,几乎世界上各个国家都是这样的。但在我们这里恰恰相反,外汇价越高,进口越旺,出口大幅度滑坡,进口的增长大约是23%,而出口的增长只有4%~5%。出现这个情况,我想很重要的一个原因是企业还没有完全按照市场规则运行。再有一个例子,去年上半年乱拆借,然后把贷款利率两次提高,而乱拆借的利率更高,百分之十几,百分之二十几的,甚至高到百分之三四十,利率升高会抑制投资,但是在我们这里恰恰相反,投资增长60%~70%。利率再高,企业仍照借不误。这说明,很多企业还按照计划体制下不承担风险的机制在运行。因此,我想企业自身的机制转换至关重要。我们走向市场经济体制,如果这个问题不解决,市场经济体制建立不了。当然企业内部机制落后问题,需要大家研究。转换企业经营机制,对我这个企业来说内涵是什么,这个问题要研究透,原来的机制落后在哪里,毛病在哪里。转换企业的机制要解决哪几个问题,通过什么步骤,要有一套办法实现转换。

另外，迎接挑战，要搞好过渡，明年、后年是过渡期，现在财会《两则》刚实行，今年的决算还没有出来，我们希望企业不要出现大起大落。明年税制改革以后，能否过渡好，企业有很多担心，是可以理解的。但财政部门、税务部门和国家经贸委等部门，经过反复研究，确定了这样一些政策，这里罗列一下。总的来看，几大改革措施使企业的环境更加宽松了，但有些企业的过渡过程是困难的，我们现在可以确定的有这么几条。（1）实行财会《两则》和清产核资后，可以增提折旧。（2）贷款的利息可以进成本，相当于税前还贷。（3）所得税降到33%，对部分国有企业还有两档低档税率，一个是18%，一个是27%。（4）对国有企业取消调节税。（5）对国有企业免交"两金"，大约可节省150亿元。集体企业和其他所有制企业的能源交通建设基金，明年还不能完全取消，仍需交30亿元。这是对国有企业稍微照顾了一下，其他所有制企业有可能到后年才可能免掉。（6）全资国有老企业的税后利润近期内暂不上缴。如果大家把这六项有含"金"量的政策仔细测算一下，应该说企业不吃亏。所以，这六条政策如果能用好的话，我想这个过渡是比较顺利的。当然，对投入产出总承包也有些过渡的办法。总而言之，要把过渡工作做好。

明年我们一方面要大胆改革；另一方面在工作上也要如履薄冰，要非常小心，使几大改革措施顺利出台，搞好过渡。所以，这既是机遇又是挑战。关键在转变观念，用新思路把企业搞好。

三 朝着建立现代企业制度的方向、加速经营机制转换

什么是现代企业制度？为什么要建立现代企业制度？

建立现代企业制度的目的，就是要寻求一种公有制与市场经济相结合的有效途径。传统的公有制是单一主体的所有制形式。比如全国有1.9万亿经营性资产，属于一个主体，过去叫国有国营。国家是这个唯一的主体，每年要依靠国家计委下达的一本计划安排生产，不考虑自己生产什么。这种单一主体的公有制形式是排斥市场经济的，中央有关部门高度集中决策，每个企业都是执行单位。这种公有制的实现形式搞不了市场经济。所以过去有人说公有制只能搞计划经济，只有私有制才能搞市场经济。现在我们

在"税制改革全国厂长经理高级研讨班"上的讲话

就是要寻求一种既是公有制,又要搞市场经济的体制,这就是我们搞现代企业制度的基本目的。

什么是现代企业制度,就是对公有制的实现形式要来一个变革,由单一主体变成多元主体。只有这样才有可能使企业之间形成竞争,才有可能建立市场经济。在十四届三中全会《决定》中写了四句话,叫作"产权清晰、权责明确、政企分开、管理科学"。这样的企业制度就是我们所指的现代企业制度。那么对这四句话怎么理解,我认为,结合我们国有企业的状况,使国有企业成为一个独立的法人必须解决好三个问题。

第一个问题是要完善企业法人制度。企业要进入市场成为竞争的主体,就必须能独立地承担民事责任,行使民事权利。1988年颁布的《企业法》,明确规定了国有企业要成为法人,但《企业法》中没有明确企业有没有法人财产权。我们并不是从理论上或法律上来说,而是从实践上说,要使企业能够成为进入市场的独立法人,就必须有独立的法人财产权。可以说,法人财产权是企业拥有市场行为能力的基础,如果企业没有法人财产权,那些国有企业就无异于"皮包公司"。因此,明确企业法人财产权至关重要。如果企业没有法人财产权,凭什么去和别人签合同,反过来,别人凭什么愿意承担风险去和你签合同;明年一部分银行商业化,贷款需要抵押,银行凭什么借钱给你;如要与外商合资合作,没有自己的财产外商怎么能与你合作,凭什么去合作;如果企业要破产,你没有财产破什么产,破产的边界是什么?所以要完善企业法人制度,确立企业法人财产权。这一次在《决定》中明确提出,要确立企业法人财产权,同时,在《监管条例》中也做了进一步明确,这是建立市场经济,企业进入市场的基础,也是法律基础和行为能力基础。国有企业实行现代企业制度会不会慢慢私有化,很多人担心这点。因为苏联、东欧有过这个问题,中央也做了反复研究,认为不会的。这只是对国有资产管理方式的一种改革,不涉及国有资产转移给老百姓,转移给其他所有制主体,国有还是国有,只是管理形式的变化,国家由国有国营,转为一个股东的地位,成为老板,把法人财产权交给企业。这个问题在研究中争论非常大,最近中央给出了结论。

第二个问题是要建立有限责任制度。要使企业真正能自负盈亏,国家不再承担连带责任,这是把企业推向市场的重要制度。所谓有限责任制度,是指投资者、股东，以其出资额为限对企业的债务承担有限责任，这实际上就是要把企业推向市场。你不能说企业搞垮了，让国家发工资，以后不能再这样干；企业借钱让国家来还，这个机制不能再存在了。

第三个问题是建立科学的组织制度。原有的组织制度基本上是生产型的，适用于完成国家生产计划。企业要真正独立进入市场，自己要开拓市场，要到市场上去，在更广阔的领域运行。按照这一要求，国有企业的组织体制、领导体制都不适应。因此，组织体制、领导体制也要科学化，企业内部要形成决策机构、监督机构、执行机构，它们之间要责权分明，要形成约束关系，这样能使企业所有者、经营者、劳动者的积极性得到调动，利益得到保障，行为受到约束，这种科学的组织制度就是现代公司制度。因此，对所有的企业来讲，都要贯彻十四届三中全会《决定》，朝着建立现代企业制度这个方向加紧工作。有的企业对《决定》理解简单了，感觉贯彻现代企业制度就是变成公司，现在开始搞试点，只搞少数试点；有的企业认为自己没有试点任务，贯彻十四届三中全会《决定》就无从做起了。这些看法是不对的，现代企业制度的内涵是丰富的，对国有企业来说，就是要加速机制转换，为今后形成现代企业制度打基础，创造条件。大家想象一下，如果企业进入市场后，《转机条例》没有贯彻好，经营自主权还没有得到落实；如果企业没有贯彻好财会《两则》，财务会计制度还没有与国际接轨；如果企业的经营运作方式还是老一套，机制没有转换；如果企业的财产关系还没有理顺，自己的老板还不知道是谁，甚至企业财产的边界不清，没有清产核资，资本金不定；企业"办社会"问题没有解决；等等。如果这些问题都没解决，就是挂了牌子搞公司也没有用。因此，我认为，建立现代企业制度，首先要打好基础；所谓打好基础，就是做扎扎实实的工作，实现机制的转换。从这个意义上讲，贯彻十四届三中全会《决定》，的确是所有企业的事情，所有企业都要积极加紧机制转换，为建立现代企业制度创造条件、奠定基础。

这次我们搞这个研讨班，确实非常重要，为在座的各位开了个小灶，对明年将要出台税制改革措施的具体情况有所了解，以便在新旧税制的转换中更主动一点。从全国来说，参加学习班的只有一小部分，希望大家珍惜这次机会，也希望大家能多提问题，就本企业的情况做一个测算，要实事求是，企业可能得到什么好处，税负增加多少，平衡下来，到底怎样。国家经贸委和国家税务总局也要对大家反映的情况做一些研究，为明年税制改革措施出台做好准备工作。在年前工作这么紧张的时候，大家踊跃参加研讨班，我代表国家经贸委等三家表示热烈的欢迎，谢谢大家。

加快清产核资步伐，为转机建制
打好基础、创造条件[*]

（1994年1月6日）

1994年1月6日至8日，全国清产核资工作会议在北京召开。会议的主要任务是全面领会和贯彻党的十四届三中全会《决定》对清产核资工作的要求，总结前一段试点工作经验，研究部署1994年的工作任务。参加会议的有全国各省、自治区、直辖市、计划单列市财政厅局长，国有资产管理局局长，清产核资办公室负责人，经贸委主任，国务院各部委、直属机构主管清产核资工作的负责同志。会议开幕式由财政部副部长张佑才主持，财政部部长刘仲藜做工作报告，国家经贸委副主任陈清泰讲话。

在传统的国有企业，企业的投资是国家的，对债权人的负债也是国家的，两者搅在一起称作国家所有。但是按照新的财务会计制度，企业总资产中，资本与负债界限分明，以此评估企业的经营状况和风险。清产核资就是按照新的财务会计制度将资本与负债分开，摸清企业的家底，也摸清国家的家底。这是转换国有企业经营机制和建立现代企业制度的一项重要基础工作，也是国家经贸委配合财政部开展的重要工作。

1994年是我国企业改革及财税、金融、投资、外贸等体制改革全面推进、力度最大、任务最艰巨的一年，也是加快建立社会主义市场经济体制的关键一年。在过去的一年里，一些地方在清产核资试点工作中取得了显

---

[*] 本文是作者1994年1月6日在全国清产核资工作会议开幕式上的讲话全文。此讲话稿曾发表于《国有资产管理》（1994年第2期）上。

加快清产核资步伐，为转机建制打好基础、创造条件

著成绩，为深化企业改革和转换企业经营机制奠定了重要基础。这是各级政府重视、各部门积极配合的结果，特别是财政部门、国有资产管理部门的广大同志共同努力的结果。这对建立现代企业制度、搞好国有企业将发挥基础性作用。在此，我向大家表示衷心的感谢。

在新的一年开始之际，经批准由财政部主持召开全国性的清产核资工作会议，说明国务院对此非常重视，是对大家辛勤工作的肯定。

清产核资工作是转换国有企业经营机制和建立现代企业制度的一项重要基础工作。前不久，国务院领导同志批示，1994年要继续做好清产核资扩大试点工作，并要求国家经贸委协助和配合财政部抓好这项工作。经国务院领导同志原则上同意，我们已在1993年12月5日召开的全国经贸工作会议上做了部署，纳入今年要在全国经贸系统组织实施搞好国有企业的"转机建制万千百十"规划之中。其中的"万"字，即要在1万户大中型企业中不折不扣地落实14项经营权，贯彻实施好财会《两则》，完成清产核资工作。为此，我们与财政部商定，请各级经贸委（经委、计经委，下同）主管改革和管理工作的领导同志，参加今天的会议，一方面，虚心地学习和了解清产核资的有关情况和改革措施；另一方面，要积极配合各级财政、资产管理部门共同抓好国有企业的清产核资工作。下面，我简要回顾一下1993年企业改革的总体情况并就新形势下加快清产核资步伐的重要意义以及1994年企业工作要点等问题谈几点意见，供同志们参考。

一 1993年企业工作的简要回顾

1. 《转机条例》逐步落实

中央领导同志多次强调，《转机条例》是建立社会主义市场经济体制的一块基石。在各地区、各部门的共同努力下，狠抓了《转机条例》的贯彻落实，认真清理了与《转机条例》不相符的法规和文件。截至1993年底，各地区、各部门已发布配套规章11个，实施办法29个。在这里特别值得提出的是财政部在《转机条例》颁布不到4个月内就出台了财会《两则》，并于1993年7月1日起实施。作为《转机条例》的重要配套规章，财会《两则》的发布加速了企业机制转换，缩小了我国企业财务会计制度

与国际惯例的差距,为建立符合市场经济要求的企业财会制度,扩大企业的理财权,推动企业走向国内外市场创造了条件。

2. 深化企业改革进入新的发展阶段

根据党中央、国务院的统一部署,国家经贸委牵头,会同财政、资产管理、计委、体改等部门,承担并圆满完成了关于现代企业制度的调研任务,核心内容被十四届三中全会《决定》吸收。《决定》的颁布,明确了我国国有企业改革的方向。针对在赋予企业经营自主权的同时,如何落实企业自负盈亏和国有资产保值增值责任问题,国家体改委、国家经贸委和国家国有资产管理局会同有关部门起草了《监管条例》,已报国务院,待批准后发布实施。1993年12月29日八届人大常委会第五次会议通过了我国第一部《公司法》。这些重要文件和法律法规的制定、颁布,标志着我国企业改革进入了一个新的发展阶段。

3. 企业组织结构调整步伐加快

建立社会主义市场经济体制,实现新旧体制的转换和过渡,必须加快企业组织结构调整步伐,以实现国有企业存量资产的优化。1993年初(3月26日),国务院经济贸易办公室、国家经济体制改革委员会印发《关于全民所有制工业企业实行产品结构和组织结构调整的规定》。据不完全统计,1993年上半年,全国共有2368户国有企业进行了结构调整,其中兼并771户、关闭123户、停产539户、半停产657户、转产246户、破产32户。下半年,根据国务院和全国人大领导同志的指示,我们还会同国务院法制局等部门对5个省市企业破产情况进行了调查。从调查情况来看,由于产权、劳动力等市场发育不完善和社会保障体系相对滞后,普遍存在人员安置难、破产资产变现难等问题。调查报告受到国务院领导的高度重视并已批转有关部门研究,最近国家经贸委、国务院法制局等部门正在研究制定《企业破产法》实施意见。人民银行已着手制定实行破产等手段进行结构调整时企业银行贷款呆账的处理办法。

4. 清产核资等打基础的工作进展顺利

对于这项工作,仲藜同志已做了全面总结,我完全赞同。我认为,1993年清产核资有两点需要给予充分肯定。一是各部门积极配合,会签并以国办名义发布了《关于扩大清产核资试点工作有关政策的通知》(1993

年 5 月 18 日），为结合清产核资合理减轻企业历史包袱创造了条件。据我们调查，这十条政策深受广大企业的欢迎，但较难落实。这也是我们下一步工作需要解决的重点问题之一。二是扩大后试点面比较大，9400 户试点企业中有 3200 户是国有大中型企业（其中国有大型企业 460 户），取得了可喜的试点经验。这些都为今年一万户国有大中型企业完成清产核资工作奠定了基础。

二　新形势下加快清产核资步伐有重要意义

这次清产核资工作是从 1991 年开始的，是我国历史上的第五次全国性清产核资。我个人理解，这次清产核资工作与前四次有着本质的区别。前四次都是在高度集中型的计划经济体制或者以计划经济体制为主的情况下进行的，主要特征是国家把国有企业作为预算内单位来清查其财产和核实定额流动资金。这一次是在党的十四大确定了建立社会主义市场经济体制总目标的情况下进行的，目的是通过清产核资搞清企业财产的真实情况，为切实解除旧体制下长期积累起来的历史包袱和不合理负担，为企业依法取得法人财产权和建立现代企业制度创造条件。从一定意义上讲，这是国家直接以所有者身份对企业进行的最后一次清产核资。将来在社会主义市场经济条件下和企业正常经营情况下，所有者宜通过社会中介组织（如注册会计师事务所、审计师事务所等）了解企业资产、负债和所有者权益情况。

为此，我们要求一千户落实《监管条例》委派监事会的试点企业、一百户现代企业制度试点企业，进行综合改革。减轻企业不合理负担试点城市，都要全面开展清产核资工作，因为这是不可逾越和必须经过的程序。如果搞不清企业财产的真实情况和有效地解除企业的历史包袱和不合理负担，核实资本金，就不能依法科学地赋予企业法人财产权，企业也难以承担起自负盈亏和国有资产保值增值的责任，国家也难以摆脱对企业承担的无限责任。从这个意义上讲，在座的各位同志责任重大，希望财政、国有资产管理、经贸委系统的同志携起手来共同完成这次具有历史转折意义的重要任务。

三 1994年企业工作要点和"转机建制万千百十"规划的主要内容

1994年企业工作要按照十四届三中全会《决定》提出的整体推进和重点突破相结合的原则进行。即所有的企业都要按照十四届三中全会《决定》的要求,加快转换经营机制的步伐,为建立现代企业制度打好基础,创造条件;同时又要不失时机地组织实施好"转机建制万千百十"规划,在重要环节取得突破,以带动改革的全局。为此,在面上要继续以搞好国有大中型企业为重点,集中精力抓好以下工作。

1. 学习和贯彻十四届三中全会《决定》和《公司法》,有计划、有步骤地向建立现代企业制度的方向迈进

当前,改革多盛事。面对宏观财税、金融、外贸、投资等一系列改革措施的出台,以及我国历史上第一部《公司法》的颁布,新的东西层出不穷,要适应新形势,首要的问题是学习,弄懂各项改革的实质内容和相互间的配套关系。企业改革要在认真学习和贯彻十四届三中全会《决定》和《公司法》的基础上,积累经验,创造条件,逐步推进。切不可一哄而上,搞花架子和形式主义。

2. 深入贯彻落实《转机条例》和《监管条例》

《转机条例》是建立社会主义市场经济体制的一块基石。《监管条例》是对《转机条例》的完善和发展。贯彻落实好这两个条例,将为实施《公司法》、建立现代企业制度打下良好的基础。在继续落实《转机条例》和制定配套规章、加快政府职能转变的同时,要抓紧《监管条例》的实施,认真落实国有企业自负盈亏和国有资产保值增值的责任。

3. 加快企业组织结构调整步伐,加大《企业破产法》实施力度

今年在全面推进企业组织结构调整步伐的同时,要尽快出台《企业破产法》实施意见,重点加大《企业破产法》的实施力度,建立符合市场经济的优胜劣汰机制。对长期亏损、不能清偿到期债务的企业,可实施破产试点。要加快建立适应企业组织结构调整需要的产权交易市场、劳动力市场等市场体系,大力发展社会中介机构,为实现国有企业存量资产的优化

创造条件。

4. 以市场为导向，强化企业经营管理

要继续引导企业面向市场加强管理。指导企业抓好基础管理、质量管理、财务管理和营销管理，增强适应市场的能力和竞争实力。加强企业职工思想政治工作和职业道德建设，创建中国特色的企业文化。

5. 采取切实措施，减轻企业不合理债务负担，增加对企业的资本投入

长期计划经济体制下形成的企业资本投入不足及其伴生的负债过重等问题，不宜也不应该再带入社会主义市场经济的新体制。国家经贸委和财政部拟与国家计委、人民银行等部门协商，提出切实减轻企业不合理债务负担的措施，增加对企业的资本投入，使企业拥有与其经营规模相适应的资本。

6. 建立和完善社会保障体系，逐步解除企业不合理的社会负担

要逐步加快企业生产经营与生活福利设施的分离，实现职工住房、养老、医疗保险社会化。企业冗员也要逐步推向社会，通过劳动力市场安置。

为了突出重点，取得经验，经国务院领导同志原则同意，国家经贸委决定会同国家计委、财政部、人民银行、国家国有资产管理局等部门组织实施"转机建制万千百十"规划。主要内容如下。

——"万"即在一万户国有大中型企业中不折不扣地落实14项经营自主权，贯彻实施好财会《两则》，完成清产核资工作，为转换经营机制、建立现代企业制度、走向市场打好坚实基础。

——"千"即国家通过委派监事会的形式，分期分批地对一千户关系国计民生的重点骨干企业的国有资产进行监管。

——"百"即选择一百户不同类型的国有大中型企业进行建立现代企业制度试点。按照《公司法》的规定，通过转换经营机制、清产核资，界定产权，清理债权债务，评估资产，有步骤地将国有企业改建为公司。

——"十"即在十个城市进行加大企业（包括少数关系国计民生的、国有骨干企业相对集中的行业）组织结构调整力度（包括加快实施《企业破产法》）、减轻不合理负担和提高企业自有流动资金占比的试点，摸清情况，提出分期分类解决的具体办法。

"转机建制万千百十"规划是一个有机整体。"万"是整个规划的基础,"千"是重点骨干企业,"百"是在建立现代企业制度上先行一步,"十"是探索配套改革的措施。通过条块、点面的结合,争取在重大问题上取得突破和新的进展。

四 各地经贸委的同志要当好配角,保质保量地完成今年清产核资任务

"转机建制万千百十"规划与仲藜同志报告中提出的1994年清产核资扩大试点工作的安排是一致的。在清产核资方面我们将积极配合财政部工作,在实施"转机建制万千百十"规划中我们也希望和财政部等部门一起配合工作。1993年12月30日,我到财政部专门与佑才同志研究了实施"转机建制万千百十"规划的相关政策问题,想法和思路都很一致。我们准备在共同调查研究的基础上,提出具体办法,征求有关部门意见并报国务院同意后试行,然后再根据情况逐步推开。

为了做好"转机建制万千百十"规划与清产核资扩大试点工作的衔接,建议今年的一万户清产核资试点重点放在国有大中型企业上,首先将"转机建制万千百十"规划中的"千百十"即一千户落实《监管条例》委派监事会的试点企业、一百户现代企业制度试点企业和十个减轻企业不合理负担试点城市的所有国有企业,全部纳入试点范围。同时,要把试点范围扩大到2/3的国有大中型企业。

清产核资扩大试点工作是一项非常艰巨和辛苦的工作,国家经贸委将尽全力配合财政部,我在这里也要求各省、自治区、直辖市和计划单列市经贸委主动当好财政部门的配角。

第一,要把清产核资作为"转机建制万千百十"规划的一项重要的基础工作,积极配合和协助同级财政部门抓好清产核资工作。

第二,要充分发挥经济综合部门的优势,及时协调解决清产核资中出现的各种问题。

第三,要和财政部门一起认真检查《国务院办公厅关于扩大清产核资试点工作有关政策的通知》(国办发〔1993〕29号)和财政部《关于贯彻

实施新的企业财务制度有关政策衔接问题的通知》（财工字〔1993〕第 199 号）文件的落实，努力做到清核结合，用足用好双"十条"政策。

第四，这次会后，要配合财政部门尽快落实清产核资扩大试点企业名单，做好工作部署。

在全国清产核资工作会议各省区市经贸委负责同志座谈会上的讲话

(1994年1月7日)

1994年1月7日下午，国家经贸委召开出席全国清产核资工作会议的各省、自治区、直辖市、计划单列市经贸委（经委、计经委）负责同志参加的座谈会，听取各省区市经贸委有关做好企业改革工作和实施"转机建制万千百十"规划的意见。国家经贸委副主任陈清泰主持并讲话，国家经贸委副秘书长兼企业司司长朱焘、企业司副司长卫东以及企业结构处同志出席座谈会，通报"转机建制万千百十"规划安排，国家经贸委副主任陈清泰在听取大家的发言后，做了总结讲话。

财政部召开全国清产核资工作会议，我们协商请大家来把"万"布置下去。两个文件较粗，修改后，要与有关部门共同发。

一 关于今年企业工作思路的几点补充

第一，这次改革是惊天动地的，改革力度是从改革开放以后从来没有过的，在整个世界上是有意义的。在这一年里，如何搞好企业工作，对稳定全局、保证改革至关重要。企业和市场需要稳住，否则有"翻车"的危险。我们要抓企业和市场，这样才能保证改革平稳过渡。第二，改革后，我们搞好企业的方式、方法和思路要改变，要用新办法搞好企业。按市场经济运行，过去的、过时的要改变。新的方式不是企业争优惠政策，而是更多地靠综合配套改革，要靠市场和优胜劣汰。要打开破产之路，问题是没有配套办法和社会保险。但是，机制必须形成，否则，企业的行为不会规范。要搞配套改革。第三，就一家企业搞好，余地很小，如三项制度，所有人员仍留在企业，问题在于社会没有配套条件，没有资金市场，没有平等竞争，但企业不合理包袱怎么办。下一步改革，应更多地侧重配套改革，建立市场规则。破产也是市场规则和市场机制，也是现代企业制度。在这样一个转换时期，国家经贸委提出"转机建制万千百十"规划。面上企业都要贯彻《转机条例》、《监管条例》和财会《两则》，这是整体推进。"转机建制万千百十"是重点突破。"转机建制万千百十"是通过探索新思路、新方法来搞好企业。

二 几个具体问题

第一，文件问题。大家的意见很好，要吸收修改。难度在于财政、银行，我们继续做工作。第二，清产核资工作。在机构改革后，中央和国务院撤并了一大批临时性机构。但工作仍要做，如"转机建制万千百十"由我们牵头，但要与有关部门协商。清产核资工作职责在财政部，但也与我们协商。所以，系统参与是应该的。我们在清产核资方面有两条：一是工业企业名单，我们要提，财政汇总，与"转机建制万千百十"结合起来；二是如何利用好双"十条"，如果政策行不通，要反映。要贯彻好，尽可能多解决一些企业的问题。经贸委参与进去，主要是这两条。第三，关于"万"名单如何定？我想有个潜台词，1992年中央文件有规定，要把搞得好的企业由1/3提高到2/3。三个内容：一是《转机条例》贯彻好；二是清产核资搞好；三是搞一些办法增补企业流动资金。两个渠道：一是有条件的企业可增提折旧，这是财政部同意的；二是与银行研究，对部分企业核定一个流动资金，作为企业稳定的资金来源。

三 具体做法

我的想法，就是通过对国有企业的经营状况做逐个分析，针对不同情况采取不同的对策，把企业推向市场。辽宁、河北都做了这方面的分析：好的企业，落实14项自主权，走向市场；中间状态的企业，解决问题，推向市场；不好的企业，关停并转和破产，退出市场。1995年好的企业达到2/3，这就是一万户的思想。各地原则也是大中型企业的2/3，一万户清产核资企业重点就是大中型企业。"千"：监事的构成，职权要有相应规定。"百"：有争议，经贸委要顾全大局。但有的部门想法不一致，在三中全会还没有开时，就发了通知。对此，国务院正在协调。从工作上讲，应由经贸委负责，中央交给国家经贸委调研；从工作职能上讲，要与企业改革、减轻不合理负担、技术改造、企业管理结合，这些工作特别是两个条例都在我们这里。股份制企业已有5000户，本身就是现代企业制度。三位副总理都已过问，作为国务院的试点。作为我们，现代企业制度和《公司法》都是我们的事，企业改革的根据就是十四届三中全会《决定》，建立现代企业制度的根据就是《公司法》，这是我们的职责，当仁不让，我们照抓。"十"：重要的是提供一个思路，搞好企业要有配套条件。还有一些条件，需地方解决，如三项制度、结构调整，不能中央搞，要靠地方。还有企业"办社会"、历史债务的解脱等。围绕搞好国有企业，在城市遇到什么问题，就解决什么问题。在地方形成环境，在全国一时做不到，但可以先在一个地方、一个城市解决，然后再形成大气候。所以，不是再给一些地方"吃偏饭"，"十"的经验才能逐步推广，主要是用市场经济的办法。

最后讲一点。今年的任务很重，稳定市场和企业非常关键。许多人不了解改革，因此产生了许多问题。如以1993年做基数收"过头税"问题，粮食涨价成风问题，开征消费税后家电抢购问题，外汇券与抢购黄金问题等。这说明许多人不了解改革。

在东北三省三市"优化资本结构,增强企业实力"试点城市预选调研座谈会和意见交流会上的讲话[*]

(1994年1月25~27日)

1994年1月14日上午,王忠禹同志主持召开国家经贸委党组会议,听取"转机建制万千百十"规划中"十城市"总体方案征求意见情况汇报,研究启动十城市减轻企业不合理负担和解决历史包袱试点预选调研工作。会议原则同意"转机建制万千百十"规划中"十"总体方案和进行"优化资本结构,增强企业实力"城市试点调研计划的初步意见,确定由杨昌基、徐鹏航、陈清泰、俞晓松、朱焘同志分别带队,九部门联合调研组分四路赴各省市进行"优化资本结构,增强企业实力"预选城市调研。

1994年1月25日至27日,由国家经贸委副主任陈清泰同志带队,蒋黔贵(国家经贸委企业司司长)和张万旗(国家计委规划司)、王煜(中国人民银行计划资金司)、姚树人(审计署工交司)、郝雅风(国家经贸委技改司)、王曦(国家经贸委运行局)、陈洪隽(国家经贸委企业司)等一行九人组成的调研组,在齐齐哈尔实地调研,并分别与辽宁、黑龙江、吉林三省政府,沈阳、长春、齐齐哈尔三市政府相关同志座谈和进行意见交流。

1994年1月25日下午13:30,调研组与三省三市相关同志召开"优化资本结构,增强企业实力"试点城市预选调研座谈会。黑龙江、吉林、辽宁三省政府分管企业改革工作的领导同志以及省经委等部门负责同志,

---

[*] 本文是会议简要情况和作者在会议上讲话的记录稿摘要。

沈阳、长春、齐齐哈尔等预选试点城市政府领导同志以及市经委、计委、财政局、税务局、审计局、国资局、劳动局、人民银行、工商银行等部门负责同志参加会议。

陈清泰同志介绍调研组来意和安排后指出以下几点。一是如何调整企业的资本结构，减少不合理债务负担。企业不合理债务负担的历史原因，分类区别分析，对于极不合理的部分，可行的办法就是在财力可能的情况下加以解脱，这是城市试点的一项内容。二是企业自有流动资金不足，对银行过分依赖，带来了一系列问题：一边在宏观调控，一边在点贷。要找到补充流动资金的办法。三是面对国有企业盈利、亏损、潜亏各1/3的局面，如何加快进行结构调整。辽宁对全省1261户国有企业的分析是：12%的企业有竞争力，能进入市场；18%的企业基本能还贷；15%的企业无生存能力；50%~55%的企业处于"十字路口"。对国有企业进行结构性分析是必要的，通过结构调整使有能力的国有企业更好地发展，不行的通过产权重组等各类办法进行结构调整。四是减轻企业"办社会"负担。老企业过去贡献大，负担重，如何走向市场？企业富余人员如何寻求新的出路？这些都涉及企业根本性问题，要用综合办法来逐步解决，重要的在于地方。现在不能就国有企业讲搞好企业。要以城市为依托，采取综合性的措施来搞好国有企业。全国经贸工作会议提出后，各省区市的同志非常赞同。我们九部门联合来做这项工作。"试点意见"已讨论了两次。这次九部门选了16个城市进行考察，了解各城市的具体情况，希望听到大家对解决这个问题的建议，经归纳梳理报国务院批准，形成可以实施的政策。

黑龙江、吉林、辽宁三省政府的有关领导同志表示，解脱长期计划经济体制积累起来的历史包袱，减轻企业不合理的债务和"办社会"负担，使企业轻装上阵，能够走向市场。参会地方政府领导认为，以城市为单元的试点抓得好、抓得准，省市欢迎和愿意积极配合推进，支持试点城市工作。

1994年1月27日上午8：30，调研组召开三省三市"优化资本结构，增强企业实力"试点城市预选调研情况总结和意见交流会。

陈清泰同志主持意见交流会时说，调研组分别听取了三个预选城市的方案和情况汇报，听了三省的意见。三省三市做了充分的准备，下了很大

在东北三省三市"优化资本结构，增强企业实力"试点城市预选调研座谈会和意见交流会上的讲话

功夫，提出了一些有创新点的措施和思想，深受启发，汲取大家的意见和经验，对搞好试点很重要。

陈清泰同志在听取三省三市同志的发言和表态之后，就调研和交换意见情况讲了话。他说，这次调研，目的就是摸清情况，找出对策。听了大家的发言我讲几点看法。一是试点绝不是"吃偏饭"，最重要的是通过试点找出一套普适性思路和途径，经试点验证后非试点城市也可以学习效仿。二是围绕存在的问题，以城市为中心，利用好市场经济的工具和手段，把企业的转机建制和外部环境的配套改革看作一个整体，实行综合治理。三是试点的落脚点是以提高城市总体经济和国有企业的活力与竞争力为基点，增资减债、减人增效、优化资源配置。有的企业"走向市场"、有的企业"被推向市场"、有的企业要"退出市场"。为此，试点城市不能只见树木不见森林。事到如今，企图挽救每一户国有企业的思路必须改变。企业有生有死、职工下岗再上岗将是常态。政府的主要责任是建立起有效的社会保障体制和活跃的劳动力市场。

十四届三中全会《决定》搭建了社会主义市场经济体制的框架。进一步改革，我们要由"简政放权""减税让利"的办法，转向用好市场经济的工具和手段。当然，要用好这些工具、手段，就要为它们正常发挥作用建造"基础设施"。试点城市要在十四届三中全会《决定》基础上，根据实际情况进行新探索。

建立社会主义市场经济体制，最大的难点在国有企业改革，对此，十四届三中全会《决定》中已充分体现。财税等其他改革也存在很大困难，但是，都还有国外经验可以借鉴，如分税制、金融体制等。公有制要与市场经济实现结合，这么多的国有企业要进入市场，还要有活力，在全世界没有先例。另外，其他体制改革是短痛，如分税制，在1994年1月1日一下就转过去了，外汇、金融等改革也类似。但是国有企业不是如此，需要经历痛苦的漫长的过程。许多旧体制遗留的问题都反映在企业身上。总体的情况是，配套改革不到位，企业改革不可能到位；企业改革不到位，其他体制改革也很难真正到位。

陈清泰同志强调，建立社会主义市场经济体制，最难的问题在企业。这是建立社会主义市场经济体制的基础，没有这个基础，就没有社会主义

市场经济体制。1994年宏观经济体制改革迈出决定性的一步,实现了经济体制转变,创造了公平竞争的外部环境。但是,国有企业与其他企业,包括非公企业、外资企业并不在同一个起跑线上。九部门协商提出,在进入市场经济的过程中,在国家财力允许的情况下,解除国有企业历史包袱和不合理负担,使企业轻装上阵,按照新体制、新机制走向市场。这就是"转机建制万千百十"规划的出发点。

关于"优化资本结构,增强企业实力"城市试点工作,陈清泰同志提出如下几点意见。

第一,试点城市要研究一些全局性问题、要有战略性考虑。目前,要把所有企业都搞活,不可能,也不必要。城市试点的一项重要任务,就是通过兼并破产、抓大放小调整和优化资源配置。会上大家提出了一些好的想法,如小企业出售,这就是优化存量结构。我们不能总想在增量上做文章,存量调整也有很多文章可做。

第二,外因通过内因起作用。如果企业自身机制不转变,外部环境再好也无用。企业要按《转机条例》的要求加快转机建制,落实经营自主权、建立自我约束机制。政府要支持企业多渠道融资,改善资产负债结构。具备条件的可以引进新的投资者,进行公司制改制或在资本市场上市。

第三,随着改革的深化,国企改革单兵突进已经不可能。需要通过城市综合改革创造好的市场环境,为企业走向市场创造平等竞争的条件。例如,贯彻"抓大放小"政策,以多种形式放开国有中小企业;解脱企业"办社会"负担、轻装上阵;多渠道增加企业资本金,改善资产负债结构;支持企业剥离富余人员、减人增效;支持企业并购重组、优化资产配置等。优化资本结构重点在存量结构调整,增量只能作为催化剂,发挥四两拨千斤的作用。大家对存量调整提出了一些可行的办法。三个城市提出的试点方案都有创造性和新意。有些方案可以在试点中不断完善,产生好的效果后,再归纳总结成为可以推广的政策。

第四,改革要有成本。首先,多动脑,用深化改革的办法,不用钱、少用钱的办法解决一批问题,这样上下都容易接受。如通过并购重组改善资源配置,不需要用现钱,这方面步子可以大一点。国有企业土地也可以按规定使用。还有已出台的政策要用好用足,如财会《两则》、清产核资的"十条"政策等，它们都可以解决一些问题。还有国家已决定拿出一些钱，如呆账准备金，很珍贵，要高效使用。会上大家提出了建议，我们回去认真研究。当然，大家也不要期望太高。

这次是预选调研。试点城市名单的最后决定还要九部门协商并报国务院批准。选上了好好干，选不上也要按照这个思路干。在向市场经济体制转型中，企业改革搞不好地方经济也上不去。

以建立现代企业制度为方向改革
企业管理制度，加强企业管理工作

(1994 年 3 月 9 日)

中央确立建立社会主义市场经济体制的改革目标后，国有企业必须由完成国家计划的生产单位，转向进入市场，成为竞争的主体。这个转型深刻的程度可以称为"脱胎换骨"。但它不可能一蹴而就，要有一个过程。为此，国家经贸委在企业中开展了"转机制，抓管理，练内功，增效益"活动，意在指导企业将这四个方面联系起来，不要偏废，实现平稳过渡。

1994年3月9日至12日，国家经贸委在湖南省株洲市召开全国企业管理工作现场座谈会，陈清泰同志在开幕式上发表讲话。

这次会议，旨在学习贯彻党的十四届三中全会《决定》的精神，围绕建立现代企业制度，开展以"转机制，抓管理，练内功，增效益"为内容的群众性活动，落实全国经济工作会议要求，进一步明确今后企业管理工作思路，探索政府部门指导企业管理的新形式和新方法，总结交流企业在转换经营机制中加强和改进经营管理的经验，安排部署今年企业管理工作。

一 充分认识加强企业经营管理的重要性，增强做好工作的责任感

去年以来，按照党的十四大确立的建立社会主义市场经济体制的目标，改革步伐大大加快，国民经济在中央加强宏观调控后，继续朝着健康的方向发展，这既对企业管理工作提出新的要求，也为进一步加强和改进企业

以建立现代企业制度为方向改革企业管理制度，加强企业管理工作

经营管理提供了机遇。各地区、各部门在主要领导同志的关心和组织领导下，重视和加强企业管理工作，通过召开会议研究部署工作，通过深入调查研究及时提出工作意见，学习推广先进的企业管理经验介绍现代管理方法，采取开展咨询服务、信息发布等形式引导企业加强经营管理和改进方式，做了大量工作，进行了积极的探索，付出了艰辛的劳动，并取得了相应的成效。

在市场机制的作用和各级政府部门的指导下，企业经营管理工作得到了极大的发展。企业普遍加强了营销、开发、信息等方面的管理。不少企业能够按照市场经济的要求，主动、自觉地加强经营管理和改进方式，企业素质得到明显提高，为新形势下探索企业加强经营管理提供了成功的经验，主要表现在以下几个方面。

（1）改变传统的旧观念，在市场竞争中自立自强。它们在走向市场过程中，能主动、自觉认识由计划经济向市场经济转变的过程；能抓住机遇，在外部条件发生变化时，主动转换内部机制，变外界压力为内在动力；能利用市场机制发展自己，激发自身活力，能在市场竞争中自立自强。例如，瓦房店轴承厂转变过去那种"经营靠指令，盈亏靠财政，发展靠政府"的经营管理观念，自觉地在市场竞争中壮大自己，通过建立决策机制、开发机制和营销机制，走出一条"经营上自主、经济上独立、发展上自强"的创业之路。平朔安太堡露天矿是设备、技术和管理全部从国外引进，中外合作的现代化大型露天矿，在外方因经营生产陷入困境退出项目、撤走全部管理人员的情况下，企业全体员工振奋精神，在学习借鉴、消化吸收西方管理经验的基础上，加以改革、创新、完善，形成了以"人员少、机构精、决策快、效率高、成本低"为特点的平朔模式，把矿办得比外国人在时还好。

（2）改革企业管理体制，调整运行规则，增强对市场的适应能力。一些企业充分认识到要成为市场活动的主体，原来几十年一贯的管理体制、运行规则，其中有许多和市场经济的要求是格格不入的，必须以提高市场竞争力为目标进行改革。南方航空动力机械公司为摆脱旧体制的束缚，不断把市场机制引入企业内部，通过外看市场，内练真功，形成了产品结构合理、规模经营、集团化管理的运行新格局。大连机床厂在技术、管理骨

干大量流向乡镇企业,出现"小机"斗"大机"的形势下,不怨天尤人,正确认识市场竞争的规律,积极改革内部管理体制,使国有企业的技术、装备和人才优势得以发挥,重振企业的雄风。

(3)依法从严治厂,通过严格规章制度来规范企业的运行。一些企业不仅重视通过管理制度的改进和完善来巩固企业改革和转换机制的成果,也注重各项管理制度的落实,做到有章可循、违章必纠,增强了企业的市场竞争力。如北京雪花集团、山西省焦化工业公司、吉林化纤厂等企业在这方面都取得了明显的成效。

(4)培育企业文化,增强企业凝聚力。企业管理的重要作用,在于调动职工群众的积极性、规范职工的行为,保证企业发展目标的实现。一些企业把管理重心放在调动职工积极性、培养过硬的职工队伍上面,重视企业文化的建设。如彩虹电子集团公司、北京牡丹电子集团重视以人为本的管理,使企业产生强大的凝聚力和不断开拓进取的精神动力,保证企业在激烈的市场竞争中不断得到发展。

我们在充分肯定成绩的同时,也必须正视当前企业管理中存在的问题。这些问题既有长期未能解决的老问题,也有暴露出来的新问题,主要表现在以下几方面。

(1)管理思想落后,经营方式需转变。

(2)管理不严,纪律松弛。这是当前在一些企业管理中普遍存在的突出问题,这些企业缺乏高标准、严要求的精神和一丝不苟的工作作风。有的企业有章不循,制度形同虚设,不能严格地遵守劳动纪律和执行工艺规程,甚至违章指挥、违章操作。有的企业现场管理"脏乱差",跑冒滴漏现象比比皆是,生产经营运行秩序混乱,安全事故屡屡发生。

(3)基础工作削弱,规章制度、定额标准较乱,整体管理效能差。一些企业忽视加强基础工作,甚至原有管理基础好的企业也出现退步。主要表现为:规章制度不健全,内容陈旧、烦琐,脱离企业实际需要,很难实施;信息闭塞、失灵,以致盲目决策,瞎指挥;账物卡不符,资产管理混乱;各项标准、定额不完善,指标水平落后。有的企业经营管理系统不健全,综合功能差,致使内部关系不顺,各项管理失调,难以形成合力。

(4)企业内耗较大,管理的有效性下降。有些企业领导素质差,经营

以建立现代企业制度为方向改革企业管理制度，加强企业管理工作

管理水平低，短期行为严重；有的主要领导武断专横，听不得不同意见；有的工作不踏实，为赢得上级欢心，光做表面文章；有的企业班子长期不和，相互推诿扯皮，甚至相互"拆台"，内耗严重，职工劳动热情和创造性受到压抑，人心涣散，企业管理陷入瘫痪状态。

（5）经营管理目标多元，短期行为屡屡发生。

（6）企业决策体系尚待建立，经营能力差，失误多。一些企业面对激烈竞争的市场，不能及时捕捉市场的信号，按照市场规律组织经营生产，而是凭着"感觉走"，造成产品不适销对路，严重积压。一些企业在瞬息万变的市场面前，仍是情况不明决心大，心中无数办法多，盲目争项目、铺摊子，希望以低水平的外延扩大来增加生产。

上述企业管理问题的存在，导致一些企业产品质量下降、物质消耗增高、资金周转慢、效益降低、事故增多。在质量方面，与国际先进水平相比差距还相当大。去年，有些地区和行业出现质量下降的趋势，国家抽查的产品平均合格率下降到历史最低水平。中小企业产品质量问题严重，假冒伪劣产品屡禁不止，从1992年7月到1993年10月全国共查处假冒伪劣产品30余类500多个品种，价值25.86亿元。

在消耗方面，我国能源利用率只有30%，比国外先进水平低20个百分点，主要产品单位能耗比国外先进水平高30%以上。产品成本上升，到去年10月末，预算内国有工业企业产品销售成本比上年同期提高28.8%。

在效益方面，1993年预算内国有工业企业亏损面为31.8%，比上年上升6.3个百分点，亏损企业亏损额达到319亿元，比上年增长7.2%。工业企业资金利润率只有3.9%。

在安全管理方面，据统计，到去年8月末，全国特大火灾次数、受伤人数和经济损失、死亡人数分别是上年的12倍和3倍。据分析，在全国发生的安全事故中，由违章指挥、违反操作规程和劳动纪律造成的约占60%。特别是在一些原来管理好的国家级企业中，也发生了重大的安全责任事故。

造成这些问题的原因，主要是以下几个方面。

（1）管理思想落后，经营意识薄弱。不少企业还没有跳出在计划经济体制下形成的经营管理思想的束缚，仍然抱着依赖政府、等待国家包揽的

思想,"不找市场找市长",等待政府提供优惠,期望通过政府干预打开销路。忽视面向市场,缺乏开拓市场、占领市场的竞争意识,在内部管理上以不变应万变,缺乏苦练内功、锲而不舍的奋斗精神。这就使一些已经背着沉重包袱的企业面对瞬息万变的市场,更加怨天尤人、束手无策,不能发挥自己的优势,占据市场竞争的有利地位。有些企业以为国有企业的投资最终都由国家兜底,因而忽视走内涵发展的道路,忽视对市场的分析,不顾客观条件,争项目,一味铺摊子、上规模,而对投资的后果却研究不够,从而由于投资不当而陷入困境。在转换经营机制中,有些企业一味强调放权让利,放松内部管理,甚至有的经营者不能正确对待和使用经营自主权,不注意自我约束机制的建立,以为厂长负责制就可以随心所欲,不愿接受政府和职工的指导和监督。

(2)企业制度和人员素质不适应市场经济体制的要求。对许多国有企业来说,旧的内部管理制度还未能按照市场经济的要求实现根本性的转变。传统的管理体制多以生产型为主,市场营销与技术开发能力脆弱,且承担"办社会"的职能。在走向市场中,由于受到旧管理体制的束缚,显得力不从心,步履艰难。有些企业在改革的新形势下,依然沿用老一套的运行规则,各项制度守旧,错过了许多机会,难以激发企业内部的活力,也使管理失去有效性。企业普遍缺少了解市场,懂经营、会管理、善理财、有"点子"的经营管理人才。

(3)政府部门缺乏对企业管理有力的指导和监督。在新旧体制交替过程中,一方面政企分离还没做到,另一方面政府部门直接管理企业的传统方法又不能继续沿用,但又无新的办法可采取。因此,在政府转变职能、企业转换机制过程中,许多同志搞不清什么是正常的政府行为,过渡过程中政府如何指导和帮助企业走向市场,以至于有些地区和部门自停止升级活动后出现工作断层,处于等待、观望的状况,削弱或放弃对企业管理的指导。

在党的十四大确立我国要建立社会主义市场经济体制的目标之后,随着《转机条例》的深入贯彻,转换企业经营机制已成为全社会关注的紧迫任务。转换国有企业经营机制已成为一些同志的"口头禅",但对其中的一个重要方面,就是按照市场经济的要求,眼睛向内、改进和加强企业经营管理却研究不深，推动得不够有力。今年，随着财税、金融、外贸、投资体制改革方案的实施，建立市场经济体制的步伐明显加快。一方面会使市场环境更加规范化，另一方面也会使企业管理与市场经济发展不相适应的矛盾更为突出。靠政府以特殊政策保护竞争性行业企业的手段已在消失，国有企业正经历着改革的考验，优胜劣汰将是考验的结果。在我国复关后，即使在国内市场，企业面临的也将是国际市场激烈竞争的挑战，为此，要尽快提高我国企业的经营管理水平，改变"技术落后，管理更落后"的状况。各级经济主管部门要充分认识到加强和改进企业经营管理的紧迫性，把指导企业加强和改进经营管理作为经济工作中的重要内容来抓。既要积极为企业创造良好的外部环境，也要加强对企业管理的指导、监督、协调、服务，使国有企业在新旧体制交替过程中实现平稳的过渡，这是政府部门不可推卸的责任。

二 积极开展"转机制，抓管理，练内功，增效益"活动，推动企业经营管理水平的提高

在去年全国经贸会议上，国家经贸委决定在全国企业中开展"转机制，抓管理，练内功，增效益"活动。目的是引导广大企业围绕建立现代企业制度，主动转换经营机制，自觉地加强和改进经营管理，全面提高企业的素质，增强市场适应能力和竞争能力，努力增加经济效益。"转机制，抓管理，练内功，增效益"既是这项活动的主题，也是目前企业管理工作的重点。这四个方面是相辅相成、相互联系的一个整体。

转机制是当前企业改革的重点，是为建立现代企业制度创造基础条件。其含义就是企业在由计划经济条件下的一个生产单位转到市场经济条件下的一个独立经营主体过程中运作方式的变革。企业只有转换经营机制，真正成为法人实体和市场竞争的主体，才能把市场竞争的压力变为加强和改进管理的动力，由为满足政府部门的检查评比而抓管理，变为为提高市场竞争力、提高经济效益而抓管理。应该认识到，贯彻《转机条例》、落实14项自主权，只是为企业创造了一定的外部环境和内部条件。绝不是说，贯彻了《转机条例》，落实了14项自主权，企业的经营机制就自然转换了，

管理也自然上去了。企业内部经营机制的转换,必须要靠企业自身的努力,这是任何外力都不能替代的。同时,管理作为企业的一项基础工作,其本身也是企业改革的内容。如果企业的管理体制和运行方式依旧是老一套,就无法适应市场经济的要求。当前要注意处理好转机建制和加强管理的关系,要以转换经营机制为目标,促进管理的加强和改进,以科学的管理来巩固和发展转机建制的成果。企业应从转机制、抓管理两个方面苦练内功,增强自己的实力。

企业作为市场活动的主体,基本特性在于追求利润最大化。转机制、抓管理、练内功最终要体现在提高效率和增加经济效益上。随着市场经济体系的逐步完善、市场行为的规范,经济效益会越来越真实地反映企业经营管理水平。因此,转机制、抓管理、练内功必须坚持以提高经济效益为中心,把它作为我们开展工作的出发点和落脚点,避免任何形式主义,务必抓出实效。我们工作的指导思想就是引导企业把改革和管理结合起来,以转换经营机制为动力,以抓管理为基础,通过苦练内功实现增加经济效益的目的。按照这个指导思想,我讲几点要求。

(一) 企业要抓紧转换经营机制

企业要由一个传统的计划经济条件下的生产单位变为一个市场经济条件下独立经营的主体,其经营机制的转变是非常深刻的。企业必须主动从旧的管理格局跳出来,实现管理制度的创新。

一是要实现经营观念的转变。国有企业背着沉重的旧体制的包袱,其中包括旧的经营管理观念的包袱。老的企业在长期计划经济体制下形成了一种潜在的待人处事、抓管理、搞经营的观念,也可以叫企业哲学,或企业文化。这种统治着企业领导、职工的传统的经营观念,在进入市场经济体制时必须改变。要改变只对国家计划负责的观念,转而视用户为帝王;改变单纯生产观念,树立追求经济效益的观念;改变吃国家大锅饭的思想,树立自负盈亏的风险意识;改变对政府的依赖心理,树立市场竞争观念;改变等待"吃偏饭"的状态,树立自主自立的企业精神……

二是以市场为导向,重新构造政企分离后的管理体制。要构造和完善企业的决策体制和监督体制,改变与政府部门对应设置机构的做法,逐步

以建立现代企业制度为方向改革企业管理制度，加强企业管理工作

把承担的社会职能分离出去，按照市场经济的要求和职责明确、结构合理、人员精干、权利与责任对等的原则设置机构，强化营销、财务、开发、质量、信息、人才等管理系统，形成对市场信号反应灵敏的，按照市场需求组织生产和经营管理的管理体制和运行机制，构建新的管理格局。有条件的大企业要利用市场机制向组织集团化、经营国际化、管理现代化方向发展。

三是调整企业的运行规则。企业内部各个部门之间的相互关系、企业与外部的联系，都要通过规章制度和标准来确定，以此构成企业的运行规则。企业要成为市场活动的主体，必须按照政企分开的原则和市场的规则调整所有者、经营者和职工的关系，形成企业高效运行的机制。不断地改革企业内部管理制度，包括劳动、人事、分配、财务、生产等方面的管理制度，逐步在企业中形成既有民主、又有集中，既科学、又规范，持续调动职工积极性，不断提高劳动生产率和经济效益的管理制度。

（二）要扎扎实实地抓管理

实践证明，管理体制与管理制度是牵动企业全局的事，厂长（经理）的管理意识和自身的素质直接关系企业经营管理的状况。抓管理的关键就是厂长（经理）要"下水"。厂长（经理）要承担起资产保值增值的责任，就必须重视和加强经营管理。企业管理是企业内部整个工作的"牛鼻子"。如果厂长（经理）不牵这个"牛鼻子"，别人是牵不动的。为此，厂长（经理）要加强学习，增强管理意识，不断提高组织领导能力和经营管理水平，调动和发挥广大职工的积极性和创造性，抓好企业的经营管理。企业管理是一项系统工程，需要建立必要的组织体系，在厂长的领导下，把各项管理真正落到实处。当前要注意稳定企管队伍，充分发挥这支队伍的作用。企管人员也必须更新知识，提高自身的素质和解决实际问题的能力，主动、创造性地开展工作，起到厂长的参谋助手作用，承担起企业管理的综合、协调职能。

（三）自觉地苦练内功

最近，国家经贸委下发了《关于进一步加强企业管理工作的通知》

(国经贸企〔1994〕29号),对当前的企业管理工作提出8条要求。希望广大企业对照这8条要求,在管理上下功夫。我在这里再强调几点。

1. 严格管理

"没有规矩不成方圆。"管理严格不严格是企业内功强不强的最显著标志,是企业管理最基本的要求,对某些企业来说,也是最大的弱点。市场竞争主要表现在企业与企业之间,这就要求企业对外经营要灵活,对内管理要严格。这两者是一个问题的两个方面,只有在企业内部实行统一指挥,严格管理,才能保证企业在变化的环境中能够迅速做出反应,及时进行调整,实现经营发展目标,增强对市场的适应能力。为此,企业在生产经营管理上,应做到指令畅通,令行禁止。目前有些企业纪律涣散、管理松懈的状况必须尽快改变。要严格纪律,强化责任制,保证各项规章制度的落实。特别是企业的领导人,要率先垂范,从严依法治厂,使整个生产经营的运行规范有序。

2. 加强基础管理

基础管理是企业的基本功。基础不实,企业经营管理水平就很难提高,更谈不上管理制度的创新。值得重视的是,学大庆、企业整顿和企业升级活动,推动了企业基础管理的加强。但是在停止检查升级后,有些企业的基础管理在削弱,一些行之有效的传统管理方法被放弃,尽管有的企业在管理上不断地翻新换样,但由于基础不实,也没取得应有的效果。对基础管理一定要常抓不懈,一是要完善规章制度,在内容上符合本企业的实际和市场规律的要求。二是加强职工的培训,加强班组建设,建设一支过硬的职工队伍。三是加强信息工作,做到"耳聪目明"。四是改进和加强现场管理、质量管理、财务管理、劳动管理等。对行之有效的管理方法要继承,并按照改革的要求,不断充实新的内容,把基础工作夯实。

3. 加强综合管理

管理就是对企业经营活动进行控制、组织、协调,是一项综合性的工作。人财物各要素的合理配置,产供销的有机衔接,内部相互关系的确定,都要通过综合管理来实现。只有加强综合管理,提高管理的整体效能,才能保证运行的协调高效。当前要按照"外抓市场,内抓现场,市场促现场,现场保市场"的思路,加强综合管理,实现管理的系统化。

以建立现代企业制度为方向改革企业管理制度，加强企业管理工作

4. 积极推进管理现代化

发展生产力既要靠先进的科技，也需要先进的管理。改革开放后，随着国外先进技术、装备的引进，企业的技术、装备水平不断提高。但只有现代化的技术装备，没有现代化的管理，这些技术装备难以充分发挥作用，甚至会造成浪费。只有应用现代的管理方法和手段才能充分发挥生产要素的潜能，实现技术与管理的同步发展，提高劳动效率。有条件、基础好的企业要积极推进管理现代化，以适应社会化大生产的客观要求。

（四）努力增加经济效益

李鹏总理在去年全国经济工作会议上指出："现在一些企业经济效益不好，管理工作差是重要原因。"据有的地区对亏损企业的调查，有60%的亏损企业是由经营管理不善造成的。企业要增加经济效益，亏损企业要实现扭亏增盈，改善经营管理是一条重要的、最为现实的途径和有效措施。加强管理是一项"笨"功夫，不是一朝一夕就能立即见到成效的。但如果持之以恒，功夫到家，就必会取得事半功倍的成效。现实说明，在同样的外部环境中，同样的行业、同样的装备，但经营管理水平不同，企业的经营状况和经济效益就会完全不同。所以，企业要树立向管理要效益的观念，改变粗放性的经营，走集约化经营、靠内涵发展的道路。妥善处理投入与产出的关系，是企业提高经济效益、增强发展后劲的一个关键。要在发展适销对路的产品、提高产品的档次和质量、降低成本上下功夫，创造出在世界上享有声誉的名牌产品，提高企业在国际市场上的形象。

三　今年企业管理工作的安排

李鹏总理在去年的全国经济工作会议上对加强企业管理工作提出了要求，国家经贸委已把加强企业管理列入今年工作的重点之一。各地区、各部门都要把这项工作作为当前经济工作的一项重要内容来抓。

（一）认真组织开展"转机制，抓管理，练内功，增效益"活动

一是要加强组织领导。各地经贸委要把开展这项活动列入议事日程，

明确办事机构，提出工作计划、制订实施方案，进行组织落实。开展这项活动涉及质量、财务、审计、统计、劳动、安全等方方面面的工作，要主动加强联系，会同这些主管部门，做好组织协调。要充分发挥质量协会、消费者协会、企管协会、中国工业经济协会等群众团体的作用，依靠社会的力量，推动这项活动的广泛开展。二是要建立必要的工作制度。各级主管部门要定期总结，定期向上级部门汇报。同时要在企业选点，建立联系，直接掌握第一手材料。国家经贸委将采取片会、座谈会，办研讨班等形式，使各地区、各部门之间沟通情况，交流经验，起到相互学习、相互促进的作用。三是加强舆论导向。要采取多种形式对这项活动进行广泛深入的宣传，大造加强企业管理的声势，吸引和号召广大企业开展这项活动，特别是要增强企业经营者的管理意识，调动广大职工参与管理的积极性。四是发挥先进典型的示范作用。要及时发现活动中好的典型，及时总结宣传它们的经验和成效。国家经贸委将适时对通过改革和管理取得明显成效，各项经济技术指标先进的企业，按照指标水平进行排序公布。各地区、各行业也要对本地区、本行业的先进企业进行公布表彰。五是树立为企业办实事的工作作风。开展这项活动是我们加强企业管理工作的新尝试，由企业自觉自愿参加，政府部门不靠行政命令，不干预企业经营管理，不搞验收。因为缺少实践经验，要加强调查研究，注意听取企业的反映和意见，随时改进工作，保证这项活动的健康发展。要继续做好国内外各行业的先进经济技术指标的信息发布和制定分行业的企业管理工作规范，为企业明确奋斗的目标和工作要求提供条件，由企业进行自查对比，找差距，定措施，改善经营管理。为了加强对活动的指导，国家经贸委起草了《关于开展"转机制，抓管理，练内功，增效益"活动的通知》（讨论稿）提交这次会议，请大家认真讨论，修改好。

（二）探索建立对企业经营的评价办法

继续进行现代化成果奖的审定工作，但要完善审定办法，做好成果的推广。按照市场经济的要求，政府部门不再直接管理企业，但市场经济体制和现代企业制度的建立，又需要一个较长的过程，因此，在当前新旧体制交替阶段，有必要建立企业评价体系和办法，以体现干好干坏不一样，对企业形成激励机制。但是这种评价不同于以往的检查评比，主要是透过市场对企业的经营管理状况进行客观的评价。在方法上，通过现行的经济效益考核指标、财会和统计报表、审计结果、用户和消费者的反映以及抽查核实的情况进行评价。建立企业评价体系是一项复杂严谨的工作，要听取各综合部门、研究单位、企业和各方面专家的意见，使评价体系科学、合理。在运作上，要充分发挥质量协会、消费者协会、企管协会、中国工业经济协会等群众团体的作用和社会监督作用。对经营管理好的企业，政府给予荣誉奖励，并为经营者颁发业绩证书；对经营管理不善的企业，要提出整改意见，并通过信息跟踪进行督促。在企业的要求下，可组织专家进行咨询、诊断，帮助其整改。整改无效的，属于领导班子问题的，要采取组织措施，整改无望的，应调整企业组织结构，直至依法破产。

（三）建立企业管理咨询队伍，发挥中介组织作用

培养一支专业化的企业管理咨询队伍，是企业管理工作改革和发展的必然要求。通过培训、考核和资格认定，保证咨询人员的素质和业务水平，加强咨询机构的组织建设。要积极创造条件，通过试点发展和确认一批能够承担法律责任和经济责任的管理咨询机构。

（四）培养造就一支高素质、职业化的企业家队伍

这是建立现代企业制度的重要条件。要推行经营者职业化，培养经营管理人才市场，引入竞争机制，促使更多的经营管理人才脱颖而出，为出资者选择理想的管理者创造条件。要加强对经营者的培训，使他们尽快熟悉和掌握市场运行规则：新的法律和法规，提高他们的经营管理水平和组织领导能力。今年国家经贸委将有组织、有重点地对国有大中型企业厂长（经理）进行培训。要逐步建立经营者资格认证、业绩考核和离任审计制度，使经营者的业绩同聘用、奖惩挂钩，对经营管理有方的经营者在工资收入上体现他们的业绩，提高他们的社会地位；对不称职的经营者依照有关规定和章程，撤销或罢免职务。

（五）加强新形势下的理论研讨

建立现代企业制度，对我们来说是个课题，需要在理论和实践上进行深入探讨。例如，如何完善企业领导体制，理顺党政工三者关系？如何建立现代企业管理制度，其基本模式和内涵是什么？如何正确处理建立劳动力市场和发挥职工主人翁作用的关系？如何体现对国有资产保值增值责任？等等。通过研讨，在理论上要有新的突破和创新，进一步明确管理工作的思路，指导实践，推进现代企业制度的建立。

同志们，探索新体制下加强企业管理的路子，是建立现代企业制度的重要内容，也是一项艰巨的任务。我们要在邓小平同志建设有中国特色的社会主义理论指导下，树立锐意改革的精神，扎扎实实地开展工作，为现代企业制度的建立和社会主义现代化建设做出更大的贡献。

在全国企业管理工作座谈会上的总结讲话

(1994年3月12日)

  1994年国家将推进计划、财税、金融、外贸等重大体制改革，使我国由计划经济体制向社会主义市场经济体制转型，由此将带来国家与企业的关系的重大变化。企业将由完成国家计划的生产单位，转向市场竞争中的独立主体，生产型企业管理体制将越来越不能适用。市场竞争、优胜劣汰，将成为新的常态。企业必须由依附于政府，转向投身市场；企业必须由单一生产型的管理体制，转向经营开发型管理体制。针对这种迅速转变的经济形势，国家经贸委在推进企业改革的同时，提出企业要"转机制，抓管理，练内功，增效益"。3月，为期三天的全国企业管理工作座谈会在湖南省株洲市召开。

  全国企业管理工作座谈会开了三天，经过全体代表的共同努力，取得了很好的收获，今天就要圆满结束了。我就会议的情况从三个方面做一个小结。

一 这次会议的基本情况

  第一，研究了当前企业管理的形势，充分肯定了许多企业在走向市场的过程中，在管理上有了大踏步的前进，同时也提出了当前在企业管理中的问题。

  第二，广泛地交流了企业加强和改善管理的经验。山东省经委、化工部和10个企业做了经验介绍，参观了南方航空动力机械公司、株洲硬质合金厂和株洲电力机车制造厂的现场，确实感到一些国有企业这几年在改进和加强管理方面取得了不小的成果和进步。

第三,讨论了在新形势下,政府部门在改善和加强企业管理方面所承担的责任,可以使用的方式、方法和手段。

第四,讨论和提出了对《关于开展"转机制,抓管理,练内功,增效益"活动的通知》的修改意见。我们将根据大家的意见认真修改,征求有关部门和企业的意见后再定稿。

大家认为这次会议主题明确,内容也比较充实。在几大改革措施出台以后,政府部门要转变职能、企业将面临许多难题的时候,召开这个座谈会是及时的,符合当前企业工作的需要。

在这次会议上,大家在以下几个方面达成了共识。(1)在当前的经济形势和企业状况下,促使企业眼睛向内,加强和改善企业管理是十分必要的。(2)要处理好"转机制"和"抓管理"的关系,对那些仍然适应市场经济的管理,我们不能放弃,要加强,要巩固,对那些不适应市场经济的一些规章制度、管理体制,要加以改革。(3)在新旧体制交替过程中,政府部门对企业管理要加强指导、引导、帮助、督促、检查,这不仅是必要的,也是政府部门的责任。(4)开展"转机制,抓管理,练内功,增效益"活动,是针对当前企业管理工作中存在的问题提出来的,尽管在方案中还有一些问题需要研究,但这个活动的开展对推动企业加强和改进管理是有促进作用的。

二 需要进一步深化的几点认识

(一)关于企业面临的形势

当前全国经济体制转轨工作正在进行。按照建立社会主义市场经济体制框架的要求,一方面在整体推进,另一方面又在重点突破。整体推进主要是三个方面:一是要进一步形成市场的主体,也就是完善和深化企业的改革;二是要完善市场体系,发展各种要素市场,包括劳动力市场、金融市场、信息技术市场、房地产市场等;三是要健全宏观调控体系。通过这三方面的整体推进来促进社会主义市场经济体制的形成。在重点突破方面,一方面是要建立市场经济体制的微观基础，就是要深化企业改革，方向是建立现代企业制度；另一方面是要建立市场经济体制的宏观调控体系，就是今年所出台的几大改革措施。

关于当前改革的力度是空前的，对企业的震动也是巨大的。去年12月31日还是老的税收办法，按照企业的不同所有制来区别税种、税率，今年的1月1日统一税制，类似这种改革是跳跃式的。但企业改革并不是这样，它是一个漫长的过程。如果说财政实行分税制，金融实行中央银行和商业银行、政策性银行分立，这些改革还有国际的经验可以借鉴的话，那么像中国这样大面积的国有企业要进入市场，成为市场经济的微观主体，还是前无古人的。党的十四届三中全会《决定》中明确提出，以公有制为主体的现代企业制度是社会主义市场经济体制的基础。因此，搞好国有企业、深化企业改革，在实现建立社会主义市场经济体制的目标中起着决定性作用，占据非常突出重要的位置。可以说，在宏观经济体制实现转轨以后，整个改革的难点和矛盾更多地集中在企业方面，这就是企业当前所面临的形势。

（二）关于当前加强企业管理工作重要性的认识

由于经济体制的转轨，搞好国有企业从思想观念到工作的手段、方式和方法上，都必须要进行一次改变。过去，在相当长的时间里，我们搞好国有企业的主要办法是简政放权、减税让利，其基础仍然是传统的计划经济体制。今年几大改革措施出台以后，整个形势变了，由原来侧重于不同所有制企业间轮番的政策性调整转向为企业创造公平竞争的环境。税制统一了，财政上以分税制取代了分灶吃饭，金融改革正在促进金融市场的形成，这都有利于形成社会主义的统一大市场，为企业的公平竞争创造必要的宏观环境。因此，在企业改革的思路上必须要有相应的转变，不能再抱着老一套。老一套搞好国有企业手段存在的根据已经没有了，现在要更多地运用市场经济的办法来搞好国有企业。因此，搞好国有企业的指导思想和观念、手段都要相应地改变。

一是要强化企业国有产权的概念，改变国有企业作为国家预算单位、直接隶属政府部门、是政府的附属物的观念。要认识国有企业同样是拥有法人财产权，实行独立经营、自负盈亏的独立纳税人，国家作为出资者要按其投入企业的资本额享受所有者权益，并承担有限责任。

二是要改变国有企业必须是单一公有制的传统观念。生产某些特殊产品的公司和军工企业应由国家独资经营，支柱产业和基础产业中的骨干企业，国家要控股，同时要允许有步骤地吸收非国有资金入股。要以国有企业的实力和信誉，通过参股控股，广泛吸纳社会的闲散资金，使有限的国有资产来支配更多的资金，增强国有经济的主导作用和辐射范围。

三是要改变国家对国有企业统包统管，而企业又事事依赖政府的传统做法。要求企业自主自立，独立承担风险，在市场中实行优胜劣汰，对于那些长期亏损、资不抵债的企业要依法破产，建立政府跟企业之间的新型经济关系。

四是要改变只从企业户数多少来看待公有制主体地位的观念，改变对国有小型企业、城镇集体企业的产权控制得过死的做法。要树立资产要流动的观念，注重资产优化配置的效益，重视资产的重组，在保证国家和集体资产在社会总量中占有优势的前提下，积极探索公有制和市场经济结合的途径。

五是要改变靠对不同所有制、不同企业轮番进行政策调整来推动改革的思路，着力解决那些深层次的矛盾，进行企业制度的创新，为各种所有制经济平等参与市场竞争创造条件。

要建立现代企业制度，对企业的内部管理必然带来一次深刻的变革。现在正是变革的前期，有的走得靠前一点，有的稍后一点，这是不可避免的。何况企业管理本来就是动态的，没有一成不变的，包括西方经济发达的国家，它们的企业管理也在不断改革，在不断发展。我认为管理是大概念。所谓管理，就是要对企业可以调动的各种资源，进行合理支配、合理利用的问题，就是对企业所掌握的人、财、物、时间进行有效的配置、有效的组合。就像两人下棋一样，每个人都有车、马、炮，有的就赢了，有的就败了，关键在于你怎样调动你的力量，这里面文章大得很。管理也是生产力，当前国有企业确实面临很多的困难，解决这些困难要用综合的办法，其中的一个重要办法就是改进和加强管理。管理不是万能的，但是管理在解决这些问题上会带来很大的好处，也就是说，各个企业在原有的物资和技术的基础上只要充实了新的管理，就会调动出新的生产力。有的企业，人还是那些人，设备还是那些设备，但是管理变了，整个面貌就全变了。例如，株洲电力机车制造厂的电机分厂原来是全厂最被动的一个分厂，完不成任务，质量也不行。分厂厂长没有换，只是机制变了，管理变了，整个面貌就都变了，生产状况改善了，产品质量也上去了，生产能力也出来了。这次10家企业在会议上介绍的经验也说明了这一问题。所以，现在向管理要效益、要质量，向管理要生产能力，向管理要劳动生产率，是我们抓好企业工作的一个紧迫任务。比如，现在企业自有流动资金很少，确实是一个很大的问题，但企业自身有没有问题？有的企业资金周转300多天，对于特殊行业来说这也许是需要的，但对一般性行业来说是无法承受的。如果企业内部管理改善了，在制品减少了，资金周转加快，自有流动资金相对比率就上去了，这虽不能解决全部问题，却是一个重要的途径。现在大多数企业都自觉不自觉地走向了市场，而市场竞争力的基础在于企业自身的管理，在市场竞争中第一层次的问题是商品的竞争，而商品竞争力的背后是技术和管理的竞争，没有技术和管理做支撑，产品在市场上就不会质优价廉，不会服务好。因此，无论是"复关"以后，还是在国内市场上的竞争，提高企业的竞争力都离不开加强管理。所以，企业对加强管理的重要性要有足够的认识，工作再忙，这一点都不能忽视。

（三）关于目前政府部门要不要抓企业管理的问题

对这个问题大家讨论得也比较多，实际是有一些不同的意见，有些争议，这也是正常的，但有必要把这个问题澄清一下。我认为，过去我们政府部门"下水"，直接替代企业去抓管理的那套办法不能再干了，已经过时了。但是对企业管理的指导、协调、监督、服务仍然是必要的。这里我讲几点看法。

首先，企业不是孤立的，社会经济生活各方面问题都反映到企业里。没有社会外部相应的配套条件，企业改进管理就受到一定的限制。比如，企业要精简人员，但社会上不能吸收；企业要明确产权关系，但还搞不清谁是自己的老板；企业要搞技术改造，要投入，但融资渠道不畅通；企业要摆脱"办社会"的负担，但是社会还接收不过去；企业要调整组织结构，但社会上还没有健全的产权交易市场；企业想实行政企职责分开，但政府部门的机构改革和职能转变没有到位。如此种种，企业自身的改革涉及政府部门的很多方面。所以，搞好企业管理，如果政府部门完全不管，也不为其创造条件，不去为它们做好服务，企业改进管理到一定程度就难以前进。另外，企业经营机制正处在转换的过程中，企业的激励机制、约束机制都还不完善，市场竞争也还不充分，产权责任也还不清楚。在这种情况下，企业还存在大量的短期行为和非经济行为。因此，这时政府部门对企业的管理加以指导，甚至对一些企业进行某种管理是必要的。如果说企业管理完全是企业的内部行为，政府部门完全不去管，将来是这样，但目前还不行，至少目前在一部分企业还不行。因此，政府部门对企业管理要指导、协调、监督和服务。

（四）政府部门如何指导、协调、监督、服务企业的管理

总的来说，应该是企业能做的事情让企业去做，政府应该做企业需要而又做不了的事情，这两者是互补的关系，而不是一种替代关系。这样企业就会感到政府管理，越抓对企业的生产经营越有好处，而不是感到碍手碍脚，侵犯了企业的自主权。那么政府到底具体能做些什么？这是政府部门转换职能时需要大家来回答的，我提一点工作的感受供大家来研究。

首先，政府部门要总结企业管理中带有共性的规律，来指导企业改善和加强管理。对这一点有人怀疑，认为企业管理那么复杂，有没有带有共性的标准？国际上恰恰就有这种管理标准，像ISO9000系列标准就是一种管理标准。这个标准经过了千锤百炼，经过长时间的推敲，现在国际上已经公认了，我们国家现在也采用，不管是对机械行业、化工行业、轻工行业等都适用，把那么多复杂的管理抽象出来了，这是高水平，当然，做到这一点不那么简单，我们恐怕一下子还达不到这么高的水平，但我们可以把它拿过来。我们自己也曾创造过《鞍钢宪法》，也是高度的概括，"两参一改三结合"，在企业管理中是很了不起的，这就是带有规律性的东西。如果把这些东西好好地去推广，对企业管理确实是在高层次上的一种有效指导。政府部门要做这些高层次的工作，要总结企业的好经验，把它们提炼出来，达到指导全局的作用。制定带有共性的法律、法规，也是政府部门

要着力做的，它们带有规范企业管理的作用，带有某种强制性。比如说《公司法》连企业内部的组织结构都给确定了。所以，政府对企业完全不加干预，企业完全自由，从来是没有的。问题是政府怎么干预得合理，使企业得到健康发展，而不完全是一种制约。

其次，政府部门可以做的工作就是总结、推广典型。在经济体制改革过程中，很多企业在管理上有了很多新的创造，这是很可贵的。对这样一些好的管理经验加以总结、推广，去指导其他企业，作用是不能低估的。比如，国家经贸委去年花了很大的力量总结了邯郸钢铁总厂的经验，接连在那里办了6期培训班，针对一些企业管理的弱点，介绍它怎样通过成本管理来转换机制、扭亏增盈，效果是不错的。还有过去总结大庆的经验"三老四严四个一样"，化工系统多年总结学吉化公司的经验。如果每一个行业或地区能够分门别类地找到这样一些好的典型，使其他企业看到差距，我看这就是一种进步。

再有，政府部门可以做的就是要对厂长（经理）、经营管理人员进行培训。现在培训工作尽管已引起了大家的重视，但我认为还不够，培训就是播种，如果我们能够把播种的工作做好了，将来必然就会有收获。要真正有那么一些"黄埔军校"，能够培养出一批好的企业家。对这一点的作用不能低估。

另外，我们还可以组织诊断，特别是对那些陷入泥潭不能自拔的企业可以给它们号号脉，这个工作可深可细，政府的领导干部到企业去，听情况，指出问题，告诉企业应该怎样做，对企业跟踪一段时间，这就是对企业管理的帮助。还有政府要提供信息，包括行业的水平、国际的水平，用这些信息起导向作用。总之，我们政府转变职能就是要在指导、协调、监督、服务上做文章。

（五）企业如何抓好内部管理

会议上介绍的10个企业的经验，讲出了特色，很宝贵。10个企业讲得10个样，说明管理是一种艺术，它不是绝对的，但里面也有共性，我认为对国有企业来说，当前如何搞好内部管理恐怕有三件事情是最重要的。

一是如何转变观念的问题。我在报告中也讲到了，如果说国有企业还背着很沉重的旧体制包袱的话，其中最重的一个包袱就是旧的经营管理观念的包袱。它看不见、摸不着，但它影响最大，也最深刻。现在有的企业还希望政府部门能帮它开个条子，去说情来打开产品的销路。如果这个观念不转变，企业要进入市场难上加难，在市场竞争中只能败下阵来，不可能搞上去。

二是国有企业如何调整、改进自己的管理体制问题。切实加强企业的营销部门、技术开发部门，在企业内部逐渐形成一个科学决策的体系、一套快速反应的机制。当然，现在的企业体制和原来相比实际上都在改，但应该更自觉。如果更进一步的话，应该是现代企业制度，那就更加规范了。应该有股东会、董事会、监事会，还有经理班子，如果暂时做不到，可以朝这个方向去过渡。总而言之，简单地维护老一套的摊子不可能有快速发展。

三是国有企业管理制度的变革。企业原有的规章制度有一部分是有用的，应该加强，应该不断充实，也有相当一部分需要改变，包括企业的劳动制度、人事制度、财务制度等很多内部管理制度。也就是说，要把企业转换机制的成果，通过规章制度巩固下来，规范化。

国有企业对当前遇到的困难要有一个正确的认识，对如何摆脱困难要有新的观念。面对眼前的困难，有两种可能：一种是面对困难一筹莫展，束手无策，被困难压垮，投降了；另一种是置之死地而后生，越是在困难的时候，越能够奋起改变现状，真正变压力为动力。现在已有相当一部分企业吃了苦头，改变了观念，转换了机制，改变了现状，上去了。但也有一些企业丧失了信心。作为企业的领导，不仅要看到企业的困难，更重要的是要分析自己的优势，发挥自己的优势来克服眼前的困难。大多数国有企业和乡镇企业、集体企业相比，在人才、技术装备上，总体上有很强的优势，国家几十年所积蓄的人力、物力、财力基本上聚集在这些国有大中型骨干企业中。如果看不到自己的优势就看不到希望，精神崩溃了，企业就要垮台。所以，国有企业要有一种自主自立的精神，要丢掉幻想，走向市场，不要再幻想靠"吃偏饭"来生存，这种机制存在的条件已经过去了。

企业管理要在从严治厂、持之以恒上下功夫。企业管理包括一些规章制度，一旦成熟了就要稳定，稳定了就是要持之以恒地从严管理。在一般情况下，不要过分去追求花样翻新，有的企业花花点子虽多，但不解决问题，管理还是老样子。比如，现场管理无外乎就那么几条，关键就是认认真真地去做，谁把它做好了谁就上去了。从某种意义上说，企业管理是一种文化，是一种价值观，是一种理念。调动职工的积极性，要两手抓，建立本企业的企业文化，树立本企业的职业道德。在企业管理中很重要的是认同，厂长（经理）的思想要能够上下畅通，让层层干部能理解，让职工能理解，使每一个职工感觉到企业是自己发挥才能、实现自我价值的舞台，企业就大有希望。对一个企业来说，应该追求利润最大化，但对于职工的教育就要有比追求利润更高一个层次的目标。比如，企业是搞汽车的，就应该让全体职工认识到通过自己的劳动，来改善全国11亿人行路和运输的条件，使大家有一种使命感。搞摩托车的，就是要以让全国更多的年轻人开上本厂的摩托车而自豪。搞电冰箱的，就是要使电冰箱进入每一个家庭。这些职工容易理解，要通过这些来建立企业的文化，形成企业的价值观。

三　关于会议的贯彻问题

这次是座谈会，有贯彻的问题，但不完全是刚性的，更多的是研究一些问题，提供思路，帮助大家回去后结合本地、本企业的情况，改善和加强企业的管理。

第一，希望大家回去后传达会议的精神。全国各地的同志都来了，企业的同志也来了，相互之间确实谈了很多问题，在思想上、认识上、管理方法上互相还是有启发的，要向主管领导做好汇报。

第二，就改善和加强管理的问题加强舆论宣传。在企业加强管理的重要性，转机制、抓管理之间的关系，扭亏增盈，改善企业目前的处境和改善、加强管理之间的关系等方面造一些舆论，有条件的可以就转机制、抓管理、练内功、增效益，在报纸上开辟专栏，讨论一些问题，介绍一些经验。

第三，要抓典型，总结推广好的典型。湖南省已经安排在4月开一个会，就企业深化改革加强管理，介绍总结推广一些经验，这个做法很好。希望各地区、各行业根据自己的情况总结经验加以推广，在经验中再逐步提炼升华，变成一些样板。这样对全国企业管理的指导与推动作用就会更大。

第四，关于开展"转机制，抓管理，练内功，增效益"活动的问题。大家不要等，关键的问题是各地区、各部门要结合自己的情况行动起来。开展"活动"的通知是一个指导性的文件，各个地方可以根据自己的情况有所创造，在这个问题上，上面多一点指导性，下面多一点创造性。化工系统可以根据多年积累的经验，参照这个文件，有自己的一套办法，怎么搞有好处就怎么搞。湖南省可以根据自己的情况，参照我们的意见，按已有的工作部署去做。我们并不要求大家都千篇一律，因为这确实需要有一个探索的过程，也请大家创造好的经验，将来我们来总结。

第五，关于企业按技术经济指标排序的问题。大家谈得比较多，这需要大家根据自己的情况来做些研究。因为指标设置不是很成熟，也不要强求完全一致。比如化工系统可以有某些指标做比较，那么就可以搞；机械行业比较复杂，搞汽车的跟搞机床的缺乏可比性，即使是汽车行业内部也很难比较，暂时还找不到有共性的、反映企业管理水平的评价指标，可暂时不出台，可以先做一些调查研究，听听各方面的意见。反映各个企业技术经济情况的好坏，还是有可比性的，是有规律性的东西的。但这个规律性的东西我们什么时候能找到，是不是真正找到了，还需要一个过程。我们不能再采取过去那种检查评比的办法，那种办法人为的因素比较大，而且给企业增加了很多负担，行政性色彩又很浓。

第六，在开展活动中，大家要注意这四句话是相互有关的，应作为一个整体来看。开展这项活动，尽量避免形式主义。当然，有的时候也不能没有一定的形式，对于企业来说，目前有什么问题，就抓什么问题，可以有自己的侧重点。对地方和部门来说，可以有自己的特色。但很重要的就是要把"转机制"和"抓管理"结合起来，而当前很重要的就是突出效益。活动要有成果，这个成果要反映在效益上。

中国经济体制改革的进程和构想[*]

(1994年3月13日)

自1978年中国共产党第十一届三中全会开始，中国进入了经济体制改革和大力推进经济发展的新阶段。以农业改革为起点，改革稳步前进，生产逐步增长。改革为经济注入了活力。自1979年至今的15年间，中国经济实力提高，人民生活改善，GNP平均年增长超过10%。

中国的经济体制改革采取了稳步推进的方式。初始期间带有某种"摸着石头过河"的性质。随着改革的进展，改革的思路更加明晰。而当几经寻觅、最终确定了改革的目标之后，改革的进程就大大加快了。中国的改革是史无前例的，至今仍有一些改革的重点和难点有待突破。

一 关于中国经济体制改革的目标

在1978年实行改革开放政策之前的30年，中国一直实行的是高度集中的计划经济体制。在这期间，就自己与自己比较，中国经济上取得了相当大的进展，克服了多年战乱遗留的动荡、饥荒和经济呆滞问题。但是实践证明，传统计划经济体制并未能创造出更高的社会劳动生产率，没能形成富有朝气和更具活力的经济机制。这种权力高度集中、政企职责不分、产权关系不清的体制，造成中央与地方、政府与企业、组织与个人的责、权、利关系含糊，使经济长期在高成本、低效率下运行，在分配上几乎是

---

* 建立社会主义市场经济体制必须改革计划经济体制，使市场在资源配置中起基础性作用；必须改革宏观管理体制，制定和完善市场经济的法律法规；必须推进国有企业改革，构造市场竞争主体。其中最困难的问题是国有企业改革。如果国有企业改革不能取得成功，建立社会主义市场经济体制的改革目标就要落空。为迎接香港回归，香港公务员分批到清华大学接受培训，本文是作者1994年3月为他们讲课的讲稿节录。

全方位的"大锅饭",经济处于低速发展阶段。

在邓小平同志提出改革开放政策之后,全国上下很快形成了一种共识,即对传统计划经济体制必须进行改革。但是在改什么、怎么改和改革目标的选择上,经历了一段过程。改革初期,人们较快地形成了这样一种思路。

(1) 传统社会主义经济体制的根本弊端是经济决策权过分集中,它抑制了地方政府、生产单位和劳动者个人的积极性、主动性和创造性。

(2) 改革就要分散经济管理权限,充分调动地方政府和生产单位、劳动者的积极性。

(3) 改革的办法主要是下放权力,加强物质刺激。

我们沿着这一思路走了一段,着实调动了各方面的积极性,使经济利益主体出现了多元化趋势,对中国经济体制改革形成了第一推动力。改革一经展开,就必然要寻求更为明确的目标。

中国的改革是渐进式的,改革的目标也由模糊到明确:

1982年中国共产党第十二次全国代表大会提出"计划经济为主,市场调节为辅"的改革目标;

1984年党的第十二届三中全会确定建立"公有制基础上的有计划商品经济";

党的第十三届七中全会后,明确要建立"计划经济与市场调节相结合的经济体制和运行机制"。

至此,寻求更为明确、准确的改革目标的探索并未结束。

随着改革的不断深入,旧体制的弊端暴露得更加充分,更多的人逐步形成了中国经济体制改革的第二种思路。

(1) 旧体制的弊端不仅是权力的集中,更重要的是在不可能完全、准确掌握信息的情况下,用行政计划的方式配置社会资源,这种资源的分配方式不会有效率。

(2) 唯一可以有效地替代行政方式分配社会资源的,是有宏观管理的市场机制。市场机制能充分调动为数众多的、分散决策的独立经营者、生产者的积极性和主动性,能把社会稀缺资源引向高效率的部分,实现社会经济的低成本、高效率。

(3) 改革的目标就是要建立市场机制,改革的方法是对传统体制进行综合、同步、配套的改革。

1992年邓小平南方重要谈话澄清了多年改革沉积下来的一系列模糊认识和糊涂概念。

至此，我们在理论与观念上完成了三项历史性突破：

一是由以阶级斗争为纲，转向以经济建设为中心；

二是由一国通过自身的努力建设社会主义，转向对外开放、通过进入国际经济循环建设社会主义；

三是由认定只有计划经济才是社会主义、市场经济就是资本主义，转而认为计划与市场都是经济调节的手段，资本主义可以有计划，社会主义可以有市场。

这样，经历14年的改革开放之后，于1992年党的十四大上正式确定：我国经济体制改革的目标是建立社会主义市场经济体制。这一改革目标的确定，是邓小平关于建立具有中国特色社会主义的理论与实践的伟大创造，是对中国经济体制改革具有重大历史意义的战略决策。

1993年党的十四届三中全会又通过了《中共中央关于建立社会主义市场经济体制若干问题的决定》，为实现建立社会主义市场经济体制的目标勾画了蓝图，解决了"桥"或"船"的问题，是不失时机地加快建立新体制的行动纲领。

建立社会主义市场经济体制的重要内涵在于：

（1）在保持公有制主体地位的同时，使多种经济成分共同发展，构造多元经济主体，形成市场经济的微观基础；

（2）使市场对资源配置起基础性作用；

（3）运用价格杠杆和竞争机制，把社会短缺资源配置到效益最高的运行环节；

（4）运用市场信号的灵敏性，及时反映社会的供求状况，促进生产、流通与需求的协调与平衡；

（5）通过公平竞争，对各经营主体实行优胜劣汰；

（6）实行效率优先、兼顾公平的分配原则，鼓励一部分人先富起来，先富带动后富；

（7）政府运用经济、法律和必要的行政手段对经济进行宏观调控。

建立社会主义市场经济体制目标的确定，进一步使经济体制改革进入快车道。1994年出台了包括财政体制、税收体制、金融体制、投资体制、外汇和外贸体制等方面的改革措施。这些都是牵动全局的重大改革。这些改革的成功将使中国经济基本上实现由计划经济向市场经济的体制转轨。

二 走向社会主义市场经济体制的改革进程

由计划经济转向市场经济，是一个极其复杂的过程。要建立市场经济体制，使市场机制发挥作用，必须慎重做好三个方面的工作，即形成市场、建立市场体制和规则及构造市场主体。

第一，改革计划管理，发挥市场在资源配置上的基础性作用。要改革计划经济体制，使市场取代计划，成为配置社会资源的主渠道。在传统体制下，全国大多数经济活动都置于国家统一计划之下，1978年以前企业购销额中80%以上是由国家计划控制的，在基础产业和骨干企业中几乎达到100%。改革开放以来，国家计划部分逐步减少，市场调节部分逐步扩大。到目前，消费资料中90%以上、生产资料中85%以上的购销通过市场进行。市场正逐步成为社会资源分配的主渠道。

价格改革是形成市场机制的关键。据1978年统计，政府定价的比重，在商品零售总额中占97%，在农产品收购中占94.4%，在生产资料销售额中占99.7%，由中央政府直接定价部分在商品零售总额中就占70%。而且当时的价格"一嫁（价）定终身"，很少变动。价格是反映经济运行的综合信息，是引导市场主体行为的主要参数，价格信号对各市场主体的决策起着强烈的导向作用。那些人为地扭曲了的价格并不反映价值，也不反映社会供求状况，必然会对经济活动产生错误导向，市场机制也无法发挥作用。价格改革的主要目的是：（1）建立新的价格形成机制，使产品（或服务）的社会紧缺程度成为形成价格的主要因素；（2）理顺不同产品比价关系；（3）建立价格宏观调控体制和法规体系，维护正常市场秩序。近年来物价改革有了突破性进展。到1993年底，在生活资料中，包括粮食在内的90%以上的商品价格已经放开；在生产资料中，包括钢铁、煤炭等80%以上的商品价格已转由市场调节。社会供求关系对价格形成的影响日益加强。

建立各类市场，形成有形或无形的交易场所。经过几年的发展，城乡消费品市场已经建立，购销两旺，较为活跃。生产资料市场正逐步建立。证券、期货市场开始起步。当前要重点建设的是各类要素市场，特别是劳动力市场、金融市场、房地产市场、产权市场、科技市场、信息市场等。

沟通国内－国际，进入世界大市场。中国经济正步入世界经济循环之中，实现优势互补。中国十几年来进出口额持续以两位数递增，1993年1~9月比上年同期增长25.5%，达到1977亿元。

总之，几经改革，中国在市场建设上已有了相当的基础。

第二，改变计划经济管理体制，建立市场经济的管理体制。改革以计划经济为基础的经济管理体制，建立适应市场经济的管理体制，涉及诸多国家宏观管理体制的转轨。

（1）改变"分灶吃饭，财政包干"的财政体制，实行合理划分中央－地方事权基础上的分税制；

（2）改变按企业财产不同所有制而区别税种、税率的税制，实行统一税法、公平税赋、简化税制、合理分权的新税制；

（3）改变资金和信贷指标完全靠计划分配的体制，实行中央银行、政策性银行和商业银行分立的体制；

（4）改变国家对大小投资项目一律审批的制度，逐步建立竞争性项目投资由企业自己决策、自担风险，所需贷款由商业银行自己决定、自负盈亏的体制。

经济管理体制的转轨牵涉整个社会权力和利益格局的重大调整，多年来一直是改革的重点和难点。1994年出台的财税、金融、投资、外汇等几大改革，为建立市场经济新体制迈出了关键性一步。两年来运行情况良好，企业运行、财政收入均属正常。这些重大改革如能不断完善，那么就基本上实现了经济管理体制的转轨。

与市场经济宏观管理体制相配套，必须不断完善市场经济的法律体系。其中包括规范市场主体的法律、法规，如企业法、公司法等；规范市场行为、维护市场秩序的法律、法规，如反不正当竞争法、合同法等；规范宏观调控方面的法律、法规，如投资法、信贷法等。

立法工作滞后已影响市场经济的健康运行。当前全国人民代表大会及其常委会和国务院已把经济立法放到工作的突出重要位置,要通过形成市场经济管理体制和市场经济法律体系,来建立公平竞争的市场环境和竞争规则。

第三,改革国有企业,构造市场主体。目前在全国生产销售中,除集体经济占相当大的比重之外,国有经济仍占有近半数的份额,而且关系国计民生和经济发展的能源、交通、通信和原材料等基础产业和主要加工业及服务业几乎都还是国有企业。可以说代表社会主义市场经济特点的一个重要方面,就是公有制经济的主体地位和国有经济的主导作用。就一定意义而言,社会主义市场经济的成功,重要的在于找到公有制与市场经济结合的有效途径。中国的国有企业是与计划经济共生的。长期以来,国有企业是计划经济的社会基础,计划经济是国有企业的生存条件。由计划经济体制转向市场经济体制时,在各类所有制企业中受影响最大的是国有企业。两种经济体制在运行方式上有根本性的不同。在计划经济体制下,经济活动是集中决策,是通过计划配置资源,各单位按计划统一行动,经济后果由国家承担,由此看来,国家是经济运行的主体。而在市场经济条件下,经济行为是由各个市场主体独立、分散决策,社会资源主要通过市场来配置,企业要按照市场规律自主经营,经营的后果由各个企业独自承担。因此在市场经济体制下,国家是宏观调控的主体,企业是经济运行的主体。所以,我们要建立市场经济体制,就必须解决旧体制中深层次的问题,由国家是唯一的经济运行主体转而使企业成为千万个独立的经济运行主体。这一改革不能成功,市场经济体制就建立不起来。

在中国职工思想政治工作研究会
第八次会议上的讲话[*]

（1994年4月17日）

改革进入了攻坚阶段，各方面利害关系交织在一起，步履艰难。发挥党的政治优势，用切实的而不是空洞的，用能打动人心的而不是教条的，用能引起共鸣的而不是公式化的职工思想政治工作宣传职工、教育职工，使职工理解、支持和参与改革，是国企改革克服困难、取得成功的一个关键。

思想政治工作是我们党的优良传统，当前在建立社会主义市场经济体制的过程中更需要强有力的思想政治工作。

一 发挥职工思想政治工作优势，是推进改革顺利进行的基本保证

中国经济体制改革经历15年的努力，当前已进入关键时期。我们要承认，改革必须要打破原有的权力格局，对利益在某些方面进行重新分配，这样才能建立市场经济的新体制。总的来讲，大家都赞同改革，因为不改革就没有出路。但是当改革要削弱某些局部权力，影响某些局部利益的时候，改革也会存在阻力。人民群众是改革的原动力，广大职工是改革的主力军，同时他们又是改革的受益者。因此，只有当广大职工要求改革、理解改革、支持改革的时候，改革才可能成功。

为了使职工更好地发挥主力军的作用，我们要发挥职工思想政治工作

---

[*] 讲话题目是"发挥职工思想政治工作优势，促进企业改革与发展"。

的优势，要用邓小平同志关于建设具有中国特色社会主义的理论来武装广大职工的头脑，这是职工思想政治工作的历史性任务。为此，我们有三件事要做。

第一，要加强社会主义优越性的教育，要让职工正确理解什么是我们为之而奋斗的社会主义。使职工清楚地认识到，我们多年所习惯的贫穷、平均主义、低效率、闭关自守、僵化停滞，绝不是我们所期望的社会主义。要不断地学习和理解邓小平同志关于发展生产力的"三个有利于"标准。使职工认识到，只有靠自己创造性的勤奋劳动发展生产力，才能巩固和发挥社会主义制度的优越性，才能把提高职工的生活水平建立在牢固的基点上。

第二，要加强什么是社会主义市场经济的教育。我国经历了30多年的计划经济，实践证明，这种计划经济体制没有创造出更高的劳动生产率，也没有形成富有朝气和活力的企业经营机制。要让职工明白这样一个真理，一旦脱离以往的计划经济体制，在国家宏观经济调控下，真正发挥市场在资源配置上的基础性作用，发挥价格对经济调节的杠杆作用，发挥优胜劣汰机制对企业的激励和约束作用，社会主义经济就能焕发出新的生机和活力。搞市场经济，就要在坚持公有制主体地位的同时，多种经济成分共同发展。搞市场经济，国有企业就要成为独立的经济主体，自主经营，自负盈亏，自担风险，不能再吃国家的"大锅饭"。搞市场经济，就要使市场在资源的配置上起基础性作用，国有企业不能再通过计划获得社会短缺的资源。搞市场经济，就要调整价格，使价格在市场活动中起杠杆作用。搞市场经济，就要鼓励竞争，实行优胜劣汰，长期亏损、资不抵债、不能偿还到期债务的企业要依法破产。总之，从总体和长期来看，随着社会经济的发展，社会的每一个成员都会受益。但是在改革的过程中，某些局部的利益在一段时间内受到影响，这是在所难免的。要使职工不断地学习和理解什么是社会主义市场经济；要使职工理解，改革的过程会对几十年形成的那些似乎是天经地义的观念产生巨大的冲击，在改革经济体制的同时，也必须改造自己的头脑。

第三，正确处理眼前和长远、局部和整体的利益关系。改革既然是权力和利益的再调整，就必然打破原有的平衡，在形成新的平衡之前，必然有暂时受益的一部分，也有暂时受损失的一部分。只有随着市场的充分竞争，才能形成社会的平均利润率，各个部分才能相对比较公平。在这个时候，我们要教育职工看全局，看长远，必须要用"三个有利于"的标准处理眼前和长远、局部和整体的矛盾，经济发展了，整个社会经济的"蛋糕"做大了，大家的日子才会好过。当自己处于受损失的那一部分时，也不要怨天尤人，要眼睛向内，及时调整部署，要主动参与竞争，经过努力力争早日达到新的平衡。

建立社会主义市场经济体制，几乎各项改革都要牵动职工的利益，比较突出的，如物价改革，税收制度改革，劳动、人事、工资制度改革等。这些改革如果不进行，社会主义市场机制就不能发挥作用。要改革就要牵动职工的利益。比如，发展市场经济，就要坚持多种经济成分共同发展，就会有一部分人先富起来。在一定程度上，可以认为，一部分人先富起来是整个社会富起来的前奏，当然利用非法手段获得暴利的要除外。比如，推行社会主义市场经济，就要实行优胜劣汰，企业状况的差距就会拉大，企业职工收入的差距也会拉大。一部分企业可能会更困难，个别企业甚至会破产。但是如果这种破产机制不能形成，企业自负盈亏就是一句空话。比如，就业制度和社会保障体系的改革，要改变职工对企业"全靠"、企业对职工"全包"的局面。如果不改变这种局面，劳动生产率就不能提高，企业"办社会"的问题就解决不了，企业就无法轻装进入市场。因此，社会主义市场经济体制建立的过程，必然牵动每个职工的利益。在这种情况下，就要研究如何教育职工认识改革，理解改革，支持改革。现在经过小平同志南方谈话和党的十四大，我国经济体制改革的目标已经确定，就是建立社会主义市场经济体制。为了实现改革的目标，党的十四届三中全会《决定》，解决了"桥"与"船"的问题。改革的过渡过程是十分困难的。但是，我们有一个强大的优势，就是党多年所进行的职工思想政治工作。我们就是要通过强大的职工思想政治工作，使职工理解什么是理想的社会主义，什么是社会主义市场经济，使职工正确处理眼前利益和长远利益、局部利益和整体利益的关系，使职工认识到，整个社会经济发展了，职工的生活就会得到改善。

二 提高职工思想素质，是企业转换经营机制的保证

在企业转换经营机制中，第一位和最重要的是人们思想观念的转变，这个转变包括三个方面的内容。

第一，转变企业经营管理的观念。在建设社会主义的过程中，广大职工创造了很多很好的思想观念，比如大庆自力更生、艰苦奋斗的精神，"三老四严"的工作作风等。但是，我们同时要认识到，在企业进入社会主义市场经济体制过程中，我们过去习以为常的抓管理、搞经营、办企业的观念、办法，相当一部分已经过时。如果说国有企业背着旧体制沉重包袱的话，其中最沉重的一个包袱就是旧的经营管理观念的包袱。在老的国有企业中，经过长时间计划经济体制的磨炼，在企业中自觉或不自觉地形成一种潜在的思维模式和观念，也可以叫企业哲学。也就是说，企业在遇到问题的时候，从领导到职工马上在自己头脑中反应为，要这样看……，这样看……。在企业遇到困难需要采取措施时，应这样做……，这样做……。这些可能没有一本书加以规定，但是在人们头脑中已经形成的思维定式在规范着大家。这种影响是非常深刻的，是潜移默化、多年形成的。这其中一些不符合市场经济的观念恰恰是国有企业目前难以发挥优势的重要原因。因此，要转变只对国家计划负责，真正把用户看成上帝；改变单纯生产观点，树立追求经济效益的观念；改变吃国家"大锅饭"的观念，树立企业自负盈亏的意识；要改变等待国家给"吃偏饭"的观念，树立独立自主进入市场、迎接挑战的观念；改变大树底下好乘凉的观念，使职工具有危机意识、风险意识等。国有企业真正进入市场后，经营管理观念不转变是不能取胜的。

第二，提高职工对企业改革的参与和承受能力。企业转换经营机制的过程，对于企业、职工头脑中那些固有的天经地义的"真理"，正在进行着一次又一次的冲击，每一个人都要在转换企业经营机制中换脑筋。例如，过去人们就业靠分配，干部职位是终身制，工资是能升不能降的八级工资制。现在要在企业中逐步实行人员能进能出，职务能高能低，工资能升能降，岗位靠竞争，收入凭贡献。企业在市场竞争中正经历优胜劣汰。因此，

企业关停并转直至破产都会发生。职工完全依赖企业的医疗、住房、工伤保险、退休保险制度也要相应地改革。不改革就形不成对职工的激励和约束机制，企业就不能走上发展的快车道。要实行这些改革，就直接牵动每个职工的利益。实践证明，这些改革一旦有所突破，企业还是这个企业，职工还是这些职工，但是人的精神面貌变了，劳动积极性变了，工作效率变了，相应地，职工收入也会完全两样。而在这个转变过程中，最大的难点是提高职工对改革的参与度和承受能力。因此，要通过加强思想政治工作，消除职工心理障碍。

第三，要澄清企业在转换经营机制中的模糊认识。社会主义市场经济是一个新事物，搞活国有企业的路子还在探索。在这一过程中，要注意澄清一些模糊认识，包括处理好企业要搞活和企业内部要严格管理的关系，企业职工要当主人和做好本职工作的关系，共同富裕和某些人先富裕的关系，不断增加职工收入和提高劳动生产率的关系等。

总之，企业转换经营机制、建立现代企业制度是我国企业改革出路之所在，这是非常困难的历史性转变。国有企业历来是和计划经济共生的，计划经济是以国有企业为基础，国有企业是以计划作为生存条件，这是多年来形成的格局。因此，在进入市场经济过程中，遇到问题最多、最困难的不是三资企业、乡镇企业、集体企业，而是和国家计划体制关联最密切的国有企业。企业转换经营机制是以职工思想观念的突破为前提的，没有企业和职工观念的突破，企业经营机制的转换是不能完成的。因此，要通过职工思想政治工作，来转变企业的经营管理观念，来提高职工参与、承受改革的能力，要不断澄清一些模糊认识。

三　加强企业文化建设，增强企业凝聚力

如何调动职工的积极性、主动性，是企业兴亡的永恒课题。在建立现代企业制度过程中，培育具有中国特色的企业文化很有意义。企业文化是指在企业中能够统一职工的企业目标、信念、哲学、道德和价值观念的总和。由此，确定了企业作风、企业精神、企业风貌和企业效率，这代表着企业的力量。企业文化要把职工的社会主义思想具体到本企业、本岗位，

并使它可以指导和约束每个职工的行为。这应当是企业文化建设的核心。也就是说，企业文化要有实践性。把广大职工的共产主义理想和建设社会主义的热情转变为搞好本企业、本车间、本岗位的意愿和行动，这是发展企业文化的重要任务。精神的力量是无形的，但是它一旦掌握了生产力要素中最有活力的人的时候，就会转化成强大的物质力量，就会创造出更高的劳动生产率。崇高的企业目标是企业文化的基础。现在人们普遍认为企业是经济组织，它追求的最高目标是利润，但是在企业中真正关心并理解利润含义的只是少数的经营人员，财务目标并不能完全表现企业存在的社会价值，它也难以焕发全体职工的精神力量。利润只是企业工作成效的一个记分簿，不能囊括企业全部的社会价值。因此，我们要动员职工，增强企业的凝聚力，对职工有更高的号召力，就应该有比利润更高一个层次的追求。比如，国际上一些成功的企业，它们在推行企业文化和确定企业目标方面的经验对我们有启发。福特公司的目标，就是要让每个家庭拥有轿车。以此来动员职工比用福特公司每年赚取多少利润的号召力要大得多。IBM公司的企业宗旨就是"工作追求卓越，经营就是服务"，用这样的价值观来动员职工，使其变成全体职工工作的座右铭。就是说，要以崇高的企业目标使职工理解自身工作的意义。人的一生总希望做一番事业，总希望自己的工作得到社会、后人的承认和尊重。因此，企业文化的建设，就是要把企业的崇高目标和职工的工作与生活价值联系在一起，要使职工感到在企业的工作中，就包含着自己为之奋斗的事业。工作的本身正是每个职工自我价值的实现，从而唤起每个职工的使命感。企业的物质生产手段需要不断更新，职工的精神力量也需要不断地开发。一般来讲，人们都有上进心，都希望受到尊重。我们就是要用崇高的企业目标、鲜明的企业文化促使人们加深对自己工作价值的理解，要用能打动人心的办法来开发人们的使命感，开发人们的精神需求。在这个过程中，树立企业职工的职业道德，树立职工爱厂敬业的精神，提升职工工作的主动性和创造性。

目前，在一些国有企业十分困难的时候，企业和人更需要有一点精神，要用可以鼓舞人心的目标凝聚全体职工的意志，激励职工奋发向上。正确地分析国有企业的形势和弱点，发挥国有企业的优势，克服弱点，转换机制，在市场竞争中，重振企业的雄威。

四　在企业转换机制中，要不断加强职工精神文明建设

企业最宝贵的财富是职工，素质优良、纪律严明的职工队伍是保持企业市场竞争力的基础。企业在市场中的竞争可以分为三个层次。第一个层次的竞争是产品的竞争，第二个层次的竞争是技术和管理的竞争，而最终企业与企业之间是人才和队伍素质的竞争。因此，提高职工的思想和业务素质，是企业的一项基础建设。企业管理的基本内容是人的管理，就是对生产力要素中最活跃、最具有创造性部分的管理。提高企业的市场竞争力，企业的领导者就必须要两手抓，既要调动物质力量，就是企业的人、财、物和时间，也要调动职工的精神力量。

要加强职工思想政治工作，就要围绕企业目标，党政工团齐心协力。要充分发挥党组织的政治核心作用，发挥政工人员的积极性，但是绝不能片面地认为思想政治工作只是党组织和政工人员的事，厂长、经理和行政人员与此无关。职工思想政治工作必须要结合企业、车间、职工的实际，把思想政治工作融入企业的生产、经营全过程。要使职工思想政治工作实实在在，打动人心，能够引导和指导每个职工的思想和工作。要动员全体职工一起来开展思想政治工作，通过各种形式，促使职工实行自我教育，使思想政治工作群众化。企业的领导要用自己的实际行动影响和教育广大职工，不仅要率先垂范，要依法从严治厂，还要做到尊重人、理解人，能够针对职工的思想实际，动之以情，晓之以理，对职工的合理要求要尽量满足。由于条件有限而暂时不能解决的，要向职工讲清道理，让职工充分理解，使各方面的思想矛盾及时得到化解，在企业中创造一种人际和谐、感情融洽的气氛和有利于积极向上的环境。

企业转换经营机制，从某种意义上讲，也是一种思想革命，没有可靠的思想政治工作做保证，转换机制的目标是难以实现的。在当前深化改革、转换机制这一重大的历史转折关头，要能够顺利地闯过这一关，我们有哪些优势和手段呢？很重要的一条就是要靠我们的思想政治工作，必须充分发挥我们党长期注重思想政治工作的优良传统，利用这样一个优势来克服

国有企业眼前的困难,重振国有企业的雄威。搞好国有企业的任务很重,工作的头绪很多,但是必须坚持物质文明建设和精神文明建设两手抓、两手都要硬的方针,保证改革的顺利进行,促进国民经济持续、快速、稳定地发展。

建立破产机制意义十分重大[*]

（1994年6月3日）

党的十四届三中全会《决定》发布后，人们逐渐看清，对现有国有企业无一例外地都搞好搞活既不可能，也不必要。但对长期亏损、扭亏无望、资不抵债的国有企业，能不能通过破产退出市场，普遍存在疑虑。

1994年6月3~4日，18个"优化资本结构，增强企业实力"试点城市"企业破产工作专题研讨会"在重庆召开。会议交流了试点城市企业破产工作进展情况，研讨了破产试点中的重点难点问题，讨论修改了"关于国有工业企业破产实施的若干规定"（初稿）。

"企业破产工作专题研讨会"是18个城市试点工作的第一次专题工作会议。下面，我讲五个问题。

一 建立破产机制意义十分重大

近年来在转机建制方面有两件事情最具实质意义：一是推行新的企业财务会计制度，使企业的财务状况增加透明度，并与国际接轨；二是建立破产机制，对救治无望的企业实施破产，防止资产的再流失，转移残留资产，使丧失竞争力的企业可以退出市场，建立"劣汰"机制。

建立破产机制，对企业来说，这是结构调整的最极端手段（即除名），是自负盈亏的最极端可能，是风险机制的最极端形式。破产无论是经营者还是职工都要承担后果，都要经历磨难，而由此形成的约束机制是实实在在的。建立破产机制，对债权人而言是一种保护，是防止债权人权益的再

---

[*] 本文是作者在企业破产工作专题研讨会上的讲话。

度流失。一般来说，债权人的损失不是破产本身造成的，实际上损失早已发生，在保全全部本息已经无望的情况下，实行破产还债，这是制止债权人损失继续扩大的一种有效措施，也是债权人尽快收回剩余本息的一种现实选择。建立破产机制，对所有者而言则是投入该企业的所有资本全军覆没、颗粒无收。

形成破产机制是建立现代企业制度的必要条件。现代企业制度中一个重要的内容就是建立有限责任制度，通过这一制度，鼓励投资者和经理人员敢于冒险，争取更多的获利机会。同时，现代企业制度强调企业必须自负盈亏，直至通过破产承担风险责任。以前企业总讲自负盈亏，仿佛在喊"狼来了"。建立破产机制就是让大家能尝一下滋味，形成干好干坏不一样的局面。当前，建立破产机制，对于完善市场体制，建立来自市场的对企业的硬约束，防止国有资产再流失等，都具有十分重要的现实意义。

二 新旧体制转换过程中，破产仍是一大难题

随着改革的深化，当前实施破产的必要条件已基本形成。一是国家已制定了《企业破产法》，尽管在实践中还有待进一步修改完善；二是我们积累了一批案例，包括像重庆针织总厂这样的国有大型企业破产的案例；三是国家有关部门已安排了用于冲销破产的呆账准备金，今年即70亿元，使企业破产有了一定的物质基础；四是经朱镕基副总理阅改下发的《关于发放国有企业流动资金贷款的紧急通知》（银传〔1994〕34号）对《企业破产法》中未能明确的职工安置问题做出规定，解决了目前职工安置资金来源这一大问题；五是国务院领导同志积极宣传、推动破产实施工作，并已引起各有关方面的注意。

如何估计当前的破产工作？有人说是"破产热"，有人讲是"破产难"。讲"破产热"体现为确有需要，当前谈论破产确实是热起来了。但是从实施工作的角度看，仍然是破产难。难在新旧体制转轨期间，旧体制的一套办法不能用，新体制的一套办法又用不成。西方国家的企业破产早已习以为常，每时每刻都有生有死。但我们是中国，有我们的国情！比如产权责任不明晰，产权主体不明确，那么推动破产的原动力在哪儿？谁愿

主动申请破产？债权人在追究责任与造成损失二者中，往往首先考虑追究责任给自己带来的后果，因为财产损失是所有者的，与个人的关切度要差得多；政府对于企业破产也有担心，害怕失业职工的包袱落到自己头上，影响安定。所以，本质的问题是产权责任，真正的所有者、真正的债权人还没有明确。另外，政策法规不完善，有了《企业破产法》而没有实施细则，许多原则规定难以具体落实。社会保障体制的建立长期滞后，社会中介组织不发达，资产变现、清算难，失业职工安置难。此外，还有国有企业怎能破产等观念、意识上的难题。为此，最近国家经贸委联合九部门起草了一个"关于国有工业企业破产实施的若干规定"，力图通过这一政策文件推动破产的进一步实施。尽管大家角度不同，但有一个认识是共同的，即对那些长期亏损、资不抵债、扭亏无望的企业，必须从速破产，这是我们起草实施这一规定的出发点。

三 既坚持规范化操作，又要现实可行

从某种意义上说，破产是司法行为。通过严格、规范的司法程序，公平地保护债权人、债务人合法权益是破产实施的基本原则。但是，在新旧体制交替的不规范环境下，在国有企业积累的一系列问题面前，破产就显得十分困难、复杂了。在起草实施规定时碰到了不少难题，主要是国有职工安置问题。例如，第一，职工入厂时并没有双向选择，进入的企业破产了不是职工本人的过错。第二，国有企业职工各种保险没有提留，那么职工保险费到哪里去了？从某种意义上说，职工保险费通过各种渠道又投入到企业中去，转换为国有资产了。那么，在国有企业的资产中，就包含着一部分职工养老保险费形成的资产。我认为这种认识是不无道理的。第三，职工的工资也没有真实化，实际上让职工能维持简单再生产的不仅仅是工资，也包括企业提供的福利，如住房、子女入托、学校、医院的补贴等。这部分福利应该是工资的一部分。因此，在破产财产的界定和破产财产变现中国有企业职工的这些因素都要考虑。此外，过去国有企业由国家经营，向哪里投资，生产什么，生产多少，价格如何，统一由国家确定；如今企业出了问题，完全由经营者承担责任也不公正。凡此种种，都与现代市场

经济国家不可比。如果我们不考虑以上问题，实际上破产工作就难以推动。1985年《企业破产法》颁布，1988年11月开始试行，至今已近7年，其间共破产948家企业，平均每年仅100多家。其中国有大中型企业每年不多于5家。据悉，美国企业破产率为1.1%，而我国则是万分之0.9。破产难以推动的原因是除《企业破产法》外没有可操作的细则。

制定《企业破产法》实施条款必须有现实针对性，比如破产申请的提出，破产财产的构成，破产财产抵押、担保有效性的鉴别，破产财产变现，职工生活救济与就业安置，以及破产重组等，都必须做出切实可行的规定。这是目前国有企业破产实施的必要条件。同时，要承认包括国有银行在内的债权人在破产过程中要做出一定的让渡。为使其从血本无归的困境中解脱出来，使已发生的损失降低到最低限度，债权人要选择的是要么不破产，让资产继续流失；要么做出一定让渡，实施破产。我认为作为资产所有者，要两利相比取其重，两害相比取其轻。

总之，只有仔细研究现实，找到可行的途径，完善法规，才能使目前这一特殊时期的国有企业破产难题有所突破。

四　态度要坚决，步骤要稳妥

各试点城市都要努力推进企业破产实施，因为当前推进破产实施工作有必要、有条件、有要求。说有必要，是因为要尽快形成破产约束机制，制止国有资产的再流失，使资产在流动中优化；说有条件，是因为当前推进破产有国务院领导同志的支持，有70亿元呆账准备金和34号文件作为物质基础；说有要求，是因为大家都认识到调整结构已迫在眉睫，形成破产机制才能更好地建立现代企业制度。

为此，各试点市都要下决心推进破产工作。各市要争取在第三季度或者第四季度至少破产1~2家，从实践中积累经验，进一步研究有关配套法律法规等问题。实施中要认真细致做好工作，要先易后难，要做好破产预案，注意听取主要债权人的意见。要做好宣传舆论工作，提高人们的心理承受能力。同时，不要把实施破产同追究有关责任人纠缠在一起，以免事情更加复杂化。要通过破产促进人员流动和社会保障制度的建立健全。争取成熟一个，破产一个。

企业破产是个司法过程，按说政府没有多少事可做。但是在当前情况下，如果政府不参与，工作就做不下去。各地要按照《企业破产法》，在进入司法程序之前，组织协调各有关方面做好破产和职工安置预案。此外，要通过破产完善产权交易市场。最近国务院办公厅下发了《关于加强国有企业产权交易管理的通知》（国办发明电〔1994〕12号），讲到产权交易市场活动暂停。我个人无权解释文件，但我认为这个文件绝不是制止国有资产流动，主要目的是要规范产权交易行为。有的地区过分追求形式，穿着红马褂，手中拿着锤子；有的地区像萝卜、土豆一样论堆卖；还有人甚至提出要搞什么"没有国有企业的县"，这是什么意思？！不要视国有企业为大敌！应当平等竞争嘛！目前由国资局牵头，国家经贸委参加，正在起草规范性文件。关于"先分后破"问题，不要争论，重要的是拿出案例，做出测算，先研究具体方案，再得出结论。总之，破产实施的最基本条件都已具备，各试点城市不要等，要利用当前的有利时机，积极稳妥地推进破产工作。

五　积极探索，掌握政策，防止负面作用

企业破产搞得好，对债权人是一种保护，对债务人是一种解脱，对企业职工是一次重新发挥才能的机会。所以，有人讲《企业破产法》就是"繁荣法"。企业破产从某种意义上说也是一种新生。但如果搞得不好，就会产生巨大的负面效应。破产涉及诸多利益关系，政策性极强，因此必须在司法机关的主持下完成全过程，政府则站在公正的立场上配合协调，而不是直接干预司法过程。否则，造成的后遗症今后若干年都难以收拾。现在确有一些企业急于摆脱债务负担，多方寻找逃债的办法和途径。因此，防止企业以破产为借口抽逃资金，悬空债务，的确是我们在实施破产中必须十分注意的问题。通过破产，必须强化企业债务责任观念，形成来自市场和法律的硬约束，绝不能把破产的经念歪了，形成借钱不还的局面。要通过破产形成企业和职工的风险意识，要妥善解决好职工与债权人的权益矛盾。安置职工的标准不宜过高，不能形成破产企业职工比一般企业职工还舒服的机制，这有悖于我们实施破产的初衷。

在全国"优化资本结构,增强企业实力"试点城市清产核资工作会议上的讲话

(1994年6月29日)

1994年6月27~30日,由财政部清产核资办公室和国家九部门试点联合办公室,在黑龙江省齐齐哈尔市共同召开全国"优化资本结构,增强企业实力"试点城市清产核资工作会议。参加会议的有上海、天津、太原、沈阳、长春、武汉、成都、青岛、齐齐哈尔、唐山、常州、蚌埠、淄博、株洲、柳州、宝鸡、哈尔滨、重庆等试点城市国资局、经贸委的负责同志,全国若干城市"优化资本结构"试点工作领导小组成员单位有关同志。会议主题是各试点城市交流清产核资工作情况、研究试点城市清产核资中发现的问题及解决办法、研究试点城市如何用足用好《国务院办公厅关于扩大清产核资试点工作有关政策的通知》(国办发〔1993〕29号)、下一步试点城市清产核资工作安排等。此次齐齐哈尔会议是18个试点城市的第二次专题会议,主题是研究推动试点城市清产核资以及解决企业历史包袱问题等工作。

1994年6月29日,作者以国家经贸委副主任、全国若干城市"优化资本结构"试点工作领导小组副组长的身份,在会议闭幕时专程到会听取会议情况汇报,表示国家经贸委将配合财政部推动清产核资工作,并就做好试点城市清产核资工作,通过摸清家底和暴露矛盾进而提出解决问题的对策措施等讲话。

关于清产核资工作,国家经贸委主要是配合财政部工作。刚才姜洪南同志对会议做了小结,有关政策、工作部署和下一步要求,各试点城市要按照姜洪南同志的讲话精神来做。我主要想从搞好城市试点的角度,就如

在全国"优化资本结构,增强企业实力"试点城市清产核资工作会议上的讲话

何推动清产核资工作补充一些意见。

第一,若干城市试点工作正在稳步进行,清产核资工作进展顺利。若干城市试点工作从年初我们就联合国务院九部门做准备。各城市以积极的态度做了大量的工作,结合本市情况分别提出了试点方案。对试点方案九部门的同志已和各地交换意见,已完成了各个城市方案的批复草稿,九部门正在会签。各市可按照和九部门商量的试点方案进行工作。6月24日,李鹏总理出国前,召开总理办公会议讨论并原则同意九部门上报的试点方案。若干城市的试点方案得到了国务院的同意和认可,这是对试点工作的有力促进,必将得到国务院各部门更有力的支持。

目前,各试点城市正在按照方案来推进,九部门正在组织一系列的专题调研。我们想在试点工作展开后,各试点城市要按国务院认可的九部门试点方案,因地制宜地开展工作,多一点创造性;九部门要针对试点中的重点、难点问题做深入调研,提出一些政策性意见,多一些指导性。这样上下结合,使试点工作做得更加深入。

专题调研工作我们已在抓紧进行。关于"补充"问题。4月初,王忠禹同志亲自带队,专门到天津进行了一次调研,天津汇报了给企业补充流动资金的方案,经过一起商量,天津补充修改后提出了"补充"方面的22条意见,报给了国家经贸委。我委财金司正在和九部门的有关方面进行研究。关于"轻装"问题。也有进展,人民银行在组织力量研究关于债务重组的有关设想。开发银行派出7个调查组到全国各地对拨改贷进行调查研究,经贸委和计委、银行等也准备在调查研究的基础上进行案例分析,最后提出具体的处理意见。很多政策出台在于实践,如果积累一些案例,搞得比较清楚,大家意见又一致,我们就可以提出政策建议。关于"破产"问题。从去年就开始了调研,今年以来我们又联合九部门有关方面制定实施《企业破产法》的具体办法,草稿4月份已写出。在广泛征求意见的基础上,6月初在重庆开了专题研讨会,经贸委党组也进行了讨论,修改后要进一步征求有关部委的意见,争取尽快由国务院批准后实行。关于"分离"问题。我们的意见是分两步走:第一步,企业内部把生产经营部分与"办社会"部分分离;第二步,"办社会"部分再区别情况逐步创造条件走向社会,一刀切地进入社会有很大的风险和问题,我们已制定了一个《办

法》(草稿),拟在8月份组织一次专题讨论。关于清产核资工作。是试点中普遍要进行的基础工作,我们希望通过这次专题工作会,请各城市交流经验,我们就大家遇到的共同性问题提出政策性处理办法,请大家讨论,听取意见。这些办法也可能不成熟,但我想能否经有关部门修改同意,先在试点城市试行,没有大的问题再在全国推广,这是我们总的思路。

从这次会上看,各地对试点和清产核资都非常重视,组织落实,动员广泛,先培训后工作,总的讲进展比较顺利。从进度看,资产清查都已到了后期,有的已结束,因此,在这时开会,汇集大家工作当中的情况和问题,对下一步资产重估、产权界定、资金核实中的一些政策性问题进行研究,是非常适时的,对下一步工作将是一个很好的推动。特别是刚才姜洪南同志讲的,我们要出台的政策性文件能够尽快下发,会有很大的好处。

第二,优化资本结构是搞好国有企业的根本性措施。有关试点的目的意义,大家在几次会上都讨论过了。但一些同志对吃政策"偏饭"仍有很高的期望。试点城市的同志要更好地理解试点的初衷。对这个问题理解和认识的程度,直接影响试点的效果。今年几大经济体制改革措施出台后,搞活国有企业的思路方法手段,必须要有一个相应的调整。去年以前搞好国有企业基本上还是以旧的经济体制为基础,虽然经过了多年的改革,但在宏观管理体制上仍没有超出计划经济体制的大框框。只有在今年几大宏观经济体制改革措施出台以后,才实现了宏观经济体制的转轨。因此,过去多年搞好国有企业,实际上是以搞好单个企业为重点,以减税让利、简政放权为主要内容,以轮番的政策性调整为主要手段。这种方式方法的基础是旧的财政、税收、物价、计划等体制。国有企业有困难,我们减税让利;乡镇企业有困难,可以给优惠;要吸引外资,采取一些特殊政策,总之是轮番的政策调整。但今年的几项经济体制改革措施,宏观环境变了,这样一些老的方法手段存在的条件没有了,因此,现在要更多地用市场经济的手段来搞好国有企业。就是要为国有企业创造较好的市场环境,以提高企业素质、推动企业间平等竞争为目标,在注重搞好单个国有企业的同时,必须注重结构调整,注重搞好整个国有经济。因此,我们提出了"转机建制万千百十"规划。其中寄希望最大的是若干城市的配套改革,即以城市为依托的改革。这个改革可以概括为:以搞好国有企业为中心,发挥

在全国"优化资本结构,增强企业实力"试点城市清产核资工作会议上的讲话

城市的综合优势,推动配套改革,进行综合治理。其含义如下。①在试点中要发挥城市的综合优势。首先要把企业自身的改革和企业环境的改善结合起来。②要把搞好单个企业和搞好产业结构、企业组织结构和产品结构的调整以及区域经济的发展结合起来。就是要改变那种只见树木、不见森林的做法。不仅要搞好每个企业,更要做到企业组织结构的合理化、产业结构的合理化,要和区域经济发展战略有机地结合。③要把贯彻条例、落实经营自主权和解决企业长期存在的重点难点问题结合起来。④要把转换企业经营机制和建立现代企业制度结合起来,要从基础工作入手,由点上突破,带动面上的工作。如把这些做法综合起来,我理解就可以叫"优化资本结构,增强企业实力"。

具体来说,优化资本结构包含双层含义。一方面是要研究国有资本。在一个地区、一个城市,产业分布和企业配置如何优化,在企业之间资本如何通过资产的流动进行优化配置,提高国有资本的配置效率。另一方面对于单个国有企业来说,就是如何改善企业的资产负债结构,企业的资产负债率如何合理、资本质量如何提高,包括流动资产、固定资产要存在合理的比例等。这是在转换企业经营机制和建立现代企业制度中非常关键的问题。对宏观经济来说,经济结构不合理造成大量盲目建设、重复投资、经济发展大起大落,这些都带有结构性问题。从目前来看,国有企业资本状况确实让人担忧。据16城市(不包括哈尔滨、重庆)统计,资产负债率为73%,会上统计为75%,蚌埠较高,为78%。流动资产负债率更高,16个城市为92.7%。这样的负债结构要让企业提高效益是非常困难的,我认为如果仅资产负债率一项指标高,并不一定可怕,可怕的是一些老企业在资本质量低劣的情况下,再加上这样高的负债率,不少企业就难以翻身。如果是新兴企业,有新技术、新设备,有具有竞争力的产品,资产负债率为75%,没什么了不起,而老企业没有更新的产品,资产的利润率达不到利息率,必然要亏损。这样的企业资产状况确实令人担忧。去年在企业改革方面取得历史性重大突破,就是中央决定搞好国有企业的方向是建立现代企业制度。但建立现代企业制度,企业机制的转换还不能取代企业资本金的注入,两者是相辅相成的,而不能相互取代。如果资产负债结构不做必要的调整,相当数量的国有企业难以摆脱亏损的困境。辽宁做过调查,

结果具有一定代表性。现在辽宁国有企业中在市场上有竞争力的只有12%；进入市场，经过努力能活下去的为18%，两者合计为30%。还有大约14%的国有企业没有希望，投入了也救不活，只能通过"大手术"来解决，包括破产。另外，还有56%的企业处于中间状态。如果企业转换机制得力，又有相应的资本金注入，拉一拉就能搞上去。但如果企业管理不改善，机制不转换，同时也没有相应的资本金注入，企业就可能要垮下去。这一分析具有一定的代表性。所以如何给企业解脱一些历史上形成的不合理的债务，确实是非常重要的问题。因此，就搞好国有企业而言，当前重要的是转换经营机制，机制不转换，有了投入依然解决不了问题，但也不能认为机制一转换，所有的问题就可以全部解决。因此，我们提出在城市试点中要采取综合治理的方式。在国有企业现存的结构中，把所有的国有企业全搞活，既不可能，也没有必要。不可能是国家没有那么大的财力；没有必要是因为它们结构本身就不合理。结构调整就是在工业经济中的吐故纳新，是自然现象，是势在必行、不可避免的。哪个城市对这个问题看得清楚，对结构调整的战略性研究更深透一些，走的弯路可能就少一点，经济可能就上得快一点。这一点，如上海就超前了一步。上海在经济结构调整上有统筹的考虑，迈出的步子大。优化资本结构，进行企业组织结构调整的基础是通过清产核资摸清家底，提供翔实的基础数据。

第三，通过清产核资，来核实资产，摸清家底，界定产权，这是搞好国有企业和建立现代企业制度一项非常重要的基础工作。有人把清产核资仅当作一项事务性工作，是不对的，否则就会事倍功半。我们必须要把这次清产核资和企业转机建制结合起来。首先，要和推动企业改革结合起来。其次，通过清产核资，我们才能摸清家底，核实每个企业的国有资产占用量，为明晰产权关系、确定国家在企业中的所有者权益，打下基础，创造条件。最后，通过清理国有企业的资产损失、资金挂账和各种潜亏，为进一步了解和分析国有企业的现状，特别是资产现状，为实事求是地寻求国家资本金的注入，调整资产负债结构，提供了前提条件。通过这次清产核资，可以看出国有资产损失占全部资产的6%左右，占所有者权益的15%左右。通过资产核实，可以冲减一些资产损失，减轻企业负担；通过资产重估，可以按重估价计提折旧，增加企业自有资金，如按有关方面统计，

在全国"优化资本结构,增强企业实力"试点城市清产核资工作会议上的讲话

评估后国有资产增值约为40%,被统计的一万户重估后资产增值大约1800亿元。如按新的资产重估值计提折旧,每年可增提94亿元左右,这对企业是实实在在的(收益)。通过清产核资可核实法人财产占用量,为确定企业法人财产权,加强国有企业财产监管提供依据。对清产核资结果的数据分析,为推动企业组织结构调整、资产存量重组创造了条件。总之,清产核资对深化企业改革、促进转机建制、明晰产权关系、防止国有资产流失都起着重要作用。因此,这次清产核资对搞好国有企业和城市试点来说,意义非常重大。我们必须把这次清产核资工作与深化企业改革和搞好国有企业工作有机地结合起来。

有人认为这次清产核资没有解决多大问题。特别是资金注入仍然没有出路;有的同志感到政策性文件很好,但感到不解渴。大家都很着急,我是理解的。但我想清产核资首先是摸清家底,是暴露矛盾的过程,在此基础上提出相应的对策。因此,我建议清产办,特别是试点办的同志要更多地研究如何用一些新的观念来利用这次清产核资的机会,搞好国有企业和区域经济。这样大面积的清产核资,提供了这么多数据,其中包含了丰富的内容,给了我们很多的信息。因此,对试点办来说,要对这些信息进行深入分析研究,对这些信息不研究透,可以认为清产核资的收获只能拿到一半,而且可能更重要的一半并没有拿到。在数据的基础上,对国有企业进行战略性分析就更具有针对性。我们要依据这些数据研究国有资产的区域分布、区域优势,研究城市的经济结构,研究企业的组织结构,通过这些信息来制定结构调整的战略,确定哪些企业是区域经济的增长点,要保住、要支持、要重点扶持;哪些企业没有希望,需要淘汰,需要改造,需要并转,便于区别情况制定对策。因此,通过清产核资,摸清家底,对于搞好这次试点至关重要。

第四,清产核资工作要掌握好有关政策。清产核资是一项政策性非常强的业务性工作,清产核资既要清查,还要界定,还要重估,又要核实,四个方面是一个完整的过程,清产办都有部署,因此,应把这四个方面作为一个整体,把工作做好。这样,才能对下一步搞好国有企业起到应有的作用。哪个环节放松了都不行。

我们要指导企业搞好资产重估,不可高估,也不可低估。有的企业从

自身利益出发，希望高估，由于高估可以提高企业划分类型的等级，可以增提折旧，得到好处；但是，高估也会带来一些问题，如资产利润率会下降，资产保值增值会更难。有的企业又希望低估，低估也有利，资产容易增值，容易和外边"嫁接"；但低估造成一个很大的问题，就是使国有资产流失。总而言之，有的企业在资产重估中会有短期行为，为防止短期行为，政府部门就要指导、监督企业实事求是地搞好资产重估。另外，现在有很多企业急于摆脱沉重的债务。因此，我们在工作中，一方面要在政策允许的范围内为企业解脱一些历史上形成的债务和潜亏，使其轻装上阵；另一方面又要通过清产核资，增强企业的债权债务意识。现在一些国有企业仍然有依赖国家的倾向，包括借了钱不愿还、想赖账。朱镕基同志讲，有的企业不是负债经营，而是赖账经营。在为企业解脱一些不合理债务的同时，不能松懈债权债务意识，否则造成的后果将难以收拾。另外，要使企业处理好卸包袱和转机建制的关系，卸掉不合理的包袱是应该的，但是卸包袱必须要同转机建制相结合。如机制不转换，今天卸了包袱过一段时间可能再背起新包袱，核掉一部分潜亏还可能形成新的潜亏。因此，要指导企业把卸包袱和转机建制结合起来，两者不可割裂。不能认为清产核资就是国家的一次大赦，不管怎样形成的潜亏和债务都给卸掉，这是错误的理解，是不可能的。

这次会上我们拿出了两个文件征求意见。我想，这两个文件都是从国务院角度来考虑问题，权衡利弊，防止一种倾向掩盖另一种倾向。从我国来看，确实应多为企业处理一些包袱，在合情合理的情况下解决一些实际问题。但是也必须考虑国家有关政策的衔接，考虑将来建立社会主义市场经济的目标，也要考虑财政和银行目前的承受能力。因此，只能在现实可能的条件下制定政策。29号文中的"特两条"，即不可抗拒因素造成的损失和政府（省部级以上）制定政策失误造成的损失，可以有条件地冲减国家资本金或呆账准备金，这实际上是在新旧体制转轨过程中对历史上形成的某些特殊问题的一次性处理，绝不是银行的长期义务。企业借钱要还账，要承担风险。企业破产时由银行来承担，没破产时为什么由银行承担呢？决策失误由银行来承担风险，从市场经济角度来说显然是不合理的。但现在是出于这样的一种特殊情况，企业是国家的，银行是国家的，决策失误

在全国"优化资本结构,增强企业实力"试点城市清产核资工作会议上的讲话

也是国家造成的,三者都是国家的,在新旧体制交替过程中对历史问题就有一个权衡利弊、如何处理的问题。究竟什么是"不可抗拒因素",也有个理解问题。有的同志提出汇率的变化也算不可抗拒因素,对于企业来说,确实难以控制汇率变化,但企业在借外汇时就必须要考虑汇率风险,企业借钱搞错了,由银行兜底,这显然是不行的,银行也不能这样做。因此,在"不可抗拒因素"的解释上还是要从严掌握。但在可能的条件下,也应尽量为企业解脱一些不合理的政策性原因造成的损失。一般来讲,企业方面期望多卸掉些包袱,有关方面感到这些问题如果掌握松了将会造成后遗症。我们经贸委要站在全局角度做好协调工作,尽量把政策做好。总之,通过这次清产核资要落实国有资产的责任,而不是相反;通过清产核资摸清家底,要防止国有资产流失,而不是相反;通过清产核资,要强化经营者的债权债务观念,而不是相反。如果清产核资政策掌握得不好,通过清产核资有可能出现新的国有资产流失,淡化经营者的债权债务观念,那可就事与愿违了。

第五,建章建制,防止前清后乱。通过清产核资,一方面暴露了资产存量中的问题,另一方面也暴露了我们资产管理中的问题,如账实不符、账账不符,以及大量的盘盈盘亏,如资产流失、挂账严重,应摊未摊、潜亏严重等。这些问题也是我们通过清产核资要改进的方面。要防止前清后乱,从根本上讲要明晰产权关系,建立现代企业制度,要使企业中的国有资产,都要有一个国有资产的经营机构,作为国有资产的股权代表,并明确它的责任和权力,但这一套系统的建立还需要一个过程。建立现代企业制度是一个方向,有条件的地方要向这方面努力。通过这次大规模的清产核资,把边界清楚的国有资产的产权交给经国家授权的国有资产经营机构,并赋予其行使国有股股东的责任和相应的权力。这只能是在少数有条件的地方进行某些探索,对多数企业来说,当前就是要通过严格的规章制度和监督来加强国有资产的管理。一方面,要认真贯彻财会《两则》。潜亏变明亏是件好事,要使企业的财务增加透明度,加强企业的内部管理。另一方面,试点城市要改进和加强对企业国有资产的管理。要准备贯彻好即将颁布的《监管条例》,要使每一部分国有资产都有明确的管理机构和责任,使国有资产管理责任得到落实。另外,关于《监管条例》的颁布我们正在

做协调工作，已报到国务院，预计下半年将出台实施。

第六，经贸委系统要配合有关部门做好清产核资后期工作。今天的会不是庆功会，而是加油会，目前清产核资还只完成了第一阶段工作，通过这次会议我们来研究问题、交流经验，以推动后期工作。和前段工作比，资产的重估、核实及界定等的难度和政策性更强，因此，不要有松劲情绪和畏难情绪，要一抓到底，把这项工作搞好，这是基础。在搞好这项工作的过程中，各级经贸委是配角，应积极主动地配合财政及国有资产管理部门和清产办加强这方面的工作。特别要配合做好一些协调工作。城市试点办的工作方式，就是要围绕搞好国有企业和贯彻好试点方案，把各有关部门都动员起来，积极开展工作。需要协调的要多出面，多帮助，多组织，具体业务工作让业务部门去抓，不要取代别人，实际上也取代不了。另外，清产核资工作不是18个试点城市的工作，而是全国性的。今天清产办等于给我们开了一个小灶，没出台的政策首先征求若干城市的意见，对我们的试点也是一个促进。相应的试点城市各方面工作也应靠前一点，做得更好一点。要把清产核资工作和整个试点工作结合起来搞，考虑清产核资工作时站得更高一点。此外，落实好各项政策要靠地方、靠城市、靠各个方面相互配合、相互协调。即使这两个文件出台了，也不可能把清产核资工作中遇到的各种问题都按照文件对号入座，因为这也是不现实的。各地、各企业的情况是千差万别的，也需要做大量的协调工作，需要靠地方政府协调努力，这就是城市试点办和经贸委应做的工作。刚才姜洪南同志讲清产核资暴露出来的问题大约可以处理50%，这也很不简单，成绩也很大。如果城市协调工作做得好，能否在政策允许范围内处理得更多一点。遇到情况，大家不能光提问题，而要多出主意、想办法，这样工作更有希望，我们要按照试点工作的既定目标，把清产核资工作纳入试点的重要内容，抓好落实，圆满完成试点和清产核资任务，为搞好国有企业创造一个基础条件。

我就讲这些，谢谢大家。

通过城市"优化资本结构"试点
推进国有企业改革*

(1994年8月25日)

　　1994年,国家宏观管理体制改革措施出台。财税体制的改革使以承包制和放权让利为主要形式的搞好国有企业的方法手段难以为继。一时间,负责企业改革的部门和同志感到搞好国有企业的工作失去了"抓手"而不知所措。城市"优化资本结构"试点是以建立现代企业制度为目标、以城市为依托进行综合治理搞好国有企业的探索,是改革思路、方法和手段的一次调整。在城市试点准备中很快发现,符合市场经济搞好国有企业的路子要比过去宽得多。

　　为贯彻总理办公会议和国务院办公会议有关"优化资本结构"试点工作的精神,部署"优化资本结构"试点下一步工作,1994年8月25～27日,全国若干城市"优化资本结构"试点工作会议在京召开。全国若干城市"优化资本结构"试点工作领导小组成员单位领导同志和联合办公室有关负责人,18个试点城市人民政府及有关部门负责同志出席会议。

1994年6月24日,由李鹏总理主持召开的国务院第35次总理办公会议,讨论并原则同意了国家经贸委等国务院九部门《关于在若干城市进行企业"优化资本结构"试点的请示》。至此,可以说,城市试点的方向已经指明,试点的道路已经开通,各城市要抓紧把试点工作全面推开。今后两年,试点能有多大进展,在很大程度上取决于各试点城市创造性的工作和九部门的综合协调。

---

* 本文是作者在全国若干城市"优化资本结构"试点工作会议上的讲话节录。

一 搞好城市"优化资本结构"试点具有重要意义

城市"优化资本结构"试点工作要为进一步深化企业改革探路。今年，围绕初步建立社会主义市场经济的基本框架，中央集中出台了财税、金融等重大宏观改革措施。这些措施的顺利实施，改变了企业改革孤军深入的状况，为深化企业改革创造了条件。同时，明确了国有企业建立现代企业制度的目标，对企业改革提出了新的要求。按照中央的部署，今年做准备，明年要把国有企业改革提到重要位置上来。在此情况下，选择若干城市进行企业"优化资本结构"试点，就是要让试点城市在深化国有企业改革的道路上先行一步，探索深化国有企业改革的路子。国有企业改革已进行了十多年，目前已进入攻坚阶段，我们所面临的几乎都是难题。城市试点所以有积极性，得到领导的重视和企业及城市的拥护，就是因为抓住了这些难题，并力求去实现突破。正如国务院领导同志说的，这些改革没有一件事是好办的，没有一件容易的事。的确如此。如何使大面积的国有企业顺利进入市场，通过企业制度创新，实现公有制与市场经济的有效结合，这在国际上还没有先例。我们要在中央方针指引下，通过试点积累经验，为下一步在面上深化企业改革创造条件。从这个意义上说，试点中无论是成功的经验还是挫折教训都是十分宝贵的。没有试验和探索，不经过曲折或失败，也就没有国有企业改革的最后胜利。这是历史赋予我们的光荣使命，我们一定要开创性地工作，勇往直前，去探索新路。

以城市为依托，进行企业"优化资本结构"试点，是一条希望之路。改革深入到今天，仅就单个企业谈改革已难以奏效。以城市和当地政府为依托，发挥其综合优势和配套功能，造就区域改革的良好氛围，从企业内部外部"双管齐下"，集中解决国有大中型企业进入市场的重点难点问题，是搞好国有企业的一条有希望的新路。这条路之所以新，就在于它可以把搞好单个企业与搞好整个城市的国有经济结合起来，在调整结构上多做文章；把企业自身改革与企业外部环境的改善结合起来，在改革的配套性上多做文章；把企业的转机建制与加强技术改造结合起来，有利于从整体上推动现代企业制度建立的进程。

通过城市"优化资本结构"试点推进国有企业改革

试点的生命力在于，其基本原则和政策措施要符合市场经济的发展趋势，有利于公平竞争条件的形成。这次试点是在社会主义市场经济体制框架正在形成的条件下进行的。要吸取以往特殊优惠政策越多，试点经验普遍推广意义越差的教训。试点政策的制定一定要以能够全面推广为前提，更多地运用市场经济的方式和手段，实现重点难点的突破。当然，既然是试点就该有别于面上。但这种区别主要不体现为无法推广的优惠政策，而是给试点城市创造一定的空间，建立一个城市与国务院九部门的信息通道，使各方面改革措施都能在试点城市中优先启动，使试点城市早改革、早主动、早受益，为今后全面推广积累经验。所以我们一再强调，"通过试点，暴露矛盾，实现突破，进而立法"，是此次试点的基本方法。

试点是一项开创性工作，要有锲而不舍的精神。近半年来，各城市为试点做了大量的准备工作。6月24日第35次总理办公会上，国务院领导同志有了明确指示，为加快试点工作创造了条件。有些同志感到准备阶段时间长了一点。我认为，从国有企业改革的进程和目前的难度来看，半年的准备时间并不算太长。今年几大经济体制改革措施出台后，搞好国有企业的思路、方式、手段都要进行一次较大的调整。企业是今年各项宏观管理体制改革的最终承担者，改革的各方面问题最终都要反映在企业身上。上半年有大量问题需要妥善处理，因此，多花一些时间来理清思路，做好各项准备是必要的。企业改革要出现新局面的一个难点在于改革的配套性。没有配套改革到位，国有企业改革无法深化；但如果没有国有企业改革的有效推进，其他各项改革也难以最终完成。正是由于国有企业改革涉及面广、情况复杂，又没有先例，因此不可能一蹴而就。许多问题的突破需要有个过程，条件不具备时就会"拉锯"，我们对此要有充分的思想准备，对试点工作的艰巨性必须要有足够的认识。

二 试点准备工作取得积极进展

试点工作从今年2月9日国务院九部门联合发出《关于在若干城市进行企业"优化资本结构"试点的方案》的通知算起，已经半年多了。半年来，国务院九部门密切配合，18城市共同努力，试点准备工作在以下三个方面取得进展。

（一）试点的指导思想和基本方法已经明确

年初，九部门组成联合调查组分赴各城市进行调研。各城市按照调研提纲，集中各部门力量，对城市企业的现状进行了深入细致的摸底调查，提供了大量的第一手资料和数据，为九部门针对难点形成共识和起草文件奠定了基础。2月下旬，九部门联合召开了第一次城市试点工作会议，明确了"突出重点，眼睛向内，量力而行，分步实施，通力合作，共担成本"的指导思想。5月中旬，九部门联合召开了试点工作座谈会，针对部分城市对"政策优惠"期望偏高的问题，采取与城市直接对话的方式，座谈磋商，确立了"通过试点，暴露矛盾，实行突破，进而立法"的基本方法。

（二）各城市高度重视，试点工作已经启动

各城市把这次试点作为新形势下深化企业改革、推动"转机建制"、促进城市经济发展的重要举措和难得机遇，都成立了由市主要领导挂帅的试点工作领导小组和由各部门业务骨干组成的办事机构。城市试点已深入人心，成为广大干部、企业和职工的共同意愿。

各城市在试点方案上报期间，从基础工作入手，通过财产清查，进一步摸清家底，暴露问题，为下一步按有关政策规定界定产权、重估资产、核实资本金做准备。

各试点城市普遍看重的是城市试点这个思路、这面"旗帜"。各城市不被动地等文件，而是围绕"增资、改造、分流、破产"，在自身的权限范围内积极开展工作。如上海市为建立现代企业制度积极创造条件，加大了结构调整和建立社会保障体系的改革力度，制定了"解困"的政策性措施并已启动；天津、重庆、武汉、太原等14个城市拟订了企业破产预案，主动做好破产前的准备工作；唐山等市配合国有企业债务重组，进行深入调研测算；株洲市根据自身特点，已制订建立社会保障系统的方案并开始实施等。

（三）专题调研，形成政策文件，实行重点突破

这次试点所要解决的"增资、改造、分流、破产"，是改革以来一直努力解决而又未能解决的深层次问题，难度很大，必须集中力量，进行专题调研，实行重点突破。为此，九部门和各城市都成立了若干专题组，并已取得一定的进展。

1. 关于"增资"

按照国务院纪要精神，"增资"应该包含"补充""轻装"两方面的内容，即补充资本金、减轻债务负担。

今年4月，王忠禹同志亲自带领专题组赴天津调研，在印发《关于补充企业生产营运资金意见》的基础上，经多次修改，特别是朱镕基副总理对张佑才副部长在全国扭亏增盈工作会议上的讲话做了"国家将制定税收优惠政策，鼓励企业补充自有流动资金"的批示之后，已形成了"增资"的初步意见。目前财政部和专题组正在测算有关数据，拟定有关的政策性文件。

我们和清产办一起，围绕清理资金和债务问题在齐齐哈尔市召开了18城市清产核资工作会议，重点讨论了《关于进一步贯彻落实国务院办公厅有关清产核资政策的通知》。鉴于"拨改贷"和基建基金形成的债务问题比较复杂，要求各市会同贷款银行，先选择1~2个项目上报。专题组正汇总分类，拟与国家计委、国家开发银行共同研究提出"拨改贷"余额转为国有资本金的意见。

2. 关于"改造"

7月16日汇报会后，国务院领导同志提出试点要增加"改造"的内容，意义十分重大。把企业改制与技术改造结合起来，通过改制，转换机制，激发活力；通过改造，增强后劲，提高实力，对增强企业市场竞争力具有重要意义。我们要根据改革的总体部署和国家财力，分期分批地选择一部分重点骨干企业进行"双改"，把转机建制与调整改造有机地结合起来，软件加硬件，扶优扶强，使有限的资源发挥出最大的效益。

3. 关于"分流"

要加速社会保障体系改革的步伐，创造条件，分离企业"办社会"职

能，分流企业富余人员，逐步减轻企业的社会负担。据初步统计，目前，全国企业自办中小学校达1.8万所，在校生610万人，教职工60万人，每年需教育经费30亿元（不包括基本建设投资）。全国企业及非卫生部门自办的卫生机构11万个，职工140万人，约占全国卫生机构的1/3。据试点城市国有大中型企业调查，富余职工约占职工总数的17.12%。

"分流"涉及面广、政策性强，从总体上看，条件并不完全具备；从局部上讲，又要通过试点尽快推开。因此，必须统筹规划、区别对待、突出重点、分步推进。要积极围绕强化城市的社会服务功能，制定城市"分离分流"总体规划，统筹安排；要区别独立工矿区企业与市内企业、经营性资产与非经营性资产等情况，积极为企业提供尽可能多的选择方案，不搞"一刀切"；独立工矿区企业，首先要在企业内将生产经营与生活服务相分离，待条件成熟时再分步转入社会；市区内企业也要先把现存的社会职能同生产经营部分分离，社会服务职能要先独立核算与主业分离，再视条件设立独立法人实现分立。当前"分流"的重点是学校、医院、后勤单位；"分流"的重点是多渠道安置企业富余人员，包括破产企业失业人员。专题组起草了《关于若干城市分离企业"办社会"职能 分流富余人员的意见》，提交这次会议讨论修改。

4. 关于"破产"

为推进破产实施，各城市都做了大量工作。据不完全统计，目前18城市已做出破产预案共40户。

沈阳市为加快国有大中型企业调整步伐，专门成立了"企业破产办公室"；天津市成立了由经委、高级人民法院、中级人民法院等单位支持的"清算事务所"，统一代理企业破产及非破产清算事务，较好地解决了政府与司法机关在企业破产工作中的衔接问题；株洲市明确各级法院按同级工商登记范围受理破产案件；一些城市正仿效深圳市的做法，设立专门审理破产案件的破产法庭，以提高破产工作的专业化程度。在对六省14市专题调研的基础上，破产专题组起草了《关于国有企业实施破产若干问题的暂行规定》（初稿），针对当前破产实施中的重点难点问题，特别是破产企业职工安置问题做了明确的规定。此暂行规定七易其稿后，提交国务院7月16日会议讨论。

三 抓住机遇,深入做好试点工作

城市试点工作要紧紧围绕建立现代企业制度这个方向,优化资本结构,在"增资、改造、分流、破产"等重点问题上实现突破,为下一步改革创造条件。今年下半年,尤其要在建立优胜劣汰机制和社会保障体制上下功夫,力争取得实质性的进展。

(一) 首先要狠抓破产实施

建立破产机制意义重大。它是企业组织结构调整的最极端形式(除名),是企业自负盈亏承担风险的终极表现,是市场竞争、优胜劣汰机制的最严厉的手段。在这一机制形成过程中,无论所有者、经营者还是债权人都要承担各自行为的后果,连经营不善企业的职工也要经历磨难。由此而形成的约束机制是实实在在的。

建立破产机制,对债权人是一种特殊的保护,是在企业财务状况极度恶化条件下,制止债权人权益再度损失的一种机制。所有者和债权人的损失不是正常破产本身造成的。与此相反,恰恰是在资产损失已不可挽回、企业已资不抵债无法周转时,通过破产来制止债权人损失的继续扩大。此时,这几乎是债权人唯一的现实选择。

建立破产机制,对所有者而言是颗粒无收,是对其投资决策和用人失误的惩罚。这将促使所有者更慎重地对待投资决策,更谨慎地选择经营者。

破产企业的职工是无辜的。但通过破产进行劳动力资源的重新配置,使劳动力转换到更能发挥其作用的地方去。从某种意义上说,这对职工是件好事。当然,这一过程是相当痛苦的。正因为如此,破产机制才能最有效地促使职工真正关心企业的兴衰。

形成破产机制是建立现代企业制度的必要条件。现代企业要排除政府的特殊保护,在市场中独立经营。政府对企业国有资产的经营不再承担无限连带责任。在市场经济体制中,通过竞争机制不断淘汰低效益、低效率生产经营环节,把社会稀缺资源引向效益高、效率高的部门。同时,通过破产机制,形成对各市场经营主体市场行为的硬约束,促使资产存量不断流动与重组。从这个意义上说，没有完整的破产机制，真正的市场机制和现代企业制度就建立不起来。

为了实施破产，要以保证安置好破产企业职工为突破口，相应地加快社会保障体系的改革。分离"办社会"职能，分流富余职工，也是我们的企业走向现代公司制的一个必要条件。我们各城市在这个问题上具有一定的主动权，可以先从企业内部"分流"入手，再逐步向城市、社区转移。实施"破产"和"分流分离"是下半年城市试点的重头戏，是为下一步面上改革积累经验。

（二）要完成预定的清产核资工作

在此基础上，对国有企业组织结构进行分析，拟定战略调整规划。清产核资是国有企业转机建制和城市试点的基础工作。各试点城市要充分利用财产清查的大量数据，对城市国有资本结构进行战略分析，为城市国有资产的战略调整做好基础工作。要立足于搞好国有经济，确定重点支持、鼓励发展和需要调整与淘汰的行业和企业，拟定区别不同情况、进行分类指导的改革措施。要选择一批在市场上有竞争能力的大型骨干企业，按《公司法》进行公司制改组，实行现代企业制度。同时在"增资""改造"方面予以重点支持，逐步形成区域经济的支柱和核心；对市场竞争能力弱的国有中小企业，要加大力度、加快进度进行重组和调整。按照国家有关政策，采取合资、租赁、出售等灵活多样的组织形式和经营方式，实现国有资本的战略转移。

（三）深入进行专题调研，推动试点工作取得实质性进展

通过专题调研，对重点难点问题形成改革的政策意见是推动若干城市试点的主要方法，九部门要与试点城市配合做好政策协调工作。

比较成熟的文件，如《国务院关于在若干城市试行国有企业破产有关问题的通知（代拟稿）》，经国务院审定后即可在各试点城市试行；已形成初稿的要继续征求意见，争取尽快送审，如《关于增加国有企业自有生产经营资金的意见》《关于若干城市分离企业"办社会"职能 分流富余人员的意见》；"增资"问题、"改造"问题要继续调研，并将研究成果尽快

形成政策性文件。

（四）制定试点工作的阶段性目标

城市试点原计划两年，上半年的准备阶段已经过去，下半年要达到什么目标，是我们这次会议要重点研究落实的问题。

（1）"破产通知"在试点城市内试行，各市要选择符合法定破产条件的纺织企业和其他企业，做好破产预案（合计100户）。已报预案的40户企业争取进入法定程序，每市至少破产2~3户，大城市或已有成熟经验的城市可以再多一些。

（2）"分离分流意见"争取尽快下发，各市要制定实施办法。今年底各城市都要首先在企业内部实现生产与生活后勤服务单位的分离，内部独立核算。并选择3~5户条件成熟的企业进行分离企业"办社会"职能的试点，地方政府应根据财力状况和自身承受能力，积极接收分离出来的单位。

（3）"拨改贷"调查要在摸底的基础上，提出分类处理办法，每市确定1~2个项目试行。

（4）要完成清产核资和资产管理的建章建制工作，在此基础上对城市的国有经济进行战略分析。

（5）要提出改造与改制相结合的"双改"政策及实施方案，选择一部分企业作为"双改"试点。

城市试点工作已全面铺开。我们争取用两年的时间，向党中央和国务院、向期盼改革的城市人民交一份满意的答卷。

在亚太经济合作组织中小企业
副部长会议上的讲话[*]

（1994年10月23日）

1994年10月22～23日，第一届亚太经合组织中小企业部长会议在日本大阪召开。国家经贸委主任王忠禹率团出席会议，作者时任国家经贸委副主任，随团出席会议并在第一届亚太经合组织中小企业副部长会议上讲话。

感谢东道主——日本通产省提供的便利条件。中小企业是一个世界性的和永久性的课题，只要发展经济，中小企业问题就存在。中国政府对于研究中小企业问题及其国际性的区域合作，特别是对本次会议的主题是非常重视的，态度也是积极的。我们对APEC所倡导的议题始终采取建设性的、合作的态度，对这次会议也是如此。这里我重申一下江主席去年出席APEC领导人非正式会议提出的开展亚太经济合作应立足"相互尊重、平等互利、彼此开放、共同繁荣"，并应考虑本地区多样性突出的特点，应循序渐进开展合作，以及APEC应是灵活开放磋商机构和遵循协商一致原则的立场。

中国政府在改革开放以来特别是近年来，十分重视中小企业的发展。中国中小企业的作用主要体现在几个方面。第一，中小企业已成为我国国民经济的重要组成部分，是经济发展具有活力的新的增长点；第二，中小企业已成为中国社会主义市场经济的重要基础之一，对培育和发展市场体系起着推动作用；第三，中小企业为我国劳动力就业提供了广阔天地，对

---

[*] 本文是作者在第一届亚太经合组织中小企业副部长会议上的讲话，《中国中小企业》1995年第1期刊发此讲话。

在亚太经济合作组织中小企业副部长会议上的讲话

提高人民生活水平、保证社会稳定起着积极的促进作用；第四，中小企业已成为农村经济的主体，为推动农业现代化和农村的进步提供了物质基础。1992年在中国工业中，中小企业数量约占全国工业企业总数的99.95%，职工人数约占全国工业职工人数的84.27%，工业产值约占总工业产值的69.49%。因此，我国政府现在更加重视中小企业的发展，把中小企业视为最有活力的、促进经济增长的重要力量来看待。

正像其他发展中国家一样，我国的中小企业发展也存在一些相似的不利条件，同时也有中国的实际困难，都急需政府解决。由于我国长期实行计划经济体制，中小企业发展受到一些人为的限制。尽管改革开放十几年来中小企业有了长足的发展，特别是乡镇企业、三资企业、私营企业有了非常快的发展，但中小企业发展还不尽如人意。比如，关于中小企业的政策法律体系还不健全；中小企业金融、税收支持体系还有待建立和完善；中小企业结构单一、趋同；环境污染得不到有效治理；国有中小企业机制不活，历史包袱沉重；在一些集体经济的中小企业中还程度不同地存在产权不清、政企不分等现象；一些中小企业经营管理粗放，技术装备落后，资金匮乏，产品质量不高，经济效益较差，市场信息不灵；与一些国家的中小企业发展相比，我国中小企业的发展，还有些滞后；中小企业的国际合作还有待发展；等等。这些问题已引起我国政府的高度重视，今后要逐步创造条件加以解决。

借此机会，我想重申一下我国今后中小企业的政策，以便使APEC成员进一步了解我国政府改善中小企业环境条件的有关情况。今后一段时间内，我国力争在以下四个方面完善中小企业的发展政策。第一，继续改革开放。中小企业的发展受益于改革开放，今后其发展的根本出路也在于深化改革开放。在推进现代企业制度方面，一方面，在大中小企业划分标准上将按照市场经济的通常做法进行改革；另一方面，抓紧产权制度的改革，推动社会主义市场经济法律体系中市场主体立法框架的建立。与此同时，国家通过财政、税收、金融、外贸、投资等体制的改革，培育和发展市场体系，创造平等竞争的市场环境，注意保护中小企业，使其参与平等竞争。第二，制定一个比较清晰的中小企业发展战略。重点放在：通过调整产业结构，形成大中小企业并存、大中小企业结构合理的结构体制；大力推进中小企业技术进步。第三，完善中小企业政策法律体系。主要放在：通过建立和完善全国性中小企业宏观管理机构，来指导、协调中小企业的发展；完善和制定中小企业政策和相关法律法规，我国正在抓紧制定独资企业法、合伙企业法、股份合作企业法、乡镇企业法等；继续给予中小企业以金融和税收方面的支持。过去，我国政府在所得税税率、减免税收、贴息贷款以及发展第三产业方面曾经对城镇集体企业、乡镇企业、私营企业、三资企业给予了许多优惠政策，今后，我们将把中小企业的发展作为政策扶持的重点。第四，不断完善全社会的服务体系。发挥官方和民间两个积极性，形成系统的管理和服务体系；重视中小企业人才的培养和训练。

由于中国是发展中国家，市场经济的发展刚刚起步，中小企业的发展相对滞后，为此，希望通过 APEC，为包括中国在内的发展中经济体的中小企业健康发展提供一些实质性的合作。（1）在信息交流和人才培训的合作方面，主要是人力资源的开发、利用和培养方面，加强各成员之间的合作与交流，如技术人才培训，特别是管理人员的培训等。（2）中国中小企业数量多，发展也不平衡，资金不足是长期需要解决的问题。希望通过 APEC，在各成员之间建立起某种资金利用渠道，使包括中国在内的发展中经济体的部分中小企业能够得到更快发展。（3）对中小企业在技术方面给予一定的支持，少些限制。各成员之间加强互惠的技术交流。通过举办展览会、展销会等形式，帮助中小企业推广技术和产品，拓宽国际合作的渠道。（4）促进劳动力支援进程。通过 APEC 的努力，各成员间放宽限制，促进劳务出口。（5）市场问题是困扰企业发展的基本问题。开放市场是中国政府所期望的，同时市场的开放应该是相互的。中国中小企业目前的困难主要是一些产品，特别是轻工纺织品出口受到限制，中小企业引进国外资金的数量有限，为此，希望通过 APEC 的活动，能够使这些问题得以缓和。

中国政府建立社会主义市场经济体制的目标就是要充分调动企业自主经营的积极性，让企业在市场经济的海洋中自由发展，政府不直接干预企业经营自主权。至于在国际贸易方面，这里需要特别说明的是，贸易自由化应有一个与关贸总协定原则一致的基础，APEC 成员应相互给予稳定的

在亚太经济合作组织中小企业副部长会议上的讲话

无条件的最惠国待遇并应给予发展中经济体以差别优惠待遇。① 关于区域贸易自由化的进程,我们认为,如果能坚持无条件最惠国待遇和给予发展中经济体差别优惠待遇的多边贸易体制准则,中国可考虑带有一定灵活性的时间表。

我国政府很重视这次会议。我们很希望通过 APEC 组织,不断加强各成员之间的信息交流。适当的实质性的合作,将有助于增加我们向其他成员了解、学习的机会。对中国来讲,希望通过 10 月份的部长会议解决这样两个问题:一是把各成员间有关中小企业政策的信息交流作为一项经常性的工作,并通过 APEC 来加以组织和协调;二是加强中小企业之间的国际合作。

---

① 差别优惠待遇是指发达国家给予发展中经济体既有差别又有优惠的贸易待遇的制度。例如,在贸易的做法和规章方面给予差别优惠待遇:有一些国际条约,发展中经济体执行起来有困难,可延期 5 年执行;在进口限制上,对发达国家可能要限制,对发展中经济体就放宽一些;等等。

《转机条例》、《监管条例》
与建立现代企业制度[*]

(1994 年 11 月 2 日)

国家所有者对国有企业所能放权的程度,取决于所有者能监控的程度。继 1992 年发布《转机条例》,赋予企业走向市场的经营权之后,1994 年又制定并发布了《国有企业财产监督管理条例》(以下简称《监管条例》)。发布《转机条例》赋予企业经营自主权,受到企业普遍欢迎;贯彻《监管条例》对国有企业进行监督,有很多人产生担心。推进建立现代企业制度与两个条例是什么关系,是当时人们特别关注的问题。《监管条例》对国家行使所有者职能的形式、途径做了规定,与建立现代企业制度形成了有机衔接。

1994 年 11 月 2~4 日,国务院召开全国建立现代企业制度试点工作会议,部署建立现代企业制度试点工作。朱镕基、邹家华、吴邦国、李铁映等国务院领导同志出席会议并做重要讲话,国家经贸委主任王忠禹做工作报告,作者做了讲话。

部署《监管条例》的组织实施工作,是国务院召开的全国建立现代企业制度试点工作会议的一项重要内容。今天我就深入学习和掌握《监管条例》的精神实质、认真组织好《监管条例》的贯彻实施工作讲几点意见。

一 《监管条例》的颁布和实施是深化企业改革的重要举措

多年来,我们在企业改革中,围绕落实企业经营自主权采取了一系列

---

[*] 本文是作者在全国建立现代企业制度试点工作会上的讲话节录。

《转机条例》、《监管条例》与建立现代企业制度

措施,特别是1992年7月发布的《转机条例》,明确规定了国有企业14项经营自主权,为国有企业转换经营机制提供了法律保障。两年多来的实践证明,《转机条例》在把企业推向市场、促进企业转换经营机制、增强企业活力、提高企业经济效益方面发挥了重要作用。但是,随着改革的进一步深化,一些深层次的矛盾越来越突出。产权关系不理顺,一方面,国有企业财产所有者的责任没有落实,所有者权益难以得到保障;另一方面,企业虽有法人地位,却没有企业法人所必须具有的独立财产权,难以成为独立的法人实体和竞争主体。这种落后的国有企业财产管理体制和经营方式,是国有企业机制不活、效益不高、后劲不足、国有资产流失的重要原因。因此,在国有企业转换经营机制、走向市场的过程中,明确产权责任、加强国有企业财产监督管理,必须提到重要议事日程上来。

根据江泽民总书记和李鹏总理关于加强国有资产管理、确保国有资产保值增值、巩固和壮大国有经济的指示精神,在朱镕基副总理的主持下,由国家体改委、国家经贸委、国家国资局等单位共同起草了《监管条例》,经国务院第八次常务会议讨论通过后,于1994年7月24日以李鹏总理签署的国务院第159号令发布实施。《监管条例》是《转机条例》的进一步完善和发展。它的制定和发布,对理顺国有企业产权关系,保障国家所有权,维护企业法人财产权,转换企业经营机制,实现国有资产保值增值,巩固和发展国有经济,促进社会主义市场经济体制的建立,具有十分重要的现实意义和深远的历史意义。

第一,《监管条例》明确了国有企业的财产监管责任,这为保障国家所有权提供了法律依据。据国家国资局统计,截至1992年底,全国经营性国有资产总量达到2.2万亿元。1993年,全国7.16万户国有工业企业的固定资产净值平均余额为1.11万亿元。这是我们建国40多年来,全国人民在党的领导下共同创造财富的结晶,是公有制的基础,是社会主义的家底。1992年7月,国务院在发布《转机条例》时,鉴于当时的条件,仅对国有资产的所有权做了原则界定,规定了"企业财产属于全民所有,即国家所有,国务院代表国家行使企业财产的所有权"。今年颁布的《监管条例》与《转机条例》相衔接,在企业财产所有权方面做了三项重要规定:一是国有企业财产属于全民所有,即国家所有;二是国务院代表国家统一

行使对企业财产的所有权;三是在国务院统一领导下,国有资产实行分级行政管理。这些规定,明确、落实了国务院、部门、地方、企业各有关方面对企业国有资产的监管职责,为防止国有企业财产流失提供了组织保证。

第二,《监管条例》确定了企业享有法人财产权,为企业作为一个独立的经济实体走向市场奠定了基础,为提高企业国有资产运营效率提供了保障。国有大中型企业是国民经济的支柱。如何搞好国有企业,提高国有资产的运营效率,是近年来一直在研究探索的问题。十几年来,国家采取扩大国有企业经营自主权、改革经营方式等措施,增强了企业的活力。《监管条例》以法规的形式,确立了企业法人财产权,这就使企业一方面获得了以法人财产权为依据的各类经营权,另一方面也明确了对其支配的全部法人财产及净资产承担保值增值的责任。这将有利于使国有企业成为法人实体,进入市场独立经营,发挥优势,巩固和壮大国有经济。

第三,《监管条例》的发布和实施,为深化企业改革、建立现代企业制度创造了必要的条件。《监管条例》从理顺产权关系入手,沿着十四届三中全会《决定》指出的实现出资者所有权与企业法人财产权分离的思路,提出了"国家所有、分级管理、分工监督和企业经营"的体制框架,在明晰产权关系、实行政企职责分开方面迈出了重要的一步。全面地贯彻实施《转机条例》和《监管条例》,就会为进一步转变政府职能,实现政企职责分开,使国有企业成为独立的法人实体和市场竞争主体,为全面建立现代企业制度打好基础,创造条件。

二 全面、正确地理解和掌握《监管条例》精神实质,是贯彻实施《监管条例》的前提

贯彻实施《监管条例》,加强对国有企业财产的监督管理,是一项全新的工作,当前首先要深入学习《监管条例》,深刻领会它的精神实质。

(一)《监管条例》是对《转机条例》的进一步完善和发展

《监管条例》颁布以来,各方面都极为关注。大家普遍认为,当前国

有资产管理职责不清、流失严重的状况亟待改善，颁布实施《监管条例》是非常及时、非常必要的。但是，也有一部分同志特别是企业的同志认为，《转机条例》强调的是"放"，《监管条例》强调的是"管"，对贯彻实施《监管条例》抱有某种疑虑，担心会出现"婆婆"加"老板"，使企业经营权受到干预。

大家知道，我们国家的企业改革是从扩大企业经营自主权、调整国家和企业的分配关系入手的。十几年来改革取得了很大的成效，企业的经营自主权不断扩大，特别是《转机条例》明确赋予企业14项经营自主权，为企业走向市场创造了条件。但是《转机条例》颁布两年多来，在落实企业经营自主权的过程中碰到的主要问题就是政企职责没有分开，根本原因是只在经营管理权限的范畴内调整国家与企业的关系，而没有从财产权的意义上界定国家与企业的关系。所以，即使所有的经营自主权都放给了企业，从财产权的意义上说，国家仍直接拥有企业中一切实物形态的国有资产，如机器、设备、厂房的所有权。《监管条例》在这方面的一个突破，是明确规定企业享有法人财产权，这就从财产权的意义上界定了国家和国有企业的关系。企业的法人财产权是针对企业资产负债表中的各项资产而言的，国家作为所有者不得直接支配这些资产，不得抽取已注入企业的资本金。这就是说，企业可以独立地、稳定地以全部法人财产去自主经营。国家所有权拥有的对象不再是企业的各种资产，而是作为出资者，和其他出资者一样，按其出资份额拥有所有者权益。国家要想把某企业的所有者权益变现，只能通过转让或在市场上出售这种权益，而不能直接变卖企业的某一台机器或某一间厂房。所以，《监管条例》确立企业法人财产权，为理顺国家和企业之间的财产关系迈出了决定性的一步。《转机条例》赋予企业经营权，《监管条例》赋予企业法人财产权。完整的、不受侵犯的企业法人财产权，既是企业经营自主权的依据，也是企业走向市场、成为独立的法人实体和市场竞争主体的基础。因此，这两个条例在改革的方向上是完全一致的，都是建立社会主义市场经济的基石。

（二）监督机构的主要职责是对国有资产的保值增值状况进行监督

按照《监管条例》的规定，国有企业中企业财产的保值增值状况要由监督机构来实施监督。这个监督机构或者是国务院授权的监督机构，或者是省、自治区、直辖市人民政府确定的监督机构。

关于监督机构的职责，《监管条例》是有明确规定的。有些同志特别是企业主管部门的同志，把国家授予监督机构的监督权等同于国有资产的所有权，甚至理解为上收企业，即通过监督企业财产恢复或强化企业的行政隶属关系。为此，我们必须明确这样两点认识。

首先，贯彻《监管条例》是建立现代企业制度的一项基础工作。监督机构的职责是对国有资产的保值增值状况进行监督，防止国有资产流失。监督机构派出的监事会履行职责，主要是依靠对企业财务资料和经营活动的审查，对企业经营效益、国有资产保值增值状况的分析评价，以及对厂长（经理）任免、奖惩方面的建议权。监督机构及其派出的监事会并不行使所有者代表的职能，对企业的经营管理不享有任何决策权，不能以任何理由干预企业的生产经营。

其次，在企业财产的经营管理方面，监督机构与企业只是监督与被监督的关系。企业对监督机构的义务以《监管条例》的有关规定为限；监督机构对企业的监督主要通过派出监事会来实现，监事会行使的职权以《监管条例》及配套规章为限。因此，选择部分地方管辖的企业由国务院授权的监督机构进行监督，不能理解为上收企业，而是对企业财产的经营管理实施监督的一种形式。被授权或确定为监督机构的部门和机构要自觉地把贯彻《监管条例》作为转变观念、转变政府职能和工作方式、适应社会主义市场经济要求的一个契机，绝不要把贯彻《监管条例》当作恢复或重建行政隶属关系，否则就与改革的方向背道而驰了。

（三）根据需要向企业派出监事会是对国有资产进行监督的重要形式

十四届三中全会《决定》指出："有关部门对其分工监管的企业国有资产要负起监督职责，根据需要可派出监事会，对企业的国有资产保值增值实行监督。"根据这个精神，《监管条例》明确了"监事会是监督机构根据需要派出的对企业财产保值增值状况实施监督的组织"。有些同志对依照《监管条例》派出的外部监事会与按《公司法》规定设立的内部监事会之间的关系不大理解。

《转机条例》、《监管条例》与建立现代企业制度

在这里首先要说明的是,在建立社会主义市场经济体制的过程中,国家作为所有者,有权力也必须找到一种形式,对企业的国有资产进行有效的监督。这种监督并不妨碍企业行使经营权,但是国家作为所有者,通过监督,对国有企业资产保全和所有者权益保障方面的问题,对某些企业的非正常行为、短期行为要及时发现,及时纠正。这些做法在发达的市场经济国家中已有不少先例。我们是社会主义国家,为了发展和壮大国有经济,在新旧体制交替过程中,在多种所有制并存、交叉投资幅度越来越大的情况下,国家对国有资产的监督是必不可少的。任何主张部门所有、地方所有、企业所有,或摆脱监督的倾向都是错误的。

我们认为,《监管条例》规定的监事会和《公司法》中规定的监事会,既有区别又有联系。《监管条例》中的监事会和《公司法》中的监事会最突出的区别在于,前者是企业外部的监督组织,既适用于工厂制的国有企业,也适用于国有独资公司;后者则是企业内部的监督机构,适用于一般公司制(非国有独资公司)企业。前者由政府监督机构派出并对之负责;后者则由公司股东代表和职工代表组成,对股东(大)会负责。当然,对于国有企业或国有独资公司要改建为一般公司制的企业来说,还有一个两种监事会如何衔接、过渡的问题。在这里要明确的是,凡改建为一般公司制的企业或要按《公司法》进行规范,监事会都应按《公司法》规定设立,而不再保留《监管条例》规定的监事会。

《监管条例》以直接或间接监管的方式覆盖各类企业的国有资产。对国有企业或国有独资公司,监督机构可根据需要派出监事会。依据《公司法》设立的拥有国有资产的公司,包括国家控股和参股的公司,在改建中都要明确国有资产的投资主体。按照提交会议讨论的百户企业试点方案,国有投资主体可以是国家投资公司、国家控股公司、国有资产经营公司和具备条件的企业集团公司等国家授权的机构。不论哪种机构,都必须是国有独资公司。按照《公司法》规定:"国家授权投资的机构或者国家授权的部门依照法律、行政法规的规定,对国有独资公司的国有资产实施监督管理。"我们认为,依照《监管条例》,通过对这样的独资公司派出监事会,对其国有资产进行直接监督,并通过它对其控股和参股的公司中的国有资产进行间接监督,就形成了一个覆盖全部国有资产的监督体系,这个

监督体系应是新的国有资产管理体制的一个重要组成部分。所以，我们说贯彻实施《监管条例》是建立现代企业制度的一项基础性工作。

（四）企业要普遍推行资产经营责任制，建立起以国有资产保值增值为目标的激励和约束机制

《监管条例》规定："企业应当建立资产经营责任制，对企业全部法人财产及其净资产承担保值增值的责任。"这是新形势下在企业内部建立激励和约束机制的一种新的探索。不少省市都在制定实行资产经营责任制的具体办法。但不少同志提出：这种资产经营责任制是不是一种新形式的承包制？与承包制的区别和联系何在？这些也是必须解决的问题。

承包经营责任制在我国企业改革和经济发展中的历史作用有目共睹，功不可没，必须加以充分肯定。但是承包经营责任制没有解决企业中的国有资产无人负责、企业事实上负盈不负亏等问题。在建立社会主义市场经济体制的改革目标模式确立之后，特别是财税等宏观经济改革措施顺利出台的新形势下，用统一税制代替承包制已势在必行。要从根本上解决上述问题，必须按十四届三中全会《决定》的精神，转换企业经营机制，建立现代企业制度。当前，在逐步建立现代企业制度的同时，为了确保国有资产的保值增值，防止国有资产流失，形成对企业厂长（经理）的激励机制和约束机制，必须寻找一种新的责任制形式，制定相应的法规，保障国有资产所有者的权益。

资产经营责任制是企业在转换经营机制、建立现代企业制度的过程中，通过监督机构或企业主管部门与企业法定代表人签订责任书的形式，落实企业法定代表人对企业净资产承担保值增值责任的一种资产管理方式。资产经营责任制与承包经营责任制的主要区别在于，承包经营责任制是企业与行使社会经济管理职能的政府签订合同书，而资产经营责任制是企业与所有者即国家授权机构签订的经营责任书；承包经营责任制是以上缴利税的优惠程度为主要内容，而在资产经营责任制中，企业的责任是照章纳税后保证国有资产的保值增值。实行资产经营责任制有利于企业经营自主权的落实,并有利于企业向独立法人实体和市场竞争主体转变,从而为建立现代企业制度创造有利条件。《监管条例》发布以后,我们组织力量,研究起草了《国有企业资产经营责任制暂行办法》的一个初稿,还很不成熟,希望大家提出修改意见。

在全国经贸委系统培训中心主任
工作会议上的讲话*

（1994年11月10日）

面对国家经济体制的转型，企业要由原来的主要是组织生产、完成计划、对国家计划负责转变为要有独立的决策能力，要有筹资能力，要有市场开拓能力，要有人事管理能力，要有自我约束能力，还要有公关的能力。此时知识更新、人的培训特别重要。社会主义市场经济体制的建立从某种意义上取决于一大批新型管理人才和职业化的企业家队伍。面对这一快速改革发展的形势，国家经贸委成立时，就设立了培训司，并在一些地方设立了培训中心，专门从事此项工作。

我们的会开了三天，大家讨论了"九五"培训工作规划的基本思路和培训中心的暂行管理办法，交流了经验，特别是对在"九五"期间如何搞好企业干部培训工作，发表了很多很好的意见，听了以后很受启发。下面我讲几个问题，希望能引起大家的思考和讨论。

一 社会主义市场经济体制的建立需要新型
管理人才和企业家队伍

计划经济体制和市场经济体制在经济运行上是完全不同的两种模式。对比一下我们可以看得很清楚。在计划经济体制下，经济活动是集中决策，社会资源的分配是通过计划，各经济机构的工作是按照一本计划统一行动，

---

* 1994年11月8日至10日，国家经贸委召开"全国经贸委系统培训中心主任工作会议"。本文是作者1994年11月10日在会议结束时的讲话节录。

在全国经贸委系统培训中心主任工作会议上的讲话

经济运行的后果是国家统一承担。在这种情况下,国家是经济运行唯一的主体。而在社会主义市场经济体制下,经济决策是由一个个经济主体自主、分散决策,社会资源的分配主要通过市场,各个市场主体的活动是按照市场规律、规则自主经营,经营的后果由各个经营主体自主承担。因此,在市场经济体制下,千万个企业是各自独立的经济运行主体。

在新体制下,社会条件变了,政策环境变了,企业追求的目标变了,管理手段变了,运作方式变了,对各个经济主体的评价指标体系变了,责任制度也变了。这些重大改变,对政府管理人员、企业经营人员素质提出了更高的要求。也就是说,随着改革的深化,要求人们的思想观念、思维方式要转变,需要的人才结构、知识结构要变化。企业要由原来的主要是组织生产,完成计划,对国家计划负责,转变为要有独立的决策能力,要有筹资能力,要有市场开拓能力,要有人事管理能力,要有自我约束能力,还要有公关的能力。因此,在新旧体制转变期间,对人的培训显得特别重要。社会主义市场经济体制的建立从某种意义上说取决于一大批新型管理人才和职业化的企业家队伍。我们正步入国际经济循环轨道,需要有一大批善决策、懂经营、会管理的人才。目前,企业状况的改善,也有赖于经营管理者水平的提高,这是不言而喻的。现在很多企业状况不佳,但是有的时候换了一个厂长、经理,整个企业状况就变了,比如黄关从,他在上海二纺机时克服许多困难,抓住机遇,把企业搞上去了。以后,他主动退出,又到中纺机,经过一年多的时间,中纺机情况又变了。企业还是那个企业,人还是那些人,但是由于换了一个经营者,整个企业面貌就改变了。由此看出,企业经营状况的改善,重要的一条是有赖于经营者管理水平的提高。

随着改革开放的深化,我们越来越清楚地看到:技术落后,我们可以引进;设备不好,我们可以进口;资金不足,我们也可以利用外资。但是主要管理人才只能靠自己,不可能请一批外国人到我们政府做公务员,也不可能找一大批外国人做国有企业的厂长、经理。因此,从某种意义上说,在建立社会主义市场经济体制所需要的各类资源中,人才是最为短缺的。为什么广东有的地方急不可待地花重金拉走一个人、两个人,因为这一个、两个人到那里,就可以迅速改变整个企业的面貌。实际上没有一批具有国际水平的经营者,就绝对不可能创造具有国际水平的好企业。如果说延安抗大培育了一批又一批的人才,为抗日战争和解放战争准备了人才、创造了前提条件的话,同样,我们现在的这些培训基地——培训中心、培训院校的任务就是通过自己的努力,为社会主义市场经济体制、为现代企业制度培养一批又一批合格的管理者和企业家,为社会主义市场经济体制的最后确立准备新型人才。

二 转机建制的一项重要任务,就是要通过培训造就一大批适应市场经济的管理者

随着市场经济体制的不断发育,市场竞争会越来越充分。现在很多厂长、经理在市场竞争中切身感受到,市场竞争实际上可以划分为三个层次。第一个层次,表现为商品和服务的竞争,在市场上谁的商品质优价廉,它的占有率就高,谁的商品质次价高,它就站不住脚,服务也是一样。但是在提供质优价廉产品和服务的背后是企业之间技术和管理的竞争,因为只有先进的技术和管理才能支撑有竞争力的产品和服务,这是企业之间第二个层次的竞争。在技术和管理的背后是企业经营者、管理者水平和职工队伍素质的竞争,这是企业之间第三个层次的竞争。可以看出,企业之间深层次竞争的一个重要方面是人才的竞争,是人的素质的竞争。所以,要提高企业的竞争力,除了其他因素以外,根本性的方式就是通过培训和实践不断提高企业管理者和企业职工队伍的素质。国内的一些企业,当它们认识到这一点之后,正在花更多的力量,包括舍得出钱、舍得安排时间进行培训。西方国家的企业用在职工再教育和培训上的经费每年都有很大幅度的增加,它们越来越相信在继续教育上的投入,从某种意义上讲比硬件投入产出的效益更高。对于中国来说,劳动力价格便宜,但是劳动力价格便宜的优势几乎被劳动者素质过低给吃掉了,或者说劳动者素质低使得劳动力价格低廉的优势发挥不出来。

因此,企业要转机建制,走向市场,就要对计划经济体制下形成的人才结构、知识结构做很大的调整并逐步提高人才的知识水平。现在国有大中型企业厂长、经理,大专以上毕业水平的约占77.2%,但他们绝大多数

在全国经贸委系统培训中心主任工作会议上的讲话

是学技术的,真正是双学位、有技术知识又真正学会和懂得管理的,恐怕很少。在计划经济体制下,企业之间无所谓竞争,严格地讲,也无所谓经营,因而,需要和培养的就是生产型的管理者和技术型的干部。而进入市场经济,人才结构、知识结构都不适应,这就要靠培训,通过培训造就一大批能适应市场经济的经营者和管理者。

另外,30多年的计划经济,在国有企业经理人员中,留下了很深的烙印,就是说他们有着几乎被固化了的陈旧观念。这种观念对于各个企业来说影响非常之深,直到现在这个问题还没有完全解决。我在国有企业干了20多年,深有感受。在计划经济体制下,企业都各自形成了一套抓管理、搞经营,在企业与政府、企业与银行、企业与用户之间待人处事的旧观念,这种观念牢牢地统治着企业的领导、中层经理一直到职工。它对企业影响很深,可以把它叫作"企业哲学",也就是说这种传统观念,已经上升到理念,变成一种习惯,形成了一套思维模式。这种"企业哲学"中重要的一点,就是视现状为必然,把现状看作天经地义的,可以多年不变。在计划经济体制下,只要能维持现状,就能够完成国家交给的任务,完成国家交给的任务就是好样的。虽然在企业内设置了很多部门,如技术部门、管理部门、质量部门等,但是,仔细想一下,这么众多的部门有一个共同的职能,就是维持企业的现状,企业哪一点偏离了现状,各个部门就开始发挥作用,加以纠正,一直到回到现状为止。所以各个职能部门工作得越好,现状就越加巩固。这样一套思想在进入市场经济中怎么能参与竞争,怎么能应变,怎么能取胜?那么我们企业应该形成什么样的新的观念?相对于"视现状为必然",我想我们就是要形成"改变现状,视今天为落后"的企业哲学,就是说企业在市场竞争中不断寻求机会,达到一个目标,就要追求另一个新的目标。企业在市场竞争中不断进取,唯一不变的就是企业的信念——追求"变"。对于传统的国有企业而言,造就一大批能适应市场经济的管理人才,是未来成功的关键。虽然我们有千千万万个企业管理者,在长期实践中,他们积累了相当丰富的经验,但是,同时也要承认,在进入市场经济的过程中,他们需要更新知识,需要重新受教育,需要转变观念,才能成为市场经济条件下的新型管理者。

三　经济干部培训系统为推动改革、培训人才做了大量工作，功不可没

我国经济干部大规模培训是从 1979 年以后开始的，大体上经历了三个阶段。在此期间，各个院校和培训中心克服了许多困难，做了大量工作，完成了大量培训任务，建立了一套比较完整的培训体系，聚集了一批事业心很强的主任、院长和教师，也积累了一定的在职继续教育的经验，对推动形成一套新型的、终身的、全员的继续教育体系开创了新的局面。可以说，过去 15 年为以后的继续教育开了一个好头，打下了重要的基础。我们在座的各个院校，包括整个系统的同志们付出了艰巨的劳动，为深化改革和经济发展做出了巨大贡献。现在，我国已初步形成了和基础教育、职业教育、高等教育并列的一套成人继续教育体系。随着经济的发展，随着技术更新周期的缩短，随着市场竞争越来越激烈，终身继续教育的作用和地位就会越来越显示它的重要性。因此，我们可以这样说，经过 15 年所开创的这一事业，将会子子孙孙传下去，是不会中断的。有的同志说，我们在经济干部培训中有几个春天，今年搞了大规模的培训，又来了一个春天。我看随着社会主义市场经济的不断完善，成人继续教育将永远是春天。谁忽视了这一点，谁就要落后，落后就要挨打，就要受到历史的惩罚。

四　关于"九五"期间培训工作的目标和主要任务

从现在到 2000 年，还有六年多一点的时间，这是建立社会主义市场经济体制，形成新的企业制度，并使中国经济和国际接轨的一个非常关键的时期。经济干部培训工作的重要责任就是要为改革的成功、为经济的发展和与国际经济的顺利接轨准备人才条件。

人才培养的长周期决定我们面对 2000 年的人才需求，必须要有超前考虑，工作必须往前赶。经验证明，在经济和社会变动最大的时期，恰恰是对人才培训需要特别加强的时候。延安抗大在历史大变革的时候就发挥了巨大作用。我们今天经济干部院校的培训，也是为中国经济体制改革和中

在全国经贸委系统培训中心主任工作会议上的讲话

国经济与国际经济接轨创造人才条件。不断地提高现职管理者的政治业务素质,就是提高掌握经济管理大权、掌握企业管理大权的那些人的素质,以适应政府职能转变、企业机制转换的需要。到 2000 年前,在企业主事的大多是"文革"以前毕业的人。这批人现在 50 岁上下,我们要对这批人的知识基础、经历和现状做历史的分析,随着经济体制改革的深化,企业要建立董事会,需要一批会代表所有者管好企业的董事长,企业要独立进入市场,需要一批能驰骋于国内外市场的经理阶层,还需要一批监事会监事、监理人才等。因此,我们第一要分析人才的现状,还要分析未来几年经济发展的需要,明确现职主要管理者需要补充哪些知识,应达到怎样的水准,使他们能够满足未来的需求。第二就是要准备跨世纪一代的经营人才。这是指现在 35 岁到 45 岁这个年龄段的人。"文革"期间,他们正在上学读书。我们要研究这一代人的历史背景、知识结构。同时,也要预测到 2000 年前后经济体制改革的形势、中国经济与国际经济对接的深度,有针对性地加以培训。第三就是要培养一大批专业管理人员,现在看来十分迫切的是专业财务人员,包括注册会计师。另外,还包括质量管理人员、营销人员,懂得企业金融、证券业务的人等。第四要进行量大、面广的功能性培训,就是要使更多的管理者掌握现代化管理手段和经营手段。第五就是要面对中小企业的经营管理人才,扩大培训面。在体制转换过程中,困难最多、影响最大的是国有企业,特别是国有大中型企业。因此,在一段时间内我们把更多注意力集中在国有大中型企业上是完全必要的。但是中小企业在创造市场活力方面有不可替代的作用,而它们的管理者缺乏管理知识,帮助他们提高水平,对于整个经济的发展和经济管理水平的提高,都是至关重要的。这一点我们应该认真研究,要引起重视。

总之,现在我们考虑,到 2000 年前后,要组织哪些培训,一方面使我们的管理者能不断适应经济发展和改革的需要,另一方面为下一个世纪培育一批高水平的管理者,为形成一批能进入国际市场的大型企业创造条件。

五 关于经营管理者的资格认证培训问题

在"九五"期间,我们在培育企业家队伍方面的工作,必须跨出重要的步伐,为迎接社会主义市场经济体制的初步形成,迎接现代企业制度的建立,为迎接"入关"及中国经济与国际经济的对接,做好人才准备。这是一个十分繁重的任务。形成中国企业家队伍,即职业的经营管理者阶层,是一个十分严肃的历史性任务。形不成适应市场经济的企业家队伍,企业经营机制转换难以最终到位,真正富有活力、机制灵活的国有企业难以形成。随着改革的深化,我们正面临着人事制度的重大变革。要由过去的组织任命,行政定级别,论资排辈,实行终身制,逐步转变到形成人才市场,广泛地实行聘任制。如果说,过去政府管理企业干部显得很仁慈,你经营不好,没有功劳,还有苦劳,当不了厂长、经理就给个什么待遇,或换个地方,还是做"官";那么将来,任何一个企业也不会再这样做了。要做到这一点,必须有一支职业的企业家队伍、职业的经营管理者阶层,形成人才市场,使董事会能及时从人才市场招聘、选用德才兼备的经理人员,取代那些相形见绌的管理者。现在每个企业经营者都必须从本企业自身产生,这恐怕不能持久。在矮子里面挑高个的做法,难以造就具有强大竞争力的企业。

企业制度在变化,用人制度在变化,对人才素质的需求也在变。人才市场不能形成,现代企业制度也很难最终确立。所有者或企业通过人才市场选人、用人时如何了解被选人的水平,评价标准怎么定,参考性的是什么,刚性的又是什么?在这次会上有的同志提出要强化任职资格,对经理人员的聘用要有培训经历的刚性规定。这也是一种进步。但是从长远来看,把培训经历作为刚性任职资格,难以完全行得通。在用人方面,往往千军易得,一将难求,选定一名厂长、经理要考虑各方面因素,不可能因其没参加某一培训过程就改换决定。据统计,到现在为止,企业中厂长、经理大专以上毕业水平的只有77.2%,其中有的是正规本科,也有相当一部分是各种类型的大专。剩下的22.8%,是大专学历以下,是不是那些企业中,就没有一个大学生,我看不一定,可能有大学生,而且可能有正牌的,甚至名牌大学毕业生,但是为什么就不选他们做厂长、经理?有的人有知识,不一定有能力,知识变成能力还需要一次飞跃。现在确实也有这样一些人,特别是在乡镇企业、中小企业中,他们没有那么多的知识阅历,但是他们在市场当中,确实能赚钱,能抓住市场机遇,这样的企业家有的是。

在全国经贸委系统培训中心主任工作会议上的讲话

所以,用人问题是一个很复杂的问题,很难用一些简单的培训经历把它框住。但是,随着市场竞争和经营管理工作越来越复杂,将来管理人员特别是大中型企业的管理人员的知识文化层次会越来越高,这是毫无疑问的。随着市场竞争的规范化,市场经济初期那些意外发财的机会越来越少,以高超的经营艺术、科学的决策和管理水平在市场上取胜的比例会不断提高。因此,企业需求的人才层次会越来越高。为此,我们要用规范的资格证书培训来满足社会的不同要求。

在2000年之前,企业现职这一代厂长(经理),我们能不能以达到工商硕士预备班的水平进行培训?培训通过后要给一个正式学历,这学历叫什么名字将来我们可以再研究。也就是说,我们要把培养工商硕士的教材加以浓缩,制定一些必读教程,可以搞学分制,通过自学加辅导,每年全国统考,使更多的现职人员来参加学习。工商管理硕士的培养是从美国开始的,后来经过世界各国实践,证明这是在市场经济中培养高层管理者比较实用的办法。中国的市场经济要和国际对接,这个办法是可以借鉴,可以结合国情采用的。我们可以把工商管理硕士课程的基本框架保留,加以浓缩,有一些部分,对现职人员可以放松要求,比如外语,暂时达不到,不一定要求。但是属于国际上高级经营者所必须掌握的市场营销、财务管理、金融知识等,通过浓缩的教程,经过培训,使其基本掌握。这样无论在中国还是参与国际竞争,这些基本知识都会发生作用。由于没有完全达到工商硕士水平,所以不能给他工商管理硕士头衔,只能给一个"准工商管理硕士"之类的学位名称。这个学位是全国通用的,就跟大学毕业证书一样,用人单位在考虑工作安排时,作为一个重要参考。

在小组讨论的时候,有的同志讲到,三资企业在聘用经理人员的时候,并不过分重视你是一个化学工程师或者其他什么,但很重视有没有经过专门的管理学的培训。包括我们厂长、经理的四个半月的培训,都有用。如果有全国公认的一套办法,而且给一个学位,这对于全面提高现有这一代人的水平会起到重要作用。要搞统一的必读教程,可以集中学习,也可以自学,念完一门就考试、计分。时间多或能力强的,一年可通过几门;基础差或时间少的可学习时间长一些。这就为大家提供了一个实用有效、现实可行的学习机会,而且可以一边学,一边用。对现职人员培训设立一个标准，一个目标，就会激励大家在实践基础上通过学习提高水平。怎么做，大家可以讨论。我想通过一年的准备，打通各方面的关系，从1996年开始全国试行，也许是可能的。

另外，跨世纪的一代经营管理者，现在三十几岁，还年青，有相当一批应该达到工商管理硕士水平。国家已经决定要培养一批达到国际水平的注册会计师，还应有一批扎根于企业的工商管理硕士。两者是相对应的，前者是社会性的财会管理人员，也是财务监督人员；另外，在企业中有一批高水平的真正懂得和适应市场经济的经营管理者，我们整个经济素质就会有较大的提高。工商管理硕士是应用型人才，主要应该由有实践经验的管理者通过培训而产生。这又是比较正规的培训，要真正达到国际工商管理硕士的水平。假如到2000年后，我们大型企业的董事长、经理人员中有一批人达到这种水平，就会带动整个企业管理人员水平的提高。从现在35岁到45岁的人中培养这样一批人，不是没有可能的。我们和欧共体曾联合培养过工商管理硕士，欧共体方面发毕业证书，现转移到上海，还在做这件事。大连培训中心与美国合作也做过这种试验，培养出来的（人才）很受欢迎，表现也出色。在开始办学时，可以和国外的学校联合办，把它们的教材、教学方法引进来，把工商管理硕士的要求引进来，然后我们自己办。所谓跨世纪的高级经营管理人才，能不能按这个要求去努力……

还有专业管理资格证书，这个资格证书叫什么名字大家还可以再研究，我想最终应该是比较规范的，全国统一承认的。注册会计师已经明确，全国统考，大家都认账。另外，一些重要的专业管理，如财务管理、市场营销、质量管理、物资管理、安全管理等，能不能也统一教材，全国统考，全国认账。这样有利于对人的资历认证，有利于求职、用人，这是形成人才市场的一个重要条件。如果在天津考了，到上海就不认账了，那就会影响学习者的积极性，也不利于用人之长。

关于资格认证的培训问题，希望大家能再研究一下，我提出这些意见，没有把握。为了提高经营管理者的水平，针对目前在岗企业主要领导者多为学工程技术的、缺乏市场经济知识的现实，除了大学本科、专科毕业资格以外，还要鼓励并创造条件，开辟渠道，在职进修第二学位。作为跨世纪的一代，这是很需要的。这一考虑是针对我们现职人员结构，针对现职企业管理人员知识结构提出来的,请大家研究。

六 关于所属培训中心培训对象的范围

经济管理干部,即公务员的培训,很明确,主要由经贸委系统负责。对企业管理者的培训范围,是以国有大中型企业为主,逐步扩大到各类企业。我们各个培训中心的培训,不是行政管理,是提供一种服务。国有大中型企业在转轨过程中,碰到的问题最多,影响也最大,因此,把培训的重点放到国有大中型企业,这是毫无疑问的。国有大中型企业就户数而言只占少数,比如,在工业企业中,只占3.9%,但这是关键的少数,影响很大。凡是有任务、有需要,我们要义不容辞地搞好服务。但是我们的培训工作又不能只局限在这3.9%。如果我们把自己的服务范围仅局限于这3.9%,培训事业就难以发展。现在有的培训中心已经开始在为三资企业的中方经营人员提供培训。从上午的介绍来看,有的三资企业对这一点很重视,对我们也寄予希望,我们应该通过为它们培训,提高我们自己的水平。

一个很重要的问题,就是如何面对中小企业,为中小企业各层管理人员的知识更新、提高管理水平提供服务。这包括小型国有企业、城镇集体企业、乡镇企业,甚至将来可以扩展到一些个体工商户。各个培训中心面临的任务有所差别,可根据自己的实际情况有所调整。如果为大型企业服务还搞不过来,那么开展对中小企业的服务就可以暂时放一放,保重点。有一些地方,比如江浙等地区乡镇企业、集体企业所占比重很大,又非常活跃,它们的经营管理人员在市场竞争中,确实感到经营知识缺乏,完全靠自己的灵感,已经不行了,需要接受管理和技术知识的训练,我们院校就可以为他们提供服务。也有一些个体工商户在市场经济中东冲西撞,开始那几拳几脚还搞得不错,赚了一笔钱,再往下,越搞心里面越恐慌,主要是因为缺乏知识,心里面没底,不知道该怎么做,那我们就要为他们提供有针对性的培训服务。中小企业,基本上是在市场机制环境下运行的,随着市场竞争越来越激烈,它们对经营知识的需求就越旺盛,对各种经济信息也感到特别珍贵。我们培训中心要为它们提供信息,提供咨询,进行经营管理诊断。在中国,国有大中型企业关系国家经济的命脉,而它们的活力又显得不足,这是当前中国经济的主要矛盾。从总体上看,体现一个地区和国家经济实力的主要在大型企业,但是真正创造市场活力的,恰恰是中小企业。所以,像东北、内地有些地方经济不是很活跃,除了其他的原因以外,中小企业不够活跃、不够发达,是其中重要的原因之一。在市场经济中对市场反应能力最强的就是中小企业。大型企业要能够增强对市场的应变能力,也需要依靠中小企业的灵活配合。对这些最有活力的经济生长点——中小企业,如果我们不加以关注,从长远来看,要犯历史性的错误。西方发达国家,他们对大企业防止的是垄断,政府机构出力扶植的恰恰是中小企业。因此,从培训的角度看,在以大中型企业培训为主的情况下,要逐步开拓对中小企业的服务,这是非常广阔的领域。我到日本专门看过一个培训中心,它为中小企业服务往往是免费的,政府出钱资助,中心为中小企业提供咨询,提供市场信息。比如,有个中小企业有一笔钱想投资,但不知道搞什么好,拿不准主意,又没有人可商量。企业主到培训中心来,说我有多少钱,打算投到什么行业,中心就为他出主意,研究方案,还替他保密。又如他虽然是个小老板,但其财务要交给别人他又不放心,中心就教他如何控制财务,对他进行培训。我们如果能把这个局面打开,继续教育的春天就来了,生源就没有问题了。全国乡镇企业就有2000多万户,如果每个企业有一个人来参加培训,那么你的任务就永远完不成。当然,对他们的培训,要针对他们的特点。这是关于培训的对象问题,我提这么一些意见。

七 关于培训的方式

在职人员的培训要符合成年人的特点,要符合在职的特点,要采取多层次、多样化的培训方式。多层次,就是应该有高层次的,比如 MBA,这是比较正规的培训,还可以有 MBA 预备班,可以有专业管理资格证书培训班,还有大量短期的、应时的、实用的培训,或者叫适应性培训、功能性培训、知识更新性培训。每一个层次都应该有标准、有制度,学院、师资要具备一定的条件,要有教材,有教学大纲。层次多,可供学员选择。培训方式也是多样的,但每一种方式又是相对规范的,不是杂乱无章的,不能把多样性当作随意性，没有管理。这样培训才能适应成年人的特点，适应在职的特点，我们的成人继续教育和培训才能长期地搞下去，才能与基础教育、高等教育、职业教育并驾齐驱，构成教育制度的几大支柱。

关于在培训方面，企业、培训院校和政府三者之间合理分工问题。企业管理人员培训的基础在企业，我们要逐步走上全员的、终身的培训道路，对各类人员进行岗位技术、技能培训，对各类管理人员进行管理知识培训，这类培训量大面广，只能由企业自己去干。一般来说，培训中心应该做那些企业需要而它自己又难以做到的事。比如，对财务人员的培训，一个企业就几个人，自己专门培训，不能形成规模，聘不起教师，达不到一定的水平，显然应该由培训中心去做。厂长、经理每个厂只几个人，怎么培训？只能由培训中心进行。这恰恰是我们培训中心的优势。

以上是两个层次的培训。属于基础的、大量的、面上的，是企业自己的事，院校用不着抢，也代替不了。岗位培训都是很实际的，都要结合行业和企业以及岗位特点，这是企业培训的优势。培训中心应该做企业做不了的事，例如，那些带有提高性的，高层人员、某些特殊专业人员的培训，或者在某些专业上带有示范性的培训。培训中心和企业可以搞合作培训，比如某些重要课程，中心来给企业讲，或帮企业组织，联系厂里实际的课由企业的人员自己讲。再如，一个新建企业，没有任何基础，也可以成建制地将人员送到中心进行培训。

政府部门则着重政策指导，创造条件，提供培训内容方面的建议。将来要进一步通过立法程序，逐步把职工的继续教育培训纳入法制管理。职工每年的休假，政府做了规定，那么每年必须培训的时间为什么不可以做个规定。也有些属于非强制的引导性的培训。有些资格性培训，比如工商硕士预备班，真正地开展起来，我相信很多人都会有积极性，但这属于引导性的。另外，也有些属于规定性的，比如安全培训。但将来通过政府发文，安排计划，通知那些人必须到某些院校去培训，这种情况会越来越少，而引导性的东西，将来会越来越多。因为培训这类工作是企业的自主权。它自己感到需要，你培训又办得好，它就会到你这儿来，捏着鼻子来培训，效果是不会好的。在这方面，政府在政策上应该加以引导加以指导，创造必要的条件。

八 关于培训中心建设问题

关于计划和服务的问题。随着改革的深化、经济的发展，每个培训中心都要在市场经济大环境中找到自己的位置，行政计划安排的培训会逐渐减少。但是，与此同时，随着市场竞争的需要，企业自主要求培训会越来越多，大家应该看到这种大形势。各培训院校要研究社会的需求，要研究企业的需求。现在有些培训中心由于计划安排的培训任务不足而感到压力很大，日子很难过。我们要正视现实，迎接挑战。就是要冷静地研究培训工作怎么更好地为经济服务，为社会服务，为企业服务，服务得力、有效，院校就会发展，相反就会被社会淘汰。在新旧体制过渡期间，我们经贸委会努力给大家以帮助。会上很多同志都讲到培训已经开始出现了市场，而且竞争也很激烈。在激烈的竞争中，我们这些培训院校和培训中心应该是主力军、正规军。正规军怎么能够打胜仗，关键在于更多地掌握信息，更多地了解社会的需要，千方百计地创造适销对路的服务，以吸引更多的企业到我们这里来接受培训。对于多头办班问题，国务院办公厅发了一个文，目的是制止在培训方面的不正之风，制止乱办班。在目前情况下，有人发个通知说是要提供培训，你不让他发，从法律上讲很难说。但企业干部正规的培训体系是经贸委系统的，只要我们培训质量高，企业会做出恰当的选择。

培训中心要发挥优势，坚持以继续教育为主。我们各个培训中心和院校的特色和长处是成人继续教育。由于历史原因，成人学历教育在一段时期内比较集中，过了这个时期，会逐渐减少。而全员的、终身的继续教育会持续地、不断地发展，不会萎缩。培训院校不要简单地追求社会院校的正规化学历教育，跟在别人后头追，追它十年，最多是个凤尾，因为你根本没有这个优势。我们培训的优势就是面向在职人员、面向成人。如果搞得好，在继续教育方面，别人是比不过我们的。成人继续教育从长时期来看，是发展的，不是萎缩的，这个方向必须要坚持。因为它对提高整体经济管理水平、提高全体员工素质，将越来越重要。如果把我们的教学方向转移了，那损失就太大了，这不光是我们院校自己的问题。对社会普通大

在全国经贸委系统培训中心主任工作会议上的讲话

学,我们不要妄自菲薄,你搞你的高等教育,我搞我的继续教育和培训,办出我们自己的特色来。现在这个特色已经逐渐在形成,如果经过"九五"期间,我们能把前面讲的那三种资格证书继续教育发展起来,我们培训中心水平将会提高一大步。

关于教学和研究的问题。对于培训院校和中心来说,教学水平提高的一个重要的途径在于不断地联系实际开展研究工作。维持现状是维持不住的,因为社会是动态的,成人教育与一个课本可以用几年的基础性教育是不一样的。我们的特色和长处恰恰是密切联系实际。因此,我们要采取多种形式,积极参与社会调查,研究经济生活中的新问题,使学校置身于社会经济大环境之中,跟企业保持密切的联系,这样才能深入了解企业的需求,使我们的教学水平不断有所提高,不断推出社会需要的新的教学内容。我们教学人员要了解企业的动态情况,了解掌握宏观经济形势的变化,使培训更有针对性、现实性。要做到这一点,其中一个办法就是我们在给厂长经理培训的时候,一方面给他们讲课,另一方面我们又可以从他们那里得到更多新的信息,这是很重要的渠道。院校和中心要不断地进行调查研究,把调查研究的成果用于教学,提高培训工作的生命力。

关于规模和质量问题。在近期之内,至少在"九五"期间,我想培训中心的工作重点不在于扩大规模,不在于扩建新点,重要的是在现有基础上提高水平,办出特色。现在大家一方面要有危机感,但同时也应该看到我们这支正规军有我们的优势。如果我们办班的教学效果、水平还不如别人的话,那我们自己应该做检讨,要改进工作,应该集中精力把教学水平搞上去。"九五"期间,培训中心的质量水平要达到一个新的高度,比如一般的院校、中心力争达到培训 MBA 预备班的水平。有一部分院校或中心,通过和国外合作办班等方式能培训 MBA。到底能达到什么水平,大家可以再研究。总而言之,我们在"九五"期间的工作重点不在于扩大规模,在于上水平。我们要定一个目标,使培训质量上一个台阶,培养出一批社会能够公认的、有水平的培训中心。

关于系统教育和短期培训的问题。会上大家讲了不少"无长不稳、无短不活"的经验,但是不管怎么说,各培训院校短期培训仍是必不可少的。作为任务也好,作为办学方针也好,大家都要认真对待,不能认为短期培训就能凑凑合合，低质量培训，那不行。短期培训也要有质量，浓缩的MBA这种培训应该质量更高才对。厂长、经理们工作那么紧张，能放下工作到中心来，我们必须十分珍视，我们要在短期之内让他们学到更多的东西，让他们确实感到很新鲜、很充实，很有收获，下次他们还愿意来。要研究将短期培训逐步制度化，比如每个厂长经理每年需要接受40小时或100小时的培训。现在，在党校系统对党员干部的培训制度就贯彻得比较严格。适应改革和经济形势的发展，短期培训必不可少，它是培训院校一项长期的正规性工作。虽然是短期的，但是它是正规的。短期培训的内容要认真研究，关键要针对企业的需要。比如，针对企业财务管理中的问题对财务人员进行短期培训，去年虽然也进行过贯彻财会《两则》的培训，但那是属于应时性的，要真正改善企业财务管理那个培训远远不够。总之，我们要做调查，根据企业的需要，对短期培训的内容、做法做深入的研究。

九 关于1995年培训工作的重点

1995年要通过进一步的调查研究，制定好"九五"培训规划，这是第一项工作。制定规划的重要意义在于要理清我们的思路。前几个阶段企业干部培训目标清楚，任务也很明确，基本满足了改革与发展的需要。"九五"我们也应该根据形势的发展有一个明确的目标、明确的思路，大家集中精力在企业干部培训方面办几件事，对企业的改革和发展起到应有的作用。现在已经有了一个规划草稿，大家还可以再做研究。第二项工作就是要使"八五"的岗位培训有一个好的结束。第三项工作就是为实现"九五"规划要进行一系列的准备。如果我们设想的任职资格培训能成立的话，那么就要做大量的准备工作，包括教材、师资、对外合作等。第四，关于1995年短期培训的内容。这一点我建议大家再研究一下。1994年我们围绕几大改革有比较集中的内容、集中的教材，培训效果总的来说比较好。1995年改革的重点在企业，企业改革的重点总的来说是两句话，一个是转机建制，一个是配套改革。转机即转换经营机制，建制就是建立现代企业制度，要搞好试点；另外就是同步进行各类配套改革，最主要的是以养老

在全国经贸委系统培训中心主任工作会议上的讲话

保险为重点的社会保障体系改革和其他的配套改革。从1994年开始,企业改革在思路、方法和手段上有一个比较大的变化,需要各级主管部门和企业的理解。在这种情况下,明年企业培训可以学习社会主义市场经济理论,以转变观念、转换机制为重点。题目是否可以用"新旧体制转轨中企业机制的转换"。这个问题我们还没有深入研究,请大家再研究研究。总之,明年的短期培训要结合实际,有一个比较集中的题目,效果会更好一些。

改革到了今天,企业再追求减税让利,已经没戏可唱了。在这样的大环境下,企业就是要认真研究如何转换经营观念,转换企业经营机制,通过充分运用市场经济的手段,发挥自己的优势,增强企业活力。虽然转换经营机制已经变成了口头禅,但什么是转换经营机制,从认识到实践都没有解决。在培训中我们要引导企业对这个问题有新的认识。目前,在转换经营机制、加强内部管理问题上还有很多糊涂观念,阻碍了技术、人才和管理优势的发挥。比如有的厂长经理还一味地在向国家要政策上打主意,却没有在充分运用国家允许的市场经济手段上做文章。有的企业还在问,通过贷款形成固定资产,付本还息以后这块资产算谁的,有的企业错误地把这叫"企业股"。一些厂长对经营权、所有权是什么含义没有搞清楚,总想获得所有者的权力。一些企业和政府部门笼统地以"划小核算单位",作为企业改革的一个重要法宝,但对于某一企业是一个利益主体好,还是多个利益主体好?什么情况下可以划小?什么情况下不能够划小?并没搞清楚。在一个企业,特别是在大型企业中,集权和分权界限到底在哪里?集权到底集到什么程度是合理的?分权分到什么程度是合理的?界限并不清楚。下面要分权,上面要集权,在集团外的要进集团,在集团内的要独立出去。比如证券、租赁、发行股票、国际借款等直接或间接融资手段等的内容、含义,包括有些已经实行了股份制的企业也并没搞清楚。对一个企业来说,市场上的灵活经营与企业内部的严格管理是什么关系?在政府转变职能、企业转换经营机制后,企业与政府之间、企业与银行之间、企业与企业之间、企业与职工之间的正确关系到底是什么?这些问题也没有完全搞清楚。总之,通过今年的培训使企业对转变观念、转换机制问题有更深的理解,这对搞好国有企业、深化改革具有重要意义。另外有一些专业内容需要进行培训,比如《监管条例》等。还有哪些专业培训,1995年各个培训中心能做些什么,希望大家认真研究一下。

我讲了这么长,不知能否集中大家的意见,可能有很多不对的地方,只能作为一个个人发言。主要是希望大家在研究明年工作的时候,能够多提供一点思路,把明年的工作安排得更好。

企业改革进入了转换机制、制度创新和配套改革的新阶段[*]

(1994年11月17日)

1994年进行的财政、税收等宏观经济体制改革,为我国初步建立了社会主义市场经济的基础。进一步深化企业改革,必须触及政企分开,理顺产权关系,所有权与经营权分离,解脱企业"办社会"等深层次问题。此时,企业改革已经与宏观配套改革相互关联,相辅相成,企业改革"单兵突进"的方式已难以奏效。必须把企业转换经营机制,实现制度创新与宏观配套改革看作一个整体,有序推进,才能收到预期效果。因此,深化企业改革,搞好国有企业就要有新的思路。

企业改革一直是中国经济体制改革的中心环节。我国企业改革大体经历了三个阶段。

一是从1978年开始的起步阶段,改革的基本思路是改变高度集中的计划经济体制,通过放权让利,即扩大企业经营自主权,赋予企业更多一些财力,增强企业活力。我们采取过利润留成制度和两步利改税制度等。

二是十二届三中全会以后企业改革逐步展开,改革的基本思路是促进所有权与经营权适当分离,促使企业成为相对独立的商品生产者和经营者。采取的主要措施是贯彻实施《企业法》,实行厂长(经理)负责制,大多数国有企业实行承包经营责任制,少部分企业实行租赁制、股份制等。

三是从1992年邓小平南方谈话和党的十四大召开以来,先后颁布了《转机条例》、《公司法》和《监管条例》,为企业转换经营机制创造了条件;十四届三中全会《决定》明确建立现代企业制度是国有企业改革的方

---

[*] 本文是作者出席"国有企业发展研讨会"时的讲话稿,本书收录时有一定的调整。

向；今年宏观经济体制改革措施顺利出台，使企业改革由过去以减税让利为主要手段，针对不同所有制企业或针对单个企业进行政策调整，发展为以创造公平竞争条件、实行优胜劣汰为政策取向，以企业的机制转换、制度创新和配套改革为特征的新阶段。

经过15年的探索和实践，企业改革的经验日趋丰富，企业改革的理论日趋成熟，企业改革的法制环境不断改善，国有企业的面貌发生了深刻变化，涌现出一批机制好、活力强、效益高，在国内外市场颇有声誉的企业；涌现出一批富有敬业精神、勇于开拓、善于经营的经营者队伍；企业广大职工在改革的实践中不断解放思想，更新观念，为进一步深化改革奠定了一定的思想基础和群众基础。企业改革取得显著成效。

但是，目前多数国有企业仍处于十分困难的境地，突出表现为经营机制不活，社会负担沉重，经济效益低下。随着非国有经济的迅速发展，随着国际资本快速进入中国市场，随着复关的临近，国有企业在国内、国际市场面临更为严峻的挑战。深化企业改革、解放国有企业生产力已迫在眉睫。这是关系社会主义制度能否巩固、社会主义市场经济体制能否最终确立的一场硬仗。

在符合市场经济的宏观管理体制建立之前，已经进行的那些企业改革措施有着明显的局限性。

首先，着重改变的大都是政府管理企业生产经营活动的形式和政府与企业对生产经营权限的划分，而政府与企业职责分离这一点却没有实质性突破。

其次，着重改变的是政府与企业之间对企业收入进行分配的制度和分配形式，而对决定收益分配的产权管理制度却没有触动。

最后，单项改革有所进展，但缺乏配套性。

随着社会主义市场经济体制的建立和宏观管理体制的转变，以所有制成分和单个企业为对象采取轮番政策调整，实行减税让利搞好国有企业的这些手段，已经失去了继续下去的体制条件，深化企业改革，搞好国有企业的思路、方法和手段必须以市场经济为取向做相应调整。

企业改革的表层问题已大都解决，为了进一步搞好国有企业，必须触动政企职责分离、理顺产权关系、转换经营机制等深层次问题。此时，企业改革与宏观管理体制改革相互关联，相辅相成，构成经济体制改革的全局。企业转换经营机制，实现制度创新与宏观配套改革要有序协调进行才能收到预期效果。因此，深化企业改革，搞好国有企业就要有新的思路。

一 搞好国有企业与搞好国有经济统筹考虑

以计划经济为基础长期形成的国有经济，在进入市场经济过程中结构性不合理问题暴露得越来越明显，这是国有企业运营效率低的一个重要原因。在市场竞争大环境中，要把单个国有企业放到区域或全国国有经济之中定位，才能发现比较优势，找到发展的机会，区域经济才能克服只见树木、不见森林的状况。通过对国有资产分布即国有资产存量的调整，对产业结构、企业组织结构和产品结构进行结构性优化，会调动出新的生产力，给国有经济带来新的活力。要集中一定的人力物力，对国有大中型企业的基本情况进行系统调查，对产品结构、企业组织结构和产业结构，对企业经营现状和资产结构进行认真分析，根据国家产业政策和地区经济发展优势，明确区域经济增长的生长点，确定重点支持的、鼓励发展的、需要调整的行业和企业，进行战略调整。产业结构和产品结构的调整，主要靠国家制定产业政策、定期发布市场信息进行引导；企业组织结构要按政府引导与企业自愿相结合的原则进行调整。调整结构要以存量的优化配置为主，以增量作为催化剂。资产存量的重组要使国家确需掌握和控制的国有大中型企业结构合理，实力增强，经过改革和改造，成为经济发展的支柱。企业组织结构重组或调整，要在明确产权关系、做好资产评估的基础上进行，有计划地合并、分立、合资、承包、租赁、出售和破产。出售的收入，用于企业资本金注入，实现国有资产的战略转移。

二 企业改革与企业环境的改善同步进行

建立社会主义市场经济体制，就必须建立社会主义统一市场，建立符合市场经济需要的宏观管理体制和法律体系，造就千万个独立的市场竞争实体。在改革过程中，这三者相辅相成。企业改革的深化，要求外部环境不断改善，呼唤配套改革到位；流通、金融、税收等体制改革又要求企业实现机制转换，要求各个宏观调控对象能对市场信息和宏观调控的信号及时地做出积极反应。企业是社会生产力的基础。它是宏观管理体制服务的对象，也是各类经济杠杆调控的对象。必须看到的是，在建立企业与政府新型关系中，矛盾的主要方面在政府。如果政府部门把着权力不放，企业就不可能有经营自主权；如果企业承担的社会职能政府不接，企业"办社会"的状况就无法摆脱。反过来说，企业改革不到位，配套改革也难以推动。比如，企业赖账机制不解决，吃国家"大锅饭"状况不改变，金融企业就不能走向市场。因此，企业自身改革与各项配套改革的关联性变得特别强。这已经成为深化改革的一大特征。

在今年财政、税收实现体制转换之后，企业改革与社会保障、金融和流通体制改革相辅相成的局面更加明显。在全面推进国有企业改革的同时，要进一步完善税制改革，加速专业银行企业化的进程，充分发挥税率、利率的杠杆作用，建立健全以间接调控手段为主的宏观调控体系。要尽快确立社会保障管理体制，抓紧建立和完善社会保障体系。在大力发展商品市场、努力推进流通体制改革的同时，要积极稳妥地发展、完善各类市场，特别是要素市场。组建发展行业协会、商会等组织和直接为企业服务的中介机构。要规范社会中介组织行为，对会计师事务所、资产评估机构等中介组织引入无限连带责任制度，确保中介组织的中立、客观和公正。建立和健全适应社会主义市场经济的法律体系，严格市场秩序，规范政府和企业的行为，维护和保障国家、企业和职工的权益，为企业转换经营机制、独立进入市场创造必要的外部环境。

三 转换经营机制与建立现代企业制度相结合

解决旧体制深层次问题的综合性措施必须靠企业制度的创新。建立现代企业制度是国有企业改革的方向，转换经营机制是建立现代企业制度的基础。当政府转变职能、企业转换经营机制达到一定程度时，才具备对企业按现代企业制度加以规范的必要条件；但是只有最终以现代企业制度取代了传统国有企业制度之后，机制转换才能到位。

企业改革进入了转换机制、制度创新和配套改革的新阶段

所谓转换经营机制，就是企业要自立自强，以独立法人身份走向市场，投身竞争。自负盈亏就是使国有企业由生产活动围绕国家计划运行，转变为企业的经营活动对市场信息和宏观调控信号能及时做出适当反应。真正实现这一转变，涉及旧体制许多深层次问题，不改变传统企业制度难以完全奏效。现代企业按财产构成与债务责任有多种组织形式。在我国多种经济成分共同发展的情况下，公司制企业作为一种典型形式，与独资企业、合伙企业和股份合作制企业等非公司制企业并存，共同形成我国企业制度体系。其中，就企业户数而言，大多数是非公司制企业；就大中型企业而言，公司制是主要企业组织形式。当前，要在进行现代企业制度试点的同时，重点打好转换经营机制基础。在整体推进"转机建制"的前提下，针对建立现代企业制度的难点，采取必要措施，在制度创新和配套改革方面，实现重点突破，解决企业中存在的重点和难点问题，为普遍实现企业制度的转变创造条件。同时，要重新确立政企关系，明确企业法人财产权，形成科学的企业法人治理结构，形成适应市场竞争的经营机制。

四 企业的改组、改制、改造相结合

企业改组即结构调整，是指国有企业资产存量实现优化组合，提高国有经济的配置效率；改制即转机建制，是指企业在转换经营机制的基础上，实现企业制度的创新；改造即技术改造，是指集中必要的投入加大企业技术改造力度。

经过几十年的积累，我国国有企业具有强大的优势。但是在进入市场经济过程中，由于国有企业结构性不合理、经营机制不适应和技术、装备水平落后，这一优势难以发挥。在现实工作中，企业改组、改制、改造三件事都在做。但实践表明，把三件事各自孤立，单打一地进行，不能收到好的效果，要针对行业和企业情况，把三方面统筹考虑，综合治理。

一般来说，以产权为纽带，推动企业重组，实现资产存量的优化配置；同时以股权多元化为基础，实现企业制度创新，转换经营机制；在结构合理、机制转换基础上，加大技术改造投入会产生较好的效果。

也就是说，企业国有资产在产业、企业和产品结构布局上的不合理只

能通过结构性改组加以解决。提高企业国有资产在市场经济中的运作效率,必须充分运用市场经济允许的手段,一方面使国有资产实行自我保全,减少风险,另一方面以有限的国有资产调动各类社会资源,扩大国有资产辐射范围。要利用市场经济经营运作方式,必须以现代企业制度改制原有企业,克服政企职责不分、产权责任体系不明和企业组织领导体制落后的问题。在企业资产存量配置趋于合理,经营机制转变的同时,以必要的技改投入作催化剂就会达到以较少增量调动起更多生产力提高市场竞争力的目的。

在新旧体制转轨过程中,对国有企业实行改组、改制与改造的有机结合,实现企业的制度创新、管理创新和技术创新。这种综合治理是增强企业市场活力和竞争后劲的重要途径。

五 实施大公司、大集团战略与放开放活小企业并行

全国独立核算工业企业近 40 万户,其中国有工业企业 7.16 万户,但是只要抓住 1.44 万户国有大中型企业,就抓住了中国工业经济的一半以上。坚持国有经济的主导作用,不能简单地认为国有企业户数越多越好,重要的是国有企业不仅在经济总量中占有相当比例,而且在关系国计民生的基础产业、支柱产业和先导产业中占有控制和主导地位。可以认为,在社会主义市场经济中,体现市场活力的是中小企业,而体现国家经济实力的则是大型企业,因此,在充分发挥中小企业作用的同时,要培育实力强大的优势大企业和企业集团,这些是中国立足世界经济之林的主力军。这是迎接"复关"的重要对策。大型企业转机建制的同时从组织建设到人财物的投入,要注重培育和强化技术开发和市场营销这"两翼",逐步创立有自己特色的技术与产品,控制和占有一定份额的国内国际市场,为走向成熟的大型工业企业创造必要条件。要按照建立现代企业制度的方向搞好国务院确定的 56 家企业集团试点,选择少数流通企业进行综合商社试点。增强集团凝聚力的关键是强化企业间的产权连接纽带。通过国家授权经营、母子公司改建和兼并参股等形式,按《公司法》形成一对一的明晰规范的产权关系。鼓励具备条件的企业集团走向工(业)、科(技)、贸(易)、

金（融）相结合，跨地区、跨部门的大型集团或跨国公司。政府要对组建集团加强政策引导和法律规范，既要防止低水平的翻牌，也要避免集团形成垄断。以有限的财力、物力抓好这"关键少数"，国有经济的地位、作用就不会丧失。实际上，一个优秀强大的大型企业或集团可以带动几十家甚至成百上千家企业的发展。大型企业的优势可能造就一个区域甚至整个国民经济的优势。通过国家的政策倾斜，抓好"关键少数"是现实可行的。

在市场竞争中，小企业的优势在于机动灵活。它们贴近市场，信息灵，应变能力强，它们活跃在社会有需求，而大企业又做不了或不愿做、或无利可图的加工业和商业服务业。如果政府直接管理这些企业，那么它们的优势则一概不能发挥。对小企业，政府不要干预，要按国家政策，采取灵活的方式放开放活，让它们进入市场，在竞争中找准自己的位置，在自主经营、自负盈亏中形成约束。政府要努力创造必要的环境，促进它们的健康发展。把大量中小企业放入市场，对政府是一种解脱，此时政府才能转变职能，做好自己应做的事。当然，这里涉及许多重大政策问题，必须在国家统一政令下稳妥进行，切不可草率从事。

大企业和集团是中小型企业稳定的市场和生存的依托，中小型企业又是大型企业和集团生产、经营、发展的基础。要通过政策引导，逐步形成大型企业、企业集团与广大中小企业共存共荣的社会化生产和专业化协作的合理企业群体结构。这一企业组织结构的调整，必将带来整个社会经济运行质量的提高。

随着改革的不断深入，企业面对的环境正在发生很大变化。面对新的形势，搞好国有企业的思路、方法和手段是什么，如何运用市场经济的办法有效地搞好国有企业，这是我们需要不断深入探索的问题。

六 加强企业管理与解脱历史包袱相结合

如果承认管理也是生产力的话，那么许多国有企业并未真正充分调动起这一生产力，去创造更高的效益。

目前，国有企业的优胜劣汰机制、自负盈亏机制、激励和约束机制还未真正建立起来，许多管理人员经营管理观念尚未转变，一些企业的非正常行为和短期行为时有发生，管理粗放，国有资产运营效率低下。眼睛向内，转变经营观念，不断改善和加强企业内部基础管理，使企业的财务、质量、人事、劳资等项管理符合企业进入市场参与竞争、提高经济效益的目标，切实提高各项管理的有效性仍是十分繁重而艰巨的任务。

与此同时，国有企业又承担着大量社会职能，这使它们同时追逐经济效益和社会目标，经常处在两难之中。追求经济效益的目标往往由于各种现实矛盾而被冲淡，因而造成企业行为错乱，财务越来越不透明。不解脱企业"办社会"的负担，真正符合市场经济体制的经营机制和现代化管理就难以完全到位。

解脱企业"办社会"包袱，要调动企业、职工特别是地方政府的积极性。一方面要加大三项制度改革力度，通过在企业内的分离过程转变职工吃企业"大锅饭"的观念；另一方面政府要压缩非急需的基建及其他各项开支，把本应由政府做的事承担起来，企业也必须准备为此付出一定的成本，以实现分离的平稳过渡。

企业的机制转换与加强管理并不能完全取代必要的资本金注入。

自1983年起，国家基本断绝了对企业的资本金注入，目前国有企业资产负债率一般在75%左右，再加上资产质量的低下，去除所交利息，难以形成更多利润，企业以自身积累进行改造和发展的能力很弱。在企业走向市场时，要对国有大中型企业历史形成的资产负债结构进行调查和分析，制定相应政策予以调整。选择部分企业或城市，在国有经济范围内，在财政、银行、国有企业之间，进行一次性企业历史债务的清理和重组，使企业资产负债结构达到合理水平。解决历史债务要根据国家财力逐步地进行，特别要与转换经营机制相结合，防止卸掉老包袱又背上新包袱。

老工业基地要用好新机遇*

（1995年1月1日）

  东北是新中国工业经济的"摇篮"，是最早进入计划经济体制、最晚从计划经济体制撤离的地区。东北的企业不仅对中国工业化的起步发挥了重要作用，也对改革开放做出了巨大贡献。在从计划经济体制撤离、转战于市场竞争之时，不少企业遇到了特殊的困难，国家有责任给予帮助和支持，但基本立足点只能靠自己。老工业基地的基础还在，人还在，体制转轨、结构调整中充满机遇，老工业基地闯过眼前这道难关之日，就是重振雄风之时。

  这次到辽宁，听了省领导和省经委、沈阳市以及5个试点企业的情况介绍，我想谈几点感受和想法，供省领导参考。

  总的感觉，辽宁作为老工业基地的历史贡献必须充分肯定。没有老工业基地的支撑，东南沿海的改革开放就很难取得今天的成功。辽宁可以说是中国工业经济的一个摇篮，是最早进入计划经济体制、最后撤离计划经济体制的地方，在向社会主义市场经济进军中起了"后卫"的作用。

  辽宁的企业很长时间都是按低于市场的计划价为全国提供产品，而自己需要的某些商品却要以市场价获得。显然，你们为全国的改革开放是做了贡献的。这几年辽宁在市场竞争中一批好企业脱颖而出，说明老工业基地的国有企业，如果能转换机制、发挥优势，是能搞好的。当然，辽宁工业企业最困难的时期还没有过去。下面我想结合这次考察的情况，就老工业基地搞活国有企业问题谈几点意见。

---

* 本文是作者在沈阳考察后与省领导交换意见时的讲话。

一　解放思想，转变观念

从全国来看，从 1994 年起，国有企业改革的思路进行了大的调整。在这之前，改革的思路、方法和手段，主要是根据企业的所有制性质来制定政策，同时针对单个企业的情况在政策上区别对待（如承包制）。1994 年以后，虽然暂时保留了少量的投入产出总承包办法，但随着财政税收体制改革，这套做法的基础已经逐渐消失，老工业基地历史负担更加沉重。但必须看到，想靠老办法解决国有企业的问题，已时过境迁了。老工业基地要及早从改革思路调整中发现新机遇，运用好新机遇，以此开拓新局面。

企业怎样改变经营观念是个大的问题。从思维模式上要从上级政府让干什么就干什么，转为只要不违反党纪国法，凡市场经济允许的都是自己可以发展的空间和可使用的经营方法和手段。现在南方的很多企业已经基本上转过来了，在我们这次与企业座谈中可以看出来，在老工业基地，旧思维的痕迹还比较重。还有些企业在等上级给政策、等银行给资金。这种心情是可以理解的，但实际上很难，目前来看已经不现实了。辽宁国有大中型企业很多都是国宝，过去都创造过辉煌，在人才、技术装备等方面是有优势的，为什么没有发挥出来，其中一个关键在于观念没有转变。要使国有企业真正明白，唯一的出路是走进市场，投身竞争，已经没有别的退路了。不能再等"吃计划饭"，而要寻找"市场饭"，要在充分运用好市场经济手段上找出路，这比单纯地等政策、要资金的路要宽得多。企业可以在多渠道融资、开发适销产品、利用价格机制、进行市场开拓、利用国内国际两个市场、运用税收政策、引进国外技术、实行分立或兼并联合、发展集团化经营，以及利用外资等多方面做文章，这比面对政府等靠要的余地要大得多。有的地方在这方面的做法可以借鉴，比如开展企业走向市场大讨论，制定转变观念的具体内容和题目，发动群众讨论，形成气氛。上海市的大讨论就搞得实实在在，不光在报纸上公开刊登好的发言和做法，在企业讨论之后，政府还要听汇报，进行评价。

二 下最大决心搞结构调整

现有老工业基地的企业产品结构、产业结构是计划经济中形成的，在进入市场经济时问题越来越突出，很多潜在优势不能变为经济优势，必须进行战略性调整。辽宁要实现经济翻身、工业翻身和国有企业的翻身，调整是转折性的关键一仗。这方面，一些地方的经验可以借鉴。比如上海市，1988年经中央批准实行财政承包，在进行了充分论证（包括请了不少国外的专家）后，集中精力进行了大的结构调整，确定了六个支柱产业：汽车、通信、钢铁、石化、家用电器和电站设备。1993年这六个行业的产值、收入、利税分别占32.3%、38.8%和44%，而1994年分别增长到41%、45%和59%。通过调整，上海市形成了新的经济增长点。又比如河南，目前已经形成了安阳玻壳、焦作轮胎、周口味精和平顶山帘子布等主导产品。与此对比，虽然辽宁也有自己的优势，但从沈阳市汇报的情况看，333家企业畅销、平销、滞销产品的比例分别为18%、67%和15%，畅销产品只占18%。这是不能持续下去的。辽宁省从"七五"到"八五"前4年共9年时间，投入工业企业的改造资金共900亿元，却分散在26700个项目中，每个项目的投资强度都很低，没有发挥调整结构的作用，很难形成新的增长点。要卧薪尝胆，理清思路，下决心调整结构，埋头苦干几年，把结构调整过来。

我们认为，在进行结构调整中要注意几点。一是要确立一批主导产品、支柱产业，最好是关联度大的产品和产业。二是以存量调整为主，在优化存量资产配置上做文章，增量只能做催化剂，就是要进行"三改一加强"。三是在调整中要集中全省的财力保一批、舍一批。只有扶持优势企业，使它们成为结构调整的主体，劣势企业才能有依托。优势企业要快上，劣势企业要保稳定。四是以战略性调整为主，同时要有适应性调整，也就是眼前还要过日子，在方案上要形成梯队，设计好前几年靠什么吃饭，如何向新的增长点过渡。五是落实大公司大集团战略，抓住关键的少数，放开其他，也许在市场中还能活下来一批。放开小企业，还可以增加就业，增强市场活力。

在调整中,关键是要制订好调整方案。调整方案要放眼于全国、全世界的市场竞争形势,发现比较优势,确立自己的位置和发展空间,并发动专家、企业经营者进行充分论证,不能闭门造车。要测算调整成本、制订实施计划。这次调整涉及众多企业,有的得到支持,有的要被兼并或转产、淘汰。我们建议在调整方案基本确定后,可以从上到下进行"如何调整结构,发挥比较优势,适应市场经济,重振辽宁国企雄风"的全省性大讨论,使干部群众充分认识调整的重要性,统一思想,统一认识,形成思路。各行业和各企业都要研究本行业和本企业的发展战略和调整方案。

三 广开思路,拓展筹资渠道

企业资金紧张,等国家投资、靠银行贷款解决不了问题,需要广开思路,充分运用当前市场经济允许的方法手段拓展新的渠道。为此要组织专门小组,广开视野,针对不同情况寻求可行的路子。我列举一些筹资方法,供参考。

一是引入新的投资者。包括吸收法人入股、内部职工自愿持股等形式。现在东南沿海的企业在这方面进行了有益的探索,总的效果是好的。在这方面辽宁相对滞后。

二是吸收外资,发展合资合作。现在很多外商跃跃欲试想进入中国市场,吸收外资的机遇比较好。前几年多是一些港澳台企业进入内地投资,现在国际上前500家的大企业、大集团纷纷在我国寻找合作伙伴,而且要"门当户对"。这方面辽宁企业有优势。

三是增提折旧和技术开发费。实行财会《两则》后,只要企业有承受能力,政策上是允许的。现在企业平均折旧率约为7%,个别好企业能提到10%或更高。企业技术开发费全国不到销售收入的1%,好企业有的提到了3%~4%。这一政策的口子是很大的。

四是投入产出总承包。虽然投入产出总承包的政策到1995年底结束,但由于在分税制改革中,1993年实行投入产出总承包的返还资金已经打入了地方的财政基数,这一部分资金在投入产出总承包政策停止后仍然在地方财政手中,可以用来继续对企业进行再投入,不能拿去吃饭。

五是实行债务重组。一部分"拨改贷"资金要再改为投资增加资本金，这肯定要改，只是时间问题。现有"拨改贷"债务可争取享受这一政策。

六是将非银行的债权转为股权。目前南方一些企业以承诺付息为条件购买债权入股，国外也有一些公司寻求购并机会，而购买债权转为股权是一种可行方式。

七是进行土地使用权的出让、出租。据了解，上海市从土地使用权上筹集的资金已达 400 亿元，用以补充资本金。

八是出卖一些小型企业。

九是把国有股红利继续留在投资企业。国资局的 259 号文件我们坚决反对，并已经向国务院反映。国有股红利一定要留在投资企业，体现谁投资谁受益的原则。当股份公司扩股时，红利收益可以用作扩股资金，有利于保持国有股股权结构。

十是经批准争取国际优惠贷款或发行债券。

十一是建立国外金融机构，增加融资渠道。

十二是具备条件的企业可以上市发行股票，一方面可融得资金减少负债，另一方面也有利于机制转换。

四 抓好试点，实现突破

听说省委顾书记提出，企业改革不能光等，中央突不破的省里要突破，中央不能给的政策省里要给，省里突不破的市里突破。我们很赞同这个观点。一些好的政策一放大到全国就很难出台，国企改革的大政方针已定，省市有条件的就要大胆地试。现在中央对现代企业制度试点非常重视，企业改革的部署要配合 2000 年经济体制改革的总体目标。要在 2000 年基本建立现代企业制度的框架，前两年主要是通过试点在体制上重点突破，后四年普遍推行，所以试点非常重要。

通过现代企业制度试点，我们认为要在以下几个方面有所突破。

一是明确企业国有投资主体。这是件很敏感的事，在面上不要宣传，但对试点企业必须明确。解决这个问题等于要设计未来的国有资产管理体系,所以各部门都非常关心。我们对此很慎重。设想国有投资主体的生长点可采取四加一的模式,即国家控股公司、国有投资公司、国有资产经营公司、大型企业集团的集团公司作为国家授权的投资机构对试点企业持股,另外在试点中对一些一时找不到上述机构的,可由授权部门暂时单设国有资产管理机构,但要限期转为国有资产经营公司。这些国有投资主体经国家授权,成为企业国有股权的持股机构,行使国有出资人职能。这套思路目前还在试。关于上海的模式,国务院领导同志有三点意见,第一是支持试点;第二是现在不宣传、不推广;第三是业务部门可以提参谋意见。

与此相关的问题是谁有权对国有资产进行经营授权。这个问题还未解决,但很重要。在这个问题上,关键是要研究授权后可能带来的后果,而不是授权的程序。

二是要在产权多元化上有所突破。试点企业对于原主管部门转为唯一的投资主体很担心,害怕成为"婆婆加老板"。对企业来说,转为国有独资公司,对转换机制作用不大,应尽量使试点企业具有多元投资主体。

三是公司的治理结构问题。要使国家所有者以股东身份行使职能,按《公司法》建立新型企业领导体制和组织制度,在所有者、经营者和劳动者之间形成激励和制衡关系。要探索企业中党组织、工会等与股东会、董事会的关系。

四是分离"办社会"职能、分流富余人员问题。老工业基地这方面的问题很大,如果不分流,国有企业在竞争中处于不利地位,"入关"后就如同等死;要分流,社会保障制度还很不完善,社会和职工承受能力有限。因此,希望省市政府积极创造条件,支持百户试点企业分离分流的力度能大一些。

五是"三改一加强"问题。现代企业制度试点说穿了是解决了生产关系问题,但生产力的组合和素质没有改善,企业状况依然难以改善。因此,要通过"三改一加强"对试点企业进行综合治理才能收到更好的效果,以城市为中心试点的初衷就是把企业自身改革与社会配套改革当作一个整体,配套地推进。这些想法如果能在百户试点中有所突破,对全省都能起到带动作用。

适应当前改革和发展形势需要，努力开创经贸法规工作新局面[*]

（1995年2月16日）

一 充分认识新形势下做好经贸法规工作的重要性和紧迫性

当前，我国改革开放和现代化建设正在沿着法制化的道路向前迈进。党中央、国务院高度重视法制建设，依法推进改革和加快发展。政府转变职能，依法管理经济，企业转机建制，依法生产经营，这是当前我国形势发展的总趋势，也是建立和完善社会主义市场经济体制的必然要求。在这种新形势下，我们一定要在党中央、国务院的总体部署下，把经贸法规工作做得更扎实、更有效，以保障改革开放和现代化建设的顺利进行。经贸战线的广大干部要进一步提高认识，转变观念，充分认识新形势下大力加强经贸法规工作的重要性和紧迫性。就经贸系统的法规工作来讲，当前需要进一步明确并树立三个观念。

（一）市场经济在一定意义上讲就是法制经济

从市场经济的发展历史来看，资本主义的市场经济搞了上百年，其中很重要的一条经验，就是重视法制建设，依法开展竞争。市场经济需要竞争，竞争需要规则；有了规则，市场经济才能健康发展。各国的市场经济

---

[*] 1995年2月16～18日，国家经贸委在长春召开全国经贸系统法规工作会议。此文是作者在会议上的讲话摘要。会后，以国家经贸委文件方式印发《关于印发陈清泰同志在全国经贸系统法规工作会议上讲话的通知》。

都是如此,我们搞社会主义市场经济,也必须遵循这一规律。

我国改革开放的进程,是党中央领导全国人民推进改革和加快发展的进程,也是我国经济法制建设不断得到加强并逐步走向完善的进程。特别是党的十四大、十四届三中全会以来,围绕建立社会主义市场经济体制这一目标,我国法制建设的步伐大大加快。八届全国人大常委会的立法规划提出,本届人大五年内计划审议法律草案152件,其中保证审议125件(属于社会主义市场经济方面的法律就有54件)。去年,全国人大及其常委会审议通过的法律及有关法律问题的决定有18件,其中法律16件。国务院提请全国人大常委会审议的行政法规有38件。这些法律、法规的通过并施行,规范和巩固了改革的成果,为促进国民经济持续、快速、健康发展,提供了有力的保障。这表明,党中央、国务院始终高度重视法制建设,把法制建设放在了极其重要的位置,依靠完备的法制来规范和保障社会主义市场经济体制的建立和完善。从这一新形势看,当前积极做好经贸系统法规工作的紧迫性和重要性,超过了以往任何时候。

(二) 政府部门依法行政,依法管理经济

在当前新形势下,如何实现政企职责分开,政府应当管什么,不应当管什么,以及怎样管,这是需要认真研究并切实解决的一个重要问题。过去我们是通过批钱、批物、批项目、批指标等大量个案处理的办法进行宏观管理,这种类似手工操作的办法失之于信息不灵,人为因素过多;失之于不公正,扼杀了竞争机制的作用,使经济在低水平上徘徊。搞市场经济,政府进行的宏观调控,主要是制定并适时革新或调整经济运行的规则,促使市场机制发挥作用,保证经济健康发展,而不是对每个经济运行主体进行过多的直接干预。

从当前的形势看,党的十四届三中全会《决定》明确提出:"政府运用经济手段、法律手段和必要的行政手段管理国民经济,不直接干预企业的生产经营活动。""学会运用法律手段管理经济。"这意味着政府管理宏观经济,将由过去以不同地区、不同所有制为对象,或针对单个企业以微观行政手段为主进行政策调整,转变到主要依靠经济手段和法律手段进行间接调控上来。这既是政府职能转变的方向和目标,也是我们进一步做好

经贸法规工作的必然趋势。可以说，能否做好经贸法规工作，是衡量整个经贸工作质量和成效的一个重要标志。

（三）企业依法开展生产经营活动

在市场经济条件下，企业从设立到变更，从生产到营销，以至企业内经营者与劳动者关系的处理等，都必须依法进行。现代市场经济也是一种信用经济，企业信用尤其重要。这种信用关系和信用秩序是要靠法律来维系和保障的。现在大家都为企业"三角债"甚至是"多角债"所困扰，为有些企业随意违反合同的约定所困扰，为一些企业搞假冒伪劣产品等不正当竞争行为所困扰，其中的一个重要原因，就是企业之间缺乏严格依法规范的信用关系，企业还不能严格依法开展生产经营活动。

企业改革的实践证明，企业经营机制转换，要靠经营者转变观念，在实践中去探索和创新。但大量企业普遍地实现机制转换则最终要靠一系列配套的法律、法规才能解决问题，比如实施了《转机条例》，企业经营自主权就进一步得到落实；实施了财会《两则》，企业的财务会计制度就实现了转变；有了企业破产法和配套办法，企业的淘汰机制就开始发生作用。实际上，我们的做法就是：从企业改革的探索中找出规律性的程式，从而形成法律、法规，只有靠法规的推动，才能解决大多数企业普遍的问题。这一发展历史表明，无论是企业改革，还是企业发展，都必须更自觉地纳入法制的轨道，用法律引导、推进和保障企业改革的顺利进行。

总之，只有政府部门依法行政，依法推动经济发展，完善社会主义市场经济体制；企业依法生产经营，依法推进企业改革、巩固改革成果，才能形成国民经济良性循环，不断发展；经济体制改革不断深化和巩固，逐步建立起社会主义市场经济体制。从这一要求出发，我们在实际经济工作中，还必须摒弃两个观念。

一是留恋以批钱、批物、批项目、批指标来管理国民经济的方式，这是在旧体制下用微观手段管理宏观的做法。虽然今后我们在特殊的条件下还会运用这种做法，但它终究将被主要依靠经济的和法律的间接调控手段所代替。对这一发展趋势我们必须有清醒的认识。那么，我们的政府经济管理部门干什么？大量要做的是调查研究和信息处理，并通过制定、革新和执行经济政策和法律、法规，调整税收、金融等宏观手段，对经济进行实时调控。可以说，将来经济管理部门的一项主要任务，就是制定和修改经济政策和经济法律、法规。我们要尽快学会并善于运用法律手段管理经济。

二是片面认为市场经济就是自由放任经济。这是近年来一些人持有的看法。现代市场经济已不是19世纪那种以自由放任、自由竞争为主要特征的经济了，虽然近几十年来西方发达国家的政府管制在逐步放松，但是政府对宏观经济的调节职能并没有因此而放弃。相反，在某些方面却进一步加强了。一些新兴工业化国家的经验更是证明了政府宏观调节作用的重要性和不可替代性。从我国的国情看，我们搞的是社会主义市场经济，是在对原有计划经济体制改革的基础上建立起来的，在一个时期内客观上存在着两种体制的摩擦和碰撞，在从"破"到"立"的过程中，加强和改善宏观调控，摒弃政府对经济自由放任的观念，又要依法进行宏观经济管理，防止把旧的管理方法和手段带到社会主义市场经济的管理工作中来。

二 紧紧围绕当前经济工作中心，切实抓好经贸法规工作

经贸系统法规工作的着力点放在哪里？紧紧围绕经济工作中心和改革重点，这是我们做好经贸法规工作的基本点。要围绕今年的经济工作中心，切实抓好立法、执法、普法几个环节的工作，以保证所确定的目标和任务的完成。

（一）运用法律手段管好物价，抑制通货膨胀

党中央、国务院已经决定，把控制物价上涨、抑制通货膨胀作为今年经济工作的首要任务。经贸法规工作也要围绕这项首要任务来抓。近年来，我国通胀发生的一个很重要的原因就是流通秩序混乱，一些商品的价格特别是服务价格严重背离价值，上涨幅度过快过猛。从去年我国物价涨势来看，在法制建设方面反映出来的主要问题，一是法律体系还不够完备，现在规范市场行为，维护市场秩序的法律、法规已经有了不少，但还不完善。目前国家经贸委牵头正在抓紧起草《反垄断法》等。各地经贸委要积极配

合地方人大及政府有关部门，认真做好有关控制物价和抑制通胀的地方性法规的制定工作。二是执法监督还没跟上。一些控制物价涨势，抑制通胀的法律、法规尚未严格实施。这就要求经贸系统的广大干部提高执法的自觉性和责任感，进一步贯彻落实好国务院关于粮食、棉花、化肥、原油、成品油等商品流通体制的改革措施，规范这些重要商品的流通秩序，加强执法监督的力度，稳定市场和物价，积极探索有效执法监督的方式和途径。

（二）运用法律手段改善经济运行环境，提高经济增长质量和效益

中央经济工作会议明确提出，提高经济增长的质量，保持8%~9%的经济增长速度，是1995年经济工作的重要任务。一是要依据有关法律、法规控制好总量，特别要控制好固定资产投资规模和信贷规模，严格控制消费基金过快增长。二是依法调整投资方向和结构，提高投资效益。要继续贯彻国务院提出的新上项目必须坚持的三条原则。要继续按照"增畅、限平、停滞"的原则，帮助企业做好限产压库工作，不能边生产边积压。在微观方面，需要切实加强企业管理，严格依法治厂。要加强《产品质量法》、《中华人民共和国反不正当竞争法》（本书以下简称《反不正当竞争法》）的执法工作，强化质量监督的力度和有效性，继续严厉打击生产和销售假冒伪劣产品的行为，开展好"质量万里行""经济效益纵深行"活动，抓好节能降耗和扭亏增盈工作，向管理要效益，向质量要效益。

（三）运用法律手段推进国有企业深化改革和建立现代企业制度的试点工作

党中央和国务院明确提出，从今年起，我国经济体制改革的重点是深化国有企业改革，建立现代企业制度。从经贸系统法规工作来看，必须进一步明确并做好以下几个方面的工作。

第一，必须从观念上进一步明确现代企业制度是一种依法规范的制度。国务院领导同志在全国建立现代企业制度试点工作会议上指出："现代企业制度是依法规范的制度。"从法律的角度讲，现代企业制度是适应市场经济要求依法规范的企业制度体系，其中就企业户数而言，非公司制企业

的占多数；就大中型企业而言，公司制是典型形式。这种制度最重要的就是要把企业塑造成为真正独立的市场竞争主体，成为自主经营、自负盈亏、自我约束、自我发展，并具有民事权利能力和民事行为能力的法人。企业无论采取哪种组织形式，都必须严格依法设立和变更、依法规范其组织和行为。就公司制企业来看，自去年7月1日起开始施行《公司法》。国有企业在公司制改组的过程中，无论是采取有限责任公司的形式，还是采取股份有限公司的形式，无论是新设立的公司，还是规范原有的公司，都应当严格依照《公司法》办事。

现代企业制度是依法规范的制度，还意味着它必须有与规范企业组织和行为有关的一系列配套法律、法规。近年来，全国人大及其常委会审议通过了规范市场行为和维护市场秩序，规范宏观调控和政府行为，规范收入分配和劳动关系等方面的若干重要法律。目前正在加紧制定和完善的还有社会保障、国有资产管理、金融管理等方面的法律、法规。这些重要法律、法规的制定并实施，对于促进和保障企业改革，建立现代企业制度具有重要作用。

第二，要依法推进建立现代企业制度的试点工作，又要通过试点来完善企业法制。建立现代企业制度是一项系统工程，涉及方方面面，因此需要统筹考虑。全国建立现代企业制度试点工作会议要求，建立现代企业制度要抓住政企分开这个中心环节，在整体推进的同时，对改革的重点难点问题进行探索；要明晰企业国有资产的管理、经营和监督责任和权力，明确投资主体；根据企业具体情况做好有限责任公司改制试点；建立健全企业法人治理结构；在清产核资的基础上核定企业资本金，多渠道补充企业资本金；逐步解脱企业的历史包袱；逐步建立健全企业破产、兼并的优胜劣汰机制；等等。要做好上述各个方面的改革试点工作，当前主要是认真执行"三法"〔即《公司法》、《中华人民共和国劳动法》（本书以下简称《劳动法》）和《企业法》〕、"两条"（即《转机条例》和《监管条例》）、财会《两则》。同时还要抓紧研究制定与国有企业改革试点相配套的十几个规定。现在国家经贸委对18个城市和百户企业的试点工作已做了具体部署和分工，希望各地方经贸委抓好本地区的企业改革工作。试点工作一定要有突破，然后总结经验，制定规章，加强规范，争取到2000年基本建立起与社会主义市场经济体制相适应的现代企业制度的基本框架。

第三，必须从指导监督上促进企业严格依法治厂，依法开展生产经营活动。建立现代企业制度不仅需要从外部明晰企业与国家之间的内在产权关系、责任制度，企业与企业、企业与用户之间等诸多方面的经济、法律关系，而且还需要从企业内部依法转换机制、加强管理，建立健全包括企业法律顾问制度在内的各项管理制度。目前，一些企业在这方面反映出来的问题不少，基础管理不完善，管理制度不健全，不注意练"内功"，甚至一些经营管理者不懂法、不学法、不用法、不守法。因此，必须在外部和内部"双管"齐下，在企业尽快建立健全各项管理制度，严格依法治厂，使企业的生产经营活动尽快纳入法制的轨道。

总体来讲，国有企业转机建制的过程，在一定意义上讲就是制定并切实有效地实施有关规范市场主体组织与行为，以及与此相配套的规范市场行为、规范宏观调控、规范收入分配及劳动和社会保障等的一系列法律、法规的过程。就此而论，无论企业机制的转换还是企业制度的创新都不仅属于经济和管理的范畴，更属于法律的范畴，是经济、管理与法律揉为一体的复杂过程。这就要求我们在指导企业改革的过程中，通过制定并实施法律、法规的新方式推进企业改革，建立并完善现代企业制度。

三 加强法规工作队伍建设，完善法规工作机构，提高法规工作质量

我们要建立起一支适应社会主义市场经济发展要求的、训练有素的法规工作队伍和运转通畅高效的法规工作机构，提高经贸法规工作的质量。根据当前形势和任务的要求，需要抓好以下几个方面的工作。

（一）加强各级经贸委法规工作，强化和完善工作职能

国家经贸委组建时，就专门设立了由一批具备专业知识、有一定实践经验的同志组成的经济法规司。经过近两年的运转，国家经贸委的法规工作可以说已有了一定的基础，各项工作已开始进入正常轨道，初步打开了工作局面。去年国家经贸委牵头起草的法律、行政法规和部门规章就有26

件，上报或发布的有 19 件，参与起草的法律和行政法规有 17 件，审核协调各种法规性文件 170 多件。各地经贸委也越来越重视法规工作，加强了法规工作机构建设，目前北京、天津、上海、吉林、安徽、福建、辽宁、陕西、山东、湖南、四川、贵州、甘肃、宁夏、海南、云南、新疆等省区市经贸委，或建立健全了机构，或进一步调整充实了人员。湖北、河南、河北、山西等省经贸委已决定设立法规工作部门。去年各省区市经贸委牵头起草地方性法规文件 70 余件，参与起草 140 多件，审核协调了近 600 件。可以说，去年各级经贸委的法规工作取得了不少的成果。但是，也必须看到，目前各地经贸委的法规工作发展不平衡，有的省区市工作开展得有声有色，有的地方却存在差距。为了适应形势和任务的要求，请各省区市经贸委领导切实重视经济法规工作业务建设，将其摆上议事日程。

在这方面，作为经贸法规工作部门，在开展工作中，需要注意以下三点。

一是加强沟通和联系。这包括国家经贸委经济法规司与各地经贸委法规处之间的纵向联系和沟通，还包括各地经贸委法规处之间的横向联系和沟通，逐步建立起通畅的工作网络和联系渠道。这样做的好处是，便于大家互通情况，掌握信息，交流经验，相互启发，共同提高。

二是要紧紧围绕经济工作的中心任务做好法规工作。虽然国家经贸委与地方经贸委法规工作的侧重点有所不同，但在基本方面是一致的，都有立法、执法、普法的任务，都要紧紧围绕当前经济工作中心去抓法规工作。

三是增强信心，积极开拓。法规工作是一项默默无闻的辛苦工作，在当前形势下也是一项难度很大的工作，这就要求经贸系统的广大干部特别是从事法规工作的同志，要有矢志不渝、埋头苦干的恒心，有知难而进、积极开拓的决心，有廉洁自律、严格执法的态度，有敬业爱业、甘愿奉献的精神。我相信，只要大家坚定信心，共同努力，扎实工作，经贸系统法规工作的新局面一定会开创出来。

（二）提高队伍素质和法规工作质量

与其他工作相比，法规工作的一个最大特点就是要求高。因为法律是国家意志的体现，是维护和保障公民合法权益的，要强制执行。法规工作又是一项严肃的、专业性很强的工作，来不得半点马虎。因此，要做好经贸法规工作，就必须首先有一支思想解放、作风过硬、业务水平高的队伍。为此，各级经贸委应当把提高队伍素质放在重要位置。当前需要进一步做好四个方面的工作。

一是要带头学法、用法，依法行政。中央和国务院的领导同志在这方面已给我们做出榜样，专门请法学家讲课。各地经贸委的领导同志和具体从事经贸法规工作的同志，更应当学法、懂法、用法、守法。中央2号文件明确提出："要特别注意选拔比较熟悉社会主义市场经济，懂得经营管理，懂得法律、金融、外经外贸的年轻干部。"很明显，不学法、不懂法的人，是不能胜任政府部门宏观经济管理工作的，更谈不上做好经贸法规工作了。在这方面，我们必须有强烈的紧迫感和责任感。现在已经颁布了行政复议条例、国家赔偿法等，希望各地经贸委结合具体工作，认真学习并贯彻实施好这些法律、法规。

二是在建立现代企业制度的过程中，要积极引导企业学法、守法、用法，依法生产经营，依法维护企业自身的合法权益。总之，要积极通过法律知识的普及与提高，尽快提高我们自身的素质，并由此推动企业管理者和职工，增强法律意识和法制观念，在各项经济工作中形成一种严格执法、自觉守法的良好法制环境。这既是我们提高法规工作队伍素质的目的，也是检验我们法规工作质量高低的标准。

三是认真抓好普法工作。普法是一项增强法律意识和法制观念的重要工作。各级经贸系统广大干部不仅有提高自身法律观念意识和素质的任务，而且还承担着面向企业做好普法工作的任务。今年是"二五"普法的最后一年，这项工作希望各地经贸委认真抓起来。国家经贸委今年打算对这项工作进行督促和必要的检查。

四是切实做好执法监督工作。目前法制建设中存在的问题较多，群众反映意见最大的，就是执法监督问题。从目前的实际情况看，有法不依、执法不严、违法不究、以言代法、以权压法的现象还比较突出。我们要在实际工作中提高严格执法的自觉性和高度责任感。经贸系统如何切实有效地加强执法监督，对我们来讲也是一个新课题。希望各地经贸委积极开拓，大胆实践，总结经验，探索出一条经贸系统有效执法监督的途径和方式。

（三）抓紧建立健全企业的法律顾问制度

企业法律顾问制度是市场经济发展的产物，是企业依法进入市场，并有效开展竞争的重要保障，是现代企业制度的有机组成部分。从企业内部讲，企业法律顾问制度还是企业各项管理制度中的一项重要管理制度，不能认为可有可无。近年来，各地企业法律顾问工作又有了新的发展，到目前为止，全国共有企业法律顾问约 8 万人。据经济法规司最近对 81070 家企业的统计调查，企业设立法律事务机构的有 17948 家，占 22.1%；未设机构、有专人负责的有 4804 家，占 5.9%；有人兼管法律事务工作的有 5169 家，占 6.4%。这三项合计，共占所统计企业总数的 34.4%。但总的来看，还远不能适应建立现代企业制度和发展市场经济的要求。去年国家经贸委与联合国计划开发署在北京召开了企业法律顾问工作国际研讨会，目的就是想通过研讨和交流，大力推动这项工作，促进企业尽快建立并完善企业法律顾问制度。另外，筹建全国企业法律顾问协会的工作，也正在积极进行。希望各省区市经贸委积极配合，并根据各地的实际情况开展工作，使企业法律顾问工作尽快走向制度化、规范化。在开展这项工作的过程中，要紧紧围绕企业的改制、改组、改造和加强管理（"三改一加强"）进行，要把建立并完善企业内部的法律顾问制度，当成深化企业改革、建立现代企业制度的一项重要工作来抓。

在中央党校省部级领导干部"国有企业改革研究班"上的专题报告*

（1995年3月）

一 十五年来深化改革与改进、加强管理同步前进

十多年来，我们经历的是深化改革与改进和加强管理相伴而行、同步前进的过程。深化改革不断对企业管理提出新的要求，丰富新的内容；企业改革的成果又往往要反映到企业管理之中，通过企业管理把改革的成果加以规范和巩固。

改革开放以来，企业改革与企业管理并行大体经历了几个阶段。

"六五"期间，为改革高度集中的计划经济体制，推动企业走向市场，我们对企业实行了扩大经营自主权和提高利润留成的改革。此时在拨乱反正、恢复正常生产的基础上，对企业进行全面整顿，进一步建立健全规章制度，制定新的企业考核指标体系，完善计量、统计，改善现场管理，引进了全面质量管理等新方法，开展职工岗位培训，使企业的基础管理得到恢复和加强；按"革命化、年轻化、知识化、专业化"的要求，普遍调整和加强了企业领导班子，对国有企业厂长经理进行了大规模的适应性轮训；引进了全面质量管理等新方法，改变过去高度集中的大一统的管理体制，在计划统一下达、材料统一调拨、产品统购包销、财务统收统支情况下，企业管理的范围从只局限于企业内部的单纯生产型管理，开始向生产经营

---

* 1995年3月1~31日，中央组织部、中央党校和国家经贸委联合在中央党校举办了省部级领导干部"国有企业改革研究班"，目的是更好地推进国有企业改革。本文是作者以"改善和加强企业管理的几个问题"为题，在研究班上所做的专题报告。

型管理转变，企业开始考虑如何适应市场。这个阶段的企业管理带有恢复和整顿的性质。

"七五"期间，为促使所有权和经营权适当分离，改善企业与国家的责、权、利关系，较全面地推行承包经营责任制，同时也加强了思想政治工作和党委的保证监督作用。加强职工民主管理，普遍建立和完善内部经营责任制，把企业和职工利益与企业经济效益挂钩，改进了国家、企业和职工的责、权、利关系；国家按照市场经济原则，结合国情制定了新的企业评价指标体系，并广泛开展了"抓管理上等级、全面提高素质"的企业升级活动，企业普遍修订和完善了各项定额和标准，基础管理进一步加强，面向市场的各项管理逐步建立；集团式的组织和管理开始出现，一些现代化管理的方法和手段逐步被采用。在此期间，涌现出一批国家和省级管理先进企业，改革相应带动了企业管理的改进。

进入"八五"时期，企业改革进入了转换机制、配套改革和制度创新的阶段。1991年中央工作会议为促使企业转换机制制定了"20条"措施；1992年制定了《转机条例》，推动政府转变职能，落实企业14项经营自主权；十四届三中全会《决定》进一步明确了建立现代企业制度的改革方向，股份制企业试点进一步展开。在此期间，企业面向市场、适应市场、开拓市场的各项管理逐步加强。劳动、人事、工资等管理制度有了较大的改进，企业的财务、会计制度实现了转轨；改组、改制、改造与加强管理综合配套进行在一些地方尝到甜头，出现了一批在市场经济中较有活力的国有企业。

十五年来企业改革的一条基本经验就是：企业改革和企业管理相伴而行，相辅相成，同步前进，改革为加强和改进管理明确了方向，提出了目标；管理又为改革成果的落实和规范提供了保证。

二 经济体制转轨中企业管理有深刻的改革内容

最近，在我们针对国有企业现状特别强调要加强企业管理时，不少同志提出搞好国有企业的根本出路在改革，现在强调加强管理是否意味着只要加强管理而不再强调企业改革了？

在中央党校省部级领导干部"国有企业改革研究班"上的专题报告

首先要说明的是，无论就历史的经验还是发展的趋势来看，搞好国有企业的根本出路就在于改革，这是千真万确的。但是，改革不能代替管理，过去的"以包代管""以改代管"都没有，也不可能取得好的效果；同样也不能期望实行股份制和改建成公司制后，企业管理水平就可以自然地提高。对我们来说，管理就是管理，管理就是要持之以恒地做艰苦细致的工作。

当然，我们所说的加强企业管理，不能简单地再理解成原封不动地重复单纯生产型企业的那一套管理了。加强管理中包含丰富的改革内容，许多改革是以管理思想、管理制度、管理内容和管理方法为对象，同时又以其为载体而实现企业改革的。在企业外部，改革就是要重新铸造企业与政府、企业与主管部门、企业与企业、企业与消费者之间的关系，创造有利于企业发展的外部条件，这往往是通过一系列法律、法规、政策等来实现的。在企业内部，改革就是要更加有效地调动企业自己可以控制的人、财、物和时间等各项生产要素，实现资源有效配置，而这又往往是通过企业的组织和管理来实现的。

当前企业管理面临大量的改革内容，一些企业恰恰由于忽视了这些改革内容而使自己的优势发挥不出来；一些企业因内部管理没有及时跟上已经变化的外部环境而陷入困境。

企业在由计划经济下的一个生产单位向市场经济中的竞争主体转变中，管理的内涵已经发生了深刻的变化。旧体制下的企业管理主要是围绕完成生产计划而进行的内部管理，即把通过计划而获得的各类生产资料，经过组织、加工制造成产品，再回送到国家计划安排的另一个环节。而在市场经济体制下的企业管理，就是要围绕捕捉市场机遇，对市场信息和宏观调控信号及时做出反应，形成科学、高效的内部组织，通过对企业各项活动的计划、组织、指挥、协调和控制，不断优化配置企业各类资源，充分利用市场经济允许的经营手段，获取最高的经济效益。

由此看来，在企业转向市场经济的竞争主体时，企业管理正在经历一场脱胎换骨的变化。企业的功能变了，企业追求的目标变了，经营管理的观念变了，企业管理的方式变了，企业管理的手段也变了。这一切是极为丰富的企业改革的内容，又构成了市场经济体制下的企业管理理念。

从企业的功能来看，在旧体制下，企业是附属于某一级行政机构的生产单位，在一定阶段，企业甚至被当成无产阶级专政的基层组织；而在市场经济条件下，企业是独立的经济组织，是市场竞争的主体。

从企业的目标来看，过去企业追求的是完成国家计划，而现在企业追求的是最高的经济效益。

从经营管理的观念来看，过去政府直接管企业，企业事事要依赖政府；而现在企业要自主经营、自负盈亏、自我发展、自我约束。

从企业的管理范围来看，过去主要是生产管理，而现在企业是以资金和财务为中心，开展市场信息管理、决策管理、市场开拓、产品开发、市场战略、生产管理、营销管理、售后服务管理等。

从企业的管理方式来看，过去主要采用传统的手工管理，现在要逐步引入现代化管理。

从管理的手段来看，过去主要运用行政性手段，现在要更多地运用经济手段。

总之，从某种意义上讲，企业改革与企业管理是不可分割的一个问题的两个方面。改革既寓于企业的管理之中，加强管理又有赖于企业改革。因此，企业改革与管理是一篇相互交织的大文章。哪个企业对此理解得早，工作就有成效，就会取得主动，反之，就会造成工作的被动。

三　对"管理科学"的初步理解

在建立现代企业制度过程中，"产权清晰、权责明确、政企分开、管理科学"，这四句话是一个有机整体，要全面正确地理解，其中"管理科学"是现代企业制度的重要组成部分。转换经营机制，建立现代企业制度，是把国有企业改造为自主经营、自负盈亏、自我发展、自我约束的法人实体和市场竞争主体。但企业实现经营机制转换后，能否在市场经济激烈竞争中生存并发展壮大，则取决于企业的决策是否正确和管理水平的高低。

"管理科学"的内涵是随着生产力发展和社会进步不断丰富和完善的。在当前建立现代企业制度的过程中，根据一些成功企业的经验，我们提出以下几个方面供同志们考虑。

一是根据企业内外环境条件，制定有远见的、切实可行的、推动企业健康发展的战略目标。

二是建立科学的企业领导体制。权力机构、决策机构和执行机构各司其职，相互制衡；形成科学、高效的决策程序；组织管理机构简而明，下级组织为实现上一级组织的目标而设定，各级组织责权一致，目标明确，并建立各组织间的责任体系。

三是以满足用户为出发点和落脚点，精心研究市场，及时把握市场信息，捕捉市场机遇，并以创新精神做出快速、灵敏、准确的反应，有效地参与市场竞争。

四是以实现战略目标和经营战略为原则，优化组合生产要素，提高工作节奏和运行效率，降低成本，提高劳动生产率，提高产品质量，推进技术进步，增强产品的竞争能力。

五是以提高经济效益为目标，注重价值形态的管理，注重资产经营，注重资本金积累，实现国有资产保值增值。多方面开拓融资渠道，提高资金营运效率，提高企业自我积累、自我发展能力。

六是建立和完善与市场经济运行规律相适应的企业内部各项管理制度，包括与国际接轨的财务会计制度、质量管理制度、自主灵活的劳动用工制度、激励约束相结合的内部分配制度、企业内部严格的责任制度和考核制度、严明纪律，严格管理。

七是大力开发人才资源，强化以人为中心的管理，发展企业文化，鼓励、焕发人的创造精神，持续调动广大职工积极性，逐步建立健全包括培训、使用、选拔、奖惩、监督等环节的企业人才开发系统。

八是加强企业领导班子建设，严格遵守法律法规，倡导企业精神，塑造企业良好形象，提高企业整体素质。

四　当前强调管理工作的现实意义

如果说管理也是生产力的话，那么，目前大多数国有企业并未充分调动起这一生产力。

一方面，企业基础管理有所削弱；另一方面，企业管理跟不上企业走向市场的需要，企业管理水平不高成了企业增强竞争力、提高经济效益的薄弱环节。面对逐步形成的市场经济，一部分国有企业经营管理思想观念的转变滞后；企业组织体系与进入市场参与竞争不相适应；企业管理的方式方法改变迟缓，有一些当年很好的企业面对瞬息万变的市场望洋兴叹，不知所措，甚至叫苦不迭。国家在这些企业多年积蓄形成的技术优势，没有变成适应市场经济的新产品优势，管理优势没有变成适应市场经济的质优价廉优势，人才优势没有变成适应市场经济的、真正的企业家优势。

近年来确实出现了一批班子强、产品好、机制活的企业，但在新旧体制转轨中，一些企业由于对某些问题的片面理解而忽视了改进和加强管理工作。一些厂长、经理把市场上的灵活经营与企业中的严格管理对立起来，相互混淆，管理失之于不严；由于企业外部矛盾热点增加，一些厂长、经理主要精力转移，削弱了内部管理；承包制和职工收益与企业实现利税挂钩，引起不少企业急功近利，出现短期行为，放松了管理；面对市场竞争和内部关系诸多问题，一些企业急于求成，情绪浮躁、心理失衡，不安心抓艰苦的管理工作，出现了"以包代管""以罚代管""以奖代管"等倾向，总是想找到一剂包治百病的灵丹妙药，超越艰苦具体的管理，而能解决企业的各种问题。

今年企业外部环境仍然不够宽松，搞好企业的根本出路在于改革，但是一些涉及旧体制的深层次改革尚在试点阶段，对于多数国有企业来说，目前切实下大功夫，通过加强管理克服不利因素，搞好国有企业，是现实有效的选择。向管理要质量，向管理要效益，这是各个企业都可以采取的成本最低的措施。一些优秀企业的经验表明，抓企业内部管理潜力很大，就是在现有的条件下，只要企业管理能提高到新的水平，使国有企业昔日的技术、管理和人才优势能变成市场竞争的优势，通过改革管理，而能充分运用市场经济允许的经营手段，国有企业的总体状况就会大为改观，经济效益就会提高。

目前有相当一部分企业在管理方面不同程度地存在一些问题，有些问题还相当突出。

一是管理思想落后，经营观念陈旧。一些企业领导管理思想滞后于改革和经济形势发展的要求，仍然存在着"生产靠计划、盈亏靠财政、发展靠政府"的思想观念。营销机制不健全，缺乏开拓、占领市场的竞争意识

在中央党校省部级领导干部"国有企业改革研究班"上的专题报告

和自觉抓管理、练内功的精神。有的企业长期生产一个产品，进入市场经济后，仍不能按照市场需求的变化及时调整产品结构，开发新产品，致使产品积压，陷入连年亏损、积重难返的境地。

二是管理不严，纪律松弛。缺乏高标准、严要求的工作态度和认真精神，缺乏反复抓、抓反复的作风，规章制度不落实，财务不透明，生产秩序和工作秩序混乱，致使质量差、浪费大、设备损坏、零件报废、人员伤亡。

三是基础工作薄弱，管理整体素质下降。规章制度不全或过时陈旧；基本功差，原始记录、报表、台账、档案管理混乱，信息不准，各项标准定额不全或指标水平落后。甚至在某些企业中，劳动无考核，物耗无定额，质量无检验，设备无人管，生产无核算，大量生产能力被闲置浪费。据某省调查，有40%的国家级企业质量、消耗、效益达不到原评定时的水平。

四是企业领导素质低。有些企业领导缺乏事业心、责任感，满足现状，无所作为；知识老化，经营管理能力差；缺少民主作风，听不得不同意见；甚至滥用职权、以权谋私；领导班子不和，遇事相互推诿、扯皮、拆台，纪律涣散。去年某省集中了158名企业领导人测试企业有关知识，竟有58%的人不知道什么叫增值税，可见企业领导人素质急需提高。

五是企业经营决策能力差，不讲信用，急功近利。有的企业不重视对市场的调查分析，不顾客观条件甚至放弃自身的优势，盲目争上新项目，搞低水平的重复建设，重复引进，给企业带来不可挽回的损失。有的项目，甚至投产之时就是停产之日，损失严重。有的企业缺乏长远经营战略，看到别人的产品赚钱，就跟着人家后面跑，等到搞成，时机已过，造成产品积压、企业资产浪费和亏损。有的企业不讲信用，有钱不还、拖欠有理，损害了企业长远利益和企业形象。

以上这些，有的是企业管理方面存在的老问题，有的是新形势下出现的新问题。

针对当前生产经营中的突出问题，我们提出了在全国开展"转机制、抓管理、练内功、增效益"活动。同时，还要指导企业着重抓好质量、资金、成本、营销这四项管理。

首先，抓质量管理先要牢固树立"质量、信用"的观念。"质量是企业的生命",信用也是一种质量,是履行承诺的质量。企业领导者要成为企业产品质量和信用的第一责任者,这是任何其他人员所不能替代的。要健全以质量否决权为核心的责任制,加强技术基础工作,继续深入推行全面质量管理。凡引进技术的产品,必须全部采用国际标准;凡新开发的产品,都必须有标准,没有标准的一律不准生产,今年内要确保我国主要行业50%的产品按国际标准组织生产。要强化质量监督的有效性,坚决打击生产和销售假冒伪劣产品的违法经营行为。

其次,资金问题是当前国有企业面临的一个突出问题。造成目前企业资金紧张的原因是多方面的。一方面是资金运营效率低下,拖欠增加,使用结构不合理。另一方面确实也有流动资金总量不足的问题。从目前宏观经济形势来看,今年的资金总量仍相当紧张。当前抓资金管理,对于走出资金紧张的困境、改善宏观经济形势,具有特殊的现实意义。

第一,提高资金运营效率。目前全国国有企业生产经营资金周转过慢,占压、沉淀严重,是当前资金管理中的突出问题,全国企业生产经营资金平均一年周转1.35次,即周转天数为272天。这种低速运转加大了本来就不足的资金压力,在负债率高达90%以上的情况下,经济效益无法提高。生产经营资金要增加10%、20%或30%,要有上千亿的投入,这是非常困难的;但周转速度要提高30%,经过努力是完全有可能做到的。

第二,要严格执行结算制度,认真实施财会《两则》,完善企业内部审计制度,形成有效的审计监督机制,把有限的资金花在刀刃上。统筹安排使用各项资金,优先满足企业生产经营资金需要。当前造成企业资金紧张的另一个重要原因,就是边生产、边积压。到1994年11月底,全国独立核算工业企业库存产成品资金已达4124亿元,比2月末增加了1000亿元,以至于资金沉淀,形成企业相互拖欠的局面,这反过来进一步加剧了企业资金紧张的状况。这种状况不扭转,再多注入资金或发放贷款也无济于事。当前,要按照"增畅、限平、停滞"的原则,做好限产压库,加强货款回收,严肃资金结算纪律,采取各种措施,加强促销,盘活资金存量,加快资金周转,提高资金使用效率。

第三,从思想上,要树立勤俭办厂的精神,想方设法开源节流。有的企业在形势好的时候,不是把积累的资金用于补充自有资金以减少贷款,而是扩大规模,搞房地产开发。有的困难企业连职工工资都不能保证,却有钱购置高档进口轿车。这些现象说明,企业既有资金紧缺的一面,也有没把钱花在正当之处的问题。

再次,成本管理是企业管理的一项重要内容。当前企业消耗高、资源浪费严重的问题十分突出。据对92个主要物资消耗指标的统计,1992年比1985年上升的指标有44个,占47.8%,持平的2个,占2.2%。消耗高直接影响了企业的经济效益。一些企业的经验已经证明,抓住了降低成本就抓住了企业经济效益的"牛鼻子"。我们要继续推广邯钢的经验,健全以节能降耗为主要内容的成本管理责任制,首先要健全消耗定额指标体系,完善成本核算,生产经营过程中各种原材料消耗、能源消耗、经费开支都要有科学合理的定额,分解到各车间(部门)、班组、岗位和个人,实行严格的考核,堵塞管理中的漏洞。

最后,在市场经济条件下,营销管理直接关系到一个企业的生存和发展,必须下大力气抓好。从全局情况来看,目前企业营销管理水平还比较低,潜力还很大。据统计,1994年全国工业产品产销率比上年下降了近1个百分点,年末全国乡以上独立核算企业的工业产成品资金占用比上年增长了20.7%。抓营销管理首先要加强市场调查和分析,抓好市场预测,提高营销队伍素质,及时把握市场变化。充分运用现代营销技术手段。政府部门也可以组织力量对一些行业主要产品的生产、需求、价格和库存进行月度、季度和年度调查,进行分析、预测,定期发布信息,协助组织区域性营销活动,开展营销技术培训,帮助企业改进营销管理。要积极开展创名牌活动,提高名牌意识,以名牌产品带动产品结构调整。

五 改善和加强企业管理中的政府行为

加强企业管理本身是企业行为,任何外部机构都不能替代企业自身所做的努力。企业在这方面努力的程度和所取得的效果从某种意义上决定着自身的兴衰成败。企业管理者对此负有不可推卸的责任,这是必须明确的,但是并不能因此就说政府对此可以无所作为。在新旧体制转轨这一特殊时期,政府至少应做三方面的工作。

(一) 减少对企业不必要的干预

企业改善和加强管理遇到的一个困难是政府部门不必要的干预过多。例如，政府机构要求企业对口设置相应部门，否则就为企业设置障碍；有的政府部门搞拉郎配式的企业联合，摊派式的"兼并"，翻牌的"集团"，把好企业拖垮；乱评比、乱评优仍然很盛行，甚至发展到荒唐的地步，就是花钱买，企业感到评比缺乏权威，但不参加又不好，经常处于两难境地；另外，企业正常工作中的各类审批依然较多，各类审批应随着政府职能的转变、企业机制的转换而减少。

(二) 为企业创造改善管理的条件

首先，要改善宏观调控，特别是进一步完善金融、投资等体制改革，完善各类市场，为企业的发展创造公平竞争的市场环境。其次，要建立和完善社会保障体系，为企业解脱"办社会"职能、分离离退休职工、安排富余人员创造条件。再次，要建立健全社会主义市场经济法律法规体系，为企业实现规范化管理奠定基础。这里包括规范市场主体的法律，如《公司法》《独资企业法》《合伙企业法》等；规范市场行为、维护市场秩序的法律，如反不正当竞争法、反垄断法、广告法等；规范宏观调控的法律，如投资法等；另外，还要培育公正、公平、有权威的服务中介机构等。

(三) 对企业管理进行必要的指导

第一，总结好的典型，通过宣传，使它们起引导作用。我们有一批管理搞得好的企业，如青岛海尔、邯钢、无锡小天鹅、北京一轻、上海二毛及三维制药等，要使它们的好经验让更多的企业学习、借鉴，这对改善和加强企业管理意义重大。第二，抓紧建立企业经营管理状况考核指标体系，目前要抓紧建立两大类指标体系。一类是反映企业经营管理状况的财务指标；另一类是反映企业经营管理状况的技术经济指标。考核企业经济效益的财务指标体系一直在随着改革的深化而处于不断修改之中。1983年曾制定工业企业16项经济效益指标；1992年制定了6项经济效益指标。1993年企业财务制度改革后，如何运用新的财务指标考核企业的经营状况，就

在中央党校省部级领导干部"国有企业改革研究班"上的专题报告

成为一个新的问题。去年以来,辽宁等省市经贸委结合对国有企业基本情况的战略分析,已经在这方面做了有益的探索,取得了一批成果。国家经贸委在总结辽宁省指标体系的基础上,综合各有关方面意见,提出了一套考核企业经济增长质量和效益的综合指标体系,正在征求有关方面意见。除了财务指标外,技术经济指标也是考核企业经营管理状况的重要依据。各地区和各部门要抓紧建立服务于本地区或本行业的技术经济指标体系,定期发布各企业技术经济指标排序,为企业提供具体赶超目标,形成对企业的压力与激励,促进企业改进管理,提高效率。第三,建立资产经营责任制。一方面落实企业法人财产权,另一方面落实国有资产经营责任,维护国有资产所有者权益。国家经贸委已起草了一个《国有企业资产经营责任制暂行办法》,待调整完稿后,下发实行。第四,组织社会力量为企业管理工作提供有价值的咨询。对企业管理水平的最终评价,靠市场竞争的优胜劣汰,这是刚性而不讲情面的。过去我们曾用过企业整顿、企业评比、企业升级等办法,在当时都曾起了重要作用,功不可没。但这些办法对现实和未来发展已经不适用了。政府如何为企业改善和加强管理创造外部条件、给予必要的指导,仍是需要在实践中不断探索和解决的问题。

六 企业加强管理和政府"管"好企业

加强企业管理主要是企业的事,而"管"好企业却主要是政府的事。这里讲的"管"好企业,主要是指如何充分地运用市场经济的方法和手段,增强国有企业的活力,这是政府不可推卸的责任。

过去,我们为搞好国有企业,下了不少功夫,但在 1994 年宏观体制改革以后,政府搞好国有企业的方式方法正发生着大的变化。过去搞好企业在方式方法上主要有两大特点。一是以企业资产的不同所有制为对象而轮番进行政策调整。国有企业有困难,实行减税让利;乡镇企业要发展,得给点优惠政策;为鼓励引进外资,搞好三资企业,又要给予优惠条件。二是针对单个企业区别政策,最典型的做法是承包制,即通过政府与企业一对一的谈判,实行一厂一制,承包基数有高有低,每年上缴利润的递增率也有高有低,甚至有的连税一起实行"总承包",就是在同一行业中,不同企业都不同。例如，在钢铁行业中，首钢、武钢、宝钢办法就不一样。这在财税体制改革前，在中央财政与地方财政实行包干制的前提下是可以的，但在去年财税体制改革后，这种办法已失去继续下去的体制条件。这就要求我们在深化企业改革，搞好国有企业的思路、方法和手段上，必须以市场经济为取向做相应调整。

（一）搞好国有企业与搞好国有经济统筹考虑

以计划经济为基础长期形成的国有经济，在进入市场经济过程中结构性不合理问题暴露得越来越明显，这是国有企业运营效率低的一个重要原因。在市场竞争的大环境中，要把单个国有企业放到区域或全国国有经济之中定位，才能发现比较优势，找到发展的机会，区域经济才能克服只见树木、不见森林的状况。通过对国有资产分布即国有资产存量的调整，对产业结构、企业组织结构和产品结构进行结构性优化，会调动出新的生产力，给企业带来新的活力。在新旧体制转轨中，结构调整是一项搞好国有企业势在必行的巨大工程。上海等地卓有成效的工作已显示出这一工程的巨大潜力。要对国有大中型企业的基本情况进行系统调查，对产品结构、企业组织结构和产业结构，对企业经营现状和资产结构进行认真分析，根据国家产业政策和地区经济发展优势，明确区域经济增长的生长点，确定重点支持的、鼓励发展的、需要调整的行业和企业，进行战略调整。调整结构要以存量的优化配置为主，以增量作为催化剂。资产存量的重组，要使国家确需掌握和控制的国有大中型企业结构合理，实力增强，成为经济发展的支柱，企业组织结构重组或调整，可以更多地通过产权转移的方式，在做好资产评估的基础上进行，有计划地兼并、分立、合资、承包、租赁、出售和破产。出售的收入，用于企业资本金注入，实现国有资产的战略转移。这是一项效益极大，暂时又不需要支付更多成本，各级政府和企业都可根据实际情况进行操作的现实可行的工作。

（二）企业改革与企业环境的改善同步进行

企业改革的深化，要求外部环境不断改善，配套改革要到位；流通、金融、税收等体制改革又要求企业实现机制转换。企业既是宏观管理体制服务的对象，又是各类经济杠杆调控的对象。因此，企业自身改革与各项配套改革的关联性变得特别强，这已经成为深化改革的一大特征。

在去年财政、税收实现体制转轨之后，企业改革与社会保障、金融和流通体制改革相辅相成的局面更加明显。在全面推进国有企业改革的同时，要进一步完善税制改革，加速专业银行企业化的进程，充分发挥税率、利率的杠杆作用，建立健全以间接调控手段为主的宏观调控体系。要尽快确立社会保障管理体制，抓紧建立和完善社会保障体系。在大力发展商品市场、努力推进流通体制改革的同时，要积极稳妥地发展、完善各类市场，特别是要素市场。组建发展行业协会、商会等组织和直接为企业服务的中介机构。建立和健全适应社会主义市场经济的法律体系，严格市场秩序，规范政府和企业的行为，维护和保障国家、企业和职工的权益，为企业转换经营机制、独立进入市场创造必要的外部环境。

（三）转换经营机制与建立现代企业制度相结合

建立现代企业制度是国有企业改革的方向，转换经营机制是建立现代企业制度的基础。当政府转变职能、企业转换经营机制达到一定程度时，才具备对企业按现代企业制度加以规范的必要条件；但是只有最终以现代企业制度取代了传统国有企业制度之后，机制转换才能到位。

所谓转换经营机制，就是企业要自立自强，以独立法人身份走向市场，投身竞争。自负盈亏就是使国有企业由生产活动围绕国家计划运行，转变为企业的经营活动对市场信息和宏观调控信号能及时做出适当反应。我们讲目前企业没有转换经营机制，主要在于企业得到信号后有很多逆动作。最明显的是1993年，政府为控制经济过热，两次调高利率，但这并没有降低企业投资热情。人民币对外币的汇率一贬再贬，而各类进口却有增无减，这说明企业机制没有转变。真正实现机制转换，涉及旧体制许多深层次问题，不改变传统的企业制度就难以奏效。当前，要在进行现代企业制度试点的同时，重点打好转换经营机制基础。在整体推进"转机建制"的前提下，针对建立现代企业制度的难点，采取必要措施，在制度创新和配套改革方面，实现重点突破，解决企业中存在的重点和难点问题，为普遍实现企业制度的转变创造条件。

(四) 企业的改组、改制、改造相结合

企业改组是指国有企业资产存量实现优化组合，提高国有经济的配置效率；改制是指企业在转换经营机制的基础上，实现企业制度的创新；改造是指集中必要的投入加大企业技术改造力度。这三者的关系，我个人看，应把改组摆在前面。首先是通过改组使经济结构趋于合理，在此基础上，转换企业经营机制，在结构合理、机制转换的情况下，再加大技术改造，就能收到好的效果。如果没有结构合理和企业机制转换这个基础，只是一味地投入，往往事倍功半，难以收到预期的效果。

(五) 加强企业管理与解脱历史包袱相结合

目前，国有企业的优胜劣汰机制、自负盈亏机制、激励和约束机制还未真正建立起来，许多管理人员经营管理观念尚未转变，一些企业的非正常行为和短期行为时有发生，管理粗放，国有资产运营效率低下。眼睛向内，转变经营观念，不断改善和加强企业内部基础管理，使企业的财务、质量、人事、劳资等项管理符合企业进入市场参与竞争、提高经济效益的目标，切实提高各项管理的有效性仍是十分繁重而艰巨的任务。

企业"办社会"，造成国有企业同时追逐多个相互抵触的目标，经常处在两难之中。追求经济效益的目标往往由于各种现实矛盾而被冲淡，因而造成企业行为经常错乱，财务越来越不透明，违背企业作为经济组织的行为屡屡发生。它制约了企业经营机制的转换和资产运营效率的提高。不解脱企业"办社会"的负担，真正符合市场经济体制的经营机制和现代化管理就难以完全到位。

解脱企业"办社会"包袱，要调动企业、职工特别是地方政府的积极性。首先在企业内将生产经营部分与富余人员和"办社会"部分从编制、财务到组织上实行分离，再创造条件使公益性机构逐步转交社会，福利性机构逐步转作三产，进入社会。这是一个过程，不可一蹴而就。分离的难处是职工思想观念的承受能力和财政的承受能力。为此，一方面要加大三项制度的改革力度，通过在企业内的分离过程转变一些职工吃企业"大锅饭"的观念；另一方面政府要压缩非急需的基建及其他各项开支，把本应

在中央党校省部级领导干部"国有企业改革研究班"上的专题报告

由政府做的事承担起来,企业也必须准备为此付出一定的成本,以实现分离的平稳过渡。

(六) 抓关键的少数

现在大家越来越发现,抓住少数关键的大型企业,比如 500~1000 户,就抓住了国有经济的大头,就可以发挥国有经济在国民经济中的主导作用。要集中精力和政策措施把这批关键的少数真正培育成有发展前途、有市场竞争实力的优强企业。一方面,这是中国经济走向国际市场的主力军,另一方面,通过专业化协作和产品、服务的辐射作用,会带动一大批相关企业。优强企业还是经济结构调整的主体,一批优强企业的出现,能给危困企业的改组、兼并、联合、破产等调整措施创造更广阔的空间。因此要研究和实施大集团、大公司战略。

七 培育企业家队伍,加强领导班子建设

提高企业在市场经济条件下经营管理水平的一项长远的根本性任务是培育一代职业企业家队伍。从某种意义上说,没有一批达到国际水平的企业家,就不可能带出具有国际竞争力的骨干企业。

我们在建立社会主义市场经济中遇到的极大困难是物资短缺、资金紧张,十多年企业改革的实践一再教育我们:在发展生产力所必需的各类要素中,高水平的经营管理人才匮乏,是比物资和资金短缺更难解决的问题。

现实生活中的大量事实表明:一个企业有了高水平的经营管理者,没有好的产品,可以开发出好产品;混乱的管理,可以在短期内扭转局面;企业亏损的状况,可以经过努力而改变;企业没有市场也可以开拓出市场。在全国已出现了黄关从、万德明、张瑞敏等一批优秀企业家。相反,一个不称职或怀有私心、野心的管理者,可以把一个好企业整垮、掏空。

企业管理,要靠企业家带领一班人去抓,去实现企业目标,随着政企职责分开的进程,企业经营权力越来越大,在这种情况下,企业家及企业领导班子的素质和个人品质对一个企业来说就成了头等重要的大事。

在深化企业改革过程中,在改善企业外部环境、改进企业内部管理的

同时，培育和造就一大批懂得社会主义市场经济、忠于社会主义的职业化的企业家队伍，是搞好企业的一项基础工程。企业家主要是在办企业的实践中锻炼成长的，要建立企业家队伍的形成机制，使企业家能脱颖而出和健康成长，形成对职业管理人员的培训、考核、资历认证、评价、聘用、解聘的科学标准和程序，赋予优秀者更大的权责、更宽的发展余地。对那些相形见绌者，能及时发现和淘汰，以企业家经营业绩的优劣，形成其自身社会价值的高低，这是对企业家激励和约束的基本条件。要在加强所有者和职工对企业家监督的同时，推动企业家的职业化和形成企业家随供需关系而流动的市场，对企业家经营业绩形成社会评价，优者市场价值高，各家争相聘用；良者价值平平；而有劣迹者则会被社会抛弃，无人问津，由此形成对企业家强有力的激励和约束。

最近中央、国务院领导对培育企业家队伍，加强领导班子建设极为关注。为了加强企业领导班子建设，我们已和中组部进行了研究，近期将由中组部、国家经贸委会同有关部门联合发文，组织、指导各地有关部门对国有企业领导班子分期分批进行一次考察。落实李鹏总理在中央经济工作会上关于要"有组织地对大中型企业领导班子进行全面考察，不称职的要撤换，问题大、矛盾多的班子要调整"的指示。

要在18个"优化资本结构"试点城市中，研究探索建立区别于党政干部的企业领导干部选拔、使用、评价、考核、奖惩、监督办法，为造就一支高素质、职业化的企业家队伍创造条件。要探索建立经营者资格认证制度，由国家制定统一的经营者资格基本标准，实行统一的考核认证。探索实行国有大中型企业、国家独资公司和国家控股公司的经营者持证上岗制度。要实行经营者年薪制度，维护企业家的正当利益。要实行经营者聘用制度，探索建立企业家合理有序流动的机制，各地要积极组建企业家人才市场，建立企业家人才数据库，为用人单位和待聘的经营者服务。

要实行经营者定期考核奖惩制度，建立对经营者的激励和约束机制。要建立由国家认证的权威性中介组织对优秀企业家评选表彰的制度。通过考察与奖惩，不断总结和推广优秀企业家的业绩和经验。对经营管理能力较差、不能胜任工作的，要及时解除聘用合同。对玩忽职守、给企业造成重大损失的，对以权谋私、贪污受贿的，对违反国家法律、法规，构成犯罪的，要坚决进行纪律处分和刑事处罚。

企业管理是一个永恒的课题，随着企业内外条件的变化，科技进步的程度和生产、服务事业的发展需要不断改进。当前我国企业在经济体制转轨大环境下，深化改革、转换机制、改进和加强管理的任务十分繁重。当前一些企业的管理既跟不上改革的形势，又失之于粗、失之于松，这一情况表明，向管理要质量、向管理要效率、向管理要资金、向管理要市场、向管理要效益的潜力大得很。以改革精神，下大功夫改进和加强管理，是当前多数企业的紧迫任务，也是一些企业走出困境、成本较低、可以更多地发挥主观能动性的现实选择。

中央党校省部级领导干部"国有企业改革研究班"学习情况小结*

(1995年3月31日)

中央党校省部级领导干部"国有企业改革研究班"今天就要结业了。经研究班支委会研究，我代表党支部就一个月来的学习情况做一小结，也是向党校和邦国同志的汇报。

中央党校省部级领导干部"国有企业改革研究班"自3月1日开班以来，我们先后听取了锦涛同志在开学典礼上的讲话、邦国同志"关于当前国有企业改革的形势和任务"的报告、王忠禹同志"关于企业改革思路和实践的几个问题"的报告，前天（29日）上午，镕基同志又做了"关于当前经济形势及搞好国有企业改革、抑制通货膨胀问题"的报告。大家在这一个月的学习中，围绕政企分开、加强企业管理和建立社会保障体系三个专题，认真学习和重温了邓小平同志建设有中国特色的社会主义理论，关于发展社会主义生产力的有关论述，再次学习了十四届三中全会《决定》，听取了有关部门负责同志的十个专题发言，进行了认真的学习、深入的研究、积极的交流和热烈的讨论。3月23日，锦涛同志亲自到校，听取了支部关于学习情况的汇报，与各组代表分别进行了交谈，对如何做好总结做了指示。

现将研究班在学习中的收获和体会，从三个方面归纳小结如下。

---

* 1995年3月1~31日，中央党校举办省部级领导干部"国有企业改革研究班"。在研究班结业时，作者代表党支部做了学习情况的汇报。本文是作者汇报内容的初稿。

中央党校省部级领导干部"国有企业改革研究班"学习情况小结

一 提高了认识，坚定了搞好国有企业的信心

（一）正确估价、正确认识

大家在学习讨论中普遍认识到，党中央、国务院以及很多中央领导同志反复强调国有大中型企业在整个国民经济中的基础地位以及在建立社会主义市场经济体制中的主导作用，具有非常重要的意义。

很多省区市（包括部门）的同志，用大量的数据分析来说明，国有企业特别是国有大中型企业，在多种经济成分迅速发展的情况下，在国民经济中仍然具有绝对优势，掌握着国家的经济命脉，始终起着主导作用，并且是国家财政收入的主要来源；国有企业为改革开放、促进经济发展和保持社会稳定做出了巨大贡献。许多同志还通过具体数字和生动例子，印证了国有企业在我国国民经济中的特殊地位和作用；印证了江泽民同志在中央经济工作会议上，对搞好国有大中型企业的重大意义的评价，即我们要建设有中国特色的社会主义，关键在于搞好国有大中型企业；我们要加快建立社会主义市场经济体制，关键在于国有大中型企业改革取得实质性进展；我们要在 21 世纪国际经济激烈竞争中占据有利地位，关键在于提高国有大中型企业的竞争能力。

有的同志指出，在我国，实行多种经济成分长期共同发展，是建立社会主义市场经济体制的必然选择。但是以公有制为主体，国有经济为主导的原则是不能动摇的。

（二）正视问题，稳步前进

在讨论中大家一致认为，国有大中型企业目前存在的困难和问题是突出的，有的还相当严重，如经营机制转变滞后，负债过多，负担过重（包括人员过多和"办社会"包袱），这些问题是普遍存在的。我们都是从事实际工作的，正视问题，分析问题的症结，找到解决问题的方法和途径，是我们的重要职责。

大家普遍体会到，国有企业改革的确是一项系统工程，它与各项配套

改革紧密关联，牵一发而动全身，改革过程中遇到的矛盾是突出的，是相互交织的。如政府转变职能，实行政企职责分开，既涉及政府机构改革，又涉及政治体制改革；又如解决企业过度负债问题，既有企业机制转换问题，又有投资融资体制改革问题；再如分流企业富余人员，把企业"办社会"职能应交还给政府，但为了维持社会稳定，在目前财政偏紧的情况下，一时又难以做到；如此等等。这些问题和矛盾，不是一朝一夕形成的，解决这些问题只能是一个长期的、渐进的过程，不可能一蹴而就，急不得，也拖不得。在这方面，大家已形成共识。有的同志提出，解决国有企业的问题，就是要"不急、不等、不靠、不退"，稳步把改革推向前进。

（三）统一思想，坚定信心

许多同志指出，我们到这儿来学习，不仅要提出问题、反映问题，更要分析形势，树立信心。

一是目前国有经济仍是最强大的经济成分。企业国有资产在全社会总资产中仍占绝对优势；国有经济仍控制着国家的经济命脉，国有经济在国民经济发展中仍起着主导作用。

二是党中央、国务院始终十分重视搞好国有大中型企业，在不同发展阶段，提出和制定了一系列搞好国有大中型企业的方针政策，党的领导始终是改革的第一推动力。

三是通过十几年的改革，国有企业从总体上讲，活力是增强了。回顾改革之初，国家指令性计划在95%以上，国有企业实际上是一个大车间，企业是政府的附属物，同那种状况相比，现在企业的进步是十分巨大的。同志们列举了许多有说服力的例子，说明有相当一批企业开始成为自主经营、自负盈亏、自我发展、自我约束的法人实体和市场竞争主体，出现了一批有活力、有实力、在国内外市场上颇有声誉的国有大中型企业。

四是通过十几年的改革实践，通过扩大企业经营自主权、承包经营责任制以及股份制试点等多种方式，我们已积累了较丰富的经验。尤其是我们有邓小平同志建设有中国特色的社会主义理论为指导，十四大提出建立社会主义市场经济体制，十四届三中全会提出建立与社会主义市场经济体制相适应的现代企业制度等，这些都为我们深化企业改革指明了方向。

五是近两年财税、金融等宏观体制改革取得了显著成绩,一方面改变了长期以来,企业改革孤军深入的状况,另一方面也为推动企业转换机制、继续深化改革创造了良好的外部条件。

六是通过十几年的改革,已经涌现出一批懂市场、善经营、会管理、素质高的企业家队伍,还有广泛的拥护改革开放的社会基础和群众基础,搞好国有大中型企业已成为全党和全社会的共识。

可以说,大家通过一个月的学习研究,对搞好国有大中型企业的思想认识更加统一,更有理性。大家共同的认识是,搞好国有企业是一项艰巨、复杂的历史任务,要准备付出长期的努力。但是,办法总比困难多。只要我们坚持不懈地共同努力,国有企业定会再振雄风。有的同志说,能否搞好国有企业关系到社会主义事业的成败、国家的兴衰,对此,我们既要有十足的紧迫感,又不能急于求成;要有十分的信心和决心,还要有必要的耐心。

二 进一步理清了搞好国有大中型企业的思路

(一) 明确了方向和目标

大家在学习中明确了现在国有企业改革的目标和方向。依据十四届三中全会《决定》,到本世纪末,要基本建立起与社会主义市场经济体制相适应的经营机制和现代企业制度的框架,使国有大中型企业在社会主义市场经济中发挥主导作用,是企业改革的战略目标。

很多同志指出,建立现代企业制度这个方向不能动摇。现代企业制度的提出,是我国十几年企业改革实践的成果,是实现公有制与市场经济相结合的有效途径,是企业改革理论上的重大突破。我们在实际工作中,必须全面理解现代企业制度"产权清晰、权责明确、政企分开、管理科学"这四句话。这四句话是一个整体,是建立现代企业制度必须做到的。不能以一代四,以偏概全,忽视其他方面。通过学习,一些同志认为现阶段全面落实四句话的关键是"政企分开、加强企业管理和建立社会保障体系"这三句话。经过一个月的学习研究,经过反复思考,许多同志认为,我国的企业改革是一个不断发展的、渐进的过程,产权管理制度改革是不能逾越的一个重要环节。这项改革是涉及整个经济体制改革深层次矛盾的重大变革。在这方面，目前只能是进行试点，积累经验，找到切实可行的途径后再通过立法稳步推进。如果把搞好国有企业的全部或大部分精力都集中在产权问题上，忽视企业中大量亟待解决的现实问题，就会偏离改革的方向，达不到搞好国有企业的目的。对于大多数国有企业来讲，包括已经上市的股份公司，政企分开，加强内部管理，建立社会保障体系仍是当前深化改革的三个关键环节。这是当前的工作重点，也是建立现代企业制度的必经之路。

（二）理清了搞好国有大中型企业的思路

关于深化国有企业改革的思路，大家在讨论中非常赞同邦国同志提出的"国有企业改革要着眼于搞活整个国有经济，而不是着眼于搞活每一个企业"，大家认为，这个思路是符合市场经济优胜劣汰规律的，按照这一思路去指导国有企业改革，有利于提高整个国有经济的效益。国家可以通过国有资产的优化配置和有效的增量投入，调动出更多的社会资本，从而使整个国民经济充满生机和活力。

关于"三改一加强"问题。许多同志认为"三改一加强"是当前及今后一个时期，搞好国有大中型企业最现实有效的措施和手段，也是指导各地做好企业工作的具体工作方针。大家认为，在"三改"中，按照产业政策，进行企业组织结构调整，优化资产存量配置，是最重要的前提。有的同志指出，改组是根本出路，改造是主要途径，管理是基本保证。

关于抓好试点的问题。许多同志认为，搞试点是我国经济体制改革的主要经验。但试点不宜搞得过多，应抓一个成一个，试点要有普遍意义和推广价值。在这方面，地方更接近企业和基层经济活动的实际，应给地方一些试点的权力，应积极鼓励地方结合实际去探索，调动地方的积极性。

关于结合实际，区别情况，分类指导，整体搞活问题。许多地方的同志提出，国有企业改革的方向、目标和基本思路，中央、国务院和有关部门已经明确并做了很好的安排，关键是如何结合自己的实际情况，进行分类指导。有的同志提出，要放开小的，搞活大的，发展中间的。对国有小企业，可以加快"包租卖破转"，将国有资产的变现收入，用于发展优势企业。

（三）采取切实措施，扎扎实实工作

许多同志感到，由于今年通货膨胀的压力比较大，国家不可能拿出更多的财力去解决国有企业的问题。通过认真研究和互相交流，大家解放了思想，开拓了思路，大家认为，今年抓企业工作仍大有可为。

（1）继续认真贯彻《企业法》、《公司法》和《劳动法》，落实《转机条例》《监管条例》，贯彻好财会《两则》，企业转换机制，政府转变职能，促进政企职责分开。

（2）利用国家紧缩信贷、治理通胀的好时机，在大力调整结构上做文章。经济回落期，矛盾暴露得比较充分，有利于实行战略性结构调整，实行"三改"并举。

（3）结合本地区实际情况，制定地区经济发展战略，扶植优势产业，实行名牌发展战略，寻求新的增长点，用增量带动存量的调整。

（4）加强试点工作，试点不强求一个模式，不搞形式主义，力求沿着十四届三中全会《决定》的方向，结合地方和企业实际，在深化改革中的一些重点和难点问题上，力争有所突破。

（5）指导企业改进和加强内部管理，特别是质量、资金、成本和营销管理，开展"转抓练增"活动，宣传先进企业典型，提高经济效益。

（6）抓好企业领导班子建设，培育职业化企业家队伍；要组织力量分期分批对企业领导班子进行考察，充实调整乱、软、散、问题多、矛盾大的企业领导班子。

（7）积极用好银行呆账准备金，推动破产和兼并，形成优胜劣汰的机制，今年争取在18个试点城市中迈出较大步伐。

（8）抓好配套改革，建立和完善社会保障体系，为企业减人增效创造条件，要合理测算企业的承受能力。

（9）抓好"关键的少数"，推行大公司、大集团战略，培育经济发展的生长点，使大公司、大集团成为结构调整的主体和参与国际竞争的代表队，带动国有经济和国民经济持续健康发展。

（10）发挥中介组织作用，加强对产品质量的监督，采取必要的行政手段，打击假冒伪劣产品及其生产者。

（11）很多省区市的同志提出，结合实际可以做的而且最有效的就是将占用资金多、难以在短期形成效益的一些在建项目，下决心停下来，把有限的资金用于调整结构，建立国有企业改造专项基金。

三　在实践中继续探索研究改革中的难点

大家在学习中深深感到，经过十六年多的改革，我们取得了很大成绩，许多表层的问题基本上得到解决，目前存在的问题，大多数是长期积累下来的并与一些深层次矛盾交织在一起的老大难问题。主要有以下几个方面。

（1）要把机构改革提到议事日程上来。大家普遍认为，政府机构改革不加快进行，政府社会经济管理职能与国有资产所有者职能、国有资产监督管理职能与国有资产经营职能的划分就很难进行，实行政企分开也难以收到实效。在目前利益格局下，如何推动机构改革，是深化改革的重大课题。

（2）要改革现有的国有资产管理体制，建立符合市场经济的可以切实保证国有资产保值增值的、权责明确的国有资产经营、管理和监督体制。要尽快制定和出台《国有资产法》。

（3）要继续研究多渠道解决国有企业债务负担问题。研究债务重组、合理降低负债率以及增补企业资本金的途径。

（4）研究解决企业富余人员分流和再就业安置的具体办法。

（5）企业领导体制和企业家队伍建设和管理问题。

（6）改革的宏观配套和整体推进如何有序协调问题。

（7）建立社会保险制度与企业、个人承受能力的配套问题。

（8）控股公司的改革思路，对我们建立现代企业制度，实行政企分开有重大影响，大家在讨论中有各种意见，在实践中可以不断探索，有的同志认为，目前至少可以明确两点：谁收取红利，谁就应承担相应的责任；在控股公司的内部、外部体系中，没有不受约束的机构，没有不承担责任的"老板"，裁判员和运动员不能集于一身。

（9）要重视境外国有企业、国有资产的管理问题。

（10）关于发展大公司、大集团战略的措施和政策问题。

（11）关于企业中党的作用和职工民主管理问题等。

总之，通过一个月的学习，大家研究了很多理论和实践中的问题，带着问题来，有的在学习讨论中得到了解决，有的还需要进一步研究。大家认识到，建立社会主义市场经济，我们没有现成的答案，大量的问题，需要在实践中去探索、去解决。只要我们坚定搞好国有大中型企业的信心，依靠群众，勇于实践，敢于突破，不断总结经验，我们就一定能完成好历史赋予我们这一代共产党人的光荣使命。正像支委会上有的同志讲的，我们这60个学员，参加了这个学习班，应成为60颗种子，把我们的学习成果和学习体会，带到自己的工作中去，要成为"催化剂"和"酵母"，去影响和带领广大群众，为搞好国有大中型企业、建设有中国特色的社会主义而共同努力。

企业集团试点工作的思路和任务[*]

(1995年4月4日)

1991年12月颁布《国务院批转国家计委、国家体改委、国务院生产办公室关于选择一批大型企业集团进行试点请示的通知》（国发〔1991〕71号）以来，企业集团[①]组建和试点工作已取得了积极进展。党的十四届三中全会《决定》提出了建立现代企业制度的目标，这就使企业集团试点进入了一个新的阶段。

一 企业集团试点中存在的问题

我国试点企业集团的组建，是在市场经济尚未形成、规则还不健全、自身条件尚不成熟和起点比较低的情况下进行的，无论是以大型生产、流通企业为核心的企业集团，还是强强联合或是行政性公司转变过来的企业集团，其发育成长过程中都存在着一些矛盾和问题。

（一）经济实力不强

在56家集团中，一部分集团的规模实力依然很小，在国内市场上尚不能称雄，甚至还有个别的已陷于亏损、微利的困境。即使是已跻身国家百强企业中的大集团，也难以与国际强手抗衡，何况有的还在行业中排名逐年后退。

---

[*] 本文是作者在1995年4月4日召开的国家试点企业集团工作会议上讲话的节录。
[①] 第一批企业集团共56家。

（二）组织管理体制不规范

相当一部分集团公司虽然名为公司，但原"工厂制"的领导体制没有改变，不能适应集团公司的要求；在组织集团化经营中，不少集团没有建立明晰的产权关系，集团仍以对人、财、物、产、供、销六统一的行政管理方式，指挥和管理成员企业的生产经营活动；一些集团在改组过程中，不能根据行业特征、产品特点和生产经营实际情况设置内部管理机构，存在一定程度的形式主义。

（三）集团缺乏凝聚力

由于产权联系纽带不清晰，集权与分权程度掌握失当，在集团公司与成员企业之间缺乏形成"利益共同体"的基础。不少集团资产、人员、资金不能重新配置，财权分散，决策权分散，没有形成整体合力；有的集团成员在能力弱小时想靠集团，在形成气候时就想另起炉灶；有的集团公司用行政手段干预成员企业，集权过多，忽视成员企业的企业法人地位，侵犯了成员企业的经营自主权，造成了离心倾向；还有的利益分配缺乏规范办法，都感到自己吃亏，影响了成员企业的积极性。即使是少数已进行国有资产授权经营试点的集团，由于资产经营的责权还没到位，也暴露出一些矛盾和问题。

（四）政府部门职能转变迟缓

国家计委、国家经贸委和国家体改委在集团组建和制定配套文件方面下功夫较大，但对运行中出现的问题协调力度不够，缺乏深入细致的调查研究；国家对集团的投资功能和融资功能尚未放宽政策；一些地方政府和行业部门在集团的组建与发展、有关配套政策的落实等问题上相对迟缓。

二 试点集团面临的新形势和试点工作的思路

（一）社会主义市场经济体制的确立使集团试点面临新形势

1991年，国务院出台国发71号文件，选择一批大型企业进行企业集团试点,其主要思路是以企业人财物、产供销联合为基础,制定一系列优惠政策,培育发展企业集团。这在当时计划经济与市场调节相结合的体制下,是现实的选择,对集团组建和发展起了重要作用,71号文件及配套办法功不可没。1992年,党的十四大确立了社会主义市场经济体制的改革目标。1993年,党的十四届三中全会《决定》明确了建立现代企业制度的方向,还专门对发展企业集团做了重要规定。1994年,宏观体制改革使我国宏观管理体制逐步转向市场经济体制。1995年起,国有企业改革成为整个经济体制改革的重点,企业集团试点工作被列为国务院确定的四大试点之一。这些都要求我们按照建立现代企业制度的目标和方向,及时调整集团试点的思路。一是要将以往注重政府放权让利的政策扶持转变为注重企业集团的机制转换和制度创新;二是要将维系企业集团的"六统一"关系发展为母子公司的产权联结纽带;三是要以产权为纽带,推进集团组织结构的调整改组,利用改组、改制、改造的合力,壮大企业集团;四是在继续加强企业的基础管理和专业管理的同时,集团要强化经营战略管理、资本运营管理以及大公司、大集团组织体制的管理;五是政府对试点集团要由直接的行政管理转为间接的调控,更多地运用经济手段和法律手段等。

(二) 对外开放的扩大和逐步与国际经济接轨,给试点集团带来新的挑战

随着我国对外开放的不断扩大和试点集团相继获得自营进出口权、外事审批权,新的商业机会、新的贸易渠道和新的客户不断增多,给集团的壮大和发展带来新的机遇,同时也带来了严峻的挑战。随着中国经济逐步与国际经济接轨,将会有更多的国外大公司、大集团涌入国内市场,意味着国内市场将进一步成为国际市场的组成部分,试点集团不出国门就将和国外的大公司、大集团进行直接的较量。客观地讲,与国外大公司、大集团相比,我们的实力与之有相当的距离。国航、东方、南方三大民航企业集团全部飞机的总数不如美国民航排第九位的西南航空公司多。航空工业的西飞、上航、南方动力和贵航四大集团的全部资产抵不上美国麦道公司资产的50%。在这些强大的竞争对手面前,我们必须迅速地调整企业组织

结构，鼓励竞争，促进联合、兼并，按照国家产业政策，加速企业的重组，使优强企业迅速扩张、壮大。这就要求我们不能将思路局限在一个企业、一个企业的发展壮大上，而要考虑国有经济的竞争力，鼓励多个企业结盟，联手对抗强者；我们不能将思路停止在企业集团发展上，还要将企业的集团发展和经济区域发展统筹考虑；我们不能将联合仅限于国内企业，还要利用境外竞争对手之间的利害关系，与竞争对手的对手实行战略同盟；我们还要考虑出击国外市场，开辟新的市场领域，如第三世界的市场等。

（三）实施大公司、大集团战略，对试点集团提出更高的要求

在我国38万家工业企业中，国有工业企业有7万多家，其中国有大中型工业企业只有1.47万家。这些为数不多的大中型企业却占国民经济的比重很大。据统计，全国500家最大的工业企业，其资产总量占国有工业企业总资产的37%，销售收入占46%，利润占63%，可以说是关键的少数。由此，国家提出实施大公司、大集团的战略，李鹏、朱镕基、邹家华、李岚清、吴邦国等领导同志对此都十分重视，做过多次重要批示。符合产业政策，具有市场竞争实力的大公司、大集团是我国经济发展的主导力量，是提高经济增长质量的主力，是结构调整的主干，是参与国际竞争的代表队，是国有资产经营和投资的主体。实施大公司、大集团战略，就能够分层次、有效地带动大批中小企业的发展。一批优强企业形成和发展了，危困企业的调整空间也就大了，搞好国有企业的这盘棋就下活了。这对于保持和巩固公有制的主体地位、保证国有经济对国民经济命脉的控制和主导作用的发挥、强化国家的宏观调控能力、实现社会经济的稳定发展有着十分重要的意义。

三 进一步推进企业集团试点工作的主要任务

党的十四届三中全会《决定》指出，"发展一批以公有制为主体，以产权联结为主要纽带的跨地区、跨行业的大型企业集团，发挥其在促进结构调整、提高规模效益、加快新技术、新产品开发、增强国际竞争能力等方面的重要作用"。根据十四届三中全会《决定》的要求，研究今后集团

试点工作的任务，我着重讲五个问题。

（一）要认真研究集团的发展战略，制定可行的战略规划

集团发展战略问题在香山会议、安顺会议上都强调过，这次会议再次强调，是因为在企业集团发展上仍存在忽视战略研究的问题。一是一些同志认为战略研究是虚的，解决资金、"三角债"才是实的。这显然是片面的。二是集团发展战略和集团的生产经营规划不同，前者重在研究市场环境的变化，后者重在研究自己生产经营的条件；前者重在研究市场竞争对手，研究竞争战略和策略，后者重在研究市场缺口。三是要明确集团发展战略与集团组织形式是内容与形式的统一关系。集团发展战略是集团发展的灵魂，无论是组织形式的调整还是管理体制的规范，无论是投资领域的选择还是集团实力的扩张，完全取决于集团发展战略的需要，集团的组织形态要保证和促进战略目标和战略规划的实现。

试点集团都应高度重视和加强发展战略的研究。通过深入的调查研究和科学翔实的论证，确定方向明确、思路清晰的集团发展战略，并根据发展战略确定战略重点，制定逐年实施的发展规划和策略。要根据市场环境的变化，及时调整年度规划、实施策略和重点。

（二）加强产权联结纽带，建立母子公司体制

按照建立现代企业制度的要求，试点企业集团要建立以产权联结为主要纽带的母子公司体制。抓好母子公司体制建设的重点如下。

第一，以产权联结为主要纽带，建立和规范母公司和成员企业之间的产权关系。一是使多数具备条件的试点企业集团在清产核资、产权界定和核定法人财产权的基础上，经国家授权，明晰集团内部产权关系。二是大力推进企业兼并。母公司要根据集团发展战略的需要，运用多种形式，或投资入股、或债权变股权、或行政划转等，实行对企业的收购兼并，以有限的国有资本控制更多的有效资本。这是大型企业集团运用市场经济手段壮大集团规模实力的一条成本最低的现实有效途径。前不久，一汽集团出资5.6亿元购买金杯汽车股份有限公司51%的股权，实际控制了几十亿元的资产。今后，国家就是要支持和鼓励企业集团走这种发展壮大的路子。

三是在实现集团的组织结构调整和公司制改建过程中，根据经营性资产、非经营性资产以及专业化分工的要求，进行合理的调整，建立专业子公司或分公司。

第二，依照《公司法》积极稳步地推进公司制改建。按照建立现代企业制度的方向和企业集团的基本特征，试点企业集团的母公司和成员企业要根据总体发展战略，选择适当形式依照《公司法》进行改建。具备国家授权投资机构条件的集团母公司可以改建为国有独资公司。成员企业的公司制改建，要更多地建成多元股东持股的有限责任公司或股份有限公司；少数条件成熟的，经过有关部门批准，可以上市。

第三，试点企业集团的母公司及成员企业都要依据《公司法》，逐步建立公司法人治理结构，使权力机构、决策机构、经营机构、监督机构相互独立，建立制衡关系。巩固母公司核心企业地位，首要的是保证母公司作为子公司的出资人享有资产受益、重大决策和选择管理者的权利等，这是母公司为实现集团发展战略、落实集团发展规划、发挥集团整体优势的基本保证；同时母公司也应以股东的方式依《公司法》行使权力，注意保证子公司的企业法人财产权，使子公司能够独立承担民事责任，自主经营、自负盈亏，对母公司和其他股东投入的资本承担责任。

（三）努力壮大集团实力，坚持改组、改制和改造相结合

一要充分发挥试点企业集团在产业结构、企业组织结构和产品结构调整中的优势，根据发展需要和可能，加快收购、兼并和联合的步伐，特别是要用好当前国家支持、鼓励优势企业兼并危困企业的有关政策，通过兼并、收购危困企业的方式盘活资产存量，形成规模效益；二要通过增资、合资、交叉投资、股票、债券等多种形式，广泛吸纳社会资本，学会用较少的国有资本调动、吸引、控制更多的资本；三要探索国有企业债务重组、债权（不含银行债权）转为股权的途径，加快集团实力的扩张；四要逐步实现更大范围的联合，进行大公司、大集团之间联合、合并的试点。

在加快资产存量的结构调整过程中，要坚持改组、改制、改造相结合。"改组"就是调整不合理的企业组织结构，以产权为纽带进行存量资产的优化与重组，实现规模效益。近几年崛起的大公司、大集团，大多是通过

改组实现的。"改制"就是转机建制,实现企业制度创新。试点企业集团通过公司制改建,理顺产权关系,建立母子公司体制,在以产权为纽带的结构调整中,要使更多的子公司转成多元股东持股的有限责任公司。"改造"就是加快技术改造步伐。要根据国家产业政策和市场发展的需求,认真搞好项目的投资决策,想办法多渠道筹集资金并保证落实到位。技术改造不能一味地追求最先进、最现代、最新技术,要重视投资回报率和回收期。

(四) 严格集团内部管理,规范组织管理制度

集团内部的科学管理是企业集团发展的一项十分重要的基础性工作,是建立现代企业制度的一个重要内容。大公司、大集团的管理不是一般意义上的企业生产经营管理、现场管理、质量管理等,而是建立在坚实的基础管理之上更高层次的战略管理、资本运营管理、风险管理、市场营销管理等。它是通过战略管理和制定公司一系列政策来实现的。管理的重点是选择集团的战略目标、把握战略目标的实施步骤、发挥集团的整体优势、选择和用好经营者。为此,每个集团都必须更新观念、提高水平,努力掌握大公司、大集团管理的方法手段,切实做好集团的管理工作。

建立资产经营责任制度,加强资产监督和管理。试点企业集团母公司的国有资产经营责任由国务院派出或指定的国有资产监管机构负责监督考核;子公司的国有资产经营责任由母公司负责监督考核。集团内部必须建立以资产报酬率、资本收益率、资本增值保值率、资产负债率为主的考核指标体系,指标要量化分解并具体落实到每一个层次,以明确各自的资产经营责任。今年,国家要对部分试点企业集团的母公司派出监事会,进行评价考核。要处理好资产经营权力和行为能力的关系,在这方面不能只追求资产经营权力的获得,而应加强对行为能力的培养和提高。

(五) 进一步转变政府职能,为集团试点创造良好的外部环境

转变政府职能、实现政企分开是当前深化企业改革的重点,也是企业集团试点工作能顺利推进的关键。不论是中央各部门,还是地方政府部门,都要按照政府的社会经济管理职能与国有资产所有者职能分开、国有资产

监督管理职能与国有资产经营职能分开的原则,规范政府对试点企业集团的管理,减少不必要的行政干预,做好"规划、协调、监督、服务"工作,进一步加强对试点企业集团的政策支持,积极改善外部环境。

(1)有关综合部门要把深化宏观经济配套改革与支持大公司、大集团的发展结合起来,力求在扩大试点企业集团的投融资权、对外经贸权,促进集团兼并、收购企业,统一所得税解缴渠道,减轻企业负担等方面有所突破。

(2)有关行业主管部门在转变职能和实行政企分开的过程中,要积极探索通过大公司、大集团落实产业政策,实施行业规划的新路子,帮助试点集团根据行业特点,建立相应的组织管理体制,理顺内部关系,解决集团在发展中遇到的困难和问题,指导集团健康发展。

(3)三委要加强试点中的政策研究,积极协调配套政策的出台,帮助解决有关实际问题。

加快立法步伐，促进和保障中小企业健康发展*

（1995 年 6 月 1 日）

改革开放后，国家陆续出台了《企业法》《中外合资经营企业法》《城镇集体所有制企业条例》等法规。但这些都是以不同的出资者性质（如国有、集体、外资、乡镇等）来确定不同的企业制度。要建立市场经济体制、形成企业间公平竞争，就要排除出资者的性质差异，以各出资者投入企业资本的不同组织形式（如股份、合伙、独资等）和出资者对企业债务承担法律责任的不同形式（有限责任、无限责任）来规范不同的企业制度。为建立规范市场主体的法律体系，全国人大常委会 1993 年 12 月通过了《公司法》，同时加紧制定《中华人民共和国合伙企业法》（以下简称《合伙企业法》）等。

就合伙企业和独资企业立法中的有关问题交流看法，展开讨论，这将加快《合伙企业法》和《个人独资企业法》的起草进度，从而为我国中小企业的健康发展提供必要的法律保障。

一　加快合伙企业和独资企业立法，是促进和保障中小企业健康发展的迫切需要

（一）制定《合伙企业法》和《个人独资企业法》是规范中小企业组织形态的迫切需要

在市场经济国家，中小企业一般是资本和销售额较小、员工人数较少

---

* 本文为作者在《中华人民共和国合伙企业法》和《中华人民共和国个人独资企业法》（以下简称《个人独资企业法》）立法国际研讨会上的讲话。

的企业，其组织形态大多是合伙企业、独资企业或规模较小的公司制企业，国家按照企业不同的财产组织形态和债务责任关系分别进行立法。在我国，中小企业已经超过千万家，但长期以来对企业类型的划分主要以所有制形式为标准，并在这一基础上分别进行立法。这样，中小企业就被分为私营企业、集体所有制企业和全民所有制企业，而大多数个体工商户却没有被纳入小企业的范畴。规范中小企业的法律分别有《企业法》、《中华人民共和国城镇集体所有制企业条例》（本书以下简称《城镇集体所有制企业条例》）和《中华人民共和国私营企业暂行条例》及《个体工商户条例》。单纯按所有制来分类立法，因企业出资者的身份不同而区别对待，不利于各类企业取得平等的法律地位，不利于创造公平的政策环境、明确债务责任关系。这种在计划经济体制下形成的分类立法，既不适应市场经济条件下各种经济类型企业平等竞争的需要，也不利于针对企业在组织形态、责任形式上的特点对其实施有效的管理。因此，在我国，除了要考虑中小企业在规模上的划分标准与国际惯例相接近以外，还要按适应市场经济的企业组织形态和债务责任形式来分类立法，与国际通行做法接轨。即用《个人独资企业法》《合伙企业法》《公司法》等来分别对不同组织形态的中小企业进行规范，以便真正实现保护投资人、债权人和企业经营者利益，保障市场经济健康发展。

（二）制定《合伙企业法》和《个人独资企业法》是我国建立现代企业制度的需要

十四届三中全会《决定》把建立现代企业制度作为我国企业改革的方向。所谓现代企业制度，是指符合市场经济要求的依法规范的企业制度。公司是现代企业的典型形式。就大型企业来说，公司制是主体。就企业户数而言，独资企业、合伙企业和由中国群众创造的股份合作制企业等非公司制企业占绝大多数。独资企业与合伙企业虽都属于传统企业形式，一般规模比较小，但由于它们具有其他企业无法替代的优势，如投入少、设立灵活方便、倒闭破产涉及面小等，因而在中国社会主义市场经济中仍将发挥重要作用。然而，无论是公司制企业还是合伙企业、独资企业，要发挥其在市场经济中特有的功能和作用，都必须通过立法确立其法律地位，规范这些企业的利益相关者之间的关系。所以加快这两个法的制定是十分必要和迫切的。我们曾经把《公司法》的出台看成建立现代企业制度的重要举措，同样，对于《合伙企业法》和《个人独资企业法》的制定和出台，也要看成建立与完善现代企业制度的又一项重要措施。

（三）制定《合伙企业法》和《个人独资企业法》是确立中小企业法律地位、保障其健康发展的需要

自1978年中国实行改革开放以来，中小企业有了长足的发展。在800多万家企业中，中小企业占99%。如此众多的中小企业活跃在市场经济的各个角落，如何确立其法律地位，如何规范其组织和行为，如何明确其债务责任关系，这些对减少投资者风险、保障债权人权益、维护消费者利益都是至关重要的问题。由于缺乏针对众多中小企业的规范其市场主体的法律，许多中小企业组织制度紊乱，领导体制各异，管理很不完善，内外争执不断发生，各方权益难以保证。其中最大的问题就是中小企业的法律地位不明确，特别是出资人与企业的关系不明确，企业主体资格未到位，从而限制了这些企业的健康发展。世界上许多国家都公布了相应的法律、法规，采取了适当的措施来规范中小企业行为，扶持中小企业发展。

在我国，除颁布《公司法》并出台相应的配套法规以外，用《个人独资企业法》《合伙企业法》等基本法律明确独资企业和合伙企业的法律地位，规范其组织和行为，是保障中小企业健康发展的重要步骤，具有十分紧迫的现实意义和深远的政治意义。

二 加快发展和壮大中小企业，是我国发展国民经济的一项重要方针

我国政府十分重视中小企业的发展。中小企业有更贴近市场、服务社会、灵活应变、跟踪消费、扩大就业的特点，已经成为我国市场经济中最有活力的一支力量。在我国的工业总产值中，中小企业产值占到了69%，

职工人数占全国职工总人数的75%，出口额在出口总额中也占有很大比重。中小企业在繁荣市场、发展经济、增加就业、扩大出口、反哺农业和发展农村经济等方面发挥着越来越重要的作用。

在我国，越来越多的人意识到，长期计划经济体制的一个弊端就是忽视中小企业特别是小型企业的特殊作用，由此造成不少地区企业组织结构失衡。实际上，控制着我国经济命脉的大型企业体现了国家的经济实力，机制灵活的小型企业创造着市场活力。两者相辅相成，构成市场经济合理的企业结构。没有大型企业的强大，小型企业就缺乏能源、基础设施和基本原材料的保障；没有充分发育和发达的中小企业做基础，大型企业就难以摆脱目前"大而全"和低效率、低效益的局面，也难以从根本上缓解我国越来越沉重的就业压力。所以，大力发展和壮大中小企业，形成大中小企业的合理构成，这既是我国国民经济发展的客观需要，也是我国经济体制改革的现实需要，我国已将此确定为发展国民经济的一项重要方针。

十四届五中全会确定了我国"九五"发展规划和2010年远景目标。今后5年，我们要加快企业改革和建立现代企业制度，初步建立起社会主义市场经济体制。在注重发展国有企业、公有制经济（包括集体经济）的同时，我国也大力鼓励和引导非公有制经济的发展。我们在着重搞活搞好大型企业的同时，也十分注意放开、放活小型企业。为了加快和保障各类企业的发展，在"九五"期间，我们要继续发展和完善商品市场，积极培育和规范金融、土地、劳动力、技术、信息等要素市场，加快各项社会保障制度的改革，深化宏观调控体制的改革。这些方面的改革，都是为企业的改革和发展创造必要的外部环境。针对中小企业的特点，我们将由地方政府负责对其实行更为灵活的改革措施，也正在鼓励中小企业同国外企业合资改造，引进国外资金，加快技术进步。同时我们也正在完善中小企业的政策、法律环境，除了制定《合伙企业法》《个人独资企业法》和完善与《公司法》相配套的法规外，我们还在起草股份合作企业法，并在抓紧制定扶持中小企业发展的有关政策。可以这样说，"九五"期间乃至2010年是我国企业发展的又一个黄金时期，中小企业的发展前景是十分广阔的，我们对此充满了信心。

大型企业集团要努力实现经营机制转换[*]

（1995年7月1日）

经营机制转换滞后是大型企业和企业集团走向市场的严重障碍。在《转机条例》出台后，谈起国企改革，人们都说转换机制，但是对转换机制的内涵却较少有人研究。就全国而言，在推进建立现代企业制度和组建大型企业集团的过程中，对经营机制转换还存在着不少似是而非的模糊认识，影响了企业改革的健康发展。

从1992年《转机条例》出台以后，一讲到搞活大中型国有企业，就会讲到机制转换，但机制转换有什么内容？由什么样的机制转换成什么样的机制？原有机制的弊端在哪里？新的机制又是什么？我们对这些问题研究得并不深，所以很多企业进行了几项改革，取得了一定的成功，就自认为机制已经转换。由原来计划经济体制下完成国家计划的生产单位，变成市场经济体制下独立的市场竞争主体，这对国有企业来说，变化的深刻程度就是四个字：脱胎换骨。这一转变的内涵之丰富和深刻，我们很多企业主管部门和企业本身仍没有完全理解。在旧体制下，政企不分；企业生产需要的各类资源，是计划分配；企业技术改造投入，是国家审批；企业的财务，是国家统收统支；企业面对的市场，是闭关封锁；企业的管理，是重数量轻质量；企业的产品，是几十年一贯制；对企业的评价，是以完成国家计划为标准；企业在用人上，是低工资、高就业；企业的社会服务，是自"办社会"，自我封闭；在工资福利上，是平均主义、"大锅饭"；等等。我们还可以列出很多旧体制下的状况。在这种体制下，国有企业，特别是大型国有企业，从企业领导、管理人员到职工形成了一套十分牢固而陈旧

---

[*] 本文是作者在广东省发展大型企业集团工作会上的讲话节录。

的管理思想和经营观念,这是旧体制给企业背上的各种包袱中最沉重的一个。这套思维模式和经营管理理念对企业的影响非常深刻,可以把它叫作"企业哲学"。企业碰到问题的时候,从上到下想到的往往都是老一套,并且认为理所当然;而这老一套恰恰是与市场经济格格不入的,致使企业的优势不能得到发挥,在竞争中难以发展。

企业要真正转变为市场竞争的主体,就要重新构造企业与政府之间的关系,重新构造企业与企业之间的关系,重新构造企业与用户之间的关系,重新构造企业与银行之间的关系,重新构造企业与职工之间的关系。可以认为,在这个新旧体制转轨中,企业内部、外部的方方面面都要进行极其深刻的变革,除了"企业"这个壳子以外,几乎内外全要变,但我们许多企业对如此的深刻程度还缺乏理解。

对于大型企业,一方面旧体制束缚更多,另一方面要克服旧体制给他们带来的后遗症难度也更大,改革的任务也就更艰巨。我想国有企业要根据自身的情况认真地研究一下机制转换的内涵,怎样实现机制转换,企业经营机制转换的重要标志是什么?

很多企业对市场信号的变化无动于衷,甚至采取逆反行动。我看这就说明经营机制没有转变。现在,从国有企业身上可以看到在市场经济下无法理解的行为,而且比比皆是。如1993年经济过热,外汇的市场价格大幅上升,几乎是一个星期一个样,这时应该抑制进口、鼓励出口,但很多企业的行为恰恰相反,进口有增无减,出口看不见明显的上升。1993年上半年,集资和拆借利率上升幅度惊人,百分之十几、二十几、三十几,甚至到百分之四十几。利率上升应该抑制投资,抑制贷款,但是一些企业借钱的胆子反而越来越大,重复投资有增无减。另外,产品销售下降,企业应该减产,而我们企业照常生产,库存积压,直到资金无法周转,最后要政府来一个限产压库。企业经营机制转变的一个重要标志就是对市场信号和国家宏观调控信息能及时做出适当的反应。如果企业行为不是按市场机制运转,说明我们的企业机制没有转换或转换得远不到位。

在大企业的机制转换和发展中要澄清一些认识问题。我在与企业接触中发现存在一些比较普遍的模糊认识,提出来与大家研究,希望逐步得到澄清。

第一是关于企业法人财产权的问题。法人财产权是在党的十四届三中全会《决定》和《监管条例》中做了规定的，主要是为了推动企业进入市场，明确企业在市场中有它一块可以独立经营运作的财产。这在外国已经是很正常的现象，但在中国却是个问题，因为我们原来政企不分。企业的设备有的叫"部管设备"，这台设备如要停产检修则要主管部批准。显然这是政府对企业的固定资产拥有直接的处分权。企业进入市场，就必须拥有边界明确的法人财产，企业对这块财产有权独立经营运作，这叫作企业法人财产权。不少人，包括一些领导同志提出，企业拥有法人财产，那么国有财产不就白白由企业占有而流失了吗？实际上，大型企业在市场运作中，所有权与经营权适当分离，形成了所有者拥有的是企业，而企业拥有投资者投资和借贷形成的法人财产。企业拥有法人财产是为了使所有者的投资通过市场运作而增值，绝没有影响所有者的所有权。这是两个层次的问题，不能混为一谈。

第二是关于"企业股"的问题。有一种看法认为，企业贷款搞技术改造，还本付息以后形成的财产应该形成"企业股"，是"企业的"，怎么还能算国家的？我认为这是个模糊概念。首先有一个问题，什么是企业？企业是由出资者出钱构造出来的一个经营组织，它是派生的，是第二性的，是出资者为了借助市场用钱来赚钱而设立的机构。要使这个机构在市场上能独立经营，就得使它人格化，并赋予它一定的法律地位，让它独立承担民事责任、享有民事权利，这就是企业法人。显然，从财产关系上看，企业是由所有者拥有的，不存在没有所有者的企业。假如还本付息后，这块增值的财产仍然由企业运作，这是增加了所有者权益，但企业增值的权益最终仍是所有者的。企业不能自己拥有自己。经营者和职工在企业中获得的是工资，从财产归属意义上讲，企业的财产与他们没有直接关系。所有者在企业中获得的是利润和资本的增值，而利润和资本增值有正、有负，所以企业的盈亏最终都由所有者来承担。

第三是关于"股份制公司"和"国有企业"的筹资方式问题。股份制公司与国有企业是两种企业财产组织形式、两种不同的企业制度，也就有两种不同的筹资方式。这一点有人装糊涂，有人真糊涂。有的股份制企业提出，为什么其他国有企业的红利国家不收，股份制企业中的国家股红利

大型企业集团要努力实现经营机制转换

政府要收走，因此感到吃亏了。它们想同时享受股份制企业和国有企业两方面的好处，这是一种幻想，是不可能的。因为这是两种不同的企业制度。国有企业的筹资方式是由国家注入资本金。目前国家的政策是，国家财政没有资本金投入的能力，因此对国有企业赚到的利润国家不收，留在企业里补充资本金，这是国家作为唯一的所有者所做出的决定。股份制公司则不同，它相对比较透明，股东分散以后，股东们都要了解公司的情况，赚得的红利股东要求分走。公司有新的投资项目，必要时再注入资本金，或者是红利不分，或者是再扩股注入资本金，这要由股东大会决定。所以不能把国有企业与股份制公司的筹资方式混为一谈。如果股份制公司中有国家股，其他股东分得了红利，国家股东当然也应分得相应的红利。

第四是关于企业的规模经营和用组织来代替市场的问题。企业集团要扩张，往往要收购、兼并一些企业。之所以要兼并，就是要把企业间的市场关系变成企业内部的组织管理关系。从这个意义上讲，兼并是用组织行为来代替市场行为的一种转变。现在协调相互之间的关系有两种方式，即市场和组织，而两者又是可以替代的。兼并方与被兼并方为什么不维持原来的市场关系，而要改变呢？是因为原来的市场关系交易成本高，总的经济效益不理想，因此要用组织来取代市场，以提高经济效益。在发展企业集团、健全母子公司关系的过程中，在国内普遍存在一种"围城"现象，就是在企业外部的一些竞争对手或配套企业迫不及待地想进入集团，原因是感到在市场中自己已难以承受竞争的风险；而在集团内的某些子公司又想分离出去，希望能多得一点自主权。这是很多集团遇到的困扰。怎么处理？我认为，应以集团整体效益最大化为基点来确定母子公司边界如何划分。集权和分权的界限在哪里，权分到什么程度整体经济效益就会下降，反过来，权集到什么程度企业的灵活性就会丧失。每个企业要根据自己的情况认真地研究。"把市场机制引入到企业内部"这个说法值得研究，之所以要组成企业集团，在某种程度上就是要用组织管理来代替市场。如果要在企业内部运用市场机制，那还不如把集团分解，那样可以更充分地利用市场机制。当然，利用组织管理并不排除奖勤罚懒、竞争上岗等激励机制，对某些子公司也不排除使用某种市场机制，但不能离开的原则是集团整体效益的最大化，任何局部都必须服从这一目标。

第五是关于资产授权的认识问题。很多企业要求资产授权，这涉及在反对行政干预企业的同时，又必须承认每个企业都要有"老板"，两者不能混为一谈的问题。反对不必要的行政干预毫无疑问是正确的，但是，企业不能没有"老板"。我在与企业领导人的交谈中，感到有些人在要求对企业授权的背后隐隐约约地包含着想不受约束的意思。想"自己成为自己的投资主体"，这是不可想象的，自己是自己的"老板"，这是说不通也行不通的。这里所说的资产授权，是国家所有者将边界清晰的经营性资产委托给企业经营，企业拥有占有、使用、处分和收益的权利，并直接对国家所有者负责，直接受国家所有者的监督、制约。所以在反对行政干预的同时，不能没有"国有老板"对企业的监督和制约，任何想摆脱国家所有者监督和制约的行为都是不能被允许的。

加快转变经营机制和经济增长方式*

（1995年7月26日）

中央提出建立现代企业制度之后，不少人认为《转机条例》过时了。实际上转换经营机制是一场革命。不经过转换机制的艰苦努力，就是翻牌更名、组织个董事会也无济于事。大多数国有企业转换机制的任务远没有完成。转换机制是建立现代企业制度的基础；制度创新是巩固转换机制成果的保障；转变经济增长方式才能适应市场竞争，保证企业的持续后劲。

《企业法》是新中国成立以来国家颁布的规范企业法律地位的第一部法律，它总结了我国多年来的改革开放成果。《转机条例》《监管条例》从落实国有企业自主权和加强企业国有资产监督两个方面来落实《企业法》，为企业走向市场创造了重要的法律条件。一法两例在建立社会主义市场经济的过程中具有重要作用，是建立现代企业制度的一块基石。目前，我国的企业改革已经进入解决旧体制深层次问题的攻坚阶段，这不是靠原来的扩权让利所能解决的。现在碰到的是产权如何明晰、政企职责如何分开、企业机制如何转换、旧体制遗留给企业的三大包袱怎么解决等深层次问题，而这些问题随着改革的深化已不可回避。我国的经济发展已进入了提高经济增长质量、转变经济增长方式的转折时期，所以党中央国务院及时提出要把经济体制改革的重点转移到企业改革上。这是推进经济体制改革、促进经济发展的一个重大的战略性决策，因为制约国民经济发展的矛盾焦点都集中在企业。对此，我讲两点意见。

---

* 本文是作者在纪念《转机条例》发布三周年与部分企业厂长、经理座谈会上的讲话。

一 适应社会主义市场经济体制，加速企业经营机制的转换

首先，企业改革经过十多年来的上下努力，已经取得了巨大进展。由于我国推行的是渐进式改革，这就保证了改革开放以来，国民经济得以持续快速的发展，社会保持稳定，经济体制改革不断深入，人民生活水平有所提高，这是举世瞩目的。这期间，企业经营自主权逐步得到落实，企业逐步转向面向市场组织生产，追求经济效益的目标越来越明确；企业劳动工资、人事制度改革不断深入，企业财务会计制度基本实现了和国际惯例接轨；企业技术改造得到加强，企业组织结构和产品结构有所调整，后劲有所增强，一部分企业已面对两个市场；也出现了一批适应市场经济的优势企业和企业家。

其次，经营机制转换的任务还远没有完成。1992年《转机条例》出台以来，我们凡讲到企业工作必谈转换经营机制，但转换经营机制的内涵是什么？由什么样的机制转向什么样的机制？原有机制的弊端是什么？新的机制又如何产生？为解决这些问题大家都做了不少工作，但缺乏总结。随着改革的不断深化，企业外部环境已经发生了很大变化。在原有体制下，企业生产靠国家计划，所需要的各类资源靠国家分配，企业的财务活动由国家财政统收统支，企业的技改要由政府审批，企业的劳动用人执行国家的低工资、高就业政策，企业的劳动分配制度实际上是平均主义大锅饭，企业与社会之间的关系是自办小社会，如此等等，这就是企业过去的处境。随着经济体制改革的深入，企业环境已经发生了深刻变化。

我认为，企业经营机制转换的核心，就是在新旧体制转轨中，实现企业运转轴心的转换，使企业运行的体系发生根本性的变化。过去企业运转的轴心是国家计划，现在企业应该围绕市场运转。在原有体制下，企业是以计划为中心，通过全方位的计划管理实现国有国营。在改革后，企业要以市场为轴心，要进入市场竞争的体系，要通过无情的优胜劣汰市场机制的筛选，实现自主经营、自负盈亏。企业的功能变了，企业的目标变了，对企业导向的信息渠道变了，对企业的评价考核标准变了，企业与外部联

系的方式也变了；因此，要重新构造企业和政府的关系，重新构造企业和用户的关系，重新构造企业和企业的关系，重新构造企业和职工的关系，所以企业的内部运行机制和外部关系都将发生极其深刻的变化。在这种情况下，如果企业和企业家们采取以不变应万变的态度，那就等于让企业等死。换个角度说，在原有体制下，企业把通过计划而获得的各类生产资料组织加工制成产品，回送到国家计划安排的另一个部门，企业的任务就完成了，这几乎是它的全部功能。而在市场经济条件下，企业就要不断地捕捉市场机遇，要能够及时地对市场的价格信息和宏观调控信号做出相应的反应，要形成科学高效的内部组织，通过对企业各类活动的计划、组织、协调和控制，不断优化配置企业的各类资源，充分利用市场允许的手段获取最高的经济效益。这样，企业的概念就发生了深刻的变化。因此我认为企业转换经营机制的深刻程度是四个字——脱胎换骨。

目前，有一部分企业在转换机制中抓得早抓得狠，思路清楚，因此已经见到了成效，出现了一批走上良性循环的好企业。在进入市场经济前，我们国家所有的人力、物力、财力几乎都聚集在国有企业之中，显然国有企业是处在有利的地位，比其他各类企业并不逊色。但随着市场机制的不断强化，一些企业显得束手无策，甚至陷入困境而无法自拔。昔日国有企业的技术优势不能变成新产品的优势，过去国有企业的管理优势不能变成质优价廉的优势，以前企业的人才优势也没有变成企业家的优势。优势没能发挥，弱点和劣势就暴露无遗。有的企业没有好的产品，技术逐渐落后，加上缺乏营销能力，在市场上所占的份额逐渐减少，使企业陷入困境，甚至连工资都发不出。当然，国有企业走向市场还受到很多外部条件的制约，但不能不说这些困境与企业经营机制转换没有到位是有关系的。

下一步工作就是要深入贯彻《转机条例》，加速企业经营机制的转换。经营机制转换到底是什么含义？我们总结得还很不够，我提点意见抛砖引玉。经营机制转换的内涵，就是四句话：产权清晰、权责明确、政企分开、管理科学。说得全面一点，还有五个特征。真正要实现机制转换就是将十四届三中全会《决定》中的现代企业制度的特征都移植到国有企业之中，那样机制转换就到位了。这是机制转换的内涵。机制转换的表现，可以这样说，企业通过转变经营管理观念，改革企业的领导体制、组织制度和各项管理规章,以追求经济效益为目标,充分调动自己可以控制的各类资源(即人、财、物、时间等),能充分利用国家已有的各项政策,充分运用当前我国市场经济允许的各种方法和手段,对来自市场的信号和国家宏观调控的信息及时地做出有效反应,同时形成来自所有者和市场的硬约束,这就是企业经营机制实现转换的重要表现。这里比较核心的是企业要能及时地对来自市场的信号和国家宏观调控的信息做出有效反应。现在我们说许多企业的机制没有转换,就是表现在它对来自市场的信号没有反应,或者是做出错乱的反应。例如,1992年全国经济比较热,乱拆借造成利率大幅度上升,拆借利率当时上升到20%~30%,利率上升的信号告诉企业应抑制投资,减少借款,但是企业借款仍有增无减。这说明企业对市场信号做出的是逆反应。同时期,市场调剂的人民币兑美元的汇率达到8~9元甚至10~11元,这个信号告诉企业应增加出口抑制进口,但许多企业的行为恰恰相反,进口有增无减,出口增长乏力。有人提出,你们经贸委现在抓限产压库,哪个厂长经理不知道提高效益要限产压库?还用得着你经贸委干这件事?此话很有道理。但现实是很多企业的产品卖不出去,却还在猛生产,对市场信号的反应是错乱的,这说明机制没有转换。

在转换机制的过程中,还有几个关系需要澄清。

(1) 关于转换经营机制和加强企业管理的关系。大家都认为转换经营机制是为了深化改革,解决深层次的问题;对于加强管理,有些人则认为是日常一般性工作,而且许多人认为企业管理是企业自身的事,用不着政府多操心。我认为转换经营机制和加强企业管理是一个问题的两个方面,是不可分割的。转换机制的载体是什么?原有机制的载体是什么?新的机制的载体又是什么?机制的载体对企业内部来说就是组织制度、领导体制和管理。所以说深化企业改革,从某种意义(不是全部)上说,就是要改革企业原有的经营观念、原有的组织制度、原有的领导体制、原有的各项管理制度,如财务、劳动、工资、人事、生产、计划等管理制度,这些原有制度就是改革的对象。新的体制和制度建立起来,机制也就转换了。不然,离开了管理体制和管理制度,新机制就成了空中楼阁。

(2) 关于《转机条例》和转换经营机制的关系。前一阶段贯彻《转机条例》的主要问题是赋予企业的14项经营自主权不能落实,因此,从企业到政府，抓的重点就是落实企业经营自主权，这也是《转机条例》的要点。但是这里有一个概念问题：是不是14项经营自主权落实了，企业经营机制就自然转换了？两者是什么关系？显然，不能认为落实了自主权，企业经营机制就转换了，这是不可能的。拿到了经营自主权，企业可以用老的观念和方法去用权，也可以用市场经济观念、符合现代企业制度的方法去用好自主权，这里有一个企业自身转换机制的问题。14项经营自主权的落实情况对多数企业来说都差不多，有的企业在市场上就表现出了活力，而另一些企业拿到了经营自主权却仍处于困境，状况并没有多大改变，这就在于企业自身的努力程度和经营机制转变的程度。

（3）转机和建制的关系。建立现代企业制度是党中央提出的使公有制和市场经济相结合的一个有效办法。这具有十分重要的历史意义。我们多年搞计划经济，结论是效率过低。现在就是要把市场机制引进来。但市场机制与国有制、公有经济能不能结合？这是一个世界上没有解决的问题。苏联、东欧为了利用市场机制，放弃了公有制。对于中国来说，我们那样走不通，不符合国情。中央认为解决这个问题的具体途径就是建立现代企业制度。所以现代企业制度的要求和意义绝不是搞一批翻牌公司或建个董事会之类，建立现代企业制度就是通过制度创新使企业适应市场经济体制。建立现代企业制度是一个过程，假如没有经营机制转换的基础，现代企业制度是建立不起来的。或者说让旧有制度下的国有企业一下跳到现代企业制度是不现实的，只有企业经营机制转换达到一定的程度，才具备了实现企业制度转换的条件；而只有实现企业制度的转轨，企业经营机制转换才能最终到位。这两者既不是对立的关系，也不是可以抛开机制转换来建立现代企业制度的。所以对企业来说，贯彻《转机条例》，抓紧进行经营机制转换，恰恰是在为建立现代企业制度创造条件。

经营机制怎么转换？首要的是转变观念。许多地方在搞好企业方面做了大量工作，甚至碰了壁以后，得出的结论是，难度最大的是经营观念的转变。从某种意义上说，也可能经营观念的转变要花一代人的时间。因为在旧体制下，很多国有企业抓生产搞经营从上至下已经形成了相当牢固的经营管理的思维模式，其深刻程度可以比作"企业哲学"，它已经上升为理念，形成了一种价值观，而这恰恰是计划经济的一套思维逻辑，和市场经济格格不入。这是企业走向市场的巨大障碍。还有就是要改革企业原有的管理制度,这是实现机制转换的最重要基础。同时,也要改革企业原有的组织制度和领导体制,形成有效的激励和约束机制,在企业内部建立应对市场变化的高效、灵活的经营体制。总之,在《转机条例》颁布三周年时,大家要进一步深入研究如何转换经营机制,这是一个大问题。

二 转变经济增长方式,提高经济增长质量

当前,我国国民经济的发展已经到了一个转折时期,这包括很多内涵,我想到的至少有三个。第一个转折是市场机制正在取代计划经济,逐渐形成新的体制框架。"九五"期间是加速新体制建立的重要时期,是向新体制转轨的关键时期,这个时期的价格、投资等正在逐渐放开转入市场体制。宏观管理体制的转变,如计划、财政、税收、外汇、外贸等体制的改革会进一步深化,优胜劣汰机制正在建立,政府和企业的新型关系也会逐渐建立。这些对企业来说变化都是非常大的,旧有的运转体系要转向市场的运转体系。

第二个转折是我们正在从短缺经济转向供需平衡。计划经济体制下长期是短缺经济,所以制约经济发展的环节是生产。而到目前为止或在"九五"期间,制约经济发展和企业的,对大多数行业和企业来说不再是生产,而是市场。国民经济正在由原来的生产制约型转向市场制约型,对企业来说这种变化也是非常深刻的。

第三个转折是由过去长时间的闭关保护逐步转向进一步对外开放,中国经济要进一步与世界经济融合。关税逐步下降的趋势不可逆转。这个变化带来的是中国的市场正在变为世界市场的一部分。没有国际竞争力的产品从长远来看,在国内也将很难生存。

面对这样的经济发展转折,现有的经济增长方式已经走到尽头。现有的经济增长方式一般来说是重数量轻质量,重外延轻内涵,重速度轻效益等。这种经济增长方式有它存在的历史背景。重数量的背景是短缺经济,只要生产出来就是好的,质量就不被重视;重外延的背景是投资的审批制,实际上是国家投资我来花钱,国家要审批,我就争项目,至于有没有效益

那就走着瞧；重速度的背景是"数字出干部"，于是干部就求速度；轻效益的背景是旧的财税体制，赚钱不赚钱都是国家的。这种经济增长方式已经走到尽头。因为短缺经济逐渐走到供需平衡；进一步改革，投资主体要由政府向企业转变，企业要自担风险。因此，必须要寻求新的经济增长方式，这对企业来说是极其重要的，如果对这个变化看得清、变得早就会主动，如果对这样重大的经济形势变化看不见、不转弯就会陷入被动甚至被淘汰。现在企业都在研究今后的发展，更应注意研究一下发展的生长点在哪里，用什么样的方式来发展，千万不要把老一套带到"九五"时期。

在经济转变的过程中，企业是机遇和挑战并存，国有企业一方面要面对来自世界实力最强的竞争对手的压力，另一方面也要面对来自乡镇企业、中小企业的压力。在转向买方市场之后，完全靠数量增长、靠速度拉动以求得发展的空间已经不多了，各个企业怎样摆正自己的位置，如何找到新的符合本企业情况的经济增长方式是至关重要的。比如，通过品种、质量、成本来提高企业效益；通过提高产品技术含量和产品附加价值、创造自己的知识产权、开发自己独特的技术、创造自己的知名品牌和商誉等来增加企业的效益，增强企业的竞争力，要通过优化配置资产存量、优化结构、实现集约化经营、发展专业化生产来提高自己的竞争力，要通过一套科学的灵活的营销策略提高效益，还要研究通过资产运作的办法迅速发展自己，提高效益。

加快建立国有资产管理体制[*]

(1995年8月1日)

综合政企分开、从国有企业走向市场、防止国有资产流失、促进国有资产流动、提高国有资产运作效率等多个角度,提出一个共同的绕不过去的问题,那就是必须尽快建立国有资产管理、运营和监督体制。八届全国人大决定起草《中华人民共和国企业国有资产法》(以下简称《国有资产法》),作者被邀作为起草小组成员参加了多次研究讨论。

制定《国有资产法》,是我国经济生活中的一件大事。国有资产在我国全社会资产中占有绝对多数的份额,是我国国民经济的主导力量,其管理与经营得好坏,不仅直接影响我国国民经济的发展,从一定意义上也关系国家政治的稳定。从另一个角度讲,国有资产亦即全民财产,是全体人民的共同财富,其安全与增值,与每一个公民的利益息息相关。

一 立法的迫切性

从计划经济向市场经济过渡中,我们要完成的一个历史性任务,是必须寻求一种适当的公有制实现形式,既保持企业国有资产的全民所有,又使每个企业可以进入市场,独立经营,在市场竞争中优胜劣汰,使资产保值增值,由此造就千千万万个独立的市场竞争主体。不进行产权管理制度改革,就不能改变国有企业的盈亏由国家统管统包的状况,企业就既不具

---

[*] 本文是作者在《国有资产法》起草工作组编、经济科学出版社于1995年出版的《国有资产立法研究》一书中写的一篇文章。

备进入市场的条件，也没有进入市场的动力。社会主义市场经济就会因缺乏规范的竞争主体而无法运作。深化企业改革、塑造规范的市场运行主体，已成为建立社会主义市场经济体制必须解决的一个核心问题。

改革开放以来，我们一直讲政企分开，但分了十几年仍然没有很好地分开。究其原因，其根本是受制于已经落后的国有资产管理体制。政府以国家所有者身份直接参与企业决策，就难以逃脱对其生产经营后果要承担责任。例如，企业不仅发不出工资找政府，资金不足找政府，就是产品积压或者到期债务还不了也要靠政府。与此同时，企业又承担着大量的社会职能，如办学校、办医院、建住房、管就业等。结果是政府不能集中精力把国民经济运行、宏观调控、产业政策、基础设施、公益服务等事业办得更好；而企业也不能集中精力研究市场、开发产品、强化管理，把国有资本经营得更好。从责任角度讲，被视为社会主义共和国命脉的国有资产，现在是政府和企业都管又都不管，大家都在呼吁制止国有资产的流失，但这个问题一直不能得到有效地遏制，甚至既说不清流失的确切数额，也找不到责任人。

党的十四届三中全会《决定》提出，要建立"产权清晰、权责明确、政企分开、管理科学"的现代企业制度，排在首位的是产权清晰，这是权责明确和政企分开的前提条件。制定《国有资产法》，应进一步推进产权管理制度改革，切实使国有资产所有者代表明确、到位，使企业进入市场的权责到位，为建立现代企业制度创造条件。

二 立法的目的

近几年，对国有资产不断流失的反映十分强烈。通过立法，加强对国有资产的监督管理，对于有效地防止国有资产流失无疑是最根本的对策。但制定《国有资产法》的目的，绝不只是消极地防止流失，更要着眼于提高经营性国有资产的运营效率，使国有资产这一重要资源，在保障国计民生和国家安全、稳定的同时，遵循市场机制运营，使国有资产不断配置到效率最高的行业、企业，在流动中实现保值增值。

国有资产即全民财产，由政府代表全民行使所有者职能。实现社会主义市场经济体制，对于政府来说就必须改变计划经济体制下政府管理经济的方式，将社会经济管理职能与经营性国有资产管理职能分离。前者面对全社会经济运行进行调控、提供公共服务，对各种所有制企业一视同仁，创造公平竞争的环境；后者则代表全民管好经营性国有资产，运用这部分资产促进国民经济的全面发展，同时实现保值增值。另外，在经营性国有资产的管理上，必须使所有权与经营权适当分离，改变国有国营的大一统局面，使企业国有资产既保持最终的国家所有，又使每个企业成为独立法人，独立运作，自负盈亏，可以有生有死。

《国有资产法》应该解决的问题是如何建立企业国有资产的责任体制，即经营性国有资产的管理、监督、运营体制和机制，要规定最高层次的持有企业国有股权的国有资产的运营机构即国有独资集团公司，或国有独资控股公司，或国有资产经营公司如何建立。此类国有独资的国有资产运营机构介于政府与生产经营性企业之间，也可以叫"界面公司"，它与政府是什么关系，与持有股权的生产经营企业是什么关系？这两个问题解决了，一般国有企业或有国有股权企业的"国有老板"就清楚了。"界面公司"与一般企业不是上下级行政关系，是股东与企业的关系。

"界面公司"不能用行政权力干预企业，但依《公司法》以股东方式行使的职能必须到位；企业拥有足够的进入市场参与竞争的权利，但是它必须受股东包括国有法人股东的约束。由此，建立现代企业制度、资产流动、防止流失才有了法律和制度的基础。

由此看来，制定《国有资产法》涉及两个重要问题。

一是要对国有资产管理体制、企业国有资产所有者（代表）的问题做出具体规定。企业作为一个享有法人财产权的实体独立进入市场，一方面在经营上要有高度的灵活性和充分的自主权，不能受制于政府部门，靠红头文件或上级领导指令运作；另一方面又必须受控于出资者，要按"老板"的意图行事，不能处于失控状态。实际上与企业相关的各方在关心企业的角度和获取收益的渠道上是有严格差别的。债权人得到的是利息，经理人员和职工得到的是工资，政府得到的是税金，而企业盈亏最终都由企业的投资者承担。因此，市场运作的企业争取最大利润、极力避免风险的动力都来自它的所有者。不通过适当的形式构建国有资产持股机构，使国家所有者职能到位，一方面企业不能依据《公司法》实现企业制度创新，另一方面在此情况下政企分开就要冒企业行为失控的风险。在我国多种经济成分将长期并存、共同发展的背景下，不同所有制企业资产相互交叉的现象将大量出现，如果企业中国有资产的"老板"不明确，国有资产有资格的卖主就不清楚，国有资产有资格的运营者亦含糊不清，那么国有资产运作的低效率和流失就在所难免。可以说国有企业转制中第一位的问题，就是通过立法构建人格化的企业国有资产代表机构，使每部分经营性国有资产都有承担责任的真"老板"，而且职能到位。

二是要解决国有资产产权如何流动的问题。资产保值增值的目标必须在动态中实现。流动是为了增值，流动不等于流失，资产只有在流动中不断配置到经营效率更高的部位，才有可能保值增值。对于存量资产我们不能将其锁在仓库里管住，要使其动起来，活起来，否则，国有资产就没有生命力，产业和企业结构调整也无从谈起。目前总的状况是，由于没有法律规范，一提倡流动就往往难以避免流失；一说加强管理，国有资产就更加不能流动。现实是国有资产基本处于呆滞状态，尽管我们天天在讲加强国有资产管理，但并未能防止国有资产的流失。因此，《国有资产法》应对国有产权交易的原则、主体、权限、程序等问题做出规定，既保证国有资产能顺畅地流动，又要加强对产权交易的监督和管理。

三 落实企业法人财产权

《公司法》以法律的形式确认了企业的法人财产权，这是我国企业改革的一大突破。《企业法》颁布八年以及《转机条例》颁布三年来，企业的经营自主权仍然没有很好落实的根本原因，是只在经营管理权限的范畴内调整了国家与企业的关系，而没有从财产权的意义上界定国家与企业的关系，所以即使我们想把经营自主权都放给企业，但从财产权的角度讲，国家仍直接拥有企业中一切实物形态的厂房、设备、资金等国有资产的所有权。由于这一所有权是由企业的上级主管部门来行使的，这就使政企职责无法分开。《公司法》对企业法人财产权的这一突破，在《国有资产法》中应进一步予以明确，使其更具操作性。

企业法人财产权是与出资者的所有权既有联系又有区别的一项企业的基本权利。出资者拥有的是企业的股权和由此而派生的权利；企业则拥有可以独立运作的法人财产。这是两个层次的问题，不能混为一谈。出资者所有权是指出资者以资本金形式投入企业的那一部分股权，享受的是按其对企业的出资份额所拥有的所有者权益。资本金一经投入，便不能再予抽回。国家作为所有者要想退出某一企业，不能采取抽资或变卖厂房、设备等直接形式，而只能采取间接形式，即转让所有者股权，使其"变现"。企业法人财产权是针对企业资产负债表中的各项资产而言的，既包括出资人的投资，也包括企业负债。这就是说，企业不仅独立地、稳定地拥有了企业法人财产权利，而且可以以其为依据确立法律地位，进入市场，独立运作，自主经营，自负盈亏。企业法人财产权的范围比出资人投资的范围明显地扩大了，因为还包括了债权人的权益。法律赋予企业完整的、不受侵犯的企业法人财产权，既是企业经营自主权赖以合法存在的依据，也是企业走向市场、成为独立的法人实体和市场竞争主体的基础。

为保证企业法人财产权的落实，《国有资产法》应遵循党的十四届三中全会《决定》中所确定的"政资分开"的原则，分别明确企业与"政"、与"资"的不同关系以及企业对它们所承担的不同的责任。企业对法人财产享有占有、使用、收益、处分缺一不可的完整权利。对出资者而言，企业承担着资本保全和增值的责任，出资者则依法享有资产受益、参与重大决策及选择管理者等权利。对承担社会经济管理职责的政府而言，企业是纳税人，而不是财政预算单位，企业除依法纳税外，对政府一般不再负担其他直接经济责任。

四　保证所有者最终控制权

十四届三中全会《决定》将国有企业实行公司制作为建立现代企业制度的有益探索。公司制的建立，最初是在19世纪中叶。但当时的公司与现代意义上的公司是有很大区别的，最主要的区别是当时的公司一般都由出资者、由大股东自己经营。随着公司规模的进一步扩大、股权的不断分散及管理的日趋复杂，经营者和所有者逐渐分开，越来越多的公司高层领导不是由股东，而是由拿薪金的高级雇员们来担任，也就是我们所说的所有权和经营权相分离。这一有开创意义的变革使企业的发展进入了一个新的阶段。因此，国有企业进行公司制改建工作，不仅要解决产权界定、明确出资者代表的问题，而且为使所有权与经营权分离但又不失控，还要特别注意构建一个好的公司治理结构，这是现代公司的最主要标志之一。所有者把经营权信托给公司，是不是"企业自主权"越大越好，大到可以完全摆脱出资者的控制呢？答案是否定的。因为这在逻辑上讲不通，在实践中也不可行。一个完全失去控制的企业，经理人员的行为就失掉了约束，就必然变坏。因此，在现代公司中，所有权与经营权的分离，应是在所有者保持最终控制权的前提下的分离。

在建立社会主义市场经济体制的过程中，国家作为国有资产的所有者，需要通过一种形式，对企业的国有资产进行恰当、有效的控制。这种控制并不妨碍企业行使法人财产权，不干预企业的日常生产经营活动，但对企业中国有资产的安全和增值、对所有者权益的保障、对某些经营者的违法或不良行为，可以及时发现、及时纠正。这种控制的机制就是公司法人治理结构。另外，我们是社会主义国家，为了发展和壮大国有经济，在新旧体制交替过程中，在多种所有制并存、交叉投资幅度越来越大的情况下，国家对国有资产的控制是必不可少的。任何主张部门所有、地方所有、企业所有以及任何摆脱所有者控制的倾向都要在《国有资产法》中予以排除。

深入试点、务求实效,大力推进国有企业改革*

(1995年10月7日)

  1995年10月7~9日,"全国企业改革试点工作经验交流会"在青岛召开,来自全国各地的300多名代表参加会议并交流了各自企业改革试点工作中所取得的经验,青岛等10个试点城市、重庆钢铁公司等4户试点企业在会上做了典型发言。

  吴邦国到会听取了全部典型经验介绍,同18个"优化资本结构"试点城市的负责同志进行了座谈,听取大家对深化企业改革的意见和建议,并做了重要讲话。国家经贸委主任王忠禹出席会议并做了总结讲话,国家经贸委副主任陈清泰出席会议并讲话。山东省委书记、省长以及青岛市委书记、市长等出席了会议。

刚刚结束的党的十四届五中全会审议通过了我国的"九五"计划和2010年跨世纪发展的宏伟纲领。今年7月13日发表的江泽民同志关于国有企业改革的重要讲话(以下简称《讲话》)从理论和实践的结合上对企业改革的方向、形势、任务及若干重点难点问题做了深刻的阐述。我们召开这次会议,主要目的是深入学习、贯彻十四届五中全会和江泽民同志的《讲话》精神,进一步统一认识,坚定搞好国有企业的决心和信心,继续贯彻落实《国务院办公厅转发国家经贸委关于深化企业改革搞好国有大中型企业的意见的通知》(国办发〔1995〕16号),总结交流上海会议以来企业改革试点工作的经验,具体落实年底各项工作进度,研究、部署下一步的改革工作。我受国家经贸委党组的委托,就当前企业改革的情况和下一步的工作讲几点意见。

---

  * 本文是作者在"全国企业改革试点工作经验交流会"上的讲话。

深入试点、务求实效，大力推进国有企业改革

一 企业改革工作的进展情况

党的十四届三中全会以来，尤其是党中央、国务院确定国有企业改革为今年经济体制改革的重点以来，国有企业改革取得了一系列新的进展。今年5月，我们在上海召开全国企业改革试点工作现场交流会，总结和推广了上海等试点城市、试点企业建立现代企业制度和"优化资本结构"的典型经验，下发了一些可操作的政策性文件，对增强大家的信心，明确企业的改革任务，探索解决重点、难点问题，推动下半年的改革工作产生了积极影响。上海会议以后，许多试点城市的市委、市政府认真研究上海会议提供的经验，结合本地情况，采取得力措施，加快了企业改革的步伐。当前，企业改革的形势呈现以下特点：一是按照十四届三中全会《决定》确定的改革方向、战略目标和配套措施，改革进入了扎实推进的实施阶段；二是全党上下对国有企业改革的许多重大问题进一步形成了共识；三是基本摸清了国有企业存在的问题，解决的思路已经形成，措施正在落实；四是国务院确定的百户现代企业制度试点、18个城市"优化资本结构"试点、56户企业集团试点和3户国家控股公司试点以及各地区、各部门的改革试点工作全面推进，目前进展顺利；五是通过试点，改革已经触及深层次矛盾，一些重点、难点问题正在着手解决。企业改革总的形势是好的。

（一）关于百户企业建立现代企业制度试点

试点工作自去年11月启动以来，各试点企业以十四届三中全会《决定》为指针，认真制订试点《实施方案》。到目前为止，国家经贸委、国家体改委与有关地区或部门已批复实施方案52户（其中国家体改委联系批复的12户），其他企业多数也已进入方案的最后论证阶段。在批复的企业中，有13户按照《公司法》的有关规定进行了公司注册登记并已挂牌经营。从实施情况来看，试点工作在以下几个方面取得了明显进展。

1. 进行公司制改建

目前试点方案已获批复并开始实施的企业，分别按以下五种形式进行了改制。一是改制为多元股东持股的有限责任公司或股份有限公司。这类

企业有唐山碱厂、吉林化纤等7户，占已改制企业总数的13.5%。其中唐山碱厂将中央和地方"拨改贷"转为"贷改投"，形成由国家开发投资公司、省建设投资公司、省经济开发投资公司及唐山市经济开发投资公司四家股东持股的有限责任公司，实现了投资主体多元化，形成了有利于政企分开的内部制衡机制，同时，还使企业的资产负债率由90%降到了59.5%。二是改制为国有独资的集团公司，并由新组建的国有独资集团公司作为投资主体，将其生产主体部分改制为股份有限公司或有限责任公司。这一类企业有24户，占已改制企业总数的46.2%。其中，重钢、杭动、冶钢、扬子电气、武锅、徐工、桦林集团、西北轴承等21户的生产主体部分改制为股份有限公司，上海汽车和安徽轮胎等3户的生产主体部分改制为有限责任公司。这些企业中，扬子电气、徐工、长春汽油和西北轴承等企业已获A股上市额度，建设工业集团等企业已发行B股。三是直接改制为混合控股的国有独资公司。这类企业有烟台合成革、太钢、湖北化纤、西北七棉、秦川机床等17户，占已改制企业总数的32.7%。四是将原行业主管厅局"转体"改制为单纯控股的国有独资公司。这类机构有青岛益青、湖南物资等3户，占5.8%，改为控股公司，主要从事资产经营。五是解体1户，即上无三厂。

这些改制企业中，扣除3户企业由行业主管部门代行所有者职能外，均已明确了国有资产的投资主体，多数正在按母子公司体制，将子公司改建为多元股东持股的有限责任公司或股份有限公司，以充分发挥公司制组织形式有利于吸纳社会资本的特点，实现自己的发展战略。如西北轴承厂改为国有独资集团公司后，已与不同地区、不同行业的另外5家股东发起筹建股份有限公司，与一家县属企业合资成立有限责任公司，以优势产品为龙头，以产权为纽带，朝着跨地区、跨行业、跨隶属关系的大型企业集团方向发展。同时，已改制的企业都依照《公司法》的规定，建立了由股东大会、董事会、经理层、监事会组成的公司治理结构。改制为国有独资公司的，由政府向其派出监事会，对国有资产保值增值实行监督。目前，冶钢、杭动、徐工、扬子电气、烟台合成革等国有独资公司的外派监事会已经组成，其他企业的监事会正在抓紧组建中。

2. 进一步转换经营机制

一是通过公司制改建，企业内部的制衡机制开始形成。一些企业在改制为多元股东持股的公司后，由于股东利益相互制约并构成了对经理层的内在约束，企业开始以新的程序和机制决策，投资饥渴受到了明显的抑制。二是在进行公司制改建的基础上，在企业内部形成了母子公司体制，精简了内部机构。冶钢在改制过程中，制定了将二级单位分别改制为子公司、事业法人和分公司的实施办法，完成了职能机构重组和二级单位领导班子的调整，削减机构12个，精简人员1900余人。三是加大了三项制度改革的力度，在企业内部形成了择优、竞争上岗的机制。如重钢在改制过程中形成了内部劳动力市场，经常保持约1000名富余职工参加下岗培训，为减轻企业冗员负担、提高劳动生产率创造了条件。

3. 针对重点、难点问题实现突破

在试点企业《实施方案》的论证、审批过程中，许多地区或部门为了增强企业的竞争力，形成能带动地方经济发展的优势企业、拳头产品，多次召开由省区市主要领导主持的协调会议，解决重点、难点问题，积极为试点企业创造条件。到目前为止，凡批复的《实施方案》中，都伴有省区市、部门以《决定》《意见》《通知》《会议纪要》等正式文件形式下达的有关改革试点的政策、措施，在地方、部门权限范围内，提出了不少解决重点、难点问题的办法。

在减轻债务负担方面，有26户试点企业的资产负债率有所下降。各地对试点企业"增资减债"的措施主要有以下几种：一是将企业实际缴纳的所得税、属地方部分的增值税以及城建税等返还一定比例给企业，作为国家资本金；二是将地方的财政性借款、欠缴的"两金"、集中的折旧以及"拨改贷"转为国家资本金；三是在企业的资产负债率下降到合理比例之前，将企业税后利润或国有资产收益留给企业，用于增加国家资本金；四是允许企业加速折旧。

在分流富余人员、分离"办社会"职能方面，试点企业和所在地方政府同心协力，已有所突破。重钢计划在五年内分流1.9万人，占现有职工总数的38.9%，其中有6800人将在今后6年内向社会分流，进入劳动力市场；所属的26所中小学校从今年开始逐步移交当地政府管理，目前已有3

所小学由当地教育部门接收。徐工拟在 3 年内分流职工总数的 20%。太钢的 30 所中小学校拟在 3~5 年内由市政府帮助接收，企业交付的教育经费以 1994 年实际开支为基数逐年递减 20%~30%。

（二）关于 18 个城市"优化资本结构"试点

经过一年多的积极工作，总的来看，18 个城市的企业底数基本摸清，试点思路基本清晰，主要政策陆续出台，重点、难点问题正在突破，试点取得了初步成果。

1. 多渠道增加国有企业资本金，调整企业资产负债结构

截至今年 6 月底，18 个城市为企业增资共计 49.94 亿元。其中所得税返还 1.38 亿元，占 2.76%；企业自补 29 亿元，占 58.06%；多渠道增资 19.56 亿元，占 39.17%。上海在实践中形成"六个一块"，即主体多元吸一块，存量盘活调一块，债权转股权换一块，兼并破产活一块，企业发展增一块，政府扶持补一块，提出了 29 项增资减债的具体办法；长春市在制订债务重组方案时提出的 4 个方面的 10 种处理方式很有代表性，基本反映了各城市增资减债的具体途径。

2. 对优势国有企业的技术改造力度加大

为了帮助 18 个城市编制好"九五"技改规划，推动改造与改革、改组、加强管理相结合，我们年初在上海召开了"18 城市技改工作研讨会"，以上海老工业基地改造为实例，为试点城市编制技改纲要提供指导。在各城市的配合下，国家经贸委撰写《18 城市试点国有企业和拳头产品摸底调查分析报告》，建立了 18 个城市 4052 户工业企业的原始档案，以销售额、实现利税、银行信用等级、产品销售率、资金利税率五项指标为标准，将企业划分为四大类，选出经济效益高、技术含量高、有发展前景、能带动城市工业结构和产品结构调整的"龙头"产品，优先予以扶植。按照"择优扶强"的原则，各城市全部提出了《城市企业技改规划》或《技改纲要》，围绕各城市支柱产业的技改项目将在年内启动。为促进企业科技工作与技术改造工作紧密结合，国家经贸委还下发了《关于加强 18 个试点城市企业科技工作的意见》，提出了促使企业逐步成为技术开发主体、加速科技成果转化、扶持企业建立技术中心等加强企业科技工作的政策措施，

目前这些措施正在贯彻落实中。

3. 分离企业"办社会"职能，分流企业富余人员

各试点城市分离企业"办社会"职能大多采取"先分后离"两步走的办法，先将"办社会"职能独立出来，自收自支，逐步减少费用支持，待条件成熟再脱离母体。在步子较快的城市，一些企业的"办社会"职能已开始由政府承担，如蚌埠、重庆、沈阳、武汉、柳州等市已接收企业分离出来的自办学校12所。

试点开始以来，尤其是今年以来，各城市分流富余人员力度明显加大。归纳起来，主要渠道有六种：一是开发新的生产项目，兴办各类企业；二是企业间劳务输出，调剂余缺；三是新建企业优先招收老企业富余人员；四是出资鼓励职工自谋职业，实行离厂谋职、厂管养老或组织起来重新就业；五是年老体弱职工在厂内提前退养；六是分流到社会，进入劳动力市场。据统计，1994年初，18个城市国有企业共有职工1469万人，其中已下岗的富余职工240万人，占职工总数的16.3%。截至今年8月底，已分流133.6万人，占下岗富余人员总数的55.7%。其中，生产性安置57.7万人，占已分流富余人员的43.2%；政府或行业安置18.5万人，占13.9%；职工自谋职业的有14.7万人，占11%；离岗退养17.7万人，占13.2%；社会待业8万人，占6%；其他17万人，占12.7%。

4. 推动企业兼并破产

上海会议以后，在国发〔1994〕59号文和银发〔1995〕130号文两个文件的基础上，大家的认识进一步趋于统一，各城市积极开展工作，陆续出台了一系列配套办法，兼并破产的步子已经迈开。据统计，试点城市共有符合文件规定的困难企业474户，若全部被兼并，可停免息77.9亿元，相当于贷款本息余额的31.3%。银发〔1995〕130号文下发5个月来，共有52户企业被兼并，其资产总额为12.4亿元，负债总额为11.2亿元，资产负债率平均为89.8%。这些企业通过兼并得到了解救，资本得到了优化，结构得到了调整。

目前18个城市中已经或正在进入破产的企业共计161户。其中，已破产终结的为58户（去年为47户，今年上半年为11户）；正在破产程序中的为20户，拟进入破产程序的为83户。已破产终结的58户企业，资产总

额为18.7亿元，负债总额为32亿元，共涉及职工5.3万人，其中在职职工3.8万人，安置率达99%。

通过这一段的实践，试点城市普遍感到兼并破产是进行国有资产存量重组、劳动力优化配置和结构调整的重要手段。随着兼并破产工作力度加大，在实践中开始探索到一些经验。例如，上海市按照"有所不为才能有所为"的原则，把企业兼并与城市的改造规划和实施经济发展战略相结合；与突破地区局限，重构合理的产业结构和企业组织结构相结合；与充分重视和发挥产品品牌、发挥产品品质和企业的声誉作用相结合，按照市场消费要求，提高产品的附加值；与资产重组和国有资产保值增值相结合，提高国有资本对社会资本的调动力和渗透力。武汉市针对破产资产变现难、破产职工安置难等问题，摸索总结了整体破产、整体收购模式。提出破产准备、破产受理清算、债权人会议和债务清偿四个程序以及抓好破产决策、做好破产预案、找好收购方、开好职代会和组织好清算组五个环节的操作办法。为了依法实施、规范操作，上海、长春、株洲、哈尔滨、武汉、重庆、太原、青岛、常州等市制定了破产工作具体实施意见，武汉、哈尔滨、重庆等市编制了破产程序。我们总结大家的经验，制定了《关于18城市国有企业破产程序的意见》，经大会讨论后，正式印发，使破产实施进一步规范化。

总体来说，今年5月上海会议后，各地区、各部门和试点城市、试点企业的改革步伐明显加快。这是由于，第一，江总书记的《讲话》为推进试点注入了强大的动力，就深化国有企业改革的思路、方法、手段统一了思想，明确了方向。在全面、准确地理解和贯彻现代企业制度的科学内涵；坚持"三改一加强"的方针；进一步解放思想、大胆实践，力争在重点难点问题取得突破；着眼于搞好整个国有经济，加速国有企业的战略性结构调整等许多重大问题上取得了共识。第二，党政一把手亲自调查研究，听取汇报，制订规划，研究措施，组织推动。继上海市提出提前3年建立现代企业制度框架后，天津市提出了在1998年基本建立起现代企业制度框架的奋斗目标。到目前为止，省一级现代企业制度试点企业已有2000多家。第三，把广大职工动员起来，踊跃参与改革。百户试点企业的实施方案都经过职代会认真讨论，杭动职代会对试点实施方案进行无记名投票表决，

93.5%的人表示赞成。第四，各地区根据自己的实际情况创造了许多可行的办法，制定了许多突破性的措施。第五，舆论宣传战线深入实际，调查研究，总结经验，切实加强宣传力度，形成了有利于改革的舆论环境，对推动试点起到了重要作用。

在充分肯定成绩的同时，我们还要看到当前企业改革试点工作中还存在一些问题，主要有以下几点。

一是部分试点企业对科学规范、相互制衡的法人治理结构的内涵和意义认识不足或抱有疑虑。建立科学规范的法人治理结构是企业转换经营机制、建立现代企业制度的一个关键环节，但一些试点企业缺乏建立企业内部制衡机制的积极性和主动性。在制订改制方案时，不愿意在自己之外再有一个国有资产投资主体作为股东，也不愿意别的股东来参股。一些企业的管理人员则倾向于董事长、总经理一人兼，不愿意自己的权力受到更多的制衡。

二是试点工作的进展不平衡。中央直属企业的试点工作落后于地方管辖企业。中央企业改制工作中明确投资主体等工作涉及的部门较多，一些问题的协调相当困难，影响了企业改制的进度。地区之间进展不平衡。有些地区的试点企业尽管较早地完成了方案的制订工作，但由于在领导的工作日程上排不上队，迟迟不能进行方案论证和审批，影响了进度。企业之间的进展也不平衡。有少数企业在试点之初就抱有幻想，希望得到优惠政策，试点工作展开后发现不仅没有"偏饭"吃，而且要花大力气进行制度创新，试点工作的积极性有所下降。

三是各方面的配套改革尽管已迈出了步子，但仍然跟不上企业改革的步伐。目前企业改革迫切需要政府机构改革、金融体制改革、财税体制改革和社会保障体系改革的配套和支持。主要表现在：试点企业明确投资主体难；企业兼并和结构调整的进度还受到某些环节的制约；企业经法院裁定破产终结，但后续的资产变现、呆账冲销等十分困难；企业分离"办社会"职能受到政府财力、资金筹措能力的制约；跨地区、跨隶属关系的企业兼并经常遇到现行所得税制的阻碍；由于社会保障体系不健全，劳动力市场未形成，企业分流富余人员的工作步履维艰；等等。

二 全面学习、领会十四届五中全会和江总书记《讲话》精神，提高认识，深入试点，务求在重点、难点问题上取得突破

按照十四届五中全会精神，"九五"时期是经济体制转轨、初步建立社会主义市场经济体制和现代企业制度的关键时期，是加快结构调整、提高经济增长质量和效益的重点时期。试点城市、试点企业承担着为改革、发展探路的重任，试点的成败关系着改革的进程和全局。为了巩固已有的成绩，切实解决存在的问题，必须全面学习和领会五中全会和江泽民总书记的《讲话》精神，在企业改革的一系列重大问题上进一步提高认识，统一思想，深入试点，务求在解决深层次的矛盾和问题上取得经验，蹚出路子，实现突破。

（一）关于全面、准确地理解现代企业制度的四项特征

江总书记在《讲话》中强调指出，十四届三中全会《决定》"把现代企业制度的基本特征概括为'产权清晰、权责明确、政企分开、管理科学'。这四句话是相互联系的统一整体，缺一不可，不能只强调某一方面而忽略其他方面，必须全面准确地领会和贯彻"。

全面、准确地理解"四句话"，是正确把握企业改革方向的重大问题。在十四届三中全会《决定》发布后的一段时期，有的同志过分强调产权决定一切，似乎只要产权问题解决了，现代企业制度就建立了；并且对产权问题的理解也很狭隘，似乎就是股票上市。今年初，我们召开了全国企业管理工作会议，强调要全面理解"四句话"，把改革和管理结合起来。于是又出现了另一种倾向，认为国有企业的问题只要狠抓管理就可以解决，用不着机制转换、制度创新。在试点工作中，有的同志对科学规范的法人治理结构的内涵和意义认识不足，实质上也是对"四句话"理解不深、把握不准的问题。

究竟应当怎样全面、准确地领会和贯彻"四句话"的科学内涵，是我们在学习江总书记的《讲话》时要深入研究的一个问题，这里先谈谈我们的初步理解，供大家讨论。

"产权清晰"主要是指产权责任清晰。现代企业制度是一种出资者明确、到位的企业制度。实现产权清晰，就是要通过建立一套符合市场经济要求的经营性国有资产的管理、监督和运营体系，明确企业国有资产的投资主体，使所有者代表到位并进入企业内部行使所有者的权利。在此基础上，企业通过转换机制，建立现代企业制度，成为独立的法人实体，进入市场自主经营。这样，就可以在保证和落实国家对国有资产的所有权的同时，构造出千万个独立的市场竞争主体，从根本上解决公有制和市场经济相结合的问题。

"权责明确"重点是要在两个方面明确权利和责任。一是在国家与企业的关系方面，要明确国家作为出资者与企业之间的权利和责任划分。国家通过国有资产投资主体在企业中行使出资者权利，并以投入企业的资本额为限对企业的债务承担有限责任；企业则拥有包括国有投资主体在内的各类投资者投资及借贷形成的企业法人财产，对其享有占有、使用、处置和收益的权利。二是在企业内部，通过建立科学的法人治理结构，形成规范的企业领导体制和组织制度。依据《公司法》建立权力机构、决策机构、执行机构和监督机构，并行使各自的权利和责任。

"政企分开"重要的是实行政企职责分开，职能到位。首先是政府的社会经济管理职能与经营性国有资产的所有者职能分开，其次是经营性国有资产的管理、监督职能与经营职能分开。只有实行了两个分开，才能为政府调控市场、企业自主经营创造基本条件。职能到位就是要改变目前政府－企业职能错位的状况。企业的经营权应交还给企业，政府不再直接干预企业的决策和生产经营活动；企业"办社会"的职能由政府接过来，使企业将目标真正集中到追求经济效益上去。

"管理科学"的内涵是随着生产力发展和社会进步而不断完善和丰富的。当前建立现代企业制度过程中应着重考虑：一是企业的经营发展战略；二是建立科学的领导体制与组织制度；三是把握市场信息，及时有效地做出反应；四是不断优化企业内各项生产要素的组合；五是以提高市场竞争力为目标，完善各项管理制度；六是注重实物管理的同时，注重价值形态管理，注重资产经营，注重资本金积累；七是开发人力资源，培育企业文化；八是遵纪守法，诚信经营，塑造良好形象。

现代企业制度的这四个特征是一个有机的整体。四句话有很强的关联性，既互为因果，又互为条件，只有四个特征都充分地体现出来，才能综合地从根本上解决国有企业面临的深层次问题。依法规范的现代公司，比较全面地体现了上述特征，是建立现代企业制度的一种重要组织载体。

（二）关于转换企业经营机制

建立现代企业制度既包括企业制度创新，也包括经营机制转换，对于试点企业来讲，两者不可偏废。现在，经济体制和经济环境正在发生深刻的变化，我国经济正处于一个重要转折时期。其中对企业影响最大的有三点：首先，市场机制正在取代计划体制，"九五"时期是这一新体制加速建立的重要时期；其次，我国正由短缺经济转向供需平衡，经济发展正由资源制约转向市场制约，由量的追求转向质的追求和结构的追求；最后，正由对国内市场的高关税保护转向与世界经济的大幅度交叉和融合，国内市场将逐渐成为世界市场的一部分。

面对如此深刻的变化，企业转变经济增长方式，提高经济增长质量和效益已成为十分紧迫的问题。过去，产品生产出来就一定有买主，就会有利润，这是短缺经济卖方市场的特征；过去热衷于外延式经济增长，这是国家出钱企业花的结果；过去重速度、重产值、轻效益的背景是收支两条线，国家对企业的债务承担连带责任的结果；等等。可以说，传统计划经济增长方式的本质是短缺经济，政企不分。经济环境的变化和不断深化的经济体制改革使传统经济增长方式存在的基础正在发生根本性的转变。企业健康发展必须面对已经改变的环境，寻求新的经济增长途径。

企业转变经济增长方式的基础是转换经营机制。所谓转换经营机制，其核心是在新旧体制转轨中，企业运转的轴心和运行体系要实现根本性的转变。在原有体制下，企业以国家计划为轴心而公转，以完成生产任务为中心而自转，通过收支两条线和全方位的计划管理体系实现国有国营；而在市场经济体制下，企业要以市场为轴心而公转，以实现经营目标为中心而自转，企业作为独立法人进入市场竞争体系，面对无情的优胜劣汰筛选，自主经营、自负盈亏、自我发展、自我约束。这一机制的转变，使企业追求的目标变了，企业接受导向的信息源变了，对企业和经理人员的评价和考核标准变了。相应地，企业要重新构造与政府的关系、与用户的关系、与其他企业的关系、与银行的关系、与职工的关系等。

因此，企业要进入市场，除了政府要为之创造条件外，关键还是要自己转换经营机制，要不断地捕捉市场提供的机遇，对市场的信息和宏观调控信号及时地做出有效的反应，要形成科学高效的内部组织，通过对企业各类活动的计划、组织、指挥、协调和控制不断优化配置企业的各类资源，充分运用法律法规和市场经济允许的各种方法和手段去获取最大的经济效益，同时接受来自所有者和市场的硬约束。对企业来说，这是一场十分深刻的变化，其深刻程度可以用"脱胎换骨"来形容。

怎样把"转机"与"建制"有机地结合起来，实现企业经营机制的转换？从根本上说，就是要把现代企业制度的特征移植到国有企业中。第一，改变债务责任关系。企业依据《公司法》成为独立法人实体，对自己的债务负责，自负盈亏，直至破产；包括国家在内的出资者则只以投入企业的资本额为限，对企业债务承担有限责任，从根本上改变企业吃国家"大锅饭"的体制。第二，形成资产流动机制。企业要"活"，重要的是要形成产权结构的流动性和开放性，即资本的注入和出资者的更换、增减能顺利进行。这就改变了工厂制企业中固化而不能流动的板块式、封闭的产权结构。第三，拓宽企业融资渠道。改变国有企业与财政和银行紧紧捆在一起的状况，使企业有可能进入资本市场，多渠道融资。第四，形成转机制、抓管理的内在动力。企业以追求经济效益为目标，面对来自市场的激励与约束，形成企业内部制度创新、管理创新、技术创新的动力。第五，形成新型的企业与职工关系。企业作为独立的公司法人，与职工的关系是依据《劳动法》形成的契约关系，企业不再包揽职工就业、福利、子女、社会保障等一切方面。第六，形成企业约束机制。通过公司治理结构，所有者代表进入企业，在企业内部形成所有者、经营者和劳动者相互激励、相互制衡的机制，使三者的利益得到保障、三者的行为受到约束，从而在国有企业中建立起我们渴望已久的自负盈亏、优胜劣汰以及激励和约束相结合的经营机制。

(三) 关于抓住有利时机，大力推进兼并破产

对于兼并破产和结构调整的意义，目前各方面的认识正在趋于一致。很多城市负责同志表示，打开城门，只要能增加税源、安排就业，欢迎外地优势企业兼并当地困难企业。打破原有的隶属关系，跨地区、跨行业兼并的力度正在加大。国发〔1994〕59号文和银发〔1995〕130号文下发后，政策也基本到位。在优势企业与困难企业之间差距明显拉大的情况下，现在是通过兼并破产，建立优胜劣汰机制，加速结构调整的一个十分有利的时机。但是，从前一段的情况来看，实践中也存在不少难点问题，有一些需要澄清的认识。

有些同志对把兼并破产作为当前结构调整的重要手段的意义认识不足，有畏难情绪。实践证明，国有经济结构不合理是很多国有企业陷入困境、国有资产运营效率低下的基本原因。在向市场经济转轨的过程中，必须对国有经济进行一次战略性的结构调整，这是进入良性循环不可超越的一个阶段。结构性矛盾经多年积累已形成相当一批长期亏损、资不抵债、扭亏无望的企业，从各地调查情况来看，这类企业一般占企业总户数的15%左右。对这类由于结构不合理而陷入困境不能自拔的企业，一味地用"水多加面、面多加水"的办法是不行的，必须通过兼并破产，进行资产存量重组，重新配置资源的办法来解决。

有的同志觉得国有企业破产是破国家的"产"，认为破产会使国家遭受损失。实际上，在破产时表现出来的资产损失在企业破产之前就已经形成，破产不过是把已有的损失搞清楚。水落石出，石头不会因为水落才长出来。从积极的意义上看，不是因为破产才造成损失，而是通过破产防止了新的损失。因为濒临破产境地的企业，人还在，各项开支仍要发生，在没有有效产出的情况下，几乎都是吃了资产吃土地，吃了财政吃贷款，这样的企业多维持一天，劳动力和生产资料就闲置一天，资产就流失一天，这些损失归根到底都是国家的损失，是国有资产的流失。因此，对符合破产条件的企业实施破产，不是一种消极的办法，而是一种积极的防止新损失的办法。

近来有一种意见，把企业破产工作与银行投资的高风险区联系在一起。

对这个问题要做具体分析。如果有的地方假破产，真逃债，而且一而再，再而三，使债权人的权益无法保证，把这样的地方列为投资高风险区是恰如其分的。但是，某个地区依法实行破产的企业比别的地方多，就此并不能认为这个地区是银行投资的高风险区。

在市场经济中，银行投资的安全性靠什么来保证？在债权人方面，要银行自己行为规范，认真审查债务人的资信情况和投资项目的可行性等。在债务人方面，决定借贷和投资的是企业，怎样才能使企业做出科学、慎重的决策，减少坏账的形成？一个重要的条件就是建立优胜劣汰机制，劣到极限就只能破产。如果企业觉得自己反正不会破产，它的决策就很难有科学性，银行的投资也不会安全。目前我们大力推进兼并破产，不仅仅是为了解决历史遗留的结构不合理问题，同样重要的是建立起优胜劣汰机制。正如江总书记指出的，"企业人员可以流动，长期亏损、资不抵债的企业可以破产，这是企业在市场经济条件下优胜劣汰的表现，也是搞活国有企业的重要条件"。通过兼并破产，建立起优胜劣汰机制，就会从根本上硬化债权债务关系对企业借贷和投资行为的约束，使企业的决策更加科学和慎重，从而从根本上降低银行投资的风险。因此，那些兼并破产推进较快的地区，实际上恰恰是在努力创造条件，建立降低银行投资风险的机制。如果一个地区的企业不论怎样资不抵债，不论怎样决策失误，都不必担心会被兼并或破产，这样的地区才真正是银行投资的高风险区。

当然，在统一思想、大力推进兼并破产的同时，也要不断完善有关的政策，例如，呆账准备金调剂使用的问题，"亏三逾二"的标准问题，都需要对有关政策加以完善。各地也已经创造出一些行之有效的做法，有待总结。另外，从对国家负责的角度，各地在推进兼并破产时一定要掌握政策，尊重主要债权人的意见，依法实施，严防假破产、真逃债。据工商银行最近对77户破产企业的调查，大多数是依法破产，但也有20户左右有逃废债行为，其中10户比较明显，这个问题要引起我们的高度重视。如果经过调查，确属逃废债行为，一定要立即纠正，并总结经验教训，防止再犯，保证这项工作能顺利健康地向前推进。概括来说，当前兼并破产工作总的方针是统一思想，大力推进，完善政策，依法实施。

(四) 关于"减人增效"机制

国有企业富余人员多、"办社会"负担重,是大家公认的必须解决的难点问题,但是一旦推进起来,又发现在一些地方,有关各方积极性并不太高。有的地方政府安于富余人员滞留于企业的现状;有的企业不愿冒减人的风险;有些职工也乐于吃企业的"大锅饭",不愿意到劳动力市场上去找工作;等等。

富余人员多,"办社会"负担重,企业每年要为此支付大量成本。按富余人员占职工人数的30%、每人每年平均花费4000元计算,国有工业企业每年要为富余人员支付960亿元的开支,比去年的利润总额还多100亿元。因此,不进行"双分",国有企业就不可能在成本、价格上实现平等竞争。除了这个因素外,更重要的是它严重阻碍着企业转换机制、进入市场。

一是它使企业面临多个互相矛盾的目标,精力分散、无所适从,弱化了效益目标。在市场经济中,企业的目标是追求效益,政府则追求增加就业、提供福利等社会目标,两种目标是矛盾的。在现有的体制下,国有企业承担大量的社会职能,不得不在这两类矛盾的目标之间经常进行艰苦的权衡、取舍而不能全神贯注地追求效益目标。结果,在巨大的、现实的生活福利、就业、上学等压力之下,效益目标被弱化,企业在市场竞争中处于不利地位,社会目标最后也难以保证。

二是在岗的有效工作人员与富余人员混杂是管理松散和失效的重要原因。在一些老企业中,企业变成了部落式的小社会,几世同堂,家族关系、姻亲关系盘根错节,增加了管理的难度,人的积极性和创造性受到压抑,劳动生产率难以提高。

三是企业"办社会"强化了职工对所在企业的依赖,阻碍了劳动力的正常流动,使劳动力资源无法根据需要通过市场优化配置。企业花费大量成本办"小社会",使职工与社会的关系变成了职工与企业的关系,职工除了从企业取得工资外,还要依靠企业提供形形色色的非货币的收入、福利和各类保障。职工离不开企业,就像人离不开社会一样;企业难以辞退职工,就像社会不能抛弃每一个人一样。结果是职工稳吃企业"大锅饭",企业对职工生老病死一包到底。

人是企业从事生产经营的基本要素,但如果他不能随企业生产经营和市场竞争的需要在数量和结构上进行调整,企业就难以富有活力、具有市场竞争力。因此,各级政府要高瞻远瞩,从搞好国有企业全局出发,看到分流富余人员、分离"办社会"职能的深远意义,下决心创造条件,通过持之以恒的努力,解决这一历史性问题。

各试点企业和试点城市通过大胆探索,已经迈出了步伐。对政府来说,要致力于建立和完善社会保障体系,逐步实现离退休职工和失业、待业职工的社会化管理;创造条件分步接收企业的各项"办社会"职能;大力培育劳动力市场,广开就业门路,增加就业岗位,推选再就业工程。随着技术进步、集约化程度提高,一般地讲,新的就业机会不在大企业,要探索通过发展各种形态的中小企业积极安置富余人员的途径。对企业来说,要推选全员劳动合同制,在企业和职工之间形成契约关系;搞好定员定额,实现竞争上岗,在企业内部保持一定的待业率;实行"先分后离",将富余人员从岗位上撤下来;将生产主业与后勤辅助部分分开。再以企业为依托办各类企业,成熟时走向社会,与母体脱离;疏通富余人员流向社会的渠道,逐步实现富余人员由企业安置为主转向由劳动力市场配置为主。

(五)关于"搞好大的、放活小的",加速国有经济的结构调整

江总书记在谈到以企业改革促进发展,提高经济增长的质量时指出,"要集中力量抓好一批大型企业";"同时,要加快国有中小型企业的改革","对一般小型国有企业,要进一步放开、放活,有的可以实行兼并、联合或租赁,有的可以改组为股份合作制,也可以出售"。

"搞好大的,放活小的"即"抓大放小"是调整国有经济结构的一个原则,是在多种经济成分共同发展的条件下发展和壮大公有制经济的一条途径。我国几十年计划经济基本上是国有经济的一统天下,企业不论大小、行业不分主次一概为国有国营。现在,多种经济成分共同发展,国家就面临着控制哪些企业、哪些行业才能保证公有制的主体地位和国有经济的主导作用的问题。一些地方的经验表明,大型骨干企业体现国家实力,要搞活、搞好;小企业创造市场活力,要放开、放活。今年上半年国家经贸委选定的1000户优势企业中,有878户工业企业。从户数来看,仅占全部预算内工业企业总数的 2.82%，而资产总额则占 63%，产值占 69.6%，销售收入占 70%，利税占 74%。这些数字说明，集中力量抓好一批优势企业，抓住关键的少数，就抓住了国有经济和国民经济的大头。正如江总书记指出的，"一个国家的经济发展，工业化的实现，经济整体素质的提高，主要依靠大型企业和企业集团。有了一批大型企业和企业集团，就能有效地带动一大批中小型企业健康发展，对危困企业的调整余地就大了"。

采取多种灵活方式加大改革力度，是搞活国有小企业的现实选择。小企业的特点是：处于竞争性行业，行业划分细而分散；势单力薄，要为适应市场而及时调整。对这类企业实行政府直接管理，一是由于政府管理效率低，企业对政府存有依赖心理，使这些企业在市场上缺乏应变力和竞争力。二是数目如此众多的企业，国家事实上很难实现有效的管理。即使广泛采用承包等办法，也难以防止资产的流失，监督管理成本很高。三是国家不可能也没必要提供足够的财政支持。一些地区的实践证明，放开这些小企业，可以充分利用市场机制调动企业和职工的积极性，绝大多数小企业是可以搞好的。国家则可以集中有限的财力和改革力度，抓好"关键的少数"，因此，放开、放活小企业可能成为搞活国有经济的一条新路。

三　1996 年企业改革工作的具体安排

根据"九五"期间企业改革的总体要求和上述指导思想，1996 年的企业改革工作要抓住当前有利时机，坚持"三改一加强"的方针，继续深入试点，及时总结推广各项试点的成功做法，实行点面结合，在转机建制、"抓大放小"、增资减债、兼并破产、减员增效、债务重组、配套改革等方面取得实质性的突破和进展。加快结构调整步伐，促进一批优势企业发展，形成国有经济的支柱。

（一）集中力量抓好各项试点

要抓紧进行百户企业建立现代企业制度试点和各项配套规章的制定。到 1996 年底试点工作要达到的整体目标是：试点企业初步建立起现代企业制度的领导体制和组织制度框架，实现机制转换，通过"三改一加强"，企业效益有所提高，亏损企业扭亏或转化。

试点企业要抓紧落实试点《实施方案》，从一开始就应严格按照《实施方案》运行，不能把新方案放在一边，做起来还是老习惯、老办法；政府部门要抓紧兑现相应改革措施，按《实施方案》履行自己的权责，共同在机制转换、制度创新、职能转变、配套改革上狠下功夫。在实践基础上对试点工作进行全面总结，并就试点工作的效果、经验，对有关配套文件的评价以及在面上推开的步骤向国务院提交报告。

18个"优化资本结构"试点城市要在进一步推进"增资、改造、分流、破产"的同时，增加试点内容，把试点工作引向深入。一是培育发展大企业、大集团，加快国有小企业的改革步伐；二是采取多种形式探索从机制上实现企业增资减债的途径；三是加强企业家队伍建设，按照管人与管资产相一致的体系积极培育劳动力市场；四是改革工业管理体制，探索明确的企业国有资产管理、监督、运营体系。

要进一步推进56户企业集团试点，抓好发展战略的制定，依据《公司法》，以产权为纽带规范母子公司关系。由国务院授权具备条件的集团公司行使国有资产所有者职能。抓紧进行国家控股公司试点工作，参加试点的3户总公司要根据有关部门制定的统一的试点原则和自己的实际情况提出试点方案，提请国务院总理办公会议审议后实施。

（二）切实加大结构调整的力度

近年来，为了对国有经济进行战略性结构调整，各地政府都对国有企业的状况做了深入分析，基本摸清了情况。1996年，要按照分类指导、区别对待的原则，对不同类型的企业制定出不同的对策。各地区要按照地区经济发展战略确定经济生长点，明确本地区的支柱产业、骨干企业和拳头产品，加大结构调整和技术改造的力度，积极调整产业结构、企业组织结构和产品结构，使之符合市场经济的要求。兼并破产是当前进行结构调整的重要手段。长期亏损、资不抵债、扭亏无望，靠财政和银行输血维生的企业，要通过兼并或破产实现资产存量和劳动力资源的优化配置。要采取积极措施解决兼并破产中呆账冲销难、资产变现难等问题，在有条件的地方，要在国有资产管理体制改革逐步到位的同时积极促进购并交易，并从健全法规入手，强化规范和管理，防止国有资产流失。

抓好300户优势企业，要坚持改革、改组、改造相结合，加强企业管理，要把着眼点放在转换机制的制度创新上。

一是要在充分吸收百户企业试点经验的基础上，指导符合条件的企业着手制订改制方案（其中参加百户试点的27户企业可仍按原定方案进行），按《公司法》改制为有限责任公司或股份有限公司，按母子公司体制确定和规范企业集团的内部关系。对其中具备条件的国有独资公司和企业集团的集团公司，由国务院或省区市人民政府授权为国有资产投资主体，对其派出监事会，并允许组建财务公司，赋予自营进出口权，并选择一些有条件的企业开展国际化经营。

二是要建立资本金注入机制。要坚持自补为主，认真贯彻执行财会《两则》，落实企业的理财权。要用好用足新产品开发费进成本、按清产核资重估升值增提折旧等政策措施。有条件的企业可以合理提高固定资产折旧率，加速折旧。要改进工效挂钩办法，结合推行资产经营责任制，实行职工工资总额与经济效益和资产保值增值双挂钩，鼓励企业走自我积累、增值的新路。国内债券和股票发行要优先考虑300户重点企业和其他优势企业，鼓励和引导它们用有限的国有资本控制和调动更多的社会资本，加速自身的发展。鼓励它们打破行政隶属关系，实行跨地区、跨行业经营，兼并困难企业。

三是300户企业和有关银行间要实行计算机联网，银行在监控企业资金运行的基础上，对企业的信用等级进行评价，核定企业的合理流动资金占用量，并在核定的范围内按信用等级优先供给。

四是对300户企业优先选择技术改造和科技开发项目，加大投资力度，在符合条件的企业建立技术中心，增强其自主开发能力。

（三）加快转变政府职能，研究建立新型的工业管理体制

我国现行的工业管理体制是在计划经济中形成的，已不适应社会主义市场经济和现代企业制度的要求。在深化企业改革的过程中，转变政府职能，建立新型工业管理体制势在必行。三中全会以来，各地已经在这方面进行了积极的探索。1996年，结合建立现代企业制度，要加快试点城市改

变政府机构、转变政府职能的步伐，研究建立新型的工业管理体制。各试点城市要按照十四届五中全会精神，结合自己的实际情况，根据精简、统一、效能的原则制订改革和调整政府机构的方案，把综合经济部门逐步调整和建设成为职能统一、具有权威的宏观调控部门；把专业经济管理部门逐步改组为不具有政府职能的经济实体，或改为国家授权经营国有资产的单位和自律性行业管理组织；对其他政府部门也要进行合理调整。

要结合建立新型工业管理体制，积极推进国有资产管理体制改革，其中，关键是要采取多种形式构建国有资产经营主体，明晰产权责任。一是从国家重点联系的1000户企业中选择经营管理制度健全、经营较好的大型国有独资公司（目前大体可选300户），由国务院或国务院授权的省区市人民政府授权行使资产所有者的权力；二是配合政府机构改革，通过试点，把具备条件的行业性总公司和主管部门改组为国家控股公司；三是培育和发展一批以资产经营为目标的国家独资或绝对控股的投资机构（包括一般国有工商企业出资兴办的投资机构、非银行金融机构、各类基金会等），逐步形成稳定的、战略性的投资集团。

（四）建立统一的社会保障体系，加大分离、分流的力度，培育劳动力市场

社会保障体系改革要强调统一性、社会性。1996年，18个城市要围绕企业改革重点推进失业、养老、医疗保险制度改革，建立和完善统一的社会保障关系。

要制定现代企业制度试点企业分流富余人员进入社会的程序和办法。在现代企业制度试点企业建立"减员增效"机制。离退休人员要同原企业脱钩，转交社会管理，离退休金由社会保险机构直接发放。18个试点城市要进一步加大分离、分流的力度。1996年，各试点城市50%的富余人员要通过多种渠道分流安置。要创造条件使更多的富余人员通过劳动力市场进行分流。在推动企业内部分离自办中小学校、医院的同时，进一步扩大移交政府办学、办医的试点。有条件的城市可通过增提教育费附加，筹集专项用于分离中小学的经费。

在建立社会保障体系，为短期停留在市场上的劳动力和长期沉淀下来的失业人员提供基本生活保障的同时，要积极培育劳动力市场，增加就业岗位。一是要鼓励失业人员积极求职。二是要为他们提供培训和信息服务，要积极支持各类职业介绍机构开展再就业服务。三是要制定切实可行的政策增加就业岗位。要支持大企业适当投资，与富余职工创办股份合作制企业，提供就业机会，对劳动服务企业、第三产业企业的各项优惠政策的适用范围要扩大到为安置富余人员而开办的各类企业。

（五）加快国有小企业的改革步伐

我们要会同有关部门，尽快完成对国有小企业状况的调查，制定《关于对国有小企业实行承包、租赁、股份合作制的政策意见》，参与制定《城镇股份合作制企业暂行办法》，将其作为推进国有小企业改革的指导性文件。

要支持各地政府在自己的权限范围内制定可行的政策措施，加快国有小企业改革的步伐。邯郸市为优势企业兼并、租赁亏困企业制定出台了一系列鼓励性政策，收到了积极的效果；张家港、诸城等地也有类似的经验。我们将会同有关部门对这些做法和经验及时进行研究总结交流，指导各地的实践。

（六）采取有效措施，解决好特殊困难行业的紧迫问题

对煤炭、军工、森工等有特殊困难的行业要继续抓紧落实和用好用足已有的政策措施，帮助它们解决目前面临的紧迫问题，使这些行业尽早克服目前的困难，进入良性循环的轨道，安置好困难职工，维护社会稳定。

（七）制定"九五"企业管理纲要，争取于1996年初以国务院名义下发，指导企业把加强管理贯穿改革的始终

目前我们正在起草"九五"企业管理纲要，拟在"九五"期间建立起与现代企业制度相适应的科学管理体系。同时制定"九五"企业管理人员培训纲要，于1996年初以中央组织部、国家经贸委、国家教委和人事部名

义联合下发。在普遍进行岗位适应性培训的基础上,继续开展企业管理人员培训资格证书制度,着力开展工商管理培训,提高管理人员水平。

要认真贯彻落实中组部、国家经贸委、人事部《关于加强国有企业领导班子建设的意见》,切实加强企业领导班子建设。企业高级管理人员的管理和使用要与一般党政干部区别开来。要由负责企业工作的综合经济管理部门与组织、人事部门一起,联合进行高级管理人员的培训、考察和推荐工作,培养和造就宏大的职业化队伍。

同志们,我们所走的是一条具有中国特色的国有企业改革道路,这在世界上还没有先例。党的十四届三中全会、五中全会已为企业改革的目标、途径和应采取的措施设计出了规划和蓝图。试点城市和试点企业在这场改革中处于排头兵、尖刀班的地位,我们要按照江总书记《讲话》中要"大胆去试,大胆去闯,并在实践中及时发现问题,总结经验,使改革不断深入"的指示精神,深入试点,务求实效,大力推进国有企业改革,力争取得重大的进展。

全面理解现代企业制度[*]

（1995 年 10 月 11 日）

建立社会主义市场经济体制必须解决的一个关键问题，就是公有制、国有经济能不能以及如何与市场经济有效结合。解决国有企业深层次体制问题，必须进行企业制度创新。党的十四届三中全会做出了建立现代企业制度的重大决策，使国企改革进入了机制转换、制度创新的新阶段。一年多来，对现代企业制度如何深入理解和全面贯彻始终是现代企业制度试点中的一个突出问题。

江泽民同志在上海、长春两地指出："建立现代企业制度，是十几年来经济体制改革特别是企业改革的经验总结和理论发展，我们一定要坚持这个改革方向。"

目前，国有企业改革已进入深层的攻坚阶段，为了建立社会主义市场经济体制，对长期困扰国有企业进入市场独立经营的政企不分、产权责任不明晰、企业经营机制难转换和历史形成的人多、债多、"办社会"负担重等问题，必须找到现实可行的解决途径，寻求一种能综合解决旧体制那些深层问题，最终实现公有制与市场经济有效结合的组织形式，那就是现代企业制度。

所谓现代企业制度，是符合社会化大生产要求，适应市场经济的"产权清晰、权责明确、政企分开、管理科学"，依法规范的企业制度。就大中型企业而言，公司制是主要形式；就企业户数而言，非公司制（独资、合伙、股份合作等）企业占绝大多数。大中型企业通过建立现代企业制度主要是要确立企业法人制度、有限责任制度和公司治理结构。可以认为，现代企业制度是解决政企职责分开的组织手段；是理顺产权关系的组织形式；

---

[*] 本文发表于 1995 年 10 月 11 日《人民日报》。

是使企业成为独立法人的组织保障；是转变企业领导体制、组织制度，实现管理科学的现实选择。

江泽民同志指出："把现代企业制度的基本特征概括为'产权清晰、权责明确、政企分开、管理科学'。这四句话是相互联系的统一整体……必须全面准确地领会和贯彻。"这四句话包括很丰富的内涵。

（一）关于产权清晰

现代企业制度是一种出资者明确的企业制度。产权清晰是指产权责任清晰。从国家层次上看，企业的国有资产属国家所有，国务院代表国家行使所有者职能，这是十分明确的。但在实践中，许多政府部门分兵把口，分别行使一部分所有者权力，与行政管理职能混在一起，形成了政府直接干预企业、政企不分的基础。但是又没有哪一个部门对国有资产的保值增值负责。对企业而言，在内部没有所有者具体的、人格化的代表，凡需所有者做决策的事，都要找政府。由于所有者缺位，一方面，企业缺乏来自所有者负责任的监督；另一方面，由承担社会管理职能的政府决定企业的重大事项，造成决策目标混乱，决策效率过低，企业难以对市场信号及时做出有效反应，实际上仍处于"国有国营"状态，致使国有资产运作效率过低。要通过建立一套符合市场经济要求的企业经营性资产管理、监督和运营体系，明确企业国有资产投资主体，使所有者代表进入企业，国家资产经营机构拥有和行使所有权；企业拥有法人财产权，进入市场，独立经营，从而落实国有资产保值增值的责任。在落实资产经营责任的基础上形成资产流动机制。这将改变国有资产整体板块的结构，既保持国有经济的主体地位，又能形成千万个各自独立的市场主体，从而实现公有制与市场经济的有效结合。

（二）关于权责明确

这里包括在两个层次上明确权利和责任。从国家和企业的关系而言，要明确国家通过国有资产投资主体对企业中的国有资产行使所有者的权利，承担所有者的义务，即按投入企业的资本额，享有资产受益、重大决策和选择管理者等权利；企业破产时，国有投资主体只以投入企业的资本额对企业的债务负有限责任。企业则拥有包括国有投资主体在内的各类投资者投资形成的企业法人财产，并可在市场中依法运作这一财产，对其享有占有、使用、处置和收益的权利；当企业破产时，要以全部法人财产对其债务承担责任。

从企业内部而言，通过建立现代的企业法人治理结构，形成规范的企业领导体制和组织制度。依据《中华人民共和国公司法》建立股东会、董事会、经理层和监事会，形成不同层次的权利和责任对称的主体。各机构依据公司章程行使权力，股东会向全体股东负责，董事会向股东会负责，总经理向董事会负责，监事会对股东负责，各自照章行事，形成严格的权利责任体系。

这就从制度上实现了所有者对经营者的监督与控制，明确了企业内民主决策与集中统一指挥的关系。

（三）关于政企分开

这是指政企职责分开，职能到位。首先是政府的社会经济管理职能与国有资产所有者职能分开。前者面对所有企业，统筹规划，信息引导，制定和执行宏观调控的政策和法规，搞好基础设施建设，组织社会服务，创造公平竞争的市场环境；后者则是管好、运作好国有经营性资产，在市场活动中使之保值增值。其次是指国有资产管理、监督职能与国有资产经营职能分开。前者是对资源性、行政性和经营性国有资产进行基础管理，制定方针和政策并进行监督，属于政府行为；后者则是运作经营性国有资产，以盈利为目的，进入市场参与竞争。两者不容混淆。只有实行两个分开才能做到政府调控市场，企业自主经营。

职能到位即指改变政府热心于办企业、抓企业的事，企业疲于自办小社会这类政府-企业职能错位的状况。企业的经营权应交还给企业，政府不再直接干预企业的决策和生产经营活动；企业"办社会"的职能由政府接过来，使企业自主经营，照章纳税，将目标真正集中到追求经济效益上来，这是提高企业效率和在竞争中取胜的关键。

(四) 关于管理科学

管理科学的内涵是随着生产力发展和社会进步而不断改善和丰富的。当前建立现代企业制度中应着重考虑的是：(1) 企业的经营发展战略；(2) 建立科学的领导体制与组织制度；(3) 把握市场信息，及时有效地做出反应；(4) 不断优化组合企业内各项生产要素；(5) 以提高市场竞争力为目标，完善各项管理制度；(6) 注重实物管理的同时，注重价值形态管理，注重资产经营，注重资本金积累；(7) 开发人力资源，培育企业文化；(8) 遵纪守法，诚信交往，塑造良好形象。

建立现代企业制度这四个特征是有机的整体。它一方面体现在四个特征有很强的关联性，即四者互为因果，又互为条件；另一方面只有四个特征都充分体现，才能综合性地从根本上解决国有企业那些深层次问题，建立起社会主义市场经济的微观基础。

江泽民同志指出，"建立现代企业制度是企业改革的重大探索"。进行这一重大改革，稳妥而可行的办法是选择一批企业进行试点，将成功的做法归纳成法规、条例，再行推广。推动这一改革要积极，但又不能急于求成。

关于"九五"期间国有企业
深化改革的几个问题[*]

（1995年11月13日）

1995年9月中共中央召开了十四届五中全会。会议通过了《中共中央关于制定国民经济和社会发展"九五"计划和2010年远景目标的建议》（以下简称《建议》）。《建议》提出，实现"九五"计划和2010年远景目标的关键是实行两个具有全局意义的根本性转变：一是经济体制从传统的计划经济体制向社会主义市场经济体制转变；二是经济增长方式从粗放型向集约型转变。

国家经贸委几位主任研究，让我代表委里把当前企业改革的情况谈一谈。今天，我主要讲三个问题：一是搞好国有企业需要解决的一些深层次问题；二是搞好国有企业的政策措施；三是关于深化流通体制改革的几个问题。我讲得不一定都对，有些是自己的看法，主要是与大家一起学习十四届五中全会精神。

一 搞好国有企业需要解决的一些深层次问题

最近，中共十四届五中全会规划了到2000年的蓝图，描绘了2010年的远景框架。从五中全会精神看，实现这一战略目标，一个根本性的问题是要搞好国有企业改革。没有这个基础，五中全会的战略目标就难以实现。五中全会再一次明确提出，深化企业改革是经济体制改革的中心环节。中

---

[*] 本文是作者应民建中央的邀请，在民建中央机关大会上所做的报告，1995年11月13日刊发于民建中央《宣传动态》（1995年第18期）。

关于"九五"期间国有企业深化改革的几个问题

共十四届三中全会已经明确"以公有制为主体的现代企业制度是社会主义市场经济体制的基础",这次是重申。企业改革工作已经做了多年,确实有了很大进展。国有企业的活力增强了,基本上适应了由计划经济向市场经济的转轨。但是,到目前为止,很多国有企业状况仍不尽理想。一些好企业和一些困难企业之间的差距明显拉大。好的企业,产品有市场,经营有办法,有一批人才,在市场经济中逐渐走上良性循环的轨道,发展很迅速。但也有相当一部分国有企业面对逐渐向市场经济的转轨陷入困境,面对不断变化的市场束手无策。有的企业处于停产、半停产状态,产品没有销路,甚至一部分企业不能按期足额的发工资,一些退休人员不能按期领到退休金。进一步深化企业改革,到底要解决哪些问题?哪些问题阻碍国有企业进入市场、独立经营?我认为,至少有四个方面是用过去的简政放权、减税让利解决不了的,而在下一步改革中又必须触及的深层次问题。

第一也是最关键的问题是如何实现政企分开。政企分开确切地说是政企职责分开。不能理解为政企分家,因国家还要调控企业,企业还要在一定的社会环境下经营。如何实现政企分开,使企业成为独立的市场主体?在传统计划体制下,经济体制的一个主要弊端是政企不分。政企不分过去是我们的愿望。从组织设计到一系列经济政策,体制本身就是政企不分。国家既是宏观经济运行的主体,通过计划分配各类物资,通过对物资的分配,管理宏观经济;国家又是国有企业经营的主体,企业的重大经济活动都由国家决定。所以,过去我们称国有国营是确切的。在旧体制下,政府是国有经济唯一的运营主体,构成全国国有经济的大一统。这种政企不分的国有经济实现形式排斥市场机制的作用。国家是千万个国有企业唯一的经营者。每个国有企业生产什么,卖什么价格,生产出来的产品交给谁,都要由它来决定。在这种体制下,整个国家实际上是一个超级大企业。国家对每一个生产单位实行的是四统:计划统一下达;材料统一调拨;产品统购包销;财物统收统支。在这种体制下,每个工厂并不是独立的经营主体,而只是完成国家计划的生产单位。各个工厂之间只是超级大企业内部的不同层次、不同环节的生产分工和物资调配关系,不是买卖关系,也不是竞争关系。企业远离用户,只对国家计划负责,重视的是实物生产,以完成国家计划为天职,对企业的盈亏不承担责任。各企业之间在技术、生产指标方面可以进行评比,但是没有竞争。在这种体制下,国有经济只有国家这唯一的经营主体,市场机制发挥不了作用,市场竞争这个企业发展的原动力发挥不了作用。我们现在要建立的是社会主义市场经济体制,就是要使市场在资源配置中起基础性作用,因此,政企不分的体制必须改变。十四届三中全会《决定》中有一段很重要的话,就是要有效地实现出资者所有权与企业法人财产权的分离,这段话涉及政企分开中比较核心的问题。这是使企业成为市场主体的一个必要条件。也就是说,我们进行企业改革,实行政企分离,就要确立国家作为出资者股东的地位,改变那种国家是企业行政上级的状况;同时要确立企业独立的法人实体地位,改变那种企业是政府行政下级的关系。按照十四届三中全会《决定》的精神,国家作为国有企业的股东,要和其他的投资者一样,拥有股东的权力而不是行政干预的权力。股东的权力按照《公司法》主要有三项:一是选择管理者的权力;二是企业重大决策的权力;三是对企业的收益权。而企业应确立其法人地位,拥有法人财产权,可以独立运作法人财产,实现自主经营、自负盈亏。

为了实现政企分开,目前,我们正在做多方面的工作,正在贯彻《转机条例》,落实企业的经营自主权;今年还要落实《监管条例》;也正在创造条件分离企业"办社会"的职能。总之,实现政企职能分开的问题应该说有改进,但还未解决,在进一步深化体制改革中还是一个特别重要的问题。

第二是要建立权责明确的企业国有资产的监督管理和运营体制,完善企业法人制度。有人笼统地称它为产权制度的改革,我认为这种说法容易引起歧义。产权制度的改革是不是把国有资产改为私有资产?实际上是国有资产管理体制的改革,是国有资产怎么管的问题,是怎么管有利于国有资产保值增值、怎么管有利于市场机制发挥作用的问题。

传统的国有资产管理方式在进入市场过程中已经暴露了一系列问题,归纳起来有以下几点。

(1)管理责任不清,造成国有资产不断流失。目前,利益主体多元化了,多种所有制经济成分已大幅度交叉,国有资产流失的形式更加隐蔽、更加多样。遗憾的是,在我们发现国有资产流失的时候,不知追究谁的责任，不知该打谁的板子。因责任不清，企业有其理由，政府部门也有其理由。国家经贸委做过一个统计，国有工业企业从 1987 年到 1992 年资产流失大约 2300 亿元，数额是很大的。流失是多种多样的，从政府部门，到企业自身，到其他所有制企业，到职工，都从各自不同的利益出发蚕食国有资产。从政府机构来说，过去为了每年财政多收点钱，长期把企业的折旧压得非常低。在已经不能弥补生产要素有形和无形磨损的情况下，折旧还要上缴，原来是 100% 上缴，后来为 70%，不上缴后还要提"两金"，有人称这为"自己吃自己的大腿"。因折旧提留不足，就虚增了一部分利润。按过去承包的办法，政府拿走一部分，福利基金吃掉一部分，奖金分走一部分，皆大欢喜，结果是企业过早老化。折旧不足使国有资产每年流失 500 亿元左右。有些国有企业长期亏损，但工资奖金照发不误。有的企业停产了还要发工资，吃的是什么？就是国有资产。有的企业与外商合资时急于求成，有意低估国有资产。有的企业在与其他所有制企业交往中有意让出一部分国有资产。也有一些品质低劣的经营者这边主持工作，那边给自己留个小金库。这些问题的出现在于管理责任不清，企业内部所有者代表缺席，缺乏企业内部所有者负责任的监督，导致了企业的短期行为。在一个正常的进入市场的企业当中，应该是所有者、经营者、劳动者三者的组合，但过去的体制是所有者远离企业之外，企业内部没有所有者代表。尽管我们过去讨论过厂长经理代表谁？但实际上厂长经理既不代表所有者，也不代表劳动者，因他本身是经营者。由于企业中没有所有者的代表，经营者与劳动者搞一些"名堂"，使所有者难以搞清楚，有些企业被挖空时所有者才发现问题。

（2）国有企业资产国家所有，政府代表国家管理，因此政府的每个部门似乎都可以以所有者自居，对企业的生产经营横加干预，横加指责，但对干预的后果不负任何责任，企业垮了可以找很多理由，谁也不承担责任。这是政企不分的物质基础。

（3）由于产权代表没有进入企业，在原有体制下，凡是需要所有者决策的事情都要由政府承担。实际上，政府的各个部门分兵把口，行使企业董事会的职能。企业的重大投资决策，包括技术改造项目，本应由企业董事会讨论决定，但企业没有董事会，因此要由政府的计划部门审批。企业的财务决算本应由董事会讨论通过，却由政府的财政部门审批。企业的工资奖金分配应由董事会讨论，股东会批准，但现在则要由政府的财政、劳动部门审批。虽说是厂长经理负责制，但实际上授权有限。厂长经理只有生产经营的指挥权，没有做出重大决策的权力。这种管理体制实际上造成千万个国有企业只有一个董事会，就是政府。这种管理体制对应的是计划体制，市场机制不可能发挥作用。市场机制发挥作用的一个重要前提是要有多个利益主体，即有千万个各自独立的利益主体通过相互竞争实现资源的优化配置。如果整个国有企业只有一个董事会，那么竞争不可能发生，市场机制不可能发挥作用。

在制定十四届三中全会《决定》时，江泽民同志几次强调，我们要研究如何使公有制与市场机制实现有效的结合，既要坚持国有经济、公有制为主体，又要发挥市场的作用。问题是传统的公有制的管理方式是国有经济只有一个主体，市场机制不能发挥作用，因此要找到一种新的途径和方法，既坚持国有经济、公有制，又能分解出千万个各自独立的市场主体，这是我们在国有资产管理方式上的一个重大的改革课题。解决国有资产管理体制问题很重要的是要实现两个分开：一个是实现政府的社会经济管理职能与企业国有资产所有者职能分开；另一个是使企业国有资产的管理监督职能与企业国有资产的经营职能分开。对国有资产的行政管理监督属于政府行为，而国有资产的经营以盈利为目的，以保值增值为目标，属于市场行为，政府行为应与市场行为分开。

国有资产管理体制的改革是非常重大的问题，社会上有各种各样的看法。有的人认为应该搞私有化，只有私有化才能形成千万个各自独立的主体；也有人认为，应把国家所有变成国家所有和地方所有的分级所有。这就面临着三万多亿元的国家经营性资产要重新划分，那么山川、河流等资源性资产是否也要划分？这样划分必然天下大乱。因过去的国有投资的建设不是均匀的，重新划分在认识和操作上都会产生很大的问题。我们必须慎重，不能一哄而起。目前，全国人大正在拟定《国有资产法》，很多问题要通过立法才能有步骤地解决。

第三是企业转换经营机制，改革原有的企业制度。原有的国有企业是在计划经济体制下诞生、运行的，是计划经济的基础。现在，我们要搞市场经济，企业就面临着机制转换和制度创新。企业要进入市场就必须重新构造企业与政府的关系、与用户的关系、与银行的关系、与市场的关系、与其他企业的关系、与职工的关系。因此，企业除壳子之外，里里外外的内容都要变。企业机制的转换是非常深刻的，可以用四个字形容，就是"脱胎换骨"。如果用传统的计划经济体制的思维方式、管理观念去管一个进入市场的企业，必然要失败。尽管我们在搞好企业方面言必谈转换经营机制，但经营机制转换仍有一个漫长的过程，甚至要一代人。因为观念的转变不是那么简单的。

第四是旧体制遗留给企业的历史包袱如何妥善处理。企业的包袱主要有三个。一是企业富余人员多。在西方国家，富余人员都进入社会。但在我国的旧体制下，富余人员仍在企业。现在到底有多少富余人员？据估计，在工业企业中占三分之一到二分之一。比如，国有工业企业职工总数约7500万人，按三分之一计算，富余人员占2500万人。按每个富余人员每年支出4000元计算，2500万人就得支出1000亿元。1994年国有工业企业净利润总额不过850亿元。人员多不仅要多支付成本，更重要的是企业管理效率会大幅度降低，管理不善与这个问题有很大关系。二是企业债务过重。长期以来，中国经济发展的方式是粗放经营，注重外延，从国家政策看，也是把原有企业的钱拿出来再建新企业，特别是1983年以后，国家财政对企业流动资金的注入终止，之后又停止了对企业技术改造资金的注入，由拨款改为贷款。这种政策实行了十几年，企业无论是流动资产还是固定资产再也没有新的注入渠道，致使企业资产负债率过高。据去年有关部门对12.4万家企业的清产核资统计，企业总资产负债率为75.1%，此外，还有4400亿元的挂账，即资产损失。如果以资产损失冲减企业资本金的话，负债率将上升到84%以上。由于国有企业的资产负债率高，资产质量又比较低，国家利率的绝对值又比较高，这三者加在一起，很多企业难以负重，亏损面相当大。三是企业"办社会"。原来我们把国有企业作为无产阶级专政的基层单位，特别是一些远离大城市的企业，企业"办社会"的完整程度是难以想象的。除了火葬场，其他一切靠自己。从公安、消防、供水、供电到副食品基地、学校、医院，企业无所不包。这既增加了企业成本和财政负担，又搅乱了企业的目标。企业本来应以盈利为目的，但因企业

"办社会",厂长经理经常要在追求企业目标和社会目标之间进行艰难的选择。为了提高企业利润就要降低成本、控制工资的增长,但要办一个小社会就要承担就业的压力,保证就业、保证子女上学、保证职工的福利每年要有所提高。当这两个目标矛盾时,社会目标的现实、具体的压力往往冲淡了企业追求效益的目标。厂长经理不能不考虑成百上千的职工利益。这就造成了国有企业的效率过低。企业的历史包袱不解脱就谈不上公平竞争,而这些问题的解决又是一个很艰难的历史过程。比如企业"办社会"问题,如果实行政企分开,就应是政府办政府的事,企业办企业的事。上述这些深层次问题如果不加以解决,搞好国有企业的目标是难以实现的。而这些深层次问题的解决又相当艰难。

二 搞好国有企业的政策措施

国有企业能不能搞好?首先要坚定信心。现在已经出现了一批状况较好的企业,使我们看到了希望。按照十四届三中全会《决定》关于经济体制改革的时间表,深化企业改革的目标是到 2000 年基本建立起与社会主义市场经济相适应的经营机制和现代企业制度的框架。时间很紧迫,只有五年零两个月。如果这个目标不能实现,到 2000 年要基本建立起社会主义市场经济体制的目标就不能实现,两者是相互关联的。

要解决国有企业的问题,就是靠配套改革、靠转换机制,建立现代企业制度。配套改革包括财政体制、金融体制、政府机构、社会劳动保险、投资体制等改革,它要为企业创造进入市场、参与竞争的必要条件和环境。而企业自身的问题,综合性的解决办法就是建立现代企业制度。旧体制政企不分问题、国有资产管理体制问题、企业机制转换问题,这些深层次问题的解决,最终要有组织手段,通过一定的组织形式才能解决。现代企业制度是能够解决上述问题的组织手段,是使国有企业成为独立法人的组织保证。

(一) 建立现代企业制度的优势

1. 可以改变债务责任关系

企业依照《公司法》成为独立的法人实体,自负盈亏,亏到极端就得破产,企业要以自己的全部法人资产抵债。包括国家在内的出资者只以其投入的资本额为限承担有限责任,不再承担无限责任。这就改变了企业吃"大锅饭"的状况。

2. 可以形成资产的流动机制,形成产权结构的流动性和开放性,使企业资本的注入和出资者的更换、增减能够顺畅进行

现在,国有企业的资产是板块式的。比如,现在国有企业的资产不能分割,出资者不能更换,别的单位想投资也投不进去。企业资本的注入只有唯一的渠道——财政。这种体制下,财政、银行、国有企业是捆绑式关系,谁也离不开谁。要把这个扣解开,使企业到市场中去融资,就必须改革这种体制,通过建立现代企业制度形成产权结构的流动性和开放性,改变企业资本注入仅仅依靠财政的状况。

3. 可以形成企业转换机制的内在动力

在挑战与机遇、风险并存的市场中接受优胜劣汰的压力,这是形成企业内部的激励和约束机制的内在动力。

4. 可以形成新型的企业与职工的关系

企业作为独立的公司法人,依据《劳动法》与职工建立契约关系,即劳动合同制。企业不再包揽职工的就业、福利、社会保障,改变企业"办社会"的状况。

5. 可以形成企业的约束机制

所有者代表进入企业,形成企业的决策机构、权力机构、执行机构和监督机构,使所有者、经营者、劳动者三者的利益都得到保障,行为都受到约束。

(二) 搞好国有企业的政策措施

推行现代企业制度是我们综合性解决企业若干问题的重要途径,此外,需要推进各项配套改革。下面,我来讲一点具体的搞好国有企业改革的政

策措施和办法。

1994年,我国推行了财政、金融为主的一系列改革,这些改革基本构成了我国社会主义市场经济宏观管理的体制框架。由此,搞好国有企业的思路、方法手段面临一次重大调整。在宏观管理体制改革之前,搞好国有企业的方法措施的重点是简政放权、减税让利。其最典型的形式是承包制。这套改革的办法在改革初期起到了很好的作用。但这套改革的政策基础是财政包干,分灶吃饭,这套改革办法的基础是当时以企业的不同所有制形式、性质区别税种税利的税制。1994年以后,宏观管理体制是以市场经济为取向进行的改革,目的是创造公平竞争的条件。财政、税收体制改革后,原有的那种搞好国有企业的办法存在的政策基础没有了,这使部分做企业工作的同志在一段时间里不知所措。过去企业不景气时,可以"吃偏饭",可多让点利、多让点税,现在这种手段没有了。如何更多地用符合市场经济的方法搞好国有企业是一个重大问题,经过一段时间的摸索,现在形成了几个思路。

第一个思路是着眼于搞好国有经济,着力于资产存量的调整。在搞好国有企业的过程中,我们越来越清楚地认识到,在计划经济体制下形成的企业结构、经济结构在进入市场经济过程中,必然要进行一次战略性调整。这是不可超越的。比如,原来的工业布局、经济结构关系完全是按计划的,但通过市场配置资源后,这些全部被打乱了,因此,经济结构必然要进行战略性调整。目前,国有企业效益较低,相当一部分企业处于困境,其中固然有企业自身的原因,但使企业陷入困境的另一个重要原因实际上是经济结构的不合理。

在经济结构调整问题上,上海认识得比较早。1988年搞财政包干后,上海就着力做经济结构调整,经过三年调整,收到效果。最近三年一年一变样,三年大变样。经过结构调整,上海发展起6个支柱性产业,即汽车、通信设备、家电、发电设备、石化和钢铁。传统的被称为"第一摇钱树"的纺织业退居到较低位置。上海为了经济结构的调整,先后下岗52万名职工,但通过再就业工程,又上岗38万人,其余的有的退休,有的加入其他经济行业,如个体户等。经过结构调整,上海出现了欣欣向荣的局面,这个经验已被全国各地关注。我们已经认识到,在原有的企业结构上"水多了加面,面多了加水"绝没有出路,经济结构本身不合理是没有生命力的。

第二个思路是实行企业的改组、改革、改造的三改并举。所谓改组,指的是结构调整。在全国经济结构合理布局的前提下,看每个企业是应该发展,还是应该转产或淘汰,确立其发展战略。所谓改革,指的是企业转换经营机制。有条件的,应按照现代企业制度的方向加以改造。所谓改造,指的是技术改造。这三项工作我们都在做,经验在于三者要结合,不能单打一。比如,本来技术改造是实现企业转机的重要措施,但是为什么有些企业经过技术改造,不仅没有改活,反而背上了一个永远还不清的大包袱?甚至垮了?其中重要的原因是企业结构本身不合理。比如,一个制造机床的企业铸造能力不够,就应从区域经济和全国经济考虑问题。全国的铸造是长线,企业铸造能力不够可以放弃,买铸件不是更好吗?腾出厂房可做别的用。但如果不这样办,企业硬要搞铸造,搞好了铸造后,发现加工能力不够,又搞加工;搞好了加工后,发现装配能力不够,又搞装配;把装配能力搞起来了才发现没有市场,一切就全完了。所以,技术改造必须与企业改组结合进行。

另外,企业的技术改造必须与经营机制、经营管理观念的转变相结合。传统的国营企业存在着国家出钱、我来花钱的不担责任的旧观念。最近我去几个企业考察,听到几种说法,感到很吃惊,但也很现实。有一个企业借了12亿元债搞技术改造,负债率在90%以上。当我问厂长:"你借这么多钱有没有压力?"他说:"我借钱时就没想到要还。"他认为自己辛辛苦苦,腰包没装国家一分钱,至于企业能否有效益他就没办法了。另一个企业负债6亿元,厂长说:"反正我这届是还不了了,今后谁爱还谁还。项目搞不搞是国家批的,搞什么产品是国家定的,由谁贷款是国家说了算,产品卖给谁,卖什么价格都是国家管,还不了钱我有什么办法?"还有一个企业负债3亿多元,厂长说:"负债应当还,但咱们是国有企业,儿子向老子借钱,有什么还不还的,都是一家人嘛。"这些思想观念如果不转变,缺乏责任感,搞重大企业投资的风险是很大的。只有真正以投资所有者的心态和思想观念去办企业,成功率才能提高。

第三个思路是,兼并、破产是调整结构、促使企业转换机制的重要手段。搞好国有企业要搞兼并和破产,有两方面原因。一方面,兼并对于优胜企业来说是用最低的成本实行扩张的有效办法，对于困难企业来说也是摆脱困境的比较好的现实出路。另一方面，通过兼并破产，建立优胜劣汰机制，经营不行的、要国家拉一把的可能性没有了，不行就要被兼并、就要破产。现在比较规范的破产的企业有100户左右。前一段时间，大家谈"破"色变，感到破产可怕。经过一段时间的实践，社会和职工的承受力提高了。这个机制的建立无论是对企业还是对职工都大有好处。企业吃国家"大锅饭"、职工吃企业"大锅饭"的现象将得以改变。

推进破产工作的难点是按《企业破产法》破产的企业在财产分配中没有考虑失业职工安置问题，因此破产破不动。现在，国家对国有企业这一方面制定了政策，国有企业破产时，要优先拿出一部分钱，包括土地，优先用于安置职工，剩余的财产各债权人再分配。这就解决了破产企业职工的安置问题。现在实践的情况是安置一个职工的成本大约是1.5万~2万元。

第四个思路是要加强企业改革试点工作，力求对难点问题有所突破。我们的改革是渐进式的改革，在碰到一些重点、难点问题时，重要的办法是找一部分地区和企业进行试点，通过试点寻找现实可行的途径，如果试点成功，再变成相应的法律法规，再在面上推开。这是积极稳妥的做法。

目前经国务院批准的有四项试点。第一项是100户建立现代企业制度的试点，目前推进得比较顺利，主要是依照《公司法》，将原来的国有企业转变为公司。第二项是选择18个城市进行优化资本结构的试点。主要是将企业如何增加资本金、减少债务、加强技术改造，如何分流富余人员、分离"办社会"职能，如何推动兼并和破产作为试验重点，10月上旬，我们在青岛搞了一次交流会，很成功，大家就过去认为困难的问题交流实践经验，不是谈困难，而是谈怎么做，大家感到有希望、有启发。明年打算把一部分经试点可行的在面上铺开，比如破产、兼并，增加资本金的办法可逐步推开，试点城市则再增加一些新的试点内容，试点成功后，再在面上铺开。第三项是三家国家控股公司的试点。这是为寻求一种新的国有资产经营管理的形式，主要是对航空工业总公司、石化总公司、有色总公司进行试点，目前正在制订实施方案。第四项是搞企业集团的试点。对56家大型企业集团组织试点。在推行各项试点的同时，要抓企业配套改革，为企业进入市场创造条件。现在看来,企业自身的改革与社会配套改革之间是相辅相成、相互关联的,要把企业自身的改革与环境改善看成一个整体来推进。在推进各项试点的时候,同时要制定一系列的配套试点办法。比如,社会保障体系的改革,今年有了一些新的进展;企业"办社会"如何分流,也开始拿出一些办法;企业如何增加资本金,在财政可能的承担范围之内,也拿出了一些办法。现在各地积极性很高,在自己权力范围之内推动配套改革,一些城市已把专业的厅局改为经营公司。各个城市之间在改革方面互相借鉴、取经,非常活跃,这些改革对推进中央的改革会起到积极的作用。

第五个思路是推动企业加强管理。这本来是不言而喻的事情,为什么特别提出来呢?这是由于有些同志存在糊涂概念,误认为改革可以代替管理。在过去一段时间里,以承包代替管理的思想又有所抬头,对加强管理与深化改革之间的关系存在着糊涂认识。我认为,深化改革与加强管理是一个问题的两个方面。对于企业来说,改革改什么?改的对象就是传统的落后的思想、管理方法和规章制度。改革的成果怎么体现、怎么巩固?它就体现在企业的新的管理思想、规章制度和管理方法上。改革如果离开了管理,就没有了对象;改革离开了管理,就无法巩固。现在所讲的加强管理,包括很丰富的改革内容,不是把传统的管理再无限地加强。今年专门召开了企业管理工作会议,引起了很好的反响,各地正在积极推动这项工作。

第六个思路是要抓关键的少数,推进大公司、大集团战略。现在全国独立核算的工业企业有40多万户,其中国有工业企业占7万多户,大中型国有工业企业为1.5万户。我们做了一个统计,国有工业企业最大的500家在国有工业企业户数中占7%,但其资产总额占37%,销售收入占46%,实现的利税占63%。从这个意义上说,抓住关键的少数,国有经济的大头就抓住了,这是事半功倍的做法。为此,我们向中央提出了报告,中央很重视,国务院已确定联系1000家大企业,这1000家企业所处行业以关系国计民生的基础产业为主。

与此同时,应进一步放开放活小型企业。小企业的问题非常重要。大企业关系国家的实力,小企业能创造市场的活力。大企业与中小企业要形成一个合理的专业化分工结构,整个经济才能健康迅速发展,才能实现十四届五中全会提出的实现集约化经营。最近我们正在做调查,准备今年拿出搞好小型企业的政策性意见。小型企业的工作要交给地方,基本出路是放开。只要它能活起来,创造效益,资产不流失,可以放得更开一点。

最后一个关于搞好国有企业的政策措施是加强领导班子建设,培育企业家队伍。搞好企业工作成也在人,败也在人。有些企业状况很差,换上一个精明强干的厂长、经理,经过很短时间就改变了面貌。有很多这样的例子,也有相反的例子。中央、国务院领导同志越来越重视这个问题。过去,企业的重大决策是政府管,企业没有多少自主权,厂长经理能力弱的影响不太大,只要听话就行。现在搞市场经济,企业内部的经营决策、管理、开拓市场都得自己管,资产是国家的,中间过渡环节就是接受委托的人。把资产委托给谁最放心,既能赚钱又不出问题,这是非常关键的。各地对这个问题的重要性越来越看得清楚了。随着体制的变化,比资金短缺、物资匮乏更难解决的是人的问题,特别是在经济上要与国际接轨时。我们要站得住脚,就必须有一批具有国际竞争力的企业,而每个具有国际竞争力的企业的背后,必须有达到国际水平的经营者,这批人从哪里来?这是一个非常大的难题。

另外,我们要研究对企业管理者的培训问题,一方面靠在实践中培养,另一方面需要经过一定渠道对他们加强培训。必要时可送往国外培训。我们正在制定"九五"期间企业管理人员培训纲要,要把企业管理人员培训工作进一步强化。此外,还有很多搞好国有企业的政策措施,主要想法是,找一些符合市场经济的方法,与全国主管企业工作的同志们形成共识,这对推动这项工作是很有益的。

三 关于深化流通体制改革的几个问题

(一) 流通体制改革的成绩

流通体制改革是整个经济体制改革中的一个重要方面,涉及流通企业的问题,也涉及流通体制问题。随着改革开放的深入,我们在流通体制改革方面取得了一定的进展,归纳起来包括以下几个方面。

（1）流通规模在不断扩大，已形成多元竞争的格局。原来的国有商业一统天下的局面已开始改变，多元化竞争格局已开始形成。16年来，消费品市场扩大了12.7倍，消费品零售额平均每年增长17.2%，国有商业所占比重已降到33.7%，非国有商业上升到6.3%，这是一个很大的变化。

（2）绝大多数商品价格已经逐渐放开，占90%以上的商品价格由市场形成。国家规定管理的商品价格和公用设施收费的价格目前所占比重为10%左右。在社会商品流动总额中，1995年国家定价部分约为97%，现在降至6%。在农产品收购的总额当中，1978年国家定价部分为94.4%，目前降至不足13%。在工业消费品中，过去国家定价所占比重为100%，现在降至5%左右。价格改革在放开价格方面已迈出了关键的一步。

（3）市场建设有了比较快的发展。据不完全统计，到1994年底，全国建立农副产品批发市场2400多个，工业品批发市场800多个，生产资料市场3000个左右，城乡集贸市场有84000多个，集市贸易成交额达4568亿元，在商品流通中占很大比重，约为30%。另外，金融、技术、信息、劳动力这些要素市场已开始发展，1994年资金拆借市场为40多个，区域性交易中心有17家，各种技术贸易咨询机构约有5000个，各地的房地产交易中心约有1000家。

（4）重要的商品调控体系已开始形成。粮食、棉花、猪肉、食糖等重要商品逐渐建立了国家和地方两级储备体系。粮食和副食品风险基金开始建立。加强了农业生产和菜篮子工程建设，蔬菜供应问题在大多数城市大有改善。

（二）流通体制改革存在的问题

流通体制在改革方面取得了一定的成绩，但目前也存在一些问题，主要表现在以下几个方面。

（1）市场物价涨幅偏高，通货膨胀压力偏大。

（2）国家对市场的宏观调控能力还比较脆弱，在流通方面国家怎样调控？办法不多，不够得力。

（3）商品流通的秩序比较混乱，假冒伪劣商品、一些缺乏资信的公司制造了很多混乱，直接危害了消费者的权益。

(4) 市场发育程度较低，流通企业的规模较小、较分散。组织化程度较低，流通部门中存在着政府部门分割、行政部门垄断、产销脱节、内外贸相互阻隔的情况，并且没有得到根本性的解决。这是我们流通市场发育程度较低的重要标志。

（三）流通体制改革要做的事情

今后，在流通体制改革方面要着手做好以下几个方面的事情。

一要进一步理顺价格关系，健全价格调控体系。对于进入竞争性行业的商品价格要逐步理顺。少数由政府定价，多数应更加放开，形成竞争机制。要尽快取消一部分生产资料的双重价格，比如原油等。要加强对居民生活必需品价格的监督制度，定期公布一些市场指导价，目的是保持居民生活必需品价格的相对稳定。

二要进一步加快市场体系建设的步伐。要在进一步完善初级商品市场建设的基础上对现有的大综商品批发交易市场注重巩固提高，注意发展中远期的合同交易和期货交易；同时，要强化市场法规，规范市场行为。目前经贸委正在制定反垄断法，但难度较大。

三要继续完善和推进重要商品流通体制的改革，主要指粮食、棉花、化肥等重要商品的流通体制改革。现在的流通体制缺乏调控的能力，市场起伏过大，短期经营行为占了上风，这种体制要改革。

四要积极培育新型的流通组织形式，促进产销的有机结合。现在正在研究代理制和综合商社的试点。对于综合商社问题，我们很慎重，与国家体改委一道准备做一些试点，把流通、经营与生产企业紧密结合。另外，我们正在推进连锁经营方式的试点，想发展一批规范化的能参与国际竞争的流通企业集团。我们还准备探索建立总代理、总经销这种产销结合的流通组织形式。

五要发展中介机构，发展会计师、审计师，搞律师事务所、公证机构、仲裁机构、计量机构、质量检查机构、信息咨询机构等。商业信息方面是一个比较薄弱环节。商业关键在信息，我们要走向国际，信息方面还是比较薄弱的环节，要通过中介机构发挥作用。另外，要建立一些商业企业的自律机构，如商会、协会等。现在我们正着手制定商会法。

关于武汉市企业破产问题有关情况的报告[*]

(1995年12月20日)

随着改革的深化，就企业改革抓企业改革已经难以奏效，因为它与诸多配套改革有密切的关联性。在这种情况下国家经贸委调整了改革的思路，由注重搞好每一家企业，转向把企业改革和其他改革看作一个整体，综合推进。在操作层面就是"增资、改造、分流、破产"。但破产对中国是个新事物，政策性很强，也曾出现过"假破产、真逃债"事件；银行的承受能力也很有限，因此只能给各试点城市分配冲销银行坏账的指标，进行"政策性破产"。

1995年12月19~20日，根据国务院领导同志的批示，由国家经贸委主任王忠禹亲自带队，副主任陈清泰以及中国人民银行行长助理陈耀先、中国工商银行副行长肖昌秀等参加，赴武汉调查。其间，国家经贸委、中国人民银行、财政部、中国工商银行、中国银行和最高人民法院在武汉联合召开"武汉市企业破产问题座谈会"，分别听取了武汉市人民政府、各银行分行、市中级人民法院和有关破产企业的情况和意见，进行了研究讨论并提出了调查组的建议。

为调查研究武汉市的企业破产工作，协调解决企业破产工作中遇到的具体问题，1995年12月，国家经贸委、中国人民银行、财政部、中国工商银行、中国银行和最高人民法院在武汉召开了武汉市企业破产问题座谈会。会议由国家经贸委主持，国家经贸委王忠禹主任、陈清泰副主任，中国人

---

[*] 本文是武汉调查形成的报告——《国家经贸委、中国人民银行关于武汉市企业破产问题有关情况的报告》（国经贸企〔1995〕131号），该报告于1996年3月19日由国家经贸委和中国人民银行上报国务院。

民银行陈耀先行长助理、中国工商银行肖昌秀副行长等出席了会议,武汉市人民政府及相关对口部门参加了会议。会议分别听取了武汉市人民政府、各银行分行、市中级人民法院和有关破产企业的情况和意见,进行了研究讨论。现将有关情况和我们的建议报告如下。

一 关于武汉市企业破产的基本情况和主要特点

(一)基本情况

据武汉市政府介绍,武汉市从1985年开始了企业破产的尝试,1992年将企业破产作为通过"五个一批"进行企业改革的一种重要形式,1994年武汉市被列为18个"优化资本结构"试点城市后,进一步加大力度推进此项工作。1994年全市各级人民法院受理并终结的企业破产案件有38件。其中,经市有关部门组织论证、依法实施的共有22件。这22户企业共涉及职工1.85万人,占地1109.6亩,资产总额为2.8亿元,负债总额为6.7亿元,资产负债率平均高达239%。在负债总额中,银行贷款本息余额为4.2亿元,占负债总额的62.7%。经法院依法终结裁定,破产清偿率平均为8.5%(其中,现金占59.41%,债权占25.10%,实物占15.4%)。

(二)主要特点

(1)有选择有限制地组织实施破产试点。武汉市是老工业基地,预算内企业(不含武钢)资产负债率高达82%。其中,工业企业有288户,有68户资不抵债,占23.61%。按该市人民银行分行的看法,该市已有48%以上的国有企业濒临破产。此外,还有相当数量的集体工业企业处于严重资不抵债的境地。因此,该市破产试点只能有选择有限制地进行,即从申请破产并达破产条件的企业中,十分慎重地选出破产预选企业,在征求各方意见后再最后确定名单;并将破产是否唯一出路作为决策破产的前提。该市各方面都认为,武汉市38户破产终结企业额度只选择那些符合破产条件、别无出路、无破产障碍的企业依法破产。

(2)将选好收购方作为破产实施的先决条件。国有企业破产的难题之一是职工的再就业安置。国发〔1994〕59号文件允许破产企业用拍卖土地使用权、处置资产所得安置职工,从原则上解决了破产企业职工的生活救济费来源问题,但再就业安置则是困扰企业破产实施的关键问题。为此,武汉市在实践中创造了"整体收购"模式,将确定收购方作为破产的先决条件,并将安置职工就业作为重要条件,从而保证了破产实施的可行性。该市各方认为,武汉市38户破产终结的企业全部采取整体破产、整体接收方式,没有先分后破的情况,保证了全员安置。38户企业破产终结后,至今无一人上访上告,确保了破产工作稳步进行,维护了社会安定。

(3)坚持依法办案为主,行政协调为辅。武汉市政府坚持在企业破产前期准备时加强组织、指导、协调和服务;一旦进入司法程序,就注意尊重法院独立办案原则,不越权干预。因而38户经法院终结裁定的破产企业案件基本上遵照了政府"参与而不干预"的原则。

通过这次座谈会,北京去的同志都认为,会议时间不长但收效不小。第一,沟通了思想。各方面坐下来认真听取不同意见,讨论研究有争议的问题,有助于彼此沟通,增进理解。第二,形成了共识。通过几个座谈会,使各方面对破产实施中的基本问题初步形成了共识,为下一步工作奠定了良好基础。第三,"解剖了麻雀"。会议虽然主要针对武汉实际,但所涉及问题对18个"优化资本结构"试点城市乃至全国均具有普遍意义。座谈会对贯彻《关于在若干城市试行国有企业破产有关问题的通知》有帮助,对于推进和规范破产试点工作必将产生积极作用。

二 会议取得的共识和对一些问题的不同看法

(一)关于对武汉市破产工作的总体评价

武汉市在推进企业改革尤其是推进破产试点方面,速度快,力度大,市委市政府高度重视,各有关方面配合较好,总体进展是顺利的。当然,破产机制尚在探索之中,加上现行法律法规不完善,外部环境不配套,在探索中遇到或存在一些值得研究的问题,也不足为奇。

（二）关于正确认识企业破产问题

与会者认为，市场经济法则决定了企业必然要优胜劣汰、"有生有死"。企业破产就会有损失，但这种损失决不是因破产而产生的，破产不过是使已形成的损失暴露出来、"水落石出"而已。把破产多的城市判定为贷款高风险区的看法是不正确的；企业的不良债务与银行的不良贷款是一个问题的两个方面，破产与重组是消除银企双方不良债权债务的有效手段。为加速工商企业和金融企业的市场化进程，银企双方要相互理解、支持、配合，共同促进破产工作健康、有序进行。

（三）关于银行参加破产清算组问题

大多数的同志认为，银行是企业的最大债权人，企业一旦破产，银行也是最大的损失者。为防止资产流失及保证清算中的公正、公平、公开，应允许中国人民银行及其分行作为金融企业的主管机关直接参加清算组参与破产清算工作。武汉市人民政府认为，人民银行作为综合经济管理部门，参加清算组有利于协调政府与各专业银行之间的关系。最高人民法院的同志认为，人民银行能否进入破产清算组的问题要慎重研究，国务院有关部门不宜直接制定银行进入破产清算组的政策。

（四）关于武汉市土产进出口公司破产的问题

据市外经贸委介绍，该公司1987年成立至今已累计出口创汇8000多万美元。近年来，由于难以适应国际市场变化，出现了较大亏损，经审计，公司资不抵债达7262万元。虽多方寻求兼并，但都因该公司包袱过重而未成功。1994年11月1日，对外经贸部和中国银行联合下发了《关于做好外贸企业扭亏增盈工作的通知》，明确指出，银行要积极支持外贸企业按照《企业破产法》依法破产。依此，该公司才正式被纳入1995年全市企业破产试点的计划，申请破产。市外经贸委认为，该公司的破产完全是依法进行的。鉴于该公司破产后银行损失较大，中国银行武汉分行提出兼并办法，对破产财产的界定提出异议，并建议撤销破产案。武汉市在做了大量工作之后，还难以找到兼并单位，只能破产。市中级人民法院认为，该破产案符合法律规定的破产条件和程序，且所有债权人都按照分配方案领取了还债金额，破产程序已终结，不能回转。

（五）关于抵押是否有效的问题

市工商银行分行同志反映，38户破产企业中，有9户企业在该行办理了抵押贷款，8户被法院否定，涉及金额7819万元。该行认为，法院以未经企业主管部门、厂职代会、国资局批准，企业全部资产抵押等理由裁定抵押无效，缺少法律依据，至今仍要求予以纠正。市中级人民法院认为，有些银行利用其优越的地位，将过去的信用贷款转为抵押贷款，从而将普通债权变为优先受偿的特殊债权，影响了其他债权的公平受偿，客观上损害了其他债权人的利益。

（六）关于资产评估问题

银行的同志认为，目前，由于资产评估机构受地方保护主义影响，资产出售时，往往低估；而作为债权分配给银行时，又往往高估，损害了银行的合法权益。法院的同志认为，法律规定破产财产拍卖时，其债权人有优先购买的权利，因而不存在资产评低评高而歧视银行、侵占其合法权益问题。

（七）关于破产"一审终审"与收费标准问题

银行同志认为，按现行法律规定，企业破产由债务人所在地法院受理，且"一审终审"，不能回转。一些区县级法院不依法判案，银行也上诉无门。为此建议，设立全国巡回法院，专司企业破产中的法律适用及其裁定问题，并对破产清算费用做出明确规定，各项清算费用之和原则上不能超过破产企业资产总额的0.1%，使方方面面均不能从企业破产中捞取好处。最高人民法院的同志认为，《企业破产法》规定企业破产"一审终审"是国际上通行的做法，以避免破产企业加大损失。企业破产的各项收费标准已有明文规定，如有违规行为，可依法查处。

三 我们的建议

(一) 加强对企业破产工作的组织领导

由于企业破产工作涉及面广，政策性强，操作难度大，特别是破产企业的职工安置，必须由政府有关部门加以协调解决。由国家经贸委牵头，中国人民银行、财政部及各国有商业银行组成协调机构，负责破产兼并中有关政策制定和组织实施协调仲裁工作。各城市也要成立相应的专门机构，做好企业破产工作的规划和预案论证，使企业破产工作能积极稳妥地进行。

(二) 破产企业的呆账冲销与总量控制

根据《中华人民共和国商业银行法》（以下简称《商业银行法》），各专业银行是一个法人，分行实行的是统一核算、分级管理的财务体制。各分支行冲销的数额要以其贷款余额的相应比例为限，冲销多少呆账，直接影响各行的利益。因此，现行规定既使呆账准备金调剂难以实际操作，又使因破产力度不同而导致的冲销量严重失衡问题难以解决。为切实推进试点工作，建议对试点城市的呆账准备金由各地分支行足额提取，依照《商业银行法》规定由商业银行总行授权进行核销，超过部分亦要报总行授权处理。国家每年对破产企业冲销呆账的总量进行控制，总量由国家经贸委和人民银行会同有关银行共同掌握。

(三) 内外贸国有大中型企业破产应审慎进行

外贸企业净资产十分有限，绝大部分为银行贷款。加之全国90%以上的地县级外贸企业已严重资不抵债，若大面积破产，银行将难以承受。因此，建议内外贸企业破产须报经有关部门和主办银行审核同意后，才能依法进行。

鉴于武汉土产进出口公司如上破产过程，建议同意破产裁决，不再追究。

（四）进一步采取措施，支持企业兼并和重组

兼并、破产都是建立企业优胜劣汰机制的重要途径，两者相比，破产的损失更大。武汉市仅 22 户企业破产，国家信贷资产损失平均为 91.5%，有的外贸企业损失在 98% 以上，而企业兼并国家损失要少得多。但目前优势企业只是相对优势，即使有合适的兼并对象，若无国家政策的支持，也无法实现江泽民同志提出的"多兼并、少破产"的目标。为此，建议国家对企业兼并给予更多的政策扶持。

此外，鉴于抵押情况复杂，建议由最高人民法院对抵押担保问题做出更具体的司法解释，以规范破产行为。

发展城镇集体经济的几点共识[*]

(1996年1月7日)

在社会兴奋点集中于国有企业"抓大放小"的时候,城镇集体经济几乎成了被人遗忘的角落,使它的健康发展受到了影响。在未来社会主义市场经济体制中,城镇集体经济的地位、改革的方向和目标如何确定,亟待有个明确的说法。当国家经贸委和国务院政策研究室提出对此进行研讨时,立即得到了负有城镇集体经济管理责任的劳动部、内贸部、轻工总会等部门的积极响应。

党的十四届五中全会提出,要"大力发展集体经济"。为确保社会主义市场经济中公有制的主体地位,在深化国有企业改革的同时,认真研究和推进集体企业的改革发展是非常必要的。许多在集体经济和集体企业第一线工作的同志深深感到当前集体经济发展的势头总的来说是好的,但是在国有企业"搞好大的,放活小的"过程中,集体企业怎么办?集体企业的地位,集体企业改革的方向、目标,国家对发展集体企业的政策、措施等都急需进一步研究和明确。很多同志是带着经验来参加这次会议的,大家也带着很多问题来参加这次会议,迫切希望通过这次会议,能够澄清认识、拓展思路,为搞好城镇集体企业起到推动作用。

通过这次研究会,大家就共同关心的问题各抒己见,共同商榷,相互启发,多数同志对很多重要问题形成了大体一致的看法。这有利于理清我们的思路。我归纳大家讨论的问题讲以下几点共识。

---

[*] 本文是作者在1996年1月召开的"全国城镇集体(合作)经济改革与发展高级研讨会"上的总结讲话节录。

一 城镇集体经济是公有制经济的重要组成部分

无论是在计划经济体制下，还是改革开放以来，集体经济都为国民经济的发展做出了巨大的贡献。在实现两个转变、发展经济、深化改革的过程中，要进一步肯定城镇集体经济的地位和作用。党的十四届三中全会《决定》指出，"我们要建立的是社会主义市场经济体制，必须坚持公有制的主体地位。公有制的主体地位主要表现在国家和集体所有的资产在社会资产总量中占有优势"。从目前的情况来看，到1994年，在工业企业中，公有制在资产总量中占79.7%，其中，国有部分为60.6%，集体部分为19.1%，这个比例是相当大的；在销售收入中，公有制占79.6%，其中，国有部分为52.1%，集体部分为27.5%；在实现利润中，公有制占67.6%，其中，国有部分为46.1%，集体部分为21.6%。从工业经济的总量来看，集体经济在总量中占1/4～1/5。而在商业服务业中，集体经济所占比重还要高。

从总体上来看，一方面要不断壮大国有经济，另一方面就必须要积极地发展集体经济，要把发展集体经济当作一项长期的重要政策。这既是发展社会生产力的需要，也是保持社会主义市场经济体制的特色的需要。随着改革的不断深化，国有经济会逐步地从一部分行业或领域中退出来，这恐怕不可避免。比如，像做酱油的卖醋的，为什么必须国有呢？对这类企业到底是国有好还是其他形式好呢？补充国有经济退出后的空缺的主体应该是集体经济。在我们的实践中已经出现了这样的情况，就是随着多种经济成分的不断发展，公有制经济在经济总量中的占比每年会有所下降，国有经济每年大约下降两个百分点，而集体经济下降幅度较小，这样，就保持了公有制经济仍然在总量方面占有优势。因此，要保持社会主义公有制的主体地位，就必须进一步明确集体经济的地位、作用，要把发展集体经济当作一项大的政策。

二　集体经济改革的方向也是要建立现代企业制度

有些同志对这一点似乎有点模糊。党的十四届三中全会《决定》在讲到"现代企业制度是国有企业改革的方向"这一段的后面，又说"所有企业都要朝这个方向努力"。我想，城镇集体企业也不例外。另外，江泽民同志在党的十四届五中全会讲到十二个关系的时候说：集体企业也要不断深化改革，创造条件，积极建立现代企业制度。改革开放以来，各地为推动集体企业的改革和发展做了大量的工作，而且这些工作是卓有成效的，在很多方面进行了积极的探讨，同时也培育和成长出一大批适应市场经济、机制灵活、发展迅速、管理水平高的集体企业，成为改革开放的佼佼者。但是，从总体而言，从传统体制下脱胎而生的集体企业同样面临着众多的改革任务。在过去一段时间，由于国有企业的问题更集中，对经济发展的影响也更大，因此，在推动国有企业改革方面集中了更多的精力；相对而言，城镇集体经济工作成了一个薄弱环节。在经济总量有较快增长的同时，不少集体企业经营状况不佳，历史包袱沉重，亏损严重。从根本上讲，城镇集体企业的出路也在于深化改革。传统管理方式不仅严重阻碍着国有企业的转机建制，而且也是阻碍城镇集体经济发展的一大问题。因此，集体企业也要按照"产权清晰、权责明确、政企分开、管理科学"这一方向来深化改革，建立现代企业制度。为此，首要的就是要理顺集体企业的产权关系，要明确企业的投资主体，落实产权责任。这对集体企业来说还有很大难度。另外，也要政企分开，使企业成为独立的法人实体和市场主体，彻底改变集体企业"二国营"的状况。集体企业也有权责明确的问题，要落实企业经营自主权、盈亏责任和依法承担的债务责任。再有就是管理科学。同时，集体企业也要逐渐解脱历史包袱，摆脱社会负担。过去我们把集体企业叫作"二国营"，是指其多年积累的很多问题和国营企业相似，要通过建立现代企业制度，逐步解决这些深层次的问题。

三 股份合作制是我国群众创造的一种重要的集体企业组织形式

尽管对股份合作制这种企业组织形式目前仍然有不少争议，但是不少企业和职工感到这种集劳动合作与资本合作于一体的股份合作制和传统的集体企业相比，更适合目前我国经济发展水平和中小企业的管理水平，有利于调动劳动者的积极性，同时又可以筹集一些资金。因此，这种企业组织形式虽然到现在还没有法律加以规范，但是它已经得到了迅速的发展。到 1994 年底，全国城镇股份合作制企业共发展到 14 万户。改革实践证明，股份合作制目前对一部分集体企业来说是一种有效的企业组织形式。它有利于调动经营者的积极性，有利于职工的参与和对经营者的监督，也有利于从根本上制止过去曾经发生过的对集体企业搞"一大二公""一平二调"和由集体向国有"升级过渡"那种挫伤劳动者积极性的错误做法。中央和国务院及时肯定了这一群众性的创造，在十四届三中全会《决定》中三处讲到了股份合作制。一处是在讲到国有企业的时候，提出国有小企业有的可以改组为股份合作制；另一处是在讲到城镇集体企业的时候，提出要区别不同情况，可以改组为股份合作制或合伙企业；还有一处是在讲到乡镇企业的时候，也提出乡镇企业要完善承包经营责任制，发展股份合作制。在党的一个文件中对同一事物在三个地方给予肯定，这是很少有的。国务院领导对何光同志《关于城镇集体经济的汇报》做了重要批示。邹家华同志批示："以合作经济为基础的集体经济很值得重视，似应属于公有制的组成部分之一。建议各级经贸委把这项工作统筹抓起来。"李岚清同志批示："我党历来的政策均将合作制经济列入公有制的范畴，不少地方均有成功的经验，建议将其规范化，促其健康发展。"确认股份合作制属集体经济的性质这一点十分重要，对此何光同志是做了很大的贡献的。

关于对股份合作制的认识，我想能否归纳成四条。一是股份合作制是社会主义公有制的一种企业组织形式。股份合作制在所有制属性上是有争论的。有的提出股份合作制企业中已经有了资本量化到人的股份，它还是不是公有制。我认为股份合作制带有明显的合作经济的性质，而合作经济历来属于集体经济，认定股份合作制属集体经济性质合情合理。国务院领导对这个问题有原则性的表态，这次会议基本形成共识。确认股份合作制是社会主义公有制的一种经济组织形式这一点很重要。二是股份合作制是国有小企业、城镇集体企业和乡镇企业实现转制的一种重要形式，但还有承包、联合、租赁、兼并、转让等多种形式可以选择，它不是唯一的途径。就是说城镇集体企业必须根据自己的具体情况做出判断，不可盲目追随。三是在明确界定产权的基础上，对于股份合作制企业来说，既要承认共同共有的财产，也要承认劳动者个人的资本投资。这恰恰是股份合作制的一个特点，对此也有一些争议。十四届三中全会《决定》中有这样一段话，要"鼓励城乡居民储蓄和投资，允许属于个人的资本等生产要素参与收益分配"。这讲的就是要承认谁投资谁受益的合理性和合法性。四是股份合作制企业还在探索和发展过程中，有许多问题尚待从实践、理论和法规的角度上加以完善和规范。到现在为止，还没有一部法律来规范，就是说这里还有很多不确定性。因此，在坚持劳动合作与资本合作结合的前提下，对企业的具体组织形式、管理方式、职工参与、红利分配等都可以进行大胆探索，就是按照李鹏同志讲的"在企业改革方面，我们还没有形成一个模式。要开阔思路，大胆实验，勇于探索，加大改革力度"。这是关于股份合作制方面形成的共识。

四 要把集体企业清产核资作为深化改革的基础工作提到议程上来

大家都感到无论从深化改革的角度，还是从加强管理的角度，以及从企业发展的角度来看，清产核资都势在必行。十四届三中全会《决定》指出："现有城镇集体企业，也要理顺产权关系。"通过清产核资，摸清家底，是理顺产权关系的前提，是当前深化城镇集体企业改革的一项重要基础性工作。各地的实践为做好清产核资工作积累了不少宝贵经验。由于城镇集体企业的原始积累来源相当复杂，因此在产权界定方面有不少政策性问题。总的来看，大家都赞成要"尊重历史，面对现实，顾全大局"。在界定产权的过程中，要注意按照国家政策办事，不能将明确的国有资产无偿地量化到私人身上,要防止国有资产的流失;同时,又要承认历史,合情合理,不要侵犯劳动群众的合法权益。在这次会上,多数代表认为,在国家有关税收政策和法律范围内,由中央和地方实行的减免税(包括税前还贷)形成的资产应当归企业所有。

这类减税让利是国家作为社会经济管理者为了推行某种经济政策或产业政策,或者为了鼓励和扶持某类产业、某些企业发展而实施的行政行为,而非以营利为目的的投资行为,因此不能当作国家投资。这也是国际通行的做法。这正如对三资企业减免了进口税、所得税,但三资企业中并没有由此而增加一份国有财产一样。再有一个问题,就是厂办集体企业中由母企业明确地无偿划拨,或者是借给,或者是作为投资,并且手续完备的那一部分资产,应该按照国家有关政策来办理。对于母企业支援厂办集体企业,而这种支援的性质又不明确或者手续不完善的,会上的同志都呼吁应该按照国务院66号令《劳动就业服务企业管理规定》和国务院88号令《城镇集体所有制企业条例》的有关规定来界定。部门的规定应该服从于国务院的规定。

五 要创造条件,给厂办集体企业公平竞争的地位

集体企业在很多地方受到不公平待遇,而厂办集体企业,由于它是依附于母厂而建立的,所以它又带有很多特殊的问题。现在,企业间激烈的竞争逐步展开。"九五"期间,国家要实行两个转变,对各类企业逐渐地一视同仁,为各种所有制经济的平等竞争创造外部环境。现在厂办集体作为一类特殊企业,同时还承担着母厂大量"办社会"的职能和分流富余人员的职能。这对于搞好国有企业来说是有重要意义的,也就是把原来国有企业所承担的那些包袱,一时没有条件推向社会的,就交给了厂办集体企业。在国企走向市场的过渡期间,这种做法是不可避免的、不得已的。但是,长此以往,厂办集体企业必垮无疑。对这个问题,会上大家呼吁得也很强烈,我想最终解决的途径和办法就是社会的事情必须要政府来办,而不是让企业办。企业的目标,是提高经济效益,照章纳税。但是,我们不能脱离现实。

地方有能力的，应尽快将企业的社会职能转交地方；地方暂时没有能力的，可以采取分步解决问题的办法。首先要解脱国有大中企业的负担，使它们主附分离，精干主体，提高竞争力，提高效益，使它们状况好转。这样为财政好转创造条件，也使建立社会保障制度有一个缓冲的时机。其次要解决厂办集体经济解脱社会负担的问题。从总体上来看，企业要走向市场就必须解决政企职能错位的问题。国有企业"办社会"不合理，厂办集体企业"办社会"也不合理。作为一种过渡，母厂和政府应该给厂办集体企业提供必要的支持，创造必要的条件。集体企业最终也要进入市场，参与竞争，同样也面对优胜劣汰的严峻挑战。但集体企业机动灵活，可以把对母厂的社会服务当作产业来发展。厂办集体企业对母企业所提供的服务应该是有偿服务，要"亲兄弟，明算账"，逐渐把行政关系变成企业之间的经济关系。这是实行政企分开、培育社会服务体系的一个重要生长点。从某种意义上讲，也是厂办集体企业发展的一次机遇。

六　搞好集体企业是发展城镇中小企业的重要生长点

最近中央、国务院再一次明确提出搞好大企业、放活小企业。就整个国民经济而言，放小应当理解为包括搞好各种经济成分的中小企业，包括大量的城镇集体企业。之所以要这样理解，就是因为中小企业在国民经济发展中有它不可替代的作用和地位。中小企业得不到相应的发展，社会主义市场经济就难以形成。在计划经济体制下，我们工作的一大弊端就是忽视了中小企业在经济发展当中的特殊作用，因而使经济结构和企业结构出现了失衡，结果大块头的国有企业就出现了"大而全""尾大不掉"。这个"大而全"不仅表现在生产上，而且表现在自办"小社会"上。因此，为社会提供各类服务的中小企业得不到充分的发育，第三产业难以发展。现在越来越多的人认识到，控制国家经济命脉的大型企业体现国家的经济实力，而千百万机制灵活的中小企业却创造着市场的活力。这两者是相互依存而不可替代的，是相辅相成而不是相互排斥的，由此构成市场经济体制下合理的群体企业结构。没有大企业的强大，小企业就缺乏能源、基础设施等的保障；但是没有充分发展的小型企业为大型企业配套，大企业也难以摆脱目前"大而全、低效益"的被动局面，也更难以缓解越来越沉重的社会就业压力。所以，大力发展、壮大中小企业，形成大、中、小企业的合理结构布局，既是国民经济发展的客观需要，也是改革深化的一种现实选择。企业的群体结构有它的自身规律。大企业有它的优势，有它的市场，但是它不可能把市场全面覆盖。做一个不恰当的比喻，大企业像是一个一个大的球。如果把这些球都放在一个篮子（市场）里，这个篮子是不能被充满的，球和球之间有很多空隙。这些空隙要由中小企业来填充。大企业越大，这个空隙越大，需要中小企业来填充的空间也越大。因此，如果没有合理的企业结构，那就很难有全社会的高效益。

从全国来看，中小企业已经成为经济增长的重要动力。比如，1994年全国工业总产值增长大约26%，其中国有大中型企业的增长率是5%~6%，是谁把增长速度拉上去的？就是中小企业。可以看出，中小企业已经是经济增长的重要保证。城镇集体企业主要是中小企业，中央强调发展中小企业，这是与搞好城镇集体企业密切关联的。

这次会议取得这些共识十分可贵，但集体经济发展遇到的问题远不止于此。集体企业的情况千差万别，情况相当复杂，不可能用一个办法解决所有问题，要依靠各有关部门，依靠各个地方，拓展思路，大胆实践，勇于探索，走出一条有中国特色的搞好城镇集体企业的路子来。

在"优化资本结构"扩大城市试点研讨班上的总结讲话

(1996年2月15日)

一 解放思想,立足自身,大胆探索

中国改革所走的道路,是全世界独一无二的。苏联、东欧放弃计划经济体制后,走向了私有化。在中国,这条路走不通。我们既要坚持公有制的主体地位,保持国有经济的主导作用,又要发挥市场机制的作用,使市场成为资源配置的主渠道,提高整个经济运行的效率和质量。这样,我们就给自己出了一道世界性的难题——公有制与市场经济怎样结合。因此,这项改革是非常艰难的,是前无古人的。

经过十多年的改革,我们已经取得了很大的进展。正像很多同志所讲的,时至今日,改革已进入了攻坚阶段,现在必须着手解决深层次体制性的矛盾了。为此,江泽民同志在十四届五中全会的讲话中指出,"要以更大的决心、更大的魄力,加快和深化企业改革"。朱镕基同志也讲,"要精心组织,勇于探索,要力争在关键环节有所突破,取得实质性进展"。党中央、国务院的领导同志在五中全会和中央经济工作会议上也多次指出,1996年要在企业改革上取得更大的进步,要有所突破。这一突破的重点和切入点就是50个试点城市。把试点城市从18个扩大到50个,说明改革的力度增强了,探索的深度增加了。因此,这50个试点城市在深化改革方面确实责任重大,我们寄希望于50个城市在改革方面有新的进展。

要做好这篇大文章,很重要的是要解放思想。当前,有关企业改革的方针、方向、目标已经确定,改革的难点已经摸清,改革的思路已经明确。

在"优化资本结构"扩大城市试点研讨班上的总结讲话

因此,在中央这些既定的大原则下,结合当地的实际,大胆探索,创造性地搞好试点,应该说基本具备了条件。回顾18个城市在试点之初,曾经有这样一个认识过程。即开始时热情很高,但转入实施后却感到失望,觉得国家没给什么"干货",没出多少成本,没有多少特殊政策。当时出现了两种想法。一是认为既然是试点,就该有特殊政策,否则怎么叫试点。因而希望政策倾斜,希望"吃偏饭"。二是认为国家应把试点的各项条件都准备好,我来照章办理,希望吃"现成饭"。一个是要"吃偏饭",一个是要吃"现成饭",都没有想到试点应该靠自身的艰苦努力。后来,经过一段实践后,大家的思想认识有了很大的变化。试点城市大都认识到,试点是一面旗帜,举起这面旗帜就可以形成改革的气候。形成比较好的改革环境,在搞好国有企业的大目标下,可以调动企业、政府及有关部门的内在动力,发挥综合优势,对改革的重点、难点问题加以突破,使改革有一个大的推进。当然,也有一些城市希望通过试点多搞几个项目,解决一些实际问题。这些想法都有一定的道理,是可以理解的。但是,我认为,从制订试点方案到方案实施,都要立足于各城市自身的努力,离开自身的努力,改革就难以取得新的进展,试点也难以取得新的成效。为什么要把企业改革放在城市中进行,这恰恰说明了随着企业改革的深化,再就一个个企业孤立地进行改革的路子已经到了尽头,而城市可以从区域国有经济的整体角度将企业和企业环境统筹考虑,发挥综合功能,就改革做一篇大文章。因此,城市要解放思想,结合自身实际,认真研究问题,按照中央的既定方针政策大胆地试。作为国家的有关部门也要为试点创造必要的条件,制定政策,指导试点。另外,很重要的一点是,我们要和大家建立直通的渠道,做好协调服务工作,形成快速解决问题和通气、交流的条件;但试点能否成功,能取得多大的进展,关键要靠城市的努力,靠城市的突破。所以,会上有的同志讲的话很有道理,即"规范在中央,突破靠地方"。

另外,在试点中要处理好现有政策与建立新机制的关系。首先要用好现有政策,要再出台一些新的政策是非常困难的。很多地方和企业对已出台的含金量不小的政策并没有用足。《企业财务通则》《企业会计准则》等,确实给企业开了口子,如增提折旧、增加技术开发费等。有些企业对财会《两则》还没有搞清楚,还在幻想"税前还贷",实际上把成本打足了，税前还贷的问题就基本上解决了。有些企业的观念还未转过来，仍在追求表面的高利润，一些按规定可以进成本的却不进，如此等等。吃透已有政策，用足现有政策，这是搞好企业的一项重要工作；在挖掘政策潜力时，也要严格按照政策规定办事，不要把政策搞偏。有个别企业、地方打小算盘，眼睛盯住银行呆账准备金，不顾国家政策，想方设法挖出来，甩掉自己的包袱，这是短期行为。

二 全面理解"优化资本结构"的意义，下大功夫调整结构

1994年"优化资本结构"已写入国务院的正式文件。"优化资本结构"具体包括四方面内容，即"增资、改造、分流、破产"。到现在为止，"优化资本结构"的含义还没有一句精辟的话来概括，我们认为这句话的内容相当丰富，是深化企业改革的一个重大问题。那么什么是"优化资本结构"，我建议大家再认真地看一看上海市的汇报材料。虽然汇报材料中没有为"优化资本结构"下一个完整的定义，但是材料中把"优化资本结构"的基本内容都包含进去了。什么是"优化资本结构"？那就是上海在一年中，运用"六个一块"的思路，运作了122亿元资产。什么是"优化资本结构"？那就是近几年上海工业系统使638户企业实现兼并，从而盘活了58亿元固定资产。什么是"优化资本结构"？那就是1995年一年中，上海地方工业资产负债率下降7.1个百分点。什么是"优化资本结构"？那就是上海抓六大支柱产业，抓大项目，形成新的经济增长点；抓大集团，形成大气候；抓政府机构调整，使16个主管局转成控股公司。其间，人员精减了50%，机构精简了63%。什么是"优化资本结构"？那就是1991年以来，在工业结构大调整中，下岗86.1万人，又重新上岗66.4万人，如此等等。这就是优化资本结构。我们虽然很难用一句话来概括，但可不可以这样归纳，即"充分运用符合市场经济的方法和手段，把企业改革、改组、改造和加强管理有机地结合起来，通过改革增强活力，通过改造增强实力，通过结构调整优化资源配置，提高国有资本质量，增强国有资本的控制能力和渗透能力，通过改进和加强管理提高国有资本运作效率"。上海的综合改革就是我们所想象的"优化资本结构"。如果具体来看，"优化资本结

在"优化资本结构"扩大城市试点研讨班上的总结讲话

构"既包括国有企业资本结构,也包括国有经济的资本结构,即优化配置国有资产存量,通过流动使有限的国有资产转换到最有效益的地方,提高国有经济的效益;改善国有企业的资产负债结构,使之达到合理水平。昨晚南京市汪主任讲到,资产负债率并非判断企业状况的唯一指标。我认为这句话很对。因为企业状况好坏,很重要的是看资产的质量,不一定资产负债率高的企业就不好。如果资产都是有效的,配置是合理的,技术是先进的,产品是畅销的,生产率是高的,在这种情况下,资产负债率高一点没有什么可怕的,几年内可以降下来。一些新兴产业往往如此。现在我们担心的是那些资产负债率很高,而资本质量又非常差的情况,这对企业是一种灾难。因为资产利润率还赶不上利息率,这就要出现亏损。目前讲资产负债率高是指企业平均负债率高,显然这是一个很大的问题。要改善资产负债结构,通过优化资产配置,通过技术改造,通过改善和加强管理来活化存量资本,提高资产质量、改善运营状况,这是一条重要的途径。我们讲"优化资本结构",还有一个更深层次的含义,就是昨天有关同志讲的要增强国有资本的渗透力和控制力,通过参股、控股,使有限的国有资本控制更多的社会资本,一方面使企业有多渠道的资金来源,壮大企业实力;另一方面也可使国有企业资本控制更多的社会资本,更好地发挥国有经济的主导作用。这就是"优化资本结构"的具体含义。

为搞好"优化资本结构"城市试点,有两种做法可行。一种做法是按"增资""改造""分流""破产"四个方面认真研究我们能做什么,做到什么程度,然后逐项去做,办若干具体的事情。另一种做法是做一篇大文章,即把"增资""改造""分流""破产"与存量调整结合起来,与政企分开、建立社会保障体系等配套改革结合起来。我并不是评论哪种做法好,哪种做法差,而是要求各城市根据自己的情况选择自己的做法。到目前为止,在中国经济中,国有经济的优势在于我国资产的存量巨大,国有工业资产总量大约占社会工业资产总量的70%,其他经济成分难以与之相比。但同时,国有经济的劣势恰恰在于国有资本配置效率极低,结构不合理,效益低下,这是多年来计划经济体制下企业服务于计划分配的结果。另外,再加上"条块"分割,造成重复建设和分散投资;由于国有企业的"不求人"指导思想和社会服务体系的不完善,造成了"大而全""小而全",形成了封闭式的生产格局；再有，随着技术、经济发展阶段的变化，有些原来相对合理的，现在也不适应了。如纺织行业原来是"上、青、天"。上海有纺织工人5万人，300多万纱锭生产能力。但随着经济发展阶段的变化，现在上海纺织大路货已竞争不过中小城市甚至乡镇企业了，因此必须要调整。我们要看到，随着技术、经济发展阶段的变化，地区、企业之间的比较优势会转移，尽管有些地方还想搞地方保护，但从长远来看，这是无效的。因为市场是联通的，随着经济比较优势的转移，经济分工必须不断调整，因此产业结构、企业组织结构的调整不可避免，谁对这个问题认识得早，抓得及时，谁就会在产业结构调整、比较优势转移过程中向前迈进一大步；谁丧失这一轮调整的时机，谁就会在市场竞争中失利。这是毫无疑问的。这种结构调整甚至是世界性的。比如，日本如何把汽车打入美国市场，就是产业结构调整的结果。70年代出现能源危机，美国人想用小型汽车，但生产小型汽车对于美国而言实际上无利可图，因此日本乘虚而入，一举占领美国市场。中国虽然经济落后，但也有某些比较优势，所以一些发达国家和地区愿意把某些加工业转到我们这里来。

目前，不少国有企业亏损，甚至全行业陷入困境，尽管每个企业的问题不同，但总体上看，不能不说是一种结构性矛盾的反映。在全业缺乏活力而且结构不合理的形势下，采取"水多了加面，面多了加水"的投入办法风险是很大的。大量投入往往只能获得较少的产出甚至没有产出，不少项目以失败告终。有的企业由于缺乏资本金，加上技改项目选择不当，背上了永远还不清的债务包袱，有的甚至把企业拖死了。这类事例并不是极个别的。目前市场机制正在取代计划体制，短缺经济正在趋向供需平衡，高关税保护将转为与世界经济接轨。因此，国有企业、国有经济面临着尖锐的挑战。

在结构调整中，兼并、破产是重要手段。应当承认，目前的破产、兼并还不够规范。我们现在进行的兼并、破产，确实与成熟的市场条件下的兼并、破产有些差别，我们要立足于新旧体制转轨的现实，通过我们扎实的工作，实现结构调整、搞活国有经济的目的。党中央、国务院对推动企业兼并、依法破产的态度是坚定的，国务院领导同志曾讲到，只有建立依法破产机制，有了优胜劣汰机制，厂长（经理）才可能对国有资产的经营真正负责。如果只负盈不负亏，借了钱可以不还；如果铺了摊子没有效益可以不负责，那么盲目争项目、搞"政绩"的风气就不会改变。

破产有两个方面的作用。一是结构调整的重要手段。前边已讲到，该死的企业不死，这是造成国有资产流失、企业亏损面积累增长的重要原因之一。二是促使企业转换机制。什么叫自负盈亏，如果企业不能破产，还是由国家包下来，由银行兜底，那还有什么自负盈亏可言。总之，推进兼并、破产不要动摇，要稳妥扎实地推进。现在是新旧体制转轨时期，大家要严格按照国务院有关法规的规定办。通过兼并破产建立新机制、促进结构调整，不要把破产、兼并变成一种逃废债的方式，那样对今后将其害无穷。

三 关于城市试点的指导思想

国务院把扩大城市试点作为今年加大企业改革力度的重要措施。总结18个城市的经验，做好试点工作要注意以下几点。

（1）以搞好国有大中型企业为出发点和落脚点，把现代企业制度试点和城市试点有机地结合起来。增资、改造、分流、破产与建立新机制是相互关联的，试点城市要在建立现代企业制度方面搞得更好。建立现代企业制度是从制度创新的角度实现企业机制转换的根本性措施。试点城市为企业提供的外部环境相对较好，因此企业在转机、建制方面也应搞得更好。上海市按照江总书记的指示意见已决定先行一步；天津也制订了一个推进企业转机建制的具体规划，积极推进此项工作。

（2）按照城市与区域发展规划，以"三改一加强"为指导原则，制订试点的目标和规划。

（3）不"吃偏饭"，但要吃好"新饭"。即充分运用目前允许的符合市场经济的方法手段，充分发挥地方的综合优势，在落实已有改革措施的基础上，提倡探索和创新，要以最小的改革成本，解决最突出的问题。

（4）要通过试点对重点、难点问题进行突破，暴露矛盾，找到可行的办法之后进行规范，进而立法，逐步推开。这是我们推进改革的基本工作方法。

（5）要把资产存量调整和增量投入有机地结合起来，以存量调整为主，企业兼并、依法破产是当前结构调整的重要手段；在结构趋于合理的情况下，加大技术改造力度。此外，在试点中也要特别注意研究企业积累、投入的新机制，提高投资的有效性。

（6）抓优势企业的发展和抓危困企业的转化相结合，首先要集中力量择优扶强。困难企业的转化首先还得立足于自身，配一个好班子，认真学邯钢，不少企业可能会改变面貌。对困难小企业可采取进一步放开政策的办法，对完全无望的企业就要走兼并或破产的路子。不能"杀富济贫"，不能用"拉郎配"的办法向优势企业甩包袱。有希望的企业壮大起来，解决危困企业的力量才会增大，转化危困企业才能有更广的空间。

（7）资本结构的优化要与劳动力结构的优化相结合，积极推动劳动力的优化配置。

（8）结合本地的实际，抓好"点中点"，选好突破口，力争在重点、难点上取得突破。

现代企业制度试点中需要进一步探讨和澄清的几个问题[*]

(1996年3月)

国务院确定的100个现代企业制度试点于1994年底启动。之后,从对现代企业制度的学习理解,到各企业试点方案的制订,以及配套条件的创造都遇到了很大的困难。这里有理论问题、认识问题,也有体制问题和实践问题,特别是一些理论与认识问题,或似是而非,或含混不清,不予以澄清和回答已经影响试点工作的进行。1996年3月在大连召开了"现代企业制度试点工作座谈会",本次会议主要是听取各方提出的试点工作中的问题,对问题的回答则带有探讨性。

一 试点工作取得的进展和存在的问题

现代企业制度试点工作在党中央、国务院的统一领导下,各地区、各部门和百户试点企业共同努力,做了大量工作,一年来,试点工作取得了初步进展,主要表现在以下几个方面。

(一) 试点工作取得的进展

1. 思想认识进一步统一,对建立现代企业制度的意义有了进一步的认识

第一,建立现代企业制度是我国国有企业改革的方向,是发展社会化大生产和市场经济的必然要求。建立现代企业制度就是要从根本上解决既坚持公有制的主体地位和国有经济的主导作用,又使每个企业成为独立法

---

[*] 本文是作者在于大连召开的"现代企业制度试点工作座谈会"上的讲话节录。

人实体和市场竞争主体，使国有企业真正适应社会主义市场经济体制，做到自主经营、自负盈亏、自我发展和自我约束，构造产业结构优化和经济高效运行的微观基础。

第二，要全面、准确地理解现代企业制度的科学内涵。"产权清晰、权责明确、政企分开、管理科学"四个特征是相互联系的统一整体，缺一不可，不能只强调某一方面，而忽略其他方面。当前深化国有企业改革，进行现代企业制度试点，要重点解决好四个方面的问题：一是实行政企分开；二是加强国有资产的管理和监督；三是建立社会保障体系；四是解决好企业负担过重的问题。

第三，国有企业现存的问题由来已久、成因复杂，单凭任何一种手段都难以见到实效，必须综合治理，坚持把改制、改组、改造和加强管理紧密结合起来（即"三改一加强"），从根本上提高国有企业的整体素质，以有限的投入取得较好的综合效果。

第四，在转换机制、提高效益上下功夫。不回避矛盾，不搞形式主义。企业改革取得实质性进展的关键是要在重点、难点问题上实现突破。

第五，既要看到深化企业改革、加快改革步伐的重要性和紧迫性，也要认识到改革进程的长期性和艰巨性，并充分考虑各方面的承受能力；既要抓住有利时机、知难而进、大胆试验、勇于探索，又要有步骤、有计划地稳步推进，不可一哄而起。

2. 试点企业的公司制框架初步形成

各试点企业按照《公司法》的规范要求和企业实际，合理选择改制形式，制订了试点实施方案。目前已有90户企业分别按以下三种形式进行了改制。一是改制为多元股东持股的公司，有16户，占方案已获批复的试点企业总数的17.8%；其中，股份有限公司11户，有限责任公司5户。二是改制为国有独资公司，共有73户，占总数的81.1%；其中，由新组建的国有独资集团公司作为投资主体，将生产主体部分改制为股份有限公司或有限责任公司的有27户，占总数的30%；由原行业主管厅局"转体"改制为纯粹控股型国有独资公司的有10户，占总数的11.1%；改制为兼有生产经营和资产经营职能的国有独资公司的有36户，占总数的40%。三是解体1户，即上无三厂。

3. 在一些重点、难点问题上有所突破

在地区、部门权限范围内提出了不少解决重点、难点问题的政策措施，促进了试点工作的顺利起步和不断深入。

（1）企业的资产负债结构有所改善。百户试点企业中有59户资产负债率有所下降，其中降幅在10个百分点以上的有13户，降幅在5~10个百分点的有17户。

（2）在分离"办社会"职能方面，有些企业采取一步到位的办法，将"办社会"的职能机构移交当地政府管理。如重钢、长春汽油机、沈阳机床等。

（3）在分流富余人员方面，采取从生产主体向三产分流、提前退休、下岗培训、直接分流到社会等多种办法，分流富余人员9.3万人。

4. 内部改革加快，管理有所增强

通过公司制改建，企业内部的制衡机制开始形成。如唐山碱厂等改制为多元股东持股的公司后，管理机构和管理人员有所精简。许多企业抓住试点的机遇，努力探索适应市场经济的管理形式，如大连铁路局、杭汽、南京电瓷等。一些企业在资产经营方面进行了大胆的探索。例如，上海三枪集团成功地兼并了亏损大户百达针织厂和针织一厂；上海一百采取集团公司控股的方式，组建了"上海一百集团百货连锁有限公司"。不少企业加大了三项制度的改革力度，在企业内部形成择优竞争上岗的机制，如重钢建立内部劳务市场等。总的来看，改制企业的经济效益有所提高。

（二）试点工作存在的问题

1995年百户试点工作从理论到实践取得了一些实质性进展，但是也存在不少问题，主要包括以下几点。

一是试点进展不平衡。表现在部分企业的方案获批后，确定法人治理结构的工作抓得不紧，影响企业挂牌运作。有的由于产权纠纷处理难度大，至今未得到妥善解决；有的因为企业主管部门与企业的关系未理顺，试点企业的积极性受到影响。有10户企业试点方案至今定不下来。

二是一些地区、部门的试点主管机构和部分试点企业对做好试点工作的重要意义认识不足，有畏难情绪，存在松劲现象；部分企业一味等待优惠政策，对试点中触及深层次矛盾时出现的阻力和冲突采取回避态度。

三是政府职能转变滞后。某些政府部门依然用管理国有企业的旧办法对待改制后的公司制企业。符合市场经济要求的经营性国有资产的管理、监督和运营体系尚未建立起来。

四是国有独资公司的方案不尽理想，部分试点企业法人治理结构的组建和运作不规范，未严格按公司章程办事。许多企业董事长、总经理一人兼，董事会与经理班子成员基本重合，集团公司的管理机构和下属主要子公司一套人马，两块牌子；有的企业用党政联席会代替董事会；多数国有独资公司经理层的聘任还未能由董事会自主决定；个别企业的董事长和总经理互不服气，导致公司运转困难。据统计，在已组建了法人治理结构的57户企业中，董事长兼总经理的有37户，占64.9%；董事长兼党委书记的有26户，占45.6%；董事长、总经理、党委书记一人兼的有18户，占31.6%。应依照《监管条例》派出的监事会，或尚未组成，或尚未开始履行职责。总之，权力机构、决策机构、执行机构和监督机构的权利与责任未能到位，各个机构之间的有效制衡机制尚未形成，这在国有独资公司中表现得尤为突出。

这些情况表明，在建立现代企业制度试点中不断地出现了新的问题，这里有理论问题、认识问题，也有体制问题、实践问题。

下面我想就试点工作中出现的几个问题谈一些看法，与大家讨论。

二 试点工作需要进一步探讨和澄清的问题

（一）通过建立现代企业制度究竟要解决什么问题

我们经常听到一些人问：到底什么是现代企业制度？建立现代企业制度究竟能解决什么问题？也有的人问：国有企业不也很好吗？按照现代企业制度变成公司，究竟有什么好处？

党的十四大已确立建设社会主义市场经济体制的改革目标。就是说，我们既要坚持公有制为主体、国有经济为主导，同时又要利用市场机制提高经济运行效率。为此必须解决的一个关键问题是公有制、国有经济与市场经济能否结合、如何结合。党中央设计两者结合的有效形式和具体途径就是现代企业制度。

所谓现代企业制度，是符合社会化大生产要求、适应市场经济"产权清晰、权责明确、政企分开、管理科学"、依法规范的企业制度。就大中型企业而言，公司制是主要形式；就企业户数而言，非公司制（独资、合伙、股份合作等）企业占绝大多数。为使国有企业走向市场，需要解决一系列深层次体制性问题。但是，如产权关系不清、政企权责混淆等问题靠发红头文件是解决不了的，只有通过企业制度创新才能综合性地解决那些深层次体制性问题。因此，可以认为，现代企业制度是解决政企职责分开的组织手段；是理顺产权关系的组织形式；是使企业成为独立法人的组织保障；是转变企业领导体制和组织制度、实现管理科学的现实选择。从这个意义上讲，现代企业制度与传统的按《企业法》建立的国有企业是有基本差别的。通过建立现代企业制度到底能解决什么问题？可以归纳出以下六个方面。

第一，通过建立现代企业制度，要改变债务责任关系。企业依《公司法》成为独立法人实体，对自己的债务负责，自负盈亏；自负盈亏的极限是破产。包括国家在内的出资者则只以其投入企业的资本额为限，对企业债务承担有限责任，这就从根本上改变了企业吃国家"大锅饭"的体制。

第二，形成资产的流动机制。企业要"活"，重要的是要形成产权结构的流动性和开放性，要使资本的注入和出资者的更换、增减能顺利进行。这就改变了现行的工厂制企业中固化而不能流动的板块式、封闭式的产权结构。

第三，拓宽企业融资渠道。改变了国有企业与财政和银行紧紧捆在一起，企业只能依赖财政注入资本的体制，使企业有可能进入资本市场，实现广泛、多渠道融资。

第四，所有者代表进入企业，职能到位。所有者追求效益最大化的欲望和躲避风险的本能，使企业以追求经济效益为目标，形成企业内部制度创新、管理创新、技术创新的动力。

第五，形成新型的企业与职工关系。企业作为独立的公司法人，与职工的关系是依据《劳动法》形成的契约关系，企业不再包揽职工的就业、福利、子女、社会保障等一切方面的问题。

第六，建立起科学的法人治理结构，形成企业约束机制。通过公司法人治理结构，所有者以法定形式行使选择经营者、重大决策和资本收益的权利，从根本上改变了所有者代表缺位的问题。通过企业内的权力机构、决策机构、监督机构和执行机构形成所有者、经营者和劳动者相互激励又相互制衡的机制，并形成科学的领导体制及决策程序，使三者的权利得到保障，三者行为受到约束，从而在国有企业中建立起我们渴望已久的自负盈亏、优胜劣汰以及激励和约束相结合的经营机制。

由此可见，现代企业制度与传统的国有企业制度之间是有本质的差别的。在走向市场经济的过程中，这是国有企业的一次飞跃。二者不是差不多，而是差很多。我们希望各试点企业通过试点在诸多方面实现制度创新。

（二）国有企业一元化领导体制与公司制衡性领导体制的差异

在试点中，不少人提出《公司法》规定公司制企业中要分设机构、相互制衡，出现了"老三会"与"新三会"的问题，使企业的内部关系越来越复杂，是否有这个必要？

过去的国有企业领导体制尽管有过一些变化，但基本上都沿袭了国家行政管理体制的模式，强调一元化领导。党委领导下的厂长负责制，这是一元化领导；推行厂长负责制，党委起保证监督作用，这也是一元化领导；后来提出要"两心变一心"，强调的还是一元化领导。

在公司制企业中，既承认所有者、经营者、劳动者都是企业不可缺少的主体，又承认这三者追求的目标、获取利益的方式是有差异的。因而要通过一套法定、规范的制度安排，形成制衡关系。

一元化领导体制与制衡性领导制度确实有极大的差别，这一差别对企业的影响极其深刻。制衡性领导制度是现代企业领导体制的重要特点，是形成符合市场经济要求的企业新机制的重要基础。

过去，国有企业实行一元化领导之所以可行，重要的一点是政企不分，实际上全国就是一个超级大企业，国有国营；政府机构行使了企业董事会的职能，企业的重大问题由政府决定，在政府做出决定之后，企业基本上处于贯彻、执行、实施的层次。在企业内不存在多元的利益主体，只要大家齐心协力完成国家计划,就都可以从国家那里拿到工资和奖金。因此,对处于贯彻执行层次的企业而言,实行一元化领导显然是可行的。

在企业改制后,政企要分离,所有者代表进入企业,这样就使企业成为一个独立的市场主体。企业要自主决策,自担风险。所有者(代表)进入企业,要聘用总经理,再加上职工,这样在企业内部实质上已经形成了三个主体。此时,所有者以资本收益最大化和减少风险为目标,掌握着对企业的最终控制权,它是企业盈亏的最终承担者。以总经理为首的高层管理人员受雇于董事会,拥有经营管理权和代理权,他们追求的是充分表现自己的才能,实现自身价值最大化。而职工则考虑通过企业的发展使劳动岗位稳定和收入水平不断提高。因此,在这个时候,回避三方利益取向的差异,简单地把三者看作一个利益主体而实行一元化体制已不适合。

为了减少自主决策风险、保证各方利益,制衡是极为必要的。为防止渎职和滥用职权,监督是必不可少的。通过一套科学的制衡与监督体制来平衡各方关系,使所有者、经营者、劳动者的积极性都被调动起来,他们的合法权益受到保障,他们的行为受到制约。这是公司治理结构中非常重要的一点。可以说,在政企分离、企业成为独立法人实体和市场竞争主体的时候,制衡性领导体制是建立新机制的重要基础。这绝不是可有可无的。

在试点中有人认为这种制衡关系效率过低,有了制衡就限制了厂长经理的权力,因此,在构造本企业的治理结构时尽量回避制衡,认为最好的办法是"一人兼"。但是如果董事会和经理班子重合了,董事长、经理又一人兼了,哪里还有制衡?制度创新"新"在哪里?这一做法的结果往往形成"内部人控制",将所有者架空。

另外,也有人对"制衡"抱消极的看法,认为制衡就是扯皮。这是不对的。在现代企业之内,多个利益主体是现实存在的,没有规范的制衡关系,就会出现各方利益的无序冲撞,受到损害的是整个企业。之所以会出现"于志安事件",就是因为缺乏制衡。对于于志安这类例子,一种看法认为是对企业放权放多了,应该再收权。这样做永远也跳不出"一放就乱,一乱就收,一收就死,死了再放"的怪圈,我们已经在这个怪圈中循环了多次。另一种看法就是要建立科学的法人治理结构,从制度和机制上来解决激励与制约的问题。再如有些三资企业,职工的合法权益得不到保障,这也是治理结构不完善的表现。因此，实际上在企业转制之后，内部已经出现了多个利益主体，现代企业制度不是回避矛盾，而是承认有多个利益主体，通过一套科学的制度安排来平衡各方面关系。因此，制衡机制是积极的，对保障包括国家股东在内的所有者权益至关重要。

（三）厂长（经理）负责制和公司治理结构的衔接

不少人认为公司制企业的董事会把厂长负责制中厂长的部分权力上收形成了董事会的权力，因而认为公司经理的权力被削弱了，甚至引起了一些厂长、经理的心理不平衡。

董事会的权力是从哪里来的？按照《公司法》的有关内容，董事会是受股东的信托来运营公司的法人财产，并承担信托责任的。

推行厂长负责制是一个进步。但在这一过程中，国家赋予厂长（经理）的是在国家所有者对各项重要问题做出决策之后，实施生产经营的具体指挥权，而那些需要所有者做出决策的权力，并没有给厂长、经理，依然留在政府部门手中。

建立现代企业制度，就是依据《公司法》，使所有者代表进入企业构成企业的股东会、董事会，作为权力机构、经营决策机构在企业内行使所有者的职权。由此看来，董事会的权力是将目前分散在政府各部门的国有股东权力集中起来进入企业而形成的，而不是将厂长负责制中厂长（经理）的权力上收而形成的。

在公司制企业中，股东委托董事会经营公司，董事会就成了公司的法定代表，股东不再干预公司的管理事务，但对于玩忽职守的董事、未尽受托职责的董事，股东则可以将其罢免甚至起诉，这就体现了股东的最终控制权。

董事会以经营管理能力、经验和创利能力为标准选择和任免经理。在董事会聘任了经理之后，董事会自身对公司的经营主要体现在对公司重大经营决策和收益分配等做出决定，此外，就是对经理的监督和激励。经理受雇于董事会，拥有管理权和代理权，在董事会委托的范围内拥有足够的负责处理公司日常事务的权力。尽管在现有体制下，政府赋予厂长（经理）的经营权与公司制企业中董事会委托给经理的管理权和代理权有不可相比之处，但绝对不能认为公司制企业中经理的权力被削弱了。

从这个意义上说，中国企业的领导体制，由党委领导下的厂长负责制，到厂长（经理）负责制，到公司治理结构，恰恰形成了一个渐进式的演变过程，厂长负责制为实行公司制奠定了一定的基础。

（四）公司法人治理结构的要点

有人说，建立现代企业制度试点，重要的一方面体现在制度创新。那么公司法人治理结构的要点是什么，试点中必须掌握的是哪几点呢？

所谓公司法人治理结构，一般是指以经济效益和股东权益最大化和持续化为目标，对公司的法人财产进行有效使用和管理的组织结构及其运行机制。在试点中需要把握以下几点。

第一，企业中国有及其他各类出资者代表必须到位，由此形成来自所有者追求经济效益的动机和避免风险的约束。企业产权关系要清晰，企业中的国有资产产权代表机构要明确，并且真正关心所属资产的保值增值。这是端正企业行为、形成新机制和使公司治理结构发挥作用的一项基本条件。如果所有者是假的，那么公司治理结构也就徒有形式。要按照政府的社会经济管理职能和国有资产所有者职能分开，经营性国有资产管理、监督职能和经营职能分开的原则，明确国有资产产权代表机构承担国有资产保值增值的法律责任，同时规范国有资产产权代表机构的行为。其中的关键，一是使国有"老板"具体化；二是国有"老板"要拥有"真老板"的自负盈亏意识和责任。这样，才能使所有者对企业形成硬约束。

第二，董事会作为所有者的受托人，要拥有充分的公司经营管理决策权。董事会在公司法人治理结构中处于中心地位，起着关键作用。董事会既要对股东尽勤勉责任，维护股东权益，又要正确决策，以促进公司发展。它是使股东的所有权和公司的法人财产权既相分离又相依存的纽带，集股东权益和公司发展安危于一身，其自身素质高低和能否正常履行职权是法人治理结构能否发挥作用的关键。因此，必须确立董事会作为股东的受托人在公司经营管理决策方面的权力。董事会对股东负责的重要一点是必须要有对经理的任免权。如果董事会管不了经理，公司治理结构就发挥不了作用，就会变成一套扯皮机制。有了对经理的任免权，才能形成对公司经理等高级管理人员的有效激励和制衡。同时，董事会应当由市场观念强、有战略眼光、善于统筹全局和协调各方面关系、熟悉相关法律法规、自觉履行对股东的诚信义务和勤勉负责的各类专家组成。董事玩忽职守、未尽到受托责任，所有者可以对其起诉或将其罢免。只有如此，才能使董事会对所有者权益负责并有能力负责。

第三，必须确立经理对董事会负责的体制。公司经理只能由董事会聘任或解聘，不能由股东会或上级党政部门直接任免；经理对董事会负责。所谓负责，是指在董事会授权范围内负责贯彻、执行董事会做出的各项决议和确定的各项任务，具体指挥公司的日常生产经营管理活动，并向董事会报告工作。董事会和经理之间是决策和执行的关系，是委托和代理的关系。经理行使职权必须以实施董事会的授权为基础，不能超越职权擅自行事。

第四，明确界定董事会、董事长、经理的职责权限。正确认识和划分董事会、董事长和经理的职责权限，使其正确定位，对公司法人治理结构的有效运转具有重要意义。按照《公司法》的规定，董事长的职权是主持股东大会和召集、主持董事会会议；检查董事会决议的实施情况，签署公司股票、债券等事宜；在董事会闭会期间，根据董事会授权，行使董事会的部分职权。这些规定表明，董事长行使职权主要是在董事会范围之内，未得到董事会授权，董事长不能全权行使董事会的职权，更不能超越董事会自行其是，以"老板"、"产权代表"或"一把手"自居。必须明确，董事长并不等同于董事会；董事长和经理之间，不是领导与被领导的关系；经理要对董事会负责，而不是对董事长个人负责；日常经营管理工作由经理负责，董事长不能越位直接指挥。如果董事长兼经理，必须明确和制定其履行不同岗位职责的管理办法，做到岗位职责分明。要防止出现董事长个人决定代替董事会决议、董事会领导经理工作变成董事长领导经理工作等现象的出现。

第五，切实发挥监事会的监督作用。监事会在公司法人治理结构中处于监督地位。监事会正常履行职责，对公司法人治理结构形成有效制衡机制具有重要作用。一是按《公司法》规定，公司董事、经理和财务负责人不得兼任监事，确保监事会对公司决策和执行形成有效监督。二是牢固树立监事会对股东会或国家授权的监督机构负责的法律观念，建立和完善监事会的责任机制和约束机制，明确其职权和法律责任。三是监事要依据《公司法》、公司章程和国家有关法律法规忠实履行职责，检查公司财务，当董事和经理行为损害公司的利益时，及时行使监督职权。四是对董事长、经理一人兼的公司，要特别注意发挥监事会的监督作用，形成有效的制约。

公司法人治理结构的规范和完善是一个渐进的发展过程，有赖于社会观念的更新、人才的培养、法律的完备和外部大环境的整体改善，我们要充分肯定其发展方向，深入研究问题产生的主客观原因，坚持从实际出发，不断创造成熟的经验。

（五）国家授权的国有独资公司和多元股东公司的比较

国务院提出建立现代企业制度试点之后，许多企业抱以很高的热情，但在制订实施方案时却大多选择了国有独资公司。那么国有独资公司与多元股东持股的有限公司到底有什么差异呢？

经过试点方案的论证，81%的企业选择了国有独资公司的改制形式。其原因除了一时难以找到新的投资主体之外，也与一些企业的厂长、经理有种种顾虑有关。有的怕政府主管部门作为股东代表控制企业，形成"老板"加"婆婆"；有的担心改成多元股东的有限责任公司后失去政府的优惠政策；甚至有一些经理担心丧失生产经营的指挥权，不愿在自己上面再有一个能约束自己的董事会；等等。这些都是国有独资公司产生较多的原因。

从改革的实践来看，在克服旧体制的弊端、促使企业机制转变方面，多元股东持股的有限公司比国有独资公司有更多的优越条件。

第一，有利于形成不同所有者之间的制约，维护企业的权益。河北省唐山碱厂经过将"拨改贷"和财政性贷款转成投资的途径，有6.5亿元债务转为资本金，形成了四家股东持股的唐山三友有限责任公司。四家股东分别是由国家、省、市三方明确的产权代表机构。四家股东本质上都是国家资本，但在公司组建过程中，股东们在1.9亿元净资产产权归属、土地是否入股、转为投资的原贷款利率和期限的计算方法等问题上发生了很大的争议。各家股东都维护自己的权益，谁要想把自己的特殊利益强加到投资的企业时就会受到其他股东的制约。股东利益凝结在公司的整体利益之中，只有公司这块蛋糕做大了，每个股东才能按出资份额分得好处。这种股东之间的制衡有效地维护了企业的发展。在单一股东情况下，往往难以做到这一点。

第二，有利于依靠股东权益对政府行为进行制衡，逐步实现政企分开。上述四个股东都有政府隶属关系的背景，但是在四家股东代表进入企业组成股东会，并建立董事会，决定公司重大事项后，就在企业和各股东的行政上级之间形成了一个隔离带。各行政上级要想对企业进行干预，都可能受到来自其他股东的制约。而国有独资公司在操作中如不很好地解决政府既作为资产所有者代表，又作为社会经济管理者的双重身份问题，便容易受到原隶属关系的干扰，不利于政企分开。

第三，有利于促进公司的规范运作。《公司章程》是公司组织行为的准则，也是股东意志的集中体现。在股权比例商定之后，唐山碱厂的四家股东都派出了强大的阵容（总经理带领公司的法律负责人）逐字逐句地修改《公司章程》，使其在符合《公司法》要求的前提下，尽可能地准确、严谨。从协商股权比例开始，到第一次股东大会的召开，唐山碱厂都是严格按照《公司法》的要求，较为规范地开展工作的。原厂级领导班子成员和即将受聘为公司经理等职务的高级管理人员自始至终列席股东会议。股东们维护自己权益的认真态度使他们深受教育。联想到过去该厂在负债很重的情况下，建了三星级宾馆，盖了歌舞厅，经理们说，今后再像过去那样花钱看来是不行了，每办一件事、每花一分钱都要树立对股东负责的观念。尽管公司的运行时间还很短，但唐山碱厂的法人治理结构起步是比较规范的。这种规范不是来自领导的指示，而是来自多元化产权主体的有效制约。

第四，有利于企业多渠道筹资，形成更广阔的发展余地。公司制与国有企业的一大区别在于筹资方式。国有独资公司类似于国有企业，资本结构是封闭的，只有一个股东，就是国家，因此，企业的资本金注入也只有财政这唯一的渠道。根据目前国家的财力和现行政策，对大多数国有企业不可能有资本金注入，充其量是企业自我滚动发展。大多数企业负债率过高无不根源于此。公司制的一大特点是可以将企业权益分成一定份额，分别由不同出资者持有。这就为再投资者的资本注入形成了一个空间，因而，当企业有发展机遇时，凡是有意投资者都可以通过一定程序以出资人身份向其注资，这就使企业获得了广阔的发展余地。在企业的发展中，资金永远是最短缺的资源。国有企业转为公司制企业时，选取国有独资公司的形式，在某种意义上说是丧失了一次从多方筹集资金的可能性，在企业没有达到一定规模也没有有效的资金注入渠道时，往往处于极为不利的地位。这是国有独资公司的一大弱点。当然，一些改制为国有独资公司的企业，为了实现投资主体多元化，在下属子公司层次上组建多元投资主体的公司，这是一个进步，但没有解决根本问题，因为作为一个控股公司，其自身只有一种注资的可能，受自身规模的限制，下面所能控制的资产规模也受到了限制。在未来大公司之间的竞争中，过小的资本量显然处于不利的地位。

总之，企业改制时依托于多元股东的利益制衡，有利于减少政府对企业的直接干预，实现政企分离；在包括国有资产所有者在内的所有者到位的情况下，多元股东追求投资收益最大化的欲望，有利于国有资产的保值增值；依靠股东的直接制约，有利于公司法人治理结构的规范运行；多元股东体制使出资者的增加和资本的注入得以顺利进行；股东避免风险的意识，有利于减少盲目投资，建立企业的约束机制。这些都是对企业至关重要的新机制，是国有独资公司难以做到的。因此，从建立新机制的角度来看，国有企业应尽可能地改制为多元投资主体的有限责任公司或股份有限公司，这个方向应当肯定。已经改制成为国有独资公司的试点企业，也要逐步创造条件，向这个方向努力。在过渡期间，主要任务是抓好国有独资公司的规范化运作。

在诸城小企业改革情况调查
总结会上的发言

(1996年3月24日)

随着企业改革的深化,"抓大放小"作为一个方针得到了中央的肯定。小企业在市场经济中的特殊地位和作用越来越受到全社会的认同,放活国有小企业的工作迅速展开,其中山东诸城市的做法引起了全国的关注,但褒贬不一,存在很大争议。由于这一改革涉及了最敏感的产权问题,因此必须慎重对待。为正确引导国有小企业的改制改革,朱镕基副总理先派国家体改委副主任洪虎带队深入诸城进行先期调查,之后主持会议请有关部委领导一起听取汇报、开展讨论;在此基础上又亲自带领部门有关领导(国家体改委副主任洪虎、财政部副部长张佑才、证监会主席周正庆、工商银行副行长刘廷焕、国家经贸委副主任陈清泰,以及两位经济学家吴敬琏、张卓元)到诸城现场考察,指导国有小企业改革的健康发展。

这次调研对国务院有关部门了解国有小企业改革改制情况、政策制定和实施中的政策把握发挥了重要的作用,为后续抓大放小工作的全面展开创造了条件。

这次陪同镕基副总理到诸城考察,看了5家企业,召开了两次座谈会,会上听取了10个企业的介绍。在这次考察中就搞好国有企业,特别是在县市如何搞好国有小型企业,了解了不少情况。昨晚镕基同志又召集调研组进行了研讨,学到了不少东西。下面我结合大家的意见,讲几点看法。

一 诸城市在搞好国有企业方面进行了大胆的探索，取得了可喜的进展

改革开放以来，诸城市一直重视搞好国有企业的工作，但到1992年诸城市国有企业面临几个突出的问题。

（1）大面积亏损。150户企业中有103户明亏或暗亏，占68.7%，亏损额高达1.47亿元。

（2）企业资产负债率高达93.5%。

（3）市财政收入增长缓慢。1992年只有1.09亿元（见表1），与1980年相比平均每年增加不到600万元。

（4）政企不分，企业自主权不落实，政府对国有企业承担无限责任。

在小平同志南方谈话和党的十四大以后，诸城市委、市政府主要领导同志集中力量，以改革的精神，解放思想，大胆探索搞好国有企业的途径。在省委、省政府和潍坊市委、市政府的指导下，想了许多办法，做了大量工作。

经历了三年的努力，诸城市企业特别是国有企业的状况明显好转。1995年所有改制企业基本扭转了亏损的局面。

表1　1992~1995年诸城市各项经济指标

指标	1992年	1995年	增长情况
利润	2581万元	13663万元	4.3倍
全市工商企业税	5680万元	1.88亿元	2.3倍
财政收入	1.09亿元	2.6亿元	1.4倍
职工工资（年）	2147元	4097元 5194元 （含红股）	0.9倍

1992年有大型企业1户，中型企业7户；利税过千万元的企业1户。到1995年发展到有大型企业7户，中型企业25户，利税过千万元的企业12户。

经过三年的艰苦工作，国有企业活力有所增强，经济效益明显提高，财政收入增加，职工生活改善。按小平同志"三个有利于"的标准看，诸城搞好国有企业的工作是有显著成效的。

二 搞好国有企业，要靠"三改一加强"

国有企业的问题由来已久，成因复杂，各企业不尽相同。想用一种办法、一套模式解决企业所有问题只能是一种幻想。国有企业有机制问题，要靠改革生产关系来解决；有结构问题，要靠调整来解决；有发展问题，要靠投入和改造来解决；有负担问题，要以企业为主、多方消化来解决；有管理问题，要靠改进和加强基础工作、提高管理和经营效率来解决。

深化改革、调整结构、投入改造、消化负担和加强管理几个方面不是孤立的，是相互联系的，但又是不能相互替代的。其中企业改革要解决生产关系问题，对搞好国有企业有特殊重要的作用，是解决其他问题的重要基础，但它也不能代替其他方面的努力。

搞好企业是一项极其复杂的工作，从来没有什么"一抓就灵"。那些所谓"一包就灵""一股就灵""一给钱就灵"的说法，事实已一再证明是脱离实际的和片面的，甚至是有害的。

从诸城企业的汇报情况来看，那些变化大、搞得好的，实际上还是靠采取企业改制、改组、改造和加强管理的综合措施取得的。

四达公司在转制后，加大了压力，增加了动力，狠抓管理，提高了效益。有了效益又为改造、投入创造了条件，开始走上了良性循环的道路。

天一毛纺厂在转制后，调整了班子，停止了过去盲目上项目、铺摊子的错误决策，才开始扭转了效益下滑的局面。

北汽摩诸城车辆厂采取企业改组、向大企业靠拢的方针，调整了产品结构，加强了技术改造，加强了企业管理，这才改变了多年的被动状况，走上了希望之路。

外贸集团公司在1990年严重亏损的状况下，坚决调整产品结构，停产、转产一批不赚钱的产品，改造壮大赚钱产品；改革贸易方式，独立外贸经营；加强了以成本为中心的财务管理。这三大措施使企业走上了兴旺发达之路。

诸城搞好国有企业的工作进一步证明党中央、国务院一再肯定的采取"三改一加强"综合治理的办法是搞好国有企业的基本途径。

三 深化国有企业改革，要采取多种形式，重点在于机制转换

国有企业改革的方向是建立现代企业制度。

对"产权清晰、权责明确、政企分开、管理科学"要全面理解、全面贯彻。过去一段时间，受改革进展阶段性限制，产权问题没有提到日程上来。党的十四届三中全会之后，又有人过分强调明晰产权的作用而忽略了其他，特别是放松了最现实的、企业具有更多自主权的管理工作，使一些企业在市场竞争中的处境进一步恶化。产权清晰固然十分重要，但所涉及的问题十分复杂，需要创造配套条件和相应法规加以解决，绝不是一时一日所能见效的。

现代企业制度是适应市场经济、依法规范的企业制度体系。建立现代企业制度有一个过程，各个企业要根据现阶段生产经营的处境和发展阶段选择适当的形式。对一些大企业来说，公司制是典型形式，依据《公司法》推进大企业建立现代企业制度是有益的探索，但这不是唯一的形式。党的十四届三中全会《决定》指出，一般小型国有企业，有的可以实行承包经营、租赁经营，有的可以改组为股份合作制，也可以出售给集体或个人。从全国的实践经验来看，对国有小企业来说，股份合作制是一种改革实践的创造，比较适合目前我国小企业的生产力发展水平，是小企业转制中的一种重要形式，但它也不是唯一的形式。

在诸城50户国有企业中，37户改制企业区别情况，选择了5种形式，即公司制企业2户、集团1户、合并1户、破产1户、股份合作制32户，还有13户企业没有改制。

在50户国有企业中实行股份合作制（或称带有合作性质的股份制）的企业占企业户数的64%，但只占改制时诸城国有企业总资产的19.6%，说明大型企业多采取其他形式，小型企业多采取股份合作制形式。

改制可以根据企业具体情况进行多种形式的选择。条件成熟的就早改制，条件不成熟的就看一看，晚一点改制。总之，改制的形式可以多种多样，改制的时间可以有先有后。

企业改制时重要的是在三个方面下功夫实现机制转换：（1）政企分开，建立自负盈亏机制；（2）进入市场，形成优胜劣汰机制；（3）有效监督，建立能筛选管理者、制止错误决策的机制。

诸城企业不论以哪种形式改制，凡是在改制过程中机制转换好的，改制效果就明显。我们最担心的是改制后政企还不能真正脱钩。企业日子好的时候，大家分红；日子过不下去，回过来又找政府。如果是这样，那改制工作就不能算成功。

四 放开放活国有小企业对县市经济具有重要意义

在社会主义市场经济条件下，小企业的地位和作用越来越突出，它是大型企业无法替代的。去年中央经济工作会议和十四届五中全会明确要求：搞好大企业，放活小企业。我理解，在社会主义市场经济体制下，从某种意义上说，大企业代表国家的经济、技术实力，但小企业创造了市场的活力。二者相辅相成，形成合理的企业结构。

在一些地方，中小企业构成了县市经济的主力。小企业更贴近市场，底子薄、风险大，因此机制活、追随市场能力强，它在活跃市场、增加就业岗位、为大企业提供配套和服务等方面都有其特殊的地位和作用，它还是县市社会稳定的重要基础，是县市财政收入的重要来源。因此，要积极理解中央关于放活小企业的意义。搞好国有小企业绝不是简单地为了甩包袱。

山东省总结各地情况，提出了对小企业"三放两不放"的原则："三放"是放开改制形式，放开经营内容，放开干部管理权限；"两不放"是不放松国有资产的监督管理，不放松对企业依法经营照章纳税的监管。

诸城在放开国有小企业方面做了大量工作，做了有益的探索，取得了较好的效果。诸城小企业改制之初，依据的是国家体改委颁布的有限责任公司规范意见，又参考了各地股份合作制的做法。从企业汇报的情况来看，这种全体职工入股实行劳动合作与资本合作的结合、具有合作性的股份制表现出了一定的生命力。

（1）政府直接干预减少，企业经营自主权进一步落实。政府不再是企业所有者的身份，减少了政府的直接审批程序。

（2）企业走向自负盈亏，强化了追求经济效益的欲望。

（3）调动了职工积极性，增强了管理的有效性。

（4）增进了求发展的动机。

（5）形成和加强了来自出资者的监督约束。

总的来看，这种企业制度使职工在企业中不仅是劳动者，而且是出资者。他们把多年的积累投入企业之中，从关心自身利益的角度，建立了职工与企业的新型关系，工作积极性提高了，参与意识增强了，监督的动机强化了。这是在制度创新的同时实现机制转换可喜的萌芽。

诸城市的试点说明这种具有合作性质的企业制度比较适合现阶段小企业的生产力发展水平，有利于促进生产力的发展。

诸城在改制过程中，由于市委、市政府工作抓得紧，各方面关系处理得较好，特别是与银行——主要债权人配合较好，工作比较平稳，这方面的工作成绩是应当充分肯定的。

五 进一步深化改革，不断完善

诸城在搞好国有小企业方面取得很大进步，但工作还没有终结，有一些还需完善，有一些还需要看一看它的发展，再来总结经验。

（1）诸城的股份合作制与规范的股份合作制还有一定的差别。股份合作制这一企业制度在劳动合作与资本合作结合的基础上，主要有三个特点：①在资产构成中有一块公共积累，也就是共同共有部分；②在股权结构上，对大股与小股的差额有所限制；③在股东权力上，实行一人一票制。这些特点是维护全体劳动者利益、防止大股或个人控制企业的需要，也是股份合作制属于公有制性质的重要特征。

（2）进一步培育、强化企业和职工的风险意识。什么是自负盈亏？绝对不能再是盈利时自己分红，亏了找政府；而应是盈利分红，亏损不分红；

破产时，包括职工在内各出资者投入企业的资本将一无所获，全军覆没。

如果改制后的企业和职工不承担风险，还等着吃国家的"大锅饭"，那么改制的一切都不能最终发挥作用。股份合作制企业新机制发挥作用的要点在于，职工把自家多年积蓄的财产押到了企业，企业兴旺，职工收入增加；企业垮台，职工损失惨重。这样才能有强烈的主人翁意识、竞争意识、参与意识和监督意识。这是新体制、新机制发挥作用的基础。

克服国有企业吃"大锅饭"的观念是十分困难的，这种风险意识需要不断教育和培育。

（3）不断完善股份合作制的治理结构。中国股民的权力如何发挥作用而不流于形式，真正形成对管理人员的筛选机制和对错误决策的阻止机制至关重要。如果这一机制不能形成，企业就容易被少数人操纵、控制，其风险是很大的。如何规范领导体制、组织制度和制衡机制，需要不断探索和完善。另外，对不好好干活的职工，股东能否制裁、除名，这仍是需要在实践中进一步探索的问题。

（4）企业发展主要立足于转变经济增长方式。目前诸城不少企业改制后管理的有效性提高，技术改造也跟上来了，发展很快，势头很好。越是在这种好的形势下，企业领导者越要保持冷静的头脑，注意防止急于求成，好大喜功。

要慎重投资决策。办企业有风险，风险在哪里？重要的是投资决策的风险。要改变那种"国家出钱，企业花钱"的状况。一定要"算了干"，绝不能"干了算"，真正建立投资风险意识。

（5）落实债务责任，处理好积累与分配的关系。企业转制时一定要落实债务责任，要手续完备，有法律效力。要规范土地使用权抵押的有效性。

现在还是创业阶段，还没有完成原始积累。可以考虑在企业资产负债率降到正常水平（50%~60%）之前，勒紧腰带不分红利或少分红利。国家和财政对国有企业也都是这么做的。

（6）加强对经营者的培训。在政企分开之后，领导一个处于市场竞争中的企业，经营者的决策能力、管理水平决定着企业的兴衰。加强对经营者的培训至关重要。当前，要特别注意对他们进行企业财务会计知识培训。企业的风险、潜力、效益、危机都体现在新财会制度的三张表中，不懂财会知识，不能当好经营者。

（7）向职工转让国家所有者权益收入的使用问题。转让收入由市国资局上收，再以财政贷款方式借给企业的办法不符合国家政策。这些小企业负债率很高，技术改造欠账，流动资金短缺，改制中职工的投入以转让收入形式全部收走，改制中企业并未取得资金增量。这对企业走上良性循环很不利。较好的办法是留在企业：国有资产仍留在企业，职工的投入作为扩股。即使是转让收入转作借款进入企业，也应当通过金融机构借贷。

（8）社会保障体系要进一步完善。小企业风险大，改制后，政府不再包揽职工的一切，因此尽快完善社会保障体系至关重要。

学邯钢，要学实质、动真格*

（1996年4月19日）

　　国有企业普遍面临走向市场的考验。赢得这场考验的重要条件是建立适应市场竞争的企业管理制度。在多数企业为此而困惑时，邯钢经验脱颖而出。邯钢走出了一条依靠自己的力量走向市场、扭亏增盈之路。邯钢经验以其科学适用而引起全国关注。国家经贸委和冶金部总结了邯钢经验并上报国务院。1996年元月国务院批转了这一经验。全国各地、各企业以极高的热情学习邯钢经验，"学邯钢、抓管理、练内功、增效益"如燎原之势。老工业基地辽宁动员全省企业学习邯钢。1996年4月19日，辽宁省召开全省学习动员电视电话大会，省长闻世震、邯钢总经理刘汉章亲自动员介绍经验。

　　今年1月3日，国务院以国发〔1996〕3号文件批转国家经贸委、冶金部《关于邯郸钢铁总厂管理经验的调查报告》，号召全国企业学习、推广邯钢经验。以国务院名义号召学习一个企业的管理经验，这是70年代末号召"工业学大庆"之后的第一次，意义十分重大。

　　目前，国有企业经济效益不高，严重制约着国有经济的健康发展。国有企业机制和管理落后是经济效益不高的重要原因。

　　邯钢是从濒临亏损的状况起步的。在工厂已连续亏损5个月后，他们找冶金部，冶金部鞭长莫及；找省政府，省政府爱莫能助；找邯郸市，邯郸市势单力薄。无奈之中他们看清在向市场经济体制转轨过程中，依靠旧体制、旧办法解决自己的困难已经不可能。面对被市场淘汰的严峻形势，邯钢人给自己提出了五个十分严肃的问题：敢不敢"推墙入海"，让企业

---

* 本文是作者在辽宁省召开的全省学习邯钢动员电视电话大会上的讲话。

在市场中求生存、求发展？敢不敢在"否决"上动真格，不照顾、不迁就，坚决停产那些质次价高的赔钱产品？敢不敢下决心剥离和清除依附在自己身上的寄生公司？敢不敢从严治厂，堵住各种弄虚作假的漏洞和资产流失的"阴沟"？敢不敢拉开分配的差距，使那些工作突出、贡献大的职工先富起来？邯钢人一一做了勇敢的回答。他们以破釜沉舟、背水一战、推墙入海的临战状态走向市场。以市场可以接受的价格倒推成本，逼出来了一个"不赚钱的产品决不能生产"，由此在企业内实行模拟市场核算，在否决上动真格。在成本降低、销路拓展之后，邯钢实现了原始积累。用这有限的积累，以"算了干"而不是"干了算"的正确决策进行有效的技术改造。通过短平快的技改，既调整了产品，又降低了成本，实现了再积累；再以自有资金推进技术进步，开发新的产品。经过这样的循环，邯钢从扭亏起步，转换机制，顺利地进入市场，走上了兴旺之路。

对不少企业来说，走向市场、投身竞争、优胜劣汰已讲了多年，但由于身处供不应求的环境之中，往往缺乏真实感。近年来，随着大多数行业、企业和产品由长期的卖方市场转向买方市场，结构和机制的矛盾暴露无遗，一些企业似乎一夜之间失去了市场，政府对此也无计可施。此时，国有企业转换机制，走向市场才成了历史的必然。邯钢的经历恰恰反映了经济转轨时期国有企业放弃对政府的"等、靠、要"，下决心丢掉幻想，义无反顾地走向市场的过程。可以说邯钢经验的实质就是国有企业自主自立走向市场。在新旧体制转轨时期，国有企业离开政府保护走向市场是一个痛苦的过程，目前大部分企业正在经历这一过程。

邯钢经验用其鲜明的时代特征，回答了现阶段搞好国有企业的许多问题。邯钢给我们提供的是经济转轨时期国有企业的管理经验，它是面对内外环境的巨大变化，迎接市场挑战，把握自己命运，依靠职工群众，转机制、抓管理的典型；是把市场信息及时有效地传递到企业内部，降低成本，调整结构，推进技术进步，转变经济增长方式的典型；是将企业的改制、改组、改造与加强管理结合，综合治理的典型。

邯钢是1958年"大炼钢铁"时建立的，直到前几年也没有高精尖设备，没有特殊紧俏的产品，同样有人多、债务重、自办"小社会"的问题，国家对邯钢也没有什么特殊的优惠政策。邯钢与大多数国有企业包括那些困难的国有企业并没有两样,因此邯钢做到的,各个企业也应该可以做到。学习推广邯钢经验对优势企业实现经济增长方式转变具有重要意义,对亏损企业扭亏增盈是最切实可行的途径。在目前情况下,各个国有企业只要按照国务院要求,认真学邯钢,在见实效上下功夫,我相信就是在现有的条件和环境下,企业的市场竞争能力和经济效益都会有较大幅度的提高。

学邯钢、抓管理、增效益要把握邯钢经验的实质和精髓,关键一条是要建立适应市场经济的企业管理机制,使管理适应企业走向市场的现实。

学邯钢,就要像邯钢那样,将市场信号传递到企业内部,建立面向市场的经营机制。邯钢摆脱对政府的依赖之后,把企业一切活动的出发点和落脚点都放到市场,牢牢抓住加快资金周转、降低成本这个提高经济效益的"牛鼻子",从市场需求出发调整和开发产品,不赚钱的产品绝不生产;以市场有竞争力的价格倒推成本,并将成本指标科学地分解到车间、班组和职工,实行全员全过程目标成本管理。这既是一种以成本-效益观念为基础、承认市场否决权的管理思想和管理方法,也是一种调动全体职工挖潜增效积极性、落实经济责任制度的新机制。

学邯钢,就要像邯钢那样科学严明,敢抓敢管,持之以恒地提高管理的有效性。当前相当一部分企业物耗高、用人多、资金周转缓慢、效益下降,关键是以财务为中心的基础管理薄弱,责任不清、考核不严、措施不到位。邯钢人敢于从严治厂,敢在"否决"上动真格,敢于改革分配、劳动、人事制度。邯钢管理成功的一点在于管理的有效性,即在一套科学的管理制度定下来之后,敢抓敢管,严抓严管,反复抓,抓反复,管理真正到了位。

学邯钢,就要像邯钢那样,以市场为导向,以效益为中心,不断推进技术进步,滚动改造。投资决策是企业最重要的决策,投资风险往往是企业经营中最大的风险。不少企业或投资决策失误,或技改过程管理失控,得出了"不改造等死,改造了找死"的结论。邯钢人正确处理改制、改组、改造与加强管理的关系,不断健全以市场为导向、以产品为对象、以效益为中心、全过程财务监控的投资管理。他们根据本企业实际情况,坚持"产品优质、工艺先进、装备实用"的原则,不贪大求洋,量力而行,边积累、边投入、边见效,实现了滚动发展。邯钢8年进行了22项大中型技术改造，每项技改比别的企业少投入30%～50%的资金，达到相同的效果。而且自有资金占50%左右，这就形成了滚动发展、步步提高的良性循环。在去年消化增支减利2亿元因素中，技术进步贡献率达2/3，管理占1/3。

学邯钢，就要像邯钢那样加强领导班子建设，全心全意依靠职工群众。邯钢有一个开拓进取的领导班子，党政领导班子形成合力，互相尊重，密切配合，坚持两个文明一起抓，全心全意依靠职工群众，通过目标成本管理将职工个人利益与企业经济效益联系起来，充分调动和发挥了职工参与管理、当家理财的积极性、主动性和创造性。这是邯钢实现扭亏和迅速发展的基础。

从各地学邯钢的情况来看，只要真学，就会真有效果。因此，学邯钢，就要真学，不能假学，要实实在在地学，而不是做表面文章走形式地学。真学、实实在在地学就要动真格的。

目前，正是辽宁省实现两个根本转变和辽宁老工业基地改造调整的关键时期，省政府以这样大的决心推动全省企业学习邯钢经验，必将对提高全省经济效益、促进企业"三改一加强"发挥重要作用，也将为辽宁老工业基地的振兴奠定基础。

采取综合治理措施，做好企业解困工作*

（1996年5月28日）

由于持续过度投资，到20世纪90年代中期，诸多产业产能过剩。市场约束增强后，国有企业亏损面明显上升，一些企业停工、半停工，部分职工不能按时领到工资——国有企业进入了痛苦的结构调整阶段。此时对那些丧失市场的企业，政府能提供的帮助不多。国务院领导曾指示，政府宁愿出钱帮助下岗的职工，绝不去挽救扭亏无望的企业，因为那是"无底洞"。经国务院领导同意，1996年5月28日，劳动部、国家经贸委等部门在吉林市召开了"全国困难企业职工生活保障工作经验交流会"。

帮助困难企业解困，保障困难企业职工的基本生活，调动他们开展生产自救的积极性对于处理好改革、发展、稳定三者关系有着重要的现实意义。

一 在经济体制转轨时期，一些企业遇到困难是难以避免的现象

随着社会主义市场经济体制框架的逐步建立，市场机制作用增强，国有企业逐步走向市场，有不少国有企业开始成为自主经营、自负盈亏、自我发展、自我约束的法人实体和市场竞争主体，并且出现了一批有活力、有实力、在国内外市场上颇具竞争力的国有大中型企业。但是也要承认，有相当数量的国有企业机制不活、结构不合理、负担过重、效益不高、处

---

* 本文是作者在"全国困难企业职工生活保障工作经验交流会"上的讲话节录。

于困难境地，而且状况好的企业与状况差的企业之间的差距在明显拉大。去年国有及国有控股企业工业增加值增长速度达9.5%，是近年来最高的。但亏损企业户数仍占34.8%，预算内企业亏损额增长了20%以上。据劳动部不完全统计，截至1995年底，全国国有、集体企业中停产、半停产、濒临破产的企业为4.1万户，涉及职工687万人。其中，一些企业靠银行贷款发工资、交税费、付利息；一些企业不能按期足额发放工资，生产经营难以为继，情况严峻。

困难企业的分布，从行业来看，较集中的是煤炭、军工、森工和纺织；从企业规模来看，大多是中小企业；从地区来看，东北、西北相对较多。

这些企业遇到的问题不是近一两年形成的，是旧体制一系列深层次矛盾在经济体制转轨时期的集中反映。在近年来宏观经济管理体制改革加快，为抑制通货膨胀采取财政、金融适度从紧政策后，这些矛盾进一步加剧。

困难企业的成因很复杂，概括起来有以下几点。

（一）体制和政策因素

体制和政策因素包括：长期以来政企不分，企业只能生不能死，多年的矛盾和困难都积累了下来；缺乏社会保障体系，人员不能流动，企业不能按生产经营需要配置劳动力资源；实行"拨改贷"之后国家对国有企业不再有资本金注入，使企业资产负债率大幅度上升；全国改革开放分步实施，使企业所处环境不尽一致；价格改革有先有后，使一些行业和企业长期在微利或亏损状况下运行。

（二）结构性矛盾突出

在计划经济体制下形成的产业结构、企业组织结构和产品结构不适应市场经济体制。例如，各地产业结构趋同，低水平产品过剩，形成恶性竞争；企业"大而全、小而全"，生产专业化协作程度不高，适应市场能力差；一些企业产品单一，依靠计划安排生产，缺乏抵御风险能力；一些矿业基地资源枯竭，接替产业却毫无着落。

（三）经营机制转换滞后

一些企业的经营者经营观念陈旧，依赖政府的观念尚存，"等、靠、要"思想还未清除，缺乏走向市场的勇气和办法，使昔日的优势难再发挥；一些企业仍盲目搞产值、争速度，亏本的产品还在干，积压的产品还在生产；有的企业盲目铺摊子，乱上项目，投资有去无回，背上了沉重的债务包袱；不少企业管理滑坡、经营不善、纪律松弛、产品质量低劣；个别企业领导者各有自己的打算，脱离职工群众，慷国家之慨，谋个人之利，造成国有资产流失。

（四）历史和社会负担沉重

国有企业中有大量富余人员，致使管理松弛，劳动生产率低；企业承担大量的"办社会"职能，扰乱了企业的经营目标，弱化了企业求效益的意识；背着过度的债务负担，加之资产质量较低，流动资金几乎全靠贷款，在支付高额利息之后，难以再有利润。

企业面对多年形成的问题，加之当前市场约束作用进一步强化，原料、燃料、动力和运输价格提高，贷款利息支出增加等一系列新情况的出现，使困难国有企业面临的形势更加严峻。

我们一定要把握形势，做好工作，切不可掉以轻心。造成企业困难的原因涉及体制问题、结构问题、机制问题、投入和管理问题、负担问题等，这些都是经济体制转轨时期必须解决的重大问题，不可能一蹴而就。因此，在今后一段时间有一批困难企业、困难行业存在是不可避免的。我们要认清这一形势，对转化和消化困难企业、保证职工基本生活和社会稳定等方面的工作要有长期的准备。

二 对企业解困的探索和尝试

各地因地制宜，根据不同情况采取多种措施，积极探索和尝试，帮助困难企业解困，主要包括以下几个方面。

（一）深化企业改革，加大结构调整力度

一些地方把兼并破产作为解决结构性矛盾与企业摆脱困境的重要手段。唐山市对困难企业逐个进行分析，对帮一把可以扭亏的，给予政策扶持；对那些长期亏损、资不抵债、扭亏无望的企业则坚决稳妥地实施破产。近两年来，唐山市累计破产11家企业，降低国有企业亏损额4000万元，减少债务4亿元。上海纺织局根据城市发展战略，以名牌产品为龙头实施兼并，支持优势企业扩张，使传统纺织行业的存量结构调整和资产优化重组收到实效。目前，全局淘汰了1/3的劣势企业，压缩了60万纱锭，精简了15万名职工。出现了像三枪集团、上海第二毛纺织厂等一批靠低成本扩张迅速发展的优势企业，同时也消化了一批困难企业。一些地区还对小企业实行改组、联合、兼并、承包、出售、嫁接、股份合作等多种措施，以图改变目前的困难状况。山东诸城车辆厂由"北汽摩"兼并，调整了产品结构，加强了技术改造和企业管理，改变了多年的被动状况。

（二）指导企业立足自身，积极开展生产自救，开拓市场，恢复生产

在困难企业中，有一批整体素质较好，产品有市场，只是在资金、原材料供应等某个环节上遇到了困难；或由于产品单一，不适应市场需要而停产或半停产。天津市经委在解困中紧紧抓住开拓市场、启动生产这个根本出路，帮助企业恢复有市场的产品生产，开发新产品，使一批企业摆脱了困境。天津文教用品厂曾是全停企业，它克服重重困难，自筹资金恢复有市场的老产品。有了好转后，企业领导认识到，要彻底摆脱困境，还要改变单一经营、单一产品的局面，于是积极开发新产品。目前这个企业已走出困境。

（三）加强管理，眼睛向内，从内部管理上挖掘潜力

经营管理不善是造成部分国有企业效益下降的一个重要原因。管理落后的另一面，就是企业经营管理的潜力很大，只要狠抓经营管理，企业的状况就会有巨大的改变。1990年邯钢与其他钢铁企业一样，面临内部成本上升、外部市场疲软的双重压力，经济效益大面积滑坡，连续5个月亏损，

总厂已到了经营难以为继的地步；然而每个分厂的报表中所有产品都显示实现了盈利，个人奖金照发。造成这一反差的主要原因是企业内部机制没有转变，管理不严，职责不清，干好干坏一个样。为此，邯钢1991年推行以"模拟市场核算，实行成本否决"为核心的企业内部管理体制，加强了企业经营管理，效益大幅度提高。短短5年间，邯钢从一个亏损企业走上了低投入、高产出的良性循环道路。今年1月，国务院批转国家经贸委、冶金部的调查报告，向全国推广了邯钢经验。

（四）在改革中制定保障困难企业职工生活的措施，积极配合劳动部门和工会做好解困工作

1994年国家经贸委与中国人民银行共同下发了《关于发放国有企业流动资金贷款的紧急通知》（银传〔1994〕34号），通知提出由银行、财政、企业主管部门"三家抬"，共同保障亏损企业职工的基本生活；1994年国务院下发了《关于在若干城市试行国有企业破产有关问题的通知》，规定企业破产财产，包括破产企业土地转让所得首先用于破产企业职工的安置。这些政策规定都起到了在企业改革中保障职工的基本生活和将改革给职工生活带来的影响减小到最低程度的作用。

三 企业解困的出路和措施

解决困难企业面临的深层次问题，不能再沿用过去只靠补助救济的老办法。吴邦国同志提出：困难企业职工的生活保障和分流安置不能仅仅着眼于补助救济，而应着眼于发展生产力、解放生产力，这是解决困难企业问题的基本战略。因此，企业解困的基本思路应是：坚持改革的方向，从搞活企业、发展经济和转变政府职能几个方面积极做好工作。

（一）立足自身学邯钢、转换机制抓管理

这是改善国有企业现状的重要措施，也是困难企业摆脱困境的一条现实途径。观念陈旧、机制不活、管理不善是部分国有企业陷入困境的重要原因。许多企业还没有意识到，随着改革的深入，政府已经不可能再把市场竞争中失败的企业包下来。如果说在改革的最初阶段，靠国家的减税让利，企业获得了发展，那么现在已到了企业依靠自己的力量在竞争中求生存、求发展的阶段了。邯钢是从濒临亏损的状况下起步的，当它看清在向市场经济体制转轨过程中，再依靠旧体制、旧办法解决困难已经不可能之后，下决心转变观念，丢掉幻想，眼睛向内，调动职工积极性，义无反顾地投身于市场，承担起自负盈亏的责任。邯钢创新管理，加强技术改造，进而实现了"三改一加强"的良性循环。

（二）着眼于搞好整个国有经济，加快结构调整的步伐，积极推动困难企业兼并破产

通过采取兼并破产等措施，实现存量资产重组，资源重新配置，对国有企业实施战略性结构调整，这是从整体上搞好国有企业的一个基本途径，也是解决很多困难企业问题的一个有效方法。

据估算，目前约有15%左右的企业由于经济结构不合理等原因长期亏损、资不抵债、扭亏无望。对这些困难企业，采用资金注入等"面多了加水，水多了加面"的办法无济于事。一些特困企业已陷入"吃了资产吃土地、吃了财政吃贷款"的状况。这样的企业多维持一天，职工多痛苦一天，国有资产就多流失一天，必须痛下决心进行调整。要抓住当前的有利时机，大力推进和规范运作兼并破产，使优势企业得到低成本扩张，困难企业找到现实的归宿；使国有资产存量在流动中实现优化配置；使职工能根据有关政策得到妥善安置，找到重新发挥自己才能的地方。在这方面，"优化资本结构"试点城市经过两年的实践探索，已经在"增资、改造、分流、破产"等方面摸索出一套比较成功的经验，它们的做法和政策措施可供各地借鉴。

（三）放开放活小企业，增加就业岗位，为人员分流创造条件

困难企业中，国有小企业量大面广，涉及人员多，放活小企业是保证就业岗位、维护社会稳定的重要措施。要总结各地经验，加快放开、放活小企业的步伐,按照"三个有利于"的标准鼓励多种形式的改革试点,勇于探索、大胆实践。

放活小企业要按照党的十四届五中全会的要求,加快中小企业的改革改组步伐。一方面,要减少对中小企业过多的干预、摊派,积极扶持它们根据市场的需求,更加灵活地选择自己的组织形式、经营方式、领导体制及进入的市场领域,让市场机制在中小企业身上发挥更大的作用。另一方面,要让中小企业真正实现自负盈亏。国家要创造必要的法律条件和市场环境,规范中小企业的行为,保护它们的发展。各地政府和有关部门可以在各自的权限范围内制定放开、放活国有小企业的政策措施,对行之有效的做法和经验要及时总结交流,推动实践。

对于一些大中型企业,解困的一个办法是根据具体情况分别实行分立、划小核算单位或以现有母企业为"孵化器",创办各种类型的小企业。有的可以把生产辅助和后勤服务单位从母体中分离出来。把这些小企业机制新的优势同母体提供的资金、场地、技术、人才优势结合起来,既可使这些小企业得到发展,实行分块搞活,也可使母体更加精干。这也是大企业分离"办社会"职能、分流富余人员、减人增效的重要途径。

(四)转变职工的就业观念,提高就业技能,多渠道分流富余人员

转变职工就业观念是顺利分流富余人员的前提条件。多渠道分流富余人员、减人增效是企业解困的重要措施。市场经济存在风险、强调竞争,企业要在竞争中生存发展,必须根据《劳动法》和本企业的生产需要决定企业的用工,企业不应也无力再对职工的就业承担无限责任。政府、企业和社会舆论部门要积极引导职工树立市场经济的就业观念,要坚决摒弃只有到国有企业工作才是真正就业的思想;要制定政策鼓励职工到乡镇、三资、私营企业去工作,要创造条件鼓励职工自谋职业;转变"进了工厂门就是国家人"的观念,正确对待企业劳动关系的新变化,正确理解企业正常行使用工自主权和依法解除、终止劳动合同的行为;克服对政府的过分依赖思想;改变过高的择业期望,积极接受再就业指导;努力学习掌握新技能,提高自身素质。

（五）选配好经营者，加强企业领导班子建设，加大对国有企业经营者和国有资产的监管力度

从某种意义上讲，对困难企业而言，比资金和产品订单更难得的是优秀的经营者和强有力的领导班子。企业经营者的工作是开拓性的工作，需要有高度的创新精神、科学的管理手段和强烈的事业心、责任感。困难企业的经营者尤其要振奋精神、清正廉洁、团结职工、勇于进取，这是企业走出困境的必要条件。我们确实拥有这样的一批经营者，他们凭着坚强的党性和高度的责任感，服从组织需要，承受着来自市场、企业、职工、家庭、社会的巨大压力，拿着与其付出极不相称的工资（甚至自觉长时间降低收入），带领职工为企业摆脱困境拼搏，他们的贡献不亚于盈利企业的经营者。对这类经营者，我们应制定政策，在政治上、经济上给予相应的待遇和补偿，关心他们的生活，切实采取措施解除其后顾之忧；同时也鼓励、吸引优秀的经营管理人才到困难企业发挥作用。对那些观念陈旧、墨守成规，遇到困难和矛盾就等政策、要条件，无法带领企业走出困境的经营者和领导班子，要坚决予以调整。

对于少数官僚主义严重、滥用职权搞腐败，严重损害企业和职工利益的经营者，要予以严肃处理，对违法者要依法惩处。

（六）采取必要措施，缓解特困行业的困难

这几年国家对煤炭行业采取放开价格、补贴包干、降低税率、发放转产贴息贷款、减人增效等措施并取得了一定的效果。对当前存在困难的纺织、机械、军工、森工等行业，应根据各自的具体情况分别采取鼓励出口、调整结构、压缩生产能力、清理拖欠、减少流通环节费用及启动需求等方面措施，缓解这些行业的困难。

政府部门在企业解困工作中负有直接责任。当前要转变职能，采取具体措施，解决困难企业职工的生活保障问题。

第一，加快建立健全社会保障体系，发挥社会保障功能。一是结合企业的组织结构调整和产品结构调整，允许困难企业通过经济裁员的方式将部分富余人员分流到社会，享受失业保险，减轻企业的人员负担；二是对参加社会养老保险的离退休职工的离退休费用实行"全额拨付",切实保证离退休费的发放。

第二,加速建立劳动力市场,积极开展再就业工程。在目前劳动力市场尚不发达、就业渠道狭窄、各项配套改革不到位的情况下,有相当一部分职工下岗后再就业难。政府应采取积极有效的措施,帮助他们尽快就业,减轻企业的压力。对企业内部下岗的厂内待业人员,要在就业指导、专业培训方面提供无偿服务,提高他们的再就业技能。同时要积极开办职业介绍服务机构,调剂余缺、推荐就业,引导企业富余人员进入劳动力市场。

第三,各部门要协调配合,认真负责,切实保障困难企业职工的基本生活。各地要在政府的领导下,认真做好困难企业职工生活保障工作,认真贯彻落实各项措施。企业主管部门要督促企业按时足额支付职工工资,对确实无力支付工资的,要与有关部门配合,积极想办法主动帮助企业筹措资金,发放生活费,保障职工的基本生活。

第四,各地政府要抓紧研究制定有关的解困政策。针对当前困难企业增多、职工生活困难的情况,各地应从讲政治、维护社会稳定的高度充分认识解决困难企业职工生活保障问题的重要性,各级财政宁可压缩其他开支,少搞一点建设,也要挤出钱来解决困难企业职工的生活问题。财政支付有困难的,应按财政贴息一部分、银行贷款一部分和企业自筹一部分的办法,共同保证职工的基本生活和社会的稳定;同时根据困难企业的实际情况,可以考虑将征上来的个人所得税作为解困基金用于企业职工的最低生活费和分流、再就业资金。在部分地区,可考虑对由历史债务导致亏损但产品有销路、有当期效益的企业研究采取老账停息挂账的办法,给更多有希望的企业以发展机会。

就中小企业问题答中央电视台记者问

(1996年5月29日)

在社会主义市场经济条件下,小企业的地位和作用越来越突出,并且小企业的作用是大企业无法替代的。确立社会主义市场经济体制改革的目标之后,国有企业改革的重点就是制度创新和结构调整。结构调整的一个重要思路就是"抓好大的,放活小的"。在重要政策文件中,中央阐明了放活小企业的政策:通过改组、联合、兼并、租赁、承包经营和股份合作制、出售等形式放开搞活小企业。放活小企业的工作主要由地方来操作。

1996年5月29日,陈清泰副主任接受中央电视台《生机——中小企业改革纪事》电视专题片记者采访,谈了中小企业问题。要点如下。

记者:我注意到最近一个时期,在正式场合一般不再提"抓大放小",而改为提"搞好大的,放活小的",为什么有这个变化?放开放活中小企业的意义有哪些?

陈清泰:"抓大放小"的提法,容易对具体含义产生混淆。"抓大",是否还是用原来的行政性办法来抓?那会越抓越死;"放小",是不是一放了之?那会越搞越乱。所以正规的提法是"搞好大企业,放活小企业"。

放活小企业有非常重要的意义。在计划经济体制下,一切经济活动靠计划统一安排,对小企业的地位和作用并不重视;但在社会主义市场经济体制下,小企业的地位和作用越来越突出,小企业的作用是大企业无法替代的。从某种意义上说,在社会主义市场经济体制中,大企业代表国家的经济、技术实力,但创造市场活力的是中小企业。近年我国工业增速每年在20%左右,其中国有大企业增长5%、8%、9%的样子,而中小企业的增速为30％左右，就是说在经济增长中，中小企业有更多的贡献，是我国经济增长更加活跃的生长点。中小企业更贴近市场，本钱小、底子薄，但机制灵活、富于创新。它们活在为大型企业提供协作、配套和服务的领域，在分散、烦琐、微利的领域，在市场变化快、风险大和需要不断创新的领域，所以小企业是活跃市场的基本力量。实践表明，哪些地区的中小企业发展较快，那里的市场也相对活跃，大企业改革与发展的天地也相对较为宽松；哪些地区的中小企业发展滞后，那里的市场也相对呆板，大企业改革与发展的环境也就偏紧。从某种意义上说，发展中小企业是搞好大企业的重要依托。小企业也是创造就业机会的主要阵地，大企业管理水平越高，需要分流的人员就越多，这些人员大多要通过发展中小企业来吸收。中小企业是区县经济的主力，是区县财政收入的重要来源，是区县社会稳定的重要基础，同时它也是反哺农业、发展农村经济的生力军。总之，我国经济发展到现阶段，放开放活中小企业具有十分重要的意义，这一点许多地方已在实践中有了深刻认识。

记者：当前我国中小企业改革和发展的状况如何？应该注意的问题是什么？

陈清泰：近一个时期，我国中小企业的改革已经取得了很大进展，各部门、各地方都做了大量的工作。可喜的是，一些区、县、市已经开始收到好的效果，企业情况好转，财政收入增加，职工生活水平提高，地方经济有了很大的变化。

当前应注意的问题如下。

第一，在企业改制过程中，政府部门要注意如何真正做到政企分开。对改制后的企业，从政府的角度可以指导、引导、咨询，但一定不要再直接干预企业的生产经营，不要压指标、定项目，真正让企业自主经营。改制后的企业要真正做到自负盈亏，要改变赚了钱自己花，亏了本又找政府的做法。如果是这样，改制工作就不能算成功。

第二，深化中小企业改革，要采取多种形式，承包、租赁，改组为股份制、股份合作制都可以，有些可以卖给集体和个人。要根据企业具体情况进行选择，灵活掌握。改革工作切忌不顾具体情况的"一窝蜂"，把事情搞"夹生"了，那要付出更多的代价。改革的重点是要真正实现企业机制的转换，走过场、"翻牌子"决不是目的。那些强行向企业推行某种改制形式的做法是错误的。

第三，搞好企业要靠"三改一加强"。深化改革，调整结构，投入改造，消化负担和加强管理几个方面不是孤立的，是相互联系的，但又是不能相互替代的。搞好企业是一项复杂的工作，从来没有什么"一抓就灵"。事实一再证明，那些所谓"一包就灵""一股就灵""一给钱就灵"的看法是脱离实际的，提法是片面的，做法是有害的。

第四，要配好企业的领导班子。承包制企业要选好承包人；租赁的企业要审查承租人的资信情况；股份合作制企业要通过合法的程序，由职工选出自己信得过的厂长。要加强对经营者的培训。在政企分开之后，领导一个处于市场竞争中的企业，经营者的决策能力、管理水平决定着企业的兴衰。加强对经营者的培训、加强所有者和职工对他们的监督至关重要。

第五，注意落实原企业的债务责任。在企业改制过程中，债务不能"一风吹"，不要造成国有、集体资产的流失。国有资产不能无偿量化到个人，要做到亲兄弟明算账，谁出资谁承担风险。

第六，注意企业的积累。目前有些改制企业，见了一些成效就急于分红，有的分红比例还相当大。现在还是创业阶段，负债率还很高，风险很大，还没有完成原始积累，企业还需要开发新产品、加强技术改造。可以考虑在企业资产负债率降到正常水平（50%～60%）之前不分红或少分红。

记者：您认为诸城的中小企业改革效果如何？成功的经验是什么？还有哪些需要完善？

陈清泰：在小平同志南方谈话和党的十四大以后，诸城市委、市政府主要领导同志集中力量，以改革的精神，解放思想，大胆探索搞好国有企业的途径。经过三年，诸城市企业特别是国有企业的状况明显好转。1992年诸城市有大型企业1户，中型企业7户，利税过千万元的企业1户；到1995年发展到大型企业7户，中型企业25户，利税过千万元的企业12户。企业活力增强，经济效益明显提高，财政收入增加，职工生活改善。按小平同志"三个有利于"的标准看，诸城搞好国有企业的工作是有显著成效的。如果全国各地的中小企业都这样有活力，企业的面貌就会有根本的改变。

诸城企业在改制过程中因企制宜，采用了多种形式。改制后，做到了政企分开，企业建立起自负盈亏机制，企业、职工共同承担风险；注重了"三改一加强"；注意配好企业的班子；结构调整和技改力度加大。这些都是成功的经验，值得大家学习和借鉴。

当然，诸城的改革还有需要完善的地方，主要有以下几点。

（1）改制后的企业要注意增加积累，在企业资产负债率降到正常水平以前应不分红利或少分红利。

（2）诸城的股份合作制与规范的股份合作制还有一定的差别，可以向进一步规范的方向努力，不断完善股份合作制的治理结构，真正发挥职工－股东的权利和作用而不流于形式，以真正形成对管理人员的筛选机制和对错误决策的阻止机制。

（3）解决好向职工转让国家所有者权益收入的管理、使用问题。转让收入由市国资局上收，再以财政贷款方式借给企业的办法不符合国家政策。小企业负债很高，技术改造欠账多，流动资金很缺，改制中职工的投入以转让收入形式全部被收走，改制中的企业并未取得资金增量，这对企业的良性循环很不利。较好的办法是，国有资产仍留在企业，职工的投入作为扩股。即使是转让收入转作借款进入企业，也应当通过金融机构借贷来进行。

诸城是全国中小企业改制搞得比较好的县市之一，其他县市也有许多好的经验，我们不主张刮风，不要认定一种"模式"，大家都去套它的做法。各地一定要根据自己的情况采取适合本地的做法。

最后想再强调一下对小企业的"三放两不放"原则。三放，一是放开改制形式，二是放开经营内容，三是放开干部管理权限。两不放，一是不放松国有资产的监督管理，二是不放松对企业依法经营照章纳税的监管。

打好企业兼并破产这场硬仗[*]

(1996年7月30日)

1996年7月30～31日,全国优化资本结构试点城市兼并破产专题研讨会在太原召开。旨在总结三年试点经验,理解破产兼并的初衷,掌握好政策。陈清泰、陈耀先、谢渡杨、蒋黔贵等国家经贸委、中国人民银行、最高人民法院、中国工商银行有关领导同志,58个"优化资本结构"试点城市(含国务院批示的8个比照试点城市)分管试点工作的负责同志,各省、自治区、直辖市经贸委分管负责同志等出席会议。

研讨会上,国家经贸委和中国人民银行有关负责同志就《关于试行国有企业兼并破产中若干问题的通知》(国经贸企〔1996〕492号)进行了政策解读。天津、沈阳、大连、长春等13个试点城市就一年以来的兼并破产试点工作做了典型发言。上海三枪、深圳康佳、山西太钢等优势企业介绍了兼并亏损企业、盘活存量资产、推动企业进入经济发展快车道的实践和体会。

建立市场经济不能没有破产机制。国有企业破产是个特殊问题。1994年在重庆研讨的是国有企业能不能破;1995年在哈尔滨研讨的是敢不敢破;这次在太原研讨的是怎么破。一年一个脚印,在进步。企业破产涉及诸多利益相关者,政策性极强。在大家开始"敢破"的时候必须从认识、意识、法规、程序、操作上严格掌握政策,依法办事。

我们的目标是搞好国有经济,使其在国民经济发展中更好地发挥其他所有制经济不能替代的作用。近年来,我们花了很大精力推动企业的兼并

---

* 本文是作者在1996年7月于太原召开的"试点城市兼并破产专题研讨会"上的讲话节录。

和破产。经过三年的探索和实践，在认识和实务操作上都有了新的感受。总结新认识，肯定正确有效的做法，将有助于各试点城市打好企业兼并、破产这场硬仗。

一 加速结构调整是搞活国有企业的重大措施

国有经济的优势是资产存量很大。到目前为止，工业资产中国有经营性资产约占60%。但劣势是结构不合理，很难以高效率参与市场竞争。一二三次产业不协调，基础产业、加工工业不平衡，基础设施跟不上，投资结构趋同。产品是四多四少：大路产品多，名优产品少；初级产品多，深加工产品少；低档产品多，高附加值产品少；平销产品多，畅销产品少。条块分割，各成体系，专业化生产不发达，社会化程度低，"大而全、小而全"的生产组织形式遍布，造成企业组织结构不合理。中国人均收入水平均衡，导致消费水平均衡。长期以来一次次出现对某些产品的消费浪潮。20世纪50年代是"老三件"，即手表、自行车和缝纫机。改革开放后是"新三件"，即电视机、电冰箱和洗衣机。现在又是空调机等。当一个消费浪潮到来时，有多大的生产能力也满足不了需求，这就推动和刺激了排浪式的投资。50年代几乎每个城市都有自己的自行车厂、手表厂和缝纫机厂。当这轮投资还没完全形成生产能力时，消费高潮已经过去，从而造成一批企业从开始投资到最后垮掉从来就没有满负荷生产过，如此等等。在这种不合理的结构下，要每个企业都搞活既无必要也无可能。这样的企业组织结构、产品结构严重地阻碍着国有经济的活力。如果结构不调整，相当一部分行业、企业就没有出路。消费结构的升级，也要求产业结构升级。如纺织就是同档次产品已经过剩，形成恶性竞争，而大量服装面料还依赖进口。如机床，过去国内供给率占70%，现已降到了36%左右。即一方面国内企业产品满足不了需要，没订单，开工不足；另一方面又需要大量进口。最近许多企业很困难，原因是产品结构不适应需要，没有促成新的消费热点。当前结构性矛盾已成为制约企业生存的现实问题，成为搞活国有企业的重要障碍，加速结构调整已势在必行。

解决结构性矛盾的办法有两种，一是消除企业亏损，二是消灭亏损企业。应当说，两种办法同样重要，运用哪种办法要因企业而宜。由于国有企业长期"有生无死"，问题越聚越多。目前，国有工业企业中长期亏损的大约有 1.2 万户，即常说的亏损面 30%~40%。有些企业是亏损户名单中的"常客"，总是处在亏损的 1.2 万户企业中。从客观情况来看，大约有 15% 的企业资不抵债、扭亏无望，已丧失了市场的竞争力。全国国有工业企业大约 7 万户，15% 就是 1 万多户。这些企业的最后出路就是结构调整，走被兼并、破产之路。如齐齐哈尔有个省农机厂，从 1985 年开始，财政每年拨款 800 万元，银行借款 1000 万元，每年这么投，1 亿多元投进去也没有填满这个大"窟窿"，最后还是垮掉了，被一个乡镇企业大田公司兼并后很快转换了机制，开发了新产品，走出了困境。

在老体制框架内去挽救这些企业，那是个填不满的无底洞，只有靠新办法才有新生。

当前，结构调整的有利条件已经具备，主要包括以下几点。

第一，结构性的矛盾已经暴露得很充分，问题已经"水落石出"。在萝卜、土豆都俏销得很的 1993 年，要想调整结构谁也调不动。正所谓"宁做鸡头，不做凤尾"。而现在状况不一样了。

第二，结构调整的承受能力增强了。在经济回落时，企业和职工已吃够了结构不合理的苦头，对改革的承受能力增强了。鹤岗矿务局局长反映老企业心态变化大致分三个阶段：开始发不出工资时，领导和职工的心理是等待。认为自己是共和国的长子，过去为国家做了那么多贡献，现在有困难，国家不会不管。但等了一段时间并没什么结果，于是发展到第二阶段，大家普遍发牢骚。但发了牢骚也没解决问题，至多是迎来个"送温暖工程"。这才逼到第三阶段：算了，还是靠自己干吧。于是真正下决心深化改革，分流人员，15 万人中拉出 5 万人搞多种经营；拉出 5 万人每人给一块"工资田"，第一年保生活费，第二年日子就好过了；剩下的 5 万人挖煤。这样，全矿的局面开始发生变化。从上述老企业心态变化的三个阶段可以看出，如果在职工等待的阶段，或在职工发牢骚的阶段硬性搞结构调整，职工没有承受能力；只有到第三阶段，决心背水一战时，才是结构调整的最佳时机。

第三，趁"九五"规划之机可以把存量盘活与增量投入统筹考虑。凡有基础的产品、产业不要新建，在老企业重组、重整的基础上投入技改，以必要的增量调整盘活存量。"九五"期间，新的投入过程也是结构调整的好时机。

第四，结构调整的基本手段已经明确。要调整必须有手段，一是兼并破产，二是"抓大放小"，三是扶优扶强。兼并破产、"抓大放小"可有多种形式、多种途径。在这方面，我们已积累了一些宝贵的经验。

第五，推动兼并破产的配套政策已陆续出台，一些省区市对"抓大放小"已有一些政策规定。各地在实践中感受到，解决当前企业亏损再沿用注入资金等挽救办法可能缓解一时，但不能从根本上解决问题。解决问题的根本措施是要抓结构调整。在这方面，上海是走在前面的，我们曾反复介绍过上海的经验。上海前几年抓结构调整，现在见了效益。新兴产业已成为上海未来经济发展的生长点，六大支柱产业实现利税已占全市总量的50%以上，带动了一系列的行业和企业。目前各市都在研究和学习上海的做法，对本地的经济做战略性研究，把本地经济放到全国乃至世界经济中定位，确定本地区的支柱行业、主导企业和拳头产品。在战略分析的基础上进行结构调整，成功率较高，比针对单个企业逐一挽救的效果要好得多。最近广州提出"连环解困"的办法，组织若干个"连环套"，对50多户企业实行结构重组，一揽子进行解困，也是很好的经验。

二 掌握政策，积极稳妥地推进兼并破产工作

搞活国有经济要打几场硬仗，推动兼并破产、建立劣汰机制就是一场硬仗，搞市场经济非过这个关不可。有些地方感到，当前丧失竞争力的国有企业退出市场风险太大，还要观望一下。现在不下决心解决长期沉淀下来的结构性矛盾，问题还会积累，积累到一定程度就会爆炸。那时解决起来就更加被动，损失也更大。

回顾国家经贸委三年来先后组织的三次企业兼并破产专题研讨会，我们感受很深。第一次是1994年6月在重庆，当时研究的问题是国有企业能不能破产，如果破产，职工怎么办。会后在国务院领导同志主持下形成了国有企业实施《企业破产法》的办法，即后来的国发〔1994〕59号文件。

第二次是1995年在哈尔滨，当时研究的问题是敢不敢破产，有没有承受能力。会上介绍了武汉、天津、上海等地的做法和经验，会后推动了各试点城市的大胆探索。今天的太原会议是第三次，研究的问题是怎么破，如何更好地依照法律程序，如何将破产与结构调整、与转机建制、与"三改一加强"相结合的问题。三年来兼并破产工作也从该不该破、敢不敢破，到如何规范、配套地破，进展是很快的。这次会议介绍的经验内容非常丰富，可以说各试点城市在兼并破产方面取得了重大突破。具体可概括为七个方面。

（一）兼并破产的力度明显加大

《企业破产法》于1986年颁布、1988年实施，到1993年底共破产企业940户，每年不过160~170户，绝大多数是中小、集体企业。而今年上半年，仅试点城市破产终结的国有工业企业就有131户。其中，沈阳36户，本溪10户，吉林11户，破产企业已有一部分大中型企业。有的城市已实现零的突破。上海市已累计兼并企业670户。总的来看，兼并破产力度明显加大。

（二）对兼并破产的认识明显提高

会上讲到，以前有的主管部门怕影响政绩、丢掉地盘不敢破产；债权人怕丢债权、受损失不敢破产；所有者怕资产流失、不好交代不敢破产；经营者怕追究责任、丢掉"椅子"不敢破产；职工怕丢掉饭碗、生活无着落也不敢破产。于是就出现了不敢破产、不愿破产和不会破产的问题。时至今日，观念在转变，认识在提高，许多城市逐步看到了形成破产机制对建立新体制、实现转机建制具有十分重大的意义，并力争通过兼并破产达到三个目的：一是建立企业优胜劣汰机制。这是市场经济的法则。企业进入市场，就要给经营不善的企业设计一个极限，即破产。在破产过程中所有者将一无所获，经营者要名声扫地，职工也要承受因破产而失业的痛苦。当然，债权人也要遭受损失。这才能形成来自所有者、债权人、企业经营者和职工等企业利益相关者的切肤之痛，形成强有力的约束。二是通过破产加速结构调整。有一些企业，产品完全丧失了市场竞争能力，维持亏损经营无异于国有资产的继续流失。要通过兼并破产盘活存量，重新配置资源，制止资产的再流失，提高资产的运作效益。三是消化企业的不良债务。企业的不良债务也是银行的不良资产。企业不良债务数量很大，但是如果企业机制不转换，随意地废债，就会形成逃债风，鼓励企业借钱不还。如果形成这种机制，国有企业就会越搞越糟。所以，消化企业的不良债务，必须是"最后的晚餐"。国务院领导同志在去年全国经济工作会议的讲话中说，当前消化企业部分不良债务的一个重要的做法就是企业兼并破产。总之，各城市对企业破产和兼并的认识在不断提高，观念不断更新，社会对这方面的承受力也在不断增强。

（三）依法破产、规范运作的水平在提高

在现阶段实施破产，既要执行《企业破产法》，又要依据有关政策。因为只按《企业破产法》，有些方面还行不通，所以各地都特别注意在依法破产的同时，认真研究有关政策。沈阳提出"三同步"的思想，就是企业破产与安置职工同步，与破产财产转让同步，与"三改一加强"同步。为搞好"三同步"，又强调"四个一定"：一定要遵循法律、法规和政策，一定要按法律程序办事，一定要听取方方面面特别是主要债权人的意见，一定要经得起检查。包头市出台了有关兼并破产的地方性规定，不断总结兼并破产中有规律性的东西，逐步完善有关配套法规和办法，更健康、稳妥地推进兼并破产工作。

（四）保护债权人合法权益的意识在增强

推行兼并破产初期，有些同志确实有甩包袱的想法和倾向，现在一些同志的认识在改变。目前，各城市从制定破产预案时就请主要债权银行参加，特别注意充分尊重主要债权人的意见，在法院组建清算组时请当地人行派代表参加。有的地方尽可能保证破产财产的完整性，依法追索破产企业债权，提高偿债比率。有的城市采取多种形式维护债权人的长远利益，如以贷抵租、以贷抵售、旧贷转新贷等。包头市先后制定兼并破产企业实施8条办法，对有一定潜力和价值的企业鼓励债权债务人和解并具体操作了稀土冶炼厂，效果很好。

（五）因地制宜，分类处置

这次会议反映，各地和银行都在考虑破产重组的具体办法。例如，有的按照国发〔1994〕59号文件的规定经2/3债权额的债权人同意，进行分立破产，"活一块死一块"；有的提出"先破后股"；有的提出以贷返售、以贷返租；有的提出整体破产，整体出售，整体破产合股收购，整体破产分块出售；还有的提出破产和解、重整等办法。这对于减少债权人损失、减少失业都具有积极意义。

（六）把破产重组与企业转机建制相结合，着眼于建立新机制

本溪市要求破产收购或兼并方企业必须按照现代企业制度要求，构造适合市场经济要求的新的经营机制和管理方式，以便真正做到死而后生，防止二次破产，使破产真正起到企业转机建制的作用。长春市提出，企业破产后要由优势企业收购，通过与名牌厂家合营或工商联手等方式，引入新的投资者，建立新的机制，创造新效益。太原市提出"分立不逃债，负债不搞死"的思路。

（七）兼并破产与"三改一加强"相结合，重在重组

各市把兼并破产与本市的经济结构调整相结合，重在重组、重在盘活资产、重在保护债权人的长远利益。如广州市将一棉、二棉、三棉连环调整，利用一棉的场地变现提供改造资金，统筹解决三个厂的债务并安置职工。利用各厂的优势，重组企业群体，实施压锭改造，提高了企业竞争力，实现了连环解困。黄石市借助"三改一加强"提高兼并的成功率，在制订兼并方案时同时考虑"三改一加强"，现已对2/3以上的被兼并企业进行了技术改造。上海的针织九厂（即"三枪"）、深圳的康佳也介绍了依据企业发展战略有目的地推进企业兼并、实现低成本扩张的经验。总之，从会议情况来看，企业兼并破产已取得重大突破。

三 试点城市推进兼并破产中需注意的几个问题

（一）要从战略上看待兼并破产的重大意义，把其作为结构调整的重要手段

对国有企业进行战略性结构调整这条路，我们是看准了。各试点城市在充分研究区域发展战略的基础上就应有准备地大胆去干。调整的重要手段就是兼并破产、"抓大放小"、扶优扶强，还可由此派生出各种各样的调整方式。总之，经济转型时期必然面临战略性结构调整，要统观全局，做好规划，积极稳妥地推动，不要犹豫。

（二）破产要严格依法规范，认真贯彻有关政策

各地兼并破产要经得起检查，检查的依据就是有关的法律法规。如果搞短期行为，破产逃债，并形成一种机制，那么市场环境就会越来越坏，会造成灾难性后果。破产是一个司法过程，必须由法院独立进行，各方不要干预。在进入破产司法程序之前，政府、企业、银行要做好破产预案；进入司法程序之后，政府只能配合，而不能干预；破产终结后，政府要积极帮助安置好职工，不能推卸责任。所有过程都要严格执行有关法律和法规。

（三）兼并破产过程中要充分尊重主要债权人的意见

兼并破产全过程都必须特别注意维护债权人的权益。当前推进这项工作，必须靠政府、企业、银行联手完成。拟破产的企业资产负债率都高于100%，所有者权益已是负数，直接利害关系人已不是所有者，而主要是债权人——银行。因此，在推进兼并破产过程中，要多和银行商量。各城市一定注意从研究破产预案时就要请银行参加，包括哪个企业该破，如何破，职工如何安置，有关问题如何处理等，要请银行参加全过程。有意见分歧时，要多听银行的意见。银行不同意时要放一放。我们既要和银行联手搞好国务院重点联系的300户、1000户大型国有企业，也要和银行联手解决

企业的不良债务、解决危困企业的问题。银行也要从维护自己权益角度出发，积极参与企业的兼并破产。经反复研究，为稳妥地进行此项工作，中国人民银行分支机构作为金融管理部门参加破产清算组是十分必要的，法院也原则上认可。这种做法将有利于推动工作。

（四）兼并、破产收购中，切忌"拉郎配"

在结构调整中我们面临的很大困难是缺少优势企业，即便有优势企业也不够强。搞"拉郎配"是有很大危险的，很可能把优势企业拖垮。必须把兼并和破产企业的收购看作市场行为，坚持企业自主自愿，否则拖垮优势企业不划算。同时，兼并方也要算算账，看看是否符合优势企业发展战略的需要，是否实现了低成本扩张，兼并后有无改造能力。有些企业就是由于盲目扩张，背上了永远还不清的债务包袱，成了灾难。

（五）推进兼并破产要注意建立新机制

兼并破产是以产权为纽带重组的过程。在这一过程中，往往会引入新的投资者，这为建立新机制创造了好条件。我们要按照建立现代企业制度的四句话建立新机制，切不可走老路。同时"三改一加强"工作要跟上去，使结构得到调整，根据企业发展目标，加大技术改造力度，同时切实改进和加强管理。推进兼并破产，恰恰是通过以产权为纽带的重组建立新机制的一个有利时机，要注意把握好这一时机。

（六）要切实加强领导

兼并破产是一个很复杂的过程，政策性很强，各市要按照国经贸企〔1996〕492号文件精神，切实加强领导。按照文件精神，国务院要组织一个领导小组，由国家经贸委牵头，财政部、中国人民银行和国有商业银行等参加，负责兼并破产相关政策的制定和实施问题的组织协调工作。同时，要求各试点城市人民政府也要确定一位领导负责，组成经贸委（经委或计经委）牵头，中国人民银行分行、财政厅（局）、国有商业银行分行参加的工作班子，具体负责本市企业兼并破产的组织实施工作。

解放思想，大胆实践，进一步放开搞活小企业*

（1996年8月15日）

放开搞活小企业工作悄然在全国大范围展开。推动这项工作的权力和责任主要在地方，但各地做法差别很大，效果也完全不同，因此社会舆论也有各种看法。各地情况千差万别，用统一的模式和做法是不切实际的，但这其中的确也涉及诸多政策问题，也涉及指导思想和推进的方式方法问题。

作为国务院主管部门，国家经贸委总结各地实践经验，制定了一个政策性指导意见，于1996年8月15~17日在福建省福州市召开"全国放开搞活小企业工作座谈会"。会议之前，国家经贸委于1996年7月24日印发《关于印发〈关于放开搞活国有小型企业的意见〉的通知》（国经贸企〔1996〕491号），要求各省、自治区、直辖市、计划单列市及"优化资本结构"试点城市人民政府、经贸委（经委、计经委）等结合本地实际，采取多种形式，积极推进小企业的改革与发展。

各地贯彻落实党中央、国务院关于放开搞活小企业的战略方针，积极推进中小企业改革，取得了可喜的进展，但也出现了一些需要回答的问题。当前要进一步总结经验、统一认识，既要按照"三个有利于"的标准解放思想、大胆实践，又要把握方向、掌握政策、结合实际，使小企业改革工作健康发展。

---

* 本文是作者在"全国放开搞活小企业工作座谈会"上的讲话。

解放思想，大胆实践，进一步放开搞活小企业

一 小企业在国民经济发展和经济体制改革中具有不可替代的重要作用

我国的小企业量大面广，广泛分布在工业、商业、建筑业、运输业、服务业等许多领域，是一个庞大的企业群体。改革开放以来，国有小企业得到了发展，城镇集体企业迅速成长，乡镇企业异军突起，三资企业、私营企业、个体企业的数量也急剧增加，初步形成了以公有制为主体、多种经济成分共同发展的新格局。小企业的存在和发展，已经成为我国社会经济生活中一种不容忽视的重要趋势。因此，充分认识和客观评价小企业的地位和作用，对深刻理解和贯彻放开搞活小企业的战略方针、增强放开搞活小企业的紧迫感具有十分重要的作用。

（一）小企业是国民经济的一个重要组成部分，是国民经济发展的一支生力军

据统计，目前全国工商注册登记的企业超过 1000 万户，其中，大中型企业不到 2 万户，小企业的数量约占 99%，在全国工业总产值和实现利税中分别占 60% 和 40% 左右。在全国独立核算工业企业中，小企业的数量占 95.6%，总产值占 44.5%，工业增加值与大企业相当。全国商业零售网点 90% 以上是小企业，流通企业中 85% 是小企业。

1995 年，作为小企业主体的乡镇企业达 2203 万户，其中，乡村两级集体企业为 161.8 万户，联户、个体企业为 2041 万户，其国内生产总值达 14595 亿元，占全部国内生产总值的 25%；其工业增加值达 10804 亿元，占全国工业增加值的 30%。以小企业为主体的民营科技企业，1995 年已经达到 42745 户，生产总值为 2490 亿元，实现利税 315 亿元，出口创汇 53 亿美元。

这些数据表明，小企业在我国国民经济中已成为一支不可忽视的基本力量。

（二）小企业是经济增长的重要生长点

近年来，我国工业总产值年增长率在 20% 左右，其中国有大中型企业的增长率约为 5%～9%。作为基础产业实现这样高的增长率当然已不简单，但同期小企业的增长率在 30% 左右。即在国民经济增长中，小企业做出了更大的贡献，拉动了全国经济增长速度的提高。小企业还是出口创汇的一支重要力量，在出口生产企业中，95% 以上是小企业，仅乡镇企业上年出口商品交货值就达 5395 亿元，占全国出口总额的 34%。

由此可见，小企业在壮大国民经济、保持国民经济持续快速增长中具有不可替代的作用。

（三）小企业是增加就业的基本场所

在全国各类企业中，中小企业就业人数占 75%。截至 1995 年底，乡镇企业的从业人员达 1.28 亿人，占农村劳动力总数的 28%。1994 年底，全国城镇就业人员中，城镇集体单位有 3285 万人，加上三资企业的 406 万人、私营企业的 332 万人、个体企业的 1225 万人，总计达 5248 万人，合计占城镇就业人数的 31.7%。在城镇就业中，众多劳服企业也发挥了重要作用。改革开放 17 年来，劳服企业先后共安置 2100 万人，近几年劳服企业稳步保持着每年新增 100 万人就业的水平，有的城市劳服企业已成为安置就业人员的主渠道。国有大中型企业冗员过多，而且随着管理水平、技术水平的提高，富余人员会越来越多，因此新增就业岗位主要靠中小企业。近年来，由于小企业为社会提供了众多工作岗位，大大缓解了社会就业压力，对保障人民生活、稳定社会起到了重要作用。

（四）小企业是推动国民经济市场化的一支重要力量

与大企业相比，小企业有自己的特点和优势。小企业组织结构层次少、人员少，内部信息畅通，交流方便，决策快，对市场变化反应敏捷，与客户和市场的联系更直接而密切。小企业的产品结构和技术结构相对简单，调整方便，周期短。小企业的经营方式机动灵活，劳动用工、分配、人事制度等均可根据市场竞争的需要自主决定和调整。小企业投资少，敢于承担风险，富于创新精神。它们利用机制灵活、敢担风险的优势，活跃在大企业尚未涉足的新兴领域；利用贴近市场、贴近用户的优势，活跃在竞争十分激烈的领域；利用投资少、调头快的优势，活跃在品种多、批量小的加工和配套、维修领域；利用管理层次少、成本费用低的优势，活跃在零售、服务等本小利薄的领域。正是小企业在上述领域中的积极参与，才使这些领域的竞争更加充分，从而使整个市场更加活跃。改革开放以来的实践证明，凡是小企业发展早、发展快的地区和领域，相对来讲，市场发育就早，市场竞争就更充分，经济就更活跃。广东、浙江、江苏等地和轻工、纺织等行业就是这样。在我国，小企业是形成市场机制、推动国民经济市场化的一支重要力量。

（五）小企业是大企业改革与发展的重要依托

社会化大生产的一个根本要求是生产的专业化分工与社会化协作。以某个主导企业和主导产品为龙头，为它直接提供配套服务的企业可能有上百家，而为这上百家配套企业提供二次配套和服务的企业可能有上千家，这样就形成了一个"金字塔"式的结构。这种结构对大型龙头企业很有好处，它可以集中力量搞技术开发与关键部件的生产、开拓和占有市场，一般零部件的生产和各种服务则可委托小而专、小而精的中小企业完成，使这一企业群体的产品开发周期缩短、投资减少、成本降低、风险分散。因此，大企业离不开小企业的配套生产和服务，企业越大，对小企业配套的需求就越大。计划经济体制的一个弊端就是大型国有企业生产上的"大而全"，上万人甚至几十万人的大企业，封闭式生产，企图"不求人"，造成投资大效率低的结果，从而有相当一部分因此而陷入困境。要解决这个问题，必须以中小企业为依托，发展专业化生产与社会化协作。实践证明，这是提高大企业市场竞争力的必然趋势。此外，大企业要分离"办社会"职能也离不开小企业。例如，分流富余人员，这是国有大型企业改革的一个难点，出路在哪里？还需要大力发展中小企业，尤其是劳动密集型小企业，依靠它们创造更多的就业岗位。

(六)小企业在县域经济中占有主体地位,是反哺农业、发展农村经济的生力军

县属企业绝大部分是小企业,其工业产值、商业批发零售额、就业人员在县域经济中占主体地位,是多数县级财政的支柱。乡镇企业的迅猛发展,除了为自身提供了积累之外,也为农业的发展、农村经济的发展提供了重要的资金来源。在转移农业剩余劳动力、实现农业规模经营和集约经营所需的产前、产中、产后的社会化服务等方面,都离不开乡镇企业。事实表明,凡是乡镇企业实力雄厚的地区,农业现代化的步伐就快,广大小企业是农业发展和农村经济发展中的生力军。

在计划经济体制下,人们并不太重视中小企业的特殊地位和作用。在向社会主义市场经济体制转轨中,支持与发展中小企业应当成为国家发展经济的一项长期、稳定的基本政策。

二 中小企业改革取得了重要进展

近几年来,各地区、各有关部门和广大中小企业在党中央关于放开搞活小企业的方针指导下,解放思想、大胆实践,加快了国有中小企业和集体中小企业的改革。无论是对小企业的地位作用的认识,还是在改制形式、改制途径、相关政策措施,以及在制度创新、转换机制、提高效益等方面都取得了重要进展,各方面对加快国有中小企业的改革已产生了强烈的紧迫感。

(一)指导方针进一步明确,思想认识进一步统一

小企业在振兴经济和建立市场经济体制中的地位和作用越来越被人们所认识。相当数量的国有小企业在改革深化的过程中陷入困境的现实使各方面对加快中小企业改革的紧迫性有了切实的感受。

党中央把放开放活国有小企业的工作提上了议事日程,以高瞻远瞩的眼光提出了一系列深化小企业改革的方针,并很快在全党上下形成了共识。各方面解放思想、大胆探索的实践汇聚成对小企业改革强大的推动力。十

四届三中全会《决定》指出："一般小型国有企业，有的可以实行承包经营、租赁经营，有的可以改组为股份合作制，也可以出售给集体或个人。"十四届五中全会《中共中央关于制定国民经济和社会发展"九五"计划和2010年远景目标的建议》提出，"要着眼于搞好整个国有经济，通过存量资产的流动和重组，对国有企业实施战略性改组。这种改组要以市场和产业政策为导向，搞好大的，放活小的"，同时提出要大力发展集体经济。江泽民总书记对小企业改革一直非常重视，多次做出重要指示。1995年，他在上海、长春召开的企业座谈会上的讲话中指出："要加快国有中小企业的改革，转换企业的经营机制，建立和形成为大企业配套服务、从事专业化生产经营的企业群体。对一般小型国有企业，要进一步放开、放活，有的可以实行兼并、联合或租赁，有的可以改组为股份合作制，也可以出售。"他在十四届五中全会和中央经济工作会议上的讲话中，对小企业的地位和作用以及改革的目的、意义、形式和需要注意的问题做了重要的阐述。李鹏在十四届五中全会上的讲话中指出："对国有小型企业，可以区别不同情况，采取改组、联合、兼并、股份合作制、租赁制、承包经营和出售等多种形式，加快改革和改组的步伐。特别是县属企业可以放得更开一些。放活小的有利于集中精力搞好大的，也有利于搞活整个国民经济。需要注意的是，不论国有大中型企业还是小型企业，在改革中都要做好国有资产的界定和评估，认真加强管理，切实防止国有资产的流失。"他在八届全国人大四次会议上的《政府工作报告》中强调指出："城乡集体经济是公有制经济的重要组成部分。要积极推进集体企业的改革与发展。"

十四届三中全会《决定》和党中央、国务院领导同志对放开放活小企业的讲话，综观全局、解放思想，从提出小企业改制的原则和形式到明确"搞好大的，放活小的"的战略方针，使企业改革方向更加明确。以这些精神统一全党思想，就能使放开搞活小企业的工作不断健康发展。

（二）地方党政领导决心大、工作细、推动有力

许多地方，如诸城市、新乐市、台州市和甘肃省等党政领导之所以下决心狠抓小企业改革，一方面出于对党的方针的理解，但更多的是被当地经济形势逼出来的。

当处于"资源富省、地域大省、农业小省、工业弱省、财政穷省"的甘肃人意识到自己落后的一个症结就是思想观念陈旧、小企业没有得到充分发展的时候，省委、省政府就决定以发展城镇集体经济、扶植中小企业作为振兴经济的一项战略性措施，以最大决心组织力量、制定文件、加大力度推进中小企业改革。

1992年，山东诸城市150户国有企业中有103户明亏或暗亏，占企业户数的68.7%，企业资产负债率高达93.5%，市财政收入扣除物价因素出现负增长，这就逼出来一个诸城市的中小企业改革。

河北新乐市在市属企业呈现"富饶下的贫困"现象、亏损面达63%、市办工业所占财政收入的比重在几年之内由61%降到42%之后，市领导坐不住了，这就逼着新乐市委、市政府下决心推进小企业的改革。

改革力度大、进展好的地方无一不是市（县）委、市（县）政府主要领导下决心，统一组织经贸、财政、人事、体改、税务、银行等各有关部门，协同配合，制定配套改革文件，形成强大的合力而取得的。例如，山东省提出了"三放两不放"，即放开企业改制形式、经营内容和干部管理；不放松对国有资产的监督管理，不放松对依法经营、照章纳税的管理。江苏省提出把放开搞活小企业与培育规模经济、壮大支柱产业、转换城市功能、妥善安置职工等工作"七个相结合"。浙江省提出，在国有、集体存量资产流动重组中，坚持资产评估和有偿转让；公有产权转让收入必须用于扩大再生产；坚持"公平、公正、公开"的原则，不断规范产权交易行为；妥善安置富余人员和职工。广东、浙江、福建、河南、宁夏、湖南、安徽、甘肃、陕西、青海等省区制定了关于加快中小企业改革的具体政策，北京、上海、天津、云南、河南等省市出台了实行股份合作制的暂行规定，北京、天津、河北、辽宁、吉林、黑龙江、浙江、甘肃、青海等省市提出了发展集体经济的政策措施。这些政策措施对放开搞活小企业都起到了推动作用。有的省份还选择一些市、县进行试点，探索路子。如河北新乐、河南商丘、广东肇庆、福建泉州、四川宜宾、湖北武汉、湖南临湘、辽宁海城、江西南昌、山西朔州等。

另外，各省区市对推进小企业改革的工作既积极推动又细致慎重。山东省委、省政府三年三次去诸城考察，直到第三年才明确提出了"三放两不放"和"五条标准"。由于各地委和政府把推动小企业改革作为发展经济的一项重大战略措施，就使小企业改革在强有力的领导下进行，许多地方做到了改革力度大，政策上没有大的偏差。

（三）各地创造了多种企业改制形式，多数地方基本做到了放而不乱

各地从实际出发，因地制宜、因行业制宜、因企业制宜，采取适合企业生产力水平的多种改制、改组形式。如湖南省总结推广了放活小企业的14种形式，全省有15%的小型工业企业实行了股份合作制的改革，60%以上的小企业实行了抵押租赁、抵押承包、个体经营、一厂多制、委托经营等多种经营形式。江苏省去年兼并企业464户，租赁经营4737户，先售后股1200户，拍卖或出售1157户，破产113户。浙江省去年国有、集体小企业被兼并337户，破产126户，股份合作制改造2267户，实行租赁经营2323户，拍卖1023户。

各地在改制过程中特别注意从实际出发，不断总结群众创造的经验，同时注意搞好国有资产评估，避免国有资产流失。大多数地方在深化改革过程中基本做到了社会稳定，群众拥护，防止了国有资产的流失，放开搞活小企业工作基本是健康的。

（四）改革力度不断加大，改革的范围不断拓宽

现在，很多县市中改制的企业已经占了相当的比例。山东省对4.4万多户县乡国有和城镇集体企业中的2.9万多户进行了各种形式的改组、改制；安徽全省国有工业小企业有828户进行了各种形式的改革，改革面占全部国有工业小企业的39%；福州市的改革面可达50%；浙江省去年改制、改组国有、集体小企业6076户；江苏省去年改制、改组小企业达7670户。改革的力度不断加大。

推进小企业改革的地域不断拓展，不仅沿海发达地区改革力度大，东北、中西部地区推进小企业改革的力度也在加大，甘肃狠抓小企业改革的经验就是例证。

（五）小企业改革收到了初步的效果

在一些改革起步较早的地方，放开搞活小企业已经收到了初步的成效。如黑龙江省从 1993 年开始实施国有小企业改革，到 1995 年，经过各种形式改制的 2331 户企业实现工业总产值、销售收入、缴纳税收与上年同比增长分别为 15.9%、20%、11.7%，改制企业亏损户数下降 18%，亏损额下降 46%。山东诸城从 1992 年起进行小企业改革，到 1995 年所有改制企业基本扭转了亏损。1995 年与 1992 年相比，全市企业的利润、税收、财政收入、职工工资分别增长 4.3 倍、2.3 倍、1.4 倍和 0.9 倍；1992 年诸城市有大型企业 1 户、中型企业 7 户、利税过千万元的企业 1 户，到 1995 年发展到大型企业 7 户、中型企业 25 户、利税过千万元的企业 12 户。

在充分看到小企业改革取得的成绩的同时，我们也要注意当前小企业改革与发展中存在的问题。这些问题主要表现在以下四个方面。

（1）发展不平衡。部分地区小企业改革推动得比较早，政策掌握比较稳，因此取得了比较好的效果；部分地区尚未认识到放开搞活小企业的重要战略意义，组织领导不力，推动比较迟缓。

（2）配套改革跟不上。部分地区在国有资产管理、产权交易、金融、税收、社会保障、干部人事制度、政府机构改革等方面缺乏配套的法规、政策和措施，这些都限制了小企业改革的进一步深化。

（3）有的地方改制的形式多，但在促进企业积累、加速机制转换、实现"三改一加强"等方面注意得不够。

（4）个别地方政策掌握不稳，宣传口号失当。有的地方误认为放开搞活就是放任自流、放手不管；有的地方在改革中不注意维护国家所有者权益，造成国有资产流失；有的地方为了表明更"改革"，提出了一些不恰当的口号，造成了不好的影响。我们在小企业改革中，既不能赶浪潮、刮风，也不能乱提口号，应当严格按中央的方针来办。

三 放开搞活小企业需要注意把握的几个问题

放开搞活小企业是一项政策性特别强的工作，从思想认识到政策掌握都必须统一到中央已经确定的方针、政策上来。针对当前改革进展的情况，我提出以下几个问题，请大家研究。

（一）企业改制的核心是转换经营机制

小企业改革的目标是实现政企分开，使企业走向市场、适应市场、自负盈亏。政府要为小企业走向市场创造必要的生存条件，包括多渠道的融资、政策环境的建立、产业政策引导和信息沟通、经营和管理人才输入与培训、社会保障制度的建立等。没有这些条件，小企业走向市场是不可能的。但是，推进小企业改革不在于给企业更多的特殊优惠政策，也不能由政府再把企业"抱"起来。市场是小企业的生存空间，是办企业的出发点和落脚点，是企业经营运转的轴心。企业成功在市场，失败也在市场。在经历了十几年的改革，直到目前市场制约不断强化之后，我们才对这一简单的道理有了更加深刻的理解。一般来说，小企业和市场有着天然的紧密联系，但国有和已成"二国营"的集体小企业由于政府主管部门的行政管理与市场的联系减弱了。国有小企业的改革就是要使它们顺利地走向市场、适应市场，按市场规则运转。

小企业的改制，就是从提高国有（集体）小企业走向市场、提高市场竞争能力出发，选择合适的企业财产组织形式，通过对传统企业组织制度、领导体制和规章制度的改革达到转换经营机制的目的。因此，企业改革的重点是要真正转换经营机制，切不可本末倒置，把选择企业组织形式作为目的，而忽略了转换机制的本质。

形成新机制的重要一环是所有者职能到位。所有者从获取最大利益、避免更大风险的目的出发，形成对企业的激励和约束，这是建立新机制的重要基础。改制中要注意明晰产权。明晰产权并不是政府收权或变相收权。在维护国有产权的同时，必须合情合理地维护集体产权、维护企业法人财产权，否则企业无法走向市场，并且将会挫伤企业和职工的积极性。

转换经营机制关键要看是否实现了政企分开，真正建立起自负盈亏的机制；是否依照市场规则运行，形成优胜劣汰机制；是否建立了筛选管理者、制止错误决策的机制；是否真正转变了经济增长方式；是否调动了职工的积极性，加强了企业管理。从各地经验来看，不论以哪种形式改制，凡在改制过程中经营机制转换好的，改制效果就明显。我们最担心的是改制后政企不能真正脱钩，企业状况好的时候，大家分红；过不下去时，回过头来又找政府。如果是这样，那改制工作就不能算成功。

（二）放开搞活，不是放任自流

究竟"放"什么？还要不要"管"？"管"什么？有的同志担心放开会不会放乱。所谓"放小"，是将企业从政府计划管理体制的笼子里放出来，进入市场经济的大天地。其内容至少应包括以下几个方面：一是放开改制形式，让国有小企业灵活选择与其生产力发展状况和市场竞争需要相适应的企业财产组织形式以及经营生产的业务内容。二是放开国有小企业存量资产的流动与重组，引导国有小企业存量资产向高效益的领域转移。三是放掉旧体制下政府对国有小企业不适当的行政干预职能和承担的无限责任。四是下放人事管理权限，允许企业根据自身的财产组织形式确定企业领导人员的选聘方式。

"放开"是相对于过去的"管死"的。在坚持"放开"的同时，政府的所有者职能和社会经济管理职能要同时加强。在放开过程中，企业必须担起自负盈亏的责任。政府作为所有者，要加强国有资产的监督管理，行使好所有者职能，也要尊重其他所有者的合法权益；政府作为社会经济管理者，要运用经济手段和法律手段对国有小企业实行宏观管理和政策调控，同时要加强为小企业的服务。"放开"是手段，"搞活"是目的。"放开"不是放弃国有小企业不要，也不是放任自流、"一放了之"；而是要通过"放开"，使国有小企业真正成为"四自"的法人实体和市场竞争主体，在市场竞争中实现资产和企业的重组，建立起优胜劣汰机制。无序的乱放，达不到搞活的目的。因此，放小就要有相应的政策措施，一哄而起的乱放，必然造成难以收拾的后果。

（三）推动存量资产的流动与重组，要区别流动与流失

放活小企业的一项重要工作是通过资产存量的重组实现结构调整，提高经济运行效率。资产不能顺利地流向效益更高的地方，是国有资产的损失；闲置、呆死的资产不能创造效益，自然会贬值；少数企业中那种停产

坐吃山空的状况，更是国有资产的流失。因此，在放活小企业的工作中，推动存量资产的流动与重组是一项战略性措施。对此，人们似乎没有多少异议。议论较多的是流动中的流失。一方面，流动确实可能会造成流失，比如不评估或人为低估资产、国有资产无偿量化到个人、出售和转让收入没有用于再投入等，都会使国有资产在流动中发生流失，在实际工作中要采取切实有效的措施，严加防范。但是另一方面，我们要正确判断和区别流动与流失，绝不能为防止流失而不允许流动。正常合理的流动，不应看成流失；过高的评估，也不等于国有资产增值。企业在改制的过程中，应该允许有合理的扣除。诸城市在小企业改制过程中对老职工的养老支出就做了必要的扣除。

产权流动的价格最终要由市场交易来确定。评估多少，并不意味着其交易价格必定是多少。当然如果评估合理的话，这是一个重要的参考，但并不等于必须按照评估的价值来交易。交易是一种买卖行为，价格有时会高一些，有时也可能低一点，这要由供需关系来决定的，即按买方竞价或买卖双方议定的价格来进行。另外，在考虑资产出售价格时必须同时考虑买方收购后的再投入；必须考虑收购之后能够保住多少就业机会，可以新增多少就业机会。政府应当统筹考虑出售价格、再投入以及保持就业因素之间的关系，这也是合理的。

（四）改制有多种形式，不能强求一种模式，不要"一刀切"

十四届三中全会《决定》指出：一般小型国有企业，有的可以实行承包经营、租赁经营，有的可以改组为股份合作制，也可以出售给集体或个人。由此还可派生出多种改制形式。

推进小企业改革要根据生产力发展水平、职工的认同程度和社会承受能力，以企业走向市场、提高对市场适应能力为原则，因地制宜、因行业制宜、因企业制宜。国家经贸委《关于放开搞活国有小型企业的意见》中总结归纳了10种办法，也只是一种提示。基本办法是十四届三中全会提出来的，由此可以派生出各种形式，宁德地区就总结了12种。在这方面要警惕"刮风"。有的同志在强调某一种形式很好的时候，往往以一种形式代替其他形式，这是不合适的。关于这一点，中共中央、国务院的领导同志一再告诫我们,要从实际情况出发,不要一哄而起,不要一刀切,不要用一种模式去强制推行。

有些小企业在改组改制后情况好转,就出现了规模经营等问题,对此应怎么看?小企业与大企业是不一样的,不能笼统地以大企业为标准,对小企业讲规模经营。作为一个正规的商业企业,要有几千平方米甚至上万平方米的营业面积;但对于小商小店,就不要强求它这么干,关键要看有没有效益。武汉的同志提出走小型巨人的路,我认为有道理。小企业发展后有两种可能,其中一种是走精品名厂的道路,规模不一定大。比如福建,很有名的是石雕。石雕行业什么叫经济规模,可能个体户就是经济规模。他一个人靠手艺生产,经济效益很高;非要搞一个美术工厂,不一定会赚钱,可能还要赔本。天津有个泥人张,名店名人名厂,走的就是这个路子。小型巨人的路子就是企业的业务范围可能很窄,可能在一段时间只生产一种零件,但在这个零件的生产上,它的水平很高。这就是它的追求。当然也有一些小企业,找到了发展机会,迅速壮大起来。我们这里也有很多例子,如红豆集团已有相当的实力,它是从乡镇企业发展起来的;浙江有个万向集团,就搞万向节一种零件,但是在这个领域它的水平很高;湖北有一个兄弟集团;等等。因此,对小企业的指导不能一般化地把大企业的原则照搬过去,这样做会出问题。

从改制形式来看,很多地方都认为股份合作制作为一种群众的创造,比较适合目前国内小企业生产力的发展水平,把股份合作制作为一种重要的企业改制形式来选择。但是,对此也不要产生"一股就灵"的认识。现在对股份合作制还没有相应的法规,在推进股份合作制的工作中,应注意这样三个问题:(1)在推行中要尽可能地在资产构成中保留一块公共积累,也就是有一块共同拥有的部分,这在转制改制过程中是可以做到的;(2)在构造股权结构的时候,要注意对大股和小股的差额有所限制,如果差别过大,合作的性质就不明显,一部分人就会感到他是给别人打工;(3)在股东的权力上要实行一人一票,而非一股一票制。由于我们还没有一个规范的法规,各地在推行股份合作制的工作中应注意这几个问题,保持股份合作制的集体(合作)性质。

（五）企业改制以后，关键的问题是要自负盈亏

什么是自负盈亏？自负盈亏就是在盈利的时候，企业职工可以分红；亏损的时候不能分红；破产的时候，包括职工在内的各个出资者投入企业的资本金就一无所获，全军覆没。这就是自负盈亏。如果企业改制后，职工仍不能承担风险，还等着吃国家的"大锅饭"，那么改制就不能最终发挥作用。小企业和大企业有一个很大的差别，就是企业越小，职工与企业的关系越直接。如果说大企业每个职工的工作优劣和企业效益的关联性比较小的话，那么在小企业中每个职工工作的优劣和企业效益的关联则非常密切。因此，如何通过一定的企业形式，促使职工关心企业的收益，以更多的精力搞好自己的工作，投身于企业的发展，这是小企业形成新机制必须解决的一个重要问题。比如股份合作制，它之所以能够发挥作用，就在于职工把自家多年的积蓄和财产都压到了企业，企业兴旺，职工的收入增加；企业垮台，职工的损失惨重。这种强烈的风险意识是建立新机制、使新机制发挥作用的重要基础，这样才能使每一位职工有强烈的主人翁意识、市场竞争意识和参与意识，也会加强职工对企业的监督。因此，在改制中，克服原来国有企业职工吃国家"大锅饭"的观念是相当困难而又十分重要的。改制后的企业要不断完善新的内部管理机构、管理体制，要形成职工对企业领导人员的监督和筛选机制，对企业错误决策能够及时制止。如果这样一种新的机制不能形成，那么企业就很容易被少数人操纵和控制，企业的风险就很大。如何规范新的企业领导体制、组织制度，形成必要的制衡机制，是我们需要进一步探索完善的重要工作。

（六）落实债务责任，注意原始积累

在企业改制过程中，一定要落实债务责任，要做到手续完备，具有法律效力。朱镕基同志在一次会上讲，在企业中的国有资产不只是原来国家投入的资本金（所有者权益），实际上还有国有银行的债权。因此，转制中必须要落实债务责任，防止债务脱空。当地政府与企业不能一道慷国家之慨，逃银行之债。

目前许多小企业并没有完成原始积累，资本金很有限，负债率过高。

因此，有条件的企业，职工进行增量参股是一种重要的形式。一方面，通过职工参股引入新的投资者，增加企业资本金；另一方面，通过参股促进企业的转制，增加职工的责任感，同时也会加强对经营者的监督，经营者也会增强责任感。我们不要求所有企业都这么做，但这是一种资金注入的办法。在转制后，要正确处理好积累和消费的关系，不宜过多地分红。另外，在企业转制过程中，有些地方把国有权益卖掉，由政府的某一个机构收回，或是作为财政信贷再贷给企业，这种做法不是一个好的办法。企业现在负债率很高，如果职工有一些投入，国家就将资本抽走，对企业来说没有形成新的增量，企业如何改造？这样做在政策上没问题，可以做，但哪种办法效果更好，对企业长远发展更有利，则需要研究好、掌握好。

（七）搞好小企业要强调"三改一加强"，不存在"一抓就灵"

国有企业存在的问题是多方面的，由来已久，成因复杂，解决问题不能只依靠改制。企业有机制问题，要靠改革生产关系来解决；有结构问题，要靠调整来解决；有发展问题，要靠投入和改造来解决；有负担问题，要以企业为主，通过多方消化来解决；有管理问题，要靠改进和加强基础工作、提高管理和经营效率来解决。因此，搞好国有企业是一项极其复杂的工作，从来就不存在什么"一抓就灵"。事实证明，所谓"一股就灵""一卖就灵"的看法是脱离实际的，提法是片面的，做法是有害的。

企业改革是对生产关系的调整，改革对搞好国有企业起着方向性、根本性的作用，是改组、改造和加强管理的重要基础，但不能代替其他方面的工作。因此，搞好小企业要靠"三改一加强"。改制后的小企业要特别强调加强管理，提高质量，降低成本，提高市场竞争力。

（八）集体企业改革的方向也是要建立现代企业制度，对这一点有些同志感到有些模糊

这样说的依据是十四届三中全会《决定》。十四届三中全会《决定》在讲到现代企业制度是国有企业改革的方向这一段的后面又讲到，所有企

业都要向这个方向努力。另外，江泽民总书记在党的十四届五中全会讲到十二个关系的时候有这样一段话：集体企业也要不断深化改革，创造条件，积极建立现代企业制度。

所谓现代企业制度，是指符合社会化大生产、适应社会主义市场经济体制的"产权清晰、权责明确、政企分开、管理科学"并依法规范的企业制度。集体企业改革不仅有"产权清晰"的问题，也有"权责明确，政企分开，管理科学"的问题。建立现代企业制度不能简单地理解为"公司化"。现代企业制度是一种新型的企业制度体系，其核心特征是四句话，从这四句话的角度看，集体企业同样都适用。现代企业制度对大公司、大企业来说是以公司制为典型形式，对小企业来说主要的可能是独资企业、合作企业、股份合作制和有限责任公司等形式。从方向上讲，集体企业改革不能偏离这四句话。

（九）加强配套改革，为小企业的发展创造必要的外部环境

小企业在市场竞争中一般处于弱者地位，需要政府更多的支持和扶植。亚太经合组织（APEC）中有一个中小企业部长委员会，每年组织许多活动和会议，实际是通过国际组织来为中小企业发展创造必要的环境，为它们提供更多的扶植和帮助。

在小企业改革的过程中，如何加快社会保障制度的建立是不可回避的一个现实问题。社会保障制度建设滞后，对深化小企业改革是一个很大的制约。小企业风险大，在政府不再包揽企业和职工的一切后，如果没有社会保障做后盾，要么政企分开不能实现，要么社会难以稳定。所以，配套地完善社会保障制度，是小企业真正进入市场的一个依托。如果没有这个依托，小企业竞争中出了问题，最后还要找政府。

APEC关于扶植小企业有一个宣言，提出扶持小企业的五个领域，即人力资源开发、信息共享、技术共享、资金融通和市场准入。加强这五方面的工作对中国也是必要的。我们也要在这五个领域加强对小企业的支持，多为小企业提供配套服务。

四　做好工作，积极推进小企业改革

（一）放活小企业的权力和责任主要在地方

在建立社会主义市场经济体制的过程中，大型企业、中型企业、小型企业是一个有机的整体，国有、集体、个体私营和三资企业之间也有很强的关联性。因此，搞好企业工作是一盘棋。在中央"搞好大的、放活小的"的方针下，各级领导要及时转向对企业工作的全方位管理。在改革过程中，小企业很可能率先进入市场，这也会为搞好国有大中型企业创造必要的条件。

国有小企业都属于地方企业，是地方经济工作的重要组成部分，地方政府要深入研究和理解中央的方针政策，掌握企业情况，把握改革方向，既要大胆探索，又要注重实效。从国家经贸委的角度，要多做调查研究，必要时提出一些指导意见，或与有关方面协调有关政策，但真正具体操作的权力和责任主要在地方。另外，各行业的中小企业的实际工作历来主要是各主管部门在做，他们熟悉情况，积累了许多经验；中小企业对外合作协调办公室（中小企业国际合作协会）已成立十多年，与国外许多机构建立了联系，是对外联系企业与有关机构的重要窗口和渠道；各地"集体办"在多年抓城镇集体经济工作中积累了不少经验，与不少集体企业建立了广泛联系，我们在工作中要依靠和发挥各主管部门、"中小办"和"集体办"等机构的作用，按中央的方针政策齐心协力把放开搞活小企业的工作健康地向前推进。

（二）认真研究《关于放开搞活国有小型企业的意见》，把握好有关政策

《关于放开搞活国有小型企业的意见》的制定有两个根据，一个是中央的有关文件，另一个是地方的实践经验。这个文件不一定很完备，今后还可以进一步修改，但目前基本上体现了国家经贸委有关小企业改革与发展的意见，希望大家在工作中认真研究和参考。这个意见不能作为一个框

框限制大家的创造。国有小企业千差万别、量大面广，只有各地根据自己的实际情况来改革才会有实际的效果，所以我们提出的只能作为指导意见，各地应当按"三个有利于"大胆地试、大胆地闯。

（三）稳步推进，不下指标，不"刮风"，不一哄而起

有些地方在改制的进度上下指标，要限期完成，而不在"三改一加强"上下功夫，最后很可能会走过场，搞不好会出现夹生饭，丧失改革的时机，最后还会"回潮"。因此，我们主张搞好小企业的工作一方面要吃透中央精神，反复研究政策；另一方面要深入下去，要抓典型，见到实效，总结实践经验。改革是手段，关键是要把企业搞好，真正见到效果，切不可"刮风"。

（四）依靠党政领导，推进配套改革

"搞好大的、放活小的"是全党的大事，要调动各部门力量，形成合力才有效果。小企业改革涉及的面很宽，政策性很强，仅靠一个部门难以完成，必须依靠所在地的党委和政府。党政机构在放活小企业中要注意把握方向、制定政策、完善法规；要深入实际、调查研究、倾听企业和职工的呼声；要加快建立社会保障制度，为企业的改革和发展创造必要的环境；另外，还要培育为小企业发展服务的中介机构，培训人员，有条件的地方可以建立中小企业发展基金，为小企业融资提供服务。

（五）搞好集体企业清产核资工作，为改革与发展打好基础

在我国，集体企业是中小企业的主体，清产核资是为了摸清和准确掌握我国集体企业的资产存量、结构和效益状况，理顺产权关系，加强集体资产管理，促进集体经济的改革与发展。今年7月9日，国务院办公厅下发了《关于在全国城镇集体企业、单位开展清产核资工作的通知》。此次清产核资工作的主要内容是：全面清查企业资产，清理债权债务；重估集体企业、单位的主要固定资产价值；对企业产权进行界定，组织产权登记；核定集体企业、单位的法人财产占用量；进行资产管理的建章建制工作；等等。这是搞好集体小企业的一项基础性工作，各地经贸委要配合相关部

门认真抓好。

各地的实践表明，目前我国小企业改革的力度很大，难度也很大。但最重要的是，小企业改革已经找到了一条路子，现在就是按照这条路子往前走，一是加大力度，二是配套推进。只要我们坚持党中央、国务院关于放开搞活小企业的战略方针，以"三个有利于"为标准大胆实践，我国小企业改革工作一定会取得新的成功。

在里昂"法中国有资产管理体制研讨会"上的发言*

（1996年10月）

国有企业走向市场遇到的第一个问题，就是如何既使政企分开，又使国家所有者职能到位。这其中的一个关键就是通过怎样的一套制度、体制安排，既实现企业国有资产最终为国家所有，又使每个企业成为独立的企业法人实体和市场竞争主体。1996年10月，作者随同全国人大《国有资产法》立法起草组赴法国进行立法考查。中法专家在里昂召开了"法中国有资产管理体制研讨会"。

法国道达尔公司、法国电讯公司、法国北方－洛林公司、法国钢铁公司等大型国家控股公司的经验，对于我们在企业改革中建立新型国有资产管理体制，特别是在通过国有控股公司实现对经营性国有资产的管理和运营方面很有启发。根据中国国情，在推进建立国有控股公司方面有以下几点是值得注意的。

（1）中国已经确定建立社会主义市场经济体制的改革目标。其中所要解决的一个关键性问题是：如何既保持国有经济在关系国计民生的行业和领域中发挥主导作用，又能使市场机制充分发挥作用，形成多种所有制经济协调发展的局面。

在计划经济体制下，国有工业在中国工业经济中占90％以上，而在管理上又实行的是政企不分。实际上庞大的国有经济是一个整体，成了一个超级大企业。因而价格机制、市场竞争、优胜劣汰等市场机制无法发挥作用，造成的结果是低效率、低效益。因而中国经济体制转轨的关键环节是

---

* 发言题目是"通过国有控股公司实现国有资产管理"。

国有企业的改革，而国有企业改革的一个关键是建立符合市场经济的企业国有资产的管理、监督和运营体制，既保持经营性国有资产的国家所有，又构造出千万个各自独立的市场主体。这是重新建立政企关系的关键。

（2）我们已经确定以现代企业制度来改制国有企业。通过企业制度创新实现政企分开，使企业自主经营、自负盈亏；理顺产权关系使企业成为独立企业法人；通过企业组织制度、领导体制的改革实现管理科学，从而实现公有制与市场经济的有效结合。

《中华人民共和国公司法》已经颁布并实施。利用现代公司制度可以把所有权与经营权分离的特性，将竞争性行业的国有企业改制为公司，既保持企业国有资产的国家所有，又使企业成为独立法人，进入市场，自主经营，自负盈亏。以此改革经营性国有资产的管理体制，重新构造企业与政府的关系，使所有者代表进入企业，形成对企业的激励与约束。

（3）国有控股公司（资产经营公司）可以作为一种政府与企业之间的中介体——特殊企业法人。就是说，国家将确定的经营性资产授权给控股公司，控股公司以股权形式进行运作，对国家承担保值增值的责任，接受政府的监督。控股公司对被持股的企业行使出资人的职能——与其他出资人依法享有相同的权利，承担相应的义务。

控股公司之下的企业与其他各类企业在市场中处于平等地位，依法经营，平等竞争，照章纳税，接受政府宏观调控；政府对这些企业也不再以出资人的身份出现。

（4）改革过程中国有企业可分为两类。一类是公益性或行业垄断性企业。它的目标是以最低的成本、最好的质量满足特定的社会需要，是为社会和经济的健康均衡发展提供服务。政府要控制其产品和服务的价格并对其财务状况负责。政府要与此类企业签订明确、详细的合同，确定此类企业必须达到的成果和目标，这一切要透明，便于公众与政府的监督、检查与考核。在合同规定的范围内，政府要给他们足够的自主权，政府关注与考核的是成果，而不是关注或干预他们为实现目标而采取的措施和手段。另一类是属于竞争性行业的企业。对这类企业以现代企业制度进行改制，实现投资主体多元化，创造条件进入市场，公平竞争，自负盈亏；这类企业主要以盈利为目标，在追求自身利益的同时为社会发展做出贡献。这类企业取得的成果则主要由市场来检查和评审。

第一类企业的格局早已基本形成，目前要进一步明确企业的性质和职责，对其提出明确的要求，改进对它们的管理，加强监督与考核。现阶段对国有企业的改革实行分类指导，有利于集中精力搞好第二类企业。

（5）在中国，国有控股公司的生长点包括：特大型企业改制、现有控股公司转型、行业性总公司改造、政府专业管理部门转体。四种生长点中风险较小的是特大型企业的改制。从操作程序看较稳妥的做法是，首先将具备条件的特大型企业改制，之后实行政府机构的改革——将政府的专业管理部门转体为国有控股公司。

（6）设立国家控股公司值得注意的若干问题。

控股公司的设立是为了形成活跃的市场竞争局面，提高经济运行的效率和质量，而不是相反。

防止形成垄断，在行业管理部门或全国性总公司转体为国家控股公司时要特别注意。

控股公司是市场活动中的特殊企业法人，本质上属于企业，不承担政府（或行业）管理职能，实行政企分开，它不能以政府行政管理的手段干预企业和市场活动。

国家控股公司规模不宜过大——防止垄断或管理层次过多；也不宜太小——在市场运作中风险太大。

控股公司持股和控股的企业要实行投资主体多元化的改造。国有独资公司的设立要受到限制，防止体制复归。

国家通过外派监事会，以年度经营协议为基准，对控股公司实行监督、考核和评价，并有权对公司经营者提出奖惩、任免建议。

（7）建立新的国有资产管理体制要与企业改制为多元股东的有限责任公司和企业结构调整相结合。在计划经济体制、卖方市场、政企不分、条块分割情况下形成的经济结构不适应市场经济。新型国有资产管理体制建立的过程恰是调整结构、构造企业投资主体多元化的有利时机。

将经营性国有资产分别授权给各个国家控股公司经营并承担责任之后，控股公司提高资产运营效率的一项重要措施就是优化配置资源，调整产业、企业和产品结构。

国有经济发展战略和布局合理化研究课题报告[*]

(1996年12月2日)

国有经济发展战略和布局合理化是关系我国经济工作全局的战略性问题，也是中央领导同志十分关注和重视的问题。课题的研究成果直接向中央财经领导小组汇报，为中央研究重大经济问题提供理论准备和决策依据。

遵照中央领导同志的指示精神，按照中财办的部署和要求，在各部委、各省市的积极支持和配合下，由国家经贸委和国家体改委等部门人员组成的"国有经济发展战略和布局合理化"研究课题组从1996年5月开始，历时半年多的时间深入调查和研究，形成了主报告和6个专题分报告。

"国有经济发展战略和布局合理化"研究课题组组长陈清泰（国家经贸委副主任），副组长郭树清（国家体改委秘书长）、副组长兼总报告负责人蒋黔贵（国家经贸委副秘书长），总报告成员：国家经贸委企业司副司长宋毓钟、邵宁，国家经贸委企业司张春霖、姚树人、李智、陈洪隽、王欣、吴义国、林庆苗，国家经贸委综合司张铭。

我国是一个国有经济规模庞大、分布广泛的社会主义国家，国有经济在国民经济和社会发展中居于十分重要的位置，构成了国家经济的骨干和社会主义制度的基础。经过改革开放以来国民经济的持续发展和深刻的体制变革，我国国有经济发展的经济环境和体制环境发生了重大变化，使国有经济自身的调整和改革被日益紧迫地提上了议事日程。当前，从改革和发展两个方面深入研究国有经济发展的战略和布局问题，对建立社会主义

---

[*] 本文是"国有经济发展战略和布局合理化研究课题报告"的主报告，于1996年12月2日报出。

市场经济体制、加速国民经济的现代化具有极其重要的现实意义。

一 国有经济：主导作用及其实现形式

（1）在当今世界，无论是资本主义国家还是社会主义国家，无论是发达国家还是发展中国家，都存在着规模不等的国有经济。国有经济普遍地存在于不同社会制度、不同发展阶段的众多国家的事实表明，国有经济有其固有的优势，其存在与发展有着现实的必然性。

——国有经济可以成为国家和社会整体利益的代表者和服务者。以社会化大生产为标志的现代经济需要借助这样一种经济力量，提供公共产品和公共设施，为全社会的发展创造条件、提供服务。

——国有经济的配置有可能从更高的角度、更长远的观点超越市场的局限。现代市场经济客观上需要借助这样一种经济力量，弥补市场本身的缺陷和不足，对市场固有的波动进行调整和校正。

——国有经济可以依靠政府的行政能力在较短时间内动员大量资源集中定向投入。发展中国家的政府需要借助这样一种经济力量，以更加直接和有效的方式实现其经济发展战略和社会发展目标。

因此，国有经济是政府调节市场运行、满足公共需求、实现国家经济和社会发展目标的重要依托，这种职能超越了社会制度和经济发展水平的差异，体现了经济发展本身的内在要求。这表明，国有经济与现代市场经济本质上并不存在矛盾，它是现代市场经济完整体系中一个有机组成部分。当然，在不同社会制度、不同经济发展阶段的国家，国有经济的规模和具体职能不尽相同，这取决于国家的性质和实际国情。

（2）我国是一个发展中的社会主义国家。社会主义制度决定了要以全体人民的利益为最高利益，通过不断提高全民的物质和文化水平实现共同富裕；发展中国家的实际国情和所处的经济发展阶段决定了在我们这样一个经济发展水平、市场发育程度不高的国家，政府在促进经济发展和完善经济体制方面必须发挥积极的参与和指导作用，经济发展所需要的基础设施、大型公共服务系统、基础原材料等只能由国有经济集中社会资源来提供，以加快经济发展的步伐。因此，我国的社会制度和基本国情要求国有经济在国家经济和社会发展中发挥主导作用。

需要强调的是,国有经济发挥主导作用本身并不是目的,而是要通过国有经济的主导作用实现两个最根本的发展目标:其一,加速国民经济的健康发展,实现国家的现代化;其二,促进社会的全面进步,实现社会主义的原则。至于其主导作用采用何种具体的实现形式,则决定于社会生产力的实际水平和与此相适应的生产关系的性质。检验国有经济主导作用的实现形式是否适当的标准,在于"三个有利于",在于其主导作用发挥的效率。

(3)我国的国有经济是在新民主主义革命取得胜利的历史条件下,由国家政权通过没收官僚资本、改造民族资本主义工商业,以及由国家财政以其掌握的国民收入进行再投资等途径建立起来的。新中国成立初期的基本国情是:战争破坏了原本就十分薄弱的工业基础,落后的农业尚不能解决人民的温饱问题,国内积累水平低下导致建设资金匮乏,帝国主义对我国实施经济封锁。在这样的国情条件下,为确立国家工业化的基础、满足人民基本的生活需要,依靠国家机器进行强制性积累,并把有限的资源通过建立国有经济的方式集中用于最需要发展的部门几乎是唯一的选择。

在计划经济体制确立之后,我国国有经济主导作用的实现形式具有以下特征。

——国有经济在国民经济中居于绝对支配的"主体"地位,不但配置在基础工业部门,也配置在生活资料部门。

——国有经济以纯粹的国营企业的形态存在,并以此为模式改造其他经济成分,在所有制关系上表现出明显的排他性。

——国有经济的配置是通过高度集中的国家计划来进行的,政府是唯一的决策主体,完全排斥了市场机制的作用。

应该说,在新中国成立后的一段时间里,我国国有经济的主导作用采取了这样的实现形式有其历史必然性;在经济结构相对简单、市场严重短缺、国内积累能力不足的生产力发展水平上,这样的实现形式相对来说也是有效率的。正因为如此,我们才能在较短的时间内治愈了战争的创伤,并建立了门类比较齐全的工业基础。

(4)改革开放使我国经济和社会发展进入了一个崭新的历史阶段。对传统计划经济体制的改革源于其难以克服的固有弊端：由于否定物质利益，无法长久地保持劳动者的生产积极性；计划部门远离决策现场，不可避免地导致信息失真和决策失误，造成资源使用上的浪费。

改革开放并没有改变我国的社会制度和基本国情，我国仍然是一个发展中的社会主义国家，这一基本点决定了在我国的经济和社会发展中，国有经济仍然要发挥主导作用。但是，改革开放已从根本上改变了我国的资源配置方式和经济运行机制，持续的经济增长也使我国的生产力发展水平发生了质的变化。这意味着，我国国有经济发挥主导作用的经济环境和体制条件已经改变，国有经济发挥主导作用的具体实现形式也要随之变化。

(5) 决定着现阶段我国国有经济发挥主导作用具体实现形式的主要因素在于以下几个方面。

——党的十四大明确提出了建立社会主义市场经济体制的改革目标，社会主义市场经济体制要求在国家宏观调控的前提下，发挥市场在资源配置上的基础性作用。这一重大体制前提的确立，要求国有经济的配置和运作必须转换到一个新的体制框架中按照新的规则进行。

——我国多种经济成分相互竞争、共同发展的所有制格局已经形成，在范围不断扩大的竞争性经济领域中，各种经济成分所占有的市场份额已不再是一种事前的人为设定，而将在越来越大的程度上取决于市场竞争的结果。

——我国积累主体已出现多元化的格局。居民、企业、政府共同支撑着国内的高储蓄率，居民的自愿储蓄已取代政府的强制积累成为国内建设资金的主要来源。多元化的分配和积累格局使各种经济主体的资源运用都要受到其积累能力的限制，国有经济也不例外。

——我国经济已实现了由卖方市场到买方市场的历史性转变。国内需求结构的层次不断提升，产业结构也随之进入加快调整，向资金、技术密集型产业迈进的阶段。产业结构升级的大背景要求国有经济的结构顺应趋势进行调整，并在国民经济整体的结构优化中实现其布局的合理化。

(6) 在改革开放后新的经济发展格局和经济体制格局中，国有经济要有效地发挥主导作用，其具体的实现形式必须相应进行主动性调整。这种调整的基本原则应包含以下几个方面。

——由平均配置转向重点配置。在多种所有制成分共同发展的格局中，国有经济的主导作用已不在于提供大量一般的产品和服务，而要重点配置在产业结构升级的方向以及为经济和社会发展提供保障的领域，利用国有经济的优势开拓经济前沿，保证国家、经济和社会安全。

——由纯粹形态转向混合形态。在分配格局和积累主体已经多元化的形势下，国有经济要有效发挥主导作用，就必须更多地采用与其他积累主体相互结合的形式，用有限的国有资金引导较多的社会资金进行合理配置，充分发挥国有资本对社会资源的导向性作用。

——由计划模式转向市场模式。在社会主义市场经济体制下，国有经济和其他所有制经济是平等的市场竞争主体，国有经济的组织形式必须符合市场经济的要求，运作方式必须符合市场经济的规则，以使国有经济主体能够在市场竞争中提高运营效率并发展壮大。

二 国有经济：布局的现状及其内在矛盾

（1）国有经济的布局合理化是有效发挥其在国民经济和社会发展中主导作用的前提。判断国有经济布局是否合理的标志在于以下两个方面。

第一，国有经济是否有好的配置结构。即其在不同产业、不同区域的配置是否符合其所处的经济发展阶段对于发挥主导作用的要求。

第二，国有经济是否有高的配置效率。即其组织形式是否能使之成为国民经济中资源利用效率最高、对经济增长贡献最大的部分。

（2）改革开放前，我国经济，尤其是非农经济领域的所有制结构以公有制经济迅速扩张、非公有制经济逐步萎缩、国有经济占绝对优势为基本特征。1978年，国有工业生产总值占全社会工业生产总值的77.6%，在国营企业中就业的职工人数占城镇就业总人数的78.3%，国家预算内财政收入来自国有经济的比例为87.0%。国有经济的区域布局和产业布局呈一种均衡的状态。1978年，国有工业产值在东部地区工业产值中占77.3%，中部地区国有工业产值的份额为78.6%，西部地区的份额为85.4%；国有经济占轻工业部门的产值比重约为65%，占重工业产值的比重为80%。在这一时期，国有经济在各个工业部门和各个地区都处于主体和中坚的位置。

1978年以后，我国经济的所有制结构发生了重大变化，国有经济的增长速度始终低于非国有经济，致使国有经济在国民经济中的占比持续下降，1995年工业总产值中国有经济的占比为34.0%，比1978年下降了43.6个百分点；在国有经济单位中就业的人数占全部工业企业就业人数的比重为64.9%，比1978年下降了13.4个百分点；国家预算内财政收入来自国有经济的份额为71.1%，比1978年降低了15.9个百分点。

值得注意的是，在多种所有制经济共同发展的格局下，国有经济在国民经济中所占份额的下降是全方位的，但又是不均衡的。相对来说，国有经济在市场份额和产出方面下降的幅度较大，而对国家财政和就业方面贡献的下降幅度较小。例如，1985～1995年，国有经济占工业总产值的份额下降了30.9个百分点，所提供的财政收入份额下降了6.5个百分点，吸纳的劳动力份额只下降了5.3个百分点，这既表明国有经济市场份额的减少是在竞争中被动地让出了市场，也表明国有经济仍在承担着巨大的社会责任和主要的改革成本。

（3）据1995年清产核资统计，我国拥有的国有资产总量为51920亿元，其中经营性国有资产为41320亿元。从产业和行业分布看，在第一产业中国有经济主要分布在国营农场，其产值占我国农业总产值的2.8%；在第二产业中，国有经济在重工业中仍占有一定的数量优势，占全部独立核算工业企业口径的56.2%，轻工业部门的国有产值占比则已下降到35%，非国有经济的产出已远远超过了国有经济；在第三产业中，除流通服务部门外，国有经济在铁路、邮电通信、民航、金融保险、城市公用事业等部门占垄断地位。值得注意的是，国有经济在不同产业和行业部门中的状态有很大差异：在轻工业和商业流通部门，国有经济的市场份额下降幅度很大，在规模上已降至次要地位；而近年来发展最快的石化、邮电通信、航空、金融等部门，恰恰又是国有经济占绝对优势的部门。这种反差说明的问题是，国有经济的配置必须考虑能够发挥其优势的产业定位。但问题在于，目前国有经济的产业布局在总体上仍然相当分散，尤其是在竞争性行业中。以1995年独立核算工业企业的统计口径为例，国有企业在食品加工业产值中的占比为56.5%，在饮料制造业中的占比为53.3%，在电子及通信设备制造业中的占比仅为30.8%，在交通运输设备制造业中的占比也只达到 55.5%。而上述行业在国家产业结构调整中的位置是很不一样的。

从区域布局上看，1995 年我国国有工业企业在东部和中西部的产值占比分别下降到 24.5% 和 45.2%。在东部地区，由于非国有经济发展较快，非国有经济在工业产出方面已占有 3/4 以上的份额。但是从国有资产总量的区域配置状况看，东部地区配置的国有资产占我国国有资产总量的 50.5%，中部地区为 31.6%，西部地区为 17.9%，这一格局与改革开放前并没有显著的变化。在我国国有经济区域布局中一个需要引起高度重视的现象，是严重的区域经济结构趋同和重复建设。许多地区为体现政府的政绩、为填补本地产业空白，争相上马一些"热点"产品，而全然不考虑总的市场形势和本地的具体条件。我国 80 年代棉纺、家电行业重复建设的后果尚未消化，新一轮汽车、电子、机械、石化行业的重复建设业已展开，这种反复出现的区域之内"大而全、小而全"，区域之间重复建设的现象说明，我国国有经济的布局合理化不仅要调整其产业结构和区域结构，还要深入产业组织结构和企业组织结构层次，而且不能忽视在背后发挥作用的投资领域存在的体制问题。

（4）在市场经济条件下，国有经济的配置效率是其主导作用有效发挥的基础。1985~1995 年，国有工业、集体所有制工业、城乡个体工业和其他经济类型当年价格工业总产值的年平均增长率分别为 17.4%、26.8%、52.0% 和 62.7%，四者之比为 1∶1.54∶2.99∶3.60。在市场竞争的经济环境中，产值的增长意味着市场份额的增长，增长率的差别代表着竞争力的强弱。从以上数据得出的结论是：国有经济的竞争力不强。这是十几年来国有经济占比不断下降的根本原因之一。

国有企业经济效益下滑是近年来国有经济发展面临的一个突出问题，国有独立核算工业企业固定资产净值利润率 1980 年为 23.2%，1985 年为 18.5%，1990 年为 4.8%，1995 年为 3.8%，下降幅度十分惊人。这种效益下降固然有多种客观的利润转移因素，但横向比较也可以说明问题。1995 年各种所有制独立核算工业企业资金利润率为：国有企业 1.9%，集体企业 3.2%，股份制企业 6.3%，外商投资企业 5.1%。1996 年 1~4 月，全国国有工业企业曾出现了盈亏相抵净亏损的局面，目前这种情况虽已有所缓解，但盈亏平衡点的首次出现对国有企业的效益下滑是一个明白无误的危险信号。值得注意的是，当前国有企业的亏损额80%以上集中在煤炭、纺织、森工、军工、普通机械等部门，大部分下岗职工也集中在这些行业，这再次提示了国有经济产业定位的重要性。

国有资产质量下降是当前国有经济面临的另一个突出问题。1995年清产核资的数据表明，6.87万户国有企业中，资产负债率在100%以上的企业有1.3万户，损失挂账大于所有者权益的空壳企业有1.8万户，两者合计约占全部国有工业企业的45%。资产质量差还表现在资产相对陈旧上。按常用的固定资产新度系数衡量，1995年各种所有制独立核算工业企业固定资产新度系数为：国有企业56.5%，集体企业68.9%，股份制企业66.4%，外商投资企业72.2%。在几乎所有的工业行业中，国有企业的固定资产新度系数均低于平均水平。如普通机械制造业，全行业平均为57.4%，其中国有企业为50.5%；化学原料及制品制造业，全行业平均为58.9%，其中国有企业为55.2%；交通运输设备制造业，全行业平均为56.0%，其中国有企业为48.0%；电子及通信设备制造业，全行业平均为63.8%，其中国有企业为54.8%。

（5）从目前国有经济的布局结构和配置效率判断，我国国有经济的现状与有效发挥主导作用是有距离的，对社会主义市场经济体制也存在诸多不适应之处。最根本性的问题在于两个方面。

第一，国有经济战线过长，重点不突出，力量分散。计划经济时期平均配置国有经济的局面并没有实质性的改变，十几年来国有经济在不同产业中占比的变化主要是市场竞争所致而不是主动调整的结果。在国有经济并没有优势的领域，仍然配置着大量国有资产；而在支柱产业、高新技术产业等能够发挥规模优势、科技优势的产业升级前沿，国有经济的比重并不很高。而且，目前大部分国有经济仍以纯粹国有企业的形态存在，全国股份制企业数量仅占国有企业总数的6.3%，国有经济与其他所有制经济的结合程度很低，这也降低了国有经济的导向性作用。

第二，国有经济的配置效率低，竞争力不强。经济效益低、资产质量差是国有经济面临的一个突出的问题，有相当数量的国有企业由于长期亏损已资不抵债濒临破产。值得注意的是，广泛配置在各行各业中的国有企业在行业内部大都处于资产负债率高、资产新度系数低的状况,以这样的资产质量能否在行业发展中起带头作用是很成问题的。国有经济的运营效益下滑,国有企业的亏损不断增加,迫使政府不断把国有资金增量和银行资金注入低效企业,维持运转、为职工发工资,而这又进一步恶化了资金的使用效益,缩小了国有资本优化配置,发挥主导作用的余地。应该说,国有经济的配置效率是国有经济布局优化的一个核心性问题。

(6)造成上述国有经济布局结构和配置效率方面问题的原因是复杂的、多方面的。有认识的和实践的,有历史的和现实的,也有体制的和政策的。

——对主导作用认识上的偏差。社会主义市场经济体制以公有制为主体,以国有经济为主导,主体地位由国有经济和集体经济共同体现,这一点目前并没有疑问。但在相当一段时间内,对国有经济的主导作用被单纯理解为数量和比例上的优势。事实上,在社会分配结构已经发生重大变化、国家财政收入占国内生产总值的份额不断下降的情况下,数量优势与发挥主导作用是有矛盾的,专注于前者必然造成拉长战线、负债铺摊子、降低国有资产质量的结果。

——计划经济的历史遗留问题。在国有经济的布局方面,长期的计划经济留下了两个方面的既成事实:一是一个面面俱到、全方位配置的布局;二是一批曾做出巨大历史贡献但现状不佳的国有企业。尤其是一些五六十年代建立的国有企业,在计划经济时期把利润甚至折旧都上缴给国家,自我改造不足,以其陈旧的装备已难以满足90年代的市场需求。而我们在原有布局上对老企业被动地注资维持或改造,实际上也就维护或固化了原有不合理的布局结构。

——投资体制不合理降低了增量调整的效果。我国投资体制改革明显滞后于经济体制整体改革的步伐。现行投资体制两个最突出的特点是条块分割与行政决策。条块分割分散了原本就十分有限的增量调整的力量,使国有经济不能集中配置在重点的产业和地区,单一项目也往往达不到合理的经济规模。条块分割架空了产业政策,而且造成了严重的区域性产业结构趋同和重复建设。行政性的投资决策无人承担风险责任,造成国有资本的投资效益缺乏体制上的保障,相当多的项目投产之日便开始亏损,甚至有些建设项目尚未竣工便进入了破产程序。

——企业和资产运营体制的缺陷使之难以进行有效的存量调整。我国建立现代企业制度的国有企业改革尚在过程之中,大部分国有企业内部的制衡机制尚未形成,所有者一方的组织和到位问题还没有在制度上解决,国有经济的运营效益还缺乏体制上的保证。由于产权市场发育迟缓,绝大部分国有资产被封闭地固化在一个个国有企业之中,难以通过流动实现重新配置;尤其是缺乏一个企业破产、淘汰的正常机制,大量资不抵债的国有企业不能退出,这不但恶化了国有经济的整体效益,而且在不断吸引国有资产增量进行不合理、无效益的配置。

——相关领域的改革和政策尚不能为国有经济的结构调整创造良好的外部环境。国有经济目前在配置结构和配置效率上面临的大量问题是各种体制矛盾长期积累的结果,是各方面政策失衡、决策失误的最终体现,解决这些问题需要各个领域、各个部门改革和政策的协同和配合。相对于国有经济结构调整和国有企业体制改革的要求而言,目前我国的社会保障制度改革、产权融资体制改革、劳动人事制度改革是明显滞后的;政府自身的职能改革进展不理想,政企分开、政资分开的目标还没有实现,以政府行为为背景的乱摊派仍然十分严重;财税、金融、组织、人事、外资、外贸政策也还不能在优化国有经济布局的方向上形成合力。上述种种不协调增加了国有经济布局合理化的难度,延缓了问题解决的进度。

三 国有经济:布局合理化的思路和政策

(1)经过改革开放以来连续十几年的经济持续快速增长,我国国民经济发展已进入了一个产业结构大幅度调整的时期。这一轮产业结构调整将由以下三个并行的过程组成。

——随着我国市场需求结构的提升,汽车、石化、机械、电子、建筑业等新兴产业和现代基础设施发展所需要的国内市场条件逐步形成,发展新一代资金、技术密集型产业的任务已被提上经济发展的议事日程。这一代支柱产业和现代基础设施的发展将使我国的现代化建设跨上一个新的台阶。

——由于比较优势的变化,我国发达地区一些劳动密集型和资源加工型传统产业的竞争力趋于下降，迫使这些产业逐步从发达地区退出，向劳动力成本相对较低、资源相对丰富的内地转移。传统产业的区域性转移将在促进发达地区产业结构升级的同时极大地推动我国内地不发达地区的工业化进程。

——在市场竞争日益加剧的作用下，我国的制造业正在进行一场深刻的产业重组。在企业两极分化的过程中，低效企业的加速破产和淘汰、优势企业的兼并和扩张将大大加快我国产业的集中化和专业化分工的进程。制造业的产业重组将明显改善我国的产业组织结构和企业组织结构。

（2）我国经济正在进行的产业结构调整对我国国民经济的现代化进程具有深远的意义，对国有经济的布局合理化也有着重要的、直接的影响，我们必须从国家产业结构调整的大背景中去认识和推进国有经济布局的合理化。我们应该看到，我国产业结构正在进行的大规模调整为推进国有经济的布局合理化提供了机遇。社会需求结构和产业结构的高级化表明我国国内市场的规模和容量正在扩大，这为国有经济的结构调整提供了更广阔的空间，国民经济的快速发展也能够从总量上提供较多的就业岗位，而且，新一代资金、技术密集型支柱产业和现代基础设施都是规模经济要求高、技术素质要求高的产业，这两个方面正是国有经济的优势所在。因此，抓住国家产业结构调整的机遇，把国有经济的结构调整融入国家产业结构调整的总体过程中，应是国有经济布局合理化一个基本的出发点。

同时我们也要看到，国家产业结构的调整对我国国有经济的现状也提出了尖锐的挑战。我国国有经济目前的体制状况比较适应于需求结构变化不大、市场短缺而产品生命周期较长，以规模和产量扩张为主的经济发展阶段；在结构加快调整时期其体制弊端则暴露无遗，应加强的无法集中力量，该退出的难以脱身，产业重组更是步履艰难。而且，我国国有经济处于一个多种经济成分共同发展和对外开放的经济环境中，传统产业受到乡镇企业、私营企业的激烈竞争，新兴产业受到国外大企业、大公司的强大挤压，在比较之中其体制方面的重负更加明显。我国国有经济在体制上不适应产业结构调整的要求，这是我们必须高度重视的问题。

事实上，在进入90年代后，我国国有经济的效益之所以持续下降，背景性原因就是体制上对结构调整的不适应。虽然近年来国有企业改革已探索出一条正确的道路并取得了不小的进展，"国有企业越改越困难"肯定不是一种符合实际的说法，但目前国有经济调整的力度和国有企业改革的力度赶不上产业结构调整背景下国有经济效益下滑的速度，应是一个不争的事实。今后若干年，我国产业结构调整的进程在市场机制的作用下还要加快，如果这期间国有经济结构调整和体制改革的力度没有实质性的增加，不但会贻误国有经济布局合理化的时机，而且难以排除由长期矛盾的积累诱发社会问题的可能性，尤其在一些老工业基地和资源衰竭地区更是如此。国有经济布局合理化是我国中长期经济发展和体制改革最难过的一关，对过这一关的难度和紧迫性，我们要有足够的认识。

（3）从我国现实的经济发展阶段和产业结构调整的要求出发，国有经济要在经济和社会发展中有效地发挥主导作用，其布局应侧重于以下几个方面。

——在涉及国家安全、社会安定的领域（如中央银行、邮电广播、重要军事工业等），通过国有资产投资并保持绝对垄断地位实现国家对这些领域的直接控制，这一类产品和服务是国民经济和社会顺利发展的必备前提，国有经济在这里担负了一种为国家政治、军事、经济调控等职能服务的特殊职能。

——在基础设施、基础工业领域（如能源、交通、通信和重要原材料工业等），通过国有资本投资并保持优势地位为国民经济持续、稳定的发展创造条件，并据此控制国民经济命脉。基础设施和基础工业是发展国民经济所必需的，其中一些行业由于投资规模大、建设周期长，非国有部门无力或不愿投资于这一领域，应主要由国有经济来承担该领域的投资。

——在高新技术产业，通过国有资本的投资引导带动产业的发展。高新技术产业是代表产业结构升级方向的新兴产业部门，早期投资的风险性比较大，因而私人部门一般难以或不敢涉足该领域，国有资本能立足于社会整体利益和国民经济的长远发展，以国家实力为后盾在该领域投资，起到导向性的作用，引导和带动其他社会资本向该领域投资。

——在某些特殊情况下，通过国有资本投资创造新的社会需求以实现特定经济和社会发展目标（如经济稳定增长、区域发展战略等）。如在经济发展的某一阶段可能出现失业增多、大量劳动力供给过剩的形势，国家可以通过国有资本投资（如兴办大型工程项目等）来吸收过剩的劳动力。

——在国民经济的支柱产业，通过国有资本的投资，参与市场竞争，充分发挥国有经济的优势。我国新一代支柱产业大多是资金、技术密集型产业，规模经济效益显著，技术素质要求高，在国际市场上属于竞争激烈的产业部门。在我国现阶段，只有靠国有资本的参与，充分发挥国有经济在资金、技术、人才等方面的优势，才能培育出一批有实力参与国际市场竞争的大公司、大集团，从而提高我国的国际竞争力。

（4）国有经济的布局合理化是今后一个时期我国经济发展和经济体制改革面临的一项最为关键和最为艰难的任务。这项任务包含两个方面的目标：一是结构调整，以解决布局问题；二是体制转换，以解决效率问题。其目的是使国有经济能够高效率地配置在为国民经济和社会发展提供保障和先导的领域之中。这两项目标实现了，我国的社会主义市场经济就有了坚实的微观基础，我国产业结构的高级化就有了可靠的体制依托。其意义如何强调也不过分。

推进国有经济的布局合理化是一项庞大而复杂的工作，涉及人们的观念问题和深入的理论问题、发展中的结构问题和改革中的体制问题、纵向的历史遗留问题和横向的配套改革问题，可能是当前中国级次最高的一项系统工程。把这项史无前例的系统工程付诸实践，需要确定下述这样一些指导思想。

——以邓小平同志提出的"三个有利于"为准绳，进一步解放思想、更新观念。要把看问题的视野从国有经济本身扩展到整个国民经济和社会发展的全局。国有经济和非国有经济都对经济增长和增加就业做出了贡献，都是国民经济有机的组成部分，不能把非国有经济当作异己的力量；要把判断的标准从数量和比例转移到质量和效益上来，作为经济和社会发展中的主导力量，低质量和无效益的数量和比例是没有意义的，要从提高质量、改善效益的角度发展国有经济、加强国有经济。

——从"讲政治"的高度统一思想，形成全党上下、各个部门协同一致、共克难关的态势。国有经济存在的问题积累日久、成因复杂、涉及面广，解决这些问题非国有企业自身所能及，也不是企业主管部门或企改主管部门能够做到的。作为长期计划经济留给我们的一道难题，全党上下、各个部门都负有解题的责任和义务。为此，需要有最高层次的协调，需要各个部门摒弃本系统、本部门的利益和观念，在思想上形成共识，在政策上达到一致。对于中国改革和发展的前途来说，过国有经济布局合理化这一关是最大的政治。

——正视国有经济布局合理化需要投入，要由全社会共同承担国有企业改革成本的问题。由于历史的原因，国有经济内部对职工、对企业的欠账甚多；在前十几年的改革中，国有经济负担了改革的主要成本，当前，实现国有经济的布局合理化也需要大量投入，这些投入难以完全靠国有经济自身筹集。对这一点我们要有清醒的认识，对改革成本的筹集和使用要及早做出总体性的安排。通过国有资产存量、年度的投入增量、财政税收、金融手段、非国有经济成分多渠道筹资并合理使用，使全社会共同承担国有经济布局合理化的成本。

——要认识国有经济布局合理化的长期性，同时要把每一步能够解决的问题解决彻底。由于制度创新是一个过程、历史欠账的偿还需要一个过程，因此，国有经济布局合理化不是一个短期能够实现的目标，但在具体操作上要避免全线平推、撒胡椒面。解决国有经济的问题要有一个整体性的规划，突出重点、分步推进，在重点方向的局部上集中使用改革的、结构调整的和还欠账的措施，全面实现"三改一加强"，使局部的问题能够一次性地解决，使每一笔投入都能得到机制上的回报，争取每一段时间、每一个步骤都能够比较彻底地解决一些问题，都能向最终目标比较扎实地前进一步。

（5）国有经济布局合理化的实际推进需要多方面的措施配合使用，把结构转换与体制转换结合起来，把存量调整与增量调整结合起来。具体的工作思路是从五个方向入手：第一，通过结构调整措施，首先处理掉长期积累下来的劣质国有资产，卸掉国有经济背负的沉重包袱；第二，通过现代企业制度建设和国有资产管理体制改革，实现经营性国有资产的股权化，从体制上解决存量国有资产的流动性问题；第三，采取有力措施加快一批大企业、大集团的发展，迅速在新一代支柱产业中形成规模，并成为能够进行国有资产重组的企业主体；第四，进一步完善社会保障体制，发展再就业服务中心，为伴随经济结构调整而必然进行的劳动力结构调整创造配套条件；第五，通过改革投资管理体制优化国有资产增量的投向和效率，从源头上解决国有经济的优化配置问题，并对存量调整进行配合。主要的政策要点包括以下三个方面。

第一个方面：分级负责、分类指导，加快国有经济结构调整和体制转换的步伐。

——明确县、区一级政府为国有小企业改革的责任主体。对国有小企业要因地制宜、因企业制宜，采取联合、兼并、股份合作制、租赁、出售等多种形式放开搞活，使其能自主选择符合其生产力实际水平的企业组织形式。在小企业改制的过程中，要特别注意对职工的医疗、养老、失业等方面做出社会化的安排，必要时可在小企业国有资产存量中划出一定比例的资金，以确保国有小企业改制后能真正走向市场。

——明确中心城市政府是本地结构调整的责任主体，其责任是为结构调整和企业改革创造外部环境。优化资本结构试点城市要依法有计划、有步骤地淘汰低效企业，加大兼并破产的力度，同时培育一批能够进行资产运作和企业重组的市场主体。所有试点城市都要建立并完善本地的社会保障体系、成立再就业服务机构，应允许试点城市开征地方税或从现有资产存量和土地出让收益中划出一定比例筹措所需资金；对于老工业基地和资源衰竭地区，由中央政府制定特殊政策，拨付专门款项支持结构调整。

——中央政府要着力培育一批大型企业集团以实现国家的产业发展目标。这些企业集团的选择依据不在于现有规模，而在于产业定位，要从国家产业政策出发，针对特定产业目标、特定市场、特定产品，选择素质好有实力的企业集团，支持其发展，使之能与国外大公司抗衡。这些企业集团经国务院批准和授权，可成为"国家授权投资的机构"，享有国有资本经营权；其发展规划和筹资方案经批准后，具体项目实施和项目融资自主决策，不再进行行政性审批。同时，这些企业要加快现代企业制度建设，完善法人治理结构，形成科学的决策程序和制衡机制。

——对各类国有企业按其产业性质界定不同的改革模式。对于涉及国家安全、社会公益的领域和自然垄断行业，国有经济应以国有独资公司的形态存在，政府通过计划合同对企业的经营目标、社会目标和服务标准进行考核和管理；其税后利润直接上缴财政，其正常支出和发展所需的投入由政府负责提供。竞争领域的国有企业都要按照现代企业制度的要求进行改制，最终的目标是通过资产重组，引入新的投资者，实现投资主体的多元化，成为多元投资主体的有限责任公司或股份有限公司，企业改制的同时要同步推进劳动用工制度改革，使职工进入社会保障体系。

第二个方面：改革现行投资体制，优化国有经济增量的投向和效益。

——下决心缩减政府投资的领域。各级政府均不应作为投资主体在竞争性领域进行投资活动，新建项目应依托现有企业进行，使企业成为投资决策主体并承担风险和责任。政府为实施产业政策对特定产业、特定项目的支持，应由国家投资公司以股本金的形式投入，并使具体项目成为符合现代企业制度的股份制企业。对于国家确定的重点建设项目，也要尽可能引入市场竞争机制，通过招标的形式从现有大企业和企业集团中选择项目法人。政府对竞争性项目的管理，要从审批制转变为登记备案制，并定期发布项目信息，以便引导投资主体的决策。

——赋予银行对投资性贷款更大的决策自主权。除政策性银行外，商业银行的投资贷款应由银行自主审查决策，竞争性行业的建设项目不再由国家计划安排贷款，所需资金由企业和银行协商解决。对于已列入计划的建设项目，承贷银行也要加强对项目的监督、审核，确属建成之后效益很低甚至难以生存的项目，银行有权停止贷款。银行内部要加强投资信贷的评估、决策和责任制度，以把银行信贷的风险责任落到实处。

——认真执行项目资本金制度，下决心不再搞无本企业，禁止完全靠借债上项目。新建项目必须严格执行资本金制度，对在建项目应进行清理，没有落实资本金的项目必须限期落实资本金来源。由于目前总的收入分配格局使国家和企业的积累能力十分有限，股本金筹措困难，因此，应在大力调整收入分配格局的同时适当加快发展直接融资，扩大股票发行规模，并有计划地发展一批专门针对实业项目的封闭式投资基金，重点向效益有保证、市场前景好的项目进行股本投资。

——设立"产业调整基金"，以支持国有经济存量调整的结构。比照其他国家通常的做法，应从每年国家财政新增的投资中划出一定比例设立"产业调整基金"，用于衰退产业、资源衰竭地区和老工业基地的产业结构调整。基金的主要用途是：资助地方政府建立再就业服务机构、补充社会保障资金和解困资金的不足，援助衰退产业和资源衰竭地区企业退出和转产行为，支持地方政府发展公共工程和开发项目以增加就业机会。地方政府也应筹集、设立类似的基金以支持本地的结构调整。

第三个方面：加快配套改革，为国有经济布局合理化创造较好的外部环境。

——振兴财政，逐步改变目前不合理的收入分配格局。国有经济以国家财力为基础，国有经济的实力和作用最终决定于政府掌握的资源的多少。近年来，社会收入分配格局持续向个人倾斜的趋势如不扭转，国有经济结构调整的余地将越来越小，更难以有效主导经济和社会发展。为此，必须下大力量振兴财政，强化税收体系建设和税收征管，逐步把税基从国有经济为主转到全社会上来。近期要特别加强个人所得税的征管，尽快开征遗产税和赠予税，允许有条件的地方先行开征社会保障税，以调节收入和分配，实质性地提高政府取得收入的能力。

——把外资政策与国内产业政策衔接起来，合理保护国内市场和国内产业。利用外资是发展中国家引进资本、技术，加速经济发展的重要手段。但对于我国这样一个国内储蓄率高、国际收支状况良好的国家，以很大的优惠、很高的代价吸引外资是不合理的，特别在改革开放18年后的现阶段更是如此。我国的外资政策应尽快调整到这样的基点上：把创造符合国际惯例的投资环境作为吸引外资的主要手段；对资金进入采取中性政策，与内资一视同仁，享受国民待遇；对符合国家产业政策、带入先进技术的给予优惠，但要有国产化要求。为此，应逐步取消各种不规范的外资优惠政策及各种区域性优惠政策以规范竞争环境。同时按国际通行的办法对国内市场和产业进行合理保护。例如，制定反倾销法，防止国外大企业用倾销手段挤占我国市场；国内大型工程招标规定国产设备采用的比率，对国内企业参与国内、国际招标给予信贷支持；等等。

——建立和完善社会保障体系，为国有经济的结构调整建立安全网。优化资本结构试点城市都要统一社会保障机构，改变目前多家管理社会保险的现状；同时要理顺管理体制，要实行社会保险行政管理与基金管理分开、执行机构与监督机构分设的管理体制。条件好的试点城市应努力做到对各类企业和劳动者统一制度、统一管理和统一调剂使用基金；提高保险的社会化程度，企业改制应尽可能同步使职工进入社会保障体系，离退休人员的管理和养老金的发放由企业转到社会，减轻企业的社会事务负担。对于老工业基地和资源衰竭地区社会保障体系的建立，中央政府应予以直接的资金支持。

——改革国有资产管理体制，解决国有资产的管理和流动问题。通过改革，一方面要明确国有资产的管理责任，使所有者真正到位；另一方面要确立国有资产经营机构，以促进国有资产的流动和重组。改革的框架是建立国有资产管理机构、国有资产经营机构和企业三层次的国有资产经营管理系统。改革的重点是作为中间层次的国有资产经营机构的建设，要授予具备条件的大型企业集团的集团公司以国有资产经营权，使之成为既有生产经营职能，又有资产经营职能的混合型国有控股公司；同时，在政府行业管理部门的基础上组建一些非行业垄断性的单纯进行资产经营的国有控股公司。改革中要注重建立健全国有资产经营责任制度，确保国有资产的运营效益。

在全国优化资本结构试点城市
试点工作研讨班上的讲话

(1997年1月9日)

1997年1月9日,"全国优化资本结构试点城市试点工作研讨班"在京西宾馆举办,来自111个试点城市政府分管领导、经贸委主任和企业处处长,以及各省区市经贸委企业处处长参加,国家经贸委常务副主任徐鹏航、副主任陈清泰、副秘书长蒋黔贵,以及九部门试点联合办公室成员单位司局负责同志、国家经贸委分工联系试点城市的16个司局负责同志参加研讨班。

1994年初,国家经贸委会同国务院九部门提出"优化资本结构"城市试点的建议,得到国务院原则肯定。同年6月24日,李鹏总理主持国务院第35次办公会,决定将"优化资本结构"试点列为国务院国有企业改革四项试点工作之一。两年半来,国务院已两次决定扩大试点城市的范围,由18个城市扩大到58个,现在又扩大到110个城市。试点的内容在不断地丰富,试点工作总体上进展顺利。下面我想就城市试点工作的进展情况、取得的可贵经验和今年的工作安排讲几点意见,供同志们讨论。

一 "优化资本结构"城市试点工作取得积极进展

"优化资本结构"城市试点工作始终是在国务院直接领导和国务院有关部门的积极支持下进行的,各试点城市做了大量的创造性工作,对改革中的重点、难点问题进行了积极探索。试点工作由浅入深,"增资、改造、分流、破产"等方面工作的成效日益明显。

在全国优化资本结构试点城市试点工作研讨班上的讲话

（一）增资方面

从 1994 年试点以来，试点城市工业企业共增资 200 多亿元。其中，1994 年为 16.5 亿元；1995 年为 85 亿元；1996 年 1～9 月，58 个试点城市工业企业共增资 99 亿元，其中国有工业企业增加 96.2 亿元。在增资总额中，所得税返还仅占 4% 左右，绝大部分是通过多渠道增补的资本金和企业营运资金。

各试点城市在现行政策允许范围之内，探索了多渠道增补资本金和营运资金的办法。上海采取"六个一块"的办法，得到江泽民同志的肯定。试点城市行之有效的增资减债措施主要有以下七种。

（1）将企业实际上缴的所得税、属地方部分的增值税等税收按一定比例返还企业，作为国家资本金。

（2）将地方的财政性借款、欠交"两金"、集中的折旧费及"拨改贷"本息余额转为国家资本金。

（3）在企业的资产负债率调整到合理比例之前，将企业税后利润或国有资产收益全部留归企业，用于增加国家资本金。

（4）按清产核资后的固定资产重估价值计提折旧，鼓励企业按财会《两则》规定加速折旧，增加生产营运资金。

（5）通过财政拨款、资产变现、吸收法人投资等方式，建立企业发展振兴基金，增加企业营运资金。

（6）通过清产核资，核销部分资产损失，按规定对贷款余额实行挂账停息，减轻企业利息负担。

（7）为优势企业引入新的投资者，推动股票在境内或境外上市，或引资嫁接。

通过多渠道增资减债，国有企业负债率上升的势头得到抑制，不少城市国有企业的资产负债率开始降低。上海市 1995 年国有工业企业资产负债率从 80% 下降到 73%，1996 年预计仍能下降 6 个百分点；青岛市通过增提折旧、"拨改贷"转资本金、政府扶持等多种增资减债途径，预算内工业企业负债率由 83% 下降到 78%，出现了 10 年来地方国有工业资产负债率首次下降的良好局面；武汉市 1995 年全市预算内国有工业企业资产负债率由69.2%下降到61%；天津、沈阳、唐山、蚌埠、常州等市的资产负债结构也得到了不同程度的改善。

（二）改造方面

1996年1~9月，58个试点城市技术改造投资额为734.5亿元，可增加产值1518亿元，可增加利税285.4亿元，其中，国有工业企业技术改造投资额为28.6亿元，可增加产值1029亿元，增加利税196.3亿元。3年累计技术改造投入1555亿元。

试点城市在改造方面的主要做法有以下几种。

（1）制定城市技改规划，"择优扶强"、保证重点。柳州市1996年下达技术改造项目计划35项，总投资为6.84亿元，国有大中型企业占98%以上。常州市1996年以来，共实施"双加工程"和"标志工程"项目20个，当年完成技改投入13.7亿元，比上年增加15%；全市专项贷款计划的下达和到位额中，重点项目所占比重在85%以上。青岛市坚持择优扶强，集中力量扶植一批优强企业、龙头产品和骨干项目，全市对电子、石化、橡胶、家电、食品饮料等六个重点行业的技改投资占总投资的74.7%，扶植了支柱产业，培育了新的经济生长点。

（2）把改造与企业的改组、改革和加强管理结合起来，建立企业内部技术进步机制。厦门市鼓励在国有大中型企业内部成立专司技改的工作机构，制定严格、科学的项目论证和决策程序，对项目的市场前景、投资利润率、投资回收期等进行实事求是的评估，确保"贷得起，还得上，有效益"。重大技改项目经职代会审议通过，由企业法定代表人和职工共担投资风险，使项目负责人和职工的收入与项目经济效益挂钩。

（3）制定鼓励政策，调动企业技术进步的积极性。深圳市、厦门市规定，企业研究开发新产品、新技术、新工艺发生的各项费用，不受比例限制，计入管理费用；上述费用增长幅度在10%以上的企业，可再按实际发生额的50%抵扣应税所得额；对生产发明专利产品和国家新产品的企业，3年内新增利润部分的所得税全额返还、增值税中的地方部分按比例返还；市政府每年从预算中安排一定数额的资金用于鼓励新产品、新技术开发；制定物质和荣誉奖励实施办法，鼓励有功人员。

（三）分流分离方面

1994年6月至1996年9月，58个试点城市分离"办社会"机构5727家，减少企业支出7亿元；分流富余人员117.7万人（其中向社会分流34.1万人，占总分流人员的29%）。3年来，累计分离"办社会"机构9945家，减少企业支出15.4亿元，分流企业富余人员258万人。

分流分离方面的主要做法，总的是先内分、再剥离，创造条件由内分转向外分。

1. 分流企业富余人员的具体做法

（1）转岗分流。创办"三产"等，开辟新的经营门路。

（2）停职分流。鼓励职工自谋职业，回厂养老。

（3）清退分流。清退部分农民工、计划外用工。

（4）提前退养（休）。符合条件的职工可提前厂内退休。

（5）实施再就业工程。建立再就业服务中心，对富余人员进行培训，为他们寻找再就业岗位。

（6）劳务输出。鼓励输送劳动力到其他企业或地区。

（7）对下岗职工自谋职业的，给予所得税优惠等政策支持，对下岗职工办个体私营的给予扶植。

（8）健全社会保障制度，保证职工最低生活费。唐山、沈阳、太原、蚌埠、上海、株洲、哈尔滨等市相继建立了统一的社会保障机构，保障职工的最低生活费。

2. 分离"办社会"机构的主要做法

分离"办社会"机构的主要做法是先内分，待条件成熟后，再独立走向社会。具体做法有以下几种。

（1）与主业分离，面向社会有偿服务，补贴递减。

（2）人员资产划转，由政府部门接收，企业补贴递减。

（3）人员资产划转，附加带走有效资产。

（4）提高教育附加费，政府适当补贴，学校一次分离。

（5）提高社会保障的社会服务水平，离退休人员交给社会统一管理，建立再就业服务中心。

(6) 对服务性机构进行独立核算、承包、租赁直至经费自理。

(四) 兼并破产方面

1996年9月,国务院有关部门组成两个调查组,对12个城市进行调查的结果表明,试点城市在推进企业兼并破产工作中,掌握有关政策比较稳妥,操作过程比较规范,比较注重市场环境的培育和社会保障体系的健全,在解决资产变现、人员安置等重点、难点问题上进行了有益的探索。1996年1~9月,58个试点城市兼并企业517户,资产总额为198.7亿元,负债总额为207.4亿元,其中,银行贷款本息余额为135.6亿元,已停免息2.6亿元,涉及职工28.7万人;破产企业518户,资产总额为130.8亿元,负债总额为191.1亿元,资产负债率平均为146.1%;在负债总额中,银行贷款本息余额119.4亿元,涉及职工35.3万人(其中离退休9万人)。3年来,累计兼并企业853户,破产终结企业621户。企业兼并破产力度在逐年增大。

在实施企业兼并中,天津市摸索出企业兼并中的"六先六后"形式,具有代表性。一是先代管后兼并。优势企业厂长先将两个企业管起来,经过一段时间的运行后再实施兼并。二是先搬迁后兼并。把消除污染搬迁与"腾笼换鸟"结合起来,通过租赁形式发展生产,经过"磨合"后再实施兼并。三是先帮带后兼并。优势企业通过有偿扶助劣势企业而逐步实现兼并。四是先合作后兼并。采取不断扩大对被兼并企业的产品采购量,逐步"蚕食"后实施兼并。五是先分块后兼并。对规模较大的困难企业,采取由几个企业分而治之的办法,实行分块兼并。六是先划转后兼并。采取先调整隶属关系,再按照兼并政策实施兼并。以上这些具体做法都是从实践中摸索出来的,主要是由于优势企业还不够强,为防止把优势企业拖垮而采取的行之有效的操作办法。

在企业破产方面,各试点城市经过较长时间的酝酿,克服了许多困难,基本上都实现了零的突破,在建立优胜劣汰机制方面迈出了重要的一步,积累了一些经验。有的城市还制定了实施企业兼并、破产工作细则,对兼并破产工作起到了积极作用。这次会议印发的"补充通知",就是对前一段试点经验的总结和发展。到目前为止,各城市试点工作发展还不平衡,有的城市进展快,力度大;有的城市进展还比较迟缓。但大家都根据自己的具体情况制订了城市"优化资本结构"试点的实施方案,普遍建立了"优化资本结构"试点领导机构,建立了工作制度,为下一步深入试点、取得成效奠定了基础。在一些进展较快的试点城市中,"增资、改造、分流、破产"等方面的工作已见到初步成效,在一些重点、难点问题上有所突破,城市的工业经济结构有所调整,优胜劣汰机制开始建立,企业负担有所减轻,职工和社会对改革的承受能力有所提高,有的城市企业状况开始好转,企业改革出现了好形势。

二 "优化资本结构"城市试点取得了可贵的经验

经过近3年的"优化资本结构"试点,我们不仅在"增资、改造、分流、破产"方面取得了积极的进展,而且在如何搞好国有企业、如何提高国有企业的素质等方面,取得了可贵的经验。认真总结这些经验,对下一步工作有积极的意义,我初步归纳了以下五个方面。

(一)"优化资本结构"城市试点推动国有企业改革进入新阶段

从1994年开始的宏观管理体制改革着眼于为企业创造公平竞争的环境,促使国有企业走向市场、适应市场,转换机制。"优化资本结构"试点是以城市为依托,以搞好国有经济为目标,以搞好国有企业为中心,发挥城市的综合功能,配套改革,统筹治理。这一做法,相对于逐个针对企业减税让利而言,集中体现出国有企业改革进入了一个新阶段,它表现在如下几个方面。

第一,通过"优化资本结构"试点,使搞好国有企业的工作由注重搞好每个国有企业转向搞好国有经济;从一厂一策地搞好单个企业,到广东的"连环解困",到国有企业的整体优化;从对所有国有企业的"普渡众生",到集中精力抓"关键的少数",再通过优势企业采取联合、兼并、收购等方式带动劣势企业,改变了传统方式下,由政府负责,无一例外地搞好和挽救每一个国有企业的做法。也就是大家更加注重把单个企业放到区域经济中去考虑,决定哪些企业要扶持,哪些企业要调整,哪些企业要淘汰。就是说，我们正从试图搞好每一个国有企业转向注重搞好整个国有经济，这是搞好国有企业思想认识上的一次解放、工作上的一次进步。

第二，搞好国有企业的工作由注重"减税让利"转向"优化资本结构"。我国国有经济的特点是存量巨大，但结构不合理，这是造成国有工业低效率的重要原因。从对各类企业轮番减税让利的政策调整，到以城市为中心优化国有资本结构，使搞好国有企业的工作走上了更多地运用符合市场经济的方法、手段之路。优化国有资产配置，提高国有资产的存量配置效率，从根本上改变国有企业的低效益问题，使国有企业改革进入了更高的层次。

第三，通过"优化资本结构"试点，使仅以企业为对象的改革转变为以城市为依托，进行综合治理。改革进展到今天，再就企业改革谈企业改革已难以奏效，企业所面临的几乎都是深层次问题，如结构调整，政企分开，企业国有资产管理、运营、监督体系的建立，培育要素市场，投资体制改革，建立健全社会保障体系，等等。这说明企业自身的改革与各项配套改革的关联度已明显增大，必须把企业改革和相关改革作为一个整体来推进才能奏效。城市作为一级政府和财政，有能力在权限范围内创造改革的良好气氛，使试点工作可以上下联动，横向交叉，配套推进，这正是城市的优势。

第四，通过"优化资本结构"试点，使搞好国有企业的工作由注重挽救国有企业转向推进优胜劣汰。解决国有企业的结构性矛盾有两种办法，一是扭转企业的亏损，二是消灭亏损企业。应当说这两种办法同样重要，到底适用哪种办法，要因企业而宜。目前，国有工业企业有6.8万户，状况好或比较好的企业占30%左右，这些企业有一定的竞争力和市场占有率，经济效益较好，有一定的偿债能力和发展前景。有50%左右的企业处于中间状态，其中有的债务包袱过重，有的人员过多，有的某项投资决策失误，有的经营管理落后，有的缺乏自有流动资金等使企业处于困境；这些企业目前时好时差，对这些企业如果不对症下药解决问题，再加上市场竞争日益激烈，它们就会向两极分化，一部分企业就可能垮下来。还有15%~20%的企业处于长期亏损、资不抵债的状况，这类企业约有1万~1.5万户，它们已经丧失了市场，是亏损名单中的"常客"，靠自身的力量已难以起死回生，出路就是要通过被兼并或实施破产，做"大手术"。总结多年的经验，各试点城市清楚地看到，对那些已经丧失了市场的企业，政府再用任何传统办法挽救都是无济于事的。各城市转向重点扶持优势企业，使它们形成新的生长点，成为结构调整的主力，为那些特困企业的被兼并和破产创造条件。

（二）通过试点形成了符合市场经济的改革思路

1994年宏观管理体制改革以后，企业承包和管理升级停止了，社会各方面一时对如何搞好国有企业不知所措，感到失去了"抓手"。通过近几年实践，特别是通过试点城市的实践，我们开始积累在市场条件下搞好国有企业的经验，找到了可行的途径。现在的问题已不是不知道怎么干，而是要相互借鉴，把搞好国有企业的思路落到实处。新的思路主要有以下几个方面。

1. 建立现代企业制度是国有企业改革的方向

解决国有企业改革中那些深层次矛盾的综合办法就是制度创新。也就是通过建立新型的企业组织制度和领导体制，理顺产权关系、实现政企分开，促使企业转换机制、走向市场、自负盈亏。试点城市要把优化资本结构与企业制度创新结合进行。

2. 推行"三改一加强"，对企业实行综合治理

将国有企业的改革、改组、改造和加强企业管理结合起来，在企业结构调整中，明晰产权关系，实现企业投资主体多元化，促使企业转机建制。在转机建制的基础上，加大改革力度，同时加强管理，经验的核心是搞好国有企业不能"单打一"。

3. "抓大放小"，分类指导

几十年来，在计划经济体制下，国有经济一统天下，企业不论大小，行业不分主次，一律都是国有国营，"大而全""小而全"。现在看来，这个做法不行。数量如此众多的国有企业全由国家包起来，都搞好，这不必要，也不可能。必须抓住重点，集中有限财力，抓好"关键的少数"，搞好体现国家实力的大型骨干企业。对于小企业要采取多种形式放开、放活，重要的是充分利用市场对企业和职工的激励与约束，激发小企业的竞争

活力。

4. 推行"分离分流、减人增效"

企业富余人员多,"办社会"负担重,不仅增加了企业的负担,更重要的是使企业管理难以搞上去。搞好国有企业难,但最难的在于人。现在关闭100个困难企业不会给市场造成影响,但如何稳妥地安置好国有企业职工却是一个重大的问题。分离分流是一个基础性工作,难度很大,但这一关必须得过,工作就要从现在开始,镕基同志再三强调它的意义重大,要引起我们重视。

5. 推动兼并破产,调整结构

兼并破产的目的主要是要解决三个问题。第一,要建立优胜劣汰机制。市场经济的效率来自优胜劣汰机制,企业一旦破产,所有者"全军覆没""一无所获";经营者名声扫地,社会价值骤降;各债权人权益大受损失;职工也要承受失业的痛苦,这样就形成了来自市场的硬约束。这种劣汰的机制,促使与企业相关的各方都要小心从事,办好企业。第二,这是调整结构的重要手段。通过兼并破产,使人员、资产流向效率更高的地方。第三,通过兼并破产消化一些多年来累积的不良债务。因此,兼并破产在搞好国有企业、调整结构、转换机制中是一个非常关键的环节。

除上述之外,还有"增资减债""择优扶强"等。总之,通过试点,我们已找到一些可行的搞好国有企业的路子,现在的任务就是如何按这个路子加大力度,扎实推进。

(三) 优化资本结构是壮大国有经济的根本性措施

优化资本结构的含义可以从三个层次来理解。一是优化企业的资本结构。国有企业资产负债结构不合理的具体表现是,在资产质量差的情况下负债率过高;企业自有流动资金比例过低,过分依赖银行和金融机构;断绝了资本金的注入渠道。资产负债率作为衡量企业经营状况的一项重要指标已得到从各级领导到企业经营者的普遍关注,如何改善企业资产负债结构问题已提上议事日程。二是优化国有资产的存量结构、布局结构。我国国有资产大部分是在计划经济、政企不分条件下形成的。在进入市场经济过程中已暴露出一系列的不适应,面临战略性调整的任务。条块分割,低水平、同类同档次产品的重复投资，地区间产品结构趋同，形成了国有资产布局的不合理，这是单个企业不能解决的问题，要以城市为中心进行调整。三是优化国有资本在国民经济中的分布结构。国有资本在哪些行业必须独资，在哪些行业必须处于控制地位，在哪些行业可进可退，在哪些行业可以放弃，在哪些行业和企业可以用有限的国有资产控制更多的社会资产，这里很有文章可做。搞得好，就可以利用有限的国有资本来参股、控股，带动整个国民经济的发展。

（四）把企业改革与社会配套看作一个整体，发挥中心城市的综合功能

企业改革与社会各项配套改革关联性已非常之强，必须要配套推进。能够把企业改革与社会配套改革当作一个整体、配套推进的就是中心城市，这恰恰是城市试点有可能取得较明显效果的原因所在。企业的"增资、改造、分流、破产"和结构调整等都只有依托城市功能才能顺利进行。试点城市在推进社会保障体系建立、实施再就业工程方面已有所进展，在推进政府机构改革方面也取得了初步经验。

（五）搞好城市试点的关键在于领导

城市试点的发展是不平衡的，有的进展快，有的进展慢。城市试点的中心内容"增资、改造、分流、破产"八个字涉及改革的方方面面，触及企业改革的深层次矛盾和问题，绝不是仅靠哪个部门的努力就能奏效的，必须搞好组织协调、相互配合。先行试点城市的实践表明，哪个城市的领导重视，党政主要领导亲自抓，哪个城市试点工作就能取得较好的效果。有的城市把试点仅理解为孤立地抓八个字，做四件事；有的试点城市则把试点作为一面旗帜，利用试点做大文章，实施地区经济发展战略，抓紧结构调整，推进配套改革，着手解决旧体制那些深层次矛盾，取得了较好效果。试点工作是"师傅领进门，修行在个人"，如果试点城市领导不重视，即使进入了试点范围也不一定能取得效果。改革总体来说是自上而下的。虽然下面对上面的改革也有反作用力，但推动改革的重要推动力终究来自上面。如果试点城市上面不动，仅仅下面动，改革就很难进行。

经过3年城市试点，我们确实积累了一些经验，我上面所讲不一定全面，但试点经验确实值得总结。就是说，我们要看到试点成效不仅仅指在"增资、改造、分流、破产"方面取得的一些具体成绩，同样重要的是，我们找到了符合市场经济的搞好国有企业、搞好国有经济的途径，使我们对建立社会主义市场经济体制进一步增强了信心。

三 国有企业所处环境正在发生重大变化

1994年，宏观管理体制改革措施出台后，国有企业所处环境的变化加速了，这对企业和企业改革工作影响很大，企业改革面临全新的形势，简要讲有三个方面。

第一，宏观管理体制在向市场经济体制转变，市场机制正在取代计划体制。"九五"是经济体制转轨加速的时期，很多人都在讨论这个转变，但往往认为这是宏观的问题、是长远的问题，并未与企业现实生产经营联系起来，实际上，这个转变是具体的、现实的，是通过一项一项政策措施来实现的，而每一项政策措施对国有企业都影响重大。比如，为了向市场体制转变，进行了财政体制改革，这就结束了企业的承包制；进行了税制改革，统一税制，公平税负，这就停止了对国有企业的税收减免；价格逐渐放开，这就改变了企业间的比较优势，优势、劣势相互转化，纺织、石化等行业因此发生了巨大的变化；银行在逐渐商业化，这就产生了对企业的"嫌贫爱富"，越能还款的企业，银行越希望借钱，越是还不了钱的企业，银行就越追债；汇率并轨，使企业承担了汇率风险；如此等等。向市场经济转变就是这样一步一步地实现的，而每项政策措施的出台，对企业都意味着挑战和新的机会。对此有预见、有准备就会充分利用机会，避免风险，求得发展；相反，就会陷入被动，甚至带来灭顶之灾。

第二，长期的卖方市场正在转向供需平衡。曾几何时，几乎所有的产品都短缺，这种局面已成为过去。1988年提出价格改革时，很快形成了抢购风，但现在不会出现了。实际上从1994年到1995年再到今天，绝大多数行业、企业和产品已经是供需平衡或者是供过于求了。那些在建项目投产后，供过于求的现象会越加明显。据商业部对660种产品调查，属于紧俏的占7%，93%的产品供需平衡或供大于求。这种供需关系的变化是历史性的，不可逆转的。国有企业长期在计划体制、短缺经济中生存，形成了一种特定的思维方式，一些企业从不认真研究市场，却有持续的、激烈的扩大生产能力的欲望，以为市场可以无限地吸收它们的产品；一些企业在没有认真研究投资风险的情况下，大量举债、铺摊子。这种重速度、重产量、轻质量、轻效益，完全靠速度、数量拉动的增长方式已走到尽头。我国经济已由生产能力不足、短缺制约转向了市场制约。过去，国有企业的利润往往寄托于生产能力的扩大，现在则转为受制于是否有买主、是否有订单。很多国有企业对这一供需关系的变化没有预料，缺乏准备，在国家实行宏观调控、市场拉动减弱后，不少企业一夜之间市场丧失殆尽，却不知所措。这使企业的经营思想、发展战略、经营方式、资金投向、管理制度、工作重点、人员责任都面临翻天覆地的变化。现在很多企业停产、半停产和亏损，并不是没有生产能力，而是没有订单、没有买主，这一严峻形势正促使国有企业转换机制，走向市场，适应市场。

第三，对外开放格局进一步形成。过去对进口的商品实行高关税，把国内市场留给了国有企业。现在这个状况已经被打破，许多商品已跨过国界大步进入中国市场。如果说改革开放之初进入国内市场的主要是港台中小企业，那么现在跃跃欲试的则是世界上最强大的跨国公司。国有企业不出国门就面对国际最强对手的竞争。从某种意义上讲，达不到国际水平的产品不仅难以推出，在国内市场也难以长期站住脚。这对于国有企业来说是巨大的压力和挑战，但大多数国有企业对此缺乏预料，缺乏准备。

短短几年，内外部环境发生如此重大的变化，是绝大多数国有企业始料未及的。此时传统体制积存于国有企业身上的深层矛盾进一步暴露。这主要表现在以下三个方面。

一是国有企业机制落后的矛盾进一步暴露。由于政企不分，不少企业仍保留着大量的非市场行为，至今还没有真正走向市场，自主经营；政府干预企业，使企业依赖政府，造成企业吃国家大锅饭；企业承担社会职能，职工只能依靠企业，造成职工吃企业大锅饭。现行国有资产管理体制使企业缺乏来自所有者负责任的监督，分配向个人倾斜，由此形成企业非经营支出与经营支出混淆,造成财务的软约束;企业额外负担与经营失误混淆,对企业难以严格考核;政府部门决策不当与企业管理不善混淆,各方面都可以推卸责任。这些问题在卖方市场下容易被掩盖,在市场竞争激烈后就成了致命的问题。

二是国有经济结构性矛盾暴露得更加充分。长期以来,条块分割,再加上投资审批制,使重复建设不断出现,外延型发展战略盛行,企业对同类产品重复投资的欲望经久不衰。在短缺经济转向供需平衡后,这种结构失衡给国民经济和国有企业造成了严重后果,大量生产能力放空。据对全国900多种主要产品生产能力普查,1995年有半数以上的产品生产能力利用率在60%以下,如照相胶卷只有13.3%,电影胶片为25.5%,电话机为29.5%,洗衣机为43.4%,自行车为54%。企业结构"大而全""小而全",生产集中度很低,大都达不到最低经济规模,专业化协作不发达,限制了国有企业的竞争力。另外,很多产品不适销对路,各地区经济结构趋同,在不少产品大量进口的同时,许多国有企业在同类同档次产品中进行恶性竞争。解决这一矛盾靠单个企业是不行的,必须对国有经济进行战略性调整。

三是国有企业负担沉重,难以承受。目前,国有企业富余人员保守估计占1/3。国有企业职工如果是1亿人的话,富余人员就是3000多万人。1995年全国国有企业职工的平均工资是5500元,3000万富余人员的工资就是1650亿元,比全国国有企业的盈利总额还要多。但这些富余人员目前却无法分流出去。另外,国有企业债务负担重。据国资部门调查,资产重估后全国国有企业的资产负债率是69.19%,扣除资产损失和潜亏挂账的资产负债率是76.1%,其中资产负债率在100%以上的占15%~20%。再有,国有企业担负大量的社会职能,目前国有企业自办中小学校有1.7万所,企业自办医疗机构有3700家,病床占社会病床总数的1/3。1995年,国有企业中的离退休人员有1023万人。政府给企业设置了追求经济效益与承担"办社会"职能相互矛盾的双重目标,使企业往往由于来自职工的现实压力而弱化了追求经济效益的动机,也容易使企业政策性亏损与经营性亏损混杂,难以区分正常消费支出与过度消费支出。这就使国有企业与其他企业相比处于极为不利的竞争地位。

从目前的财政体制、银行体制和政府职能来看,已很难再用传统的方式挽救困难企业。已经出现的国有企业两极分化速度在加快,国有企业的销售收入、利润在向一部分企业集中。据统计,实力最强的300户工业企业只占国有工业企业户数的0.44%,但实现的利税却占68%。就是说,在出现一批优势企业的同时,也有相当一批困难企业,而且企业一旦进入不良循环的怪圈往往难以自拔。产品没有销路,只好减产、停产;企业出现亏损,银行停止贷款,各个债权人纷纷逼债;然后连续亏损。此时完全靠企业自身的力量扭亏为盈已经变得非常困难,对于相当一部分企业几乎已不可能。这种现象从另外一个侧面表明,当我们走过了卖方市场、供不应求的阶段之后,源于市场的优胜劣汰机制已开始真正起作用,这是经济转轨、结构调整时期不可避免的现象。目前,国有企业改革总的形势是:国有企业问题的症结基本摸清;改革的方向、方针已经确定;符合市场经济的改革途径和思路已经形成;推进改革的措施、步骤已经明确;加速企业改革的紧迫性已逐渐形成共识;职工、社会和企业对改革的承受能力也在提高。尽管出现了不少困难企业,但加速企业改革的有利时机已经到来。江泽民同志指出,当前企业改革正处在一个非常关键的时刻,必须坚定信心,加快国有企业改革的步伐。目前,搞好国有企业必须进行国有经济的结构调整和国有企业的战略性改组,这是江总书记特别强调的,而做到这一点的最佳方式,就是进行"优化资本结构"城市试点。

四 抓住时机,加大力度,配套推进,搞好今年的城市试点工作

1997年是我国历史上重要的一年。中央经济工作会议提出,1997年要抓住影响经济工作全局的重要环节,带动改革和建设事业有一个新的发展。当前建立社会主义市场经济体制和深化国有企业改革正处在攻坚阶段。一方面,旧体制的很多弊端使国有企业改革每推进一步都非常艰难;另一方面,国有企业的突出矛盾又进一步加剧,制约了整个经济体制改革的深入进行。中央经济工作会议明确提出,1997年要把搞好国有企业放在更加突出的地位,力求取得较大的进展。根据国务院的部署,1997年城市试点的

范围进一步扩大了，内容进一步充实了。今年城市试点工作要充分利用有利条件，加大力度，配套推进。具体讲有以下几个方面的工作。

第一，以实现两个转变为前提，结合"九五"计划，研究地区经济发展战略，形成区域经济的整体构想。要端正一个认识，搞经济发展战略不能简单地去搞"大干快上"。考虑经济发展的关键是要研究市场，弄清本地区在国内，甚至在国际市场中的比较优势，根据自己的特点确定本地区未来新的经济增长点。将国有企业置于地区经济发展战略之中，确定哪些企业要重点扶持，哪些要调整，哪些要淘汰。这里的关键问题是要把市场研究透，绝对不能闭门造车，要发挥比较优势，避免重复建设、趋同发展。

第二，搞好大的，放活小的。国务院重点联系的1000户大型企业中，首批300户扩大到500户，并分别与银行联网，建立起新型的银企关系。国务院试点企业集团由57家扩大到115家。这些企业都要按照建立现代企业制度的要求转机建制，实施"三改一加强"。各试点城市要根据本市的具体情况，择优扶强，培植一批优强骨干企业。关于放活小企业，去年国家经贸委在福州开了放活小企业工作会议，并下发了一个文件。计划经济条件下，大企业"大而全"，因此小企业的地位、作用被忽视了。现在搞市场经济，小企业的特殊重要作用越来越明显，大中企业无法替代。小企业资本少、风险大，但贴近市场、灵活机动、应变快。小企业活跃在大企业干不了或者微利不愿干的行业，创造着市场的活力。小企业为大企业提供各类服务和零件，是大企业提高市场应变能力的基础。小企业是新增就业岗位的主要提供者，也是区县经济的重要来源。放活小企业成本小，形式可以灵活多样，试点城市有更多的自主权。放活小企业关键是要做到政企分开，使企业走向市场。强化职工的参与和监督，接受市场的大浪淘沙。许多省区市都积累了放活小企业的宝贵经验，大家要按照中央确定的原则，更加大胆地开展工作。小企业活跃了，大企业改革的空间就会更宽阔。

第三，分流企业富余人员，分离企业"办社会"机构。"分离分流"是搞好国有企业的一项重大基础工作，难度很大，但必须及早动手。上海的再就业工程是在结构调整时分流人员十分有效的方法，它的基本原则各试点城市都可以参考。

城市试点在"双分"方面已经有了好的苗头，转移了250万人，其中大约1/3转向了社会，这是令人鼓舞的。上海市今年决心从市财政中拿出3.3亿元（共需10亿元），使再就业服务中心容纳20万名富余人员。青岛市表示，宁可缓修、少修两座桥，也要筹资解决这个问题。现在已有成功的经验，路子已经找到，关键是要配合结构调整、减人增效的需要，做好计划，下决心推进。同时，要抓紧完善社会保障体系。

第四，综合运用好三种办法，解决危困企业问题。这次会议规范了一条路——破产，拓宽了一条路——兼并，开辟了一条路——减人增效，在一段时间可以减免利息。因此，现在搞好企业的路子更宽了。镕基同志已经明确，呆账准备金今年有300亿元，明年可以考虑准备400亿元。当前企业的难题是"人往哪里去，钱从何处来"，这三条路为解决这一问题开始了积极的探索。试点城市的任务就是根据政策规定和企业的具体情况，以有限的改革成本获得较好的转机建制、结构调整的效果。如果钱花进去，企业还是老产品、老机制，成本的支付就不值得。

第五，继续推进"三改一加强"。要通过结构调整，使一部分企业投资主体多元化，再按《公司法》转机建制，机制转换了，再加大技术改造力度，加强管理。"三改一加强"的形式可以多种多样，关键是要用综合的办法，几个方面有机配合，不要"单打一"。如果企业机制没转换，一味地投资，不一定有好的效果；当然，仅仅机制转换，没有新的投入也不行。

第六，抓领导班子建设，注重经营者素质的提高。这是中央经济工作会议要求今年重点抓好的一项工作。最近由组织部牵头，会同经贸委、人事部为主，将成立一个加强企业领导班子建设的工作小组。要制订具体办法，按照管理权限，抓班子考核，必要时要对班子进行调整。这是一件大事，各试点城市要及早准备，花力气做好这项工作。经贸委或者工委已经承担企业干部管理的任务，要认真负起责任。具备条件的试点城市可以探索有别于党政干部的企业经营者的选聘、培养、考核和奖惩办法。

第七，发挥城市综合优势，推进配套改革，为企业改革创造良好的外部环境。当前特别要注重加强社会保障制度改革，把再就业工程放在重要位置。有条件的城市要学习上海建立再就业服务中心的做法。关于政府机构改革，李鹏总理的十四届五中全会讲话已经描述了改革的轮廓，按照这个路子走，不会有大的问题。上海、北京、深圳、厦门、青岛都陆续对此进行了改革，并取得了成效，试点城市可根据自己的情况积极探索。

第八，加强组织领导。新加入的试点城市要明确主管试点的市长，建立起领导和协调机构，制订试点工作计划，同时要认真办好学习班，研究有关政策文件。在学好政策文件的基础上大胆探索，勇于实践。有关省区市和各试点城市都要按《补充通知》建立起由经贸委牵头的兼并破产、减人增效工作协调小组，加强领导和组织协调工作。黔贵同志还要对《补充通知》做一些说明，对此这里就不多讲了。

在推进试点中，各城市要特别关注危困企业职工的生活问题，无论如何都要保证职工的基本生活，保持社会的稳定，这是我们义不容辞的责任。

同志们，1997年试点城市改革的任务很重，我们一定要抓住有利时机，乘势推进，加大力度，配套进行，争取今年的城市试点取得更大的成绩。

在全国城镇集体企业清产核资
工作会议上的讲话

（1997年4月8日）

1997年4月8日，经国务院批准，财政部、国家经贸委和国家税务总局共同召开"全国城镇集体企业清产核资工作会议"，总结1996年集体企业清产核资小范围试点工作，部署1997年集体企业清产核资扩大试点工作。

改革开放以来，我国经济的所有制结构发生了重大变化，各种所有制经济蓬勃发展，共同支撑着国民经济的增长和人民生活水平的提高。城镇集体经济是我国国民经济的重要组成部分，是公有制经济中的重要力量，在经济增长、增加就业、扩大出口等方面发挥着不可替代的作用。支持城镇集体经济的发展，是我们国家的一项长期、稳定的基本政策；指导好城镇集体经济的发展，是我们国家的一项长期、稳定的基本政策；指导好城镇集体企业的改革和发展，是我们面临的一项重要任务。去年7月，国务院决定开展城镇集体企业清产核资工作，这是城镇集体经济的一件大事，非常及时，非常重要。这项工作的开展将对城镇集体企业的改革和发展产生积极的、深远的影响。刚才佑才同志已就去年以来这项工作的试点情况进行了总结，对下一步工作也做出了安排。这里我仅就有关问题讲几点意见。

一 充分认识城镇集体经济的地位和作用

城镇集体企业清产核资是一项浩大、繁重的工作，企业、企业主管部门和各级业务部门都要投入大量的人力、物力和财力。国务院之所以下这么大的决心开展这项工作，从根本上讲，是由城镇集体经济的地位和作用决定的，是由清产核资工作对城镇集体企业改革和发展的基础性意义决定的。

（一）城镇集体经济在我国国民经济中有着不可替代的地位和作用

城镇集体经济是我国公有制经济的重要组成部分，也是我国国民经济发展中的重要力量。改革开放以来，我国城镇集体经济有了很大的发展，城镇集体企业遍布各行各业，并在轻工、商业、建筑等行业中占有了较大的比重。

1995年轻工系统有独立核算城镇集体企业4.1万家，占轻工系统企业总数的75%；职工464万人，占45.6%；完成工业总产值2024.4亿元，占38.3%；出口交货值296亿元，占73.5%。城镇集体经济在轻工业中处于举足轻重的地位。

在商品流通领域，1994年集体社会商业网点有131万人，占社会商业网点的13.7%；从业人员820万人，占社会商业从业人员的34.5%；消费品零售总额达3375亿元，占社会消费品零售总额的20.8%。城镇集体经济已成为商品流通领域不可忽视的经济力量。

在建筑施工企业中，1995年有城镇集体企业1.5万家，职工632万人，是国有企业的76.7%；总产值为1899.5亿元，是国有企业的51.8%；利税总额为94亿元，是国有企业的69.8%。城镇集体经济是建筑施工行业中仅次于国有经济的一支主力军。

劳动就业服务企业产生于20世纪70年代末，十几年来先后共安置了2100万人就业。1995年底，有企业18.2万家，职工860万人，总产值2058.4亿元，利税142.6亿元，累计上缴国家税金是财政拨付就业经费的8倍多。劳服企业在降低我国城镇失业率、为国有企业提供生产配套和生活服务、分流国有企业富余人员等方面功不可没，同时也创造了较好的经济效益。其中600多万名职工活跃于第三产业，已成为我国发展第三产业的一支主力军。

民营科技企业诞生于20世纪80年代初期，1995年底，有企业4.2万家，其中集体企业为2万家。全部民营科技企业共有固定职工198万人，技工贸总收入为2683亿元，上缴税金131亿元，出口创汇52.7亿美元。民营科技企业是我国发展高新技术产业的一支有生力量，对我国高新技术产业开发区的形成与建设起到了推动作用。

1995年底，全国城镇集体企业从业人员达3076万人，占城镇职工总数的21%，是私营和个体从业人员的1.5倍；城镇集体工业产值为6523.7亿元，是国有工业产值的25.2%，是城镇中第二大经济力量。城镇集体经济在巩固和发展公有制经济、扩大就业、改善人民生活、增加税收、扩大出口等方面起着不可替代的作用。近几年来，在越来越多的地区，发展城乡经济被列入重要日程，受到了高度重视。这是人们对城乡集体经济重要地位和作用的肯定。

（二）城镇集体经济在社会主义市场经济中有着光明的发展前景

城镇集体经济与国有经济相比，受指令性计划、统购统销等旧体制的影响较小，大多数中小企业比较贴近市场。尤其是在改革开放中诞生的集体企业机制比较灵活，初步适应了市场经济的要求，成为城镇经济中有着巨大发展潜力的增长点。如城市区街集体企业近几年呈现较快的发展势头。1993~1996年，辽宁省区街集体企业的产值、利税每年递增都在20%以上。这些年民营科技企业的规模明显扩大，技工贸总收入、上缴税金、出口创汇迅速增长，今后的发展潜力十分巨大。以上海主人印刷厂为代表的一批城镇集体企业大胆进行股份合作制改革，明晰了产权，促进了政企分开，企业经营机制明显转换，激发了劳动者的积极性，促进了生产力的发展，增强了对社会主义市场经济的适应能力。在激烈的市场竞争中，一大批城镇集体企业站稳了脚跟，产品创出了名牌效应，经济效益不断提高，初步显示出了集体经济的生机和活力。如由街道集体企业发展起来的广州南华西企业集团公司，1996年营业收入达9亿元，有"华夏第一街"的美誉，其经营发展的主要经验受到了中央领导同志的肯定；由一个小集体企业发展成为上市公司的青岛海尔集团，产品享誉市场，其创造的"日清日高"的企业管理经验代表了国内第一流的企业管理水平。

我国是一个社会主义国家，社会主义制度决定了要以公有制为国民经济的主体，以促进共同富裕、维护社会公平。我国是一个经济发展水平不高的发展中国家,经济发展不平衡,国家直接支配的财力有限,这样的国情决定了在我国公有制的实现形式中,集体经济要占有相当大的比重。我国又是一个人口负担很重、就业压力很大的国家,兴办中小企业是解决城镇就业的主要渠道。尤其是我国国有企业改革的步伐正在加快,国有企业中大量富余人员正待分流,而兴办城镇集体企业将是国有企业富余人员分流的一种主要途径。因此,无论从社会制度、生产力发展水平还是从解决就业、稳定社会的实际需要出发,发展城镇集体经济都是我国经济、社会发展的一项战略性任务,鼓励和支持城镇集体企业的发展都是各级政府的一项基本政策。

从城镇集体经济本身的特征看,我国城镇集体企业在总体上受计划经济体制的束缚和影响比较小,大部分企业在市场竞争的环境中诞生,在走向市场、适应市场方面不存在很大的障碍。城镇集体企业经营机制比较灵活,职工对企业经营效益的关切程度高,在体制上更易于把机制灵活、内聚力强的优势组合起来,形成企业的市场竞争优势。许多成功的城镇集体企业的实践表明,只要我们的政策和工作到位,把城镇集体经济固有的和潜在的优势发挥出来,再加上各级政府的重视和具体支持,城镇集体企业完全可以办好,完全可以在市场竞争中发展壮大。中国经济的发展和社会主义市场经济体制需要城镇集体经济,城镇集体经济可以适应社会主义市场经济的要求。对于这一点,我们要有足够的认识,要确立对城镇集体经济发展前景的信心。

二 清产核资是城镇集体经济改革与发展的一项重要基础工作

在肯定城镇集体经济在我国经济和社会生活中发挥着巨大作用的同时,我们也不能回避目前城镇集体经济在发展中面临的大量现实问题。在我国城镇集体经济发展的历程中,曾反复地受到"左"的思潮和政策的干扰,以至于相当一部分老的城镇集体企业偏离了合作制的基本原则,变成了产权模糊、政企不分、分配上吃大锅饭、人员也难以流动的"二国营"模式。不少老集体企业离退休人员多,企业负担沉重,职工生活困难。许多企业设备陈旧，人员素质不高，经营管理水平低，市场竞争力不足。我们必须正视的现实是，我国城镇集体经济目前的状况如不尽快改变，不但城镇集体经济的潜在优势及其在经济发展、社会稳定方面应有的作用发挥不出来，而且有可能会出现城镇集体经济逐步萎缩的局面，这将给我们的政治、经济和社会生活带来十分严重的后果。

要解决目前我国城镇集体经济面临的诸多问题，加快城镇集体经济的发展，出路在深化改革、解放生产力。

城镇集体经济改革的方向是建立现代企业制度。党的十四届三中全会《决定》在指出现代企业制度是国有企业改革的方向后明确提出，所有企业都要朝这个方向努力。江泽民总书记在党的十四届五中全会上指出，集体企业也要不断深化改革，创造条件，积极建立现代企业制度。所谓现代企业制度，是指符合社会化大生产、适应社会主义市场经济体制的"产权清晰、权责明确、政企分开、管理科学"并依法规范的企业制度。对大型企业来说，现代企业制度以公司制为典型形式；对中小企业来说，主要是股份合作制、合作制、合伙、独资和有限责任公司等形式。无论采用哪种企业组织形式，关键是要实现"产权清晰、权责明确、政企分开、管理科学"。在现代企业制度这四项基本特征中，"产权清晰"是最基础性的。就我国城镇集体企业目前需要解决的诸多矛盾而言，"产权清晰"具有更加现实的意义。

建立现代企业制度的基本任务是使企业成为自主经营、自负盈亏、自我发展、自我约束的法人实体和市场竞争主体。要完成这项任务，出资者明确、财产所有权归属清晰是一项起码的要求，这是建立现代企业制度的基础。因为企业的资产受益、重大决策和选择管理者的权益只能由出资者享受，最终承担企业盈或亏的是出资者，资产保值增值的责任要由企业对出资者承担，经营者工作的优劣要由出资者评价和监督。出资者不明确，产权不清晰，企业在市场中生存和发展所必须具备的责、权、利之间的平衡就会丧失，从而引发一系列的问题。从城镇集体企业的情况来看，主要有以下几个方面的问题。

一是为政企不分提供了条件。从根源上讲，政企不分产生于传统的计划经济体制。但是，在向新的社会主义市场经济体制转轨的过程中，集体企业产权归属不清、产权关系不顺使所有者被架空,为政府部门代表所有者行使职能、干预城镇集体企业经营提供了条件,致使一批城镇集体企业至今仍然没有从根本上改变"二国营"的模式,政府部门平调城镇集体企业资产的现象频频发生。

二是劳动群众集体所有的性质难以很好地体现。国务院1991年颁布了《城镇集体所有制企业条例》,规定了城镇集体企业职工在选举经营者和参与企业决策等方面的权益,体现了城镇集体企业劳动群众集体所有的性质。但由于产权关系不清、不顺,这些规定在相当一部分企业中并没有得到很好的落实,劳动群众集体所有制的性质未能充分体现,难以充分调动经营者和广大职工的积极性。

三是企业缺乏来自所有者的约束。一些企业经营管理混乱,长期亏损,资不抵债;有的企业经营者大肆挥霍、浪费企业财产;少数不法分子利用手中权力侵吞企业财产,城镇集体企业资产流失严重。究其原因,产权归属不清、缺乏来自所有者的约束是一个基本因素。

近年来,各地区在放活小企业的改革中,加快了城镇集体企业改革的步伐,实行改制的企业普遍进行了界定产权的工作,理顺产权关系取得了一定进展。但也存在一些问题,主要是全国没有统一的政策法规,在企业改制中,各地有关产权界定的政策规定不尽一致,有的地方出现职工出钱买自己财产的现象。从整体上看,相当一批未改制企业产权关系不顺的局面没有得到根本性改变。近年来,城镇集体企业产权纠纷时有发生,有的甚至酿成恶性事件。

目前,我国城镇集体经济的发展已经到了一个时期。城镇集体企业中各种矛盾已经积累了很长时间,严重影响到城镇集体经济的健康发展。解决这些问题要做的一项基础性工作就是按照党的十四届三中全会《决定》关于现有城镇集体企业也要理顺产权关系的要求,制定统一政策,通过全面清产核资来明晰产权。这正是国务院下决心开展城镇集体企业清产核资工作的一个重要原因。我们要高度重视清产核资工作对于我国城镇集体经济改革和发展至关重要的基础性作用和意义。

三 理解和把握合作制集体企业的基本原则

城镇集体企业清产核资是一项工作量大、难度大的工作,其复杂程度要远高于国有企业的清产核资工作。对此,我们要有足够的思想准备和业务准备。城镇集体企业清产核资的复杂性可能主要来自以下几个方面。

一是产权变动频繁。仅以"文革"前的手工业合作社以及供销合作社为例,1958年对合作社实行"转厂",有300多万社员随手工业合作社转入国营工厂;1964年恢复发展手工业合作社,一部分转为国营工厂的合作社又改了回来。供销合作社的情况大体类似。1958年,供销合作社从基层社到全国总社宣布改为全民所有制,县以上联社与国营商业合并,基层社并入人民公社;1962年供销合作社恢复建制,与国营商业分开,改回集体所有制;1965年底,供销合作社又改为全民所有制。在这些产权变动中,有手工业合作社、合作商店上缴的部分资金没有退回的情况,也有政府给予其大量补贴、投入的情况,产权关系比较复杂。

二是企业资产来源多样。从资产来源的产权主体来看,有职工集体出资、职工个人出资,有联合经济组织、社区经济组织投资,也有国有企业及其他法人、自然人的投资,还有市、区、县、街政府或政府部门的拨款,甚至有来自事业单位、学校等非经济组织的资金。从形成初始投资的资金性质来看,有投资性集资、入股、公共积累、拨款等投资行为,也有无偿划拨、无息借款、借贷、租赁、馈赠、捐赠、减免税、政策扶持等非投资行为。从资产来源的形态来看,有货币资金,也有机器设备、工具厂房、场地、专业技术等非货币资金。

三是财产所有权归属模糊。由于传统计划体制下人们的产权意识淡薄,加上产权变动频繁和资产来源多样等因素,相当一部分城镇集体企业程度不同地存在着财产所有权归属模糊即资本的出资者不清的问题。这个问题比较集中地反映在集体企业劳动者集体与职工个人、集体企业与联合经济组织、集体企业与扶持单位或政府有关部门对有关财产所有权归属的认识不一致或不完全一致上,在有的集体企业,反映出的矛盾和分歧甚至很大。

城镇集体企业清产核资工作的复杂性不仅仅在于产权变动、资产来源等方面的复杂情况，而且在于这项工作涉及有关集体经济、合作经济的一些理论和认识问题。在这里我重点谈两个问题，供大家研究讨论。

第一，关于劳动积累问题。这是较为规范的合作制企业特有的问题。对于其他所有制企业来讲，处理财产归属关系坚持"谁投资，谁所有，谁受益"这个原则就可以了，但是对合作制企业来说就不能仅仅讲这一条。

一般讲，合作制是分散的消费者或独立的劳动者等市场竞争中的弱者，通过合作将个体的弱势转化为群体优势，从而实现自我保护的一种企业组织制度。合作的形态有劳动与资本两个方面，在生产合作社中，资本合作的目的在于能使联合的劳动者利用生产资料实现他们自己的劳动增值。在我国的合作制实践中，一些较为规范的企业坚持这个原则并按这个原则进行分配。虽然有的企业的全部资本均来自归职工个人所有的股金，但税后利润分配除提取公积金、公益金外，首先提取一定比例的劳动积累作为按份共有的集体资产，而后再按职工个人投资进行分红。这部分劳动积累是职工劳动对企业积累所做的贡献。

我国城镇集体企业大多是劳动密集型的中小企业，初始投资不多，一部分企业集体资本很少或者根本没有集体资本，主要靠劳动积累发展壮大。受旧体制下对合作制企业"过渡""升级""平调"的影响和其他外部环境的制约，许多城镇集体企业，包括初始投资主要不是来源于本企业职工的城镇集体企业，没有很好地坚持劳动合作原则，反映在分配制度上，就是对企业经营的盈余，一直没有提取劳动积累，也没有按照《城镇集体所有制企业条例》对职工进行劳动分红。在这次清产核资中，如果对那些集体资本很少或者根本没有集体资本的企业，只按初始投资来界定产权，不利于坚持劳动合作原则，有的企业可能因此而改变性质。因此，在这次清产核资产权界定中，对于经初始投资者同意，已经提取劳动积累的要予以承认；对于没有提取劳动积累的，要尊重历史，从企业现实情况出发，按照"不改变企业性质"的要求，通过各有关方面的充分协商，争取合理解决。

第二，关于职工个人股权与合作经济的性质问题。《城镇集体所有制企业条例》提出了合作制的基本原则，就是自愿组合、自筹资金、独立核算、自负盈亏、自主经营、民主管理、集体积累、自主支配、按劳分配。

那么在自主经营、民主合作制基本原则的前提下，职工个人保持其对企业出资的所有权是否会影响合作经济的性质呢？

从实践来看，近几年各地的股份合作制企业发展很快。大部分股份合作制企业的资本，既有集体共有股，也有所有权归个人的职工个人股；不少企业的集体共有股中，又分为集体共同共有和职工按份共有两部分。按份共有部分中有不少是长期以来集体资本由于未分红等原因形成的积累。对按份共有部分，各地一般规定职工个人只有分红权，没有占有、使用、处置权，即没有所有权，职工个人不能带走，也不能转让。有的企业为了恢复劳动者与所有者一致、劳动者与生产资料直接结合的合作经济的原则，改变集体产权虚拟的状况，对这部分由于未分红等原因积累的资产进行了一些改革的尝试。因此，对于股份合作制的性质，一开始争论很多，现在看来，认识开始趋于一致，认为是劳动合作与资本合作相结合，以劳动合作为主要特征的集体所有制性质。

在这次清产核资工作中，我们要充分认识合作性质的集体企业在产权上的特征，按照《城镇集体所有制企业条例》，承认"职工股金，归职工个人所有"并可"按股分红"。有关部门在产权界定或产权登记的具体操作中，不能改变职工个人股的所有权，也不能因有个人股权而去改变企业的集体所有制、合作制性质。对于按份共有的集体资产及其他产权制度改革的措施，应该允许进行探索和试点。

四　加强领导，共同配合，切实做好城镇集体企业的清产核资工作

在各试点、各部门和广大城镇集体企业的共同努力下，前一阶段清产核资试点工作取得了很大成绩。总结经验，发扬成绩，把今年扩大试点工作做好是全面开展清产核资工作的关键。要按照今年初财政部、国家经贸委、国家税务总局关于今年扩大试点的部署和刚才佑才同志报告所做的安排，把今后的工作做好。下面我再强调几个问题。

（一）各级经贸委和其他城镇集体经济综合管理机构要提高认识，加强组织领导

国家经贸委是国务院确定的负责全国城镇集体企业宏观管理和指导工作的部门，推进城镇集体企业的改革与发展，是经贸委系统一项重要的职能和任务，组织做好城镇集体企业清产核资有关工作是义不容辞的责任。各级经贸委及地方人民政府确定的其他城镇集体经济综合管理机构要进一步提高对城镇集体企业清产核资重要意义的认识，把清产核资工作与城镇集体经济改革和发展的各项工作有机结合起来，把清产核资工作列入重要日程，切实抓紧抓好。各级经贸委及其他城镇集体经济综合管理机构要服从当地人民政府的统一安排，按照地方政府的要求，参加有关组织领导小组和办事机构的工作。要按照人民政府确定的分工，认真组织实施所负责的工作。在本部门内部，要把所承担的清产核资各项工作落实到具体的单位和人员。要认真学习和掌握清产核资的各项政策规定，贯彻落实国务院办公厅《关于在全国城镇集体企业、单位开展清产核资工作的通知》的精神，严格执行国家各项规定。

（二）各级经贸委和其他城镇集体经济综合管理机构要认真做好产权界定和产权登记的有关工作

各级经贸部门要组织开展产权界定的培训工作。要坚持以事实为依据，认真执行国家经贸委、财政部、国家税务总局联合下发的《城镇集体所有制企业、单位清产核资产权界定暂行办法》。这个办法是经过三个部门的同志反复研究，广泛征求各地区、各部门和专家学者及广大集体企业意见制定的，对有关问题澄清了认识，进一步明确了政策界限。各地区、各有关部门要抓紧转发这个文件。各级经贸委及其他城镇集体经济综合管理机构要严格把好产权界定结果的审核、认定关，发现问题，及时纠正；要切实维护集体资产的完整，维护集体资产所有者的合法权益，维护各类投资者的合法权益。凡国务院有明确规定属于国家所有的资产，要确保国家的所有权，防止国有资产流失；对于集体企业被平调、挪用、侵吞的资产，要按照《城镇集体所有制企业条例》的规定进行处理。对于产权界定中发

生的争议和纠纷，要与有关部门认真调查取证，广泛听取意见，进行调解和裁定；对于争议和纠纷涉及资产数额较大或对当事企业影响较大的，要及时向当地人民政府和上一级经贸委请示、报告。要注意做好产权界定和产权纠纷典型案例的调研、搜集、分析工作，及时总结经验。要认真组织好集体资产的产权登记和登记证的核发工作。要强化维护集体资产权益的舆论宣传工作，增强法制观念，对于产权登记后发生的侵犯集体资产的行为，要在当地人民政府的领导下，坚决予以查处和纠正。

（三）各有关部门要密切配合，共同做好各项工作

从城镇集体企业的情况来看，要真正保质保量地完成这次的清产核资工作，难度很大，任务非常艰巨，各有关部门要加强协调配合，通力合作才能做好。财政部门有清产核资具体业务工作方面的经验，有一支专业人员队伍；经贸部门和其他城镇集体经济综合管理机构对企业的经营管理和改革发展的状况比较了解；税务部门对企业的财务状况比较清楚，三部门共同组织，各有侧重，相互配合好，有利于发挥各自的优势，形成合力。要充分发挥和依靠现有各城镇集体企业改革和发展服务的原则，按照三部门的工作要求，认真开展工作。三部门要加强与轻工、劳动、内贸、金融、供销社及其他专业经济部门、系统的联系，及时沟通有关情况。这些部门也要与三部门积极配合，从全国清产核资工作的大局出发，组织好本行业、本系统的清产核资工作。

（四）广大城镇集体企业要积极行动起来，扎扎实实地完成好清产核资的各阶段工作

清产核资的任务包括各项政策最终都要落实到每一个城镇集体企业身上。广大城镇集体企业要积极行动起来，切实提高对这项工作重要性的认识，把它作为深化改革、加强管理、提高资金使用效率的一项基础工作，扎扎实实地做好。尤其是企业的经营管理者，要增强做好这项工作的主动性和责任感，按照清产核资的有关政策规定和工作要求，认真完成各项任务。要做好广大职工群众的宣传动员工作，让职工了解情况，参与有关工

作,通过民主管理,进一步促进这项工作的完成。对于工作中存在的问题尤其是政策性问题,企业要及时向有关部门反映或提出自己的建议,有关部门要及时研究,采取措施。

同志们,城镇集体企业清产核资任务是十分艰巨的。在国务院的统一领导下,只要我们坚持不懈,共同努力,清产核资工作就一定能够取得圆满成功。

在第四次全国中小企业对外合作工作会议上的报告[*]

（1997年4月16日）

> 中国中小企业国际合作协会于1990年3月经国家计划委员会和民政部批准成立，是我国第一家全国性中小企业社团组织，由全国各类企业、专业服务机构、社会团体、专家学者等组成。中国中小企业国际合作协会秘书处与中国中小企业对外合作协调中心合署办公。1997年4月16日，第四次全国中小企业对外合作工作会议暨中国中小企业国际合作协会第二届理事会在成都召开。

第四次全国中小企业对外合作工作会议暨中国中小企业国际合作协会第二届理事会，今天在这里召开了。这次会议是以党的十四届五中全会和六中全会的精神为指导，认真学习和贯彻中央经济工作会议的各项决定，总结交流五年来中小企业对外合作工作的经验，提高思想认识，研究和提出市场经济条件下，中小办和协会系统的工作内容和任务，是解放思想，抓住机遇，扎实工作，开创我国中小企业对外合作工作的新局面。

下面我讲几点意见，供大家讨论时参考。

一　中小企业改革取得了重要进展

近年来，各地区、各部门和广大中小企业在党中央关于放开搞活小企业的方针指导下，解放思想，大胆实践，加快了中小企业改革的步伐。无

---

* 此文是作者在会议开幕式上以"抓住机遇、扎实工作，促进中小企业的对外合作"为题所做的报告。

论是对中小企业地位和作用的认识，还是在改制形式、改制途径、相关政策措施，以及在制度创新、转换机制、提高效益等方面都取得了重要进展。我们应当不断总结各方面的改革实践经验，继续抓好面上的改革，做到整体推进。

（一）加深了对放开搞活小企业战略意义的理解

党的十四届三中全会《决定》指出："一般小型国有企业，有的可以实行承包经营、租赁经营，有的可以改组为股份合作制，也可以出售给集体或个人。""现有城镇集体企业，也要理顺产权关系，区别不同情况可改组为股份合作制企业或合伙企业。"在党的十四届三中全会《决定》中将小企业作为国民经济的重要组成部分专门讲到，在此之前是没有过的。政策上对大企业与小企业有所区别，这也是第一次。十四届五中全会提出了"搞好大的，放活小的"企业改革方针，再次把放开搞活小企业放到了突出位置，体现了党和国家致力于小企业改革的决心。江泽民同志在十四届五中全会和中央经济工作会议上，也对小企业的地位和作用，以及改革的目的、意义和需要注意的问题做了重要阐述，使放开搞活小企业成为具有全局性、带有战略意义的重要举措，成为我国企业战略重组的重要组成部分。

几年来，各地政府和企业在放开搞活中小企业的实践中，对党中央深化小企业改革做出的一系列方针、政策和对放开搞活小企业的重要战略意义有了更深的理解。一是放开搞活中小企业，是为了从整体上搞好国有经济，是实现国民经济发展战略目标的重要环节，是各级政府推进区域经济发展的重要依靠力量。二是放开搞活中小企业是实现"两个根本转变"的战略举措，绝不是由于"管不了""管不好"而"甩包袱"。政府对中小企业要实行宏观管理和政策调控，同时要加强服务。三是放开搞活中小企业要解放思想，可以采取多种方式，同时要加速政府职能的转变，创造有利于中小企业发展的政策环境。

（二）增强了对中小企业地位和作用的认识

中小企业与大企业同样是我国国民经济的重要组成部分，两者相辅相成，形成合理的经济结构。我国改革的实践证明，没有大企业的强大，中小企业就失去基础设施、能源、原材料的保障；没有充分发展的中小企业为大企业配套，大企业仍难以摆脱"大而全"，难以摆脱沉重的社会就业压力。计划经济体制下，中小企业政策是国家管理中的一个薄弱环节。忽视中小企业在国民经济发展中的特殊作用，造成了经济结构和企业结构不合理，使中小企业未得到充分发育。

中小企业是我国经济增长的重要生长点。据统计，目前在全国工商行政部门注册登记的中小企业已超过1000万家，占全国企业总数的99%；中小企业在全国的工业产值和实现利税中分别占到60%和40%左右；中小企业提供的就业岗位占全国城镇就业总数的75%。1995年，我国乡镇企业达2203万户，国内生产总值达14595亿元，占国内生产总值的25.3%；出口交货值为5400亿元，占全国出口总额的34%。从国内非公有制中小企业的情况来看，截至1996年8月，外商投资企业累计已达27万家，其中90%以上是中小企业，并提供了1750万个就业岗位，占全国城镇职工总数的11.7%。目前，在城镇私人企业、个体企业、集体企业、三资企业的就业人数已超过6000万人，约占全国城镇就业总数的32%。

由此可见，中小企业是经济增长的重要生长点；中小企业是活跃市场的基本力量；中小企业是扩大出口的生力军；中小企业是大企业改革与发展的重要依托；中小企业是增加就业的基本阵地；中小企业是区县财政的重要来源；中小企业也是反哺农业，发展农村经济的有生力量。支持和发展中小企业是国家发展经济的一项长期、稳定的基本政策。

（三）"放开搞活"中小企业收到了初步成效

党的十四届三中全会以后，放开搞活中小企业的大胆尝试和已取得的初步成效不仅为中小企业的生存和发展注入了新的活力，改善了国有经济结构，促进了当地经济的发展，同时也为中小企业制度创新，使企业走向市场，成为市场主体提供了有利的发展条件。

几年来，各地以"三个有利于"为标准，认真贯彻执行放开搞活小企业的战略方针，注重从地方和企业的实际出发，大胆探索，因地、因厂制宜，选择合理恰当的企业改制形式和改革路子，取得了较好的成效。如黑龙江省改制后的 2331 家国有小企业，1995 年与上年相比工业产值增长了 15.9%，销售收入增长了 20%，上缴税收增长了 11.7%。改制企业亏损户下降了 18%，亏损额下降了 46%。江苏省采取多种改制形式，1995 年兼并企业 464 家，租赁经营 4737 家，先售后股 1200 家，拍卖 1157 家，破产 113 家。山东诸城 1995 年所有经过改制的企业基本扭转了亏损。与 1992 年相比，全市企业实现利润增长 4.3 倍，税收增长 2.3 倍，财政收入增长 1.4 倍，职工工资增长 0.9 倍。湖南省总结推行了放活小企业的 14 种形式。全省中小企业中有 15% 实行了股份合作制，60% 以上实行了抵押租赁、抵押承包、个体经营、委托经营等多种形式。

（四）各地积累了一些"放开搞活"的有益经验

在放开搞活中小企业中，企业改制中的财产组织形式、结构调整的途径、加强职工参与和监督方式、富余人员和离退休人员的妥善安置、增资减债的可行办法等，既涉及企业，也涉及政府。由于中小企业绝大多数属于地方企业，因而放开搞活中小企业的责任主要落在地方政府身上。

近年来，各地政府和企业坚持既放开搞活，又防止国有资产流失的原则，进行了大胆的尝试和积极的探索，改革的力度不断加大，积累了许多宝贵的经验。如山东省在放开搞活国有小企业上，提出了"三放两不放"，即放开企业改制形式、经营内容和干部管理权限；不放松对国有资产的监督管理，不放松对依法经营、照章纳税的管理。安徽省总结提出了"九个一批"，即扶持壮大一批，挂靠联合一批，"先售后股"一批，兼并划转一批，承包租赁一批，合资嫁接一批，"迟二进三"一批，剥离分立一批，破产淘汰一批。另外，天津市提出了鼓励企业兼并的"六种方法"；上海市对企业增资减债采取了"六个一块"、29 项措施；辽宁省提出了"八字针"，即股、并、转、分、租、停、破、卖；山西朔州市总结出了 10 种小企业改革的具体形式等。这都是在实践中总结出来的现实可行的经验和做法。国家经贸委在调查研究、总结各地经验的基础上，制定了《关于放开搞活国有小型企业的意见》，提出了 18 条政策措施。各地创造的宝贵经验使放开搞活小企业的路子拓宽了，办法更多了，信心也越来越强。

就总体来说，中小企业的改革与发展正健康地向前发展。

二 对五年来中小企业对外合作工作的回顾

我国中小企业对外合作工作是伴随着改革的不断深入发展逐步由稚嫩走向成熟的。1988年12月，在扬州召开全国中小企业对外合作工作座谈会，广大中小企业工作者第一次共同研究探索中小企业对外合作工作的思想与模式，初步提出了我国中小企业通过对外合作，促进企业发展和技术进步的指导思想。1990年3月，在杭州召开了第二次全国中小企业对外合作工作会议，同时召开了中国中小企业国际合作协会成立大会，我国中小企业对外合作的发展拓宽了渠道，充实了中小企业对外合作的基础。1991年12月，在潍坊召开了第三次全国中小企业对外合作工作会议，就我国中小企业的对外合作工作进一步统一了认识，交流了各地的经验和好的做法，有力地推动了中小企业对外合作工作的向前发展。1995年8月，中小企业对外合作协调办公室（以下简称中小办）和中国中小企业国际合作协会（以下简称协会）划转至国家经贸委。同月国家经贸委确定了中小办的六条职责，扩展了服务领域，提出了工作要求，并将中小办的工作纳入委领导的工作日程。

自第三次全国中小企业对外合作工作会议以来的五年里，中小办和协会与各地中小办和协会共同努力，积极开拓，做了大量的基础性、建设性的工作，取得了显著成绩，主要有以下六个方面。

（一）加强组织建设，逐步形成全国性中小企业对外合作工作网络

第三次全国中小企业对外合作工作会议召开时，全国仅有15个省区市成立了中小办，有6个省区市成立了协会。五年来，各地中小办和协会抓住放开搞活中小企业和开展对外合作的有利契机，通过改进和加强为中小企业的服务使会员单位和会员队伍不断扩大。各省、自治区、直辖市经贸委（经委、计经委）也十分重视中小办和协会的组织建设工作。上海市协会把工作重点放在区县以及乡镇企业上。它将走访企业会员单位形成一种制度，密切了企业与协会的关系，出现了企业会员主动介绍企业加入协会的可喜局面。目前，上海市协会已吸收了84家企业会员。山东省中小办和

协会将对外合作工作与建立组织机构同步进行,在青岛、潍坊成立了中小办和协会,在烟台、威海、济宁成立了协会,形成了省内的对外合作工作网。吉林省协会在做好招商引资工作的同时,加大为企业服务的力度。它把合作项目的跟踪服务与吸收企业会员紧密结合在一起,增强了协会与企业的凝聚力,五年来共吸收企业会员276家。湖北省中小办从组建到成立,在短短的两个月内完成。上述这些都体现了各地经贸委(经委、计经委)对中小企业对外合作工作的高度重视和支持,为我们开展中小企业对外合作提供了组织保证。

据中小办和协会统计,截至1996年12月底,全国有18个省区市成立了中小办,27个省区市成立了协会。香港中小企业总会作为协会联系单位,对于香港回归后加强内地与香港中小企业间的交流和扩大对外合作有着重要的意义。随着中小办和协会这两个政府与民间工作网络的逐步建立和完善,它们将为推动中小企业对外合作提供有力的组织保证。

(二)扩大对外联系,不断巩固和发展对外合作渠道

中小办和协会与各地中小办和协会五年来相互配合,加强沟通,在巩固原有对外渠道的基础上,注重开发新渠道,结识新朋友。目前,我国中小企业对外合作交往频繁和项目洽谈活跃的有日本、韩国、德国、意大利、法国、俄罗斯等国家以及中国香港、中国台湾等地区。澳大利亚、新加坡、马来西亚、以色列、芬兰以及欧共体等国家和地区也成为我国中小企业对外合作的新热点。此外,我国自1991年10月加入亚太经合组织(APEC)以来,积极参与APEC的有关活动,为我国中小企业走向世界开辟了新的重要途径。1996年,我国中小企业组团参加了由APEC组织在日本东京举办的"第一届世界中小企业技术交流及展览会",有20家企业分别荣获了优秀产品奖和东京技术奖,显示了我国中小企业的国际竞争意识和参与意识。

五年来,中小办和协会致力于加强交流、增进交往;先后接待来访的国外中小企业组织和有关机构的代表169批,总计2800多人;先后组织各地方协会、企业技术和管理人员出访团组46个,总计1780多人,不断加强为中小企业的服务,发挥了桥梁和纽带的作用。

各地中小办和协会结合当地优势，采取不同形式，积极开辟和建立对外合作渠道。天津市协会用自己的热情服务赢得了外方的信赖，先后促成了在德国较有影响力的三家大企业到天津投资办厂。北京市协会与日本中小企业联合会签署了中小企业合作协议，拓宽了双方中小企业间的交流和合作渠道。海南省协会凭借毗邻东南亚的地理优势，把工作重点放在开展区域合作上。它利用周边国家商会的作用，向外商介绍我国的投资环境，为内地到境外办厂提供咨询和出国考察服务，丰富了我国与周边国家开展合作的内容。

（三）内引外联，促成了一批项目，取得了经贸合作的可喜成果

五年来，各地中小办和协会始终把为中小企业引进技术、吸引外资、联系外商、举办经贸洽谈作为服务的中心内容。大家克服困难、勇于开拓，促成了一批项目。另据不完全统计，中小办和协会与各地中小办和协会五年来共交流信息1669项，组织项目对口洽谈371项，其中已签约323项，利用外资协议金额41.21亿美元，实际利用外资36.50亿美元。

兰州市协会联系本地有特色的产品生产厂家，加大招商引资力度，促进企业的外向型发展。截至1996年6月底，该市的三资企业增加到106家，合同投资金额13.46亿美元，合同利用外资金额6.35亿美元，使瓜子、中成药、硅铁、工具这些当地特色产品形成了出口规模。江苏省中小办在吸引外资的对象上，着重选择德国的中小企业。目前，在江苏落户的德资企业有189家，仅太仓市就有9家德资企业落户。截至1996年2月，江苏与德国合作项目的90%是德国中小企业投资的。

中小办和协会在各地政府和地方协会的大力支持下，1992年和1994年分别在天津、北京举办了两届国际中小企业经济合作暨贸易洽谈会，取得了圆满成功。1996年11月，在国家经贸委的支持下，中小办和协会与常州市联合举办了常州国际中小企业经济合作暨贸易洽谈会。常州贸洽会作为我国配合APEC中小企业项目的活动之一，突出了中小企业发展与国际合作的主题，达到了预期的目的。举办多种形式的贸洽会，不仅为中小办和协会的对外合作开辟了新思路、找到了新途径，也扩大了我国中小办和协会的知名度。

(四) 交流信息，做好双向服务

各级中小办和协会在中小企业与政府之间、中小企业与国际市场之间积极发挥桥梁作用，五年来在为政府和中小企业的双向服务方面做了大量的、卓有成效的工作。

中小办和协会1992年向国务院报送了《关于与德国合作的行业及产品分析报告》，1996年向国家经贸委提出了《关于加强与德国中小企业合作的建议》的报告，并及时主动地向上级主管部委反映和汇报中小企业对外合作中存在的问题和情况，为政府制定有关政策和法规提供情况和建议，发挥了助手作用。《中国中小企业》杂志是中小办和协会对外宣传的喉舌。几年来，《中国中小企业》杂志针对中小企业改革和对外合作中出现的新变化、新情况，及时开辟新栏目，加大宣传力度，为中小企业创造良好的舆论环境。《中小企业简报》发挥内部刊物的作用，加强政策引导，受到了各地中小办和协会的欢迎。中小办和协会与中央电视台联合摄制了10集反映中小企业改革与发展的专题片《生机》，并广为宣传。由中小办和协会编辑的我国第一部《中小企业发展年鉴》即将在今年出版。

南京市协会建立了"招商项目库"和"外商信息库管理系统"。利用系统获得的信息资源，为中小企业对外合作创造了便利。四川省协会则通过信息简报的方式，做好为企业会员提供信息服务的工作。多样化的信息服务形式促进了中小企业的对外合作。

(五) 加强政策调研工作，为政府决策提供参考

党的十四届五中全会以后，国家经贸委在1995年8月进一步明确了中小办的职责，针对中小企业发展状况的政策调研工作得到了加强。中小办和协会在各地中小办和协会的配合下，分别在山西、北京举办了"中小企业改革与发展研讨会"，组织了对山东、江苏国有小企业改革情况的调研工作，为政府制定有关中小企业改革的政策和法规收集情况，提出建议。在调研的基础上，1996年8月中小办、国家经贸委企业司在福州召开了全国放开搞活小企业工作座谈会。吉林省协会的调研课题"吉林省中小企业对外发展战略与对策研究"荣获国家计委科技进步二等奖。去年，西安市

组织了下厂实地调研活动,共完成调研报告15篇,针对中小企业改革与发展中存在的问题提出了政策性建议,并多次摘登在市政府的简报上。

(六) 加强了中小企业对外合作人员的培训

开展对中小企业管理人员的对外合作政策和基础知识的培训,是各地中小办和协会的一项重要工作内容。中小办和协会与各地方协会合作,1994~1996年,分别在扬州、青岛、昆明、许昌、兰州5个中等城市举办了中小企业对外合作培训班。采取"请进来"的方式,分别邀请了日本世川日中友好基金会和以色列政府中小企业管理机构的专家来华讲学,培训人员480人,使中小企业管理人员增长了知识,开阔了视野。中小办和协会与深圳市协会合作在深圳市举办了四期对外经济合作研讨班,先后有13个省区市的180多名企业管理人员参加了培训。山东省中小办和协会去年组织全省24家企业的厂长、经理赴新加坡进行为期1个月的培训,增进了对不同国家企业管理制度的了解。五年来,中小办和协会组织各种培训共14期,培训人员1200多人,其中,组织优秀中小企业家赴国外进行培训8期,培训人员近200人。

五年来,中小企业的对外合作工作为中小企业的改革与发展做出了贡献。中小企业对外合作工作在促使企业走向市场,转换企业经营机制,建立现代企业制度方面发挥了积极的促进作用;在中小企业发展外向型经济,开拓国际市场,引进先进技术、装备,引进资金和管理等方面提供了有效的服务;在为中小企业的服务形成网络和体系方面,也做了大量的、有效的尝试和探索。

但是,应该看到我们的工作还存在不少问题和困难。一是对外合作渠道还不够多,特别是在利用亚太经合组织扩大交往上有待于提高和加强。二是为中小企业对外合作提供服务方面,面还不够宽,手段还不够得力。三是为国内外中小企业提供信息服务的网络有待进一步充实健全。四是协会的民间社团作用尚未充分发挥。这些都是需要我们在今后的工作中努力改进的。

三 当前在中小企业对外合作中应处理好的五个关系

中小企业在资金筹措、信息获取、技术共享、市场开发、员工素质等方面较之大企业有许多不利之处，相当数量的中小企业在改革深化、企业外部环境变化的过程中受上述方面的局限，陷入了举步维艰的境地。此外，随着我国加入亚太经合组织以及进入世贸组织的进程加速，贸易和投资自由化将成为必然趋势。由此带来的关税、商检、贸易合作方式和对外合作环境变化等，也将给中小企业的生存和发展带来机遇和严峻的挑战。中小企业实行两个根本性转变势在必行。那么，应如何帮助中小企业实现两个转变，使之适应市场变化的要求；如何引导中小企业正确处理好对外合作与改革、发展的关系；中小企业对外合作的立足点应放在何处；应采取什么策略和方法；注意哪些问题；等等。这些都是我们工作中应引起重视的问题。下面我着重从五个方面谈。

（一）对外合作与企业转机建制的关系

小企业改革，特别是国有小企业改革的基本问题依然是转机建制，也就是走向市场，适应市场，自负盈亏；适应已经改变了的买方市场，重新确立市场在企业生产经营中的特殊地位。相对大型国有企业而言，许多小企业改革开放以来进入国内、国际市场较早，市场化程度在不断提高。开展对外合作，就是利用国内、国际两种资源发展自己。在对外合作中，不仅可以开拓市场、引进技术，甚至引进资金、引进人才，同时可以促使企业按国际标准开发产品，按国际认可的质量组织生产，按国际惯例开展经营。一些企业还可以在引入新的投资者、引进先进管理方法中实现转机建制，增强市场竞争力。

实践证明，企业转机建制有利于走向市场、开展对外合作；同时，广泛的对外合作也有利于促进企业建立新的机制。

（二）对外合作与结构调整的关系

随着经济技术的发展，世界经济一体化的进程越来越明显。国际和国内经济发展都不同程度地受到结构的制约，出现了结构性转移的大趋势。依据国内甚至国际经济大背景实现资源重组、优势互补，对我国中小企业的发展十分有利。中国经济已经进入世界经济大循环，远者美国、欧洲，近者日本、韩国等一般加工业的转移给处于迅速发展的我国中小企业带来了机会。我国沿海地区开始出现产业升级，一些劳动密集型产品、初级产品或资源高消耗产业向内地转移的势头已经开始。这种结构性转移给各地中小企业都带来了机遇和挑战。

国际产业结构的调整与国内产业结构的升级和调整密不可分。中小企业的对外合作要围绕结构调整带来的机遇开展工作。

第一，对外合作应以市场为导向，积极开拓国内外市场。在实际工作中要善于捕捉结构调整中的机遇，开拓市场、占领市场。

第二，利用对外合作，推动企业资产重组，通过引进有市场竞争力、科技含量高的产品、技术和设备，重组存量资产，提高运作效率；通过引进新的投资者，以增量资产促进存量资产的结构调整，提高企业的市场竞争力。

第三，对外合作要充分发挥比较优势，推动区域经济协调发展。不同发展阶段有不同的比较优势，不同地区也有不同地区的比较优势。企业的发展要克服多年来那种结构趋同、重复投资的现象，要根据自己的特长决定产品方向和企业组织形式。扬长避短，最大限度地使地区、企业的比较优势得到充分的发挥，这正是开展国际合作的基础。

总之，经济结构调整为中小企业的发展提供了可贵的机遇，对外合作是利用这个机遇加速发展的促进剂。

（三）小企业与大企业的关系

在我国建立社会主义市场经济过程中，大型企业和小型企业是搞好整个国有经济的两头，无论是搞好大的，还是放活小的，都是搞好整个国有经济的重要部分。大型企业和小型企业在国民经济中互为依托，相辅相成。显示国家经济实力的是大企业、大企业集团；而创造市场活力的却往往是小企业。

就生产型小企业而言，一种是生产最终产品；另一种是生产中间产品，即为大企业和其他企业配套。生产最终产品的小企业,要充分发挥其贴近市场、对市场变化反应敏捷、经营方式灵活、管理层次少等优势,逐步形成自己的特色:一是要有传统产品,二是要有特色工艺,三是要有专有技术。只有与众不同,有独到之处,才能立足于市场。生产最终产品的小企业要走"小而专""小而精"的道路。企业的规模不一定很大,但在产品的性能和技术上却独具特色,使别人难以取代,形成行业的"小巨人"。

对于生产中间产品的小企业,稳定的用户和市场就是那些主机生产企业。随着经济的发展,主机厂为适应多品种、小批量、个性化的市场需求,整机中的自制部分在不断减少,大量零部件和服务由中小企业提供。这种双向需求构成了未来大企业和中小企业共同发展的格局。大企业"大而全"的局面正在被打破,中小企业的发展空间正逐步扩大。在这一发展过程中,小企业要按照系列化、标准化组织开发和生产,做到"小而专",一个企业就某种零部件大批量低成本生产,更好地为大企业配套。为大企业服务将是众多小企业的出路。

所以,大、中、小型企业的结构好比"金字塔",大企业处于顶端,起龙头作用,广大中小企业是基础。它们相互依托,相辅相成,只有这样才能使大、中、小型企业在国民经济中发挥各自的作用。

(四)推动改革改制与为企业产前、产中、产后服务的关系

目前正在进行的中小企业改革改制旨在通过企业组织制度、领导体制和规章制度的改革达到转换机制的目的,使企业真正成为自主经营、自负盈亏、自我发展、自我约束的法人实体和市场竞争主体。然而,我们必须清醒地认识到,改革改制意在解决企业的经营机制问题,并不能解决中小企业走向市场的一切问题。

中小企业的发展除靠它们自身的努力之外,还必须依靠多方面的支持和服务。中小企业在市场竞争中处于不利地位。一方面,需要政府通过宏观调控,为中小企业走向市场创造必要的生存条件,包括多渠道的资金注入、政策环境的建立、产业政策引导和信息沟通、经营和管理人才输入、培训和社会保障制度的建立等。这也是亚太经合组织归纳提出的支持中小企业五个优先发展领域的基本内容。另一方面,要组织社会力量为中小企

业提供产前、产中、产后服务。中小企业的特点是船小掉头快，但它们势单力薄、信息闭塞、产品开发能力差、承担风险能力弱、筹集资金困难多、对外合作易产生盲目性。为中小企业提供帮助的服务体系包括信息咨询、企业诊断、培训、资金融通、原材料配送中心、产品配售中心等。为中小企业提供产前服务，可以在中小企业选项投资前提供项目的市场、效益、发展等情况，为中小企业的决策提供咨询和策划，减少投资的盲目性。产中服务，可以帮助中小企业提高生产经营中的技术水平和管理水平；帮助中小企业按社会化生产，搞协作配套，发展专业化生产，提高质量，减少库存，降低成本。产后服务，可以考虑在销售上，通过国内外信息网络把中小企业的产品信息及时准确地输送出去，为中小企业的产品迅速打开销路创造良机。

推进中小企业对外合作是中小企业服务体系中的重要内容。应利用对外合作的多种渠道，为企业提供信息服务，引进产品、技术、资金管理和人才，扩大企业产品出口等，推动企业的外向型经济发展。

（五）对外合作与加强企业管理的关系

科学管理是中小企业开展对外合作的基础。对外合作、产品出口、引进资金、技术，要靠企业的实力，在一定程度上实力的基础是管理。中小企业的产品出口额占全国的 1/3 以上，就普遍意义而言，较早进入国际市场的恰恰大多数是中小企业。这就更迫切地要求广大中小企业的产品质量和管理达到国际水平。目前，制造业出口重数量，不注重附加值，缺少精品，缺少名牌，效益不高。从长远来看，企业管理长期达不到国际水平就不可能牢固地占领国际市场。

外国厂家来华合资合作，首先看重的也是企业的素质和管理基础。一旦能与国外先进企业合作成功，将有利于促进我国的企业提高经营管理水平。许多愿意来华投资合作的国外企业就是苦于找不到经营观念相通、企业素质和管理水平相当的企业。当前，在产业结构调整中，开展多种方式的对外合作，借助两种资源发展自己的机会是很多的，但是，若没有相当的管理基础，任何机会都会错过。

中小企业对外合作工作是为我国中小企业的改革与发展服务的。上面讲到的中小企业对外合作关系，就是希望大家在中小企业对外合作工作中理清工作思路、明确指导思想、提高工作水平、优化服务质量、更好地做好中小企业的对外合作工作。

四　今后工作的目标和要求

随着我国进口关税总水平的降低和进入世界贸易组织的临近，国内市场将进一步对外开放，中国经济进入国际经济大循环的格局正逐步形成。这一方面为我国企业走向国际市场，运用国内、国外两个市场，两种资源发展自己创造了条件；另一方面也使我国企业不出国门就将面临国际强手的竞争。这一形势表明，中国企业走向国际市场已经不是企业想不想或愿意不愿意所能决定的，而是已经成为不可逆转的现实。实际上，当前广大中小企业产值中的很大比例已经依赖国际市场，而这种趋势仍在发展。未来的形势就是要么到国外市场与国际对手竞争，要么在国内市场与国际对手竞争。发挥各自优势，你打你的，我打我的，这是一种重要的战略选择。中小企业势单力薄，靠各个企业独家的力量闯荡国际市场难以实现，中小办就是为中小企业走向国际市场、开展国际合作提供服务的常设机构。中小企业对外合作协调机构的重要作用从来没有像今天这样更加现实地显现出来。

当前，我国中小企业对外合作的指导思想是：认真贯彻党的十四届三中全会、五中全会精神，坚持放开搞活方针，实现"两个根本转变"，以改革开放为动力，执行国家产业政策，以市场为导向，以对外合作为手段，以质量效益为中心，坚持"三个有利于"，促进中小企业对外合作持续、健康发展。

开展中小企业的对外合作，必须坚持以市场为导向，转换企业经营机制；促进经济结构调整，实现资源优化配置；坚持一手抓放开搞活，一手抓引导管理；坚持服务为先，提倡招商引资的多样化；坚持优势互补，引导东、中、西部共同发展。1997年中小企业对外合作工作的重点在于以下几个方面。

（一）建立为中小企业五个优先领域服务的体系，为中小企业走向国际市场创造条件

中小企业五个优先发展领域是 APEC《中小企业行动纲领》中提出来的。五个优先领域是人才资源开发、技术和技术共享、信息获取、融资和市场准入。我国是 APEC 十八个成员经济体之一，五个优先领域对我国中小企业也同样适用。建立围绕中小企业五个优先领域的国内外服务体系，目的是培养中小企业真正成为市场竞争的主体，使其具有创造力和能动性，充满活力，能够凭借市场生存和发展；促进中小企业掌握创造利润和就业机会所需要的管理技能；拓展获取信息、技术和资本的机会。

（1）建立由政府、民间机构、中小企业组成的指导协调服务体系。中小企业在市场竞争中处于弱者地位，需要政府组织各方面力量对它们进行正确的指导、引导和服务。各地经贸委在指导中小企业放开搞活工作中，要逐步创造条件，组织各种力量加强对中小企业五个优先领域的服务。各地中小办和协会要将五个优先领域的服务作为首要工作，开展宣传、咨询、示范活动，发挥协调作用，做好"双向"服务。

（2）建立由国际合作组织、民间机构、中小企业组成的相互推动服务体系；民间或中介机构是服务体系的核心。各地中小办和协会要注重发挥桥梁和纽带作用，对外，为 APEC 成员经济体的投资、合资合作牵线搭桥；对内，利用已建立和新开发的合作渠道，围绕中小企业五个优先领域开展招商引资，提供信息交流服务。引进要有利于中小企业的搞活，市场开放要有利于企业的发展。

（二）要加强中小企业改革与发展方面的政策调研，做好"双向"服务

围绕中小企业的改革与发展，结合中小企业对外合作的特点，深入开展政策调研，从法律、政策环境的改善、产业政策引导、对外合作等方面提出政策建议，是各级中小办的主要职责和重要工作，也是做好"双向"服务的出发点。调研要为政府决策提供参考，调研应贴近企业。各级中小办应结合本地区情况，配合经贸委开展认真细致、形式多样的调研活动，

真正提出有分量的政策建议，当好政府和企业的参谋，推动中小企业的改革和发展。

今年，中小办将配合国家经贸委企业司开展获得了 APEC 中小企业部长会议通过的"APEC 成员在华投资的中小企业经营环境"项目的调研工作。各地中小办也要积极地给予配合，共同完成这次 APEC 项目的调研工作。

（三）实施中小企业对外合作"四个一工程"，提高对外合作工作的质量和水平

"四个一工程"的主要内容是：建立一个为中小企业服务的信息咨询中心；建立一个中小企业对外合作管理人员培训基地；重点联系 10 个城市；重点联系 100 家中小企业。开展我国中小企业对外合作"四个一工程"，旨在进一步加强为中小企业对外合作提供服务的基础建设，提高企业素质，探索为中小企业开展对外合作提供信息、咨询、人员培训、贸易洽谈等多方面服务的方式和途径，积累经验，提高中小企业对外合作的质量和水平。

1. 建立一个为中小企业服务的信息中心

为建立一个能够向中小企业提供帮助和服务的具有权威性的信息和咨询系统，适应中小企业改革与发展的需要，经国家经贸委同意，中小办与有关企业和单位共同筹建经诚国家中小企业信息咨询中心。经诚国家中小企业信息咨询中心是我国第一家专门为中小企业提供信息咨询服务的机构。它以国家经贸委为依托，依靠中小办和协会的系统优势，建立起中小企业信息数据库和信息网，逐步实现与亚太经合组织的信息网络互联，并逐步在各省区市建立信息服务分中心，实现全国联网。

各地中小办和协会要配合落实建立信息服务分中心的工作，逐步实现全国联网；在中小企业对外合作的咨询工作方面多做一些尝试；积极创造中小企业对外合作的条件。

2. 建立一个中小企业对外合作管理人员培训基地

经国家经贸委批准，中小办、国家经贸委培训司与青岛市经贸委决定

合作建立中国中小企业对外合作协调中心（青岛）培训基地。通过建立这个培训基地，发挥示范作用，带动各地的培训工作，逐步实现中小企业对外合作管理人员培训工作的经常化、规范化、系统化、制度化。目前应抓紧培训基地第一期工程的在建工作。

中国中小企业对外合作协调中心（青岛）培训基地建立后，要在国家经贸委培训司的指导下，制订中小企业对外合作管理人员的培训计划，组织编写适合中小企业管理人员特点的培训教材，今后要逐步做到通过考试颁发培训合格证书。各中小办和协会应依靠国家经贸委系统内的24个培训中心及有业务指导关系的95个院、所，根据本地的情况，采取灵活多样的形式，对中小企业管理人员进行培训。中小办和协会今年将组织中小企业的厂长（经理）赴以色列培训，筹备组织赴韩国培训，同时邀请日本、以色列的专家来华授课。

以上两项工作是中小办和协会系统的基础性建设。今年是打基础，积累经验，经过2~3年的努力，逐步健全、完善起来。

3. 重点联系10个城市

在全国111个实行"优化资本结构"的试点城市中选择10个城市作为中小企业对外合作重点联系城市，旨在利用中小办和协会与国际组织、外国政府机构和民间中小企业组织已建立的良好关系和合作渠道，提高这些城市对外合作的质量。通过开拓国际市场，扩大出口；通过引进资金、技术和设备，采取参股、控股等多种投融资方式，盘活现有中小企业的存量资产，优化资本结构，达到调整产业结构、产品结构和企业组织结构的目的，从而配合试点城市增加一条"增资减债"的路子。

对于10个重点联系的城市，中小办和协会将提供以下服务内容。一是中小办和协会邀请或接待的外国政府、组织、企业家访华代表团，优先安排到这些城市进行考察和洽谈合作项目，或组织这些城市的中小企业出国考察，洽谈合作项目。二是帮助这些城市同与中小办和协会建立关系的外国政府部门、工商协会、中小企业组织建立对口合作关系，开展对外合作。三是一些重要的国际会议、研讨、培训、展览活动，优先安排在这些城市举行，或优先安排这些城市出国参与上述活动。四是促进10个城市间的多边交流与合作。

各地经贸委中小办要配合国家经贸委中小办做好重点联系城市的工作。要将有关内容纳入"优化资本结构"总体方案中,提出具体工作意见,与国家经贸委中小办主动沟通,共同做好这项工作,并在认真总结这些城市成功经验的基础上逐步推广。

4. 重点联系100家中小企业

在中小企业的对外合作中重点联系100家企业的目的是探索中小企业对外合作的典型经验,具体内容包括以下几个方面。第一,帮助有实力的企业,通过"三改一加强"扩大经营规模,发展外向型经济。第二,推动重点联系企业围绕有优势的大企业、大企业集团搞配套服务,使中小企业向"小而专""小而精"的专业生产方向发展。第三,推动重点联系企业的技术改造。通过外资嫁接弥补资金短缺,提高技术水平和产品档次。第四,通过重点联系直接了解企业的情况,摸索为企业服务的途径,总结积累经验。

对于重点联系的100家企业,中小办和协会将提供如下服务内容。一是为100家企业优先提供信息咨询服务。二是优先为具备条件的重点联系企业在取得自营进出口权等方面提供帮助。三是为重点联系企业优先安排中小办和协会组织的出国贸易洽谈活动和各种国内外培训活动。四是为企业在国外设厂办企业、开设联络处提供咨询服务。五是通过《中国中小企业》杂志开辟栏目,有计划地宣传企业。

加强与100家企业的重点联系,有利于中小办和协会深入实际,解剖"麻雀",总结经验,指导面上的工作。各地中小办在配合国家经贸委中小办共同做好重点联系工作的同时,可以根据本地情况,通过直接为企业服务了解企业需求,摸索服务方式,提出政策建议,推动企业对外合作工作的深入开展。

(四)抓住"两个重点",拓宽合作渠道,推动对外合作工作的展开

1. 加强与亚太经合组织(APEC)的联系,加快进入国际市场的步伐

积极参与APEC事务,开展与APEC各成员之间的经贸活动,是促使中小企业走向国际市场的重要途径,也是我国在国际事务中发挥重要作用的一个组成部分。国家对中小企业走入国际市场,参与国际市场竞争十分

重视。江泽民总书记三次参加 APEC 非正式首脑会议，签署了《亚太经合组织经济领导人共同决心宣言》（简称《茂物宣言》）。忠禹同志两次率团参加 APEC 中小企业部长会议，不失时机地宣传和介绍我国中小企业现状和发展前景，让世界更多地了解中国的中小企业。这都为加强中小企业与 APEC 的联系，走入国际市场奠定了基础。

开展以 APEC 为重点的中小企业对外合作有着丰富的内容：利用 APEC 区域经济组织的优势，多方式、多渠道地开展与 APEC 及其所属其他机构的合作；发展与各成员经济体的双边合作关系，开展成员之间的多边合作活动；参加 APEC 各种中小企业会议，相互了解中小企业的现状和发展前景，介绍投资环境；围绕 APEC 中小企业五个优先发展领域，加强信息交流，实现网络互联；增进与 APEC 人员的交往，做好 APEC 项目的调研；正确引导 APEC 成员对我国中小企业的投资方向，提高招商引资质量；等等。开展与 APEC 中小企业五个优先领域的合作，是参与 APEC 活动的重点。

2. 加强交流，增进了解，开展中德中小企业合作

开展中德中小企业间的合作是当前中小企业对外合作的另一个重点。1996 年 2 月，德国领导人向我国领导人表示了继续加强两国间中小企业合作的意愿，双方取得了一致意见。1996 年，我国成立了中德中小企业合作领导小组。当年 9 月，在北京召开了中德第二次中小企业合作会议，使中德中小企业合作进入了有序而积极的发展阶段。目前，有 30 个省区市与德国联邦州、市建立了省际、市际结对友好关系，推动了双方企业，特别是中小企业的发展。

中德中小企业存在很强的互补性。开展中小企业对德合作，第一，应建立和发展中小企业服务体系，加强信息交流。第二，促进中德中小企业双边贸易，为我国中小企业产品出口，为德国企业来华投资创造条件。第三，在机械、电子、化工、轻工和建材等行业，有重点地扶持一批管理水平较好、有发展潜力的企业开展对德合作。第四，加强企业管理人员和经贸委系统中从事中小企业对外合作工作的公务员培训，同时把管理人员培训和产业技术工人培训结合起来。开展中德中小企业间的合作，是探索中小企业对外合作方式的一种尝试，旨在通过示范作用，丰富对外合作的

内容。

随着我国对外开放程度的提高，中小企业对外合作需要不断地拓宽渠道。当前，中小企业对外合作要巩固和拓宽已建立的日本、德国、韩国、意大利、以色列等合作渠道，同时积极开发新的对外合作渠道。巩固原有渠道需要不断注入新的合作内容，激发新的活力。在新渠道开发上，首先要加强与周边国家和地区的合作，还要积极开展与北欧、澳大利亚、加拿大等国家和地区的合作，在新的一年里，使对外合作工作上一个新台阶。

（五）把握机构特点，发挥各自优势，共同做好中小企业对外合作工作

1. 充分发挥中小办协调作用，更好地为中小企业服务

中小办负责为全国中小企业的发展和对外合作工作进行指导协调，提供咨询服务，开拓工作领域和渠道，并负责协会理事会的日常事务和组织活动。中小办要在国家经贸委的领导下，紧密围绕国家经贸委的中心工作，发挥自己的优势，在职责范围内独立地、创造性地开展各项工作。在工作中要依靠国家经贸委，主动加强与国家经贸委内各有关业务司局的沟通和配合，取得支持。中小企业量大面广，信息不灵，中小办和协会要加大宣传力度，做好中小企业对外合作的舆论宣传工作。中小办和各地中小办及协会要共同办好《中国中小企业》杂志，以此作为中小企业对外合作工作的重要信息渠道，为中小企业服务。

各地中小办应围绕各省、自治区、直辖市经贸委的中心工作和国家经贸委中小办的工作要求，结合本地实际情况，独立开展工作，并做好以下工作。①加强领导，建立健全组织机构。各地经贸委已建立机构的，应不断完善。②制订工作计划，明确工作任务。中小办是为中小企业服务的，工作计划和任务应紧密围绕中小企业对外合作的需要。③发挥指导协调作用，做好服务工作。中小办要发挥对从事中小企业对外合作工作的团体、组织和有关机构的指导作用。重要的是做好服务，为政府做好助手，为中小企业当好参谋。

2. 积极开展协会工作，建立健全会员网络体系

中国中小企业国际合作协会是经民政部批准成立的民间社团组织，挂

靠在国家经贸委。协会是联系政府与企业的纽带。协会要学会运用社团法人的优势和特点开展工作,不要沿袭政府机关的工作方法,不要依赖行政指令推动工作。

这次会议既是协会的年会,也是协会五年一次的换届选举大会。会议将对协会的章程进行修改;选举理事会成员,产生新一届的理事会;选举新一届的会长、副会长、秘书长;新、老会长还将在全体理事会上做重要讲话。

各地协会应抓住这次会议召开的有利时机,认真总结协会工作,研究探讨开展协会工作的思路,提出促进中小企业对外合作的举措。首先,协会应继续抓好健全和发展协会的组织工作。在全国形成以中国中小企业国际合作协会为核心,由分会、地方协会和多种专业委员会组成的组织体系。其次,协会应发挥民间组织的优势,为广大中小企业提供信息、法律、会计、政策、经贸等咨询服务;探索为中小企业提供有效服务的形式。最后,协会应积极组织旨在为中小企业服务的各项活动。各地方协会要充分发挥地方性优势,立足中小企业,增强服务意识,促进中小企业对外合作的发展。

党中央、国务院对中小企业的改革与发展十分重视。中小企业在国民经济中的地位和作用已为社会各界所共识。国家经贸委牵头召开有国务院22个部门参加的中小企业改革与发展司局长联络会议,针对中小企业的改革与发展,已经把中小企业对外合作工作放到了重要的位置;各省、自治区、直辖市经贸委也应将中小办和协会的工作列入重要的日常工作之中,要有一名经贸委副主任亲自抓。做好中小企业对外合作工作,需要国务院各有关部门的支持,也需要民间组织的密切配合;需要政策的扶植,更需要大家的积极开拓,努力进取;以此来共同开创我国中小企业对外合作的新局面。

这次会议得到了四川省政府和成都市政府的支持和帮助,借此机会,我代表国家经贸委向四川省政府、成都市政府的领导以及对这次会议提供服务的全体同志表示衷心的感谢!

在全国企业职工解困暨再就业工作经验交流会议上的讲话

(1997年5月28日)

1997年5月22日,劳动部、国家计委、国家经贸委、国家体改委、财政部、人事部、公安部、中国人民银行、国家税务总局、国家工商行政管理局、中共中央办公厅、国务院办公厅信访局、全国总工会联合印发《关于进一步做好企业职工解困和再就业工作的通知》(劳部发〔1997〕166号)。

文件强调,近年来部分企业出现的职工生活困难和下岗问题,是深化国有企业改革过程中的突出问题。党中央、国务院对此十分重视,制定了一系列政策措施。各地在贯彻落实中积累了不少好经验,在加强解困和再就业工作组织领导、实行责任制、多方筹集资金、开发就业岗位、强化就业服务等方面采取了许多行之有效的好办法。尤为突出的是,把解困和再就业工作紧密结合,收到了明显的效果。困难企业职工解困和再就业工作是社会主义市场经济体制建立和完善过程中的一项长期任务,特别是在企业深化改革的关键时期,任务更为艰巨,必须进一步加大贯彻党中央、国务院有关政策措施的力度,以高度的政治责任感抓紧抓好。

刚才吴邦国副总理做了重要讲话,这充分体现了党中央、国务院对困难企业职工解困和再就业工作的高度重视。国家经贸委作为企业工作的主管部门,有责任与劳动部等有关部门一起共同努力,做好解困工作。下面,我代表国家经贸委讲三点意见。

在全国企业职工解困暨再就业工作经验交流会议上的讲话

一 困难企业状况不容忽视

当前,国家宏观经济形势很好,既保持了经济的快速增长,又有效地抑制了通货膨胀。国有企业改革全面推进,改革试点范围进一步扩大,一些重点、难点问题基本理清,找出了一些现实可行的解决途径,在一些重要方面取得了实质性进展。经过结构调整和企业改组,国有经济新的优势正逐步形成,出现了一批有实力的大企业和企业集团,国有经济总体实力进一步增强。但是,与此同时,部分国有企业效益下滑,亏损增加,困难企业与优势企业之间的差距明显拉大。目前,国有企业改革进入了关键时期,企业间正出现大面积的分化、调整、改组,伴随到来的是通过职工下岗、分流和再就业而进行的劳动力结构调整。这一系列历史性的重大调整牵动着全社会。

据统计,今年1~3月,全国6.8万户国有工业企业中,盈利企业盈利额为266.6亿元,亏损企业亏损额为281.6亿元,盈亏相抵后净亏损15亿元;另据劳动部不完全统计,截至1996年底,全国企业停发和减发工资的职工人数达1000多万人,累计停发工资达200亿元左右;停减发离退休金人数约为200万人,累计停减发离退休金约20亿元。国有企业面临的困难主要集中在部分地区、部分行业和部分国有企业,特别是部分传统产业和某些老工业基地。

国有企业的困难及其问题成因是多方面的,情况比较复杂,主要包括以下几个方面。

一是企业生产经营环境发生了根本性变化,相当一批企业明显不适应新形势的要求。1994年以来,为建立社会主义市场经济体制,宏观改革的力度加大,财政、金融、外汇、价格等体制改革措施比较集中地出台,企业生产经营的体制环境发生了重大变化;市场格局由卖方市场向买方市场转变,市场约束增强;企业利润向税、息、费转移,初次分配关系发生了很大变化;随着对外开放的不断扩大,来自国外强手的竞争和冲击也愈来愈激烈。对于这些变化,国有企业有一个承受能力问题,也需要有一个适应、消化和调整提高的过程。

二是国有企业的改革还不适应社会主义市场经济迅速发展的新形势。长期的政企不分，使不少企业观念、机制转变滞后，对政府的依赖心理尚未完全改变，依然存在"等、靠、要"的思想，缺乏走向市场、适应市场的准备，缺乏自主创新的意识和能力，产品结构调整缓慢，经营管理粗放，技术装备落后。

三是历史积累的一些问题没有得到很好的解决。由于重复建设长期没有得到解决，产业结构、行业结构、企业组织结构和产品结构严重不合理，"大而全""小而全"，生产集中度和专业化程度低，技术开发能力弱，部分行业生产能力严重过剩，目前大约50%左右工业品的生产能力利用率在60%以下。社会保障制度还没有建立起来，富余人员和"办社会"职能分离分流不出去。正常的资本金注入机制尚未建立，国有企业债务包袱沉重，难以平等参与市场竞争。多年来只生不死，积淀了一大批长年亏损、早已丧失市场竞争力的企业，仅国有企业就有一万多户。市场机制的强化和供需关系的变化，使这些长期积存于企业的问题暴露得更加突出。

二　企业解困的根本出路在于深化改革

部分企业职工生活困难的根本原因在于企业困难，解困必须从深化改革、搞活企业入手。中央经济工作会议提出，今年要把国有企业改革作为经济体制改革的重点，放在更加突出的位置来抓。这为企业解困提供了良好的外部政策环境，为此，企业解困工作要在以下几个方面采取措施。

（一）要规范破产，鼓励兼并，加快进行结构调整

对于结构性原因陷入困境的企业，再搞"面多加水、水多加面"式的挽救已无法从根本上解决问题。必须通过兼并破产，建立企业优胜劣汰机制，加速结构调整，使存量资产得以流动和重组，使优势企业壮大实力，使劣势企业的资源和生产要素得到优化配置。为此，国务院制定下发了《关于在若干城市试行国有企业兼并破产和职工再就业有关问题的补充通知》。该补充通知提出了兼并、破产和减人减息三条路，这是当前经济结构调整的基本手段，它的基础是再就业工程。今年银行用于试点城市的呆账、

坏账准备金已由去年的 200 亿元增加到 300 亿元，今后还将逐年增加。

2. 要开展减人增效，大力推进再就业工程

减人增效是困难企业摆脱困境的重要途径。煤炭行业通过减人增效已实现减亏，国家财政补贴已由 1992 年的 60 亿元减到 1996 年的 10 亿元。上海通过建立再就业服务中心，实现了既不使富余人员继续滞留在企业内部，又不简单推向社会，积累了很好的经验。今年国务院为鼓励企业减人增效，已决定从 300 亿元的呆账、坏账准备金中拿出 100 亿元，用于扭亏有望企业的减人、减息。

减人增效取得成功的关键在于再就业，解困的一个重要措施也是实现下岗职工的再就业，必须把解困与再就业工作有机结合起来，加大实施再就业工程的力度。从总体上说，当前扩展职工再就业岗位的重点要实现两个转移，即由国有企业向非国有企业的转移，由二产向三产的转移。要调动全社会的力量，广开再就业渠道，特别是要鼓励职工"非正规就业"，为此需做好四方面的工作：一是转变职工的就业观念；二是多渠道增加新的就业岗位；三是研究解决下岗分流过程中的经济来源问题；四是完善医疗、养老、失业等社会保险，解除职工"非正规就业"的后顾之忧。

3. 加强企业领导班子建设

江泽民同志指出，企业办得好坏，关键在领导班子。企业解困的一个重要措施就是选好经营者，配好领导班子。中央经济工作会议明确提出，今年要下大决心、用大力气对国有企业领导班子进行一次普遍的认真考核，对不适应改革和发展形势要求的领导班子要坚决调整，要真正实行优胜劣汰。要建立、强化对企业经营者的激励、约束机制，对那些善经营、会管理、不断开拓创新、严于律己、团结职工、艰苦奋斗的经营者，要从政治待遇和经济报酬、解除后顾之忧等方面体现国家对他们的关心，也反映他们的劳动实绩；要采取措施，鼓励优秀的经营管理人才到困难企业工作。对观念陈旧、素质不高、团结不好的班子要坚决调整，对贪污腐化、肆意侵吞国家财产的要坚决绳之以法。要加强培训，提高经营者的政治和业务素质、风险意识和决策能力，使他们既要有高度的责任心，又要有丰富的市场经济、科学技术知识和经营管理能力。

4. 学邯钢、转机制、抓管理、增效益

目前,观念落后、经营不善、管理松懈是相当一部分企业效益下降的重要原因。对企业而言,任何外部环境的改善都不能代替企业自身的工作。邯钢没有紧俏的产品,也没有高、精、尖的技术装备,人多、"办社会"、负担重的问题同样存在,政府也没有给什么特殊的优惠政策。邯钢的振兴完全是由领先走向市场、投身竞争、自身挖潜、科学管理实现的。学习邯钢,不一定是照搬"模拟市场核算,实施成本否决"的具体做法,而是要学精神、学实质。首先,要下决心"推墙入海",走向市场,自强自立,摆脱对政府的依赖,在企业没有退路时,办法总比困难多。另外,要眼睛向内,转变机制,更新管理观念,把市场压力传递到企业内部;要以效益为中心,以市场需求为导向,积极调整产品结构,开拓市场;要面向市场抓好资金、成本等方面的管理。同时,要从严治厂,解决一些企业中存在的纪律松弛、有章不循的状况。

5. 治理"三乱",切实减轻企业负担,抓好扭亏增盈工作

据国家经贸委对 300 户重点企业的统计,1996 年企业各种不合理负担大体占实现收入的 20% 左右,与实现利润相当。因此,进一步落实企业的拒绝摊派权,把整治向企业乱摊派、乱收费、乱罚款作为一项重要工作来抓,对切实减轻企业负担、搞活企业具有重要意义。扭亏要强化责任制,谁主管的企业,谁负责扭亏。国务院已明确,对纺织、军工两个行业的扭亏增盈工作,国务院要重点给予支持,力争在二三年内使它们走出困难。

6. 健全社会保障体系,保障职工的基本生活

市场经济体制下,企业有生有死、优胜劣汰是必然现象,但是,职工在下岗和再就业过程中的基本生活必须得到保障。在社会保障制度不健全的情况下,建立解困基金、实行"三家抬"等政策是必要的,必须从讲政治的高度,认真把《中共中央办公厅、国务院办公厅关于进一步解决部分企业职工生活困难问题的通知》(中办发〔1996〕29 号)贯彻落实好。从长远来讲,必须建立健全社会保障体系。从保证基本生活的角度讲,应着手建立三条保障线,一是提供正常劳动的在岗职工,应有最低工资保障;二是失业职工应享受失业保险;三是家庭人均收入低于当地最低生活费标准的人员,应享受社会救济。当前,应把解困工作与健全社会保障体系有机地结合起来,不能用解困代替社会保障。

对离退休人员,参加养老保险社会统筹的,社会保险机构应保证离退休费的足额、及时发放。

三 各级经贸委要高度重视困难企业和职工的解困问题

经贸委要千方百计做好企业解困工作,积极配合劳动等有关部门,做好职工解困工作。

(1)解困是企业工作的重要内容,各级经贸委要积极配合劳动等部门,贯彻落实中央地方制定的各项政策措施,认真做好困难企业职工生活保障工作,在企业改革和结构调整中,既积极又稳妥地做好人员的分流安置工作。工作中要注意听取劳动、工会等部门的意见。

(2)各级经贸委要与有关部门共同努力,积极开展企业的扭亏增盈,进一步落实责任制,搞好分类指导。要做好生产的组织协调,切实帮助困难企业协调解决资金、能源、运输、原材料等方面的实际困难。

(3)要引导企业加强思想政治工作,提高职工对改革的承受能力;企业领导要关心职工生活,树立与职工同甘共苦的精神,要全心全意依靠职工,群策群力,共渡难关,摆脱困境,办好企业。

同志们,当前我国经济结构调整和深化企业改革都已进入了关键时刻,企业结构调整必然带来劳动结构的调整,出现一些下岗职工、困难职工在所难免。只要全社会共同努力,全社会都来关心、协助困难职工,把解困与再就业工作相结合,着力建立社会保障新机制,我们一定会克服前进中的困难。

在国家试点企业集团工作会议上的总结讲话

(1997年6月25日)

为贯彻"抓大放小"的方针,1997年6月25日,国家经贸委、国家计委、国家体改委在北京召开国家试点企业集团工作会议。

历时三天的国家试点企业集团工作会议今天就要闭幕了。下面我代表三委对会议做一小结,对下一步试点工作做出初步安排。同时,对会上普遍关心的几个问题谈一下我个人的看法。

一 关于会议的总结

这次会议是经过国务院批准,由国家经贸委、国家计委、国家体改委联合组织召开的,是一次很重要的会,也是一次很成功的会。会议的主要议题是贯彻《国务院批转国家计委、国家经贸委、国家体改委关于深化大型企业集团试点工作意见的通知》(国发〔1997〕15号)。会议的目的是要把企业集团试点工作推向一个新的阶段。这次会议得到了国务院领导同志的高度重视,吴邦国同志代表国务院在开幕大会上做了重要讲话。代表们一致认为,这个讲话对六年来试点工作成绩的总结符合实际,论述企业集团的地位和作用全面、深刻,对下一步试点工作提出的要求具体、现实。李鹏总理等国务院领导同志亲切接见了120家企业集团的负责人,并亲自主持召开了座谈会,与8家试点企业集团的负责人对话,气氛亲切、热烈。座谈会上李鹏总理就试点企业集团的组建、管理、改革、发展以及政策扶持等问题做了重要指示,同志们深受鼓舞。

会上,国家计委副主任佘健明同志对六年来试点工作的情况和经验做

在国家试点企业集团工作会议上的总结讲话

了归纳,对企业集团试点由 57 家扩大到 120 家做了说明,另外还介绍了当前的经济形势。国家体改委副主任洪虎同志对国发〔1997〕15 号文件的制定和有关的政策问题做了说明。在李鹏总理主持召开的座谈会上,8 家试点企业集团负责人的发言,大家认为这既是向李鹏总理的汇报,也是试点企业集团之间一次很好的经验交流,与会同志深受启发。如宝钢的实力、长虹的思路、三九集团的雄心等,给大家留下了非常深刻的印象。在小组会上,同志们先后学习讨论了邦国同志的重要讲话和李鹏总理的重要指示,学习讨论了国发〔1997〕15 号文件及其配套政策草案,提出了很多有价值的意见和建议。总的来讲,同志们都反映这次会议进一步明确了搞好试点的指导思想,增强了信心,开得好、收获大,很受鼓舞。

国发〔1997〕15 号文件相对于国发〔1991〕71 号文件,即《国务院批转国家计委、国家体改委、国务院生产办公室关于选择一批大型企业集团进行试点请示的通知》,在推进企业集团的建设方面是一次飞跃。国发〔1997〕15 号文件的出台使试点企业集团的建设进入了一个新的阶段。大家感到,在国发〔1997〕15 号文件的基础上,这次会议突出了四个问题。

第一,突出了企业集团的地位和作用。这就是邦国同志所讲的:企业集团在国民经济中处于骨干和中坚的地位;企业集团是参与国际竞争的主力;企业集团是经济发展的生长点,代表着国民经济的发展后劲;企业集团是经济结构调整的主导力量。

第二,突出了制度创新。国发〔1991〕71 号文件的出台对加强集团制度的建设起到了非常重要的作用,功不可没。但是由于受到改革、发展阶段的限制,对企业集团的组建所强调的是四个层次,核心层、紧密层、半紧密层、松散层。当时强调企业集团的联系是人、财、物、产、供、销,带有不少行政色彩。在企业集团的联结纽带方面,国发〔1997〕15 号文件强调的主要是产权关系,这样就把企业集团的组建和发展与建立现代企业制度联系起来了,把企业集团的组建和发展工作纳入建立现代企业制度的轨道。

第三,突出了以市场为导向,走向市场。在小组讨论中大家都深切感到现在各个企业集团都面临着自主自立、走向市场、适应市场的问题,座谈会上李鹏总理反复强调企业集团要以市场为导向,走向市场。大家感到非常贴切。

第四，突出了政策支持的力度。很多同志已经感到，国发〔1997〕15号文件是有含金量的，政策支持的力度比过去大大增加。比如投资决策权方面，给企业集团相当于省级投资决策权，有3000万美元。120家企业集团按照《公司法》的要求，经过三委的同意，可以成为控股公司，即对外投资可以超过资本金的50%。在融资方面，李鹏总理再次明确原则上120家集团都可以组建财务公司；发行股票、债券，包括可转换债券也要更多地向国家试点企业集团倾斜。在外经、外贸、外事、对外工程承包方面，国发〔1997〕15号文件也给了相当大的权力，试点集团还可享受有关企业兼并的政策等。国发〔1997〕15号文件是三委和国务院有关部门前后磨合了8个月，经过国务院批准下达的，目前改革、发展所能到位的政策基本都包括在里面了。

当前，在全国性的企业结构调整大潮中，出现了企业集团，特别是试点企业集团发展壮大的十分有利的时机。从全国的情况来看，结构调整进入了高潮。去年在试点城市中被兼并的企业已经超过1100家，破产的企业也超过了1000家，下岗分流的职工达到120万人。这几年，上海市"销号"的企业，也就是被兼并、联合、破产、关闭的企业，大约是800家，下岗的职工总数达到100万人，通过再就业又上岗了80万人。这就是说，上海市在做大规模的结构调整，从产业结构到行业结构、到企业结构，一直到劳动力就业结构。现在各试点城市都在效仿上海市的做法，在抓结构调整。今后这三五年可能是我国经济结构调整的高潮。对大型企业集团来说，确实拥有了良好的发展机遇，只要有足够的能力，就有扩张的余地。有的同志讲，现在是优势企业"跑马圈地"的最有利时机，通过兼并联合，可以实现低成本扩张。问题是必须要有一个好的思路，一批强干的带头人，一个好的机制。在讨论中，很多集团的领导都表示，尽管前进的路上还会有不少困难，但大的环境毕竟在不断地改善，党和国家对试点企业集团确实寄予厚望，我们肩上也赋有历史责任，一定要抓住当前的有利时机，用好用足已有的政策，科学决策，积极推进，力争若干年后在我们这批试点企业集团中能培育出一批国家的代表队，能进入世界500强的行列。

二　关于集团工作的几个认识问题

企业集团试点已经进行了近六年。在这六年中，我国的经济发展和经济体制改革都取得了重大进展，我国企业集团发展的经济环境和体制环境发生了重大变化。这些变化给企业集团的发展提供了新的机遇，也提出了新的要求，带来了新的挑战。

党的十四大确立了建立社会主义市场经济体制的目标，十四届三中全会明确国有企业改革的方向是建立现代企业制度。由此，不但为企业集团的制度创新指明了方向，而且向市场经济体制转变的步伐大大加快。向市场经济体制转变的各项政策措施的陆续出台，为集团的发展既创造了新的环境，也带来了严峻的挑战。

进入 20 世纪 90 年代以后，我国市场的供需关系发生了根本性的、不可逆转的变化，即由长期的卖方市场转向买方市场。买方市场的形成是我国经济发展中一个具有历史意义的转折，它不但使整个市场竞争格局发生了重大变化，而且要求我们以一个全新的角度来重新审视企业的发展观念、增长方式和经营观念。

随着我国对外开放步伐的进一步加快，我国国民经济的国际化程度有了很大提高。在我国企业大步走向国际市场的同时，国外大企业也在大规模进入中国市场。目前世界 500 强大企业中进入中国投资的已有 230 多家，我国的国内市场已日益成为国际竞争的舞台。

如果说六年前我们还在研究和探索企业改革的方向，那么现在改革的制度目标和外部的体制框架已经明确，关键在于落实；如果说六年前我们谈到走向市场的时候还缺乏真实感，那么现在市场竞争、优胜劣汰的机制已明明白白呈现在眼前；如果说六年前我们讲参与国际竞争还意味着走出国门、出口创汇，那么现在我们在自家门口就能够领略与国外大公司直接交手的滋味了。这些巨大而深刻的变化对于企业集团的发展，对于企业集团试点都有直接而重大的影响，我们要认识这些变化、适应这些变化，转变观念，驾驭新的形势。

（一）自主自立走向市场，在市场竞争中壮大

我们经常讲，企业要成为"自主经营、自负盈亏、自我发展、自我约束"的市场竞争主体。这"四自"讲了许多年，但只是在宏观管理体制框架转向市场经济体制之后对企业才有更加切实的意义。财税体制改革结束了企业承包制，停止了对企业的税收减免；金融体制改革使国有银行在商业化的方向上大大前进了一步，银行更加重视资金的安全和效益，因此，"嫌贫爱富"的倾向更加明显；价格逐渐放开，使企业间的比较优势在迅速转化；企业兼并破产工作突破了国有企业不能破产、难以破产的"惯例"，国有企业经营不善、资不抵债就会"资产变现、关门走人"；如此等等。在这样的形势下，企业走向市场已经不是愿意不愿意的问题，而是主动地走向市场还是被动地被拖入市场的问题。不同的方式进入市场会带来不同的结果，这对所有企业都是一样的，大企业集团也不例外。

去年初，国务院批转了国家经贸委、冶金部关于邯郸钢铁公司管理经验的调查报告，开始了全国范围的学邯钢活动。邯钢经验的精神实质是什么？邦国同志今年在无锡召开的企业管理工作会议上这样概括：邯钢经验的精神实质，用比较形象的说法，就是推墙入海丢掉幻想，转变观念，下决心走向市场，实现"三改一加强"的良性循环。邯钢是一个非常普通的企业，没有紧俏的产品、没有高精尖的设备，同样存在人员多、负担重、"办社会"的问题，政府对邯钢也没有什么优惠政策，但邯钢下决心走向市场之后，便创造出了骄人的经营业绩。与邯钢相比，我们试点企业集团先天的市场优势是非常明显的。试点集团大都是本行业的排头兵，而且享受国家的支持政策，只要下决心走向市场，邯钢能做到的，试点集团当然也能做到。

但我们必须正视的问题是，不少试点企业集团在走向市场的决心、办法和行动上与邯钢相比，是有很大距离的。不少试点集团到现在仍存在"等、靠、要"的思想，认为既然是国家级试点集团，就应该得到国家特殊政策的支持。在分组讨论时，有的试点集团的同志提出，第二批试点集团为什么没有得到和第一批试点集团同样的待遇，比如，计划单列、物资调拨等。我看这个想法恐怕与走向市场距离太远。现在还在怀念计划单列

吗？还在怀念物资调拨吗？现在需要的是走向市场。目前试点集团享有的国家支持政策的力度与一般企业相比应当说是不小的。但是国家再支持，也不能出面动员用户购买你的产品。参与市场竞争、扩大市场份额，还要靠企业自己。邦国同志在工作报告中强调试点集团不能搞"终身制"，我们要研究具体的实施办法。但有一点是明确的，企业集团试点的目的是扶优扶强，你自己不优、不强，国家不能永远扶持你。所以，试点企业集团要彻底抛弃"等、靠、要"的思想，学习邯钢丢掉幻想，下决心走向市场，把自己的规模经营、资产重组优势真正转化为市场竞争优势。

试点企业集团试什么？重要的一条就是要率先一步走向市场。

（二）调整企业功能结构，创造市场竞争优势

大企业、大集团是国民经济的支柱和骨干，企业集团试点的目的，就是创造条件使试点集团更快地成长壮大。这样，我国的产业发展就有了带头人，我国的结构调整就有了主导力量，能够带动一大批中小企业的发展。试点企业集团要发挥这样的作用，就必须自身实力很强，必须在市场中居于优势的地位，对此大家没有异议。但什么叫自身实力强，什么叫优势地位，是不是企业规模大自然就是实力强，对这一点大家的认识并不完全一致。

在短缺经济时期，市场是饥渴的，产品供不应求。此时企业生产能力大几乎就等于实力强，迅速扩大生产规模就是企业变得更强的一种选择。而一旦买方市场形成，市场短缺消失，企业实力强弱的标准就发生了变化。此时受市场容量的制约，企业实力强弱已不简单地表现为生产能力的扩大，而在于企业市场开拓能力的高低，而市场开拓能力的基础是技术开发、产品开发和市场营销。我国大型企业集团大部分是大型生产企业的底子，生产能力是我们的强项，而技术开发和市场营销是普遍的薄弱环节。这种"两头小、中间大"的企业功能结构不适应市场竞争的要求，这就提出了一个如何调整企业功能结构的问题。邦国同志在今年无锡企业管理工作会议上提出，要逐步把我国的企业组织结构从"橄榄型"调整到"哑铃型"，加强科研开发和市场营销，这一点对大型企业集团来说尤其重要。

既然在买方市场中企业的生产能力不等于企业的市场竞争力，我们以往在企业集团发展方面一些常见的想法就值得推敲了。例如，我们一些大企业集团制定了进入世界500强的奋斗目标，这当然是应该鼓励的。但是，不少同志往往把这一目标的实现仅仅看作一种销售收入的增加，于是希望政府再划拨一些企业进入集团，或是通过兼并联合迅速增加销售收入，以便凑出一张进入世界500强的"门票"。这样的做法搞不好就会把企业发展导入误区。世界500强企业无一不是依靠强大的自有技术和知名品牌在其行业中居领先位置，销售收入高是市场竞争力强的结果，而不是原因。长期依赖他人的技术和产品，即使生产能力再大，销售收入再多，也不过是一个基础立在沙滩上的二流企业，即使某一年进入了500强也难以长久立足，相反，很有可能背上包袱。要进入世界强者之林，必须下决心创造自己的专有技术、知识产权、独特的产品和知名的品牌，并以此为基础，拥有自己的用户和市场份额。因此，企业集团要把发展的着眼点牢牢定位在培育以技术创新为基础的市场竞争优势上。试点试什么？重要的一条就是要求试点集团率先一步培育技术开发和市场营销这"两翼"，占领技术开发和市场竞争的制高点。

（三）强化集团母公司职能建设，建立现代化大公司

企业集团是战略性经营机构，管理一个企业集团与管理一个生产企业是完全不同的。企业集团尤其是企业集团母公司的主要功能不是生产管理，而是战略管理和资本管理。这就给我们企业集团的经营者提出了许多需要学习的新知识和新问题。

企业集团的战略管理至少涉及这样一些问题。一是确定企业集团发展的战略方向，包括市场战略的选择和技术战略的选择，进入某一个市场或退出某一个市场，发展某一项技术或放弃某一项技术。这些对一个企业集团来说都是生死攸关的选择，选对了企业就会大发展，选错了可能一败涂地。奔驰公司曾经进入飞机制造市场，事实证明是不成功的；微软公司的崛起和王安公司的衰落则是技术战略选择正确与否导致不同结果的典型案例。二是专业化和多元化的选择。专业化，信息易于掌握，可以最大限度地集中有限资源，在特定领域取得更强的竞争优势，但企业的经营风险高度集中；多元化发展有利于分散经营风险，但涉足诸多领域后，全面掌握

信息成为难题,力量分散、信息不灵又会导致新的风险。三是资本结构和资金筹措方式的选择。资本结构主要是指企业的资产负债率,低负债经营风险小,但对于一个主导产品处于成长期、潜在市场巨大的企业,增加负债迅速扩大市场份额又可能是一个抓住机遇发展的正确选择。筹资方式主要是直接融资和间接融资的选择。前者的好处是成本低,但受制于人;后者的好处是自主性强,但融资成本相对较高。除了这些问题之外,战略管理还包括规模与效益优先顺序的选择,产业、贸易、金融组合方式的选择等种种问题。发展战略的研究和制定是企业集团管理第一位的任务。人无远虑,必有近忧。如果在战略问题上出现失误,会给集团的发展带来不可估量的损失。

在正确的发展战略制定之后,要高效率地组织实施,还需要有科学的决策体制、合理的组织结构和严格的财务管理,使集团成员企业在实现战略目标的方向上形成合力。这几个方面往往也是我们企业集团的薄弱环节。相当一部分企业的重大决策还停留在个人决策的阶段,而企业集团重大决策的复杂程度要远远高于一般生产型企业,不是一个人的智慧可以承担的,必须建立科学的决策程序和制度,实现决策的科学化和民主化,必要时还要请咨询机构帮助论证。有的集团采取分散决策,这有利于调动下属的积极性,但企业集团做大了以后搞不好就会出现程度不同的内部决策失控,这种状况对于企业集团的发展也是很危险的。另外,集团母公司采取控股公司制,还是事业部制或总公司、分公司制;集团公司与控股、参股公司的经营业务范围划分;集团母公司、子公司、孙公司层级的设置和多层级之间的集权与分权等。这些都是关系集团是采取迅速扩张,还是提高效益的策略,是集中发展主业,还是涉足新兴领域策略的组织结构选择。我国企业集团的财务管理和控制要在制度化的基础上着力加强,一些试点集团根据自身的情况和实践已经探索出了一些具体办法,如减少层次、防止子公司链无限延长,财务人员下管一级或向子公司派驻财务总监,强化内部监审机构、设置专职监事,等等,这些做法都值得借鉴。企业集团是一种现代化大型战略性经营机构,适当的体制、严格的制度、科学的管理是这类企业共同的特点,否则是无法高效运作和避免市场风险的。与国际上那些成功的集团相比,我们还有很大差距,集团管理上人为的因素过多、制度化的程度很低，还需要做大量的工作推进集团内部的体制和制度建设。试点试什么？重要的一条就是要求试点集团率先在现代化大公司建设方面迈出步伐。

（四）政府部门正确定位，为企业集团的发展创造良好的外部环境

建立社会主义市场经济体制目标的确立和国有企业逐步走向市场、自主经营的现实，对各级政府如何做好企业集团工作也提出了新的要求。发展和壮大企业集团是贯彻中央确定的"抓大放小"方针的重要措施，但"抓大"有一个怎样"抓"的问题。一种抓法是政府为企业搭台，努力创造体制的、政策的环境为大企业的发展创造条件，使具备发展条件的企业能迅速壮大；另一种抓法是政府直接上第一线，出面动员企业组织企业集团，为企业集团发展定方向、定项目。显然我们应该肯定前一种做法。在企业集团发展方面必须明确的一个问题是：企业是发展集团的主体。

由于我国经济体制中一些大的关系还没有完全理顺，其中包括投融资体制改革还没有到位，大企业、大集团在发展中还面临不少困难，政府帮助、支持企业集团发展是不可缺少的。但是，政府的介入必须有一个"度"的限制，行政力量介入过深、直接代替企业决策，会留下许许多多的后遗症。我们说企业是发展主体，既意味着要尊重企业发展的自主权，同时也意味着企业要对其发展决策承担责任。政府代替企业进行决策，责任就说不清楚了，最后出了问题包袱还要抛给政府。实际上，在目前的经济环境下，政府能为大企业、大集团发展所做的工作是很多的。例如，创造更好的体制环境，加强宏观调控和政策引导；加速建立社会保障体系，建立再就业服务中心，为大企业、大集团分流富余人员创造条件；帮助大企业分离企业办的学校、医院等社会职能，解脱它们的"办社会"负担；多渠道为企业增加资本金，帮助企业降低负债率；约束好本级政府的各个行政部门，减少对企业的行政干预和乱摊派，为企业净化经营环境。尤其重要的是，政府代表国家要行使好所有者职能，选好、监督好经营者，促使企业用好生产经营和发展的自主权，确保大企业、大集团国有资产的保值增值。这些方面都有大量工作需要各级政府去做。所以，我们的各级政府要按照建立社会主义市场经济体制和建立现代企业制度的要求，明确自己的定位，努力为大企业、大集团的发展创造良好的外部环境。试点试什么？就是要通过试点探索出一条在社会主义市场经济体制下政府支持大企业、大集团发展的有效途径。

三 下一步企业集团试点工作的任务和要求

从1991年国务院71号文件出台至今，企业改革与发展的外部环境发生了深刻变化，按照中央提出的加快两个根本性转变和"国家必须重点抓好一批在国民经济中起骨干作用的大型企业和企业集团"的要求，国务院出台了国发〔1997〕15号文件，进一步明确了深化企业集团试点工作的方向和措施，这是在国发〔1991〕71号文件基础上继续前进的一次跨越，对搞好试点工作提出了更高的要求。为了认真贯彻落实国发〔1997〕15号文件、李鹏总理和吴邦国副总理的重要讲话，进一步深化企业集团试点，我就下一步试点工作提几点要求。

（一）认真学习国务院领导讲话精神和国发〔1997〕15号文件，明确任务，抓住机遇，加紧实施

会后，试点集团要认真学习李鹏总理、吴邦国副总理的重要讲话，学习国发〔1997〕15号文件，进一步统一思想、提高认识、抓住机遇，积极推进试点工作。国发〔1997〕15号文件已有相当强的政策力度，重要的是理解吃透有关政策，用好用足已有的政策，壮大集团实力。各个试点集团要结合自身的实际制订切实可行的试点方案，扎扎实实地组织实施。列入第一批试点的企业集团要按照国发〔1997〕15号文件的要求，加大制度创新的力度，进一步按现代企业制度加以规范，扩大改革的成果，加快集团发展的步伐。新列入试点的企业集团，首先要认真学习第一批试点集团好的经验、好的做法，研究领会已出台的各项改革政策措施，结合企业实际，抓紧制订加快改革与发展的试点方案，积极推进企业集团的试点工作。各试点集团都要把列入试点作为走向市场、提高市场竞争力的新的发展机遇，要敢于肩负起培育参与国际竞争的国家代表队的历史重任，加快改革、迅速发展,提高和增强参与国际竞争的能力。

(二) 加强集团发展战略研究,强化战略管理

现代大公司必须重视发展战略的研究和战略管理。集团母公司作为一个战略性经营机构,必须要有既高瞻远瞩,又切实可行的发展战略,以此来统一成员企业的思想,协调成员企业的行动。现在一些企业集团在发展战略上下了很大功夫,已有初步效果。但我认为还有必要进一步强调,在当前企业外部环境发生巨大变化的形势下,每个试点集团都要更加重视发展战略的研究,有的要重新审视自己的发展战略;有的要建立健全战略研究机构,加强集团战略研究。各个集团都要培养和充实高层次的战略研究和管理人才。

制定发展战略,重点是如何切实实现两个根本性转变。要确定集团的发展领域和发展方向,要注意研究国内外市场供需关系、新技术发展方向、产业发展趋势、竞争对手的动向,要研究集团内组织体制和管理制度,提高资源配置的有效性,同时要研究国家宏观经济政策等,结合集团的自身条件和优势,确定集团的战略目标和战略重点,提出实现发展战略目标的战略措施,在此基础上,制定切实可行的发展规划和具体措施,推动集团的制度创新、技术创新和管理创新。如产业发展规划、技术开发规划、市场营销规划、人力资源开发规划等。每个试点集团要将战略研究和管理放在集团改革与发展的重要位置,抓实抓好。

(三) 按照现代企业制度的方向,建立母子公司体制

试点集团建立现代企业制度、实现制度创新,要落实在母子公司体制建设上。按照国发〔1997〕15号文件的要求,母子公司体制建设是重点。一是具备条件的要建立出资人制度,明确母公司及成员企业的出资人。采取国有独资形式的母公司,其出资人应是国家授权投资的机构或国家授权的部门。少数具备条件的试点集团母公司可按照国发〔1997〕15号文件的精神,经国务院批准成为国家授权投资的机构。目前我们正在加紧研究这项工作的具体办法。试点集团母公司已改制为多元投资主体的有限责任公司或股份有限公司的,其出资人及其股权份额按公司章程或股东协议确定。

集团成员企业出资人应按照成员企业的公司章程或股东协议确定。二是确立集团母公司及成员企业公司制改建的形式。经批准为国家授权投资机构的母公司，应采取国有独资的形式。生产特殊产品或属特定行业的企业，应按《公司法》及有关规定改建为国有独资公司。集团成员企业一般应改建为多元股东的有限责任公司，具备条件的可改建为股份有限公司。三是建立科学、规范的法人治理结构，形成制衡机制和风险约束机制。试点集团母公司和子公司原则上都要逐步建立股东会、董事会、经理层和监事会等公司内部组织管理机构，各司其职、各负其责，行使决策、执行和监督权。董事会、监事会按照《公司法》和公司章程产生，董事会聘任总经理，董事长原则上不兼任总经理。四是集团母公司要根据集团发展战略和专业化分工的原则，形成发挥集团整体优势的组织管理体制。在公司制改建的基础上，通过投资、收购、兼并、债权变股权、资产划转等各种方式，对集团成员企业进行重组，提高资产配置效率。同时规范以资产为主要联结纽带的母子公司体制。改制后，母公司作为子公司的出资人，依出资额为限对子公司享有股东权利并承担有限责任，子公司依法享有法人财产权，自主经营、自负盈亏，独立承担民事责任。

（四）加强集团母公司的功能建设，夯实集团发展的基础

母公司要发挥好在集团中的主导作用，就必须加强自身的功能建设。一是研究制定集团发展战略，并组织实施。二是不断改进集团的组织框架和管理体制，充分调动集团内的各类资源，使之适应集团发展的需要。三是增强科技开发功能，增加技术开发投入，提高技术创新、技术引进、消化吸收及新产品开发能力，建立技术创新机制，使企业成为技术开发的主体。四是完善市场开拓功能，建立健全高效的市场信息网络，把握市场动态，面对国内国外两个市场拓展营销渠道，建立市场营销体系。五是强化财务管理和资本经营功能，盘活存量、优化增量，把建立母公司的财务管理和资产经营责任制作为强化资本经营责任制的重点。六是要努力增强投融资功能。在落实国发〔1997〕15号文件中赋予的有关投融资政策的基础上，要建立和完善集团内部科学的投融资决策体系，重要的是要建立自担投融资风险的责任制度。积极拓展多种投融资渠道，逐步成为投融资主体。

（五）转变政府职能，为集团试点创造更好的外部环境

根据国发〔1997〕15号文件的要求和这次会上代表们研究提出的修改意见，国务院有关部门要认真修改好贯彻国发〔1997〕15号文件的有关配套文件。本着既坚持改革方向又立足现实的原则，配套文件对现行政策要有所突破。要指导试点集团落实和用好有关配套政策，积极支持和鼓励条件较好的试点集团按照国际惯例在改革和发展方面进行探索。凡是实际需要并具备成立财务公司条件、具备统一汇总纳税条件、具备成立外经贸公司和申请外事审批权条件的试点集团，有关部门都要积极支持，抓紧帮助落实。

除国发〔1997〕15号文件规定的有关配套政策外，国家支持重点企业的政策也应适用于试点企业集团。如技术改造的"双加工程"，建立技术中心和技术创新工程等政策，都应适用于试点集团。1997年300亿元股票上市额度的分配，国务院已经明确支持千家重点企业、120家试点企业集团和百家现代企业制度试点企业。我们将与人民银行协商，在120家企业集团建立主办银行制度，签订银企协议。试点城市企业兼并的有关政策，要在计划安排、呆账冲销等方面支持试点集团，鼓励和支持试点集团在结构调整中发挥更大的作用。国发〔1997〕15号文件提出的有关授权投资机构的问题，我们要抓紧研究制定有关办法，在少数具备条件的试点企业集团落实。同时，与重点企业一样，试点企业集团领导成员的培训应纳入中组部和国家经贸委的计划安排之内，用三年左右的时间普遍进行一轮工商管理培训，提高企业经营管理者的素质。

有关部门和地方政府的"抓大"工作要与国家的"抓大"工作相衔接，把参与和支持企业集团试点工作与实行政企职责分开相结合；将搞好企业集团试点作为振兴产业和区域经济的一项重要工作。制定有效的措施，改善环境，支持和鼓励试点集团跨行业、跨地区、跨所有制的兼并、重组、联合。帮助试点集团解决在改革和发展中遇到的实际问题。

需要强调指出的是，试点企业集团深化改革、加快发展，决不能靠吃政策饭，关键要立足于企业自身的努力。

(六) 加强试点工作的组织协调和领导

三委要按照国务院的要求，切实抓好企业集团试点工作的组织、指导和协调工作。一是改进工作方式，加强配合，提高办事效率。二是加强与有关部门和地方政府的沟通和协作，积极争取金融、财政、税务、外贸等部门对试点工作的更大支持。三是加强调查研究，及时总结经验，协调解决试点中出现的问题。四是企业集团试点不搞终身制，根据试点的进展情况，要对试点企业集团提出必要的调整意见。五是培育"点中点"。在抓好120家试点集团的基础上选择少数条件较好的试点集团在更高层次上，从改革和发展两方面推进大公司大集团战略的实施，力争本世纪末有5～10家企业集团跨入世界500强行列。六是指导、协调试点方案的制订工作。制订试点方案不是目的，关键在于组织实施。

试点方案要符合国发〔1997〕15号文件的要求，要按照三委修改后的试点方案和实施指导意见以及工作要求，结合自身实际来制订。试点方案要体现"实现两个根本性转变"，坚持"三改一加强"，走兼并、联合难、重组的发展道路；要体现改革先行一步，发展先行一步的要求；重点要突出，措施要具体，有可操作性。试点方案应包括：集团发展战略和发展规划，集团的公司制改建和母子公司体制建设，集团的功能建设等内容。试点方案要以企业为主制订，总体方案不审批，但要报三委、行业主管部门和地方政府备案，其中如涉及有关政策需要协调，有关部门和地方政府要给予帮助，试点方案的制订工作要于1998年4月底前完成。

同志们，加大试点企业集团的改革力度是企业改革的重要内容，加快试点企业集团发展的步伐是经济发展的重要举措。尽管深化企业集团试点的任务艰巨，但也有许多有利条件。目前，全国性的企业分化、重组等结构调整的形势，为集团迅速发展带来了难得的机遇。各方面对加快培育和发展一批大企业、大集团重要性的认识已逐步统一，改革思路逐步理清，大政方针已经确定，重点、难点问题已逐步突破，特别是第一批试点企业集团在改革与发展方面探索了路子，积累了宝贵的实践经验。我们相信，在国务院的直接领导下，有各部门、各地区协调一致、通力合作，有试点集团大胆探索、认真实践、不断总结，企业集团试点工作一定能够取得实实在在的成效。

四 会议上讨论比较集中的若干问题

第一，关于两个"300亿元"问题。这是大家谈得比较多、比较关心的一个问题。第一个300亿元，就是国务院确定由国家银行拿出300亿元呆账、坏账准备金冲销额，支持优化资本结构试点城市和重点企业的兼并、破产、重组，包括减人增效。其主要适用于三项政策，第一项政策是优势企业兼并连续三年亏损的国有企业，被兼并企业所欠银行利息可以免掉。但被兼并企业欠款本金要转移到兼并企业，由兼并企业承担，要求分五年还本，在还本期不再支付利息。如果兼并者有困难，可以宽限两年，即从第三年开始还本，分五年还清，也就是最多有七年的时间。这个政策相当优惠。第二项政策可以适用的是企业破产。如果在试点城市国有工业企业关门走人，资产变现，职工进入再就业服务中心安置，银行的呆坏账显然只能被冲掉。第三项政策是对某些重点行业的重点国有亏损企业在以产定人、减人增效的基础上，如果当年停掉一部分利息可以扭亏增盈的话，那么可以享受这一政策。现在，这些政策在111个试点城市施行。国务院今年还确定了纺织和兵器为重点解困行业，要向它们倾斜。另外，非试点城市的国家重点企业，即1000家中的512家，以及试点企业集团，也可以享受其中有关兼并政策。在这种情况下，经过有关方面反复研究，目前的分配办法是把所有的呆坏账准备金冲销额度分成三块。第一块是绝大多数，分配给111个城市，试点企业集团在优化资本结构城市的，列入计划的都可以使用。第二块是解决纺织、兵器等重点行业的困难。第三块留给重点企业和试点集团用于兼并非试点城市的企业，安排了11亿元。今年的计划制订工作已基本结束。从总的计划安排情况来看，大部分用在了重点行业和重点企业，特别是国有大中型企业。有的企业和行业，甚至有的省希望单独切块，这是可以理解的，由于这是从优化资本结构试点城市的改革开始的，我们考虑以城市为中心，中央企业、省属企业、地方企业作为一个整体，来优化资本结构，这样更合理。今年就是按照这一思路做的。在实践中，可能会发现这样那样的问题，我们将逐步研究解决。用这一部分来

在国家试点企业集团工作会议上的总结讲话

支持120家企业集团,没有问题,但是数量有限。为用好这一改革成本,一是要严格按政策规定办事,二是多兼并少破产。关于第二个300亿元,就是今年300亿元股票上市的指标。国务院领导同志已多次明确,300亿元要更多地用在重点企业和试点企业集团。有关部门在这方面的意见和思路是完全统一的。这样做的好处,一方面可以壮大一批企业集团;另一方面股市中有一批具有优势的大企业和集团作为中坚力量,对股市的稳定也有好处,优势企业迅速膨胀,完全靠自筹资金是相当困难的。一个做法是优势企业根据发展需要兼并其他企业,具备条件的还可以享受有关兼并政策,创造条件再股票上市,注入资本金,转换机制,加大技术改造力度。这实际上就是"三改一加强"。比如华源集团,虽然不是试点集团,成立至今也就是五年时间,靠的就是这几招,看准了就兼并,接着股票上市,然后再资金注入,加强技术改造。华源有产业和贸易的背景,兼并抓得很准,几乎兼并一个成功一个,现在资产总额已达50亿~60亿元,发展相当迅速。我们可以用类似的办法来壮大企业集团。因此,300亿元确实应该优先考虑重点企业和试点企业集团,昨天,李鹏总理再次肯定了这一点。另外,今年发行40亿元可转换债券要全部用在重点企业。

第二,关于配套文件问题。配套文件是贯彻国发〔1997〕15号文件的具体措施。这次会上提交讨论的初稿,比较粗,还是"披头散发",希望大家提出意见。这些文件是为了贯彻国发〔1997〕15号文件,为了搞好企业集团试点服务的,所以,在可能的范围内,希望更多地吸收大家的意见,使这些文件有可操作性,使国发〔1997〕15号文件落到实处。另外,这里有一些配套文件是有关部门出的,三委没来得及研究和协调,可能有些还不能完全对得上号。这些都没有关系,我们想通过三个方面听取大家的意见:一是这次会上大家的意见,把它整理出来,尽量反映在修改的文件上;二是大家把草稿带回去,7月15日前把意见反馈上来,我们再进一步研究;三是必要的话,我们针对某些文件再开一些座谈会,通过座谈会,请有关方面的专家再议一下,广泛听取意见。有的同志担心,如果国发〔1997〕15号文件的有关配套文件再像过去有的配套文件那样,政出多门,将来操作起来困难就会很大。针对这一点,我想请大家放心,国务院的国发〔1997〕15号文件的最后部分有一句非常重要的话,即对过去为企业集团试点制定的配套文件进行修改和完善,或制定新的配套文件,一律要经过三委研究后,共同发布执行。政出多门的问题,就从国发〔1997〕15号文件上堵住了漏洞。

第三,关于明确集团母公司出资人、建立企业出资人制度问题。这个问题在国发〔1997〕15号文件中有很重要的一段,按照建立现代企业制度、实现制度创新的要求,这是非常重要的一个环节。会上,大家对此讨论得很热烈,也存在着各种理解,我想,这没有关系。因为,总的来说,这还是一个新事物。按照国发〔1997〕15号文件,大家要认真地探索和实践,将来逐步加以规范。这里,我讲一点个人的看法,供大家讨论。在描述建立现代企业制度的四句话中,第一句话就讲产权清晰,这一点确实非常重要。在制度创新方面这是绕不过去的一个重要问题,但我认为,这也不是近期就能完全解决的问题。因为这涉及国家大的体制建设,如目前国有资产法还没有出台。

上海、深圳等一些地方对这个问题进行了积极探索,有的做了成功的尝试,积累了一些经验。比如,上海在政府层次设立一个委员会来统管,下面授权或委托一些投资机构,对授权范围内的国有资产代行出资者的三项职能,实际上是作为国有资产的运营主体,现在按这一办法正在运作。当前,从上海来看,这方面的关系正在逐步理顺。很多地方对上海、深圳的经验也很关注。这些大胆的实践,对于推进这方面的改革是非常有意义的。

再有,在建立母子公司的过程中,母公司对于子公司来说是出资人,这一点很容易理解。在推进母子公司的建设中,应该按照《公司法》和国发〔1997〕15号文件精神,具备条件的还要逐步建立母公司对于子公司的出资人制度,积极推进这项工作。这样就必须对下面的控股、参股公司等有一个非常清楚的财产边界,资本到底是多少,它的参股、控股或者其他的是多少,这都要建立出资人制度,这一点,应该没有什么问题。

现在问题比较集中在母公司,对于母公司有两种情况。

一类按国发〔1997〕15号文件规定,少数具备条件的试点企业集团母公司,经国务院批准,可以作为国家授权投资的机构,行使国家出资人的三项职能。《公司法》第72条规定,经营管理制度健全、经营状况较好的

在国家试点企业集团工作会议上的总结讲话

大型的国有独资公司,可以由国务院授权行使资产所有者的权利,资产所有者的权利就是出资人的三项权利,这一点国发〔1997〕15号文件和《公司法》是相互衔接的,是没有矛盾的。另一类是"不具备条件的"。按照国发〔1997〕15号文件规定,这些不具备条件的集团公司是国有独资公司的,应有一个出资人。这个出资人又有两种情况:一种是国家授权投资的机构,另一种是国家授权的部门。国家授权投资的机构如何理解,我认为,主要指的是国家授权的控股公司,或资产运营公司,或大型集团公司。这是一级资产运营的机构。"授权的部门"中的"部门",应理解为属于政府性质的部门,一般说并非为经营性组织。在这两者中,大多数国有独资的集团母公司应以国家授权投资的机构为出资人,只有个别的特殊行业或特殊企业可以由国家授权的部门为出资人。比如,广播、报纸划入某个控股公司,在中国目前体制下显然是不合适的,可以以国家授权的部门为出资人。

对于第二类,会上很多人担心,这样授权投资的机构或授权的部门变成集团母公司上面的一级,会不会变成"婆婆"加"老板"。首先,这种担心不是没有根据的。但是,依照《公司法》授权投资的机构或授权的部门,它行使的不是行政权,而是通过派出出资者代表进入企业依照《公司法》行使所有者的职能。所以大家提到这些机构或部门到底有什么责任,它作为出资人,就要出资,搞资产运作。要走这条路的企业集团,我认为也有很长的过程,并不是马上能做到。这里有两个必要条件,一个必要条件就是要构造一批国家授权投资的机构或授权的部门。但现在还很少。据我所知,目前只有航空工业总公司、有色总公司、石化总公司、电力总公司四家是国家正式批准的授权投资的机构。国家授权的部门目前还没有。另一个必要条件就是国务院试点的集团由谁来作为出资人,必须要由国务院来定。任何一个机构或部门无权自称国家授权投资的机构或国家授权的部门。这是一件严肃的事情。国务院确定的试点企业集团,谁作为出资人,要由国务院来定,不是一个部门能定的。因此,对这个问题,大家可以研究,但不要过多地担心,它还有一个探索的过程,不会那么快。这里确实有认识问题。目前国有企业的国有资产是国家所有,按照有关文件的规定,国务院代表国家行使所有者职能。那么国务院如何行使所有者职能?国务院是个很大的机构,不是一个人,一个部门,下面有很多部门,搞不好就有一些部门自称:我是可以作为出资人的。这个我刚才已否定了,这是不行的。但一般来说,国家作为所有者,它要行使所有者职能,就要通过一定的形式。也就是说,要授权或委托一个机构来行使国家所有者职能,也就是出资人职能。我理解,这就是国家授权投资的机构,由它来运作国有资产,对上面承担保值增值的责任,对下面承担企业出资人的职能。所以有关出资人的问题,在国发〔1997〕15号文件里,为了实现制度创新,建立母子公司体制,把这个问题明确地提出来,具体怎么操作,什么办法,怎么实施,这个问题三委还要进一步研究,在研究过程中要听取大家的意见。我今天提出一些看法,算作对会议的小结。

认真开展工商管理培训*

(1997年8月)

中央组织部与国家经贸委于1996年5月联合发布《"九五"期间全国企业管理人员培训纲要》，在经认定的培训中心和院校中陆续开展培训。经过近三年的准备，工商管理培训大纲和教材正式出版。

20世纪80年代初，国家组织了全国厂长（经理）培训统考，后来又进行了岗位任职资格培训。对许多企业管理者而言，这成了他们理解企业管理、掌握市场运营的启蒙。确立社会主义市场经济体制的改革目标后，国有企业普遍面临走向市场的考验。在1994年合肥全国培训工作会上，即酝酿对国有企业管理人员普遍进行工商管理培训。去年，中央组织部与国家经贸委联合发出《"九五"期间全国企业管理人员培训纲要》，在经认定的培训中心和院校中陆续开始培训。经过近三年的准备，工商管理培训大纲和教材正式出版。

在全国企业管理人员工商管理培训全面展开之际，各级企业管理人员企盼的工商管理培训教材正式出版了！这套教材是国家经贸委培训司在编制《工商管理培训课程教学大纲》的基础上组织专家教授编写的，旨在全面增强企业领导人员工商管理知识、熟悉党和国家的经济方针政策、提高其市场应变能力。

"九五"期间以及21世纪初的未来十多年，将是我国实现经济体制转变和经济增长方式转变的关键时期。由计划经济体制向市场经济体制的转变，是实现我国未来战略目标的前提和基础。但是我国的一些企业领导人员在观念上还存在着模糊认识，在知识结构上还不能适应市场经济条件下

---

* 本文是作者为工商管理培训教材撰写的序言。

驾驭企业、走向市场、迎接竞争的要求。不少企业领导人员还认为向市场经济体制转变仅仅是宏观的事、长远的事、国家的事，与自己、与企业并无直接关系。实际上，经济体制的转变是通过一系列具体政策措施来实现的。每一项政策措施都直接影响企业生产经营。

国际国内市场环境的演变，使企业处于日益严酷的竞争环境中，别无选择。长期以来，我国的企业是在计划体制和短缺经济并存的环境中生存，多数企业只需埋头扩大生产能力，并无库存和积压之虞，因此投资饥渴和扩张欲望经久不衰，从而形成了传统企业特有的经营和发展方式。随着我国经济的发展和对外开放的逐步深入，终于在20世纪90年代初期结束了卖方市场的历史，转瞬之间出现的供过于求，使大量不思市场开拓、不思产品质量提高和产品结构改善、不思节能降耗的企业陷入了停滞、徘徊甚至亏损破产的危机之中。过去的高关税保护，使多数国内企业安于现状，如果说改革之初对于以港台中小企业为主的外部竞争力量，国内的企业尚可与之抗衡的话，那么90年代中期以国际知名大企业为主的外部竞争力量的出现，将使国内企业面临生与死的考验。走向市场，投身竞争，已经不由企业愿意或不愿意所决定，而是涉及企业优胜劣汰的现实。企业素质的提高、企业领导人员素质的提高，不再只是发展的需要，更将成为企业生死存亡的抉择。

来自市场的严峻挑战要求企业从市场观念的新视角，重新审视企业发展战略。要以提高经济效益为中心，重视技术创新和新产品开发；重视市场开拓和精细管理；重视结构优化和投入－产出效益；重视提高附加值和降低原材料消耗。但是，更为重要的是要重视培育企业领导人员洞悉市场变幻、驾驭企业在商海航行的能力。可以说，实现两个根本性转变的关键是人的观念转变，特别是组织领导企业迈向21世纪的中坚力量——企业领导人员知识结构的更新和思想观念的转变。新中国成立以来，我们曾培养了大批在计划经济体制下有很高水平的、带领广大企业职工完成一个又一个艰巨任务的企业领导人员；今天，在进入市场经济过程中，我们又面临培养大批懂得市场经济，善于捕捉市场机遇，能灵活掌握和运用工商管理手段方法，驾驭企业在激烈市场竞争中求发展、避风险的企业管理人员，特别是领导人员的历史任务。而大批懂管理、善经营的企业领导人员并非轻易就能够得到的。企业领导人员在市场竞争中经历百折不挠的实践锻炼，加之及时有效的培训点拨是提高水平的捷径。如果说当前我们企业所面临的困难，如资金短缺、技术短缺可以靠引进来缓解的话，那么所面临的人才短缺特别是合格的工商管理人才的短缺，则只能靠自己培养。

在由计划经济体制走向市场经济体制的过程中，企业的性质已经发生了根本性变化。它不再是附属于政府之下的生产单位，而是市场经济体制下的竞争主体，企业不再依附政府和政府计划，而要以市场作为办企业的出发点和落脚点。在企业经历如此深刻的"脱胎换骨"的变化过程中，企业领导人员的知识更新和能力调整是渡过改革这一难关最迫切的问题。在我们现有的工业企业中，大多数领导人员是搞工程技术专业出身的。掌握专业技术知识对于领导好企业无疑是良好的基础。但在市场经济体制下，仅仅懂得工艺流程、产品开发、技术管理是远远不够的。他们不仅应该懂得，而且应该熟练掌握资本经营、企业理财、市场营销、经济法律法规、现代企业经营管理、企业战略管理、国际金融、国际贸易等现代工商管理原理和方法，还必须掌握人力资源的开发管理、企业领导方法与艺术等。出路在哪里？只有加快对企业管理人员特别是领导人员进行工商管理培训。只有培育出一批懂得市场经济的企业经营者，才能使国有企业顺利走向市场，才能使部分困难企业走出困境，才能从根本上扭转国有经济当前所面临的困难局面，才能培育出一批具有国际竞争力的优秀企业。

"九五"期间开展的工商管理培训，既不同于"七五""八五"期间的厂长经理统考及岗位任职资格培训，又不同于国际流行的工商管理硕士学历教育。它是特殊历史时期以社会主义市场经济为目标，全面改善企业领导人员及其后备人员知识结构、能力指向的专业性培训，是工商管理职业资格的预备性培训，是向企业家人才市场输送企业各级管理人员的必经阶段。因此，这套教材力求体现实用性、针对性、现实性和一定的超前性。它注重培训的实效性，而非知识体系的完备性；注重培养实证分析能力和工商管理技术的应用能力，而非纯粹理论水平的提高；注重提高企业领导人员工商管理综合素质，而非培养专项管理能力；注重规范微观经济行为，而非宏观经济运行管理。

参加这套教材编写的人员是来自国内普通高等院校和经济管理干部学

院相关专业的专家教授，他们比较熟悉企业改革和国际国内工商管理发展前沿，也较为了解国内企业经营管理实际。这套教材尽力汇集了国际国内的一些成功经验和成熟做法。其酝酿编写大致经过了三个阶段。一是教学方案的拟订阶段。国家经贸委组织有关高等院校和经济管理干部学院的专家教授根据《"九五"期间全国企业管理人员培训纲要》的要求，对工商管理培训的科目进行了反复研究讨论，最终确定了"建设中国特色社会主义理论"等12门课程作为主干课程；并且决定工商管理培训的最低学时要求为336学时，脱产学习不少于3个月。二是教学大纲编写阶段。首先由国家经贸委在全国范围内的包括普通高等院校和经济管理干部学院教师中，选聘了一批专家教授根据工商管理培训总体要求撰写出12门课程的教学大纲草案，然后组织了12门课程的师资研讨班，邀请了近1300位教师和企业管理人员，广泛征求意见，并进一步研讨有关教材内容、教学难点、重点及教学方法等问题。三是教材编写审定阶段。确定以主编负责制为教材编写的基本形式，由编写教学大纲的教授担任教材主编，书稿完成后，又由国家经贸委组织相关专业的同行专家审定并提出修改意见。

这套教材围绕市场经济体制下企业管理人员特别是领导人员所应掌握的知识技能，设定了四个主要教学目标。围绕提高企业管理人员政治素质，开设了"建设中国特色社会主义理论"；围绕解决企业转制、定位问题，开设了"社会主义市场经济与现代企业制度""管理经济学""企业发展战略"；围绕解决企业生产经营的几大要素问题（市场、产品和资金），开设了"国际贸易与国际金融""市场营销""现代生产管理""财务报告分析""公司理财"；围绕促进企业管理现代化，开设了"人力资源开发与管理""经济法律概论""领导科学与领导艺术"。

这套教材，力求达到以下三个方面的目标。第一，教材内容要适合中国国情，联系实际，做到"宽、新、实"并举：即范围"宽"，它涵盖了企业管理人员特别是领导人员所应掌握的工商管理知识的主要方面；观点"新"，大体反映现代工商管理理论和方法的最新进展；内容"实"，从企业现实经营管理的需要出发，立足于企业实际。第二，妥善处理学科体系与教学重点之间的关系，在保持必要的学科体系基础上，尽量少而精。文字表达也务求深入浅出，通俗易懂。第三，体现集体智慧与主编个人责任相结合。教材编写实行主编负责制,明确主编责任。同时在编写过程中充分集思广益,体现集体智慧,保证教材质量。

  现代工商管理对于正在走向社会主义市场经济的当代中国而言,是一个新生事物。结合我国经济发展和企业改革实践,有许多新的问题尚待研究和探索,这套教材能否较好地反映编写的初衷,还有待各位读者的评判。科学技术日新月异,市场竞争瞬息万变,在我国建立社会主义市场经济体制的过程中,各种新的经验、新的管理理论将不断涌现,因此,工商管理培训课程也将不断更新补充。我们将加强跟踪调查工作,及时搜集广大读者的意见和建议。在适当时候对教材做必要的修订,使之更趋完善。

学习上海经验,做好职工下岗分流工作*

(1997年8月27日)

1997年8月26~29日,由全国企业兼并破产和职工再就业工作领导小组组织的"全国试点城市学习交流上海经验、实施再就业工程培训班"在上海举行。来自全国14个省区市的60多个"优化资本结构"试点城市的分管副市长、经贸委主任、劳动局局长及有关部门的负责同志参加了首期培训班。国家经贸委副主任陈清泰、劳动部副部长林用三、上海市副市长蒋以任、国家经贸委副秘书长蒋黔贵等出席开幕式并讲话。

几十年来,职工"一次分配定终身"是基于国有企业吃国家"大锅饭",有生无死。随着国企改革的深化和市场竞争的加剧,妥善处理企业冗员,形成劳动力流动机制,已成为国有企业走向市场的一个最大难题。在城市试点中,国家下决心碰硬,这是令人兴奋的壮举。上海经验的可贵之处是经过"再就业服务中心"最终形成依托社会保障、通过市场就业的劳动力流动机制,这具有极高的改革价值。

减人增效、下岗分流、实施再就业工程,是国有企业走出困境的一项基本措施,是深化国有企业改革的历史性任务。目前,我们正处在产业升级、产品换代、企业转机建制和结构优化的关键时期。而产业结构、企业组织结构的调整必然带来劳动力结构的调整,这是历史的必然。而产业结构、企业组织结构调整与劳动力结构调整又是一个问题的两个方面。离开劳动力结构的调整,产业结构、企业组织结构调整是无法进行的。上海经验说明了这一点。20世纪80年代末,上海确立了六大支柱产业,对传统

---

* 本文是作者在培训班开幕式上的讲话节录。

加工业大范围调整结构,高起点进行技术改造。在这个过程中,关闭、合并等被注销的国有企业已达700户,产业工人大约每年净减少10万人,共有107万名职工下岗,有80万名职工再上岗。经过这一轮调整,上海工业经济结构趋于合理,积蓄了发展后劲。

针对中国的国情,在经济结构调整时期,要把劳动力结构调整放到突出重要的位置。从某种意义上说,现在劳动力结构调整的困难已经成为经济结构调整的最大障碍。在国家宏观调控取得明显成效、通货膨胀得到了有效控制的今天,国务院领导及时把充分就业提到重要的议事日程,着手解决国有企业职工下岗分流、减人增效,最终形成劳动力通过市场进行配置的历史性难题。这是经济发展和社会稳定的需要,也是深化改革、建立社会主义市场经济体制的战略性措施。从某种意义上说,国有企业改革难,最难的不在别处,最难的是人的问题怎么妥善解决。因此,现在的下岗分流、减员增效、推进再就业工程绝不是一项简单的救助性慈善事业,而是一项战略性工程,要最终实现人员的可流动性。按照上海同志讲的,建立的再就业服务中心是一座桥,而且要"过河拆桥"。所谓过河,是最后建立起社会保障体系和劳动力市场,形成人员流动机制。到那个时候,我们就会进入一个新的天地。我们所说的搞好企业、搞活企业,我想最重要的是两个方面要活,第一个"活"是资产要能流动。资产不能流动、不能动态重组,国有经济活不了。如果国有资本能不断动态地流向效益最高的部位、最能赚钱的部位,国有资产的保值、增值当然就没有问题。现在的问题是缺乏资产流动机制。第二个"活"就是人员能流动,这是生产要素中最活跃的、具有创造性的部分。如果每位劳动者能不断地流动到最能发挥才能的岗位,而不是空闲在那里,那么整个社会效率就会提高。如果企业不能按照生产经营的需要来决定用人的数量和调整职工队伍的结构,那就成为一潭死水,企业当然谈不上活。与此相对应,如果职工不能根据自己的能力、特长来选择自己最能发挥才能的岗位,那么职工的才能往往会被埋没。企业在停止吃国家"大锅饭"之后,自身的命运已经随着市场的状况有起有落了,企业已经不是"长命百岁",也不再是"有生无死"了。因此,职工稳吃企业"大锅饭"的日子已经不复存在。如果职工勉强还吃"大锅饭",最后这个"大锅饭"连同企业可能会一起垮掉。林用三同志讲，有些职工下岗分流了，从某种意义上说也是对企业的一种特殊贡献。这话不无道理。目前，国有企业两极分化已经成为现实。这种两极分化明白地告诉我们，市场经济的优胜劣汰机制，已不可逆转地成为现实，严酷的市场竞争已经无情地牵动着每个企业。因此，下岗分流、减员增效不是哪个企业愿意或者不愿意的问题，而是已经成为企业能不能生存和发展的一个制约条件，这是国有企业走向市场过程中必须要闯过的关口。

由于长期实行低工资、高就业的方针，使国有企业拥有大量的富余人员。富余人员究竟有多少，是一个谜。一般企业减了20%，生产经营照常进行；如果减少30%，可能这个企业状况会更好。朱镕基同志说，煤炭行业的360万名职工，有100万名就够了；铁路有300万名职工，有100万名就够了；粮食系统有400万名职工，有100万名也够了。现在的企业已经绝对不是"人多好办事"了。在企业管理中，人多、在制品多，这是两大忌讳。人多不仅增加了成本，增加了管理费用，更重要的是企业管理必然松弛。

分流人员是改革中最困难的问题。难就难在观念、机制、渠道、新的就业岗位、社会保障体系和必要的改革成本等条件都不完全具备。但是尽管难，我们也必须要闯过这一关，因为这个关过不去，国有企业必然会败下阵来。有幸的是一些企业、试点城市，特别是上海市，为国有企业的下岗分流、减员增效、实施再就业，创造了系统的、宝贵的经验。这些经验可以供我们学习借鉴。

首先，正确理解、全面贯彻关于减员增效、下岗分流、实施再就业工程的国发〔1997〕10号文件，即《国务院关于在若干城市试行国有企业兼并破产和职工再就业有关问题的补充通知》（以下简称10号文件）。10号文件对国有企业兼并、破产、减员增效的政策都做出了明确规定，全国企业改革领导小组已编制下达了《全国企业兼并破产和职工再就业工作计划》，现工作计划已转入实施。这里我想再次提醒大家的是，一定要十分珍惜并精心用好有限的呆坏账准备金，实现"优化资本结构"这一目标。在这方面仍然存在着两种思想，这表现在是把推动结构调整、企业重组放在第一位，还是把照顾和解困放在第一位，这是两种不同的工作思路。是集中力量，解决重点、难点问题，还是利用有限的呆坏账准备金，去"普渡众生"和"撒胡椒面",这是两种不同做法。是利用有限的呆坏账准备金着重深化改革、机制转换,还是侥幸赖账,这是两种不同的指导思想。

由于多年积累的问题,国有企业在走向市场中普遍遇到了极大的困难。但从工作角度来说,今年国家准备冲销的400亿元呆坏账准备金必须集中用在重点上,使有限的、宝贵的改革成本见到效果。要抓住并解决那些能带动全局或对扭转一方局面有积极作用的问题,不能"撒胡椒面"。江西的同志说"有米要喂下蛋的鸡"。具体来说,大量的小企业要走放开的路子,把有限的改革成本集中用在抓大中型企业,抓重点项目上。

其次,兼并、破产和减人减息三条路的基础是下岗分流、实施再就业工程。过去我们是三个人的饭十个人吃,因此积累了一系列的问题。在国有企业走向市场的过程中,这已经成为不解决就过不了关的大问题。职工吃企业"大锅饭"的基础是企业吃国家"大锅饭"。改革的深化,使企业吃国家"大锅饭"的基础动摇了。与此同时,国有企业职工流动问题如果没有相应突破,国有企业在竞争中可以说是必死无疑,不会有别的结果。现在出台的结构调整的重要手段,就是对靠自身力量难以走出困境的企业实行兼并、破产,对人员、债务沉重,但扭亏有望的企业实行减员增效。10号文件是给各地调整结构的手段。规范破产我们面临着两难,一是资产变现难;二是职工安置难。这两难中核心问题是人员安置。人员能安置,资产变现就相对容易得多。另外,鼓励兼并,也必须在兼并过程中以产定员,把多余人员分流出来,才有好转的希望。着重点还是人的问题。只有那些只要把人减下来就能扭亏的企业才可以享受减人减息政策,减息才有价值。可以说,减人是减息的前提。由此看来,10号文件提出三条路的共同基础是减人增效、下岗分流、实施再就业工程。对这一点各试点城市必须有充分的认识。因此,我们要努力通过三条路加速结构调整,同时形成人员流动机制。

再次,上海创造的系统的、成功的实施再就业工程的经验可供各试点城市学习和借鉴。上海市进入90年代以来,在进行产业结构、企业组织结构和产品结构调整的同时,实行大规模的劳动力分流、调整、重组。这历史性的大调整促使上海实现产业结构升级,形成新的经济增长点,人均创造的国内生产总值大幅度提高,而且保持了社会的稳定。上海在实施再就业工程中充分考虑了我们国家所处的经济体制转轨时期的特点，也充分考虑了当前的国情和上海的市情。在社会保障体系还不健全、国有企业职工观念转变滞后、劳动力市场还没有建立起来的情况下，上海经历了百万人次的职工分流转移的伟大实践，表现出上海工人阶级的高度觉悟，这是一件十分了不起的壮举。在这个过程中积累起来的经验是极其可贵的，具有充分的现实性、成套性和可操作性。前几年，我们在试点城市普遍推行的是"先分后离"的方式。在先分后离的基础上，上海又走出了一条建立再就业服务中心的路子，使再就业工程提高到新的水平。

今年1月朱镕基同志到上海考察时，对上海的经验做了充分肯定。国家经贸委和劳动部、财政部、中国人民银行等部门对上海经验做了调查，写了调查报告，可供大家学上海经验时参考。这里，我想说的就是上海经验的成套性是非常可贵的。上海市为实施再就业工程，创造了合适的组织形式；找到了量出为入、稳进快出的办法；制订了无情调整、有情操作的措施；打通了多方面筹资渠道；开拓了多种就业门路；制订了鼓励自谋职业、组织起来就业和多吸纳下岗职工的政策；形成了良好的舆论导向和社会环境；推动了劳动力市场建设和人员流动机制的形成。最后出现了下岗分流、减人增效、社会稳定的明显效果。我们这次培训班就是要组织试点城市学习上海的经验，大家结合各自城市的实际来积极推动再就业工程。

最后，加强领导，结合实际，积极推进再就业工程。一是要领导重视。由于下岗和再就业涉及社会的诸多方面，仅靠某一个部门是做不好的，必须调动社会各方力量才能奏效。因此，各试点城市主要领导必须亲自动手，推动再就业工程。上海市委市政府领导把实施再就业工程作为一项"民心工程"，黄菊、匡迪同志亲自率队，多次调查研究、制订方案、组织推动，从而创造了新形式，走出了新路子。上海经验首先就体现在领导重视上，我想这是各试点城市应重点学习的方面。二是要把建立再就业服务中心作为实施兼并破产计划的重点。全国计划下达后，各个省区市和试点城市都在积极组织实施，但我们发现有些试点城市对再就业工作仍然不够重视，没有按照通知要求落实措施，仍然还是只重视冲销银行呆坏账准备金，而忽视再就业工作。职工再就业计划是全国计划的重要组成部分，这是一个基础。如果不落实再就业工作，银行是不会给你冲销呆坏账准备金的。三是学习上海经验时各地要结合实际情况有所创新。上海实施再就业工程、建立再就业服务中心的指导思想、基本做法、基本经验都是具有普遍意义的,试点城市都应认真学习和推广。但是,在具体做法上,要结合当地的实际情况,因地制宜地组织实施。试点城市中,环境不尽一致,产业结构各不相同,促进下岗职工再就业政策也应有所不同。特别是困难较多、就业环境较紧的城市,在制定政策时更要大胆探索,有所创新,积极稳妥地实施再就业工程。四是正确处理改革、发展和稳定三者的关系。企业兼并破产和减员增效工作涉及职工的切身利益,政策性很强。

各试点城市要按照国务院的要求,制定职工最低工资线、下岗职工生活保障线和失业人员的社会救济线,保障下岗职工的基本生活条件,也就是说要有饭吃。那些由企业、社会保障和财政"三家抬"出钱保下岗职工基本生活费的部分,各家的资金都要按时到位。对职工也要讲清政策,做好思想政治工作,按照一定的程序下岗分流,增加工作的透明度,做到公平公正。职工情绪较大、思想工作一时难以做通的,也可以暂缓执行。最近一段时间,一些地区职工上访事件明显增多,各试点城市要积极做好群众来信来访工作,把事件化解在基层。

国企改革需要舆论宣传的支持*

(1997年9月7日)

目前，国有企业改革的力度明显加大，从进一步深化改革、搞好国有企业的角度来看，有两个方面的问题需要引起大家的重视。

一是江泽民同志在多次会议上讲到，现在国有企业改革已经进入了"关键时期""攻坚阶段"。对此要结合实际，加深理解，对企业和企业改革的形势，要有一个冷静的认识。

当前之所以说企业改革进入了"关键时期""攻坚阶段"，是指由于环境的变化，有相当一部分国有企业一夜之间丧失了市场，使长期积累的深层次矛盾尖锐地暴露出来了。可以说，当前我们对国有企业改革中的深层次矛盾和问题，比任何时期都看得更加清楚。

之所以说改革进入了"关键时期""攻坚阶段"，是有相当一部分国有企业，由于丧失市场已经被逼到死角，那些传统的挽救国有企业的办法已经软弱无力，政府对此也爱莫能助。这时深化改革已经不是锦上添花，企业自主自立走向市场，迎接来自市场的大浪淘沙，几乎成了唯一的出路。

之所以说进入了"关键时期""攻坚阶段"，是不少企业已停工半停工，使长期卖方市场下投资形成的那种供给结构、产业结构、企业结构，与当前买方市场条件下变化了的需求结构严重脱节和不相适应的矛盾已经集中地暴露了出来，使产品结构、产业结构和企业组织结构的调整既成为一项紧迫的任务，也出现了难得的机遇，社会的承受能力也在提高。

之所以说进入了"关键时期""攻坚阶段"，是有大量的职工下岗、停减发工资，这使人们开始怀疑，那种大锅饭、铁饭碗究竟还能维持多久？严酷的市场竞争，使得减人增效已经成为一种大的趋势。

---

* 本文是《中国记者》（1997年第9期）刊登的作者讲话稿。

之所以说进入了"关键时期""攻坚阶段",是因为企业改革既是一个历史过程,但目前又是一个拖不过去的现实问题,有可能用三年左右的时间使企业改革、结构调整实现某些突破性进展。

总之,当前大范围的国有企业分化、重组、调整的势头已经到来,我们要抓住时机,因势利导,下决心在一些改革的重点、难点上进行突破,推进国有企业改革并取得实质性进展。

二是经过几年的积累,深化国有企业改革的必要条件已经初步形成。这里重要的有以下几个方面。第一,国有企业改革的方面已经明确。这就是十四届三中全会所确定的建立现代企业制度,它的特征就是"产权清晰,权责明确,政企分开,管理科学"四句话。国有企业改革进行了十几年,搞过利改税,搞过承包制等,但是从来没有清楚地描绘出国有企业改革的方向。企业改革的方向是在十四大确定了建立社会主义市场经济体制,国有企业要走向市场之后,在十四届三中全会上才最终明确下来的,这是经过十多年的探索,最后形成的共识。第二,改革的方针已经确定。这就是去年5月9日江总书记在上海企业座谈会上的讲话中,在总结这几年改革的成就之后归纳成的八条方针:(1)国有企业改革是经济体制改革的中心环节;(2)建立现代企业制度是国有企业改革的方向;(3)把改革同改组、改造和加强管理结合起来,就是"三改一加强";(4)着眼于搞好整个国有经济,对国有企业实施战略性的调整;(5)要全心全意依靠工人阶级,加强经营管理者队伍建设;(6)加快企业技术进步;(7)协调推进配套改革;(8)坚持公有制为主体,创造多种经济成分共同发展的环境和条件。第三,企业改革的目标已经清楚。一是到2000年使大多数国有大中型企业初步建立起现代企业制度。这是十四届五中全会关于"九五"计划和2010年远景目标建议所规定的。二是镕基同志提出的,要用三年左右的时间,使大多数国有亏损企业走出困境。第四,推进改革的主要政策措施已逐步理清。就是我们经常所说的"抓大放小"、"三改一加强"、推进企业兼并破产、减人增效、大力实施再就业工程、增资减债、加强企业经营管理者队伍建设、推进配套改革,等等。第五,支付改革成本的渠道已经逐渐明朗。今年就是三个300亿元。

经过这几年的积累,当前国有企业改革既有十足的紧迫性,同时加速改革的必要条件已经具备。因此，从深化企业改革的意义上来说，尽管很多国有企业处于最困难时期，但也出现了深化企业改革最有利的时机，我们对深化改革、搞好国有企业要充满信心。

波澜壮阔的改革大潮正冲击着社会的各个角落，经济结构的调整和升级，正引起大面积劳动力结构的调整和重组，牵动着亿万人的心。国企改革毕竟是一项极其深刻的革命，要触及旧体制诸多深层次的问题。为使改革顺利进行，迫切需要全社会的理解和支持。此时正确的舆论导向几乎比什么都重要。值得庆幸的是，在中央方针政策指引下，各类新闻媒体都在努力为国有企业改革创造舆论环境，并且已经收到了明显的效果。一段时间对邯钢和学邯钢的重点报道、对十佳企业的集中宣传、"试点追踪"的系列报道和评论等都在全国产生了很大、很好的反响。

目前，尽管还有大量指导改革的理论有待进一步突破，但国企改革的重点已不再是什么理论上的争论，而是积极稳妥地推进和探索，是对群众实践进行科学的总结和适度的宣传，是对改革实践中碰到的问题做出科学的解释和分析。在这方面需要深入调查和剖析的问题真是一抓一大把。例如，究竟如何分析企业和企业改革的形势？当前是"越改越困难"，还是进入了改革的阵痛？当前我国经济的结构性矛盾表现在哪里？国有经济战略性改组和结构调整的主要内容、对象和目标是什么？调整的主体、调整的主要手段和方式是什么？现代企业制度中企业法人治理结构的要点是什么？通过建立现代企业制度究竟要解决什么问题？建立现代企业制度需要哪些必要条件？发展小型企业有何特殊重要性？"放小"是甩包袱的权宜之计，还是繁荣社会主义市场经济的迫切需要？"放小"是把小企业"放"到哪里？"放小"确切的内在含意是什么？"抓大"有何战略意义？"大"的真正内涵是什么？同类企业捆绑起来，销售收入增加了就是"大"么？如果各级政府层层"抓大"，最后会有什么结果？"抓大"的重点、途径和方式是什么？"三改一加强"就是并行地做好四件事吗？它的实质内容是什么？"加强管理"与改进管理和管理创新是什么关系？把传统的管理再无限地加强就能解决问题吗？走向市场的企业管理是什么？兼并破产对所有者、经营者、债权人和职工都意味着什么？对建立社会主义市场经济体制和国有企业机制转换有什么重大意义？对当前的结构调整及企业和资产的优化重组能起到什么作用？减人增效、下岗分流，实施再就业工程的现实紧迫性在哪里？对建立社会主义市场经济体制有什么意义？它是帮困救助的慈善事业，还是结构调整、企业走向市场的必经过程？在社会保障制度不健全、职工思想观念转变滞后和劳动力市场尚未建立的情况下推进下岗分流、减人增效的现实途径在哪里？如此等等。

要回答类似这些问题，在办公室坐而论道是不行的，脱离实际的空论解决不了在真刀真枪的实践中遇到的难题。改革迫切需要记者、专家们深入实际不断总结企业和群众创造的新鲜经验，分析提炼那些成功的做法，不断涌现出推进改革先进典型的报道。

国有企业改革这一关键时期、攻坚阶段，特别需要舆论宣传的有力支持。

贯彻党的十五大精神　加快国有企业改革步伐[*]

（1997年10月24日）

一　当前企业和企业改革的形势

关于国有企业的改革，现在各方面都十分关心，有各种各样的看法。在经济转轨和经济发展阶段发生变化后，市场机制开始发生作用，企业之间的优胜劣汰真的开始了。虽然过去大家常讲，搞市场经济企业之间要竞争，要自负盈亏、优胜劣汰，但是，一旦真的"优胜劣汰"，整个社会承受起来还是很有困难的。现在有人提出了这样的问题：国有企业改革，改来改去越改越困难；也有人说，现在的改革什么招数都用上了，但效果不大。国有企业到底还有没有希望。确实有一个对当今形势怎么分析的问题。

在改革过程中出现了一批优势企业。例如，邯钢、宝钢、长虹、青岛海尔、燕京啤酒、周口味精、扬子石化、三枪等企业，在市场竞争中显示出比较强的竞争优势，社会资源、销售收入和利润都在向这些企业集中。它们较早地自觉走向市场，思想观念转变快，经营决策水平高，技术改造效果好，建立了走向市场的企业管理，通过兼并实现低成本扩张，资本迅速聚集，在全国甚至在国际上的知名度也在迅速提高。与此同时，确实有一批企业陷入了困境，有的甚至不能自拔。目前，全国停工半停工企业占企业户数的20%以上，不能按时全额领到工资的企业职工大约有1000万人，不能按时领到退休金的离退休人员有230万人。这1000多万人，再加上他们的家属，对整个社会形成了巨大的压力。

---

[*] 本文是作者在全国农垦经济学术研讨会上的报告摘要。

（一）国有企业陷入困境的直接原因

为什么这几年出现了这么多困难的企业呢？我认为，其直接原因有以下两个。

1. 对搞好国有企业的政策手段进行了调整

过去搞好国有企业的办法是一厂一策，具体来看就是承包制，承包制是企业和政府之间一对一讨价还价的关系。企业有困难，政府就减税让利，困难大就多减税多让利，再困难就连税带利一块儿包。这个政策在改革开放初期起到了重要的作用。但是，这种做法不利于公平竞争，实际上掩盖了企业中存在的矛盾，掩盖了困难企业和优势企业之间的差距。这种办法现在已经不适用了。1994年开始对财税等宏观管理体制进行了改革，要公平税赋、统一税制，承包制结束了。显然，那些靠"吃"减税让利"饭"过日子的企业的矛盾就逐渐暴露出来了。

2. 供需关系发生了变化

随着经济的发展，长期的卖方市场、短缺经济已经转变为供需平衡或者供过于求。

在计划体制、短缺经济情况下，企业之间的差距是老大、老二、老三的问题，就是说，只要企业能生产出产品来，一般还卖得出去。尽管那些水平高的、管理好的、成本低的企业卖一个产品可能赚100元钱，而管理差、装备水平差、成本高的企业卖同样一个产品可能只赚1元钱，但不管怎么说，它还有买主。而在供过于求的情况下，这种状况就发生了根本的变化，企业之间已经不再是老大、老二、老三的关系，而是一个企业崛起了，往往要垮掉一批企业。现在就是一批企业在供需关系发生变化以后，一夜之间丧失了市场。首先是产品卖不出去，接着就是"三角债"，再接下来是银行停止贷款，最后是债权人到企业来逼债。在这种情况下，很多企业的经营状况急转直下，几乎到了刹不住车的程度，再靠企业自身扭亏为盈，重新打开市场已经非常困难了。

（二）国有企业陷入困境的深层次原因

随着企业改革的推进和市场供需关系发生变化，过去长期积累在国有企业中的深层次矛盾在那些困难企业中集中地暴露出来了。总的来看，至少有四个深层次的问题对企业的影响非常重大。

1. 体制和政策的矛盾

过去，我们的体制是政企不分，政府直接管企业，替企业做决策。这种体制所付出的代价就是企业可以依赖政府，造成企业吃国家的"大锅饭"；另外，在政企不分的体制下，把本来应该由政府管的事情交给了企业，使每个企业又办一个小社会，使得职工离开了企业就找不到社会依托，医疗、养老、最低生活水平得不到保障。这种关系就造成了职工吃企业的"大锅饭"。在这两个"大锅饭"的体制下，人的聪明才智被埋没了，企业的活力丧失了，企业怎么能搞好？体制问题还表现在国有资产管理上。企业的国有资产是国家所有，国务院代表国家行使管理职能，但是，对国有企业中每一部分具体的国有资产经营、管理和监督的责任并没有得到落实。很多企业在发现国有资产流失时却找不到责任人，打板子都不知道打谁的屁股。这种体制也为政府直接干预企业提供了基础。如在国有企业中，本应该由董事会决定的重大事情，现在都由政府各个部门分兵把口，行使职能。企业重大的投资，本应该由企业董事会决策，由于企业本身没有董事会，就由政府的计划部门批准；技术改造要由经贸委批准；企业每年工资、奖金分多少，本应由企业股东会讨论批准，现在要由政府的劳动部门或者财政部门批准；企业每年的财务决算，本应由董事会讨论，股东会批准，现在要由政府的财政部门批准；如此等等。政府的各个部门在行使企业董事会的职责。在这种管理体制下，国有企业怎么能有积极性？企业不是一个真正独立的竞争主体，这在短缺经济情况下如果还可以维持的话，那么在供过于求的情况下，矛盾便充分暴露出来，并使企业陷入困境。在政策方面，主要是价格等问题。过去农产品价格压得很低，许多原材料的价格也压得很低。用行政手段来管理价格，越是生产那些短缺产品的企业管得越死，就造成它越加短缺，越得不到发展。如此等等。

2. 经济结构不合理的矛盾

我国的经济布局基本上是在计划体制情况下形成的。如哪个地方要建一个化肥厂，哪个地方要建一个钢铁厂，它的原材料由谁供给，它生产出的产品要拨给谁，这都是完全按计划来安排的。但是，在企业走向市场之后，企业之间的这种供需关系发生了变化，显然，原来的结构已经不适用了。

改革开放后，各个部门和地方有了一定的投资决策权，这样就出现了结构趋同、重复建设，在某些行业出现了恶性竞争。这种低水平的重复建设，在短缺经济情况下，一般来说矛盾反映得并不突出，因为社会上主要是短缺，只要能拿出产品来，即使质量差一点，成本高一点，一般都还有人买。但在供需平衡或者供过于求的情况下，这种低水平重复建设的矛盾一下子就暴露出来了。而当发现矛盾暴露之后，再要解决这个矛盾实际上已经来不及了。比如纺织行业，在20世纪60年代还在发布票，现在全国纺织纱锭已达4200万锭。据有关专家估计，12亿人的穿衣问题再加上出口，有2500万~3000万锭已经足够了，多余的1000多万纱锭的市场在哪里？产品卖给谁？又如家电，据有关方面估计，现在全国彩电生产线的平均开工率大约是50%（当然像长虹等企业还得加班加点，这是例外），有相当一部分企业已经关掉了；电冰箱的开工率只有40%；洗衣机还不足40%。即便如此，在市场上这些家电也已经竞争得火热。另外，各个地方的经济结构趋同，没有特色。全国有20多个省区市把汽车产业作为支柱产业。这怎么可能？这种经济结构上一系列的不合理是造成当前一部分国有企业困难的第二个深层次的原因。

3. 国有企业经营机制转变滞后

在长期的计划经济体制下，国有企业形成了一套自己的生产经营办法、一套思路。在转向市场经济的时候，很多企业从经营者到职工，思想观念没有及时转变，这就使得国有企业多年积累的优势，在转向市场经济的情况下发挥不出来，显得非常被动。比如，在向市场经济转变的起点上，国有企业可以说具有足够强的实力，这是其他所有制经济无法相比的，全国人民几十年的积累，很重要的就表现在国有企业身上。但是，随着市场机制作用的不断强化，多年积累的技术优势没有转换成市场经济条件下的新产品开发优势；多年积累的管理优势，没有转换成市场经济条件下的产品质优价廉优势；多年积累的人才优势也没有转换成市场经济条件下的企业家优势。优势发挥不出来，当然矛盾和问题就暴露无遗。

国有企业由计划体制下的一个生产单位转向市场经济下的一个独立竞

争主体,这个变化是极其深刻的过程。从大的方面来看,企业和国家之间的关系必须要重新建立,政企不分不能再维持下去;企业和用户之间的关系也要重新建立,企业和银行之间的关系要重新建立,企业和企业之间的关系也要重新建立。在企业内部,涉及企业的一些基本制度都要发生根本性的变化。如企业的劳动制度、工资制度、人事制度、财务会计制度,企业的经营方式、管理办法等都要变化。由此看来,在两种体制下的企业,除了企业的"壳子"以外,里里外外的内容都必须重新调整,这个变化的程度可以把它叫作"脱胎换骨"。而这个过程对于多数企业来说都没有完成,最大的障碍是思想观念。

4. 企业历史负担过重

其主要表现,一是冗员多。过去我们实行的是低工资、高就业,把大量的人员压到企业,保持了社会的稳定。现在,企业中拥有大量的富余人员,其数量大体上不会少于企业职工总数的1/3,对国有企业来说,1/3大约就是2500万人。如果一人一年要增加企业成本5000元,全国国有企业加在一起就要增加成本1250亿元。去年国有工业企业的盈利总额约为1100亿元,实际上还有另一半被多余的富余人员吃掉了。人多是改善管理最大的障碍,人多就没有充足的岗位,就有一些人晃来晃去,严格管理就搞不成。

二是债务负担重。从80年代中期开始,国家就停止了给企业的资本金注入。10年之后,我们就发现国有企业已经负债累累。目前企业的平均资产负债率大约是75%,也就是说,在企业的总资产中有75%是债务。国有企业不仅负债率高而且资产质量也比较差,企业所拥有的资产能生产出来的产品是相对落后的,所拥有的技术工艺有的是要被淘汰的。所以,国有企业所掌握的国有资产的盈利能力很低,如果要把绝对值很高的贷款利息交掉,还想再盈利,已经变得非常困难了,搞不好就得亏损。

三是企业承担了大量的社会职能。企业"办社会"给国有企业造成的影响不只是增加了企业的成本,更重要的是扰乱了企业的目标。企业的厂长、经理作为经营者考虑问题时,其目标是追求最高利润,为此,要降低成本,降低消耗,减少人员。但他作为一个小社会管理者的角度考虑问题时,他就有责任保一方平安,就要保证职工的生活福利、奖金每年有所增加，要保证离退休人员安度晚年，要保证职工的就医条件每年有所改善，要保证职工子女上学，甚至还要保证职工子女的就业。这么多相互矛盾的目标都要厂长、经理们去实现、去追求，企业怎么能搞好？

（三）国有企业改革已进入关键时期、攻坚阶段

上述矛盾和问题，在企业产品卖不出去的时候就全面暴露出来了，而这些问题不是最近一两年形成的，它是几十年传统体制持续积累下来的。当然，这些矛盾的暴露也为我们解决矛盾创造了条件。所以江泽民同志在几次重要讲话中都一再指出，当前国有企业改革已经进入了关键时期、攻坚阶段。这是总书记对当前经济形势和国有企业改革做出深刻分析后得出的结论。结合现实情况，怎么理解总书记的这八个字呢？

（1）"关键时期、攻坚阶段"是指有相当一部分国有企业由于丧失了市场，已被逼到了一个死角，再用那种传统的挽救方式已经无济于事，就是给企业再注入点资金，也没有什么意思了。产品都卖不出去了，丧失了市场，还有什么用？政府爱莫能助。所以在这个时候深化改革已经不是锦上添花，而企业自主、自立走向市场是唯一的出路。

（2）"关键时期、攻坚阶段"也是指由于环境的变化，相当一部分国有企业一夜之间丧失了市场，长期积累的那些深层次矛盾暴露出来。可以说，现在我们对国有企业中存在的深层次矛盾，比任何时候看得都清楚。

（3）"关键时期、攻坚阶段"还指由于有一大批企业停工半停工，经济结构的矛盾充分暴露，供应结构、生产结构和需求结构、消费结构不相适应。这个矛盾的充分暴露，就推动产品结构、企业组织结构、产业结构调整进入了关键时期。

（4）"关键时期、攻坚阶段"还指大量职工下岗，停发减发工资，这就开始使人们怀疑那种"大锅饭、铁饭碗"究竟还能维持多久。现在，减人增效已经成为国有企业走出困境的一项根本性措施，全国性的劳动力流动、重组正在成为一种大的趋势，企业每年下岗、再上岗的职工超过百万人，数量相当大。

（5）"关键时期、攻坚阶段"还指企业改革既是一个历史过程，但目前工厂已经停了，职工已经拿不到工资了，这就使它又成了一个拖不过去

的现实问题。因此，现在有可能用三年左右的时间使企业改革、结构调整取得一次突破性的进展。

总的来看，当前国有企业出现的是大范围的分化、重组、调整的趋势。现在每年在试点城市破产和被兼并的企业就超过两千户，下岗、再上岗职工要超过100万人。因此，我们务必要看到改革的紧迫性，增强紧迫感。

（四）深化国有企业改革已具备了基本条件

在看到改革紧迫性的同时，我们也应该看到，经过几年的积累，深化改革的基本条件已经具备。

第一，国有企业改革的基本方向已经明确。这就是十四届三中全会上所决定的建立现代企业制度。

第二，深化国有企业改革的方针也已经确立。这就是江总书记去年在上海企业座谈会上讲的八条方针。

第三，企业改革的目标已经提出。这就是十五届一中全会江总书记讲到的"三年两大目标"。一是到2000年要使国有大中型骨干企业初步建立现代企业制度，这是制度创新，深化改革方面的目标；二是到2000年，用三年左右的时间，使大多数国有大中型亏损企业摆脱困境，这是从企业的经营状况提出的目标。

第四，深化企业改革的政策措施陆续出台。如鼓励兼并、规范破产、减人增效，实施再就业工程，"三改一加强"，增资减债，加强企业领导班子建设，推进配套改革等。

第五，改革要支付成本的渠道逐渐形成。改革的成本从哪里来？比如，今年兼并、破产要冲销银行呆坏账准备金300亿元，拨改贷转为国家投资300亿元，股票上市还有300亿元。

第六，现在企业、职工和社会对深化改革的承受能力有了很大的提高。

总之，经过几年的积累，国有企业的改革既有十足的紧迫性，同时加速改革的一些必备条件也已经形成。所以，当前企业的形势从改革的意义上来讲，尽管还有很多国有企业处境困难，但同时也出现了加速国有企业改革的好形势。

二　国有企业面临的挑战

企业的外部环境在发生急剧的变化，这些变化对企业来说既是机遇，也是严峻的挑战。十四届五中全会提出，我国改革开放和现代化建设要实现"两个根本性转变"，这两个根本性转变对国有企业有重大影响。但很多国有企业把"两个根本性转变"看作国家层次的大问题，看作一个历史阶段的长期性问题，甚至有的企业还把它看作一个理论问题，因此没有和本企业的生产经营联系起来。我认为这是大错特错的。"两个根本性转变"影响最大的不是别人，恰恰就是国有企业。从目前情况来看，由于外部环境的变化，企业面临的挑战主要反映在三个方面。

（一）市场机制正在取代计划体制

这个转变是具体的，不是抽象的，它是通过一项一项的政策措施来实现的。例如，为了向市场经济体制转变，财政体制改革了，由过去的"分灶吃饭"、财政包干变成了分税制。这是向市场经济体制转变过程中必须进行的一项改革。因为承包制的基础是财政的分灶吃饭，这个改革意味着占国有企业85%的承包制的结束，这对企业影响很大。

为了向市场经济体制转变，税收制度变了，由过去的差别税制改成了统一税制、公平税赋。这对国有企业意味着税收减免的停止，那些靠减免税过日子的企业过不下去了。

为了向市场经济体制转变，价格在逐渐放开。价格放开对企业、行业来说意味着比较优势发生了转移，原来企业的优势可能变成了劣势。这就要求企业把和市场竞争力有关的各种要素进行重新组合。比如农副产品调价，对那些以农副产品为原料的工业企业来说，就要消化大量的成本涨价因素。1995年由于棉花调价，纺织行业消化原料涨价的因素是202亿元，当年由于消化不掉，就出现了全行业亏损，到处都在叫"摇钱树变成了苦菜花"。到现在这口气还没喘过来，去年还是全行业亏损，今年有所好转，但恐怕还做不到扭亏，全行业大约1000多万人干了一年最后是亏损。又比如原油价格，过去原油价格很便宜，大约200元左右一吨，而国际上是

1300元一吨。因此，像大庆这样的企业，抱着金娃娃，要吃亏损饭，利润多数在炼油行业，石化总公司每年的利润大约在160亿~180亿元，是盈利大户。但是，这几年价格调整，原油价格逐渐和国际靠拢，采油行业的日子好过了，利润连年上升，而炼油行业每年要消化几十亿元的涨价因素。今年一季度炼油行业全行业亏损，这是从来没出现过的。原油价格调整使炼油行业的矛盾充分暴露出来了。所以价格的放开对国有企业的影响是非常厉害的。

为了向市场经济体制转变，银行在逐步商业化。银行商业化的第一个表现就是"嫌贫爱富"，越是还款能力强的企业，银行越是在后边追着你，希望你去借钱，它好拿利息；越是还不起钱的企业，它越向你逼债，因为它要防范风险。

为了向市场经济体制转变，银行贷款的利率在市场化，随着市场的变化利率在不断地变动。比如1993年因为通货膨胀，银行的利率上升了，去年利率开始下降，今年再一次下调，这对企业的投资项目，对企业利用贷款来扩大经营影响重大。现在有一些股份制公司，包括有些中外合资公司，其董事会一旦听到利率要发生变化，甚至要连夜召开董事会，研究哪一项投资应该怎么处理，哪一项借款应该怎么调整，马上做出安排。而许多国有企业没有这个意识，无动于衷，反应不过来。

为了向市场经济体制转变，汇率并轨了，企业要直接承担汇率风险。现在很多企业都在叫：我们当初借外债搞技术改造，1美元是2.7元人民币，现在外汇还款比当时应该还的要多好几倍，结果欠款还多了。企业感到苦不堪言。但是，在很多企业大叫汇率损失的时候，也有一部分企业通过汇率的变化赚了钱，为什么国有企业只当那个亏本的而不去做赚钱的呢？就是因为我们的观念转不过来。举个例子，如春兰公司，召集了五个高层次人员专门研究汇率问题。当他们发现日元要升值的时候，把所有外汇存款都转成日元，在两三个月之内就赚了一亿多元人民币。问题就是这样，有人通过汇兑造成了损失，哪里去了？被别人赚走了。而国有企业一般是老老实实做那个亏本的，给别人赚钱垫底。

为了向市场经济体制转变，要实行优胜劣汰。对那些经营不善的企业，最终要给它一个截止期，或者被兼并或者是破产，国家不能够再无限制地挽救它。

可见，向市场经济体制转变实际上就是通过这样一项一项的政策措施，由计划体制逐渐转向市场经济体制，而在这个转变中，每一项政策措施对国有企业都意味着机遇和挑战。因此，研究这些宏观问题，并与企业的生产经营结合起来，是搞好国有企业的一个重要课题。

（二）供需关系发生了历史性的变化

长期的短缺经济、卖方市场，现在已经转向了供需平衡，或者是供过于求。据内贸部统计，660多种商品，现在比较畅销或俏销的占5%，95%都是供需平衡或供过于求，而在这5%的紧俏商品中，有相当一部分是农产品。工业加工品，很少还能数出什么是紧俏的，想买买不到的商品几乎找不到。这个变化是历史性的。因为和计划经济并行几十年的就是短缺经济，始终是供不应求，这就使国有企业形成了一套特定的思维方式和经济增长模式。经济增长主要是靠数量的拉动，靠大量低水平、同档次的重复建设来解决社会的短缺问题。所以在这样的一套体制下，国有企业已经形成了一套发展模式，也可以叫经济增长的逻辑，就其根深蒂固的程度可以叫经营哲学，就是只要现在的产品能卖得出去，企业就想办法争取项目，争到了项目，就可以得到贷款，有了贷款就可以通过重复建设来扩大生产能力，增加了生产能力，一般不愁没有买主，就可以增加销售收入，就可以赚钱，日子就更加好过。过去按照这个办法走了几十年，一般来说还走得通。在这种模式下，企业重速度、轻效益，重投入、轻产出，经济增长靠速度、靠数量拉动，大多数企业很少研究技术开发，很少搞新产品，都埋头扩大生产能力，去搞填平补齐，一轮又一轮地扩张。但是，目前数量扩张受到市场的制约，这在历史上可以说是第一次扩张受阻，搞不下去了。在市场上，那些传统的老产品市场是有限的，只有那些不断创新的产品，市场才是无限的。供需关系的变化对国有企业影响很大，要想转过来非常困难。现在，很多企业都是这种状况，当现在生产的产品卖不出去的时候，拿不出新一代的产品，企业马上就停产、半停产。虽然口头上也讲生产一代，开发一代，还要预研一代，但是真正动真格的时候，企业完全不能适应，这是增长方式的问题。所以现在对企业来说，包括对整个社会经济来说，已经由原来那种短缺制约转向了市场制约。现在状况比较好的企业，好在哪里？好在有买主，好在有订单，这样日子就好过。而那些停工半停工的企业，一般来说不是因为它没有生产能力，而是因为老产品找不到订单，没有买主，失掉了市场。这确实是对国有企业的一个严峻的挑战。要过这一关，就必须由完全依靠数量的增长转向依靠技术进步，依靠不断地推出新产品，不断适应市场需要。

（三）中国市场对外开放的格局进一步形成

过去我国采取的是高关税保护，结果是把国内市场留给了国有企业。这些年，随着我国出口大量、迅速地增长，国内市场也必须要不断对外开放。大约在1993年，我国的外汇储备只有100多亿美元，到现在已达1340多亿美元，每年增加200亿~300亿美元，增长速度非常快，今年进出口依然还是顺差，大约新增200亿美元左右，出口增长了24.9%，而进口只增加了3%。在这种情况下，国内市场必须对外开放，但开放市场确实也面对着国外的巨大压力。1995年我国进口关税的总水平在4月1日之前是35.9%，这在全世界差不多是属于最高的几个国家之一，4月1日之后降到了23%，降幅大约是1/3，今年10月1日又降到了17%，降幅约是26%，但是还没有到位。江泽民同志在国际上已经承诺，到2000年，我国进口关税的总水平要降到和发展中国家大体相当的水平。关税的降低就相当于国内市场的大门在逐渐地敞开。改革开放初期进入内地市场的主要是中国香港、中国台湾的一些中小企业，当时搞"两头在外"，发展加工业，这对于推进改革和对外开放起到了重大作用。但是现在跃跃欲试要进入中国市场的已经远不止这些中小型企业，而是世界上最强大的一些跨国公司，是世界500强。据有关统计，现在500强进入中国市场的已经有230家。这些大型企业、企业集团、跨国公司进入中国市场不只是从眼前利益考虑，而往往是作为一种战略。它们既有足够的经济和技术实力，也有足够的占领市场的经营经验。现在，对于很多国有企业来说，不出国门所遇到的竞争对手就是最强大的国际企业。如饮料业，过去中国也有自己的八大碳酸饮料企业，现在几乎都不见了，只有健力宝还在抗争。可口可乐为了要进入中国市场，做了一番周密的调查，当它决定进入中国市场后，便铺天盖地而来，两三年之内就在全国建了140个分公司、灌装厂，结果一下子在中国从大城市的宾馆，到小的旅游点，甚至到农村的小商店，几乎无处不有。现在，好多地方可能买不到健力宝，但几乎没有地方看不到可口可乐。像这样的一些企业要进入中国市场，确实不得了。而面临着这样严峻的国际竞争，很多国有企业缺乏准备，在高关税保护之下，就好像养鸡场里养的鸡，放出笼子，很难自己找食吃，没有竞争力。现在不出国门就面临着国际上的挑战，对于国有企业来说威胁很大。

总之，当前国有企业确实面临着经济体制转轨的挑战，面临着供需关系变化的挑战，也面临着来自国际的挑战。这些挑战归结起来，就是市场对国有企业的挑战。现在，对国有企业来说，关键的问题是丢掉幻想，义无反顾地走向市场，依靠自身的力量，在市场上通过竞争来壮大自己。除此之外，没有别的出路。

三　十五大对企业改革的一些重大的理论突破

江总书记十五大报告内容非常丰富，总结了这几年我国改革开放和现代化建设的实践，也为进一步改革和发展提出了很多重要的理论，涉及企业改革方面，有一些具有历史意义的重大突破，对我们将来的经济发展和企业改革具有深远的影响。

（一）第一次提出了调整和改善所有制结构的问题

报告提出："公有制为主体、多种所有制经济共同发展，是我国社会主义初级阶段的一项基本经济制度。"由于我们长期受"一大二公"的"左"的思想影响，大家最崇尚的是公有制经济，在公有制经济中又最崇尚国有经济，排斥私营经济，歧视个体经济。这就造成在所有制结构上过分单一。改革开放后开始进行政策调整，在提法上很长时间只讲到"公有制为主体，其他所有制是有益的补充"。十五大报告不是提"补充"，而是多种经济成分共同发展。

在计划体制短缺经济情况下，过分单一的所有制结构造成了全国经济结构特别是国有企业结构的一系列问题。从某种意义上讲，经济结构不合理的一个重要原因是所有制结构不合理。例如，过去的所有制结构过于单一，造成了国有经济在行业分布上的失调。覆盖面过宽，领域过多，几乎在关系国计民生的各个领域中都包含国有经济。这就造成国有经济过于分散，顾此失彼，在真正的关键行业、重要领域反而不强，搞不上去。过分单一的所有制结构造成国有企业的组织结构不合理，最重要的体现就是"大而全、小而全"、低水平重复建设。分散的单个企业多，而每一个企业的实力又弱，大企业达不到经济规模，小企业少而不活。实际上在我们社会中，不同的所有制经济有不同的定位。如修鞋铺，很可能搞私营、搞个体要比搞国有强。由于其他所有制经济不发达，国有企业找不到社会支撑，所有的事情都必须自己办，这就形成了企业"办社会"的基础。

所有制结构过分单一，也造成了在产业结构上的"三长五短"。社会的资源配置、项目投资是由政府决定，这就使得各个地方的经济结构趋同，第三产业得不到发展。

党的十五大提出了要调整和完善所有制结构。怎么调？在十五大报告中，对于未来的国有经济已经明确了它的定位，这就是"对关系国民经济命脉的重要行业和关键领域，国有经济必须占支配地位"。那么在其他行业呢？"在其他领域，可以通过资产重组和结构调整，以加强重点，提高国有资产的整体质量。"而不是要面面俱到，加强重点就够了。这个提法，实际上给国有经济的战略性布局和结构调整开了绿灯，解除了一系列的思想障碍。"重要行业和关键领域"是什么？这个恐怕将来国家有关部门还要研究，要给它一个明确的含意。我想恐怕这绝不是指做酱油、做醋等行业，指的是通信、铁路、航空、石油开采等行业；而一般的加工业，应该是要放开的。实际上，这个提法一方面给未来的国有经济如何收缩战线、加强力量明确了方向；另一方面也为其他所有制经济的发展开拓了空间，就是国有企业要把一些领域让出来让多种所有制经济发展。这是一个非常重要的突破。最近国家经贸委开了两天全国各地经贸委主任会议，大家都一直在研究这个问题。比如上海、江苏对这个问题研究得很深，他们感到有了这个武器，就可以在经济结构调整上迈出比较大的步子，真正从整体上搞好国有经济，而不在于国有经济要覆盖每一块阵地。

（二）要全面认识公有制经济的含义

十五大报告提出："公有制经济不仅包括国有经济和集体经济，还包括混合所有制经济中的国有成分和集体成分。"这句话本来是很明显的，但它却有重要的现实意义。因为在现行体制下，国家关心的是那些纯而又纯的国有经济，国有企业只要一合资、一搞股份制，好像就"嫁"出去了，就不算国有经济了，这样，很多人担心国有经济越搞越萎缩。另外，那些合资嫁接的一般是状况好的企业，股票上市的更是状况好的，最后剩下的企业越来越困难。我们眼睛只盯着那些剩下的企业，这怎么能行呢？由于要保住纯而又纯的国有企业，结果反而造成了对国有经济结构调整的一大障碍。而总书记这句话实际上解决了这个问题，就是说要全面认识公有制，全资公司，股份制公司中的国有成分、公有成分也要算进去。这就使我们能对这个问题有一个全面的看法。

另外，还有一层意义。在长期"左"的思想影响下，我们往往不仅排斥私有制、排斥外资，甚至对公有制经济还分个高低，以为国有制经济就要比集体经济高一等，所以动不动就搞所有制升级，为此我们已经吃了大亏。新中国成立初期，各地搞合作社，把手工业合作社一下子收上来变成国营或是"二国营"，把所有制搞乱了。现存集体经济中恐怕城镇集体经济是最乱的，是50个人的集体，是100个人的集体，还是12亿人的集体，搞不清楚。搞合作社，我拿一个锤子入股，他拿一个什么入股，本来是很清楚的。所有制升级挫伤了很多人的积极性。所以，要全面认识公有制，不能再分高低。

十五大报告中还提出一个非常重要的观点，就是："只要坚持公有制为主体，国家控制国民经济命脉，国有经济的控制力和竞争力得到增强，在这个前提下国有经济比重减少一些，不会影响我国的社会主义性质。"这句话的意思就是说，国有经济的主导地位，不能简单地以国有经济所占的比重来衡量，关键是看国有经济在整个国民经济中的分布。如果关系经济命脉的领域中国有经济都退出去了，这样风险很大，国家的控制力会减弱；但是如果在关系国家经济命脉的方面，我们都能有很强的控制力，即便国有经济的占比减少一点，也不会影响社会主义性质。例如，在工业方面,改革开放前,国有工业在全国工业中的占比几乎是100%,现在其他所有制经济要发展,带来的结果必然是国有经济占比的下降。如集体经济要发展,要加一块,整个经济总量变大,国有经济这一块也发展了,但在占比上显然就不是100%了,占比就减小了。又如外资企业再来一块,国有经济的占比就更小了。所以在多种经济成分都发展的时候,国有经济的占比必然要下降,这是正常的,但这并不等于国有经济的力量就会减弱。

(三) 公有制实现形式可以而且应该多样化

十五大报告还指出:"一切反映社会化生产规律的经营方式和组织形式都可以大胆利用。要努力寻找能够极大促进生产力发展的公有制实现形式。"就是说,对公有制在市场经济中企业的财产组织形式可以放开,根据生产经营和竞争的需要选择适当的企业财产组织形式。有的可能是国有独资公司,有的是中外合资公司,有的是有限责任公司,有的是股份有限公司。根据生产经营和竞争的需要来选择国有经济的企业财产组织形式,实际上这也是一次思想解放。因为在传统体制下,国有经济的实现形式只有一种,就是国有企业。1988年人大通过了《企业法》就更加规范了,全民所有制企业财产只有一种组织形式,就是国有企业,过去把它叫国营企业。但是,随着市场经济的不断发育,传统的国有企业的形式不适应进入市场的需要,因此很多人提出要采取在市场经济中普遍采用的股份制财产组织形式。但是这时有人说,股份制就是私有化。为了不搞私有化,就不能用股份制财产组织形式了。这就成了企业以适当形式进入市场的很大障碍。国外确实有些人是这样说的,即国有企业要搞私有化,怎么搞呢?就是股票上市。但实际上,这是在概念上的一种混淆。因为企业财产的组织形式和财产归谁所有,是完全不同的两个概念。企业财产的组织形式,是搞股份制公司、合伙制公司,还是独资公司,这是财产组织形式,和财产归谁所有,谁是所有者,完全是两回事,风马牛不相及,不能混为一谈。所以,把股份制等同于私有化是没有任何道理的。比如联通公司,它有三个大股东:电力部、铁道部和电子部,它们都是纯而又纯的国有部门,它们投入的都是国有资产,由此建立有限责任公司跟私有化没有任何关系。但是,如果都是由个人股东组成的有限责任公司,当然可以把它叫私人公司。因此，股份制作为一种财产组织形式，公有制可以利用，国有经济可以利用，私人也可以利用。所以，十五大报告里提出"公有制实现形式可以而且应当多样化"，这是推进解放和发展生产力的一个非常重要的理论根据，同时也澄清了我们在深化改革中的一些糊涂观念。

江总书记在报告里重点讲到大中型企业建立现代企业制度，主要是用规范的公司制改革。但是，真正规范的公司制不是很简单的，需要一定的条件。因此，中央提出，先进行建立现代企业制度试点，取得经验后，创造条件逐步推开，不能而且也不应该一哄而起。

江总书记在十五大上的报告，在深化企业改革方面确实有很重要的突破，这些突破对我们推动下一步的深化改革和结构调整，具有重大的指导意义。

四 认真贯彻十五大精神，推进企业改革，实现新的突破

江总书记在报告中有一些理论和政策上的重要突破。对过去已经肯定了的问题，在报告里又再一次加以重申，这是有所指的，也是非常重要的。

（一）关于建立现代企业制度的问题

在党的十四届三中全会关于建立现代企业制度的问题提出之后，各个方面都非常关注，大家也有各自的理解。随着改革开放的进一步发展，现在需要进一步对这个问题加深理解。即通过建立现代企业制度到底要解决什么问题，是不是把国有企业变成公司，国有企业的问题就解决了呢？我想谈一点个人的理解。

当苏联、东欧发现计划经济体制搞了几十年，效率过低，经济活力不足时，它们就希望用市场的办法来激活经济的活力。但是，它们找不到一个适当的途径，最后搞了私有化。中国有12亿人口，搞私有化这条路是绝对走不通的。但是，我们也看到了计划经济体制效率太低，经济发展不起来。因此，就开始考虑，如何既能发挥市场机制在配置社会资源中的高效率和对经济发展的促进作用，又能保持公有制和国有经济的主体地位和主导作用。这实际上给我们自己出了一个难题，即市场经济与公有制能否结

合，如何结合。小平南方谈话讲到资本主义有计划，社会主义也可以有市场，两种手段都可以用。小平同志把这个问题点破了。但是，还有一个具体的实现途径问题。传统的国有经济的实现形式是国家所有、国家经营，国家通过计划管理全国的国有经济。管到什么程度呢？每年国家给每个企业一个厚本子，企业生产什么产品、什么品种、多少数量、生产的进度怎么样、所需要的原材料从哪里来、所需要的配件谁来提供、生产出来的产品交给谁，在一个大本子里全部做出了规定。所以，在那种情况下叫国营企业是很确切的，即不仅国有而且国营。全国的国有经济由一个经营主体在经营。那么，市场机制的价值规律、竞争法则怎么发挥作用？优胜劣汰怎么实现？这实际上根本做不到，在这种国有国营体制下，对应的只能是计划经济。

市场机制发挥作用的一个必要前提，就是在市场中有千万个相互独立的主体，通过千万个相互独立的主体之间的相互竞争实现社会资源的优化配置，提高整个经济的运行效率。那么，如何既能保持国有经济，又能塑造千万个各自独立的主体呢？党中央非常高明地设计了一套办法——现代企业制度。通过建立现代企业制度使企业的财产最终还保持国家所有，同时又使每一个企业成为独立的市场竞争主体，这样，既能发挥市场竞争机制的高效率，又能保证国有经济占有主导地位。因此，现代企业制度在建立社会主义市场经济中有它特殊的重要作用。在十四届三中全会《决定》中，对它的地位是这样说的，"以公有制为主体的现代企业制度是社会主义市场经济体制的基础"。有人画蛇添足，说是社会主义市场经济的微观基础，这和中央的提法是不一致的。我们要建立社会主义市场经济体制，就必须奠定这个基础，即搞现代企业制度。这次江总书记的报告再一次强调这个问题，我认为确实非常重要。通过建立现代企业制度，要解决体制上的一系列深层次的问题。具体来看有以下几个方面。

（1）通过有限责任制度实现政企分开。就是国家派出所有者代表进入企业，依据投入企业的财产的份额行使所有者权利，承担有限责任，这样才能真正实现政企分开。企业赢利了，国家作为一个出资者可以分红；企业破产了，国家承担有限责任。企业和国家之间依法建立新型关系，国家作为所有者的职能要退居到股东的地位，各政府部门不能滥用行政权力以所有者身份对企业横加干涉。因此，要通过明晰投资主体、所有者代表进入企业，形成对企业的激励和约束。

（2）通过股份制形成企业财产的流动机制，使企业的财产富有流动性。公司制一个非常奥妙的办法就是把企业的财产分成千万个等额，每一份都是可以流动的，如果这个企业有一个好项目，有愿意投资的，可以向这个企业投入，并按照一定的比例来占有这个企业的股份，使这个企业能从外面获得资金，这样，产权就流动了。如果一个投资者感到在这个企业中的投资回报不理想，想把资产转移，那么他可以将其全部或部分财产转让，企业还是这个企业，但股东换了。如果要转让的股份多了，每股的市场价值就降低，如果愿意购买该企业股份的多了，每股的市场价值就上升，这就形成了市场对企业的评价。如果国有资产能够不断流到效率更高的企业，那么整个国有资产的运作效率就会更高。相反，如果国有资产分布在一些亏损的或者效率很低的部位而又不能够流动，这实际上等于国有资产的流失。要增强国有企业的活力，促进经济发展，只有通过现代企业制度才能达到目的。

（3）通过建立现代企业制度，可以使企业拓宽融资渠道，包括直接融资。传统国有企业只有一个直接融资渠道，就是财政，而目前的财政状况不可能再给一般企业投资，实际上断绝了企业的资本金注入渠道。通过现代企业制度，只要企业经营状况好，可以从各个渠道募集投资者，可以有选择地募集投资者，甚至可以向国际社会募集，这是传统国有企业做不到的。

（4）依据公司法可以形成科学的企业法人治理结构。在传统的国有企业中，由于企业的主要任务是完成国家交给的生产计划，所以，国有企业只有一个利益主体，就是齐心协力完成国家计划。完成了国家计划，职工得到工资，企业受到表扬，这就够了。但在现代企业中，利益主体已经多元化了：一个利益主体是投资者，即出资人，投资者投资到企业，就希望得到更多的利润，将来可以分红；另外一个利益主体是经营者，他希望充分表现自己的才能，企业扩张得越快，经营范围越宽，效益越好，经营者的才能越有用武之地，相应的报酬也会越丰厚；第三个利益主体就是职工，职工希望自己的劳动能够得到应有的报酬，而且能够不断地有所改善。现代企业制度承认企业内部不同的利益主体，并通过一套科学的治理结构加以平衡，使三个利益主体各自的利益、权利得到保障和保护，同时，各自的行为也受到约束，这是一套科学的体系。江总书记在十五大报告中再一次讲到国有企业改革的方向是建立现代企业制度，我认为这是很重要的。

（二）关于股份合作制的问题

江总书记在十五大报告中再一次肯定了股份合作制，把股份合作制看作改革中的新事物，要支持和引导。另外，他还把股份合作制定为公有制性质，这很重要，它解除了很多人的思想疑虑。现在，有很多地方对发展股份合作制积极性很高，这是应该的，但这里有一个问题，即推行股份合作制只是搞好小企业的一种措施，并不是搞好小企业的全部工作。因为搞好小企业是一个非常复杂的过程，不存在什么"一股就灵"。有的地方总想找一些简单的办法来解决复杂的问题，实际上这是一种幻想。现在有的企业强制职工入股，甚至不入股就辞退，我认为这是不对的。这样干，就把股份合作制搞偏了。实际上，企业财产组织形式是多种多样的，对于小企业来说，也必须要有多种办法、多种形式。至于每个企业选择什么形式，要根据企业的具体情况、企业的历史、当地的条件、职工的认同程度等来决定，不可强求。

当前，小企业改革无疑地要搞所有制改革和企业转制，但即便是搞了所有制改革，搞了企业转制，也只不过解决了一个生产关系问题，搞得好，可以从一个方面调动企业职工和经营者的积极性。但是要把小企业的问题解决好，还必须注意以下几点。一是"三改一加强"。要调整结构，加强技术改造，开发新产品，把管理搞上去，成本降下来，这样，小企业才有希望。如果企业还是老面目、老产品，再好的企业制度也没用，因为没有人买你的产品。二是为小企业建立一套完整的产前、产中和产后服务体系。因为小企业势单力薄，完全靠自己的力量打开市场、开发新产品，是不可能的，政府要出面为它们建立一些中介系统，提供各种服务。如为它们提供新技术、新产品、管理咨询、市场信息、营销服务、培训等，并解决好融资渠道问题。三是为小企业建立一套社会保障体系。政企分开后，小企业走向市场就要承担风险。这就要求在政府和企业之间建立一个安全网，即社会保障。小企业在市场中一旦经营不下去,甚至破产了,职工就退到安全网上,不至于造成社会的动荡,职工的心理也容易平衡。在这个社会安全网上他再反思,将来重新上岗,或者是筹集资金再去办企业。如果没有这个安全网,政企分开是不可能的。职工吃不上饭肯定找政府。因此,对于放活小企业的问题要从多方面考虑,真正做到搞好小企业,而不是一股就灵。

（三）关于进一步深化改革的政策措施

江总书记在报告里列了很多,这些都是我们当前已经在实践的、行之有效的。例如,要把国有企业改革同改组、改造、加强管理结合起来;要着眼于搞好整个国有经济,抓好大的,放活小的;要对国有企业实施战略性改组,以资产为纽带,通过市场形成具有较强竞争力的跨地区、跨行业、跨所有制和跨国经营的大型企业集团;要采取联合、改组、兼并、租赁、承包经营和股份合作制、出售等形式,加快放活小企业的步伐。另外,还要鼓励兼并、规范破产、下岗分流、减员增效等。这些都是我们正在实行的,并将继续实行的改革措施。

（四）关于三年两大目标的问题

江总书记在报告中讲到的三年两大目标,就是"力争到本世纪末大多数国有大中型骨干企业初步建立现代企业制度,经营状况明显改善"。在十五届一中全会上,江总书记又把"经营状况明显改善"具体化为用三年左右时间使大多数国有大中型亏损企业摆脱困境。两大目标中一个是制度创新的目标,一个是改善经营状况的目标。按照中央和国务院的要求,国家经贸委正在研究、制订一个三年实现两大目标的总体方案和一个分年度实施的具体安排,争取用三年左右的时间,经过我们的工作,在搞好国有企业方面取得阶段性的进展。现在社会上有人对三年摆脱困境的问题感到悲观。我认为,这个问题不能这么看,因为现在用三年时间使这部分国有企业摆脱困境,已经不是中央和我们人为地要不要这样做的问题,而是现实推着我们必须这样做,我们也有条件经过几年的努力实现企业改革和结构调整的突破性进展。经济要发展、社会要稳定就得过这个关。当然,解决这个问题不能用传统的老办法，必须用新办法。怎么办？兼并破产、减员增效就是一个重要途径。"三年实现两大目标"是有限定的，是指大中型国有企业。现在大中型国有企业有15000家，其中亏损企业大约有6000家。使大多数亏损企业摆脱困境，可以理解为6000家中的三分之二，即约4000家摆脱困境。也就是说，用三年左右的时间把这6000家的问题消化掉，我认为是有可能的。怎么消化？一年通过兼并消化700家，是可以做到的。那些丧失竞争力的企业，被别人兼并，就不存在亏损了；有的破产，人员被消化掉了。这样连同今年用四年时间就可以消化约3000家。还有1000家，通过减人减息扭亏为盈，我认为这也是可能的。另外，按照中央调整所有制结构的要求，可以把一部分中型企业，按照放活小企业的办法放开，走向市场，把它消化掉。因此，这个目标，从企业的户数来看是可以实现的。这里有一个重要的问题，是如何解决人的问题。从加工业来说，现在关掉5000~10000家企业没多大影响，关键是人解决不了。按现在我们的做法，如果再加大力度，把今年算上，到2000年用4年左右的时间可以分流800万~1000万人。在国有企业中，企业整治4000家，人员分流800万~1000万人，国有企业实现三年摆脱困境是可能的，关键是要学好十五大精神，进一步解放思想，做扎实细微的工作。

市场不同情弱者，市场不相信眼泪[*]

（1997年11月）

进入20世纪90年代中期，国有企业普遍面临的问题是：如何顺利走向市场，投身于市场竞争；如何适应国民经济由高速增长转为稳定增长，推行精细化管理。北京市在学邯钢经验基础上总结了北京开关厂的管理经验。北京开关厂在下海闯市场几次碰壁之后，较早悟出了"市场不同情弱者，市场不相信眼泪"的道理。接着它眼睛向内，推进管理创新，走上了兴旺之路。

北京开关厂经验的实质是下决心自立自主走向市场。在1990年、1991年连续亏损的情况下，北京开关厂主要依靠自身的力量，眼睛盯住市场，狠抓企业管理，一举扭转了亏损，进而创造了零缺陷、零起点、零突破的"99+1=0"的管理，逐步走上了良性循环之路。其经验说明，观念变，天地宽。当它放弃对政府的"等、靠、要"，想到"等也是死，闯一闯也可能闯出一条路"的时候，它就走向市场"找、挣、钻"，使国有企业多年积累的潜在优势渐渐发挥出来，在市场竞争中逐步恢复了国有企业的"虎性"。全厂逐步形成了面向市场的竞争意识，追求完美的敬业作风，不断创新的进取精神，以人为本的管理理念。

企业外部环境的急剧变化，使市场经济的优胜劣汰机制开始真正发挥作用，使国有企业普遍面临来自市场的挑战。市场对企业的约束远不像政府对企业那么仁慈，市场不同情弱者，市场不相信眼泪。当前有不少企业遇到了巨大的困难，我们需要吃一堑长一智。

---

[*] 1997年11月，北京市召开大会，介绍北京开关厂的经验。听了他们的经验，深受启发。本文是作者即席讲话的记录整理稿。

在转向买方市场之后，一批企业一夜之间丧失了市场，这时候传统的挽救办法已经软弱无力，政府也爱莫能助。这时企业的唯一出路就是义无反顾地走向市场，重新组织和调动自身的各种力量，投身市场竞争。

目前大多数国有企业都面临建立适应市场经济的企业管理的任务。各企业要重新确立市场在企业生产、经营、投资、发展中的中心地位，充分认识办企业的出发点和落脚点都在市场，企业要赢赢在市场，要败也败在市场。企业必须重新研究发展战略，明确自己的生长点在哪里，是能力的扩张，还是技术和产品的创新；是多种经营，还是着力增强核心竞争力。

要确立人才、技术开发和市场营销在企业中的基础地位。过去产品几十年一贯制，技术开发就没有价值；长期处于卖方市场，营销工作就没有地位。短缺经济下，企业的发展主要靠生产能力的扩张；供需关系变化之后，企业的壮大关键靠技术开发和市场营销。

企业要赢得市场，就必须以满足用户为准则，及时调整产品结构，不断开发新产品。北京开关厂用于技术开发的费用占销售收入的比重，1993年为1%，1996年为3.5%，1997年为3.8%~4%。事实证明，市场竞争越激烈，技术开发投入的比重就必须提高。在市场竞争中，对市场的应变能力出自企业内部的严格管理。要加强以财务为中心的各项基础管理，加强市场营销，大力开展增收、节支、降耗，充分调动人的积极性，积极推进"三改一加强"，稳妥地减员增效，分流富余人员。

要树立风险意识，捕捉市场机遇，避免市场风险。企业外部环境的变化，对企业来说既是挑战，也是机遇。要兴利除弊，优势企业可慎重地进行低成本扩张，要制止无效投资、低效投资，防范投资风险；困难企业要积极寻求可行的出路。

大型企业必须把走向国际市场提上议事日程。参与国际竞争已经不是企业愿不愿意的问题，而是大多数企业面临的现实，其要么在国内市场与国际强者竞争，要么在国际市场与国际强者竞争。躲避与强者竞争的避风港已基本不存在。

北京开关厂的经验给我们展示了一个国有企业主要靠自己的力量走出困境，进而走上良性循环之路的生动实例。国家对北京开关厂并没什么特殊政策，它们也没吃上什么"偏饭"，就是靠一个好班子，带出了好队伍。它转变观念，转变机制，眼睛盯住市场，狠抓内部管理，创造了一套新的管理经验，在竞争中站了起来。由此我们可以看出，国有企业蕴藏着巨大的潜力，也增强了我们对实现江泽民同志提出的用三年左右时间使大多数国有大中型亏损企业摆脱困境这一目标的信心。

国有企业怎样三年走出困境*

(1997年11月28日)

  1997年9月,党的十五届一中全会提出了国有企业三年制度创新和改善经营状况的目标。10月,国家经贸委召开地方经贸委主任座谈会。对这一目标,大家一方面感到欢欣鼓舞,另一方面也提出如何理解这一目标,应采取怎样的措施以实现这一目标等问题。作者在会上做了一个发言。后来应《经济参考报》之约将发言内容改写成了这一短文,意在向各企业宣传,要充分利用已有政策措施抓紧工作,时间不等人。

从现在到2000年,还有三年的时间,从总体上来说,深化国有企业改革面临两大任务。

第一大任务是使大多数国有大中型骨干企业初步建立起现代企业制度,进而能够形成一批可以参与国际竞争的现代企业。所谓现代企业,至少要做到四点。首先,要实现企业制度创新,使企业财产组织形式适应市场竞争的需要。对大型企业来说,公司制是典型形式。其次,应该采取社会化大生产的组织方式。也就是说,经过结构调整,克服"大而全、小而全",实行专业化生产。再次,具有独立的技术开发能力和市场营销能力。最后,从事大规模的产销活动,也就是说,对企业所在行业来说要有足够的市场竞争力,要达到最低经济规模。

第二大任务是用三年左右时间,使大多数国有亏损企业走出困境。朱镕基副总理在辽宁考察讲到三年走出困境时提出了三个办法。一是加强企业领导班子建设。扭亏由谁来扭,关键是用好人。二是要推动兼并破产,

---

* 本文刊登于1997年11月28日《经济参考报》。

实施再就业工程，减人增效。三是多渠道增加企业资本金，减少企业债务，包括有条件的企业可以直接融资。

这三项措施是非常重要的，但必须有一些前提条件。

第一个前提条件是"抓大放小"。这实际是收缩工作战线。现在全国有国有工业企业6.8万多家，如果将它们都抱在怀里，就没有能力走出困境，必须采取多种形式将大量小企业放开放活，让它们走向市场。全国6.8万家国有工业企业中有5.3万家是小型企业，如果将这些小型企业放开放活，国家手里就只剩下1.5万家大中型企业，如果把重点放在大型企业，全国也就有5000家。

放活小企业并不是甩包袱，而是一个重要的战略，是为了更好地发展小企业。因为在多年计划体制下，小企业没有得到充分的发展。小企业发展了，可以吸收大企业分流出来的富余人员。

据对全国新建现代化大项目的研究，每吸收一个劳动力需要的投资大约是100万~300万元，靠新建大企业来吸收劳动力是极为有限的。真正能大量吸收劳动力的是小企业，把小企业放开放活，集中力量抓1.5万家大中型企业，用三年左右的时间使大多数亏损企业走出困境是可能的。

第二个前提条件是要停止无效投资和低效投资。现在许多企业陷入困境，其中相当一部分是由于重复建设，可行性报告变成了"可批性报告"，你糊弄我，我糊弄你，最后到市场卡了壳。不少国有企业陷入困境就是由投资失误造成的。现在我们操作的几个令人十分头痛的兼并破产项目，有的就属于还没有验收就面临着亏损和破产。企业最大的风险在于投资。"大锅饭"、政企不分的投资体制，使国有企业恰恰在投资这个风险最大的问题上最没有风险意识。

一项错误或不恰当的投资决策就可能使企业背上永远还不清的债务包袱，陷入困境。所以，要使企业在几年之内走出困境，就绝不能再增加新的无效投资。

第三个前提条件就是要减人增效，实施再就业工程。这是企业三年走出困境的一个基本措施，是深化国有企业改革的历史性任务。由于长期实行低工资、高就业的方针，国有企业拥有大量的富余人员。富余人员有多少是一个谜，有的企业减了20%，生产经营照常进行；如果减少30%，可能状况会更好。人多不仅增加了成本，增加了管理费用，企业管理也搞不好。

分流富余人员不仅仅是解决历史包袱，而且是建立新的企业用人机制。目前正处在产业升级换代和产业结构、企业组织结构、产品结构优化调整的关键时期，而产业结构、企业组织结构、产品结构的调整，必然带来劳动力结构的调整。没有劳动力结构的调整，产业结构、企业组织结构、产品结构是没办法调整的。从某种意义上说，现在劳动力结构调整的困难已经成为经济结构调整的重要障碍。由于缺乏人才流动机制，许多人的潜力和聪明才智不能充分发挥。下岗分流、减人增效、推进再就业工程，绝不是一项简单的救助性慈善事业，而是一项战略性工程。通过这项工程最终形成通过市场配置劳动力的机制，使企业能够根据生产经营的需求来决定用人数量和调整职工队伍结构，使职工能根据自己的特长、能力来选择自己最能发挥才能的岗位。

在全国企业兼并破产和职工再就业
工作座谈会上的讲话

(1997年12月19日)

1997年12月19日,国家经贸委在成都召开全国经贸工作会议,同时还召开了全国企业兼并破产和职工再就业工作座谈会。

会议虽然很短,但同志们做了很好的发言,大家都有实践,介绍的经验非常丰富,有些还来不及消化。几个企业介绍的兼并破产和减人增效的经验都很有特色,如云南锡业公司能通过十个渠道,分流那样多的人,进入再就业服务中心5000人,最后只剩500人,很不容易。自谋职业每个人给1.4万元,成本不算高。如果像云南锡业那样的企业都能分流这样多,其他企业就不应该有更大的困难。

会上代表介绍的兼并经验也很有特点。我们这次特邀厦门福达感光材料公司的代表来参加会议,是因为福达的兼并是一个新案例。厦门福达已严重资不抵债,他们采取了出售部分国有资产用于归还债务的办法,保证了银行的本金,企业也搞活了。如果厦门福达和汕头公元两个企业都破产,国家将增加40亿元的银行呆坏账。

东宝集团兼并通化葡萄酒厂也很有特色。东宝集团是个集体企业,它兼并通化葡萄酒厂后落实了措施,并按五年还本,银行也支持。过去通化葡萄酒厂是我国东北很有特色的葡萄酒厂,通过兼并,实施了技改,葡萄酒从5元/瓶增加到10元/瓶,这种兼并也符合国务院10号文件——《国务院关于在若干城市试行国有企业兼并破产和职工再就业有关问题的补充通知》的精神。杭州磁带厂的减人增效,不是简单地吃利息,而是花少量的钱进行了资产重组,使产品有市场、科技含量高,也使这一企业有希望成为一个龙头企业。水城钢厂、新余钢厂都是亏损大户,在减人增效中,采取了许多措施,如水钢调整了领导班子、调整了机构,今年有望大幅度减亏。

12月9日,吴邦国同志主持国务院企业改革联席会议,他一个一个地问银行今年的破产是否规范,银行回答是规范的,现在又向国务院打"小报告"不断。但问题主要发生在非试点城市的中小企业,这些企业有赖账的现象。现在国家经贸委的工作压力很大,各试点城市、企业工作力度大,各级政府也非常重视,把企业的兼并破产和减人增效作为国有企业摆脱困境的一个主要手段。现在各地都要求增加银行呆账准备金,我们就此向国务院反映,但因为财政的承受能力有限,国务院没有同意。

我下面重点讲四个方面的意见。

一 要进一步拓宽优化资本结构的路子

企业出现大面积、长时间的困难,根本问题是结构不合理、效益低下。国务院决定进行优化资本结构试点,是要从根本上解决结构方面的问题。各试点城市在推进试点的过程中,要仔细分析国有企业大面积亏损的原因,结合本城市的具体情况,把问题研究清楚。如果按国有企业的布局一个一个地填平补齐,是不能搞好国有企业的,每个行业都要发展壮大,国有企业将更加困难。要找出结构不合理的问题所在,有针对性地进行结构调整。调整结构有多种办法,过去是采取行政划拨的办法,但不行。八十年代,我们又进行了企业间的联合,但仍未从根本上解决问题。九十年代,承包结束后,提出了兼并破产,这几年企业从"谈破色变"到欢迎,并主动找优势企业到本地来兼并收购劣势企业,这从观念到操作上都已发生了很大的变化。兼并破产是企业重组的极端方式,这种方式的结果是企业消亡。如果有了这种极端方式,就有达不到极端的其他变化方式。目前,大家已接受了兼并破产这种方式,并尝到了甜头,有了积极性,但又形成了千军万马过独木桥的倾向。财政、银行的承受力已到了极限,如果贸然增加力度,将出现新的问题。现在全国国有企业的债务是34000亿元,如果按总债务的60%是银行债务计算,银行债务就超20000亿元,如果其中不能按期支付的利息有30%，就有6000亿元规模的不良债务。这笔债务要在2～3年内全部消化是不可能的。因此，必须十分珍惜改革成本，要将钱花在刀刃上，如果只是一比一，这就不能干，本质上解决不了问题。必须要有针对性地解决问题，用这些钱培养新的经济增长点，不能将兼并破产政策当作扶贫解困的一般措施，而应当作结构调整的战略措施。也不能一般性地用于解决企业亏损。同时，还必须创造优胜劣汰的机制，从根本上解决国有企业生产经营的条件，这是战略措施。两种认识必然有两种结果，如果将兼并破产作为手段，只是一般性地解决企业的困难，不过是延长企业的寿命；如果将兼并破产作为手段，进行资产的重组，优化结构，减员增效，达到优化资源配置的目的，就能从根本上解决问题。对连续三年亏损的企业，一般不是靠减免银行利息就能解决问题的，必须进行资产重组、机制转换、"三改一加强"。这里，我还想说一个问题，就是要十分珍惜上市指标，现在有的地方将企业上市作为解困手段，把包装变成伪装。我认为，上市过程应是将优质资产注入股份公司，将募集的资金用于技改，企业获得配股后再将优质资产不断注入的过程，这样企业就能不断发展。

银行的呆账准备金是有限的，所以要认真研究一下拓宽优化资本结构的途径，路子要从十五大的文件中去找，十五大在理论上有突破，要将文件研究透，在试点中按十五大精神，寻求优化资本结构新的路子。这几年的实践表明，将计划的办法放弃，用市场的办法来搞好国有经济，路子更宽。十五大讲到要进行所有制结构调整，国有企业的主导地位主要表现在对经济的控制力上，这些都为我们寻求新的路子提供了思路。现在有人提出要收缩战线，有所为有所不为。全国国有净资产是49000亿元，企业的数量是305000家，国有经济总量不少，但布局分散。每家平均有近1600万元资本金，如果扣除百分之二十的非生产性资产，平均就只有不到1300万元。

按十五大精神，企业可以搞重组、改组、联合、兼并、收购、参股、控股、股份合作制，搞上市，包括境内境外上市，可以搞拍卖，也可以搞破产。所以除了兼并和破产外，还有许多途径、很多重组方式。由于冲呆规模有限，而重组任务又很繁重，所以建议大家在这一方面做一些探索，找一些新的办法，能不能使有限的改革成本起到四两拨千斤，甚至三两拨千斤的作用。试点城市在这方面都有很多好的经验，要认真总结、拓展思路，用好十五大精神。因此，尽管冲呆指标有限，大家还是可以寻求到更多更宽的路子的。

二 切实做好安置职工的工作

中央、国务院领导同志反复强调要抓好这方面的工作。当前改革涉及的最大困难是人的问题。从现在的经济运行情况来看，关掉5000家，甚至10000家企业对我们的经济生活不会有多大影响，但最大的障碍是社会保障体系不健全，安置人员的问题不好解决。现在我们面临的是在3~5年内有上千万名国有企业职工需要安置，这是一项十分艰巨的任务。改革开放以来，我们一直在探索这方面的办法，从1991年就开始推动企业三项制度的改革，许多地方提出砸"三铁"，由于各方面的承受能力有限，加上职工在观念上还很难接受，这项工作没有真正坚持下去。1994年开始搞优化资本结构试点，其中一项重要内容就是分流企业富余人员，我们总结推广了宝钢、武钢的经验，即先分后离，精干主体，分离辅助。这是在社会保障制度不健全、社会承受能力有限的情况下，企业自主进行的。近几年在试点城市每年分流100万~120万名国有企业职工。煤炭行业在这方面取得了很大成效，到今年底大约可以分流80万人，今年有望扭亏为盈。1996年上海又创造了一个新的办法，即建立再就业服务中心，这比先分后离的做法又前进了一步，上海把这称为"一座桥"，即走向劳动力市场的一座桥。朱镕基同志很重视这一经验，并指示向全国推广，目前这一做法已经在全国推广开来了。据初步统计，全国国有企业职工共有4100万人，今后三年，加上今年，共四年时间内要转移800万~1000万人，大约是四分之一，任务非常艰巨。要通过努力采取各种措施完成转移任务，从而使国有企业的状况从总体上得到明显改善。分流人员必须要有资金来源，一是保证下岗职工的生活来源。国家肯定了三条线的做法：①最低工资线；②基本生活保障线（允许各个地方有所差异）；③失业职工的失业救济线。从目前各试点城市的资金来源看，大体是如下几个渠道：破产企业职工的生活来源按国务院10号文件由破产财产来优先解决；被兼并企业下岗职工由兼并方承担；减员增效的企业，职工进入再就业服务中心的费用由三家抬，即企业、社会和财政。对那些享受不了国务院10号文件的企业，按银发34号文件执行。在这次中央经济工作会上朱镕基同志讲，要把明年的"三块钱"纳入财政预算。第一块是职工基本生活保障费用；第二块是职工进入再就业服务中心，属于地方财政承担的费用；第三块是纺织行业走出困境，由地方提供配套的资金。二是要普遍建立职工再就业服务中心。应该说这是上海提供的一个很好的经验，可以逐渐过渡到劳动力市场。有的地方提出下岗职工直接进入劳动力市场，这样当然更好，但对多数地方而言还是要建立服务中心，按照客观现实进行过渡。三是广开就业门路。这要采取各种各样的办法来进行。上海想了很多办法，如家庭式工业、百帮公司、社区服务等。总之，各试点城市要学习上海的精神，根据本地区实际广开门路。企业要学习云南锡业公司的经验。云南锡业在那么困难的条件下，创造出了很多增加就业门路的经验，值得推广。宝钢和煤炭的做法也值得学习，以原有企业为母体培植小企业，让他们逐步走上社会。四是对下岗职工兴办的企业，如个体户、合伙企业、联营企业等，要给予政策上的扶持，包括接纳下岗职工比较多的企业也应享受政策上的优惠，要在3～5年内不在它们身上打主意，让它们有一个宽松的环境，使之得到更快的发展，保持社会稳定。

三 在推进优化资本结构试点过程和三年摆脱困境的过程中，要注意建立新机制

兼并、破产、减人增效和三年脱困的工作，必须要与改善经营状况、调整结构、建立机制结合，力争取得综合性效果。这一系列工作最终的成果，不只是让若干企业由亏损转为不亏，与此同时，还应该形成一套新机制。政府不能现在以纺织行业为突破口，解决纺织问题，明年以化工为突破口，解决化工问题，后年以机械为突破口，再解决机械问题，这样搞一轮以后，再以纺织行业为突破口，这样轮番做，会把整个经济全都搞垮。这是不可行的。因此，要通过解决问题形成一套新的机制。所以从各个地方来看、从国家来看，一方面，要支持一定的改革成本，改善那些特困行

业和特困企业的现实问题，从而调整结构；另一方面，我们也必须做出最大的努力，为企业在市场中能够优胜劣汰创造必要的外部环境和基础条件，让优势企业在市场上得以发展，让劣势企业向优势企业靠拢或平稳破产。企业的问题现在是由政府操作，哪个兼并，哪个破产，哪个扭亏增盈，都由政府直接操作，还要操作多少年，50年？100年？我看这是维持不下去的。前几天，国家经贸委张吾乐副主任到温州考察，感受到市长很潇洒，原则上不再考虑企业的问题，而只考虑修桥铺路，提高社会保障等，其他城市什么时候能够到这一天？我想这是必然趋势，这一天必然会到来。现在似乎政府不操作企业就不放心，企业如果离开了政府心里就不踏实，这样做下去，就会进一步强化企业面向政府"等、靠、要"的思想，可能跟改革的方向背道而驰。在文化大革命时，我们连续多年以中共中央名义发1号文件，告诉农民什么时候种田，什么时候施肥，什么时候浇水，后来搞了家庭联产承包责任制，粮食问题也陆续好转了，这是一个机制问题。在政企不分的体制下，现在要由政府不断地告诉企业，应如何加强管理、降低成本，与谁联合，和谁兼并，要批准企业搞哪些项目，告诉企业不能搞哪些项目，工资增长不能过快，等等，那些身在企业中的董事长、经理、厂长，难道他们不比政府更明白吗？为什么他们经常出现非正常行动，实际上是因为政企不分，机制没有转换。因此，我们在推进企业兼并破产、减人增效过程中，不能变成新一轮的政企不分，不能变成新一轮的"等、靠、要"，也不能变成新一轮的政府直接干预企业。要做到"指导不干预，介绍不包办"，使企业在接受来自市场的信息后，自主决策，自担风险。只有整个社会保障体系建立了，政企分开才具备基本条件。使企业接受来自市场的激励和约束，从而形成发展的动力机制和制约机制，企业才有可能顺利实现优胜劣汰。在此过程中很重要的是要推动两种新机制的建立。一种是建立社会保障新机制。当前就是"三条线"的基本保障，目标就是建立统一的社会保障体系。未来几年中，各级政府要为建立新机制做出努力，核心问题是企业自主自立，走向市场，优胜劣汰。如果政府和职工之间有了社会保障的安全网，政府退居二线就很主动；如果职工的依托建立在承受能力强、覆盖面广的社会保障体系网上，社会就能稳定。应该花力量加速它的建设。另一种是建立劳动力流动机制。通过架起再就业服务中心这座桥，最终建立起劳动力市场，为企业人员的流动创造基本条件。将劳动力市场联网，是社会稳定的基础条件。在上海，我询问了一些在再就业服务中心的下岗职工，他们的心态总的来看是稳定的，因为劳动力市场已基本建立，他们在再就业服务中心可以看到全市的就业机会，今天没有可选择的，明天还可以再来。这样就可以初步做到用人单位通过信息网在全市招聘所需的劳动者，就业者可以通过信息网选择用人单位，再通过再就业服务中心这座桥，做到平稳过渡。建议各试点城市都建立这种信息网，成本也不高。企业走向市场后最后实现的目标是两个：一个目标是资产在全国范围内顺利、自由地流动，不断流到效率高的地方；另一个目标是人员的流动，每个人都能从不能发挥自己才能，或者不能充分发挥自己才能的岗位流动到可以充分发挥自己才能的岗位，社会成效就会更加明显。

四　规范运作问题

今年，大家都认真学习了10号文件，各地也举办了各种培训班来宣讲政策，各地在政策把握度上有很大提高，但应注意规范操作，按10号文件原原本本地操作。今年的有些项目是经不起推敲的，政策把握也不准确，某些地方还有"赖债"的侥幸心理，这是不应该的，这也会造成"借钱可以不还"的坏影响。前一段时间，东南亚金融危机的出现，就是因为人们对政府失去信心，纷纷到银行兑换美元造成的。如果企业丧失信誉，在金融市场上、在社会上它就完了。破产一定要关门走人，厂关人散，不能搞整体接收。兼并中出现了一些值得注意的问题：有的是为了获得免息而搞假兼并，让两个完全无关的企业兼并，资产没有重组，只免了利息；有的是把困难企业的包袱甩给了其他企业，搞"拉郎配"，强迫兼并。兼并最重要的是重组，1＋1要大于2，要产生倍增效益。减人增效的政策要慎重使用，不能大面积使用。上海就根本没有走这条路。如果普遍使用，就会出现新一轮的减利让息。担保问题要按法院的规定执行。

在经济回落时,企业应该做什么,能够做什么[*]

(1998年1月)

金融危机和我国的经济转型、结构调整交织在一起,使那些转制尚不到位的企业遇到了很大的挑战。市场红火时对企业来说充满机会,经济回落时,企业,特别是大中型国有企业应该做什么和能够做什么?

目前,我们正处于体制转轨、结构调整,企业转制、增长方式转变并行的时期。从某种意义上说,这是经历20年改革开放和经济持续高速增长之后的经济调整期。这一轮调整孕育着产品更新、企业重组、技术升级和结构优化。它将促使经济增长方式的转变,是我国经济持续、稳定、健康发展的推进器。

当前对企业来说,明显的感受是市场约束增强,企业竞争激烈,优胜劣汰作用强劲,企业间两极分化的进程加快。一些过去雄风一世的企业,现在正经历磨难;一些有巨型生产能力的企业,现在却开工不足,甚至出现亏损。

在当前经济回落时,企业,特别是大中型国有企业必须认真反思和回答的是,此时自己应该做什么和能够做什么?

实际上,市场红火时对企业来说充满机会,在经济调整期对企业来说也存在机遇,甚至很多在企业顺利时做不了、做不到的事,这时去做是最好的时机。矛盾的暴露是解决矛盾的前提。现在就要针对暴露出的问题,痛下决心深化改革,转换机制,推进"三改一加强"。

对大多数国有企业来说,当前应当做也可以做的是以下几个方面的工作。

---

[*] 本文是作者1998年初为《人民日报》撰写的一篇文稿。

一 摆脱对政府的依赖，丢掉幻想，走向市场

长期以来，国有企业虽然受政企不分的牵制，难以走向市场，但从政府那里可以获得特殊的优惠和照顾，有大锅饭可吃。因此，面对日益激烈的市场竞争，一些企业犹豫不决，缺乏自主自立走向市场的勇气和决心。他们不是眼睛向内挖掘潜力，面对市场寻找机会，培养优势壮大自己，而是面对政府，等上级拿主意，靠政府给"政策"，要政府强制银行提供贷款。实际上，1994年开始的以财政税收体制为主的改革，使我国宏观管理体制正逐步转向市场经济。多种所有制经济已有很大发展，短缺经济平稳转向买方市场，政府职能已逐步转向为各类企业创造公平的竞争环境。

现在，政府手里直接管理企业的那"一把米"已经没有了，各种"吃偏饭"的"优惠政策"正逐步取消，在竞争性行业，很多国有企业的不可替代地位已经不复存在。时至今日，当企业在市场上失去用户信赖的时候，政府已爱莫能助。在优胜劣汰机制无情地作用于各类企业的时候，政府不可能一味地保护落后。面对现实，国有企业唯一的出路就是丢掉幻想，下决心摆脱对政府的依赖，自主自立，义无反顾地走向市场。

邯钢等一些国有企业成功地走向了市场。它们的实践证明，摆脱对政府的依赖，对国有企业是一次伟大的解放。思想解放天地宽。充分发挥国有企业多年积累的技术、管理和人才优势，充分调动目前市场经济可以运用的各种手段，挖掘潜力、开拓市场、寻求发展，要比坐等政府优惠政策的路宽得多。

从1998年开始的政府机构改革，第一项原则就是政企分开。政府的主要职责正逐步转向宏观调控、社会管理和公共服务。以管理企业为主要职能的政府部门撤部变局，转变职能，不直接管理企业。因此，企业依赖政府的后路已经阻断。面对现实，企业要认真研究的是，如何自立自强，适应政企分开的形势；如何利用这一时机，推进企业的制度创新、机制转换，走向市场。

二 视顾客为"帝王",大力开拓市场

近年来,不少国有企业停工、半停工,处境十分困难。现在要冷静地环顾一下周围,到底发生了什么变化,使自己茫然不知所措?

卖方市场下买主求卖主,大多数企业注意力集中于生产能力的扩张,而较少在市场信息的收集与分析、营销体系建立、营销策略研究、售后服务体制建设和稳定客户群、稳定中间商上下功夫。也就是没有一套扎了根的营销服务体系。在产品畅销时,企业趾高气扬,并不尊重中间商和顾客;在产品滞销时则树倒猢狲散,找不到任何依托。

企业长期习以为常的卖方市场已悄然转向买方市场,对企业来说,就意味着由生产能力决定企业发展,转变为企业发展取决于市场容量和市场占有率。供需关系的根本性变化,使市场中的主动权由卖方转给了买方,这是许多企业始料不及的。许多企业长期热衷的低水平能力扩张的"成果"被闲置,而占有市场的能力还不知在哪里。

痛定思痛,这给我们最深刻的教训,说到底就是:市场是企业运转的中心,是企业竞争较量的战场;顾客是企业的衣食父母,是决定企业兴衰的"帝王"。办企业的出发点和落脚点都在市场。当顾客有了充分选择权之后,企业的成败就在于顾客对产品和服务的选择。受到青睐的企业,顾客的"货币选票"纷纷送来,企业利润丰厚,市场空间扩大;企业一旦失去顾客的宠爱甚至被顾客抛弃,就会陷入困境。顾客的选择是分散决策,他们公开、公平地对待各个企业,但他们绝不同情弱者,也不会"照顾"困难户。

转向买方市场之后,市场竞争才真的开始了。很多企业明显暴露出生产能力有余、开拓市场能力不足的致命弱点。为适应市场竞争形势,企业各项经营工作必须转而围绕适应市场、开拓市场、创造市场展开,补足这一弱点。要在建立有效的销售服务体系上下功夫,下决心培育营销能力。要主动、虚心倾听顾客意见,千方百计提高质量、改善服务,满足顾客现实和潜在需求,培养稳定的顾客群和中间商。

面对国外商品大举进入中国市场的局面,怨天尤人是无济于事的。积

极的对策是开拓自己的市场,把自己的产品打到它们的后院,来个"你打你的,我打我的"。这就是未来必然的市场格局。

吃一堑长一智。经过这一起一落,企业经营者应当领悟到,当前把"开拓市场、善待顾客"放到多么重要的位置都不过分。从长远来看,在市场经济中,最终制约企业的永远是市场。开拓市场是企业永恒的课题。

三 重新研究自己的发展战略

近年来,不少大企业时喜时忧甚至昙花一现,重要原因是这些大型企业对战略研究未予以足够重视,主要表现在:对进入和退出市场缺乏科学论证,有很大的盲目性;重资产扩张,轻资本结构优化和风险防范;重近期业绩,轻产业、产品结构的可持续发展;重规模扩大、能力增长,轻技术开发、市场开拓;重硬件投入,轻人才准备、融资安排等。

随着市场竞争的加剧,影响企业发展的因素变得越来越复杂。企业发展前途的不确定性增加,使得企业走一步看一步,要冒巨大的风险。企业必须要纵观全局、系统考虑,用具有全局性、前瞻性的打算和安排——发展战略来指导其以后要走的路。

发展战略的基本内涵是培育企业的核心竞争力,即开发独特产品的能力,发明专有技术的能力和创造先进营销手段的能力。

主导产品是核心竞争力的精髓,创新是核心竞争力的灵魂。发展战略就是企业通过对内外环境和条件的全面评估,发现和分析企业的比较优势,从而做出可持续发展的总体性谋划和对策选择,以使核心竞争力持续增强,使新机制长久不衰。当前,市场约束逐步强化,企业外部环境已经发生了巨大变化,这里充满机遇和挑战。大型企业必须要重新研究的战略问题包括:

(1) 企业组织制度和组织结构的选择;

(2) 公司进入和退出的市场领域和地区的选择;

(3) 多元化经营与专业化协作的选择;

(4) 产品结构和技术方向的选择;

(5) 资本结构与筹资方式的选择;

（6）扩大规模与近期效益之间优先次序的选择；

（7）产业、贸易与金融组合形式的选择。

四　建立更具合理性的专业化协作体系

面对多变的市场，许多国有企业败下阵来，难以适应，其中一个根本原因是受制于低效、落后的生产组织方式。过去产品长期短缺，其实质是生产能力短缺。企业为维持正常生产和获取更高效益，就从主营产品向上游和下游无限延伸，因此普遍出现大而全、小而全的全能型生产组织方式。现在，我国的生产规模已逐步扩大，但专业化协作的生产经营体系尚未得到充分发育，这是国有企业缺乏市场竞争力的一个致命弱点。全能型企业的弊端，一是管理幅度过宽，尾大不掉，市场应变能力差；二是企业投资增加，力量分散，负担加重；三是在长链条生产过程中能力的不均衡性使生产要素利用率低、效率低、效益差。

产品进入买方市场的同时，社会生产能力和投资也逐步转向买方市场，这就为建立更具合理性的专业化协作体系创造了基本条件。

一般来说，大型企业最重要的是建立强大的产品、技术开发能力和市场营销体系，这是企业实力的标志，也是别的企业不能替代的。至于生产环节，重要的是掌握关键工艺和增值最大的环节。一般说，凡是通过采购可以以低成本获得的，自己就没必要生产；凡是可以通过别人投资而实现的，自己就没有必要干。华为是一家通信科技公司，8000名职工中，技术研究和开发人员占40%，市场营销和服务人员占35%，管理人员占12%，而生产人员只占13%。

由全能型生产组织方式转向专业化协作是提高企业竞争力的战略性措施，是走向社会化大生产的必经之路，是工业结构的一场革命。它能带来的变化是：产品、工艺、技术水平迅速升级；劳动生产率大幅度提高；新产品开发周期大大缩短；制造成本大幅度降低，从而可以实现多品种、小批量、低成本、短交货期的生产经营，满足顾客不断增长的多样化、个性化需求。在生产组织方式转变过程中，将培育一批优强大企业和众多的"小型巨人"。总之，生产组织方式的转变将增强经济活力，提高我国产业的总体水平和企业的市场应变力、竞争力。

从总体上看,目前主要短缺的不是生产能力、不是投资,而是具有市场前景的技术和产品。利用这一特点,现在在一些行业中甚至出现了没有生产工厂的大型产业集团,即技术开发、市场营销"两头在我,生产在你"。某些企业和一些进出口公司(综合商社)、超级市场,以商贸为先导,之后定牌生产,再投资发展产业,成了进入新产业的风险较低的方式。

五 抓技术改造,调整产品结构;抓技术开发,培育新的增长点

一些企业的产品销路不畅,效益下跌。如果将这些一股脑都归结为"市场疲软",坐等"复苏",那将犯历史性错误。从某种意义上说,市场经济是消费引导的经济。随着居民收入增加,传统产品普及率迅速提高,此时消费者对商品的需求层次升级,需求结构趋于多样化。因此,对于多数行业和企业来说,老的增长点大多已经衰退和乏力,投入产出效益明显降低。在市场约束强劲的行业,一般来说,靠设备投资、扩张能力取得增长的空间已经消失。此时,维持老产品、老的生产经营方式已难以取得高增长、高效益。目前,企业"宁让利润,不让市场",竞相降价、恶性竞争愈演愈烈,几乎到了相互残杀的程度。但这并不能扩大市场总量,只落得平均利润下降、亏损增加,后劲枯竭。

经营之道是:人无我有,可以赚大钱;人有我优,还可以赚钱;平分市场、恶性竞争,就很难赚钱。

事实说明,在同等水平上你一刀我一枪的竞争难以有大的作为,即使市场份额增加,效益也上不去。拉开档次、扩大差距才能有新的前途。现在,商品过剩是相对于现有产品的品种、质量、功能、档次而言的,一旦在技术-产品上有新的突破,就会带来市场新的繁荣。例如,把数字压缩技术应用于视听系统的技术突破,使得适合中国人消费水平的视听系统有可能广泛进入家庭,这不仅对提高百姓生活质量产生了积极影响,还在很短时间内创造了年销售收入过百亿元的新产品。遗憾的是,由于众多厂家一哄而上,该产品已走向衰退。

市场饱和、需求结构变化已使技术进步成为关乎企业兴衰的一个关键因素。此时，争取经济效益更积极更有效的方法是增加技术开发投入。目前，全国工业企业技术开发费平均不足销售收入的1%，这还是典型卖方市场下生产型企业的特征，绝对不能适应市场竞争的需要。青岛海尔集团1998年已率先提高到了4%。这是青岛海尔集团竞争力迅速上升的重要基础。在能力扩张、投资空间紧缩之后，企业可支配的资金、人力、物力要更多地用于新产品开发、新技术开发，缩短新技术转化为商品的周期，这是必然的趋势。

开发什么技术、开发什么产品，这属于战略性决策。如果说这一战略决策过去主要靠政府审批，效果并不理想的话，那么现在如果凭厂长、经理拍脑袋，闭门造车，风险就会更大。周密的市场调查是新产品开发的第一道工序，深入了解市场需求，科学地划分市场，找准市场目标，选好顾客群体，这是做好开发工作的基础。而这一点恰恰是中国企业所不熟悉的，必须尽快学会。

现在是有效需求不足与有效供给不足并存。在传统产品生产能力大量闲置的同时，还有大量社会需求要靠进口产品才能满足。当前风险较小的领域是有选择地开发进口替代产品。这些产品先期开拓市场的成本已经支付。针对已探明和开拓了的市场及客户群，开发出可以替代的产品，以优质低价夺回市场是完全有可能的。冰箱、彩电、空调等就基本走完了这一过程。进而由进口替代转向出口导向，企业的水平就上了一个新的台阶。进口替代的空间是相当大的。例如，目前中国正在经历产业化的过程，谁来装备中国的产业？这是一个巨大的市场。目前从重化工业到轻工、纺织、食品、建筑、安装等行业都到了技术升级、装备更新的阶段，但这些装备的国产率大约只有三分之一。一些企业或项目的优质设备几乎全盘进口。再如，我们是钢铁大国，产量遥遥领先，但每年仍要进口约1000万吨钢材；我们是服装出口大国，但服装面料每年还要进口60亿美元；我们是纺织大国，但成群的纺机、织袜机等都是进口的……

六 调整结构，强化主业，培育核心竞争力

在市场的强劲约束下，企业结构性矛盾暴露了，此时也出现了结构调整的良好时机。优势企业急于低成本扩张，劣势企业急于寻求出路，这就构成了企业重组的动力。

企业重组和结构调整包括兼并、收购、扩张，也包括企业的分立、转让、收缩和"减肥"。

当前，确实出现了优势企业低成本扩张的有利时机，但这一过程中也充满风险，在组建和发展企业集团时，有以下几点值得注意。

（1）必须以经济效益为目标，在生产经营要素的重组上做文章。通过重组和机制转换一定要培育新的增长点，产生新的生产力，获得倍增效益，这是最基本也是最重要的一点。

（2）重组中注重资产质量和负债结构的合理性，要进行合理的公司组织结构设计，防范债务风险。

（3）兼并、扩张要符合集团发展战略，这样才有利于突出主业、强化主业，壮大集团核心竞争力。不贸然进入生疏领域。

（4）要控制扩张的幅度和管理幅度。要避免高速膨胀带来的后遗症，防止管理失控带来灾难性后果。切不可因贪心而徒有虚名，落得实祸。

企业充分利用有利形势，审慎扩张是一种发展战略；在特定情况下收缩战线、强化主业，甩掉不赚钱的包袱，也是一种战略。

近年来，一些庞然大物贸然进入自己不熟悉的行业而惨遭败绩，一些企业经不住眼花缭乱"超高利润"的诱惑跌入房地产、股票、期货陷阱而不能自拔。从它们的经验教训来看，当前，对那些处境艰难的大企业来说，收缩战线和"减肥"可能是更需要研究的战略。

目前，我国许多大企业和企业集团的状况是：横向产业跨度过宽，纵向产业链过长，核心产业虚弱；母公司、子公司、孙公司、孙孙公司，层次过多，结构松散，尾大不掉。说起来企业块头很大，管起来四处跑冒滴漏，算起来没有多少能赚钱。当前，要闯过市场约束造成的难关，就要收缩战线，挤压泡沫，果断地甩掉那些不赚钱的公司，退出对自己而言没有

前景的行业，集中力量，壮大主业，提高资产质量。

邯钢毫不犹豫地甩掉了那些不赚钱的"寄生企业"，以及赛格退出了那些对自己不具前景的行业，砍掉上百家三级以下的孙孙公司的做法都取得了管理有效性增强、资产负债结构改善、负担减轻的效果，使企业轻装上阵，力量集中，主业壮大，经营状况迅速改观。

七 学邯钢，提高管理有效性

我国经济已由超高速增长转向了稳定增长。在超高速增长时期，发展速度和需求数量的巨大拉动力，掩盖了粗放经营、粗放管理的众多矛盾。现在靠数量扩张求发展的空间已经消失，企业必须研究的是如何适应国民经济稳定增长（如 GDP 增长 5%～7%）的形势，研究在这种环境下企业持续发展的途径。

日本在 70 年代初也曾经历过类似的过程。就是说，随着经济高速增长时期的过去，那种竭尽经营资源，靠不留余地的能力扩张求得发展的道路已到尽头。生产能力已经过剩，总供给的规模已经达到或超过有效需求的极限，这时只有转变增长方式、推行精细化管理、消除臃肿、适应稳定增长才有出路。丰田的生产方式就是在这一背景下产生，并得到广泛采用的。

邯钢率先在这方面走出了一条道路。邯钢经验的实质是摆脱对政府的依赖，"推墙入海"，下决心自主自立，走向市场。由此逼出来了一套以市场可以接受的价格确定目标成本，在公司内"模拟市场核算，实行成本否决"的管理方法，进而走上"三改一加强"的道路，创立了符合厂情、国情的走向市场经济的企业管理方式。在这一过程中，邯钢推行强有力的目标成本管理，开发适销对路的钢材品种，彻底改变采购和库存管理方式，甩掉不赚钱的"寄生公司"，砍掉过多的银行账号，停止亏损品种的生产，压缩各项财务支出，强化物流、资金流控制，又按照"产品优质、工艺先进、装备实用"的原则推行技术改造，严格技改的预算控制等。这一整套精细的管理方法极大地提高了管理的有效性，经济效益大幅度提高。以此为阶梯，及时发行股票，实行有效的低成本扩张，使邯钢走上了良性循环的轨道。

在经济高速增长时期，国有企业内部管理普遍粗放。最大的弊端是只重视生产数量，忽略了产品质量和生产成本，没有将财务管理和财务监控放到应有位置。从另一个角度来看，通过加强和改善管理可以从中挖掘的潜力巨大。例如，国有工业企业资金平均每年只周转1.5次，如果周转速度能提高0.1次，全年则可少用流动资金2800亿元，可由利息转为效益200亿元。

面对经济增速回落的形势，每家企业都要以临战的精神状态迎接兴衰生死的考验。要顺利闯过当前这一关口，就必须下大的决心，以卧薪尝胆的精神，改进和加强企业管理，狠抓管理有效性。充分利用经济体制转轨所创造的条件，下大功夫稳定提高产品质量，提高附加值，强化财务管理，同时，大幅度减少人、财、物的消耗。无数事例说明，这里面的潜力是巨大的：重庆特钢学邯钢，1998年半年之内吨钢综合能耗由1130公斤下降到726公斤，产品单位成本降低约50%；柳钢通过招标采购等改革，1998年采购成本下降了9%，节省了9000多万元；通过精细管理，华锡1998年生产成本下降14%等。

八　减人增效，推进三项制度改革

遇到市场不景气时，企业的一项对策就是压缩生产、裁减人员，同时调整产品结构或经营方式以求再度发展。在我国，由于体制等诸多原因，国有企业还不能完全照搬这套做法。但是减少库存，减人增效则是企业生存所必须做的。在正常情况下，国有企业富余人员已占了三成、五成，而在市场紧缩之后，很多企业就被人员负担压得喘不过气来。在同一市场上，国有企业的竞争对手并没有富余人员的包袱，外资企业更是轻装上阵。目前在工业生产中的人均实物产出量，发达国家要比我国高出几十倍，如人均产钢约差20倍，人均炼油约差15倍，人均生产汽车约差30倍。这里尽管有些不可比因素，但不能不承认，如此之大的差距，极大地削弱了我国企业的市场竞争力。面对如此严峻的竞争形势，国有企业减人增效已经成为生存的一个关键。

党中央、国务院对下岗职工的基本生活保障做了周密安排，但有些企业的领导仍有各种顾虑,担心职工不能接受、不敢实行减人增效。这样下去要把好企业拖垮。连工资都已发不出来,还怎么能留用那么多人。与其都窝在一起吃苦,不如多渠道分流富余人员,拓宽出路。这样既可以保住主业,又可以调动每个人的能动作用,使职工总体收入增加。国有职工脱离传统就业体制,对自己也是一次解放。外面的天地宽阔得很,靠自己的诚实劳动和聪明才智去就业、创业大有可为。很多下岗职工已经做出了榜样。

在经济结构、企业结构调整时,劳动力结构必须调整,部分职工下岗、再上岗是一种大的趋势。在市场不景气、企业生产经营困难时实行下岗分流、建立劳动用工新机制,社会各界容易理解,职工也容易接受。这项工作牵涉社会观念的转变,涉及千万职工和家属的切身利益,做好工作的难度很大,必须审慎从事。但不这样做,国有企业无异于等死。可以说,这是中国体制改革、经济发展必然经历的一个历史阶段。越过这段痛苦的过程,企业和职工都会进入一个新天地。当前,只要按照中央的规定做好工作,确保职工的基本生活,这项工作是可以进行下去的。

当前,一方面,企业要努力提高主业竞争力,以岗定员,把多余的人撤下来;另一方面,国有企业对职工是负有责任的,对被分流的职工不能一推了之。有条件的分流到企业内部后勤服务等机构,利用企业已有条件发展三产服务业,增加就业岗位。在财务上分账计算,逐步做到自食其力、自负盈亏。部分职工可以向社会分流、自谋职业,按《劳动法》经济性裁员的规定给予一次性补偿。还富余的人,组织他们进入再就业服务中心。服务中心按时发放基本生活费,根据劳动力市场的需求,组织他们进行再就业培训,并通过劳动力市场等多渠道帮助他们实现再就业。随着社会保障制度和劳动力市场的建立和完善,就可以形成人员正常流动机制,为企业按生产经营需要确定用人数量和劳动力结构、职工按自己意愿和特长选择最能发挥自己才能的岗位创造条件。

急剧变化的外部环境考验着每家企业。面对经济回落,企业不能无所作为。不同的精神状态和应对措施会有不同的结果。此时更需要企业家精神,更需要冷静分析、沉着应对。说到底,企业的命运最终掌握在企业自己的手中。

在广东调研企业兼并破产和职工再就业工作后与省市有关部门交换意见时的讲话

(1998年2月13日)

1998年2月12~13日,由国家经贸委副主任陈清泰、中国人民银行副行长史纪良、中国工商银行副行长谢渡扬,以及国家经贸委、中国人民银行、财政部、最高人民法院、中国工商银行等有关司局负责同志组成的联合调研组,遵照国务院要求就有关破产情况进行重点调查的指示,到广州进行企业破产情况的重点调查。

这次是国家经贸委会同中国人民银行总行、中国工商银行总行、最高人民法院、财政部等部门组成联合调研组赴广东调研企业兼并破产计划的执行情况,虽然两天的调查时间比较短,但是工作进展得比较顺利,下面将调查的情况及一些初步的想法与省、市领导汇报一下。我先谈谈,其他部门的同志再进行补充和修正。

一 这次调查的根据

1997年12月25日,朱镕基、吴邦国同志主持会议,听取了有关银行贷款的呆坏账准备金核销情况的汇报。这次会议之后,1998年1月6日,发布了一份《会议纪要》。《会议纪要》提出,请国家经贸委牵头,组织有关部门和单位,在1998年2月前,对1997年国民经济和社会发展计划执行情况进一次全面调查,总结经验,以便对1998年的国民经济和社会发展计划尽早做出安排,把工作做好、做扎实。根据国务院的这一要求,全国企业兼并破产领导小组研究决定,在南到广东、中到上海、北到辽宁做调查。这样我们这个小组就到广东来了。

二 调查工作的情况

这次调查工作得到了广东省、广州市的大力支持和配合，省、市的企业兼并破产协调小组做了周密的安排和准备，有关的试点城市、银行、法院等各个单位都认真地向调查组介绍了有关情况，回答了问题。在两天的时间内，我们分别听取了省协调小组的总体情况汇报，六个试点城市执行计划的情况汇报；听取了省、市法院同志的汇报。另外，我们还与广州市三户破产企业进行了座谈。虽然时间很短，但是接触了和执行计划有关的各个主要方面，比较全面地进行了调查了解，工作进展得很顺利。为了使各个有关方面能够把情况讲得更透彻，我们实际上是采取了分别汇报、分别谈的方式。首先，我们听取了省、市领导介绍情况，下午听银行汇报的时候，就没有请省市的同志参加，想解除他们各种各样的顾虑，听听他们真实的想法，分别进行了解；后来又单独听取法院同志的汇报，希望他们能够和我们讲一些真实的情况。总的来看，大家准备得很充分，谈得比较好。

三 对全省和六个试点城市总的情况调查了解之后的印象

（1）省市各级领导对试点工作高度重视，领导到位、组织落实，兼并破产协调小组工作正常。这是搞好、完成1997年试点工作计划的一个基本保证。

（2）与试点工作直接相关的各级经（贸）委、人民银行、各专业银行、财政、法院等有关方面能相互配合，在制订计划和实施计划时能相互尊重，特别是能尊重主要债权银行的意见。总的来看，协调配合比较好。我们在分别听取汇报时，没有感觉到协调配合中有什么突出的矛盾、相互掣肘等，有不同意见，但是没有上述情况。总的来看，配合是好的。

（3）在推进企业兼并破产过程中，能较严格地执行有关法规，特别是国发〔1997〕10号文件，也就是《国务院关于在若干城市试行国有企业兼

在广东调研企业兼并破产和职工再就业工作后与省市有关部门交换意见时的讲话

并破产和职工再就业有关问题的补充通知》。总的来看，运作比较规范。在我们这次调查直接接触到的企业兼并破产项目中，没有发现变相地搞整体接收，也没有发现有违反国务院有关规定搞"假破产、真逃债"的案例。在我们直接了解到的情况中，从总体上看，相关主体比较严格地执行了国家有关法规政策，特别是执行 10 号文件，运作比较规范。

（4）在国家下达计划比较晚的情况下，省市有关同志在较短的时间内做了大量的工作，较好地完成了兼并破产全年的计划，到去年底，即 1997 年 12 月 31 日，共破产终结企业 23 户，兼并企业 92 户，减员增效的工作也全部完成。年底前上报总行拟核销的达到 23.2 亿元，其中已经批准核销的为 20.8 亿元，允许在 1997 年核销的为 18.5 亿元，占当年下达核销限额的 98%，很好地完成了 1997 年的计划。银行、法院的同志都反映，由于计划下达得比较晚，几乎后来所有的周六、周日都在加班。大家积极努力地工作，基本上是保质保量地完成了工作计划。

（5）试点工作对推进试点城市的结构调整和提高国有企业整体效益起到了积极的作用。从统计数字上看，六个试点城市 1997 年实现利润 49.5 亿元，在全省的比重由上一年的 94% 上升到 102.4%，上升了 8.4 个百分点，也就是说，试点城市在结构调整、整体经济效益增长方面比全省平均水平高。这也从侧面反映了试点工作在结构调整和提高整体效益方面起到了积极的作用。例如，广州摩托车集团公司兼并五羊自行车、华南缝制设备之后，以较低的成本扩大了生产能力，提高了企业的竞争力。这是一个比较好的例子。

四　关于广州市四户企业的破产问题

这是在这次调查工作中特别注意到的一个问题，对于这个问题，我们有几个印象。

第一，这四户企业已连续亏损了四年至七年，都已经属于资不抵债或严重资不抵债的情况。现有的产品有的已经没有发展前景，工厂所处地段也缺乏优势，靠自身的力量扭亏无望，总的来看，应该说符合破产条件。

第二，四户企业的破产均已列入 1997 年全国企业兼并破产计划。总的来看，工作程序符合 10 号文件的要求。在列入计划和运作过程中，协调小组做了大量的协调工作。协调小组和债权银行首先多方面寻求被兼并的途径，在这方面不仅协调小组做了工作，银行也去找兼并方，寻求被兼并的可能。在这一努力宣告无效之后，主要债权人、各有关银行在计划书上盖章同意破产，并经全国领导小组批准下达计划后才进行运作。在运作中，有关方面能够协调配合，仍注意听取主要债权银行的意见，市政府接受了中国工商银行的意见，进行了有力的协调，地方也分担了一部分负担，取得了比较满意的结果，破产工作得以顺利进行。因此，我们认为整个过程基本上是符合 10 号文件的有关规定的。

第三，四户企业破产，在法律程序上，法院运作得比较规范。破产企业做到了关门走人，破产企业职工进入再就业服务中心，没有整体接收等问题的存在。

第四，破产财产选择了以拍卖方式变现，这较之整体接收和定向转让是一个进步。拍卖的操作基本符合《中华人民共和国拍卖法》（以下简称《拍卖法》）规定的程序，做到了公平、公正。拍卖所得都是现金，我们了解到银行很快拿到了现金。四户企业债权人的受偿率高于平均受偿率，即高于其他破产企业或是全省、全国的平均受偿率。

五 几点意见和希望

（1）有的破产项目，列入计划的清偿率和实际的受偿率之间差距比较大，如佛山无线电一厂的差距很大，这就造成了冲销呆坏账的规模超出了计划。因此，我们认为要注意把计划做实，不留缺口。

（2）破产费用过高。四户企业破产的收费达 903 万元。一方面表现在收费项目过多，如永泰毛巾厂破产，收费项目有 17 项之多，其中还包括违章建筑费，虽然后来没有收，但是也都列入了项目，这说明收费项目确实过多。另一方面表现在收费标准偏高。对破产企业，国家要低收费，压低各种费用，不能发破产财。这里占比例很大的是土地转让费，接近 600 万元。国发〔1994〕59 号关于企业破产问题，明确规定安置企业职工的费用首先从破产企业的土地变现中支付。当时制定这个文件，我理解的它的含

在广东调研企业兼并破产和职工再就业工作后与省市有关部门交换意见时的讲话

义是,企业破产的原因很复杂,企业破产的成本需要中央和地方分担。中央支付的是核销呆坏账准备金,地方需要出的一点儿就是这块土地。因此,土地变现的钱用来安置职工,这是非常重要的一个原则。但是由于种种原因,现在收取的土地的转让费占比较高。调查组在交流的时候,有的同志提出广州市能否考虑不收土地转让费,因为现在有的地方确实不收。现在有两个文件,按照土地方面的有关规定应该收取土地转让费;按照59号文件规定,破产企业的土地变现用来安排职工。现在按照两种办法执行的都有,各有各的道理,有的地方土地的费用就不收了,用来安置职工,这样清偿率稍微能够提高一点,但也有的地方也还在收。我们建议市里能否再考虑考虑这些问题,当然,有关的政策规定是否要做调整,我们回去之后再研究。总的来说,收费项目过多,收费标准偏高,怎样压低费用还是很重要的。因为,银行已经损失"惨重"了,其他各家恐怕有的能保本就不错了,不要再去通过破产、受理破产赚那点儿钱了。按照国务院的有关规定,国家经贸委正在协调制定一个减少破产费用的文件,但是这个文件出台相当困难,涉及很多部门。

(3)采用拍卖的办法变现破产企业财产有利于保护债权人的利益。在讨论中,北京来的同志都非常拥护、赞成这种做法,这有利于保护债权人的利益。广东的很多城市在这方面做了有益的尝试。但是,由于缺乏经验,有些做法还需要进一步完善,值得进一步探索和改进。总的来看,这个路子、办法是好的,但是在具体做法上恐怕还有改进和完善的地方。例如,在我们看到的异型钢厂破产财产的拍卖现场,我们询问了竞买人员,在竞买之前,有无按照《拍卖法》再次宣布竞买规则。在我们看到的录像里面没有表现。我们询问了当时在场的竞买者,他们也感到比较含糊,不是很清楚,这恐怕也是工作上的不足。又如落槌,第三次与落槌同时生效的做法,与竞买规则在文字上有差异。文字上讲"在叫第三声之后落槌",做法上是在叫第三声时同时落槌,现在提出异议的恰恰就在这刹那之间。这个如何鉴定,我们不想去做进一步的评价,总的来看,拍卖还是有效的,我们也不是专门去做裁判的,但是我想这里面确实有值得改进的地方。再如关于所谓"老子买儿子",当然这是一种说法,但是确实存在这样一个问题。按照《拍卖法》的规定,知道底价的人不应该参与竞买,但是实际参加的竞买者中有人确实知道底价,应该说这与《拍卖法》还是有区别的。例如,作为清算组的组长单位参加竞买,还是回避一下比较好,可以防止有这么多的议论。因为清算组组长必然知道底价,既制定底价又去竞购,那拍卖显然是不平等的,容易引起异议。这些问题我们认为是缺乏经验,要不断改进。

(4) 要及时向主要债权银行通气,对于这个问题,银行提出了一些意见,我们认为这个意见有合理性。按现有的规定,债权银行不能参加清算组,但是债权银行又是直接的利益相关者,所以有必要通过适当的途径,及时向主要债权银行通气,尽管有些重要的问题需要债权人会议讨论通过,但如果能及早通气,大家事先能够协调,可能就会好处理一点儿,有些问题到债权人会议上提出来,再修正起来就会比较困难。这些都是我们听到的不同意见,感到需要改进的地方。

(5) 要注意防止有交息能力的企业欠息不交的问题。据省、市银行系统反映,去年银行收息率有所下降。原因有很多,但其中有没有这样一个原因,就是有少数列入计划的企业为了多享受一些免息政策,有意停止交纳利息。这要在编制1998年计划时注意把关,防止负面效应。

六　需要进一步研究的问题

(1) 各个银行冲销呆坏账准备金的要件是否要统一的问题。现在不太统一,如中国银行要的要件比较细,建行的稍微少一些。很多同志建议中国人民银行和财政部发布一个统一的核销呆坏账准备金必要的文件,这样大家操作起来可以减少工作量,提高效率。

(2) 关于呆坏账调剂使用问题。在一个总行之内如何调剂,六个试点城市汇报时反映,有的城市建行的冲呆规模不够,同在一个省内,有的城市规模不足,影响计划的执行。这有总行之内的调剂问题,也有行际调剂的问题,行际的调剂难度更大。这个问题实际上已经出现了,在这次调查中也有反映。

(3) 关于债权银行是否有权列席清算组会议的问题。在这次调查中银行反应得比较强烈,债权银行不能及时了解信息,即便无权参加清算组,

在广东调研企业兼并破产和职工再就业工作后与省市有关部门交换意见时的讲话

但是能否列席清算组这个问题，北京原来就讨论过，当时没有通过，现在再次提出，要不要再研究，我们要进一步讨论。座谈中我们也感到，按照现行法规的做法，参加清算组的中国人民银行的代表有责任及时向主要债权人、专业银行通气，之所以请中国人民银行作为代表参加清算小组，其中的一个目的，就是要及时听取专业银行的意见，并将意见反映到清算组的意见当中，这是现在可以做的。至于债权银行能否列席清算组，这是我们要进一步研究的。

（4）全国领导小组分块下达的计划与专业银行在"条条"下的计划如何与试点城市统一的问题。这次也听到有的试点城市分块下达的计划与在"条条"下的计划对不上号，也很难对上号，这两者如何能够协调统一，我们回去要进一步研究。

（5）关于企业贷款担保法律效力如何掌握的问题。银行和法院都提出了这个问题，感到很难处理。有的采取了协商的做法，也有的就按照某一方案做了，法院的同志也感到这样做有失公平，那么对于担保的法律效力如何掌握，高法对此已经做了一些规定，但是掌握起来仍有难度，这也是我们下一步要研究的问题。

这次总的来看，我们感到时间很短，不过接触了执行计划的有关方面，收获还是很大的。由于时间很仓促，我们自己交换意见没有很充分，我想下面请史行长、谢行长、溪庭长再补充修正。因为我们不是给结论，而是交换意见，最后要形成一个报告上报国务院，由国务院批复后才有结论。

积极对待下岗分流，加快完善社会保障体系[*]

（1998年3月4日）

进入20世纪90年代中期，国有企业职工下岗分流的规模越来越大，到1997年下岗职工已超过千万人。如此大范围的城镇劳动力流动、重组、转移和调整是历史性的。这是改革深化、经济发展、社会进步的表现，但这一过程牵动着全社会。如果我们以积极眼光认识这一现象，并努力实现由"再就业服务中心"逐步过渡到规范的社会保障和劳动力市场，那我们的改革就取得了一项伟大的胜利。

近年来不少企业不景气，很多国有企业职工承受了巨大的下岗再就业的压力，引起了全社会的关注。据劳动部门统计，去年下岗职工总计1219万人，通过多渠道安置和实现再就业的有609万人，尚有610万人转到今年。预计今年还有300万人左右的新增下岗分流人员。这样，今年总计仍将有下岗分流职工1000万人左右。

去年党中央、国务院及时召开专门会议，发布文件，采取得力措施，在较短时间内使下岗职工的基本生活有了着落。这充分体现了党中央、国务院对下岗职工的关心。

去年在一年之内有上千万名国有企业职工下岗，几百万名职工再上岗。这么大范围的劳动力流动、重组、转移、调整是前所未有的，而且社会基本平稳，这是件十分了不起的大事。

现在有不少人提出，为什么有这么多国有企业职工下岗分流？怎样才能从根本上改变这个状况？

对此我有三点想法和建议。

---

[*] 本文是1998年3月4日，作者在全国政协经济委员会会议上的发言。

一 要正面理解和宣传部分职工下岗、再上岗的历史必然性和积极意义

我们国家现在出现的下岗分流与资本主义大萧条造成的大量失业有本质不同。我们遇到的是经济发展过程中的问题，是改革深化的一种表现，是向社会主义市场经济体制转变中必经的过程。

（1）部分职工下岗分流，实行减人增效，是提高企业市场竞争力的基本措施。在正常情况下，国企职工大约富余三成至五成。在市场竞争加剧之后，很多企业被人员负担压得喘不过气来。

而国企的竞争对手，无论是国内其他所有制企业还是国际竞争对手，都没有富余人员的包袱。要使国企提高竞争力，就要支持和帮助国企把富余人员平稳转移。

（2）部分职工下岗再上岗，是伴随经济结构调整而进行的劳动力结构调整。随着我国经济的持续增长，现在已经进入了产业升级、技术更新、产品换代、企业重组的调整期。这一轮调整是保持经济持续稳定增长的推进器。而劳动力结构调整是经济结构调整的必要条件。例如，长期亏损、资不抵债、扭亏无望的企业平稳退出市场，消除重复建设的泡沫，淘汰污染环境、浪费资源的小煤窑、小造纸厂、小水泥厂、小炼油厂等，这都会伴随着劳动力的转移。

（3）部分职工下岗再上岗是建立劳动力流动机制的前奏。市场经济体制下企业势必按生产经营的需要确定用人数量和劳动力结构、职工根据自己的意愿和特长选择最能发挥自己才能的岗位。建立这一机制要有一个过程，而现在的职工下岗分流已经成为建立劳动力流动机制的可喜起点。另外，"一次分配定终生"不利于调动职工的积极性。脱离传统劳动就业体制，对国企职工是一次解放。外面的天地宽得很，靠自己诚实的劳动和技能、智慧去就业、创业，可以大有作为。一些"下岗明星"已经做出榜样。

（4）部分职工下岗分流是职工各项保障由依附于国有企业转向依托社会的起点。过去国有企业有生无死，国家通过企业承担职工的生老病死和子女就业等社会职能。现在企业在竞争中已经有起有落、有兴有衰甚至有

生有死。几千万名国企职工的身家性命依附于一个个并不稳定的载体，社会就不能稳定。随着政企分开的推进，政企职能要各自就位。企业搞好经营，照章纳税；政府用纳税人的钱，承担好社会职能。

总之，部分职工下岗分流、劳动力流动重组，必定给中国经济注入强大的活力，极大地推动社会主义市场经济体制的建立。闯过这一难关，就会出现更加美好的前景。但是，这里涉及千万名职工和家属的切身利益，必须慎重从事，做好工作。其中正确的舆论导向至关重要。只有使群众真的理解，才能得到全社会的支持。

二　大力创造新的就业岗位，为下岗职工再就业创造条件

下岗分流的难点在于再就业。对每位下岗职工来说，"再就业服务中心"不是久留之处，只有不断创造新的就业岗位，才能逐步化解当前的矛盾。新的就业岗位在哪里？一般不在大型企业。新的大型工业投资项目，由于有机构成的提高，吸纳劳动力并不多。一般50万～100万元投资才对应一个就业岗位。解决就业要更多地依靠各类三产服务业中的中小企业。

首先是鼓励在企业内部分流。企业主业岗位要以岗定员，提高效率。多余的人从主业岗位上撤下来，依靠企业可用的生产经营条件面向社会发展三产服务业，财务上独立核算，条件成熟时独立。一些企业用这种方式消化了分流人员的30%～50%。这种办法最平稳，职工容易接受，政府必须要给予支持。

其次是支持各类、各种所有制中小企业，包括商业、社区服务、旅游、维修业等的发展，这是新增就业岗位的主要来源。从各地情况来看，中小企业发展较好的地方，就业矛盾就缓和得多。

最后要鼓励下岗职工单独或合伙下海创业。私营和个体经济已经吸纳约6000万人就业，而且每年还以几百万人的数量增加。一些国企职工有技术、有管理技能，只要解放思想，转变观念，可以大有作为。

中小企业能创造更多的就业岗位，但创造就业岗位是要支付成本的。中小企业处于弱者地位，它们的发展需要政府政策的支持，需要政府创造必要的环境，这也是政府的职责。

三 加快建立和完善社会保障体系

下岗职工进入再就业服务中心多是犹犹豫豫的，特别是不愿签托管协议。其中重要的原因是有后顾之忧。现在的情况是，企业这个依托已经靠不住了，但社会这个依托体系还很脆弱、很不完善，职工不放心。

国家对国有企业职工是要承担责任的。职工由依托企业转向依托社会，这是个庞大的社会系统工程，难度很大。去年养老、医疗保障体制改革力度很大，离退休职工已基本可以按时领到离退休金，这对社会稳定起了重要作用。下一步社会化管理问题、扩大覆盖面问题还要进一步推进解决。

当前用"再就业服务中心"的形式，通过"三家抬"保证下岗职工的基本生活，是现实有效的办法，要坚定不移地把中心办好。但也必须看到，"中心"的形式也有副作用，主要表现是在我们努力解决政企不分问题、逐步解除国有企业对职工一包到底的时候，却把每个下岗职工的就业和基本生活与政府直接联系起来了，这不是长久之计，不利于社会稳定。规范的失业保险是失业人员与政府之间的一道"防火墙"。因此上海的同志说，再就业服务中心是失业保障制度不健全时的一种应急、过渡形式，是向规范的失业保障制度过渡的"桥"，而且过了河要拆"桥"。

从长远来看，结构调整、劳动力流动不是一次性的，职工下岗再上岗将是一种正常现象。规范的失业保障制度与养老、医疗社会保障制度一样，是建设市场经济体制的基础工程。但失业保障制度的建设不可能一蹴而就，再就业服务中心、"三家抬"是向未来失业保障制度过渡的有效形式。之所以"三家抬"，就是因为现在占职工基本工资3%的失业保险金不足以支撑下岗失业人员的基本生活。在普遍建立再就业服务中心、解决当前下岗职工基本生活保障问题的同时，对扩大失业保障覆盖面和提高交纳比例的问题必须统筹研究。现在下岗职工基本生活费通过"三家抬"已经拿到，社会基本稳定。向失业保险制度过渡的一项措施，是要分步调整保障金的出处，逐步提高社会保障支付比例，减少政府、企业支付的比例，直至为零。通过这一过程，由再就业服务中心向规范的失业保障制度的过渡就会顺理成章。

在国家行政学院第一期稽察特派员
培训班上的讲课*

（1998年4月3日）

"政企分开"这一命题已谈论了近20年，但在"一放就乱，一管就死"的怪圈里兜了几圈，问题仍未从本质上解决。政府代表国家对国有企业行使所有者职能，又要政企分开，这就成了一个很复杂的问题。关键是要找到一种适应政企分开的企业国有资产管理体制和所有权与经营权适当分离后既能保证所有者权益，又能使企业走向市场的企业制度。1998年政府换届时以政企分开为第一原则，改革了政府机构，与此配套决定向国有独资企业派出稽察特派员。这就为政企职责分开创造了重要条件。

政府机构改革得到了全党上下和全国人民的热烈拥护。随着经济和社会的发展，改革政府机构既有完全的必要性，又有十足的紧迫性。当前推进这项改革的条件也已经成熟，是众望所归。这次机构改革将为建立社会主义市场经济体制，推进建立现代企业制度，促进企业走向市场创造有利条件。

一 政企不分是国有企业走向市场的一大障碍

罗干同志在向全国人大提请审议的国务院机构改革方案报告中指出，"现有政府机构设置的基本框架，是在实施计划经济体制的条件下逐步形

---

* 本文是作者1998年4月3日以《政企不分的弊端和政企分开的现实途径》为题，在国家行政学院第一期稽察特派员培训班上的讲课提纲，后在《人民日报》摘登。

成的"，"突出的弊端是政企不分"。

政企不分的表现和带来的后果如下。

（1）政府直接干预企业的生产经营，既阻碍了企业成为独立法人实体，也使政府陷入了对企业要承担无限责任的境地。

为实现政企分开，使国有企业以独立法人的身份走向市场，我们已进行了多年改革，至今已有了较大进展，但并未完全解决问题。改革受条件限制，有很大的局限性。

多年的事实表明，政府直接干预企业并未使国家所有者职能到位，反而使企业的非正常行为有增无减；多次的放权让利也并未使国有企业真正成为独立企业法人实体和市场竞争主体，反而使企业竞相攀比政策优惠，却不在提高市场竞争力上下功夫。一些企业为了提高企业和领导人的行政级别，有盲目扩张的倾向；为了提高职工奖励、福利水平，有消费攀比的倾向；为了掩盖经营管理不善的后果，财务上往往是两本账。

由于企业缺乏自我约束能力，为了减少风险，对于企业重要的生产经营决策、投资决策和企业的分立合并等问题，政府始终实行直接干预。但政府的审批，对企业来说则无异于从政府手中拿到了一张由政府签署的"通行证"或"政府担保书"。企业得到政府批准书之后，银行不得不提供贷款，但难以承担出现呆坏账的责任；政府承担担保责任，但对企业鞭长莫及，难以实行有效监督；企业在市场中运作，又较少考虑经营风险。这就使国有企业比任何其他企业都更敢于不考虑风险和回报地进行重复建设；更敢于不自量力地兼并扩张；更敢于无限制地借贷和负债经营。这是不少国有企业包袱沉重甚至陷入困境的重要原因。与此同时，政府对企业过多的直接干预使自己无法摆脱要承担的无限责任。在经营者看来，那些重大问题既然已经得到政府的批准，自己还有什么责任？企业经营不善的后果自然可以推给政府（国有银行），直至发不出工资要请求政府拿钱，还不了的债也要政府兜底。企业在稳吃国家的"大锅饭"。

事实证明，政企不分并不能实现国家所有者的有效管理，在现有政企不分的体制下，事实上政府自身或通过国有银行还在对国有企业承担着无限责任。

（2）政企职能错位，造成企业的低效率。政企不分一方面的表现就是几乎各级政府都在热心地办企业，认真地"管"企业，决定企业的重大事项，其本身似乎就是一个大企业；另一方面的表现是政府要求每个企业要有与政府相对应的机构和职能，都各自办着一个小社会，负责职工的生老病死、妻儿老小，致使每个企业像是一级政府。政府与企业之间无论是职责边界还是财产边界都含混不清。

政企职能错位扰乱了企业的目标。当企业领导者站在经营者立场考虑问题时，他要追求最高的经济效益；但当他作为小社会管理者的角度考虑问题时，他就要保证一方平安。这种双重的、相互矛盾的目标，使得企业领导者不知所措，造成企业财务透明度人为地降低，非正常行为屡屡发生。在不少企业中，职工离开了企业找不到社会依托，这使得职工离不开企业，但企业也不能辞掉职工。许多国有企业职工"一次分配定终生"，甚至"一岗定终生"，人员的流动几乎不可能。这种劳动力不能流动的机制造成干多干少一个样，干好干坏一个样，甚至干与不干一个样，职工稳吃企业"大锅饭"的局面，最终导致低效率、低效益，使企业在市场竞争中处于劣势地位。政企职能错位不仅造成企业的低效益，而且带来社会的低效率。

（3）产权管理责任不清，既提供了政企不分的物质基础，也使企业难以进入市场，造成国有资产流失。

近年来市场机制的作用逐步强化，与此同时，在利益主体多元化和各种所有制资产大幅度交叉和流动重组中，侵蚀国有资产的形式也变得更加隐蔽和多样。这次改革前的管理体制，企业国有资产笼统地归国家所有，但管理、运营、监督的责任不清，当发现企业国有资产流失时，找不到具体的责任人，打板子都不知打谁的屁股。

国家通过政府在企业之外行使所有者职能，企业内国家所有者代表缺位。在这种管理体制下，一方面，需要所有者做决策的事由政府部门来处理，政府部门执行企业所有者的职权，使政府成了千万个国有企业唯一的董事会，形成了政企不分的物质基础。这种长链条、多环节决策体制不但使企业的经营自主权不能到位，而且往往由于信息传递、思想沟通所付出的代价和决策周期延长而使企业丧失市场机会，增加了市场风险和经济损失，使国有企业在市场竞争中处于不利地位。另一方面，企业缺乏来自内部的所有者（代表）负责任的监督。远离企业的国家所有者往往难以及时获得准确、必要的信息，从而被架空或瞎指挥。此时，企业被内部人控制，导致屡屡发生短期行为和非正常行为，国家所有者权益极易被侵蚀，造成国有资产流失。

（4）政企不分阻碍了政府行使社会经济管理职能，难以创造公平竞争的市场环境。

在政企不分的体制下，政府一方面是社会经济的调控者，另一方面又行使着企业国有资产的所有者职能。这种双重职能使政府部门难以给自己一个准确的定位。当它在行使社会经济调控职能时，由于同时承担国有企业所有者职能，所以必然要特别照顾国有企业，特别是那些落后的国有企业，对它们特别宽容。亏损了政府给补贴，发不出工资政府也要设法帮助解决，还不起贷款政府也要银行宽限、减息，从而使非国有企业感到国有企业在"吃偏饭"，自己受到不公平待遇。当政府作为国有企业所有者身份考虑企业决策时，由于它又是社会经济的调控者，往往就把国有企业作为行使政府职能的一种手段，对企业提出众多非经营性要求，把本来应由政府行使的职能强加到企业头上，让企业"办社会"，分担政府的负担。还可能拿着红头文件向企业伸手、摊派，使国有企业与其他企业相比也感觉受到不公平待遇。为创造公平竞争的市场环境，必须实行政企分开，将政府行使社会经济管理职能与国家所有者职能分开。

近20年的改革实践表明，政企分开是国有企业走向市场的必要条件；是建立现代企业制度，使企业成为独立法人实体和市场竞争主体的需要；是创造市场经济公平竞争机制的需要；是加强政府宏观调控职能的需要；是政府简政、廉政的重大措施。

这次政府机构改革的第一项原则就是转变政府职能，实行政企分开。这一点在机构调整方案中较好地得到了体现，调整的力度很大，但也照顾到了过渡性与可行性，比较平稳。可以认为，1994年开始的以财政、税收、价格体制为主的一系列宏观管理体制改革，加上这次政府机构改革，可以说我国社会主义市场经济宏观管理体制的基础框架已基本形成。这为加速国有企业改革、促使国有企业走向市场和建立现代企业制度创造了基础条件。

二 实现政企分开必须配套解决好若干问题

政企分开的目标是政府部门停止对国有企业的行政性干预,使企业以独立法人的身份进入市场参与竞争,自负盈亏,形成社会主义市场经济的基础。但与此同时,国家所有者职能又必须到位。政企分开绝不意味着国家所有者对全国人民几十年辛辛苦苦积累的几万亿元经营性资产可以"一放了之"。也就是说,政府行政干预的手从企业退出来的同时,行使所有者职能的手必须进入企业并到位。这中间不能断开,否则就会出现企业的"内部人控制",也就是所有者被架空,企业被内部经理等人员控制,这就必然损害所有者权益,造成国有资产的流失。

过去十多年,政府和企业都深知政企不分的弊端,因此在政企分开方面做了大量工作。下放企业经营权,实现政企分开的文件从中央到地方发了不少,但实际上并没有跳出"一管就死,一死就叫,一叫就放,一放就乱,一乱再管"的怪圈,其中重要的一点是改革缺乏配套性。这次政府机构改革为实现政企分开奠定了重要基础,也出现了良好的契机。当前为了有效而平稳地实现政企分开,要抓住有利时机,总结过去的经验,配套做好以下几件事。

(1)改革政府机构,转变政府职能。罗干同志指出:"要把政府职能切实转变到宏观调控、社会管理和公共服务上来,把生产经营的权利真正交给企业。"那些曾主要管理企业的专业经济管理部门要转向主要"制定行业规划和行业政策,进行行业管理;引导本行业产品结构调整;维护行业平等竞争秩序",不再直接管理企业。

这次政府机构改革方案充分体现了这一指导原则,将7个专业部转成国家局,经过一段时间过渡它们将不再直接管理企业。如果地方政府机构也做相应改革,这就为实现政企分开提供了基本条件。

(2)确立政企分开后,国家行使所有者职能,形成企业国有资产的管理、运营和监督机制。必须选择和确定国家以所有者身份管理、运营和监督经营性国有资产的方式。过去不少地方对此进行了积极的探索,积累了可贵的经验。根据这次政府机构改革方案,国家作为所有者将退居到股东地位，依据《中华人民共和国公司法》（以下简称《公司法》）行使股东的权利，维护股东的利益。国家对国有企业或国有独资公司行使所有者职能，主要体现在四个方面。

①按照国家所有、分级管理、分工监督的原则，国家层次作为所有者直接管理的主要是经国家认定的重点大型国有独资公司或国有企业。其下属的股份公司，依据谁投资谁负责的原则，由对其投资的国有独资公司或国有企业负责运营和监管。

②国家对国务院监管的企业派出所有者代表组成经营班子并对其进行业绩考核。一般说应考核、任免董事和董事长。

③国家以投入企业的资本享有所有者权益。这可以具体表现为国家与被监管的企业每年签订资产经营协议，认可年度经营目标，但不干预企业的经营活动。

④按分工监督的原则，国家向国务院重点联系的大型企业派出稽察特派员，以年度经营目标为准，审计、考核企业年度财务报告，评价经营业绩和经营者表现。地方政府向分工监督的国有企业或国有独资公司、国有控股公司派出监事会。

（3）确立政企分开后的企业财产组织形式。根据十五大的要求，对大中型国有企业要进行规范的公司制改革，建立规范的公司法人治理结构。

在政企不分的体制下，国有企业的重要决策由政府制定，一般来说，企业并未构成独立的利益主体、决策主体和承担风险的主体，因而用厂长负责制的办法，相对集中权力有利于提高效率。当政企分开，企业成为一个独立的市场主体之后，如何防止个人滥用权力就是一个十分重要的问题。

国家把巨额资产委托给厂长一个人来"自主决策"，这是要冒很大风险的。即便那些一时水平高、党性强的厂长、经理，也会由于掌握信息的局限性，在错综复杂的市场竞争中判断失误；在高度集中的权力和利益诱惑下，加之社会不良风气侵蚀，人的品质也会变。长江动力集团公司的余志安和红塔集团的褚时健就是例证。走向市场的企业要能充分保障所有者权益，实行科学决策、民主决策，形成企业内部制衡性的领导体制，就要依据《公司法》，在企业内由国家所有者委托的代表组建经营班子——董事会，形成科学的决策体制和制衡机制，实现科学管理。重要问题在董事会实行集体决策、个人负责,既发挥集体决策的优势,又使每个参与决策的成员承担起个人责任,落实责任制,直至可追究法律责任。这是国有企业,特别是国有大中型企业在政企分开、自主走向市场后为保证国家所有者权益必须建立的领导体制和组织制度。

(4) 建立和完善政企分开的投融资体制。企业经营自主权重要的一点是投融资的自主权。过去那种"企业提出,政府批准,银行拿钱,企业投资"的做法几乎无人考虑风险,更无人承担责任。那种体制最终导致无人对投资负责。近年出现的为数不少的各项审批手续齐全,但刚建成就面临亏损、停产甚至要求享受被兼并政策或破产政策的大项目,如淄博化纤厂、抚顺洗化厂、广西平铝、北京东方化工厂等就是生动的例证。

把投资决策权交给企业之后,在政府、企业和银行之间的责任体制和制衡机制能否形成,是政企分开能否成功的一个关键。

实质上企业盈亏的后果最终是由所有者来承担。在规范的公司制企业中,董事会受包括国家在内的所有者所托进入企业行使职权,在决策时既能体现所有者追求最大利润的强烈愿望,又会体现所有者避免市场风险的审慎态度,可以形成来自所有者的激励和约束机制。

这种将国家所有者的代表派入企业之内进行重大决策的体制,使决策的责任直接而明了,要比远离企业的政府做决策科学、实际和负责得多。

在自主承担呆坏账风险之后,银行对企业投资项目自主评估和自主决定放贷的办法与奉政府之命提供贷款相比要慎重和负责得多。最近,在割断政府对银行放贷的干预之后,不少银行出现的"惜贷"甚至"畏贷"现象就是证明。这就构成了企业-银行双重自负盈亏、自担风险的投融资责任机制,为政企分开后把决策权交还给企业创造了基本条件。

因此,政企分开后,国家主要负责信息发布和政策引导,不再直接审批企业经营性投资项目;企业作为经营主体,根据市场和竞争形势做出判断,自主进行投资决策,同时对自己的决策负责;银行摆脱政府干预,自主评估项目,自主决定放贷,同时对可能出现的呆坏账负责。

(5) 分离企业"办社会"的职能。实现政企分开,就要改变政企职能错位的状况,使政企各自职能到位。企业无疑应当承担社会责任,但不应让其自办小社会;政府应当管理经济,但不能把自己应负责的社会职能转交给企业。企业的社会责任最重要的就是集中精力办好企业,照章纳税。政府用纳税人的钱来承担社会职责。

如果说在政企不分的体制下,由于国有企业有生无死,职工生老病死依托于企业还有可能的话,那么在政企分开、企业走向市场之后,企业自身在市场竞争中已经有起有落,有生有死,职工的身家性命再要完全依托于企业就有了很大风险。坚持这么做,要么会使企业长期处于不平等竞争地位,把企业拖垮;要么当出现职工生活无着落时会造成社会的不稳定。企业和职工双向选择,是搞活国有企业必须走的路,劳动力的动态流动重组是经济富有活力的表现。

企业为职工提供的是就业岗位,而不是终生的依靠。在企业走向市场之后,职工对企业的依托必须转为对社会的依托。企业所承担的"办社会"职能,如中小学及职工养老、医疗、就业保障等要逐步转交政府承担。

这次政府机构改革和建立国家稽察特派员制度,为实现到2000年大多数国有大中型骨干企业初步建立现代企业制度奠定了基础。由此可以理出三年实现建立现代企业制度目标的具体途径。

首先,改变政府直接管理企业的体制,国家以所有者身份向企业派出董事——经营者;责成政府有关部门与企业签订资产经营责任书,认定年度经营目标,体现国家所有者意志;派出稽察特派员,依据年度经营目标对企业的财务状况、经营业绩和主要经营者进行审计监督,但并不干预企业的经营活动。以此建立经营性国有资产的管理、运营、监督机制,明晰产权关系。

其次,企业按《公司法》进行公司制改革,将国有企业改制成有限责任公司(国有独资公司)或股份有限公司,依《公司法》实行政企分开。国家所有者以股东身份享有权益,企业依法取得独立法人地位,拥有包括各投资者投入资本和借贷形成的企业法人财产,自主经营,自负盈亏。企业以自己全部法人财产对债务承担责任,包括国家在内的所有者只以投入企业的资本额为限承担有限责任。

再次,企业依《公司法》建立法人治理结构,改革企业的领导体制和组织制度,所有者(代表)进入企业,形成激励和约束机制,实现科学管理。

最后，推进配套改革。减人增效，实施再就业工程，同时抓紧建立和完善社会保障制度，分离企业"办社会"的职能，形成人员流动机制；培育和规范证券市场，形成资产流动机制；同时还要改革企业领导人员的培育、选聘、考核和任免制度。

三 《监管条例》与稽察特派员制度

《监管条例》与《转机条例》配套，是促使企业转换机制、加强监督的重要法规。两个条例一个是放权，一个是监督，两者是姐妹篇。

《监管条例》监督的对象是跨《企业法》和《公司法》的国有企业和国有独资公司。《监管条例》自1994年颁布以来，各地区、各部门按照其规定，结合国有企业实际，向部分国有企业派出了监事会，并取得了一定的成效。1995年7月国务院颁布了《国务院关于授权地质矿产部等部门和机构对有关国有企业财产的经营管理实施监督的通知》（国发〔1995〕18号文），授权31个部门和机构为国务院授权的监督机构。目前有23个监督机构已分别向58家中央直属企业派出了监事会。各省区市也按照分工监管的原则，向152家企业派出了监事会。

国家经贸委同国家国有资产管理局等有关部门为实施《监管条例》，先后制定下发了一系列配套文件，举办了企业领导干部和监事培训班。各监督机构、国家经贸委、财政部、央行、国资局等派出监事的部门也分别制定了本部门监事委派暂行规定。这些工作，在一定程度上规范了监事会的行为，保证了监事会的运作，有了一个良好的开端。

从几年来监事会的工作情况看，监事会的组建和运行在监督企业财产保值增值、防止国有资产流失方面收到了一定的成效，为闯出一条具有中国特色的国有企业财产监督管理的路子积累了经验。监事会工作的成效主要体现在以下几个方面。

（1）初步形成了国有企业财产监管制度，为实现国有资产监督管理职能与国有资产经营职能分开，构建权责明确的企业国有资产管理、运营和监督体系积累了经验。

（2）强化了企业经营管理国有资产的意识。一些企业经营者反映，过去只注重产值、速度、利润等,派出监事会后,企业经营管理国有资产的意识更强了,相当一部分企业在对下属企业的考核中增加了对国有资产保值增值的考核。

(3) 促进企业加强了对资产的经营管理。监事会有针对性地对企业的资产管理、财务管理进行监督,促使企业自觉地对生产经营资金、成本费用、对外投资等加强管理和控制,强化了内部财务约束机制。

(4) 加强了对经营者经营业绩的评价和监督。监事会客观公正地对经营者的经营业绩进行综合评价,初步形成了对经营者的监督约束机制。

以监事会的形式行使国家对国有企业监督职能的做法没有成熟的经验可资借鉴,工作带有很强的探索性,实践中也反映出一些问题。

(1) 国务院确定的试点企业集团和由国务院指定监督机构监督的地方管辖企业的监督责任主体不明确,影响了监事会的派出。

(2) 目前的监督机构就是行业的主管部门,监管职能与行政管理职能重叠。目前授权的监督机构或是监督企业的主管部门,或是其上级总公司,其监督职责并没有超出行业主管部门或全国性总公司管理企业的范畴,致使有的部门甚至认为原有管理体系已能满足要求,是否再派监事会并不重要。此外,由政府其他部门组织的类似检查频繁,造成了不必要的重复。

(3) 受目前监管机制不完善的影响,监事会的作用没能充分发挥。一是监事均为兼职,干好干坏对本人的职业生涯不产生任何影响,难以促使每位监事都尽职尽责。二是目前大部分企业的财务报告没有经过注册会计师验证,监事会对得到的信息和财务报告的真实性无法判断。三是监事派出单位的人员、经费紧张,影响了监事会对企业经营状况评价的公正性。

出现以上问题的原因主要是政府机构改革和国有企业资产管理体制改革没有到位,从上至下没有真正建立起国有资产监督管理的责任体系,客观上各级机构和企业缺乏对国有资产保值增值的责任压力,削弱了对国有企业财务监督的有效性。

最近全国人大通过的国务院机构改革方案中明确规定,国务院向国有重点大型企业派出稽察特派员。这是政企分开后国家所有者行使职能、发挥监督作用的一项重大措施,将为实现三年建立现代企业制度目标创造条件。

(1) 国家稽察特派员与《监管条例》的关系。可以认为,稽察特派员制度是根据《监管条例》的原则和要求，为加强国家对重点联系企业和企业集团财产监督管理而采取的措施。

《监管条例》确定的主要原则，如国有企业财产属于全民所有、国务院代表国家统一行使财产所有权的原则，国有企业财产国家所有、分级管理、分工监督的体制等，符合国有资产管理体制改革的方向，应当继续坚持。从近两年的实践中我们感到，监事会的组成、工作方式等很多做法是行之有效的。我们理解，派出稽察特派员对国有企业财产实行监督，相对于《监管条例》确定的向国有企业派出监事会是在具体监督形式上的改变，是在总结前一阶段工作经验基础上的进一步发展，特别是在政企分开、机构改革的情况下对所有者监督职能的强化。从其适用范围看，它针对的是国务院直接监督的重点国有企业、国有独资公司。它克服了监督人员全部兼职的缺点，提高了监督的级别、层次，加强了监督的有效性。而《监管条例》是面向全部国有企业和国有独资公司的。由此看来，两者是局部与全部的关系，而不是取代关系。

（2）稽察特派员工作的性质。国务院向国有重点大型企业派出稽察特派员，是国家作为所有者对国有企业财务监督、对企业领导人业绩评估、对企业用人制度的重大改革。稽察特派员对国务院负责，代表国家行使监督权。

（3）稽察特派员的职责。以财务监督为核心，对企业贯彻执行党的方针政策和国家法律法令情况、国有资产保值增值情况、主要领导成员的经营工作情况等进行监督。发现企业在财务上有明显不当或违反国家法律法规等行为，稽察特派员应迅速向派出机构汇报并可立即请政府行政监督机构（审计、监察、工商、税务等）进行必要检查。

稽察特派员与企业是监督与被监督的关系，主要任务是查账，不干预企业的生产经营活动。

（4）稽察特派员监督的具体内容。审查经认可的注册会计师验证的企业财务报告；查阅企业财务账目和有关资料，评价企业经营业绩；对侵犯国有资产所有者权益的行为进行监督；对企业主要领导成员的经营业绩进行评价和记录，对企业主要领导成员的奖惩、任免提出建议。

（5）关于国务院直接监督企业的范围。国务院直接监督的企业，即稽察特派员派往的对象范围如何确定，直接关系到这项工作的效果。国务院确定的 120 家试点企业集团和 512 家国家重点企业都是占有国有资产数额巨大、关系国计民生、直接影响国有经济主导作用发挥和国家财政收入的大企业，上述两类企业剔除重复交叉的和非国有企业，国有企业和国有独资公司总数约为 500 家。国务院直接监督的企业可以在上述范围内确定。

（6）与稽察特派员工作有关的政府部门的职责。按目前的分工，国家稽察特派员的管理和派出由人事部负责；财务报告真实性由审计署负责；经营情况评价由国家经贸委负责；对企业领导人的任免（报国务院批准后）由人事部负责。

（7）工作方式与工作程序。一般一年到每个企业两次，听取企业财务情况报告，对企业财务情况进行分析评估；对企业主要领导成员的经营业绩进行评价；根据情况可随时调查核实企业的经营及财务状况，企业定期书面向稽察特派员办事处报告财务情况；根据经国家有关部门批准的年度经营目标对企业财务状况和经营管理情况进行分析和评价，向国务院提出奖惩、任免企业领导人的建议。国家经贸委及有关国家局要对稽察特派员的报告进行审核认可，必要时可以复核；人事部根据国务院对稽察结果的审定，经干部主管部门考核，办理企业主要领导人的奖惩、任免，报国务院审批。

（8）关于稽察特派员、稽察特派员助理。从实际情况出发，可有三种不同层次的监督管理人员，分别承担相应的职责。

稽察特派员是由国务院派出的对企业财产保值增值实施监督的专职人员，是国家公务员。

稽察特派员助理。一名特派员配备五名专职助理，可从政府有关专业经济管理部门中抽调。专职助理是国家公务员。

为充分发挥有利害关系的主要债权银行的积极性，可考虑设立稽察特派员兼职助理。兼职助理可以从经济、金融、法律、技术、企业经营管理等方面的专家和企业所在地政府工作人员中选派。

（9）统一监督与其他财税检查。为维护稽察特派员对国有企业财产进行监督的权威性，除国家有关法律、法规有明确规定的以外，不再进行行使国家所有者职能的其他财务、税收检查，以切实减轻企业负担。

四　在政企分开中发挥中介组织的作用

中共十四届五中全会《关于制定国民经济和社会发展"九五"计划和2010年远景目标的建议》中明确提出了"把专业经济管理部门逐步改组为不具有政府职能的经济实体，或改组为国家授权经营国有资产的单位和自律性行业管理组织"的问题，为政府机构改革和发展中介组织指出了方向。

1. 政企分开后中介组织有不可替代的作用

中介组织与政府和企业一起是社会主义市场经济体制中的重要组成部分。大力发展各类中介组织，充分发挥它们的应有作用，是建立社会主义市场经济体制的一项重要任务。

一般来说，在社会主义市场经济体制中，各类中介组织的作用可以归纳为服务、沟通、公证和监督几种。

服务：为市场中的产、购、销各方和社会公众提供服务。

沟通：在政府与企业、企业与企业、企业与社会之间起到桥梁作用，传递信息。

公证：这是一种特殊服务，其意义在于克服当事人利益的局限性，向社会提供合法、公正、真实、可靠的信息。

监督：受委托方要求，对被监督方的有关情况或对被监督方提供信息的真实性进行认证。

在政企不分的情况下，以上许多事项都是政府部门特别是行业主管部门的职能，中介组织、行业协会没有存在的必要。政企分开、企业走向市场后，无论为企业融资、为开拓市场、为合资合作、为产权流动、为股票上市、为维护合法权益，还是为政府及时掌握情况等，都需中介机构为公众或委托方提供真实充分的信息和服务；同行业为了协调关系、维护共同利益，需要企业自律的行业协会；为了获取信息、改善经营、开拓市场、掌握技术、培训人员等，也需要各种中介服务。

2. 中介服务发展的现状和问题

改革开放以前，基本上没有什么中介组织。改革开放以来，我国的中介组织从无到有，从小到大，已经初步形成了具有多种机构类别、多种组织形式和多种服务方式的中介组织体系，其中包括会计师事务所、审计事务所、律师事务所、资产评估和资信评级机构、行业协会、商会等数十种中介组织类型。到1995年，全国已有会计师事务所3800多家，执业会计师55000余人；有审计事务所3800多家，注册审计师22400人；律师事务所6600家，专职律师4000余人；资产评估机构3000多家，从业人员4200人；广告中介机构45000家，年营业额达到了300亿元。

更为重要的是，在发展中介组织的问题上，中央的方针已经明确，一系列法律、法规陆续颁布，各方面的观念已经有了很大转变，中介服务的价值已经越来越为社会所认可。这些都为中介组织的进一步发展创造了良好条件。

但是当前我国中介组织的发展还不能适应社会主义市场经济的要求。

在数量方面，总的状况是不均衡，有的太多太滥，有的又不能满足需要。尤其突出的是为中小企业提供信息共享、市场开拓、人员培训、融通资金、技术支撑等方面的中介组织太少，不能适应"放小"以后中小企业发展的迫切要求。

在质量方面存在的问题更多。比如资信评级机构，在美国只有2～3家，但其权威性全世界都承认。我们的评级公司数量现在可能是全世界第一，但真正有权威、有影响的几乎没有。在很多中介组织中，人员素质不高，行为不规范。一些中介组织的官方色彩、部门色彩、地方色彩十分浓厚，他们依靠行政权力瓜分市场，而不依靠能力和信誉赢得客户。靠行政权力强买强卖，有的就是只敛财，不干事，极大地损害了中介组织的形象，失去了其应有的服务性、中立性、客观性。市场经济需要诚信。中介组织有失客观、公正，对市场秩序有极大的破坏性，贻害无穷，会使中外客商感到在市场中没有可信的东西。比如资产评估机构，几乎都是由政府部门或行政性公司出牌子、出资金开办的，条块分割的痕迹十分明显。

造成这些问题的原因是多方面的。一是政企职责还没有真正分开，一些本该由中介组织承担的职能仍然把控在政府机构手里，限制了中介机构活动的空间；有的即使放出去了，政府部门受经济利益驱动，仍然以各种方式干预；一些中介机构看中部门手中的权力，也愿意向部门靠拢。二是法制不健全，监管机制薄弱，中介组织缺乏自律。三是一些中介组织素质不高，不顾信誉，急功近利，专业人员短缺，部分中介组织滥竽充数，类似皮包公司，经营思想不端正。

3. 进一步促进我国中介组织的发展

首先，按照政企分开的原则，明确、合理地界定政府、中介组织和企业的关系。通过政府机构改革，国家管理国有企业的方式将有重大的转变，政企分开的步伐将大大加快。这为中介组织提供了广阔的空间和良好的发展契机。在改革政府机构、转变政府职能的同时，要明确合理地确定各类中介组织的角色。一方面要明确什么事由谁来做，要划分清楚；另一方面政府、中介组织、企业都要给自己定位，做自己应该做、做得好的事情。另外，政府机关要大胆放权，把自己不该做、做不好的事交给中介组织。企业也要转变观念，把做不了、做不好、做起来得不偿失的事委托中介组织来做。中介组织也要演好自己的角色，要立足于服务、沟通、公证、监督，不要试图把自己搞成"二政府"，凌驾于企业之上；也不要躺在政府身上，靠行政机关的垄断权力维持生存。

其次，政府要采取切实措施，加快培育和发展各类中介组织的步伐。要积极消除阻碍中介组织发展的思想和政策障碍。政府部门在与企业分开的同时，也必须与中介组织脱钩，否则没有公正可言。中介组织之间也应有竞争，靠服务质量和信誉取胜，制止不正当竞争。要加强法制建设，形成责任约束机制，为中介组织的发展开辟道路。要积极鼓励各种所有制形式的中介组织共同发展。

最后，要加强现有中介组织的规范。规范是中介组织的生命，要通过完善法律和监督，规范中介机构的服务和行为，使它们承担起应有的社会责任。体制和政策方面的障碍消除之后，中介组织能否发挥服务、沟通、公证和监督作用，关键就在于其行为是否规范。现在有些中介组织的日子不好过，原因就在于行为不规范，没有信誉。有的一门心思找企业敛财，根本没有努力也没有能力提供合格的服务，时间一长，必然自绝生路。规范中介组织的行为也是政府的责任，政府有关部门要依法加强对中介组织的管理和监督。与此同时，中介组织要下大力气加强自身建设。要按照十四届三中全会的要求，建立自律性运行机制，承担相应的法律和经济责任，并接受政府有关部门的管理和监督。

社会主义市场经济呼唤新一代经营管理者*

（1998年5月19日）

国有企业走向市场这一关能否过去，关键取决于能否有一批高水平的企业经营管理者。朱镕基同志曾要求到2000年培养10万名达到国际水平的注册会计师。我想，如果再有20万名达到国际水平的工商管理硕士与之配套，中国的经济管理水平就能上一个新台阶。上海中欧工商管理学院的前身是设在北京的中欧工商管理培训中心，我曾负责与他们联系的工作。学院改建到上海后，我一直关心和支持他们对新一代管理人才的培养。本文是我于1998年5月应邀在中欧管理学院第一届工商管理硕士毕业典礼上的主题演讲。

经济体制转轨、经济结构调整、企业机制转换、经济增长方式转变这些"关"能否顺利渡过，关键取决于能否成长出一批高水平的企业经营管理者。

国有企业长期在计划体制和短缺经济环境中生存。目前国有企业的经营管理者中有60%以上出身于工程技术专业，并长期在生产、技术岗位或生产、技术管理岗位工作。大多管理者对经营战略、财务管理、融通资金、市场开拓、投资风险、人力资源开发等都不熟悉，既缺乏理论知识，又较少实践经验。

到目前为止，相当一部分企业经营者还不适应改变了的外部环境，无论是思想观念、知识结构还是经营运作能力，都与驾驭企业走向市场的要求相距甚远。不少人习惯于依靠国家投资，却较少考虑经营风险；注重实物生产，而较少考虑经济效益；热衷于扩大生产规模，而较少研究市场；

---

* 本文是作者1998年5月19日应邀在上海中欧管理学院第一届工商管理硕士毕业典礼上的主题演讲。

满足于以大量人力、物力投入换取经济增长，而较少依靠改善管理、改进技术提高效益。这是不少企业陷入困境的内因。

随着改革的深化，政企分开正采取实质性步骤，国家作为企业国有资产所有者，在瞬息万变的市场竞争中维护自己权益的方式在于选派称职的股东代表或经营者，而不在于替它们做出高明的决策。

在计划体制下，各个企业依照政府指令行事，以完成生产计划为己任，那时对管理者的要求相对单一，他们水平的差异一般还不至于造成企业的兴衰。但是在转向买方市场、优胜劣汰机制真正发挥作用之后，企业管理者的素质就决定着企业的命运。实践表明，办好一个企业，往往是千军易得，一将难求。企业间竞争的表层现象是商品竞争，但支撑商品质量、价格水平的却是企业技术和管理，而技术和管理背后起决定作用的则是人才。市场竞争越激烈，人才的地位和作用就越显重要。

我们在工作中的实际感受是在中国经济发展的现阶段，比技术落后、设备陈旧更大的制约因素是管理落后；比资金、物资更为稀缺的是高水平的经营管理者。因此，培养为数众多的高水平企业经营管理者就成了提高整体经济质量的关键。最近朱镕基同志指出："管理科学是提高企业效益的根本途径；管理人才是实现现代化管理的重要保证；实施管理培训工程是当务之急。""根本途径""重要保证""当务之急"，这些有分量的言辞充分显示了管理、人才、培训在当前中国改革和发展中的特殊重要地位。人们越来越清楚地看到并认定，如果我们近期不能培养出为数众多的具有国际水平的企业经营管理者，就不可能培育出具有国际竞争力的企业，从长远看，我们就很难立足于世界经济之林。

你们这期在职工商管理硕士，在中欧国际工商管理学院的精心安排下，经高水平国内外老师的传授指点，加上你们自己的刻苦努力，已经学成毕业了。你们过去就有多年管理的经历，在中欧管理学院又接受了具有当代国际水平的正规工商管理学历教育，可以期望在你们之中成长出更多的国内各类管理中的佼佼者。

1994年朱镕基同志说，如果中国有10万名具有国际水平的注册会计师，中国的经济管理就会前进一大步。由此我联想，如果再有20万名达到国际水平的工商管理硕士与其配套，在企业和各经济管理领域发挥作用，那么，中国经济的整体素质就会跨上一个新台阶。提高经济素质的希望寄托在你们身上。

管理是一门科学，也是一门艺术，它更是一项实践。知道如何做事，不一定就能做成事；知道如何决策，不一定就能做出高明的决策。一般说来，在学校学到的是"知识"，管理者需要的是"能力"。因此，在学得工商管理知识的基础上，还需要在实践中锻炼和积累。从某种意义上说，你们今天走出了中欧管理学院的小教室，明天就进入了社会实践的大课堂。你们已经在学院考试合格，但还要再经受市场的考验才能真正走向成熟。

管理从某种意义上讲，是配置社会资源的组织者，是一项挑战性极强的事业。这里既有成功的喜悦，也会有失败的痛苦，更有必须承担的社会责任。难能可贵的是执着追求长远目标的管理者。在一个企业或一项事业之中，如果没有追求长远发展的管理，企业和事业的长远发展就失去了人格化的代表。但是，在追求企业和事业长远发展的漫长路途中，企业家、管理者所遭遇的困难之大，所经受的挑战之严峻，所经受的心理和人格压力之沉重，所要求的动力之强大和持久，远不是常规情况下一般人所能承受的。你们既然决心涉足管理，就要练就管理者的素质，培育企业家的精神。

作为一代走向市场经济、跨世纪的企业经营管理者，变革中的中国为你们这些有识之士提供了一个大舞台。我国经济水平不高、技术水平低、管理落后，这在一般人眼里都是不利因素，但在管理者眼里，这一切的背后是充满潜力的创业之地。国民生产总值持续、稳定增长的环境，为企业经营管理者提供了施展才华的宽阔天地；在体制转轨、产品换代、技术更新、产业升级和企业大范围重组与调整中充满了历史性机遇；技术转化为生产力的周期缩短，经济全球化的进程加快，知识经济的前景逐步明朗，对新一代管理者又提出了挑战。

获得工商管理硕士是你们在管理生涯中的一个新起点，创业的成果才是你们对老师、学校和社会的回报。

社会主义市场经济呼唤新一代企业经营管理者，真诚地期望在你们之中涌现出能驾驭大型企业走向国际并赢得胜利的新一代企业领头人！

关于企业集团发展中的几个问题[*]

(1998年6月)

1998年6月22日至23日，中国集团公司促进会在上海宝钢召开"科学管理论坛暨三届一次理事会"，来自宝钢、东风、一汽、华能、赛格、中远、华源、上海电气等120余家国有大型企业集团的200多位代表参加会议。

国家120家试点企业集团囊括了当时在各重要行业的排头兵企业。以试点企业集团为主要成员的中国集团公司促进会，作为一个民间组织，基本上每年组织成员企业集体活动一次。我有兴趣也尽可能参加这些活动，一方面可以保持与大企业领导的接触，了解情况；另一方面也就我发现的问题谈一些看法，与大家一起讨论，促进各集团健康发展。

一 坚定不移地贯彻搞好大企业和企业集团的方针

亚洲金融危机使韩国的一些大型企业陷入困境甚至破产，震撼了世界。国内外人士纷纷提出中国搞好大企业工作还要不要做的问题，似乎应尽快改变和调整。我认为中央制定的"抓大放小"、搞好大企业集团的方针，不是从近期的因素来考虑的，而是从中国经济发展的全局、从中国经济发展的长远需要考虑的。

1997年9月，在亚洲金融危机爆发之后，我们召开了党的十五大。江泽民同志在报告中再次肯定了"抓大放小"的方针。他明确提出，要培育

---

[*] 本文是作者应邀出席于1998年6月召开的"科学管理论坛暨三届一次理事会"时，听了同志们讨论之后的讲话。

和组建一些跨行业、跨地区、跨所有制、跨国经营的大型企业和企业集团。我们培育优强企业集团的方针明白无误，一点也不含糊。因此，不能因为亚洲金融危机、韩国的某些企业集团出了问题，我们就对经过深思熟虑制定的方针产生动摇。

大家知道，中国过去没有经历完整的工业化过程，缺乏龙头企业，产业的集中度过低，技术能力差，达不到规模效益。现在的问题不是要不要培育一批优强的大型企业和企业集团，而是要弄清企业集团的功能和内涵，我们是要通过培育一批优强的企业集团使国民经济立足于更加牢固的基础之上。

大型企业和企业集团的作用主要体现在三个方面。

第一，它是国民经济重要行业、关键领域的支柱。能源、基础原材料、通信、运输、军工等领域规模经济的效果十分明显，小打小闹不会有效益，必须大规模聚集有效资产，形成一批大型企业和企业集团以支撑国民经济健康发展。

第二，它是经济结构调整和企业重组的主体。现存的企业组织结构确实不合理：大企业多而不强，小企业少而不活，重复、分散、落后。各类企业几乎都是"大而全、小而全"，专业化协作不发达，社会化生产没有形成。合理的企业群体结构，是产业发展的一个重要条件。以制造业为例，要有一个牵头的企业和企业集团来开发技术、开发市场，同时有成百个企业为它提供零部件和各类服务。而为成百个企业提供二次配套和服务的，可能就有成千上万个企业。这样就可以以某一个大型企业或企业集团作为龙头，它处在"皇冠"的地位，下面形成一个三角形梯级结构，带动一批中小型企业，形成一个结构合理的企业群体。企业群体之间开展专业化协作、社会化生产。这种结构如果不形成，大型企业"尾大不掉"，中小企业缺乏发展空间，各类企业都很难在市场竞争中提高竞争力和应变力。

第三，它是企业集团参与国际竞争的代表队。中国要立足于世界强国之林，必须要有一批龙头企业能有效聚集资源，形成比较优势，增强竞争力。没有一批具有国际竞争力的大型企业和企业集团，我们就难以参与国际竞争并赢得胜利。因此，发展、培育一批大型企业和企业集团是国民经济持续健康发展的需要，是增强国家对国民经济控制力的需要，也是我们立足于世界强国之林的需要。

二 要正确理解和贯彻"抓大放小"的方针

总的来讲,现在我们不是要改变"抓大放小"的方针,但必须正确理解、正确贯彻"抓大放小"的方针。所谓"抓大",不是要层层抓。对国家来说,要抓好重点联系的512家企业和120家试点企业集团。现在全国的大型企业有15700家,国家全抓,不可能!512家和120家中去掉重复的,大约是580家。"抓大",从中央来看,是要集中力量抓好这关键的少数。到了县里面,哪有什么"抓大"的问题?层层"抓大",搞不好就会进一步政企不分,就会人为地拼凑所谓"企业集团"。

现在我们越来越清楚地看到,"抓大"不是简单地把企业做大,关键是要把企业做强。实际上,大并不等于强。像深圳赛格总经理王殿甫同志讲的,企业做大不是"麻袋装土豆",越多越好。麻袋口一开,小土豆散落出来,互不相干,没有内在联系,这解决不了问题。有不少地方对"抓大放小"的积极性很高,一说"放小"就吆喝着卖,一说"抓大"就拼凑企业集团,确实出现了许多带倾向性的问题,值得重视。当前,在"抓大"方面,我认为有这么几个问题值得研究。

第一,组建企业集团一定要以提高经济效益为目标。要在重组上做文章,要在机制转换上下功夫,不是简单地拼凑。组建企业集团绝不是简单地把企业资产数学相加,而是要对参加重组企业可以控制的资源进行优化重组、优化配置。在优化配置的过程中要产生新的生产力,要创造出倍增的效益。也就是说,一加一等于一不能干,一加一等于二没有必要干,甚至于一加一等于二点一、二点二都没有必要干。因为管理幅度增加了,管理成本上升了,鞭长莫及啊!企业重组要产生倍增的效益,这才值得干。但现在很多地方和企业并没有做到这样。

第二,重组的主体是企业。必须根据企业的生产、经营、发展战略与市场竞争的需要来决定企业重组与扩张的程度。在此过程中也不排除在特殊情况下政府的干预,因为政府代表国家行使企业国有资产所有者职能,但政府主要的工作应该是政策引导和创造必要的外部环境。那种急于求成的"拉郎配"会把优势企业拖垮,最终事与愿违。那种"归大堆"、向企业甩包袱的做法,绝不会把企业做强,只能增加企业的风险,这是绝不应该干的。

第三,集团的发展不仅是要把企业做大,根本目的是要把企业做强,关键在于培育优强企业的内涵。在一般情况下,企业销售收入的多少是企业内涵优劣的外在表现。但在现行体制下,政府是国有企业的主宰,拼凑、合并易如反掌。此时企业销售收入的多少并不能真实地表现出企业的强弱。企业重组切不可本末倒置。用合并同类项的办法把企业捆在一起,销售收入增加了就认为是把企业做强了,这肯定是误解。有些地方在抓企业集团的时候,充满雄心壮志,提出限期组建多少个销售收入达30亿元、50亿元的企业集团,要在什么时间之内组建销售收入达到100亿元的企业集团,甚至要把销售收入和世界500强相比,而这类企业必须有什么样的内涵来支撑却很少考虑。

大型企业优势的重要体现是它的技术开发实力和市场营销能力,这是企业立足于强者之林的基础。一个企业没有自己的品牌、专利和专有技术,又没有自己独立的市场份额,此时把企业"做"大,实际上是增加风险。技术上靠别人,一旦中断技术来源,企业马上就垮;销售靠别人,一旦不景气,别人把订单一撤,这企业很快就完。

第四,在组建企业集团和企业重组的过程中要以产权为纽带,有条件的要形成多元投资主体。关于建立现代企业制度我们搞了不少试点,其中一个重要的难题是如何实现投资主体多元化。我认为顺理成章的做法就是在企业重组的过程中以产权为纽带来实现投资主体多元化,这样做大家都心服口服,容易操作。在这个基础上,再用《中华人民共和国公司法》加以规范,建立新型的企业领导体制和组织制度,形成规范的母子公司体制,形成企业资产的可流动性。

第五,要培育一批现代企业。建立现代企业制度最后的成果就是要培育一批现代企业。现代企业到底怎么定义,还可以再研究,但我想这么几点是很重要的。一是应该有规范的公司制企业财产组织形式。这一方面可以规范所有者与企业之间的关系,另一方面也是资产不断重组和流动、保持企业活力的必要条件。二是要有社会化大生产和专业化协作的组织结构,企业不再是"大而全、小而全"。三是要有强大的技术开发和市场营销能力。四是要从事大规模的生产、营销活动，达到规模经营。五是要有比较高的投入产出效益。如果经过几年的努力，我们能培育出这样一批优强的企业集团，我们国家的经济基础就会变得更加雄厚。

三　要从韩国大企业的兴衰中吸取经验教训

韩国大企业成功的一面值得我们学习，失败的一面我们要引以为戒，因此我们要避免片面性，不要看到韩国大企业有某些弱点，就来个全盘否定。大家知道，从60年代到80年代中期，韩国政府从信贷、融资、税收上主要是给30个大集团足够的支持。政府支持它们出口、兼并、融资、投资。经过二三十年的努力，韩国的经济规模已经跃居世界第11位，这是很不简单的。韩国人口不多，国土面积小，资源很有限，它能在这么短的时间内使人均国民生产总值达到了10548美元，这是一个奇迹。同时，韩国进出口排到世界第12位，造船、汽车、电子工业已经排到世界的前列。韩国前5家大型企业集团的工业增加值占全国GDP的10%，占总资产的18%，占出口的50%，这不得啊！三星、LG的电子在世界同行业中排第4位和第14位。毋庸置疑，在过去的几十年中，韩国经济发展奇迹的重要支撑是大型企业集团，它们所创造的业绩令世界各国都很佩服。但是，在去年金融风暴到来前后，有一批大型企业垮掉了。1月24日韩宝钢铁破产，而且引出了韩宝丑闻；3月，三美特殊钢破产；4月21日，真露酿造破产；7月15日，起亚汽车破产；10月2日，双菱商事倒闭，接着汉拿公司破产；双龙汽车被大宇吃掉，而大宇又有50%的股权被通用公司收购；等等。韩国一连串企业的倒闭和被收购确实有外部大环境的影响，但是也应该承认它们自身也有很多致命的弱点。如果研究一下这些致命的弱点，对我们会有启发。我归纳一下，有以下几点。

第一，过分追求短期利益，过速扩张投资，造成过度负债经营，致使资产负债结构失衡，抗风险能力脆弱。到1996年底，韩国前30家企业集团平均负债和资本的比率达到了76%，最高的达到了98.8%。排名韩国第12位的汉拿集团的负债和资本的比率达到95.2%，第29位的三美达到

97%。这种过度负债使它们的抗风险能力十分脆弱。

第二，负债结构不合理，短期负债过多。短期借款相对比较容易获得，而且融资成本比较低，只要资金能周转得过来，就显现不出问题。但是在遇到金融风险时，大量的短期负债加大了金融风险，一旦资金周转不过来，不能偿还到期债务，企业马上就破产。

第三，盲目多元化经营，贸然进入一些和主业不相关的领域。比如太乙精密是搞电脑的，贸然去搞动物园和其他服务业，最后导致破产。包括三星这样的大型企业，它投资搞汽车，背上了沉重的债务包袱，最后不得不出售很多海外企业来挽救这一败局。我还看到这样的材料，比如，1989年，索尼公司花34亿美元收购了美国哥伦比亚电影公司；三菱公司收购了洛克菲勒中心；松下兼并了好莱坞的MCA公司等，这些跟主业无关的大量投资，总的来看都是失败的。相反，丰田在美国扩张汽车产业则是很成功的。

第四，管理失控。韩国前四家大企业集团，它们的经营范围包括重工业、金融、保险、建筑、运输、旅游、商业等；前30位的大集团，其拥有的一级子公司有630家，630家子公司中有210家亏损。210家子公司的亏损额是多少呢？相当于另外420家盈利子公司盈利额的86%。这是管理失控、漏洞百出的表现。

韩国大企业成功的经验和失败的教训都是极为深刻的。从中国国情出发，"抓大"的方针没有错，关键是对"抓大"的方针要有正确的理解，必须正确地操作。与此同时，我们必须汲取国外企业集团的经验教训，韩国这些企业失败的致命的弱点，在我国一些企业集团身上是可以找到的。所以，如何吸取韩国的经验，搞好我们的企业集团，这确实是一个值得深思的问题。

四 企业集团活动的中心在市场

在座谈中，很多人都对市场问题有了新的感受，这确实是一个很大的进步，也非常重要。现在相当一部分国有企业处境艰难，日子很难过，我想我们应该吃一堑长一智，要反思一下，国有企业曾经有过辉煌，为什么现在落到了这样困难的境地？其中一个重要的原因，就是很多企业对转向买方市场的形势估计不足，面对匆匆而来的买方市场目瞪口呆，缺乏准备，没有相应的对策。现有的产品在市场上卖不出去时，企业没有替代的产品；现有的经营方略如果受阻，企业没有第二套方案；接着是库存增加，出现亏损；再接着就是相互拖欠，三角债增加；再严重银行就会停止贷款，那么企业生产经营停顿，职工下岗领不到工资，企业就趴下了。

在卖方市场的情况下讲走向市场，实际上没有太多实际意义，那时是买主找上门来求卖主。现在市场成了企业成长和兴衰的主要约束，这就使我们开始感觉到市场的约束是残酷无情的。供需关系的变化不仅改变了企业和客户的主被动地位，而且也改变了企业与企业之间的关系。过去国有企业是兄弟关系，现在是竞争关系。过去企业间的差距表现为老大、老二、老三，现在是一个企业的崛起要以一批企业的淘汰为代价。

市场竞争教育我们，必须重新确立市场在企业生产经营和投资发展中的特殊地位。集团要成功，是成功在市场上；集团要垮台，也是垮在市场上。市场是企业成败最终的裁判员。市场是残酷无情的，它绝不像政府那样仁慈。如果企业一旦失去顾客的"货币选票"，得不到市场的青睐，就面临被淘汰的危险，此时政府爱莫能助。所以，在转向买方市场的情况下，企业就要受市场的约束。

规模生产不等于一定有规模效益。由规模不经济的生产转向为注重规模生产是一大进步，但是不少人理解为生产规模越大越好。实际上在有市场约束之后，大规模生产不一定就有规模效益。它受制于市场。一般来说，传统的国有企业和企业集团的强项是生产，弱点是技术开发和市场营销。因此，现在的企业必须把规模生产和规模技术开发、规模销售和服务配套起来，才可能获得规模效益。因为我们最后要实现的是规模效益，没有效益，其他都是空话。联想集团的总经理在座谈会上说，他们公司最宝贵的是有一个比较完善的销售网。我感觉这一点是最可贵的。

大家看到，现在很多企业处于停工半停工状态，一般来说，它们不是没有生产能力，而是没有订单，没有买主。其实，它们有的产品也不一定没有买主，而是它们没有找到买主，因为没有强有力的销售系统。办企业、搞投资，第一个步骤就要下大功夫研究市场、调查市场、开拓市场，甚至要创造市场。大型企业要下大功夫建立市场网络,通过网络与中间商沟通;通过网络与用户建立联系;通过网络推销产品;通过网络提供服务;通过网络掌握信息。在未来的竞争中,从某种意义上讲,网络是最大的财富。对这个问题大家要有危机感。外商要进入中国市场,他们最关注的一项就是如何建立销售、服务和信息网络,如果网络暂时建立不起来,他们甚至可以先不进入这个市场。我在二汽时,福特汽车公司曾经找我们谈,准备在中国销售一批福特汽车,它要求利用二汽的服务和销售网,它可以出钱。我建议在外国同行的网络建立之前,中国的大型企业和集团要抢先在国内建立自己的网络。可口可乐在若干年前经过调查要进入中国市场,紧接着就做了一系列的部署,后来铺天盖地而来,一下子在中国建立了140多个点,覆盖了各省市甚至农村,中国的碳酸饮料基本上全被挤出了市场,现在只有健力宝还在抗衡,但也是处境艰难。

总之,随着形势的发展,已经由生产能力决定企业的发展转向由市场、订单、买主左右企业的兴衰。要运筹帷幄,驾驭企业集团决胜于市场,关键是要审时度势。这个势主要就是指市场。许多企业陷入困境的教训应引起我们的深刻反思:办企业的出发点和落脚点都在市场,企业运转的轴心是市场,经营者思考问题、部署力量要围绕市场。得到市场的青睐,企业就会发展;失去顾客的宠爱,企业就要倒霉。当前对大多数企业而言,把市场在企业生产经营中的地位强调到什么程度也不会过分。

五 速度回落、市场紧缩的时期,既是企业低成本扩张的有利时期,也是收缩战线、提高竞争力的有利时期

在中国,由于长时期的重复建设,加上1992年以来,炒房地产、炒股票、炒期货,制造了许多经济泡沫。与此同时,不少企业过度负债经营、过速投资、过度多元经营,在国有企业内也造成了许多泡沫成分,这导致企业看起来很好,资产数量很大,但实际上真正能创造效益的不多。现在在买方市场的压力下,矛盾暴露了,哪个企业对泡沫和"虚胖"的成分看得清、处理得及时,哪个企业就有主动权。这些问题时间拖长了会把好企业拖垮,现在很多企业"尾大不掉"就是这个原因。每个企业的领导都要

认真分析,在自己拥有的资产中真正能赚钱、有前景的是哪些部分?不能赚钱而且没有前景的是哪些部分?赛格总经理的做法,我认为是比较明智的企业领导者的做法。他上任之后,为改变企业的被动局面,采取了一系列措施,其中重要的一点就是砍掉那些与主业无关的或者不能赚钱的那些子公司、孙公司、孙孙公司上百家。砍的原则一是保主业、砍非主业;二是砍掉那些亏损并前景不好的,或暂时还能维持但前景不好的;三是砍掉了四级子公司,因为第四级公司基本处于失控状态,母公司根本搞不清楚,所以一律砍掉。这是面对困境采取的一种收缩战线的做法。这就使企业掌握的资产都是硬邦邦的能赚钱、有前景的优良资产。这样,企业的战线收缩了,资产总量减少了,但实力强大了。比如像某大公司,在80年代一下子兼并了13家军工企业,资产迅速膨胀,每一个企业都有五六千人,人员一下子增加了近10万,现在有的连工资都发不出。现在这个企业准备花5亿元把这十几家企业送出去,但没人敢接收。大家都知道,邯钢在1992年面临亏损的时候,领导班子提出"五个敢不敢",其中有一条就是敢不敢甩掉那些不赚钱的寄生企业。下这样的决心不容易,在经济比较热的时候恐怕更难。现在在市场不景气、经济增速回落、矛盾暴露得比较充分、问题看得比较清楚的时候,开刀动手术最有利。因此,企业集团要吸取兄弟企业的成功经验,也要研究韩国的经验。这是世界性的问题。在60年代,美国兼并浪潮中的一个特点就是跨行业兼并,很时髦,但是搞了若干年后,发现不行。而80年代到90年代这一轮的企业兼并和重组就几乎完全相反,是那些大企业和企业集团通过分立、重组,收购兼并同类企业,把与主业不相关的业务卖出去,或者把它们分离出去变成独立公司。有的企业甚至不惜缩小企业规模,使企业集中于主业,实现经营的专业化,提高企业的核心竞争能力。最典型的例子是美国的通用电器公司,新总裁上任后采取的措施就是三下五除二地砍掉了一大批子公司。他提出的一个看法是:赢利的企业不一定就是有前景的企业,不能进入世界前三名的业务一律甩掉。通用电器最近的状况相当不错。再如波音兼并麦道、奔驰与克莱斯勒合并等都是同业兼并、壮大主业的事例。

当前我国正处于体制转轨、结构调整时期,根据企业发展战略的需要,只要你承担债务,确实可以做到花一元钱买一个企业,但是你必须研究的是这样的企业在你这集团的发展中处在什么位置，能起什么作用。一般来讲，在不景气的时候多数企业会采取收缩战略，这是必然的。我们总讲企业经营风险，什么是企业的风险？企业风险最大的主要有3个。一是扩张风险，在扩张过程中，也许是企业在最得意的时候跌入了陷阱；二是多元经营的风险，贸然地进入一个生疏的领域，与那些在这个行业奋斗了几年、几十年的企业去竞争，在信息、品牌等方面都难以占据上风；三是领导人更换的风险。

在经济由长期增长转向回落的时候，企业内外的情况发生了急剧的变化，此时企业应认真地研究一下自己的比较优势，重新反思一下自己的经营战略。在经济增速回落、市场紧缩的情况下，企业中的各类矛盾充分暴露，此时各企业对自身和所处行业的问题比任何时候都看得更清楚，这甚至是在市场红火时都做不到的。企业若抓住这一时机多考虑一些深层次的问题，抓紧处理平时应该做而难以做到的事，会有利于提高自己的市场竞争力。

六　关于企业集团内的集权与分权问题

中国缺乏大型企业集团发展的成熟经验。虽然我们探索了这么多年，但在企业集团的内部建设上，还存在着很多似是而非的认识，对这些认识应该通过实践不断澄清。比如对于集团内的集权和分权问题，一直是有争论的。下属子公司往往倾向于分权，而集团总部则倾向于集权。在什么情况下应该集权，集权应该集到什么程度？如果集权过度，必然产生副作用。如果分权，该分到什么程度？如果分得过细就会损害集团的整体。这个界限很难掌握，需要集团反复研究。不同的企业集团会有不同的抉择，同一企业集团在不同的发展阶段也会有不同的抉择。现在有的企业集团存在"围城"心理，在集团外的企业迫切要求进入集团，它们感到在集团内可以有一个稳定的市场，可以得到保护，避免风险；而在集团内的企业又希望分权，甚至想具有和集团外企业一样的独立性。我认为我们要掌握的原则是集团整体利益的最大化，集团内任何局部利益都必须服从于整体利益。集团内部的管理机制，有两种方式可以选择。一种方式是靠行政性的计划管理，显然这是高度集权形式，决策权和风险主要集中在集团公司。另一种方式是靠市场机制。如果有外部市场的制约，集团对子公司可以较多地放权。集团应集中控制的重点，一是子公司或部门负责人，二是企业的财务。如果集团各部分设过多的节点，无异于一个水桶四处都是窟窿眼儿，聚财用财就成了问题。

此外，企业主管与老板之间的关系，公司治理结构与"老三会"之间的关系，企业科学决策体制与规避风险机制的建立，管理与改革管理的关系，市场上的灵活经营与企业内的严格管理之间的关系，依靠职工办好企业与严格劳动纪律的关系等，这些都需要经过实践探索再认真总结。完全照搬国外的一套做法，不考虑国情，不一定会有好效果。

在全国养老保险和再就业服务中心建设工作会议上的讲话[*]

(1998年7月24日)

1998年7月24~25日,劳动和社会保障部在京召开全国养老保险和再就业服务中心建设工作会议。

在党中央、国务院召开全国国有企业下岗职工基本生活保障和再就业工作会议两个月后,劳动和社会保障部及时召开全国养老保险和再就业服务中心建设会议,就进一步贯彻中央会议精神进行工作部署,这十分重要。刚才吴邦国副总理又做了重要讲话,我们要认真学习,深刻领会,很好贯彻。要把下岗职工基本生活保障和再就业工作作为当前国有企业改革的一件头等大事,继续贯彻好、落实好。在这里,我从国家经贸委工作角度讲三点意见。

一 明确任务,抓好落实

在深化国有企业改革工作的过程中,我们深切地感受到下岗分流、减人增效是振兴国有企业的一条根本途径;部分职工下岗、再上岗是经济结构调整时期不可避免的过程。做好下岗职工基本生活和再就业工作,是实现党中央、国务院关于用三年左右时间使大多数国有大中型企业摆脱困境的一项关键性措施,关系到国有企业改革的成败,是当前国有企业改革的重点工作。

中共中央、国务院下发的《关于切实做好国有企业下岗职工基本生活

---

[*] 《中国劳动》1998年第9期刊登了讲话的摘要稿。

保障和再就业工作的通知》（本文下文简称《通知》）中规定，下岗职工的基本生活保障和再就业工作由劳动和社会保障部、国家经贸委组织实施。国家经贸委党组认真研究后提出要调动国家经贸委系统的力量，配合有关方面千方百计做好工作。为贯彻《通知》要求，国家经贸委的工作要从六个方面开展：一是督促、指导企业按照"积极稳妥、量力而行、突出重点、加强调控"的指导思想，制订下岗分流计划，建立职工下岗申报备案制度；二是指导、帮助企业建设与完善再就业服务中心，规范职工下岗程序，确保下岗职工基本生活，促进其再就业；三是督促企业和有关方面按照"三三制"落实资金；四是指导和督促试点城市同步实施兼并破产、减员增效计划与再就业计划；五是指导企业做好职工思想政治工作和舆论宣传工作；六是教育督促企业领导班子秉公办事、廉洁自律，和群众同甘共苦。这六条归结起来，就是国家经贸委要把工作重点放在企业，把中心建在企业，把政策落实到企业，把充分调动企业和职工做好再就业工作的积极性作为经贸委推动再就业工作的关键环节。在5月的中央会议后，国家经贸委立即召集各地经贸委主任、9个委管国家局进行了工作部署。

在今年的企业改革工作中，我们特别注意把职工基本生活保障和再就业工作放在突出地位，强调优化资本结构试点必须与优化劳动力结构相结合，开展减员增效必须与切实保障下岗职工基本生活相结合，在编制1998年全国企业兼并破产计划时，我们提出，兼并破产计划与职工再就业计划两个计划要同时编制，同时上报，同步审核，同步实施。再就业计划不完善的，兼并破产计划不予受理和不予审批，再就业计划落实不好的，银行不予核销呆坏账。

7月上旬，国家经贸委在上海组织河北宣钢、沈阳黎明、金川有色、宜兴陶瓷、马鞍山钢铁、江汉石油以及二重、云锡等130家困难较大、分流人员任务较重的国有大中型企业负责同志参加培训。通过学习中央的《通知》，学习上海经验，真正搞清企业为什么要组建中心，如何组建中心，中心的性质、任务、管理和运作方式，如何保证再就业服务中心充分发挥保障基本生活、促进再就业的功能。通过培训交流，企业负责同志统一了认识，了解了政策，增强了工作紧迫感，提高了建好中心的信心。

国家经贸委联系的9个国家局对抓好系统特别是直属企业下岗职工基

本生活保障和再就业工作都十分重视。国家煤炭局在中央会议结束一周后即向财政部申报了需中央财政支持的下岗职工基本生活保障资金。各局都按财政部要求于6月30日左右报出了按政策需要的资金。在机构改革、人员大量精简的情况下，各国家局都安排了专人负责这项工作，并要求机关工作人员满腔热情地为困难企业和下岗职工服好务，做到报表及时，政令畅通，责任到位，工作始终没有间断。

二　加紧职工再就业服务中心的建设

中央会议后，绝大多数省、自治区、直辖市党委和政府立即开会传达中共中央、国务院三位领导同志的讲话，研究部署这项工作。各地把建立再就业服务中心的工作放在重要位置，试点城市已先行一步。到7月上旬，全国已建再就业服务中心7214个，其中试点城市有6118个，占85%。但从对参加上海培训班的各地、各部门的国有大中型企业调查情况看，中央会后已两个月，一些地方和企业还处于传达学习、提高认识、部署工作、制订计划的阶段，对《通知》的贯彻落实还存在不少问题。第一，企业建立中心的进展较慢。据对62家大型企业调查，已经建立中心的有36家，占58%；暂时挂靠在职能科室的有16家，占26%；没有建立中心且没有指定工作机构的有10家，占16%。建中心与没建中心的企业大体上各占一半左右。第二，资金落实不到位。62家企业中，"三家抬"都落实的只有5家，占8%。"三家抬"中企业资金落实的有38家，占61%；政府资金到位的有5家，占8%。可以看出，再就业的资金落实得不好，尤其是政府和社会应承担的资金大多还没有到位。第三，部分下岗职工基本生活仍未得到保障。在62家企业142.6万名职工中，今年上半年，分流下岗共23.7万人，约占职工总数的17%，力度是比较大的。其中，各种途径分流12.1万人，占51%；下岗11.6万人，占49%。在下岗职工中，进中心的有7万人，占60%；未进中心的有4.7万人，占40%。在未进中心的下岗职工中，有2.9万人没有领到基本生活费，占62%。保障下岗职工基本生活是中央确定的硬性任务，尽快落实《通知》的各项政策措施是当务之急，其中的一个关键是尽快建立再就业服务中心并使其正常运转。因此，各级领导,特别是有下岗职工的企业的领导,要增强紧迫感,尽快把中心建起来。

三 建中心要掌握要点,规范运作,形成机制

在有下岗职工的国有企业普遍建立再就业服务中心,并规范运作,形成机制,这是贯彻中央《通知》的一个关键环节。要不断总结上海和各地建中心的经验,逐步形成共识。

(一)深刻理解建立再就业服务中心的重要性

建立再就业服务中心是保障国有企业下岗职工基本生活和促进再就业的有效措施和基本组织形式。再就业服务中心是在社会保障体制还不健全的情况下创造出来的一种现实可行的保障方式。它是与未来社会统筹保障方式相衔接的桥梁;是企业与职工建立新型劳动关系,通过市场配置劳动力资源的一种过渡。一些企业的同志提出,目前存在的"两不找"方式就很好,叫作"三满意",即政府满意,没有人找,少了麻烦;企业满意,少了负担,可以不管;个人满意,企业给了钱,另外再找份工作,还挂着国有企业劳动关系,有安全感。为什么非要再请这些人进中心?因为这种不正常、不合法的劳动关系不是"两不找",而是随时可能回企业找;发展下去,不是"三满意",而是谁都不会满意。建立再就业服务中心,一方面要保障没有工作的下岗职工的基本生活,促进再就业;另一方面通过中心这种组织形式清理劳动关系。下岗职工进中心与企业要变更劳动关系;有新岗位的职工,与原企业要解除劳动关系,与现在的用工单位建立新的劳动关系。这是减轻国有企业的负担,建立规范的用工制度,引导下岗职工适应市场就业机制的重要措施。

(二)建立再就业服务中心要坚持规范运作,形成机制

再就业服务中心的性质是在政府指导下,由企业(含控股公司)建立的对企业下岗职工实行托管的中介机构。托管是指企业、下岗职工和中心签订托管协议,明确三者的责任和义务,变更劳动关系。下岗职工进入中心后,就已经不再等同于原企业职工了。按照国家规定,托管期限最长不

得超过三年，达到协议规定期限，就要解除协议关系（同时解除劳动关系）。在托管期间，下岗职工无正当理由两次不接受中心提供的就业机会，或不接受协议规定参加中心组织的职业培训，中心也可以解除托管协议。

（三）充分发挥再就业服务中心的三项职能

一是筹集资金，切实保障下岗职工的基本生活，为下岗职工交纳社会保险。二是根据劳动力市场的需要和职工意愿组织再就业培训。三是帮助和促进下岗职工再就业。再就业服务中心的特点，表现为方向性、有限性和过渡性。方向性是指再就业服务中心是一座引导下岗职工由企业走向市场实现再就业的桥，上了这座桥就只能向前不能向后，不能再把下岗职工引回原企业。有限性是指中心的承受能力有限，要使下岗职工稳进快出，减少沉淀，增加输出。过渡性是指中心是在社会保障制度不完善时，国有企业走向市场的过渡时期的过渡性组织，条件成熟后它就将让位于社会保障和市场就业的新机制。明确这些特点，有助于中心积极发挥促进再就业的职能；有助于下岗职工转变观念，努力创业；有助于政府加快社会保障体制和劳动力市场的建设。

（四）切实落实再就业服务中心的资金

据我们了解，目前多数企业在岗职工与下岗职工的收入相差一倍左右，而企业又只承担下岗职工三分之一的基本生活费用（政府和社会各承担三分之一）。实际上企业承担的下岗职工费用只相当于职工在岗时的六分之一。应该说，在政府和社会的帮助下，企业负担已大大减轻，企业要千方百计承担起这份责任，没有理由再拖欠相关费用。除当地政府批准的特困企业外，凡是企业资金不落实的，要追究企业领导的责任。同时，企业有责任帮助中心落实政府和社会承担的资金，落实不了的，企业要及时上报有关部门，尽快解决。

（五）学习运用好促进再就业的政策

为了促进下岗职工再就业，各地都出台了一些鼓励政策。中心要及时了解、学习和运用好这些政策，并把这些政策耐心地向下岗职工宣传，鼓励下岗职工走向市场,重新就业。对具有一定条件的下岗职工,要鼓励他们自主创造新的就业岗位,并尽可能在资金、场地等方面提供帮助和支持。中心要根据开展再就业工作的实践,积极向政府有关部门提出完善政策措施的建议。

(六) 加强再就业服务中心与社会的联系

企业设立中心,目的不仅仅是保障下岗职工的基本生活,更重要的是积极帮助和促进下岗职工再就业,企业不能把下岗职工往中心一送了之,中心也不能把自己办成一座养闲人的孤岛。中心必须开放,与社会接轨,依靠全社会和市场的力量开展再就业工作。从近年的统计数字看,新增的就业岗位主要是在三产服务业,在非公有制经济领域,在中小企业和个体经济。企业有责任帮助中心尽快与社会建立联系,特别是与街道、社区建立联系,形成条块结合的再就业服务体系,引导下岗职工由企业通过中心走向社会,投身于商业、饮食业、旅游业、家庭和社区服务业,发展私营、个体经济,自谋职业或在组织的帮助下就业。中心还要尽快与社会劳动力市场挂钩,与社会教育培训单位挂钩,围绕市场需求组织培训,通过培训让下岗职工适应市场需求。同时,也要最大限度地利用社会的就业信息网络资源和教育培训资源。最近,全国工商联、全国总工会等许多社会团体和单位都召开会议,要求各地基层组织帮助下岗职工再就业。企业和再就业服务中心的同志要主动与它们进行联系,接受它们的帮助和支持。

(七) 积极开展思想政治工作,转变下岗职工的就业观念

当前,企业思想政治工作的重点要放在转变职工的就业观念上来。要通过艰苦细致的思想教育工作,使广大职工了解到,国家正面临着进行经济结构调整的历史时期,随着产业升级、技术进步和企业进入市场并参与竞争,劳动力结构的调整是不可避免的。这种调整会给一部分下岗职工带来暂时的困难,但是符合广大职工的长期利益。党和政府以及全社会都在关心下岗职工。下岗职工自己也要转变就业观念,克服"等、靠、要"的思想,以积极的态度去适应这轮调整,适应正在形成的市场就业机制。要用下岗职工自强不息实现再就业的先进典型教育职工,让其明白转变观念天地宽。对下岗职工中的特困职工，企业要采取特殊的政策措施，确实保证他们的基本生活。企业领导，特别是困难企业的领导，一定要廉洁自律，与职工同甘共苦，自觉接受群众和党组织的监督。

（八）建立再就业服务中心，企业要把握住以下几个要点

根据上海和其他试点城市的经验，再就业服务中心的运作要把握好几个要点。(1)建立再就业服务中心的企业，必须有人负责。(2)积极稳妥地制订下岗分流计划，制订分流方案。按规范的职工下岗程序操作，不得夫妻双方同时下岗。(3)建立下岗职工申报制度，按照当地政府的要求，及时向有关部门办理申报手续，接受有关部门的工作指导。(4)企业、中心要与下岗职工签订托管协议，明确各方的责任和义务，规范各方的行为。(5)落实人员，要派有工作经验、责任心强、热心为职工服务的专职人员从事中心管理工作，上海的经验是每30～50位下岗职工配有一名联络员或辅导员。(6)发挥党、团和工会、职代会作用，认真做好思想政治工作，做到"无情调整，有情操作"。(7)明确资金来源，理顺资金渠道，确保资金及时足额到位，中心管理费用和工作人员开支不得在基本生活费中列支。(8)根据劳动力市场的需求组织下岗职工参加再就业指导和再就业培训。(9)与劳动力市场保持联系，多方面寻找和开拓就业岗位，帮助下岗职工再就业。

当前，国有企业下岗职工的基本生活保障和再就业工作涉及改革、发展、稳定的全局。对此，党中央、国务院已经做出正确决策并制定了有效的政策措施。国家经贸委一定要与劳动和社会保障部及有关部门密切配合，落实《通知》的各项政策措施，指导和促进企业建设好再就业服务中心，为实现国有企业改革与发展的三年目标，为实现党的十五大提出的跨世纪的伟大蓝图创造良好的社会环境。

在"中国境外上市公司董事长总经理高级培训班"上的讲稿[*]

(1998年9月)

实现三年改革与发展目标已引起上下关注,深入人心。但也有部分同志缺乏信心。国有企业深层次矛盾的暴露使不少问题必须及时解决,拖已经拖不下去了。经过几年的积累,深化国企改革的条件已经逐步具备。为此,用三年左右时间在企业改革上实现一次突破性进展是形势所迫,也有一定的可能性。

党的十五大深刻地分析了国有企业改革的形势,在深化改革的理论和政策上都有重要的突破。随着形势的发展,国有企业多年积累的深层次矛盾已经充分暴露。矛盾的暴露为解决矛盾创造了条件。

经过几年的积累,符合市场经济要求搞好国有企业的思路已经形成,深化国有企业改革的必要条件已经具备。

(1)国有企业改革的方向已经明确。这就是改革企业财产组织形式,建立以"产权清晰、权责明确、政企分开、管理科学"为特征的现代企业制度。对于大中型国有企业要进行规范的公司制改革。

(2)党的十五大进一步清除了深化国企改革在观念和认识上的障碍。明确提出要调整和改善所有制结构,发展混合所有制经济,对国有经济布局进行战略性调整,对国有企业进行战略性改组等,为加速国有企业改革和在较大范围内进行结构调整铺平了道路。

(3)政府机构改革,转变政府职能,向重点国有企业派出稽察特派员,为实现政企分离、企业走向市场奠定了基础。

---

[*] 讲稿题目是《努力实现三年改革与发展目标》。

（4）改革的近期目标已经确定。即到2000年使大多数国有大中型骨干企业初步建立现代企业制度，用三年左右时间使大多数国有大中型亏损企业摆脱困境。

（5）推进改革的主要政策措施已逐步厘清。主要是将企业的改制、改组、改造和加强管理结合，"抓大放小"、增资减债、减人增效、兼并破产、加强企业领导班子建设，推进配套改革，实行综合治理。

（6）为改革支付成本的渠道已经逐渐明朗。1997年通过"拨改贷"转投资370亿元；兼并破产冲销呆坏账准备金300亿元；股票上市额度300亿元，实际筹资1200亿元，加上引进外资等，当年投入国企改革和发展的成本超过2000亿元。

（7）企业、职工和社会对改革的紧迫性正逐渐形成共识，对改革的承受能力有了很大提高。

党的十五届一中全会明确提出了近期国有企业改革和发展的目标，即用三年左右时间，通过改制、改组、改造和加强管理，使大多数国有大中型亏损企业摆脱困境，力争到本世纪末使大多数国有大中型骨干企业初步建立现代企业制度。

实际上一个是改善经营状况的目标，一个是转换机制、制度创新的目标。这两者又是相互关联的。没有机制转换作为基础，改善了的经营状况也得不到巩固；转换机制的结果如果不能反映为整体经营状况的好转，那我们所做的一切就成了虚空的。

一 关于初步建立现代企业制度的目标

这里所指的企业，是"大多数国有大中型骨干企业"。经认定的国有大中型企业约有1.6万家。其中的骨干企业，可以认为是国家重点联系的512家企业和120家国家试点企业集团。去掉重合的部分总计570家。400家左右即可认为是大多数。

按党的十五大提出的"对国有大中型企业进行规范的公司制改革"的要求，骨干企业建立现代企业制度就是进行公司制改制。

改制的标志，即实行制度创新的要点，主要有如下几个。

（1）明晰投资主体，确立有限责任制度。形成企业国有资产管理、监督、运营机制，明确企业国有资产投资主体，对具备条件的企业实行投资主体多元化，做到产权责任清晰。依法建立新型政企关系，国家所有者退居到股东地位，依股东方式行使权力；同时，对企业的债务只以投入企业的资本额为限承担有限责任。

（2）建立企业法人财产制度。企业拥有包括股东投资和借贷形成的边界清楚的企业法人财产，并以此为依据确立企业独立的法律地位。企业独立经营法人财产、自负盈亏，以全部法人财产对债务承担责任。

（3）建立科学的法人治理结构。依《中华人民共和国公司法》建立企业的领导体制和组织制度，在所有者（代表）、经营者、劳动者之间建立责、权、利的平衡机制，形成来自所有者的激励和约束。

（4）培育一批优强的现代企业。它们应具备以下特点：规范的公司制财产组织形式；社会化大生产和专业化协作的组织结构；较强的技术开发和市场营销能力；从事规模生产和规模市场营销活动；有较好的经济效益。

二 关于三年摆脱困境

这里所指的企业，是"大多数国有大中型亏损企业"。1.6万家国有大中型企业中亏损企业大约有6000家，如果有4000～4500家摆脱困境，即可认为是大多数。

摆脱困境的标志包括以下几个方面。

（1）国有大中型企业总体经营状况明显改善，亏损面降到"正常水平"（如20%）。

（2）一批丧失竞争力的企业退出市场。

（3）纺织、煤炭、军工等特困行业的经营状况明显好转。

（4）分流一批富余职工，提高主业竞争力。

（5）培育一批优强企业。

（6）为形成优胜劣汰创造必要条件。即三年后再有新的被淘汰企业应通过市场消化，新的富余人员通过社会保障和劳动力市场消化。

在"中国境外上市公司董事长总经理高级培训班"上的讲稿

三 实现三年两大目标的政策措施

(1) 以纺织行业为突破口,推进实现三年两大目标的工作。以压锭、重组、减员、改造为手段进行综合治理,集中力量在纺织业突破难点、取得经验。

(2) 创造条件,加快建立现代企业制度的步伐。在总结现代企业制度试点经验的基础上,逐步推动国有企业建立现代企业制度。改制的重点是竞争性行业中的优势企业。实行公司制改制的大中型骨干企业一般应改制为股权多元化的有限责任公司或股份有限公司。改制要着眼于建立新机制,实行政企分开。

(3) 搞好大的,放活小的,从战略上调整国有经济布局。国家抓关键的少数,搞好国务院重点联系的企业和国家试点企业集团,指导它们加快转换经营机制,建立现代企业制度,在结构调整中发展壮大。鼓励有条件的企业强强联合或资产重组,实现国有资产在不同行业和企业间的流动,使国有资本向重要行业、关键领域和优势企业集中。

放活中小企业的责任和权力主要在地方。中小企业的改革要把"放小"与"扶小"有机结合,要立足于发展,注重实效。根据企业实际情况选择适宜的改制形式,引导中小企业走"专、精、特、新"的路子。中小企业集中的地方要抓紧建立和培育支持服务体系,在融资、信息服务、市场开发、管理咨询、人员培训、对外合作和社会保障等方面提供支持。

(4) 鼓励兼并,规范破产,促进企业重组和结构调整。一些长期亏损、资不抵债、扭亏无望的企业要通过被兼并或破产平稳退出市场。企业兼并破产工作要紧紧围绕三年两大目标进行,有限的银行呆坏账准备金核销规模要重点用于国有大中型企业的战略性重组,推动建立企业的优胜劣汰机制和劳动力流动机制。企业兼并和被兼并的主体都是企业,政府不可过多干预。要规范操作,防止逃废债和赖债行为,防范可能出现的负面效应。1998年计划冲销银行呆坏账准备金400亿元,预计被整治的国有大中型亏损企业约有1500家,其中被兼并或破产、退出市场的超过1000家。

(5) 下岗分流,实施再就业工程,保障下岗职工的基本生活。企业的生产经营主业要以岗定员，将多余人员撤下来，有条件的在企业内转岗，或进入社会自谋职业，其余人员进入再就业服务中心，由中心发放基本生活费、提供再就业培训并通过劳动力市场帮助其寻找就业岗位。

（6）培育新的增长点，制止无效或低效投资。在结构优化的基础上，加速企业技术进步，抓好"双加"技术改造工程。推进产品更新、技术升级，提高生产集中度和市场占有率，推进节能降耗工作；要以经济效益为中心，切实停止低水平重复建设，制止无效投资、低效投资。

（7）多渠道增资减债，改善资产负债结构。要多渠道增加企业的资本金，降低负债。"拨改贷"和经营性基本建设基金本息，要抓紧转为企业资本金；支持符合产业政策、经营状况良好的国有大中型重点企业和试点企业集团上市，鼓励和引导上市公司将发股或配股筹集的资金用于结构调整、技术改造和兼并有发展前景的困难企业，实现低成本扩张，减少重复建设。

（8）继续推广邯钢经验，改进和加强企业管理，走"三改一加强"之路。推广邯钢经验，要帮助企业学邯钢经验的实质——"推墙入海"，下决心自主自立、义无反顾地走向市场，自主经营，自负盈亏。要全面实施《"九五"企业管理纲要（试行）》，加强企业的发展战略管理和以财务为中心的管理，加强技术开发、市场营销和以人为本的管理。通过改进和加强企业管理，提高市场竞争力。

（9）抓紧配套改革，为实现三年目标创造良好环境。按中央和国务院要求尽快建立和完善养老、医疗和失业保障制度，为劳动力的正常流动创造条件。扩大养老保险覆盖面，取消行业统筹，明年起升级为省级统筹；医疗保险方案今年将出台；进一步完善政府机构改革和稽察特派员制度，为实现政企分开迈出实质性步伐；深化投融资体制改革，实行政企分开的投融资体制，为把经营性投资决策权交给企业创造条件。

（10）加强企业领导班子建设，提高企业经营管理者素质。从去年起由中央组织部牵头，国家经贸委、人事部、全国总工会等共同组织对国有企业领导班子进行一轮考核评价和调整建设，今年要继续推进，做到善始善终。有条件的地方和企业组织试点，探索建立有别于党政干部的企业领导人员的培养、筛选、聘任、考核方式和激励、约束机制。按《"九五"

期间全国企业管理人员培训纲要》的要求，继续组织国有大中型企业管理人员进行工商管理培训，提高他们驾驭企业走向市场的能力。

通过采取如上综合措施，去年加未来三年，如果有150家重点企业上市，完成1万亿元左右的技术改造，1500户大中型亏损企业扭亏为盈，4000户大中型亏损企业退出市场，分流富余职工800万~1000万人，那么，中央提出的三年两大目标是可以实现的。

买方市场考验企业家素质*

(1998年9月19日)

卖方市场向买方市场转变使企业经营者面临一次严峻的考验。不少厂长经理在此落马，也使一些昔日辉煌的企业日落西山。面对瞬息万变的市场，大家取得共识的是，再由政府直接干预企业生产经营已经不可能。因此，企业经营者的特殊地位、作用就越发显现出来。培育和建设一支高水平的经营管理者队伍已成为提高我国企业水平、经济质量的关键。

市场竞争迫切需要一支高水平的企业经营管理者队伍。过去人们常为物资短缺、资金匮乏所困扰，现在，很多地方则已经深感高水平经营管理人才的可贵。在转向买方市场后，懂得市场经济、能驾驭企业走向市场并在竞争中取胜的经营管理者是最稀缺的资源，他们是全社会的财富。经营管理者的责任是审时度势，对企业人、财、物、时间等自己可控制的生产要素进行配置和运作。而配置和运作水平的高低就决定了企业的竞争实力和兴衰。正如人们所说，一个优秀企业家可以挽救一个陷于困境的企业，而一个不称职的企业经营者则可能搞垮一个好企业。买方市场正在考验企业家素质。

在卖方市场的情况下，买主求卖主，营销在企业中没有地位；产品可以几十年一贯制，技术开发没有作用。由此，企业经营管理人才、技术人才的价值也就显现不出来。事实证明，市场竞争越激烈，技术、管理和人才就越重要。

---

* 本文是作者为中国企业家调查系统主编、1998年9月经济科学出版社出版的《中国企业家队伍成长报告》所撰文稿。

中国是个大国，要立足于世界经济之林，必须培育一批世界水平的大企业。而如果没有一批达到世界水平的经营人才，就不可能出现世界水平的优秀企业。

随着政府机构改革、政企分开步伐的加快，提高企业领导者素质问题变得更加迫切。今后国家对企业包括国有企业将不再实行行政性干预，一方面，国家把巨型国有资产信托给一个个企业经营班子（董事会）经营，此时国有资产能否保全、增值，能否通过国有资产运营发挥国有经济应有的作用，这些都紧系于经营班子；另一方面，国家作为所有者要加强对企业财务和经营状况的稽查和监督。这就要求企业领导者不单要有对党、对国家的一片忠心，而且还要有驾驭企业投身市场竞争的能力。现在有些企业陷于困境，原因很复杂，一个很主要的原因是企业主要经营管理者缺乏驾驭企业走向市场的能力。比如，有些人不懂得风险，却在那里搞融资；不懂得投入产出，却在那里搞投资；不掌握信息，却在那里搞多元化经营；看不懂企业的资产负债表，却在那里搞负债经营；不懂市场竞争，却在那里搞营销；不了解供需关系，却在那里埋头搞产值，扩大生产能力。这些是相当一批企业陷入困境的原因。因此，当前人们十分关注经营者的问题就成为必然。

"于志安现象""褚时健现象"出现后，有人认为给国有企业厂长、经理放权太多，已经放出了问题，应该收回权力。但若收回权力，会不会走上"一收就死，死后又放"的循环呢？另外一些人提出，我们要思考如何从中吸取经验，建立一套新的机制。这给我们研究问题提供了重要的思路。现在若把一个企业的命运和国家财产委托给某一个人，寄希望于一个人，这是有很大风险的。因为人是会变的。于志安、褚时健在开始时克服困难，管好企业，做了大量工作。但后来他们既是董事长，又是党委书记，还是总经理，权力过度集中，又缺乏监督，他们就变了。

因此，现在要从两个方面考虑问题。一方面，要为管理者提供一个能出演自己角色的大舞台；另一方面，要形成对管理者的监督和筛选机制。要从制度上使能干者能经营、运作更多的财产，施展其经营才能，同时能及时发现、淘汰水平不足者。作为经营管理者，可以受聘于企业；作为企业，可以筛选管理者。这是中央提出建立现代企业制度所要解决的一个非常重要的问题。实际上，我国现代企业制度对于大企业来说就是要依照《中华人民共和国公司法》，使所有者代表进入企业组成董事会，负责经营决策，对所有者负责；董事会聘用经理负责生产经营业务，对董事会负责；董事会、经理又受监事会监督。只有建立这样一套制度基础，才能逐步从体制和机制上解决问题。

切实加强企业领导者队伍建设已是当务之急。中央和国务院领导同志多次发表讲话，要加强企业领导班子建设，这已是一个非常现实的问题。根据去年中央7号文件加强企业领导班子建设的精神，目前正在做几件事。

一是由中组部牵头，国家经贸委、人事部等对国有企业领导班子进行考核，根据考核结果，对某些领导班子做必要的调整。去年这项工作已完成60%，今年将继续推进并完成。

二是加强对企业领导层的培训。前年中组部和国家经贸委联合发布《"九五"期间全国企业管理人员培训纲要》，提出要对企业领导人员普遍进行为期三个月的工商管理培训，增加其工商管理知识，提高他们驾驭企业走向市场的能力，去年已培训大约11万名厂长、经理。

三是由中组部牵头，对企业管理人员的管理办法进行调查，希望通过调查建立一套区别于党政干部的企业领导人员的培养、选拔、任免和考核管理办法。

四是此次机构改革，国务院决定对国家重点企业派出稽察特派员，对企业管理状况、财务状况、企业主要领导人员的经营业绩进行监督、评价，评价结果报国务院，以决定对企业主要管理人员的任用。

中国企业家调查系统开创性的工作已经进行了5年，5年中进行了大量的调查，获取了大量数据，形成了许多有影响的报告，对政府决策、对企业发展和企业家队伍的成长起到了积极的作用。对企业家一年一次的调查应继续下去。连续的调查可以反映出转轨时期我国企业经营者成长的轨迹，可以发现规律性的东西，供有关部门在培育我国企业家队伍时参考。如果调查系统的调查结果和其中所反映的企业家成长轨迹有助于有关部门为企业家队伍的成长不断改善条件，有助于有关部门建立有别于党政干部的企业管理者的培养、选聘、考核、激励和监督体制，而且能为有关部门探索通过市场配置经理人才提供依据的话，那么，调查系统对社会所做的贡献就更大了。

希望调查系统继续坚持长期客观、无偿、高效的方针,把这项有意义的工作做下去,做好,也希望政府、企业、专家学者都关心支持这一调查系统的工作。

破产在社会主义市场经济中有特殊的"一席之地"[*]

（1998年10月）

建立社会主义市场经济体制不能没有破产机制。为形成这一共识我们已经花费了近十年的时间。在中国，国有企业破产是一个极为特殊的问题。在《企业破产法》基础上国务院制定了政策文件，着重解决了破产失业职工的生活着落问题。但在破产实务操作中尚有大量问题，政府、法院、债权银行、其他债权人、破产企业职工往往各持己见。完善法规要有一个漫长的过程，而及时总结经验、明确操作规程则更为现实、有效。

1986年12月全国人大常委会通过了我国第一部破产法——《中华人民共和国企业破产法（试行）》。但时隔8年，到1994年，依法破产的国有企业甚少，其中一个重要的原因就是对因破产而失业的职工如何安置没有具体的政策措施。

1994年我们对以财税体制为主的国家宏观管理体制进行了改革，企图使每户企业都能活下去的以承包制为主"一厂一策"的办法必须调整。

在此期间，市场供需关系也在发生急剧的变化，长期卖方市场、短缺经济逐步转向了供需平衡、买方市场，市场竞争真正开始了。

企业间迅速的两极分化，使国有企业"有生无死"的状况无以为继，企业破产的问题已摆在面前。

为了使《企业破产法》得以实施，我们做了三件事。

---

[*] 多年从事具体破产操作的山东省潍坊市经贸委孟江同志是个有心人，他边实践边总结带有规律性的东西，撰写了《企业破产操作实务大全》，本文是作者1998年10月为该书撰写的序言。

破产在社会主义市场经济中有特殊的"一席之地"

首先,完善法规和制定政策文件,使《企业破产法》具备可操作性。针对破产企业失业职工的安置问题,1994年10月颁布了《国务院关于在若干城市试行国有企业破产有关问题的通知》,即国发〔1994〕59号文件。国家经贸委、中国人民银行为贯彻59号文,发布了一系列具体办法和规定。在认真总结两年的破产实践之后,1997年3月国务院又发布了《关于在若干城市试行国有企业兼并破产和职工再就业有关问题的补充通知》,即国发〔1997〕10号文件,使试点城市国有企业的破产更具可操作性,也更加规范。

其次,转变人的观念,端正对国有企业破产的认识。校正了一些同志觉得再差的国有企业也"好死不如赖活着",担心由于破产而使国家和银行财产遭受损失的认识;端正了一些同志要"甩掉债务,轻装上阵",企图通过破产而逃避债务的侥幸心理;也逐步改变了一些职工害怕因破产而失去自己"终生依托"的顾虑。

最后,逐年增提用于企业兼并破产的银行呆坏账准备金。国家安排用于国有企业破产冲销的银行呆坏账金额由1996年的200亿元、1997年的300亿元增加到1998年的400亿元,力度逐年加大。

有了基本条件,各省和试点城市的同志从学文件、转变观念入手,与银行的同志密切配合,进行了大量探索和实践,在各级法院的支持下,对这一历史性难题有所突破,工作逐步展开,社会舆论也逐步好转。

我们的目标是通过改制、改组、改造和加强管理搞活国有企业,搞好国有经济,但最近几年我们花了很大力气推进企业的兼并和破产,不少人问这中间有什么内在联系。

总的来说,企业破产在建立社会主义市场经济体制中具有特殊的"一席之地"。

破产是企业约束机制的一种极端形式。在市场经济中,政府不直接干预企业的经营行为,但是对那些深度经营不善的企业不处以"极刑",就不足以形成对企业行为的刚性约束,就不能改变某些企业只负盈不负亏的状况。破产是对不能清偿到期债务的企业采取的极端措施——将其淘汰出局。破产对所有者来说是颗粒无收、全军覆没;对经营者来说是名声扫地,甚至还被追究法律责任;对债权人来说债权资产要大打折扣;对职工来说也要蒙受由于破产而失业的痛苦。由破产机制形成的约束绝不像政府对企业那么"仁慈"。

破产是保护债权人的极端措施。依《中华人民共和国公司法》而形成的有限责任制度，是分散投资者风险的机制，而破产还债则首先是保护债权人权益。有人误认为企业破产会使债权人惨遭损失。其实在破产时表现出来的资产损失是在破产之前就已"造成"的，破产不过是将已形成的损失显性化，同时防止资产的再流失。那些濒临破产的企业人还在，各项开支仍在发生，在资不抵债的情况下，企业总资产已抵不上债务总额，在没有有效产出的情况下必然是吃了流动资产吃固定资产，吃了资产吃土地。多维持一天多损失一块钱，债权人的受偿率也会下降若干百分点。采取破产这种极端措施恰恰是为了保护债权人的利益，终止资产的再流失，将全部剩余资产变现偿债。

破产是结构调整、企业重组的极端办法。随着经济技术和市场竞争形势的发展，资本和企业的动态流动重组是经济富有活力的表现，是提高经济运行效率的根本措施。那些长期亏损、资不抵债、扭亏无望的企业每时每日在消耗社会资源。通过破产，厂消人散，将有效资产、土地和劳动力转移到能创造价值的地方，于社会、于个人都更有利。

破产是消化国有企业不良债务"最后的晚餐"。由于历史原因，国有企业有大量无效资产和不良债务，这些泡沫不化解迟早是问题。但是搞市场经济必须强化债权债务关系，不能无故地减本免息，鼓励"赖账机制"。社会信誉的破坏会产生灾难性后果。企业破产能冲掉部分不良债务，从整体上改善国有企业资产负债结构和银行的金融资产，但这是"最后的晚餐"，债务冲掉了，企业也就注销了。

企业是所有者、经营者、债权人和职工等众多主体利益的交会点。企业兴旺，大家获益；而企业的"死"也涉及诸多主体的利益，政策性极强。总体上看，前段时间的企业破产工作取得了实质性的进展，收到了一定的成效。但是这其中仍然存在着法律法规不配套、不完善和操作不规范等问题，其中假破产真逃债，"用中央的钱解决地方上的问题"的狭隘思想绝对有害无益，必须克服。

潍坊市经贸委孟江同志多年来一直从事企业破产清算工作，是个有心人。他边实践边思考，积累了不少经验。他结合工作实际撰写的《企业破产操作实务大全》一书，从理论和实践上，对企业破产清算进行了认真研究和积极探索。该书有其独到之处。其一，它将企业破产的有关法律法规和政策规定汇集在一起，使我们对当前有关法规有全面了解；其二，它既有法律法规及政策规定，又介绍了实际操作的方法、步骤和相关业务，内容丰富；其三，这本书介绍了破产操作过程中常见的问题和基本业务知识，并在制订企业破产预案、企业破产的申请与受理、接管破产企业、组织财产清查、界定破产财产、进行资产评估、银行贷款抵押确认、制订破产财产分配方案、召开债权人会议、进行财产变现和债权清偿等方面总结出了一整套比较系统的操作程序和工作规范，针对性强；其四，条目清楚，检索较为便利，具有一般工具书的特点。总之，这本书尽管只总结了一省一市的实践，但毕竟是一位实际工作者在实践基础上对破产清算工作各个操作过程的总结和升华，对当前还在苦苦探索、没有形成规范或凭想象而操作的同志来说，无疑是很有参考价值的。希望它能对从事破产清算工作的同志有所帮助。